Teaching and Learning Proof Across the Grades: A K-16 Perspective

수학교육에서
증명 교수·학습의 이론과 실제

Teaching and Learning Proof Across the Grades: A K-16 Perspective

수학교육에서 증명 교수·학습의 이론과 실제

스틸리아누·블랜튼·크누스 엮음

김구연·권나영·김래영·김민경·김지선·노선숙·신재홍·이수진 옮김

KM 경문사

역자 서문

이 책은 'Teaching and learning proof across the grades: A K-16 perspective'의 번역서입니다. 증명(proof)은 수학의 중요한 과정이자 목적이며 이는 수학교육의 핵심적인 과정으로 강조됩니다. 이러한 관점에서 이 책은 증명에 대한 중요성과 함께 학교수학에서 증명을 어떻게 다루고 가르칠 것인지 또한 학생들은 증명을 어떻게 이해하고 있는지 등을 탐구하고 있습니다. 나아가 이 책에서는 증명은 기하로 등식화되는 것을 넘어서서 증명을 정당화라는 수학적 사고과정으로 그 의미를 재정립하며 정당화에 대한 학생들의 사고과정뿐만 아니라 이를 촉진할 수 있는 가르치는 여러 방식과 관점들에 관해서도 심도 있게 논의하고 있습니다.

이 책을 번역하게 된 주요한 동기는 책이 제공하는 학교수학에서의 추론 및 정당화의 교수·학습에 관한 여러 가지 실질적이고 체계적인 정보와 지식들을 공유하고자 함이었습니다. 수학적 추론 및 정당화 과정의 교수·학습에 대한 연구 동향을 소개함으로써 이를 통해 우리나라에서도 이 주제에 대하여 좀 더 체계적이고 심도 있는 연구를 활발하게 수행하는 계기가 되기를 바랍니다. 무엇보다도, 이 책이 제시하는 어떻게 학생들이 증명을 이해하고 형식적 단계에까지 이르는지 그리고 학생들의 이해를 촉진하기 위해 어떻게 가르치고 무엇을 준비해야 하는지 등에 대한 연구 결과들은 예비교사와 교사에게 실질적인 도움이 될 것이며 수업 현장에 적용할 수 있을 것으로 기대합니다. 특히, 현재 수학교사 양성을 위한 교육과정 상의 과목 중의 하나인 '수학교과 논리 및 논술' 수업에 있어서 실제 수업 사례, 초·중·고생 및 대학생의 증명에 대한 사고과정의 사례, 교사 연수 프로그램의 운영 및 내용들에 대한 구체적인 예시들은 매우 유익한 자료가 될 것입니다.

외국어로 된 내용을 우리말로 번역하는 작업은 단순히 대응되는 단어들의 조합이 아니라 내용의 의미를 정확하고 이해할 수 있게 할 뿐만 아니라 우리말 표현으로 어색하지 않게 담아내는 과정이라 할 수 있습니다. 이 책의 번역은 일차적으로 역자들이 분담하여 각자 번역하였고 이후에 대표역자를 포함한 2인이 모든 번역 원고를 두 번에 걸쳐 의미를 왜곡하지 않는 범위에서 문장과 용어를 교정하고 수정하였습니다. 이렇게 교정된 원고를 각 번역자들이 다시 검토하여 수정하고 확인하는 과정을 거쳤으며 마지막으로 대표역자가 모든 원고를 검토하였습니다. 이 과정은 경문사 편집부의 도움으로 원활하게 이루어졌으며 이에 진심으로 감사드립니다. 이렇게 여러 번의 교정 및 수정 작업을 거쳐 정확하게 번역하려고 최선을 다했지만 여전히 오류들이 있을 것이며 이는 역자들의 부족함에 기인하는 것이니 너그러이 이해하여 주시기를 바랍니다.

역자를 대표하여

김구연 씀

서문

증명이 모든 학년에서 수학 교육의 중심이 되어야 한다는 많은 수학 교육자들의 주장에 따라(예: NCTM, 2000) 증명의 본질과 역할에 대한 관심이 증가하였다. 이런 관심은 증명을 이해하기 위해 필요한 수학적 사고의 형태를 아는 것, 그로 인한 학생들의 증명 역량을 발전시키는 것, 증명과 그에 대한 학생들의 경험을 풍부하게 할 수 있는 교육과정과 교육학의 개입을 이해하는 등의 새로운 연구들을 만들어내었다.

이런 연구들이 많아지면서 여러 학년에서 증명 교수·학습에 관해 중요한 발견을 했고, 앞으로의 연구를 위한 계획을 세우는 노력도 도움이 되고 있다. 증명과 관련된 K-16 학생들의 '이야기'를 규명하기 위한 노력으로 2004년 9월 로드 아일랜드(Rhode Island) 주의 프로비던스(Providence)에서 학자들의 포럼이 개최되었다. 이 책의 내용도 부분적으로는 그 회의에서 나왔는데, 몇몇 장들은 그 회의 이후 발표된 내용을 수정하였고 또 다른 장들은 거기서 시작된 내용과 다른 컨퍼런스에서 발표된 내용을 반영하고 있다. 이 책이 증명에 대한 사고를 진전시키고는 있지만, 여전히 학년에 따라 모든 학생들에게 증명을 교수·학습할 비전을 실현하기 위해 어떻게 해야 할지 고민해야 한다.

이 책의 구조와 순서

이 책은 증명에 대한 교수·학습의 이슈들을 학년 군으로 나누어 구성되었다. 서론에서는 미국 학교 수학에서 증명 교수·학습에 대한 역사적 근원을 찾는다. 여기서는 관련 연구들을 간단히 살펴보고 최근 이 분야에서 중심이 되는 질문을 다룬다. I편에서는 증명에 대한 교수·학습에서 기초가 되는 더 넓은 이론적이고 개념적인 이슈들을 다룬다. II편부터 IV편까지는 우리가 일반적으로 K-16학년을 구분하는 세 가지 학년군제로 구분해서 기존의 연구들을 소개한다. II편에서는 초등(K–5)에서의 증명 교수·학습을, III편에서는 중등(6–12)의 내용을, IV편에서는 대학 수준과 그 이상을 다룬다. 수학 교육 분야에서 교수·학습에 대한 이슈들은 교수와 학습으로 분리되어 연구되기도 하지만, 교수·학습은 서로 알려주는 식으로 연결되어 있기 때문에 이런 구분은 오히려 내용을 어렵게 만든다. 이 책의 여러 장들은 교사의 행동이 불가피하게 학습을 조절하는 수단으로 관찰되는 교실에서 일어나는 증명 학습에 대한 연구들을 기록하고 있다. 하지만 다른 장에서는 학생들의 학습을 교사의 행위를 이해하기 위한 렌즈로 사용한다. 마지막으로, 결론에 해당하는 장에서는 Harel과 Sowder(2007)가 밝힌 질문에 대해 이 책을 다시 살피고, 그 질문들에 대한 답을 얻기 위해 이 책이 공헌한 바를 종합한다. 각각의 절은 그 절을 구성하는 여러 장들의 내용을 요약하는 소개 글로 시작하면서 각 장의 주제들을 강조한다.

이 책을 읽는 독자에게

이 책은 증명 교수·학습의 여러 측면을 다루는 다양한 관점들을 포함하고 있기 때문에 독자들은 각기 다른 목적으로 다양한 렌즈를 사용해 접근할 수 있다. I편에서 주로 하는 이론적인 논의들은 증명에 대한 더 넓은 논의를 바라는 연구자, 교사 교육자, 실천가, 또는 교육과정 개발자들이 관심 있을 것이다. 반면에 다음 절에서 제시되는 수업에 대한 실증적 연구는 특정 학년 범위에서 증명 교수·학습의 이슈를 다루는 독자들에게 더 흥미로운 내용일 것이다. 그리고 이 책은 여러 학년에 걸쳐 설명하려고 하였지만 이것이 여러 수준에서의 증명 연구를 독립적으로 소개하는 것처럼 보일 수도 있다. 이 책의 목적은 연구, 교수, 교육, 발전, 교육 정책 등의 다양한 분야에 있는 청중들에게 내용을 알리고 흥미를 끌게 하기 위함이다.

감사의 글

이 책이 편찬되기까지 많은 이들과 조직의 도움을 받았다. 편집자들이 연구하고 각 장을 집필하고 내용 준비를 위해 컨퍼런스를 돕고 이 후 책의 편집 활동을 후원한 NSF(연구비 REC–0337703, REC–0092746)에게 깊이 감사한다. 또한 이 책에 기록된 개인 연구 프로젝트를 후원한 공적, 사적 기금에도 감사한다.

이 책의 편집자인 Naomi Silverman과 Catherine Bernard의 노력에도 감사를 표한다. 그들의 기술적인 도움과 책 편찬에 대한 지지는 이 책의 집필에 없어서는 안 될 것이었다. 특히 시리즈 편집자인 Alan Schoenfeld의 노력에도 감사한다. Alan은 이 프로젝트를 개념화하는 단계부터 마지막 출판까지 아주 귀중한 피드백과 충고와 격려를 해 주었다.

서론

학년에 따른 증명 스토리

수학 추론은 확실하고 설득력 있는 논쟁을 발전시키는 능력을 의미한다. 이런 논쟁이나 증명의 형식이나 형태는 학년에 따라 다양하겠지만, 학생들에게는 그들의 경험 수준에 맞는 논쟁을 발전시키고 이해하고 해석할 수 있도록 요구되어야 한다.[1] 사실 최근의 개혁 문서들에서 증명 학습이 모든 학년의 수학 교수·학습의 주요 목표가 되기를 요구한다(MAA Committee on the Undergraduate Program in Mathematics, 2000; NCTM, 2000; RAND Mathematics Study Panel, 2002). 《학교 수학의 원리와 규준[PSSM]》(NCTM, 2000)에서는 학습을 넓고 깊게 하고 더 넓은 범위의 학생들이 이런 생각에 접근할 수 있도록 증명이 대학 이전의 모든 학생들의 수학 경험의 일부가 되어야 함을 강조하였다. PSSM은 모든 학생들이 "추론과 증명을 수학의 기초적인 면으로 인식하고, 수학적인 가설을 세우고 관찰하며 수학적인 논쟁과 증명을 평가, 발전시키고 증명의 방법과 다양한 추론들을 선택하여 사용하는 것(p.56)"을 배우도록 권장한다. 비슷하게 MAA에서 설립한 대학 학부 수학 프로그램 위원회도 학부 수학 교육과정 가이드(MAA, 2000)를 위해 임시적인 권고사항을 발전시키고 주요 이슈들을 밝히기 위해 증명은 대학수준에서 모든 학생들의 수학 경험의 일부분이 되어야 한다고 하면서 학생들이 "수학 문화의 중심, 즉 신중한 추론, 정확한 정의, 결정이 난 논쟁의 정당성과 가치를 이

1 여기서 우리가 정의하는 증명은 **자기 자신과 다른 이들을 확신시키고 수학에서의 주장을 정당화하기 위해 만드는 논리적 주장**을 말한다. 이 주장의 형식적인 정도와 언어, 포맷은 문맥상황이나 커뮤니티에 따라 다양할 수 있다. 그래서 다른 학년에서 증명으로 받아들여지는 주장의 종류가 다를 것이라는 생각도 합리적인 것이다. 각 장에서 저자들은 그들의 연구에서 다루는 학년에 따라 증명을 다르게 정의한다.

해하는 것(p.6)"을 강조하였다.

모든 학년에서 증명을 다루는 일은 계속되는 K-16의 '이야기(story)'에서 더 큰 요구에 직면한다. 이런 설명은 무엇을 증명으로 볼 것인지에 대한 것만큼이나 논쟁과 정당화의 본질을 포함하여 증명의 형식들이 학년에 따라 학생들의 사고를 어떻게 발전시키는지, 교육과정이나 교수법이 이런 발전을 어떻게 돕는지를 이해하는 것을 포함할 것이다.

서론에서는 K-16을 통한 증명 교수·학습을 수학 교육의 중심으로 만들기 위한 현재의 노력들에 대한 배경지식을 제공한다. 역사적으로 학교 수학에서 증명의 역할과 증명 교수·학습 관련 연구의 발전을 간단히 설명한다. 그 다음에 각 장에서 논의할 질문이나 이슈들만큼 강조할 몇 가지 중심 주제들을 제기하면서 이 책이 공헌하게 될 바를 설명한다.

미국에서 증명 가르치기-역사적 관점

서구 수학에서 증명의 기원은 기원전 6세기[2] 그리스가 수학적 사실, 특히 기하학적 사실이 경험적으로가 아닌 연역적으로 세워져야만 한다는 개념을 발전시켰던 때로 거슬러 올라간다. 결과적으로 그리스인들은 바빌로니아인들과 이집트인들의 경험 수학을 오늘날 우리가 아는 '논증할 수 있는' 과학으로 급진적으로 변화시켰다(증명의 기원에 관한 더 자세한 논의는 Arsac, 2007 참조). 기원전 3세기 정도에 편찬된 유클리드의 《원소(*Elements*)》라는 책은 기하, 수론, 그 당시의 대수 지식들을 포함하여 465개의 명제들로 구성되어 있다. 이 책은 엄밀함의 기준을 세우면서도 "19세기 말까지 서구 세계에 지배적이었던 수학과 그 본질을 지금까지 여전히 이어주고 있다(Harel & Sowder, 2007)." 연역 추론을 가르치는 것이 정규 수학 훈련의 기본원리가 된 것이다. 신비주의 피타고라스 학파의 설명에서 증명을 가르치는 초기 예제들이 발견되었고, 미래 가디언들의 교육의 일부분이었던 *Republic*에서는 플라톤이 제안한 교육과정에서도 예제들이 발견된다(Fowler, 1999 참조). 어떤 사람들은 아테네 민주 사회의 시민을 위해 합리적인 추론 훈련이 중요하다는 증거로써, 플라토의 아카데미가 "어느 누구도 기하에 숙달하지 않고서는 들어갈 수 없다."라는 조건으로 학생들을 받았다고 생각했다.

모든 학교 수학의 기초적인 부분으로 증명을 가르치는 것은 미국 학교에서도 기본 명

2 타당성의 측면에서 증명은 서구 수학에서만 유일한 것이 아니다. 다른 문화권에서도 역시 수학적 가설을 타당하게 하는 방법으로 소개된다.

제가 아니었다. 100년 이상 증명은 주로 고등학교 기하의 일부분으로 가르쳐왔다. Herbst(2002b; 이 책의 15장)에 따르면, 학생들이 기하 과정에서 '증명의 예술'을 배워야 한다는 필요성은 19세기 후반 10인 위원회(Committee of Ten)의 보고서를 통해서 추측할 수 있다. 10인 위원회는 고등학교 교육과정의 역할과 대학 입학과의 관련성을 살펴보기 위해 형성된 교육 리더들의 그룹으로, 수학을 가르치는 가치는 "생각하고, 판단하고, 추론하는 정신력을 훈련시키는 것이며, 연역 추론을 훈련시키기 위한 가장 좋은 영역은 정규 기하에서이다(Hill, 1985, p.354, Herbst, 2002b에 기록됨)."라고 결론지었다.

10인 위원회의 이런 선택은 임의적인 것이 아니라 수학에서 증명의 역할을 보는 역사적 관점에 기인한다. Davis와 Hersh(1981)는 19세기까지는 비록 대수나 산수 같은 수학의 다른 분야들이 증명과 관련이 없지만, 기하에서 증명은 2천 년이 넘은 유클리드적인 전통을 따라 배우는 것이 자연스러운 것이라고 밝혔다. 그래서 기하학에서 학생들이 증명 기술을 발전시키는 상황은 자연스러운 것이고, "이런 관습은 … 미국인들이 수학 증명을 어떻게 생각하는지에 지속적으로 영향을 끼쳤다(Herbst, 2002b)."는 사실이 놀라운 것은 아니다. 더군다나 이미 습관처럼 하는 '증명하기'나 증명을 가르치는 도구로 사용되는 이단형식(two-column format)은 증명이 명백한 진술들을 정당화하는 도구라는 믿음, 즉 수학을 하는 주요한 부분이라기보다는 포맷과 논리를 연습하는 것이라는 믿음을 갖게 만들었다.

1960년대에 '새 수학'이 시작되면서 고등학교 기하 교수를 대표하는 하나의 주제였던 증명은 학교 수학의 모든 영역에서 형식적인 증명을 구체화하려 했다. 하지만 이런 시도는 실패했고, Hanna(1995)는 새 수학 운동이 수학 교육과정에서 증명의 위치와 역할을 거의 찾아볼 수 없게 만들었다고 지적했다. 점차적으로 약화된 증명은 학교 수학의 중심에서 멀어졌고, 대학을 준비하는 학생을 위한 기하 과정에 자리 잡게 되었다. 좀 더 '학생 중심의' 교수법을 외치는 새로운 트렌드는 증명의 역할을 더더욱 무시하게 만들었다. 학생들에게 수업 논쟁을 하도록 하는 교수법은 증명을 가르치는 것과 대조되는 것은 아니지만, 이런 접근에 대한 다른 해석으로, 증명을 가르치는 것이 수학 교수·학습에 있어 권위적인 접근이라고 보기도 하였다. 하지만 Hanna(1995)가 주장한 대로라면, 증명은 학생들에게 지식을 강요하는 목적인 '권위주의적'인 것이 아니라, 오히려 "증명은 사용된 모든 정보와 추론의 모든 규칙들이 명확하게 드러나고 비판에 열려있는 … 명백한 논증이다. 증명은 학생들이 권위에 고개 숙일 필요 없이 그들 스스로 추리할 수 있다는 메시지를 준다. 따라서 수업에서 증명의 사용은 사실 권위주의자들과는 반대되는 것이다(p.46)."

학교 수학에서 증명이 줄어드는 이유는 주목받지 못해서가 아니라 수학 교육자와 수학자들로부터 비판받고 있기 때문이다. 예를 들어, Wu(1996)는 기하 이외의 분야에서 증명이 부족한 것은 그 본질을 잘못 해석하기 때문이라고 주장했다. 그는 증명의 부재는 "고등학교 과정에서 기하 과정 이외에서는 증명이 필수가 아니라는 사실은 현대 수학 교육의 분명한 결함이라고 진술했다. 교육에서 예외들이 있긴 하지만 이것은 수학 자체를 완전히 거짓된 그림으로 나타내므로 명백하게 더 이례적인 것이다(p.228)." Greeno(1994)는 증명의 부재는 증명의 본질 또는 증명의 본질에 관한 잘못된 개념 때문에 생긴 오해일 수 있다면서 '수학에서 증명의 인식론적 중요성(p.270)'을 재고할 것을 제안했다. 결국 수학을 하는 데 있어 증명의 기능을 다시 생각해 보자는 것이다. 실제로 증명은 정당화의 궁극적 방법으로만 받아들여지는 역할을 넘어 수학 내에서 여러 중요한 기능을 할 수 있다. Balacheff(1988), deVilliers(1990)과 Hanna(1990)는 증명이 수학에서 설명, 의사소통, 정당화, 체계화, 발견을 위한 도구임을 강조했다.

최근 미국의 개혁 노력은 증명과 관련된 학교 수학 교육과정과 교사들의 교수 행위 모두에 상당한 변화를 요구한다. 이전의 국가 규준 문서(NCTM, 1989)와는 반대로 가장 최근 문서(NCTM, 2000)에는 증명이 상당히 중요해졌다. 최근 문서에는 증명이 실제 규준으로 향상되었을 뿐만 아니라, 전체 학교 수학 교육과정을 통틀어 더욱 중요한 역할을 맡았고, 모든 학생들을 위한 수학 교육의 일부가 되었다. 이러한 노력들은 수학을 하고 수학을 이해하는 것과 증명을 분리할 수 없는 것으로 재정립시켰을 뿐만 아니라, 유치원에서부터 대학까지 구분된 학습으로 일관성을 제공하는 주제, 모든 학생들에게 강력한 수학으로 접근할 수 있는 도구로써 증명을 여기게 만들었다.

하지만 Herbst(2002b)에 따르면 학생과 교사를 포함한 더 넓은 대중에게 제시되는 증명 방식의 변화들은 약간의 수정을 하는 것 이상 또는 개혁을 위한 요구 그 이상이 될 것이라고 한다. 명백한 진술을 정당화하는 도구로 이미 만들어진 구체적인 '이단(two-column)' 형태로만 증명을 제한하던 관습은 결정과 발전, 체계, 필요한 교육과정과 교수 자료 간의 연결 등을 통해 발전되었다. 학년에 따라 수학에서 주요 학습과 문제풀이 도구로써 증명을 보는 넓은 관점으로의 변화를 위해서는 아마도 비슷한 정도의 많은 노력이 필요할 것이다.

변화를 위한 한 가지 중요한 촉매는 증명에 대한 교수·학습을 이해하도록 돕는 강력한 연구 기반을 조성하는 것이다. 이 책의 후반부에서는 지난 몇십 년간 이루어진 연구의 결과들을 종합하여 설명한다.

증명 교수·학습에 대한 도전들

여러 연구들은 증명에 대한 학생들의 어려움에 대하여 정리해왔다(예를 들어, Balacheff, 1988; Bell, 1976; Chazan, 1993; Coe & Ruthven, 1994; Porteous, 1990; Senk, 1985; Usiskin, 1987; Williams, 1980). 그 어려움은 여러 가지 요소들로 인한 것이다. 넓게 보자면, 전통적으로는 증명을 가르치는 것이 '학생들을 위한 개인적인 의미나 설명하는 힘(Schoenfeld, 1994, p.75; Harel & Sowder, 1998 참조)'을 만드는 식이 아니었기 때문에 많은 학생들은 증명 활동을 수학에 대해 더 깊게 생각하게 하는 도구가 아닌 다른 외부적인 일로 인식하였다(Alibert, 1988). 더군다나, 증명이 이미 존재하거나 직관적으로 명백한 진술을 다룬다는 생각은 증명 활동에 필요한 발견의 과정이 증명이 아니라고 인식하게 한다(Harel & Sowder, 1998; Schoenfeld, 1994; Wheeler, 1990).

좀 더 구체적으로 많은 실험 연구들이 중등 수준에서 증명을 읽거나 쓰려고 할 때 학생들이 겪는 어려움에 대한 여러 분야를 조사해왔다. 첫째, 중학교 학생들은 증명을 구성하는 것을 어려워하고 가능한 모든 경우에 성립하는 일반적인 논증의 힘을 이해하는 것을 힘들어한다. 다른 연구에서도 학생들은 경험적인 논증에 많이 의존하거나(Healy & Hoyles, 2000), 수학 과제에서 그들의 해를 적절히 정당화하지 못하거나(Bell, 1976), 명제가 반례에 의해 거부될 수 있다는 것을 이해하지 못했다(Galbraith, 1981). Senk(1985)와 Usiskin(1987)의 연구에서도 고등학교 기하를 선택한 학생들 중 수학적 증명을 구성할 수 있는 학생이 1/3밖에 되지 않았다. Chazan(1993)은 학생들이 연역증명을 반례로 거부할 수 있는 경우를 정당화로 해석한다는 것을 밝혀냈고, Fischbein과 Kedem(1982)은 일반화된 논증에 동의하던 학생들이 어떤 주장에 대한 사례들을 확인함으로써 정당화하려는 것을 발견했다. 같은 맥락에서 Porteous(1986)도 대다수의 학생들이 이미 성립된 일반 논증에 기대하기보다는 경험논증을 사용해 특정 사례를 확인한다는 것을 발견했다. 그 학생들은 "심지어 한 번 경험적으로 확인하는 것은 불필요하다(Fischbein, 1982, p.17)."면서도 대중에게 인식되는 증명과 자신들에게 좀 더 확신있는 논증이라는 내적 믿음 사이에 모순을 알지 못했다. 사실 많은 학생들은 가장 확실한 논증으로 몇 가지 경우를 확인하는 것을 '증명'이라고 여기는 것 같다(Bell, 1976). 이것은 구체적인 상황에서 '노력해 보는 것'으로 아이디어를 이해하려는 학생들의 필요일 수도 있지만, 오히려 일반화의 힘에 대한 이해가 부족해서일 것이다(Williams, 1980).

학생들이 어려워하는 다른 영역은 증명의 논리와 방법(Bittinger, 1969; Duval, 1991)과 논증을 구성하는 데 필요한 문제 풀이 기술들(Schoenfeld, 1985)이다. 많은 연구는 학생들의 낮은 문제 풀이 수행능력과 증명이 어려운 것이 관련이 깊다는 가정에 기초한다. 이런 연구들은 증명을 향상시키는 한 가지 방법으로 문제 풀이 전략에서의 교수법을 제공하기 위한 것이었다. 그런데도 연구 결과들을 보면 전략 훈련은 증명을 하는 학생들의 능력에 거의 영향을 주지 않았다.

수학적 언어와 상징주의(symbolism)도 증명을 구성하는 학생들의 능력에 관여한다(Laborde, 1990; Rin, 1983). 수학적 언어와 표기법에 대한 이해가 부족하면 증명 과정에서 중요한 역할을 하는 정의를 이해하고 쓸 수 있는 능력이 제한된다. 결국 학생들의 증명 능력은 설명할 수 있고, 따라서 증명된 특정 명제와 관련된 개념 이해로 제한할 수 있다(Hart, 1994; Moore, 1994; Tall & Vinner, 1981; Vinner & Dreyfus, 1989).

증명 학습에 대한 연구의 거의 대부분은 고등학교 수준에 대한 것이다. 초등학교나 심지어 중학교 학생들의 증명에 대한 이해도 거의 알려진 바가 없다. 이것은 증명이 전통적으로 고등학교 기하의 주제로 여겨져 왔기 때문이다. 현재 증명을 여러 학년에 걸친 수학 교수·학습의 중심으로 재위치시키려는 수학 교육의 시도는 여러 학년 수준에서 증명 학습에 대한 체계적인 연구가 필요하다.

또 다른 증명 연구의 특징은 많은 연구가 증명 학습에 중심을 두어, 증명 교수에 대해서는 알려진 바가 별로 없다는 것이다. 일반적으로 교사들의 내용 지식은 그들의 수업 활동에서 중요한 결정자이다(Borko & Putnam, 1996). 그래서 증명에 대한 교사의 지식에 중심을 둔 연구는 많이 있어 왔다(예를 들어, Jones, 1997; Knuth, 2002a, 2002b; Martin & Harel, 1989; Simon & Blume, 1996). 앞에서 언급한 연구들이 증명 교수에 관한 이해를 돕기는 하지만 (또는 적어도 증명 교수에 영향을 주는 요인에 대한 이해를 돕지만), 매일 가르치는 상황에서 교사들의 증명 교수에 중심을 두는 연구는 여전히 너무 적다. Herbst(2002a, 2002b)의 연구는 하나의 조직으로써 수학 수업에 대한 이해를 돕고 수학적 과제로써 증명과 증명하기를 수업에서 어떻게 관습으로 바꿀 수 있는지에 대한 이해를 증가시켰다. Herbst는 사회(특히 미국 사회)에서 역사적, 문화적으로 수학

교수의 의미가 선행되어야 하는 교수 패턴을 찾기 위해 증명하기 어려운 학생들의 과제를 선택했다. 그리고 증명에 대한 이해가 변화하는 것은 오로지 그 이해가 발전되는 교수학적 상황의 변화라고 제안했다.

최근 연구에 대한 지금까지의 간단한 리뷰를 통해 이 책에서 전개될 여러 이슈들을 언급했다. 첫째, 이 글은 수학 교육 커뮤니티에서 증명에 대한 교수·학습이 복잡하다는 것을 이해하도록 돕는다. 하지만 이와 동시에 여전히 연구가 필요한 여러 분야들을 알려준다. 고등학교 이외의 다른 학년 수준에서의 증명에 대한 연구들이 적었고, 학년에 따른 연결성을 이해하는 연구도 많지 않다. 그리고 학생들의 증명에 대한 어려움을 이해하는 연구를 통해 학년에 따라 증명을 통합해야 하는 필요성을 인식하는 데 매우 큰 도움이 되지만, 학생들의 증명 이해를 발전시킬 교수법의 종류에 대해서는 여전히 밝혀진 바가 거의 없다.

이 책의 기여: 증명 교수·학습에 대한 현재의 관점들

위에서 설명한 연구들이 고등학교 학생과 교사들의 증명에 대한 이해와 그 이해에 대한 제약들을 알려주면서, 현재의 수학 교육 커뮤니티는 수학 수업에서 일어나는 교수와 학습에 관한 좀 더 포괄적인 관점을 받아들였다. 즉 학생들이 학습에서 겪는 어려움이나 부족함을 넘어 그 이상을 관찰하고 학생들이 알게 되는 방법을 강조하는 그러한 관점을 수용하게 되었다(Steffe & Kieren, 1994).

이러한 관점은 증명이 고등(advanced) 수학 과정에서 다루어지는 하나의 주제라는 생각에서 증명이 모든 수준의 수학을 배우고 학습하기 위한 도구로 보는 관점으로 확장시킨다는 의미에서 매우 중요하다. 이 책을 쓴 저자들이 각기 증명에 접근하는 방법이 다를지라도, 여러 장에 걸친 한 가지 공통된 주제는 K-16의 수학에서 증명의 유기적 통합을 강조하는 것이고 증명의 본질과 역할에 관해서는 포괄적인 관점을 취했다. 저자들은 증명을 유기적으로 다루는 주제를 연구하고 증명이 학년별로 다른 학습 도구가 되는 교수 상황을 관찰한다(예를 들어, 4장과 7장에서 Schifter와 Maher는 그들의 연구에서 어떻게 현재 교육과정의 문제 풀이 과제들 속에 증명과 증명하는 과정이 자연스럽게 일어나는지를 묘사했다). 증명을 장기간에 걸쳐 가르쳐야 한다는 접근 방식이 현재 학교 수학을 관통하는 관점인데(NCTM, 2000), 이러한 접근 방식은 증명에만 해당하는 것이 아니다. Kaput(2008)은 고등학교 학생들을 위한 주제로써 대수와 역사 속에서의 대수를 다음과 같이 언급했다.

> 여러 나라에서 오랜 기간 동안 학교 수학을 지배했던 대수에 대한 일종의 협소한 견해는 이미 인정된 명제들을 정당화하기 위해 주로 구문론적으로 유도되는 기호-논리적(symbolic-logic)인 조작을 하는 것을 대수로 여기는 것이다. 이것은 역사적으로 대수의 여러 기능을 축소한 것이며 학교 수학에서 대수의 위치를 재고하는 데 있어서도 적절하지 않다(p. 8).

이 책은 학교 수학에서 **증명**의 역할을 이와 비슷한 관점으로 본다. 즉, 역사적으로 수학을 하나의 연구 분야로 자리매김하도록 한 증명의 깊이와 강력함(the depth and power proof)은 학교 수학에서 모든 학년에 걸쳐 연결된 주제들로 학생들의 사고를 발전시키는 것이 될 것이다.

학년별 증명의 의미: 논쟁에서 형식적 증명까지

증명을 구성하는 것은 무엇일까? 이 질문에 대한 답은 답하는 사람마다 다를 것이다. Balacheff(2002)가 관찰한 바에 의하면, 개인과 수학자, 수학교육 학자들은 증명의 본질을 다루는 데 있어 서로 다른 방법으로 개념화한다. 이러한 차이는 "유사한 점을 확인할 수 있다는 장점이 있으며 그 차이점들을 연구 문제로 바꿀 수도 있을 것이다." I편에서 더 자세하게 논의되겠지만 실증적 자료에서 보이는 증명 개념화의 차이는 학년에 따른 증명을 살펴보면 더욱 명백해진다. 증명은 학년에 따라 서로 다른 형태로 나타나는데, 학생들이 좀 더 발전된 표기법과 언어 표현 체계를 가지게 될수록 그 체계 안에서 연역적 추론 능력도 발달하게 되어 수업에서 증명은 좀 더 형식화된다.

초등학교에서 증명은 덜 형식적인 추론과 논쟁의 형태로 강조된다. II편에서는 유아들이 가진 증명에 대한 직관적 개념을 살펴보는데, 정당화를 공유하고 설명을 필요로 하는 타고난 성향을 돕고 이를 발전시키는 수업 환경들에 대해 알아본다. 초등 수준에서 증명은 상징적이거나 엄격한 형식은 아니지만, 아동들은 증명을 통해 그들의 학습 커뮤니티에서 허용되는 논리적 논증을 경험하게 된다. 예를 들어, Fosnot과 Jacob(6장)은 아동들이 친구가 한 수학적 주장을 확인하려고 수학자들이 사용하는 방법과 비슷한 논증의 반성, 아이디어의 재구성, 정당화 세우기 등의 과정을 거치는 아동들의 연역 추론의 발달을 연구했다. 이 연구에서는 논증의 맥락이 열린 수직선에 대한 것으로 0을 포함한 자연수들을 기호로 활용한 것이었다. 비슷하게, 4장에서 Schifter는 아동들이 명확하게 하려고 어떻게 논증을 세우는지 연구했고, 5장 Morris의 연구에서는 아동들이 어떻게 수량 사이의 관계에 대한 논증을 처음 공부하고 발전시켜 증명을 좀 더 형식적으로 공부하게 되는지 살펴본다.

중학교 수준의 학생들은 McClain이 13장에서 밝힌 대로 여전히 논쟁으로 증명을 탐구하고 있다. 하지만 9장에서 Knuth et al.의 논의를 보면, 우리가 기대하는 만큼은 아니지만 학생들은 상징적인 표기법에 이미 어느 정도 노출되어 있다. 고등학교 수준에서 증명은 점차적으로 좀 더 형식화된 의미로 받아들여진다. 학생들은 이단 형식으로 된 증명을 배우고(예를 들어, 12장의 McCrone과 Martin, 15장의 Herbst et al. 참조), 교수법에서 연역 추론의 사용을 좀 더 강조한다. 대학에서 수학 관련 분야를 전공할 학생들, 결과적으로 형식 수학(formal mathematics)을 공부하게 될 학생들은 일정한 구문론적인 논리의 법칙을 따르는 좀 더 엄밀한 논증을 사용하는 능력을 길러야 한다(예를 들어, 19장의 Weber와 Alcock이나 20장의 Selden과 Selden의 글 참조).

어떤 이는 고학년에서의 형식적인 증명 공부를 위해 학생들이 증명을 일찍 경험하도록 해야 한다고 주장한다. Stylianides(2007)는 어떻게 증명 개념이 여러 학년 수준에서 개념화되는지, 그래서 학생들이 학교에서 증명에 대한 일관된 경험을 가지게 되는지에 대한 연속성이 있어야 한다고 주장했다. 이 책에 나온 증명의 또 다른 역할과 의미는 학생들에게 증명에 대한 이해가 나타나면서, 어떻게 증명이 여러 학년에 걸쳐서 연결된 주제로 나타날 수 있는지를 질문하게 한다.

이에 대해 우리는 저학년에서 증명의 목적이 이후 고등 과정에서 증명의 핵심이 되는 기호 논리(symbolic logic) 사용을 준비하는 것일 필요는 없다고 주장한다. 수학적 도구로 사용하는 증명의 목적은 합리적이고 논리적인 논증을 세우기 위한 올바른 인식을 심어주는 데 그 목적이 있다. 사실 II편에서는 형식화된 논리 체계를 배우지 못한 학생이 이전에 인정되었거나 정당화된 지식들에 대한 새로운 개념을 세우고 주의 깊은 논쟁을 통해 이를 발전시킬 수 있다는 논리의 기초를 수업에서 배우지 못한 상태로, 초등학교 수학 교육과정에서 어떻게 논쟁을 사고 습관(특히 연역 추론)으로 발달시킬 수 있는지를 설명한다. III편과 IV편에서도 이러한 논쟁 습관이 증명의 문장 구성과 형식적인 측면에 주목하면서 고등학교에서 그 이상으로 계발될 수 있다고 입증하고 있다.

학생들의 추론에서 변하지 않는 것들

이 책의 각 절에 있는 장들은 증명과 논쟁이 학년에 따라 어떻게 다양한지 살펴보고 있는데, 그 내용들은 학년에 따라 학생들이 어떤 비슷한 전략으로 증명에 접근하는지도 설명하고 있다. 이 책에 소개된 K-16학년에 걸친 연구들은 학생들이 경험적(empirical) 논증을 폭넓게 사용하고 있다는 것을 보여준다. 학생들은 자신의 가정을 증명하기 위해서 경험적 논증을 선택하는데, 이는 자신을 확신시키는 방법임과 동시에 교사나 친구들에게 자신의 추론을 보여주기 위한 방법이다.

모든 학년의 학생들이 증명을 위해 경험 논증을 사용하는 것은 아주 새로운 발견은 아니다. 이것은 지난 25년간 여러 연구들이 광범위하게 기록해왔다(예를 들어, Bell, 1976; Coe & Ruthven, 1994; Healy & Hoyles, 2000; Porteous, 1986; Stylianou & Blanton, 2006). 공통적으로 경험 논증은 구체적이고도 넓은 범위에서 '증명 스킴(Harel & Sowder, 1998)' 또는 증명의 형태(틀)(Balacheff, 1988)로 간주된다. 학자들과 교사들은 학생들이 수학적으로 발전하기 위해서 좀 더 일반적인 논증 능력을 개발하는 것이 중요하다는 것에 동의한다. Küchemann과 Holyes(10장, 193쪽)가 주장한 것처럼 "수학 교육에서 중요한 도전은 학생들의 수학적인 추론 능력을 발달시키는 것이다. 즉, 수학 구조의 근본으로부터 추리와 추론을 만들어내는 능력을 개발하는 것이다."

이 책의 저자들은 각각의 학년에서 학생들이 넓게 사용하는 경험 논증의 기초가 무엇인지 이해하기 위한 연구를 했다. 초등학교에서는 7장의 Maher와 5장의 Morris가 일반화의 첫 단계로 양적으로 측정한 자료에 기반을 둔 연구들을 규명한다. 중학교에서는 9장의 Knuth, Choppin과 Bieda가 학교에서 사용되는 교육과정을 검토하고 교과서와 교수법이 학생들을 위한 연역 추론을 모델화하는지에 대해 살펴본다. 10장에서는 Küchemann과 Hoyles가 중학교와 고등학교 저학년(7학년에서 9학년까지)에 걸친 종적 연구에서 경험 추론이 널리 사용된다는 것을 발견했다. 동시에 경험 추론이 부적절한 패턴을 형성하는 것에서부터 구조적 논증의 정당성을 확인하는 기반처럼 좀 더 발전되고 복잡하게 사용되는 것까지 다양할 수 있음을 강조했다. IV편(대학 수준)에서는 경험 추론의 사용을 구체적으로 언급하지는 않지만, 학생들이 경험 논증 그 이상으로 나아가기 위한 교수 방안을 개발하기 위한 연구이므로 그 전제에 함축되어 있다고 할 수 있다(예를 들어, 17장의 Blanton et al., 18장의 Smith et al. 참조).

모든 연령대 학생들이 지속적으로 경험 논증을 사용하는 것은 왜 경험 논증이 학생들의 사고에 지속되는지, 교육과정과 교수학적 선택이 어떻게 경험 논증 사용에 기여하는지, 또는 학생들의 사고에 도전이 될 수 있는지 등을 이해할 필요가 있음을 보여준다. 후자는 어떤 가르치는 도구가 학생들이 경험 논증의 한계를 극복하는 것을 도울 수 있는지, 그리고 학생들이 연역 추론을 사용하도록 도울 수 있는지를 이해하는 데 도움을 줄 것이다.

증명하기에서 표상(Representation)

Ball과 Bass(2003)는 증명 또는 정당화 활동을 학년에 따른 수학 교수에 많이 활용되는 여러 '수학 활동들' 중 하나로 분류하였다. 현재의 개선(reform) 요구에서 강조되는 이런 '수학 활동', 특히 《학교 수학 원리와 규준》(NCTM, 2000)에서 두 번째로 강조한 '표상'은 수학적 아이디어와 그를 사용한 방법을 묘사하고 표현하기 위한 것이다. 표상과 정당화는 모두 **과정 규준**(process standards)으로 모든 학생들을 위한 수학 교육의 핵심이다.

표상은 학년에 따른 증명의 교수·학습과 밀접히 연관되어 있다. II편의 4장 Schifter와 5장 Morris에서 아동들이 추상성을 축소하고 연역 논증을 세우기 위해 어떻게 표상을 도구로 사용하는지 조사했다. Schifter는 아동들이 단지 구체적인 논증에서 그 상황을 돕는 도구로써만이 아니라, '초등 수업에서 일반적인 주장을 만들기 위한' 도구로써 이야기 상황을 표상으로 사용하는 것을 조사하였다. 이런 의미에서 적절한 표상의 선택은 초기 증명을 발달시키는 데 매우 중요하다.

학생들의 수학 학습이 진행되는 과정에서 표상의 역할은 달라진다. 증명을 제시하는 형식은 수학 개념만큼이나 중요하다. IV편에 포함된 내용들은 대학 수준에서의 증명 학습이 학생들에게 요구하는 것을 관찰하는데, 여기에서는 증명을 형식적인 논리 규칙에 기반을 둔 특별한 장르로 구성된 새로운 **표상 체계**(representation system) 내에서 구성하도록 했다. 20장의 Selden과 Selden, 19장의 Weber와 Alcock은 증명의 장르에 대해 논의하고 있는데, 이들은 학생들이 접하게 될 어려움을 알면서도, 이 표상 체계 내에서의 기능을 개발하는 수업 활동에 대한 통찰을 제공한다. 특히 Weber와 Alcock은 대학 수업에서 증명 학습이 학생들에게 새로운 표상 체계 내에서 공부하도록 요구한다고 주장했다. 이 과정은 제한적이면서 동시에 힘을 가질 수 있기 때문에, 학생들이 수학 증명의 (새로운) 표상 체계에서 겪게 되는 도전과 할 수 있는 것(affordances) 둘 다를 이해하는 것이 중요하다. 이 책은 학년에 따른 학생의 발전과 교수·학습에 대한 '수학 활동'으로써 표상과 증명 사이의 관계에 관한 질문들로 시작한다.

증명에 대한 다양한 연구 패러다임

앞에서 언급된 증명 교수·학습에 관한 문헌들은 학생 개개인의 증명을 이해하는 인지적인 이슈들에 중심을 둔 연구들이었다. 하지만 최근에 수학교육 학자들은(예를 들어, Alibert & Thomas, 1991; Schoenfeld, 1999; Tall, 1991) "**사회적 특성을 지닌 활동**으로써 증명의 본질을 강조하는 연구에 특별한 관심(Alibert & Thomas, 1991, p.216에 강조를 추가하여)"을 두고 학생들의 증명 개념 발달과 이에 영향을 주는 요소들에 관한 연구의 필요성을 규명했다. 실제로 증명이 수학 커뮤니티에서 의사소통의 수단으로 여겨지려면 좀 더 사회적인 관점을 활용하는 것이 유익하다.

몇몇 장들은 증명 교수·학습과 관련된 사회적 이슈들을 중심으로 논의한다. 특히, 저학년에서 교실 커뮤니티의 발달을 굉장히 강조하는데, 이 교실 커뮤니티는 학생들이 급우들과 자신들의 추론에 대해 토론하며 증명을 위해 필요한 구조를 제공하는 규범과 표상들을 설정하는 공간이다. 4장의 Schifter, 5장의 Morris, 8장의 Reid와 Zack은 학생들이 커뮤니티에서 다룰 논쟁들을 만들고 소통하며 그 커뮤니티의 수학적 이해를 발전시키는 것이 규범인 그런 특정 교실 문화에서의 증명 학습을 관찰했다. 하지만 더 흥미로운 것은 이러한 측면이 고등학교와 대학교에서 증명 교수·학습을 관찰한 다른 장에도 비슷하게 나타난다. 17장의 Blanton et al., 18장의 Smith et al.은 수학적 의미를 사회적 협상을 통해 만드는 대학 수업에서의 증명 학습을 조사했다. 그들은 초등과 중등 수준에서 증명의 초기 경험 혹은 고등학교와 대학 수준에서의 증명 학습을 살펴보면서 수업에서 증명의 본질과 역할에 관한 비슷한 문제를 탐구하기 위해 사회적 관점을 활용하고 있다.

여러 장들은 학생 개개인의 증명 학습과 시간에 따른 증명 학습의 발달에 관한 연구 문제들을 탐구하기 위해 인지적 연구 패러다임을 추구한다. 초등학교 수준에서는 7장의 Maher, 중학교 수준에서는 9장의 Knuth et al., 10장의 Küchemann과 Hoyles, 고등학교 수준에서는 12장의 McCrone과 Martin이 증명에 대한 개별 학생들의 발달에 대하여 연구하였다. 대학 수준에 관하여는 Weber와 Alcock이 구체적인 표상 체계 내에 존재하는 증명 학습과 개별 학생들의 학습에서의 시사점를 조사하는 데 있어 인지적 관점을 토대로 하고 있다. 각 장에서 학생들의 증명 능력 발달을 이해하는 수단으로써 인지적 패러다임을 활용할 뿐만 아니라, 그러한 증명 능력을 향상하기 위해 고안된 교육과정과 특정 수준에 맞는 교수법을 이해하기 위한 수단으로 인지적 패러다임을 사용하기도 했다.

이 분야에서 지배적인 인지적, 사회적 패러다임은 이 책의 많은 연구의 기초로, 연구 결과를 해석하는 틀이 된다. 그런데 최근 몇 년간 우리가 수학적 성장의 특징을 논의하는 데 있어, 인지적 요소에 대한 연구를 보완하기 위해 사회적 상호작용을 연구하는 경향이 강해지고 있다. 현재 우리가 알아나가는 방식에 대해 이해하고 있는 것은 학습이 사회적이고 인지적인 영역에서 상호협력관계를 가진다는 점이다(예를 들어, Bauersfeld, 1994; Cobb & Bauersfeld, 1995; Cobb & Yackel, 1996 참조). 또한 이러한 상호협력관계는 이 책에 포함된 여러 장들의 특징인데, 연구자들은 학생들의 학습과 인지적, 사회적 관점을 동시에 취함으로써 학습을 돕는 교수 방식을 연구하기 위한 틀을 찾으려고 노력하고 있고, 또한 두 가지 관점이 서로 교류할 수 있는 방법을 찾기 위해서 노력하고 있다. Blanton et al.은 Smith et al.만큼이나 그들의 연구에서 증명 역량의 발전을 이해하기 위해서 사회문화적 관점을 사용했고, 동시에 개별 학생의 성장과 학생들의 증명 능력에 대한 특정한 교수법의 효과를 측정하기도 했다.

우리의 관심은 서로 다른 관점을 허용함으로써 선행 연구들을 바탕으로 새로운 연구로 확장해가는 것이다. 선행 연구에 일관된 그림을 제시하려는 목적에도 불구하고, 우리는 어느 한 가지 관점만을 추구하지는 않는다. 오히려 다른 관점과 방법론적 견해의 차이를 인식하고 이런 차이점을 증명 교수·학습 이해를 넓히는 도구로 사용한다. 다음 장에서는 모든 단계별 교육에서 학생들의 증명 구사 능력을 발전시키는 방법에 대한 이야기를 시작한다.

목차

Part Ⅲ 중 · 고등학교에서의 증명 교수 · 학습

Part Ⅳ 대학에서의 증명 교수 · 학습

I

증명 교수 · 학습에 관한 이론적 고찰

I편에서는 증명의 본질과 이것을 이해하기 위해 학생들에게 필요한 것과 학년에 따른 증명하기를 가능하게 돕는 교수 상황 등에 대해 이론적 입장과 개인적 내러티브를 통해 소개한다. 1장의 Hersh는 증명 교수·학습에서 "고등학교 또는 그 이하 학년에서 어떤 일이 일어날 것처럼 보이는가?"라는 질문을 되새겨보기 위해 대학에서 수학을 가르치는 교수로서 자신의 경험을 얘기하는 것으로 글을 시작한다. 이 질문에 그는 대학의 형식적인 수학 공부를 위한 선수 지식으로써 증명의 본질과 학교 수학에서 학생들이 이해해야만 하는 내용들에 대해 폭넓게 말하고 있다. 그는 학생들이 "주의 깊고, 비판적으로 추론하고, 차이와 예외를 잘 살피는(1장, 8쪽)" 그리고 "정확하고 믿을 수 있는 결론을 이끄는 주의 깊은 추론(1장, 8쪽)"으로써 증명을 보는 것이 필요하다고 제안했다.

역사적으로나 인식론적으로 증명의 개념은 수학과 함께 진화하였다. 아마도 연역 추론과 귀납 추론 사이의 상호작용이 증명 역사의 중요한 일부분인데(Moreno-Armella, 2007), 이것은 학자들이 각각의 추론 형태를 수학적 사고의 중요한 도구로써 논쟁해왔던 부분이다(Moreno-Armella, 2007; Courant & Robbins, 1996; Lakatos, 1976 참조). Hersh의 비판은 이런 역사적 성장의 본질이 학생들의 인지적 요구와 다르다는 것으로, 교수학적 도구로써의 증명은 증명하는 과정에 참여하는 특정 커뮤니티에서라는 상황 안에서만 해석되어야 한다는 것이다. 그는 산술을 가르칠 때 아동의 수학적 주장은 그 아동이 속한 학습자 커뮤니티에서 '증명'이 된다고 했다. 어린 학습자들에게 그 증명의 의미에 대한 동화는 고학년 학생들이 산술 증명을 형식적이고 엄밀한 방법으로 다루는 것처럼 다양하지는 않지만, 추론을 발전시키는 데 있어서 나중에 더 형식적인 수학을 공부할 때 그들에게 도움이 될 수 있는, 주요한 기초가 되는 것이다.

2장에서 Chazan과 Lueke는 학년에 따른 증명 교수·학습을 오랜 기간 연구하는 데 필요한 것과 연구가 어떻게 도와주는지에 대한 논의의 틀을 만들기 위해, 학문적 지식으로써의 수학과 학교 수학 사이의 차이점을 이끌어내었다(NCTM, 2000). Chazan과 Lueke는 문제를 풀이하는 학문적 행위는 단순히 이론을 증명하는 것만이 아니라 중요한 추론을 요구한다고 주장했다. 그리고 학교 수학에도 사용되는 수학적 사고에서의 추론 위치를 넓게 해석하는 것이 수업에서 추론이 일어나도록 하는 더 다양한 방법을 제공할 수 있다고 주장했다.

2장의 주제는 고등학교의 대수 수업 또는 초등학교의 산술 수업 같은 교수 상황으로 증명과 추론이 아닌 문제 풀이를 위한 교수 학습 METHOD가 규범이 된다. Chazan과

Lueke는 METHOD를 알고리즘과 발견술 사이의 중간 정도로 정의했는데, 이것은 증명은 아니지만 증명을 위한 '대리(proxies)'인 것처럼 작용한다고 주장했다. 따라서 학교 수학에서 추론을 위한 자원을 제안한 것이다.

고등학교 대수 수업 연구에서 Chazan과 Lueke는 교수법에 중점을 둔 '교수적 상황(Herbst, 2006)'과 증명의 일부분처럼 전형적으로 보이는 정당화를 강조하는 교수적 상황 사이에 긴장감을 이끌어내었다. 이런 긴장감은 학교 수학을 통해 증명과 추론을 통합하려는 NCTM 규준(2000)의 목표 실행 가능성에 의문을 제기한다. 하지만 그보다는 METHOD에 중점을 둔 교수 상황에서 어떤 형태의 추론이 가능할 것인지와 어떤 '증명'이 명백하지 않은지(또는 지금까지 명백하지 않았는지)를 생각하도록 한 것이다. 사실 예상하지 못한 행위들이나 또는 그 활동이 대단하지 않은데도 기회를 만들기 위해 증명과 추론을 하는 우리의 비전을 넓힐 수 있을까? Chazan과 Lueke는 증명 활동을 보여주는 Lampert(1990, 1992)의 초등학교 수업 연구를 이용하였는데, 수업 규범, 과제, 수업을 다시 계획하여 수업 상호작용이 추론과 증명을 포함해 궁극적으로 학습 METHOD를 포함하게 되는 수업이었다. 이 두 연구자들이 주장하려는 것은 교수 설계 방법을 이해하는 데 중점을 두자는 것으로 그렇게 하면 수학이라는 학문 내에서 사고 규범에 가까워지고 생산적인 방법으로 추론과 정당화를 뒷받침한다.

수업이 "집합적이고 복잡한 지능(3장, 31쪽)"이라는 분산된(distributed) 사고 관점을 택하는 Herbst와 Balacheff는 공적인 행위인 수업에서 수학 활동을 기술 이론(descriptive theory)으로 발전시켰다. 그들은 이러한 수업 행위들을 통해 구성될 수 있는 증명의 다른 표현들을 설명하면서 증명이 어떻게 수업에 존재하는지에 대해 여러 다양성을 고려했다. 특히 그들은 증명의 세 가지 이론적 요소를 제안했는데, (1) 수업 활동과 담화에서 사용되는 관습적인 방법과 시식이 정당화되고 구성되는 방법, (2) 답의 적절성을 평가하는 '조절 구조(regulatory structure)', (3) 새로운 지식을 만드는 데 있어서의 증명의 역할 등을 포함하는 것이다.

3장에서는, Balacheff(2002)가 이전에 제기했던, 수학적 의미에서 형식 정의를 넘어서는 증명의 의미와 수학 교육 연구에서 이것이 어떻게 사용되는지에 관한 공유된 이해가 교착상태에 빠져 있다고 설명한다. Herbst와 Balacheff는 수학 수업의 독특한 제약들(수학이라는 학문에서 증명의 존재가 학교 수학에서 어떻게 존재하는지 확실히 결론짓는 것과, 교사와 학생 사이의 특징적인 원동력을 알고, 개개인이 본래 가지고 있는 특별한 주장의 확신을 인지하는 것 등을 포함하는 제약들) 때문에 수학 커뮤니티의 일반적 상황과는 다르게 학교 수학에서의 증명의 본질을 재고해야 한다고 주장했다. 그들은 증명이 단 하나의 개념, 즉 모든 상황에 들어맞는 일반적인 대상이 아니라, "특정 대상에 대한 특별한 주장에는 나름의 증명이 있다(3장, 56쪽)."에서 보듯이 유동적인 산물 같은 것이라고 주장하였다. 마지막으로 3장에서 그들이 수학 활동에서 증명의 본질을 설명하는 기술 이론의 목적은 증명의 문화적 의미로 인한 어려움을 해결하기 위해 수학 교육 연구자들 사이의 담화로 옮겨가기 위해서이다.

I편에서 (그리고 이 책을 통해서) 주장하는 증명에 대한 다양한 해석은 수학자들이 사용하는 논리와 구문론의 형식화된 체계로 표현되는 증명의 난해하고 독특한 의미를 분산시킨다. 사실 이 책의 연구들은 공통된 하나의 주제를 포함하는데, '수학적 증명'이라고 부를 수 있는 증명의 독특한 해석이 학년별로 학생들에게 요구되는 여러 종류의 추론을 방해할 수도 있다는 것이다. 대신 3장에서 Herbst와 Balacheff는《학교 수학의 원리와 규준》(NCTM, 2000)에서 주장하는 증명 교수·학습은 오랜 기간의 연구를 통해, 수업에 따라, 학년별로, 학생들의 능력에 따라, 학생들이 할 수 있는 표상 체계, 수업에 활용되는 자원 등 서로 다른 종류의 담화와 증명하기와 증명의 METHOD(또는 그들이 설명하는 전형적인 증명 관습으로) 등을 필연적으로 가능하게 한다고 주장한다. 이들의 관점에서 증명은 특별한 목표와 가능한 자원으로 특정 수업 시간의 한 시점에 진행되는 것이다. 따라서 이 절에서 (그리고 이 책을 통해서) 시사하는 바는 학년에 따른 증명 교수·학습은 다른 학습 커뮤니티, 즉 초등학년에서 대학생에 이르기까지 학습 커뮤니티에 따른 증명의 형태, 그리고 그 커뮤니티에서의 증명하기를 이해하기 위한 유연한 사고가 필요하다는 것이다.

1

증명에 대해 학생들이 이미 알고 있기를 바라는 것

Reuben Hersh

대학에서 수학을 가르치는 교수로서 나의 학생들이 '증명'에 관해 '이미 알고 있기를' 바라는 것은 무엇일까?

'증명(proof)'이란 개념은 절대적인 것이 아니다. 교육적인 상황에서 증명 개념은 연구자나 다른 수학자들이 이해할 수 있는 개념으로 수렴하면서 고등 수준의 학부와 대학원 수준까지 진화, 발전한다.

대학에서 수학을 가르치는 사람들에게 이러한 이슈는 미적분학 강의 초반에 처음으로 나타난다. 고등학교에서 미적분학을 이미 수강한 학생들로 그들은 고등학교 미적분 과정에서 '증명'을 알게 되고, 또한 대학 초기 미적분학에서의 '증명'을 다시 접한다. 그 '증명'은 학생들이 고등학교 때 알았던 것과 비슷할 수도 아닐 수도 있다. 하지만 불행하게도 대학 미적분학 교사들은 미적분을 '이미 수강한' 학생들이 기껏해야 형식적이거나 알고리즘적인 이해를 하고 있다는 것을 종종 발견하게 된다. 그 학생들은 다항식, 심지어 다항식의 비, 삼각함수, 지수함수까지도 정확하게 미분할 수 있다. 하지만 그 학생들은 미분학에서 흥미롭고 의미 있는 곡선의 탄젠트나 변화율 같은 간단한 질문에 당황한다. 개념 이해를 형식적인 연습으로 대체한 것이 '증명'의 존재 또는 부재와 관련이 있는 걸까?

그 학생이 미적분에서 선형대수로 발전하여 상위 수학 과정들을 수강할 때 즈음에는 '증명'이 산술이나 대수에서 거의 언급되지 않지만 10학년 기하에서 처음 나타났다가 12학년 미적분학에서 다시 접하게 되는 것이 아니라는 것을 이해하게 될 것이다. 반대로 증명 가능하다는 것은 수학을 수학답도록 하는 것과 인간의 여러 다른 생각들과 수학을 구분하는 것과 연관된다. 그러나 이러한 이해는 상대적으로 고등 수업 과정에서(학부 3, 4학년 수준 이상) 이루어진다. 그렇다면 고등학교나 더 어린 학년에서는 어떤 일이 일어날까?

여기에서 우리는 대학 수학 교사들이 친근하지 못한 '추론'과 '증명' 사이의 구분이라는 문제에 직면한다. 이 글에 필요한 조언을 구하기 위해 뉴멕시코 대학에서 나의 수학 수업을 듣는 상위권 학부 학생들에게 물었다. 흥미롭고 도움이 되는 그들의 글을 읽으면서 내가 알게 된 것은 초등과 중등 수학에서는 '추론'을 사용하지만, 10학년과 그 이상에서는 '증명'을 한다는 점이었다. 나의 학생들이 이해한 그들의 초등과 중등 교육에 연계된 '증명'은 체계적이고, 명백하고, 단계를 따르는 추론을 의미하는 것으로 보이는데(형식 논리의 'first-order predicate calculus'라 불리는 것에 의하면, '증명'의 의미에서 확실히 형식적이지는 않지만), 그런대로 약식의 형태에서도 단순히 '추론'을 설명하는 것보다는 아마도 정성을 더 들여서 상세히 설명하는 것으로 볼 수 있다.

이런 구분들은 사실 '인식론'과 '방법론'의 관점에서 보면 매우 흥미로운 질문들을 제기한다. 수학자에게 증명은 관련 개념을 이해하는 특정한 타인을 설득하기 위한, 그리고 어떤 반례도 제시할 수 없는 최종적인 주장 그 이상도 이하도 아니다. 증명에 대한 이러한 정직하고 사실에 근거한 설명이 가지는 문제는 증명을 판단할 자격이 있는 실체의 존재, 즉 받아들일 것을 결정하거나 거절하고 의문을 제기할 수 있는 수학자 커뮤니티 존재를 가정한다는 것이다. 어떠한 논리적 기초를 통해 그들이 이런 결정을 내릴 수 있을까? 이것은 보통 아주 부분적으로만 알려져 있다. 제기된 증명을 평가하는 것에 반대되는 배경은 거의 항상 존재하고, 이것은 어린 학생이나 심지어 그의 초등학교나 중학교 선생님도 정확히 알지 못한다. 그래서 전문가 수준에서 증명은 이전 단계에서는 그저 부적절한 것이다. 하지만 우리는 **추론**을 한다.

예를 들어, 아동들이 소수 자리 표기법을 사용해서 0을 포함한 자연수의 덧셈과 곱셈 연습을 충분히 한 다음이라면, '곱셈의 교환 법칙'을 설명할 수 있는 준비가 된 것이다. **어떤** 두 수를 곱해서 같은 답을 얻는다면 어떤 것이 이전 인수인지 이후 인수인지 상관없다. 왜 그럴까? 학생들은 각각 24개의 페니를 포함하는 97줄과 각각 97개의 페니를 포함하는 24줄이 '같은 것'임을 알 수 있다. '그림을 돌려보는 것'으로 배열에서 페니의 수가 변화하지 않기 때문이다. 이것은 명백하게 '추론(reasoning)'이다. 이것이 "증명(proof)일까?"라는 질문에 나는 예라고 대답할 것이다. 이에 반해, 1년차 대학원 수준에서 '엄밀한' 산술을 다룬다면 교환을 증명하기 위해 수학적 귀납법이 필요하다. 그림은 단지 그림일 뿐이다. 그림은 사람의 마음을 현혹할 수 있다.

10학년으로 올라가 보자. Euclid, Book 1에 있는 Theorem 1은 두 원의 현의 교점을 이용해 밑변이 주어진 정삼각형을 작도하는 것이다. '증명'과 함께 '그림'이나 다이어그램을 보면 너무도 분명하다. 여러분은 두 현이 (주어진 '밑변'과 위, 아래에서 동시에) 만나야만 한다는 것을 '알게' 될 것이다. 하지만 이것은 현대적인 '엄밀한' 의미에서 볼 때 '증명'이 아니다. 즉, Euclid의 공리와 '일반적 개념'으로부터 나온 것이 아니다. 거기에는 두 현이 만난다고 하는 어떤 것도 없고, 단지 다이어그램을 통해 '분명하게' 볼 수 있을 뿐이다. 이것이 증명일까? Hilbert가 했던 방식처럼 어떤 잃어버린 공리를 제공하고 Euclid를 비판해야만 할까? 우리는 불합리한 증명을 감추기 위해 학생들의 사고를 망치고 잘못 이끌고 있는 것일까?

좀 더 초등적인 것을 보자. 무리수 $\sqrt{2}$와 같은 단위 정사각형의 대각선은 다른 변들과 비교할 수 없다. 우리는 유리수만 다루기 때문에 이 선분이 단순히 수치적으로 길이를 가지지 않는다고 말하는 것이 논리적이고 정확하다. 사실 위대한 철학자 Bishop Berkeley는 임의의 아주 작은 연속 개념을 아는 것은 확신할 수 없다고 했다. 그가 주장한 것은 가장 짧은 선분이 존재해서 모든 선분은 비례해야만 하고 결국 단위 정사각형에서 대각선이라 불리는 것은 실제로 반대쪽 모서리를 잊어버려야 한다. Berkeley의 주장은 다소 빈약하지만 사실 그의 **논리**에는 결점이 없다. 그는 단지 다른 공리를 가졌을 뿐이다. 단위 정사각형의 대각선 길이와 같은 수가 존재한다는 주장은 심오하고 어려운 것이면서 실질적으로 유리수의 모든 구멍을 완벽히 채우는 실수 체계의 구성을 유도한다. 이것은 정확히 대학이나 대학원에서나 다루어진다. 그래서 우리는 고등학교에서는 이런 차이나 어려움을 그냥 무시하고 넘어간다. $\sqrt{2}$의 '존재(existence)'를 감추기가 어렵다는 것을 알 수 있는 학생은 매우 드물고 이들은 대부분의 학생들보다도 더 깊이 생각하는 학생들일 것이다.

그래서 대학에서의 미적분 교사들은 자신의 학생들이 수강한 고등학교 미적분 과정이 너무 피상적이었다고 불평한다. 그 불평의 의미는 중요한 증명은 하지 않았을 뿐만 아니라 완벽히 이해하지도 않고 있다는 것이다. 오늘날 어디에서나 대학 1학년의 미적분학 과정은 악명 높게도 "엄밀하지 않다." 우리는 도함수가 존재하지 않을지 모른다는 걱정 없이 미분을 한다. 그 가정이 모순일 수 있는지 아닌지, 실수의 완비성의 존재가 모순인지 아닌지를 이해하는 것이 대단히 어렵다는 것을 언급하지 않은 채 실수 체계는 완벽하다고 가정한다. "그들은 나중에 준비가 되면 그것에 대해 고민할 수 있다." 그렇다면 고등학교에서 적어도 고등학교 고학년의 증명과 대학 1학년에서의 증명 사이의 차이점은 무엇이란 말인가?

실제로는 별로 없다!

그럼에도 불구하고 나는 내 학생들의 '증명'이 10학년 기하에서 널리 사용되는 표준적인 두 줄 형태 같은 것(왼쪽 칸에 있는 각각의 '명제'는 오른쪽에 공리나 이전 결과에 참고하여 함께 가야 한다)일 필요가 없다는 것을 알고 대학에 진학했으면 한다. 사실 '증명'은 단지 '추론'이지만, 주의 깊고, 비판적인 추론, 차이나 예외를 깊이 살펴보는 추론인 것이다. 이런 의미에서 산술을 비롯해 대수와 기하 등과 함께 여러 가지를 증명하는 것이다.

아마도 학생들이 증명과 상황이 적절히 관련되어 있다는 것을 이해하기 바라는 것은 욕심일 수 있다. 특정 문맥에서 엄밀하게 증명된 것을 받아들이고 이것을 좀 더 발전되고 복잡한 문맥을 고려하여 다시 질문한다. 대학 1학년의 기본 미적분학을 수강한 이후에는 모든 것을 다시 '올바른 방법으로' 하게 되는 3학년에서 고급 미적분학을 하게 될 것이다. 대학 1학년부터 이런 복잡하고 완성된 증명에 대한 이해를 바라는 것도 너무 큰 기대일 수 있다. 하지만 적어도 나는 아주 넓은 의미에서 명확하고 신뢰할 수 있는 결과를 유도하는 추론은 유치원에서부터 그 이상의 학년에까지 수학 전부와 관련되어야 한다고 믿는다. 물론 적당한 용어와 수준에서 말이다. 만약 여러분이 단순히 문제를 풀고 정답을 찾을 수 있다면 증명은 관련이 없거나 여분의 성가신 일 따위는 아닐 것이다. 증명은 그 모든 것과 관련되어 있다. 나의 새로운 1학년들이 이것을 미리 알고 있기를 바란다.

2

학문적 지식으로써의 수학과 학교 수학 사이의 관계

학교 수학에서 추론 및 증명을 이해하기 위한 논의

Daniel Chazan and H. Michael Lueke

1989년 NCTM이 펴낸 《교육과정과 평가 규준》(Curriculum and Evaluation Standards)에는 추론에 관한 과정 규준이 있다. 학교 수학에서 연역 추론의 중요성이 부각되면서 2000년 《원리와 규준》(Principles and Standards)에도 증명이란 용어가 특별히 추가되었다. 2000년 규준에는 추론 및 증명 규준을 설명하면서 전형적인 미국 교육에서 고등학교 기하 과정을 예로 든다. 이것은 수학을 더 공부하려는 학생들을 위해 수학에서 추론 및 증명을 미적분 과정 이후의 대학 수학과 분리시키는 것이다. 비전에서 대신 제안한 것은 "추론 및 증명은 유치원부터 고등학교 학생들까지 일관성 있는 수학적 경험이 되어야 하고 추론은 수학적인 사고 습관이고, 모든 습관들처럼 많은 상황 속에서 일관되게 사용하여 발전하여야만 한다(2000, p.56)."는 것이다. 미국 고등학교 과정 논의에서 추론 및 증명은 "어떤 주제를 공부하든 간에 자연스럽게 지속되는 교실 토론의 일부분이어야 하고 수학적으로 생산적인 교실 환경에서 학생들은 결론을 설명하고 정당화시켜야 한다(p.342)."라고 《원리와 규준》은 설명한다.

1989년 추론 규준과 2000년의 추론 및 증명 규준을 동시에 읽어보면 많은 목표들이 명백하다. 성취 목표에서는 학생들이 "수학적 논증과 증명을 평가하고 발전시키며, 다양한 종류의 추론과 증명 방법들을 선택해서 사용해야 한다(p.341)." 철학적 목표에서 학생들은 "추론 및 증명을 수학의 근본적인 면으로 인식"해야 하고(p.341) 연역 논쟁이 수학이 아닌 다른 일반 논쟁들과 어떻게 다른가를 알아야 한다. 교수학적 목표에서 위의 성취 목표들은 증명하는 것을 배우는 수업과 밀접하게 연관된다. 연구들은 이러한 목표들을 포기하라고는 하지 않지만 두 가지 목표들이 매우 힘들다고 한다(예를 들어, 여기에 인용된 연구들과 1989년 Senk의 글 참조).

이들 규준집에 나온 다른 종류의 수학적 추론은 일반적이지는 않지만 수학 수업에서 (1995년 Gregg가 묘사한 내용에서) 학생과 교사의 역할에 큰 변화가 요구되는 추론이다. 이런 종류의 추론은 단순히 연역 증명을 가르치는 것을 목표로 하는 수업만이 아닌 모든 수업을 위한 것이다. 규준집은 학생들이 자신의 수학적 아이디어를 발전시키고 그것을 정당화하고 가설을 세우고 증거와 논쟁으로 그 가설을 지지하는 방법을 배우는 비전을 내세운다.

학교의 교과목과 학문 세계에서 과목 사이의 연결성을 강화해야 한다는 이들에게 (1978년 Schwab처럼) 《원리와 규준》에 묘사된 비전은 매력적이다. 학생들은 학교에서 여러 다른 학문의 구조를 접하고 수학자, 역사학자, 과학자들처럼 행동하는 법을 배우게 된다. 이런 비전은 분명히 설명되었지만, 극히 소수의 학생들에게만 그러한 방식으로 하도록 요구되고, 요구 받은 대다수의 학생들은 그런 행동과 추론들이 왜 유용한지 이해하지 못한다(Cuban, 1993).

학교 수학에서 추론 및 증명이 관련된 비전을 단순히 제시하는 것을 넘어서 이런 비전이 학교에서 더욱 더 일상적인 것이 되게 하기 위해 연구는 어떻게 도울 수 있을까? 여기서는 이 문제를 가지고 증명에 관한 학문적 활동(disciplinary practice)과 수학적 정당화를 위한 학교에서의 활동들(school practices) 사이의 관계를 세 가지 측면에서 면밀히 살펴보겠다. 세 가지 측면들 모두 수업에서 일어나는 일들을 이해하기 위해 학생들과 교사들이 어떻게 구조화하는지에 중심을 두고 있다.

첫째, 왜 학생들이 연역 증명을 어려워하는지 알기 위해서 우리는 학생들이 학문적 아이디어에 맞는 증명과 증명하기를 선택하지 못하는 연구 결과들을 살펴볼 것이다. 그 결과들이 암시하는 바는 수학 과제가 학생들 내부에서 생겨나는 구조에 관여해야 한다는 것이다.

둘째, 우리는 대수 수업에서 흔하게 볼 수 있는 일차방정식과 연립일차방정식의 풀이를 관찰한다. 이 관찰의 핵심은 교수 상황 구성(construct instructional situation)(Herbst, 2006)으로, 손으로 푸는 수학과 관련된 교사와 학생의 역할과 책임에 중심을 두는 것인데 이 구성을 통해 교사와 학생의 수업 행위가 어떻게 참가자들에 의해 조직되고 구조화되는지를 관찰할 수 있다.

우리는 미국 대수 수업에서 추론 및 증명이 어떻게 통합되는지 알아보기 위해 대수 수업의 전형적인 활동들을 살펴본다. 예를 들어, 왜 중등 교육과정에서 증명에 대한 관심이 기하 과정에서 분리되었는지, 왜 정당화와 증명이 대수를 가르치는 기본 요소가 아닌지 등을 이해하는 것이 핵심이다. 이러한 이해는 가설을 세우고 정당화하는 활동으로 상호작용이 일어나는 수업을 계획하고 준비하는 데 필요한 아이디어를 준다. 그런 이해가 없이는 수업에서의 상호작용에 아무런 변화도 만들지 못하고 추론 및 증명이 학교 교육과정에 단순히 추가되는 것이라고 오해하게 된다.

이런 연구 활동의 효과 중 하나는 학교 교육과정에서 기존의 수학적 추론 활동을 더 잘 이해할 수 있다는 것이다. 나중에 더 논의하겠지만, 수학은 연역 증명에 종종 집중되지만, 추론은 명제를 수학적으로 정당화하는 것에만 한정되지 않는다. 수학자는 정리를 증명할 뿐만 아니라 문제를 풀기도 한다. 이런 상황에서 수학자들은 효과적이고 통찰력 있고 멋진 풀이 방법을 위해 다른 가능한 방법들을 찾는다. 학교 수학에서의 추론과 학문에서의 추론을 연결하는 비전은 규준집들이 전하려는 것 이상으로 더 광범위한 것일 수 있다. 비전을 넓혀 보면, 우리가 이해하고 있는 것보다 더 많은 수학적 추론이 수업 안에 있다는 것을 알게 될 것이다.

마지막으로, 우리는 수업 규준(norm)이 학문적 규준에 더 가까워지게 하는 교수법을 관찰한다. 초등 수업에서 이러한 교수법의 본질을 살펴봄으로써 교사가 수업에서 수학 추론을 만들기 위해 대안적인 교수 상황을 어떻게 전개하는지 알 수 있다.

증명 교수·학습에 관한 연구들

학문으로써의 수학과 학교 교과목으로써의 수학 사이의 관계에 대한 문제는 증명 교수·학습에 관한 연구의 핵심이다. 학교에서 증명을 가르치는 것에 대한 관심을 정당화하는 것 중 하나가 바로 증명이 수학의 주요한 측면이라는 것이다. 하지만 기존 연구들의 쟁점은 학생들의 (그리고 몇몇 교사들의) 증명과 증명하기에 대한 관점이 수학자들의 관점과 다르다는 것이다.

증명에 관한 연구에서 학생들과 몇몇 교사들이 수학자들이 완전하게 수학적 논증으로 만들지 않은 논증들을 신뢰한다는 결과가 있다. 특히 예비 초등 교사들과 고등학교 학생들은 특정 구간에서 무한집합을 포함하는 결론에 관한 논증을 평가하라는 질문을 받으면 모든 경우를 설명하는 수학적 논증보다 몇 가지의 예제에 근거한 논증을 더 선호하는 것으로 나타났다. 이것은 여러 연구들을 통해 광범위하게 발견된 결과이다(예: Balacheff, 1988; Martin & Harel, 1989; Williams, 1980).

Balacheff(1988)는 프랑스 고등학교 학생들이 만들어낸 '증명'의 두 가지 카테고리—실용적 증명(pragmatic proofs)과 개념적 증명(conceptual proofs)—를 비교했다. "실용적 증명은 실제 행동에서나 실제로 쉽게 볼 수 있는 자원(resource)을 이용한 것인 반면, 개념적 증명은 행동에는 관여하지 않고 문제에 있는 성질이나 그 사이의 관계를 공식화하는 것에 있다(p.217)." Williams(1980)의 연구에서도 유사한 결과를 얻었는데, "졸업 이후의 공부를 위해 고등학교 교육과정을 공부한(p.10)" 수학 상위권에 있는 11학년 캐나다 고등학생들은 연역 추론을 하는 데 있어서 경험적 논증에 많이 의존했다. Martin과 Harel(1989)도 101명 미국 예비 초등 교사들 사이에서의 유사한 현상을 발견했다.

물론 이 연구들과 다른 결과를 제시하는 연구들도 있다. 연역 증명을 처음 배운 학생들이 그 논증의 힘을 과소평가하는 것으로 나타나는 연구들이다. Chazan(1993)의 연구에서 유클리드 기하를 공부한 몇몇 고등학생들은 연역 증명을 할 때 관련된 다이어그램이 그려진 경우 하나만 증명하고 그것을 연역 증명으로 간주하였다. 마찬가지로 Williams(1980)의 연구에서도 표본 학생들의 20%가 주어진 연역 증명이 모든 삼각형에 대한 관계를 증명한다는 것을 깨닫지 못했고, 31%만이 그 논증의 일반성을 이해하고 있음을 밝혔다(p.79). Fischbein(1982)은 완전히 일치하지는 않지만 비슷한 일련의 신념들을 설명했다. “전체 집단(그의 연구에서의 표본 학생 수를 의미한다)의 24.5%만이 증명의 정확성을 받아들이고 동시에 추가적인 확인이 필요하지 않다고 대답했다(p.16).”는 것이다.

이러한 결과들은 다른 명제들을 정당화하기 위해 연역 논증을 계속하는 수업에서 잠재적으로 중요한 문제를 일으킨다. 이러한 맥락에서 Schoenfeld(1989)는 학생들에게 연역적으로 결과를 증명하고 그 증명 과정을 만들도록 요구했던 일련의 연구들을 통해 다음과 같이 주장했다. “[학생들은] 처음에 연역적인 결과들을 정확하게 증명하였다. 하지만 작도 문제의 답에서 방금 증명한 결과에 어긋나는 가설을 세웠다(p.340).” “학생들은 수학을 안다는 명백한 증거를 제시하였지만, 그 이후에는 마치 그들이 한 것을 완전히 잊어버린 것처럼 행동하였다(p.340).”

위와 같은 결과는 무엇 때문일까? 학생들의 관점과 우리가 바라는 관점 사이의 불일치를 설명하는 한 가지 해석은 언어적 관습 때문이다. 영어에서 ‘증명’이란 단어는 경험적인 의미에서 일상적으로 ‘증거’와 동의어로 사용된다. 아마도 순수 경험주의에 근거한 논증을 하는 학생들은 단어의 연역적 의미에서 증명과 증거라는 의미에서 증명을 혼동하는 것이다. 마찬가지로, 기하 증명에서 다이어그램의 ‘일반적인(generic)’ 측면(Balacheff, 1988)을 이해하지 못하는 학생들은, 간단히 말해 일반적 예제 증명(예를 들어, 다이어그램을 수반하는 기하학적 증명)이 “거기 있는 대상 자체가 아니라 그 집합의 특수한 성질을 대표하는 것으로써 대상을 변환하거나 조작한다는 의미로, 주장을 사실로 명확하게” 만든다는 것을 이해하지 못하는 것이다(p.219). 이런 학생들은 아마 전통적인 이단 증명 형식에도 익숙하지 않을 것이다(Chazan은 이것에 대한 증거도 가지고 있다, 1993). Williams(1980)이 사용했던 용어에서도 그런 식으로 행동하는 학생들은 연역 증명의 일반화 원리를 이해하지 못하고 있었다. 결론이 타당하다는 의미가 수어진 모든 것을 반족하는 도형으로 일반화할 수 있다는 것임을 이해하지 못했다. 하지만 위에서 언급된 연구자들은 이런 것들이 쉽게 극복될 수 있는 간단한 오해로 간주했다. 소수 학생들에게 해당되더라도 다양한 문맥에서 이것이 발견된다면 쉽게 극복할 수 있는 단순한 오해라고만 여길 수는 없을 듯하다.

또 다른 해석은 다른 상황에도 적용되는 증명과 증명하기에 대한 전체적인 틀은 바로 학생들로부터 나온다는 것이다. 이러한 관점에서 볼 때, 순수하게 경험 논증을 하는 학생들은 수학적 맥락을 포함한 다른 맥락에 대한 경험적인 틀을 가지고 있다(Harel & Sowder, 1998). 즉, 학생들은 수업을 통해 이해하거나 알게 된 증명 과정을 사용하는 것에 익숙하지 않다는 것이다.

이러한 틀 해석의 핵심은 학생들의 관점을 변화시키기 위해 우리가 희망하는 틀이 내포된 상황에 학생들을 두어야 한다는 것이다. 여기에서 틀이 내포된 상황의 의미는 연역 논증들을 만들고 이용하는 상황을 뜻하는데, Schoenfeld(1991)는 수학의 형식과 비형식이 구분되지 않는 교육과정상의 상황으로 설명한다. 예를 들어, 연역은 구성되어지는 것으로 단 하나의 구조를 이끌어내는 교수 공학(단어의 프랑스어적 의미에서)을 위한 과제를 제시한다. 이 과제에서 학생들은 형식적인 연역 논증에 대한 경험 부족과 논쟁할 상황을 구성하기 위한 아이디어와 수학적 대상과의 경험 부족 등을 극복하고 자료를 손쉽게 모으고 그 자료들이 논쟁의 여지가 없도록 분석하는 데 익숙해져야 한다(Chazan, 1993의 학생들이 연역 논증보다 경험적 논증을 선호하는 이유들에 대한 설명 참조). 물론 이러한 구조를 만들기 위해서는 수학적 과제나 수업 상황뿐만 아니라 제도의 역할, 교사와 학생의 책임도 고려해야 한다. 우리는 다음 절에서 이것을 고려한 대수 수업에서의 대화를 상상해 보겠다.

전형적인 대수 교육

왜 중등 교육과정에서 증명이 기하 과정에서 분리되었는지 그리고 왜 정당화와 증명이 현재 미국 대수 교육의 기초적인 요소가 아닌지에 대해 살펴보자(미국의 TIMMS 비디오에 관한 내용은 Manaster, 1998을 보라). 우선 교사와 학생의 역할을 살펴보고, 그런 역할과 책임들이 수업에서의 추론의 본질을 어떻게 변화시키는지를 분석할 수 있는 수업 상호작용을 묘사하는 것으로 시작한다.

수업 상황: METHOD에서 각 단계의 정당화

대수 수업을 상상해 보자. 학생들은 변수가 하나인 일차방정식을 풀이하는 법을 이미 배웠다. 그들이 지금까지 배운 것은 일차방정식을 더하고 빼서 하나의 변수를 소거하여 연립방정식을 풀이하는 것이다. 학생들이 문제를 풀고 나면 교사는 한 학생에게 칠판에 나와 문제를 풀게 한다. Blue라는 이름을 가진 학생은 칠판에 답을 적는다.[1] Blue는 한

1 비록 이것이 학생들이 아는 유일한 방법이 아닐지라도, 수업은 Blue가 사용한 것과 비슷하게 보일 것이다.

[그림 2.1] 왜 두 방정식을 더했니?

변수를 소거하기 위해 두 방정식을 더하는 방법을 써서 문제를 옳게 풀었다.

이제 다음과 같이 상상해 보자. 만약 《원리와 규준집》(NCTM, 2000)의 영향을 받은 교사가 이렇게 질문을 한다면 어떨까? "왜 두 방정식을 더했나요?" 학생은 무엇이라고 대답할까? 그리고 그들은 한 변수를 가진 방정식 풀이 과정에 대한 문제와 답을 어떻게 만들어갈까? 그림 2.1과 2.2는 이런 것들을 상상하여 대화를 꾸며본 것이다.

사고 실험(Thought Experiment) 예제 해석

앞의 사고 실험에서 우리가 강조하는 것은 왜 두 방정식을 더할 수 있느냐는 교사의 질문이 전형적인 대수 수업에서 흔히 이루어지는 질문이 아니라는 점이다. 우리가 바라는 것은 위에서 교사의 질문과 그에 대한 답을 확인하는 학생의 첫 번째 응답에서 나왔는데, 교사는 학생이 두 방정식을 더한 것이 하나의 변수를 제거하기 위해서였다고 가르친 것이다. 질문을 이해한 뒤 교사의 질문이 불공평하다고 느끼고 Blue가 이렇게 말할

[그림 2.2] 왜 두 방정식을 더할 수 있지?

거라고 예상할 수도 있다. "선생님이 연립방정식 문제 풀이를 가르칠 때 우리에게 소거법을 이용하라고 했기 때문입니다." 더군다나 그 교사가 이 방법을 가르치는 동안 했던 $2x = 26$에 대한 질문은 그 문제를 더 심오하게 만드는 것으로 일상적인 수준을 넘어서는 것처럼 보인다.

학생들에게 연립방정식의 풀이를 가르칠 때, 두 방정식을 더한다는 것이 무엇을 의미하는지, 어떻게 두 방정식을 더하는 것이 한 방정식의 양변에 같은 양을 더하는 것과 다른지, 이렇게 하는 것이 왜 수학적으로 정당한지 등은 일반적으로 쉽게 하는 질문들은 아니다(대수 수업에서 하는 전형적이지 않은 정당화에 대한 다른 종류의 수학적 질문들에 대해서는 Chazan & Yerushalmy, 2003을 보라). 그리고 심지어 교사가 그런 질문을 했다 하더라도 그 질문에 대한 학생 반응의 본질이 무엇인지는 분명하지 않다.

우리는 학교 수학에서 대수 문제, 정당화와 증명에 대한 문제, 수학적 증명의 가치를 이해할 수 있는 문제들을 해결하는 것이 학문적 관점에서 기대하는 것만큼 수업에서 흔히 이루어지지는 않지만, 앞의 예시를 통해 정당화를 위한 적절한 질문을 설명하려 애쓰고 있다. 어떻게 수학 활동을 했는지 쓰는 것은 수학에서 증명하기(proving)의 역할을 핵심으로 하지만, 수학적 활동의 근원으로서의 대수 학습은 증명에 대하여 이와 같은 역할을 제공하지 않는 것 같다(이 책의 3장 Herbst & Balacheff에서 비슷하지만 더 일반적인 내용을 보라). Blue가 처음에 한 대답에서 알 수 있듯이, 학교 수학 수업에서 학생들은 종종 원하는 결과를 만들었다는 수학적 논증보다도 교사의 권위에 근거한 방법과 결과들을 사용하게 유도되고 있다. Lampert(1990)는 초등 수준에서 발생하는 이러한 현상에 주목하였다.

뒷부분에서 우리는 왜 교실에서 교사가 이러한 질문을 할 가능성이 낮은지, 지식을 만드는 무대로써 수학 수업이 왜 학문적 모델과는 다르게 진행되는지 등을 이론적으로 이해하려고 한다. 이를 위해 교수 상황(instructional situations, Herbst, 2006)을 알아보고, 알고리즘적인 방법으로 풀어야만 하는 문제들이 있는 수업에 관한 모델을 소개한다.

교수 상황

Herbst(2006)에 따르면 교수 상황은 상징적 교환(symbolic exchange)이 일어나는 상호작용이다. 수업이라는 상징적 시장은 객관성을 띤다. 교사는 학생들이 지금 가지고 있지 않지만 알아야 하는 지식들을 이미 가지고 있을 것이라고 기대한다. 수업에서 과제는 여러 형태로 나타나는데, 읽기, 질문에 답하기, 활동지 완성하기, 문제 풀기, 다양한 종류의 학문적 과제 수행하기 등이다. 이러한 지식의 대상들과 학생들이 수행하는 과제는 모두 교사와 학생 사이의 일종의 경제적 기반을 형성한다. 즉, 학생이 완성한 과제를 통해 어떤 지식을 획득했다고 교사가 생각하도록 하는 기반이 조성되는 것이다. 물론 과제 수행과 지식의 단순한 교환보다 더 많은 수업 상호작용들이 존재하지만, 그럼에도 불구하고 이것은 학교 교육의 본질인 교사와 학생 간에 발생하는 상호작용 중 하나이다. 적어도 수업이라는 제약 안에서 학생과 교사는 지식이 마치 실재하는 어떤 대상인 것처럼 행동한다(교사가 지식이라는 대상에 대해 가지는 '권위(conferral)'는 아마 다른 맥락에서는 받아들여지지 않을 수도 있다).

Herbst(2002a)는 20세기 초에 시작된 이단 증명이 10년 이상 유클리드 기하 학습을 대체해 발전되어 왔다고 주장하면서, 이러한 변화의 결과가 우리가 이전에 인용했던 현상, 즉 학생들이 증명이 함축한 바를 잘못 해석하는 현상이라고 설명한다. 특정한 방법이 진화하는 데 있어서, 그 과정은 학문마다 다르고 심지어 학문 내의 하위 범주들 사이에서도 다르다. 이에 따라 구성된 상황은 특정 문맥에서 특정 활동의 성질과 교환을 알게 하는 분석틀로 이용되었다. 예를 들어, 한 무리의 친구들이 식사를 위해 앉아 있는 모습을 생각해 보자. 만약 그들 중 하나가 손으로 음식을 집기 시작한다면, 이 행동은 그들이 형식적인 모임의 식사라기보다는 친구들과 피크닉을 하는 것처럼 매우 다르게 보일 것이다. 우리는 그 행동이 시각적으로 다른 상황에 적당하다고 할 것이다. 이것은 우리가 사용하는 용어로 매너라고 하는 것이다.

마찬가지로 증명을 하는 것과 방정식을 푼다는 것은 중등 수학 수업에서 일어나는 서로 다른 상황이다. 앞에서 나온 대수에서의 예와 비교하자면, 유클리드 기하에서 증명하는 상황은 각 단계가 왜 정당한지, 왜 이것이 제기된 주장을 정당화시키는지 등을 이단 증명 방식을 활용해서 정당화하는 것이 전형적인 모습이다. 비록 똑같은 학생들과 교사가 일년 전 대수 I 시간에 두 연립방정식을 풀이하는 방법을 다루었다고 할지라도, 기하학에서 증명을 하는 상황에서는, 같은 학생들과 교사라 하더라도 다르게 행동할 것이다.

어떤 상황을 일어나게 하는 데는 많은 문맥적인 세부 사정들이 있고, 어떻게 하나의 상황을 다른 상황들과 정교하게 구분하는지는 분명하지 않다. 예를 들어, 연립방정식을 푸는 것을 하나의 방정식을 푸는 것과 다른 상황으로 여겨야 할까? 하지만 증명과 정당화를 공부하는 수학 수업 상황에서 우리의 관심은 그 문맥의 본질에 있는 수학적인 세부사항들이다. 다시 말해, 교사가 학생의 과제 수행과 지식 획득의 인지를 동일시하는 학교 수학에서, 상징적인 교환이 다시 일어나고 그 교환에 영향을 주는 수학 수업이라는 제한된 환경에 집중한다. 이제 대수 수업에서 방정식의 풀이와 같은 흔한 하나의 상황에서 교사와 학생의 역할과 책임에 관한 모델에 대해 살펴본다.

방정식 풀이에 관한 모델

방정식을 풀이하는 교수 상황에서 무엇이 교환되고 있는지 우리는 어떻게 설명하고 이해할 수 있을까? 아주 넓게 보면 교사는 문제를 제기하고, 학생은 방정식을 풀기 위해 어떤 과제를 할 것이고, 그 다음에 교사는 학생의 답을 평가해야 하고, 마지막으로 학생이 방정식을 풀이하는 법을 '배웠는지(learned)' 아닌지를 판단한다.

이제 학생이 방정식 풀이를 배웠다는 것을 무엇으로 판단할지를 생각해 보자. 단추 다는 방법을 아는지 모르는지는 직접 단추를 달게 해 보았을 때 그 성공 여부를 통해 알 수 있다. 마찬가지로 학생이 방정식을 푸는 방법을 아는지 모르는지 파악하기 위해서는 학생이 찾은 해를 보면 된다. 각각의 경우에서 학습의 증거는 무엇일가? 일반적으로 사람들은 하나의 경우만을 가지고 평가하지 않는다. 학생이 한 번 답을 찾았다는 사실이 그 학생이 두 번째나 세 번째에서도 그 답을 찾을 거라고 믿을만한 충분한 증거가 되지는 않는다는 말이다. 여러 번 답을 찾았다는 것은 학생이 그런 풀이법을 안다고 여길 만큼 방정식을 적절히 풀었다는 것과 바꾸어 생각할 수 있다. 쉽게 말하자면, 학생에게 시간을 주고 아주 많은 수의 방정식 해를 구하게 한 다음 그 풀이의 정확성을 측정해 보면 될 것이다. 이렇게 되면 어떻게 문제를 풀었는지 간에 거의 대부분 또는 모든 답을 찾아낸 학생이 방정식의 풀이 방법을 모를 수도 있다는 논쟁은 할 수 없을 것이다.

하지만 이것은 전통적으로 활용되는 방법은 아니다. 미국의 대수 교사들은 시간을 정해놓고 100개의 일차방정식 문제를 풀이과정 없이 답만 선택하게 하는 선다형 테스트를 학생들에게 거의 시키지 않는다. 일반적으로 교사가 추구하는 것은 정답을 선택하는 학생들의 능력보다는 적은 수의 문제로 된 과제이다. 예를 들어, 대부분은 맞게 풀었지만 산술적인 실수가 있는 경우에는 방정식을 풀이하는 방법을 안다고 인정하는 것이다. 학생들이 방정식을 풀이하는 것을 알았다고 교사가 판단할 만큼 만족스럽게 그들의 풀이 과정을 보여주는 것이 일반적인 모습이다. 이것이 방정식에 대한 학생 답안에서의 풀이를 안다고 대신 생각할 수 있는 것으로 교사와 학생의 교환의 하나로 간주된다.

"풀이 과정을 보여줄래요?"라고 하는 것은 학생들에게 무엇을 의미할까? 학생들이 방정식의 풀이를 배웠다는 것을 교사에게 보여주기 위해 무엇을 해야 할까? 이것이 METHOD의 목적이다. 우리는 대부분의 학교 수학에서 이것이 형식적 정당화나 증명을 대신할 수 있다고 주장한다. 나중에 더 설명하겠지만, 특별한 환경에서는 연역 추론의 필요성을 알기 어렵게 만들 수도 있지만, 다른 종류의 추론에 대한 가능성을 열어준다. 우선 'METHOD'를 사용할 때 우리가 의미하는 것이 무엇인지 그 뜻을 명확히 밝히려고 한다.

METHOD의 중요한 역할은 수학에서 추구하는 일상적으로 나올 수 있는 이해하기 쉬운 답과 규준을 제공하는 것이다. 수학이 발전함에 따라, 해결책이 없던 종류의 문제들이 해가 밝혀진 종류의 문제로 바뀐다. 그런 종류의 문제들을 깊이 탐구하다보면, 설명 없이 풀이하는 방법들을 체계화하는 데 유용하다는 것을 알 수 있다.

예를 들어, 서로 다른 방정식은 많다. 그 방정식들을 어떤 기술로 풀 수 있을 것 같은 방정식 집단으로 분류해 보면, 문제의 사소한 부분이라도 풀 수 있는 능력이 증가할 것이다. 그렇지 않다면, 사람들은 최종적으로 각 방정식을 서로 관계없는 것으로 보아야만 하고, 각각을 개별적으로 다시 추론해야만 한다(이런 현상은 Tartaglia et al.에게 유용했던 삼차방정식의 해를 증명한 수학적 이면성(mathematical duels)으로 인한 것이다. 이 이야기는 Gindikin, 1988을 보라). 역사적으로 이것은 초기 대수 METHOD를 발전시키는 강력한 동기가 되었다. 예를 들어, 그런 방법이 널리 알려지고 미적분 문제를 관찰하는 데에도 유용하게 되고, 학교 대수에서도 핵심 부분이 되었다.

여기서 'METHOD'라는 용어는 '알고리즘'이나 '발견술(heuristic)'과 대체해서 쓰는 것이 아니다. 대신에 우리는 그 둘 사이의 중간 정도에 있는 과정을 표현하기 위해 이 용어를 사용한다. 다음에 있는 일반적인 일차방정식 풀이의 일련의 절차들을 살펴보자(그림 2.3을 보라).

METHOD는 단순한 알고리즘이 아니다. 왜냐하면 그것을 실행하기 위해 몇몇 하위 수준의 판단들이 필요하기 때문이다. 앞에 주어진 예시에서 단순화하는 방법이나 또는 어느 변에 변수를 모아야 하고 어느 변에 상수를 모아야 할지 등은 각 단계에서 명확하게 제시되지 않았다. 그림 2.3의 3단계에서 학생들은 알고리즘과 다르게 식을 단순화하기 위해 나누거나 또는 다른 어떤 시도를 할지 선택하게 된다. 발견술과 다른 점은 풀이를 진행하는 방법에 대한 구조와 순서 등이 존재한다는 것이다. 즉 일차방정식 풀이 문제에

1. 단순화하기 (필요하다면 풀어쓴다)
2. 동류항은 동류항끼리 놓기 (미지수를 포함한 모든 항을 등호의 한쪽에 놓고 상수는 다른 쪽에 놓는다)
3. 나누거나 혹은 단순화하기 위해 할 것을 하기
4. 답이 옳은지 확인하기

[그림 2.3] 변수가 하나인 일차방정식 풀이를 위한 METHOD의 전형적인 설명
출처: http://mathforum.org/library/drmath/view/57616.html

서는 특정 단계들의 순서로 풀라는 것이다. 그림 2.3의 과정은 아주 흔한 것으로, 특정 문제에서 학생들이 각각의 단계들을 변경하지 않고 대부분 같은 순서로 같은 단계를 (분수 계수를 가진 방정식은 특별히 제외하고) 수행할 수 있다. 이것을 알고리즘이나 구조화되고 순서화된 발견술로 애매하게 정의하기보다는 'METHOD'란 용어를 이용하는데 이 용어는 학교 수학에서 다양한 상황에 적용될 수 있다. 다음 장에서는 초등학교 수학과 이 개념을 연결할 것이다.

METHOD는 수학적 기능의 측면에서도 중요하지만 학생들의 학습을 구조화한다는 점에서 더 가치가 있다. 상황의 관점에서 보면 대수 문제풀이에서 METHOD의 존재는 누가 특정 교실 과제에 책임이 있고 어떻게 그것을 완성시켜나가야 하는지를 구분하는 교사와 학생 사이의 중요한 관계를 정립할 수 있다. 학교에서 교사들은 가치 있는 지식으로 METHOD를 가르치고 학생들은 자신들의 지식(예를 들어 방정식 풀기)을 보여주기 위해 과제를 수행한다. 이렇게 가르친 METHOD는 학생이 진짜 배웠는지(예를 들어, 방정식 푸는 법) 아닌지를 판단하기 위해 교사들이 학생들의 과제를 조절하고 평가하는 데 중요한 역할을 한다.

그래서 풀이 과정을 보일 때, 학생들은 단순히 답만 제시하는 것이 아니라, 그 본질이 상징적이든 그래픽이든지 간에 METHOD를 이용한 증거를 보이거나 또는 이런 단계들을 통해 어떻게 문제를 해결하는지 정당화하는 증거를 보여야 한다. 일반적인 대수 수업에서 이러한 과정은 특정한 형식을 필요로 한다. 예를 들어, 학생들이 "$x=$어떤 수"와 같은 형식의 방정식으로 끝내기 위해서 일련의 동치인 방정식들을 사용해야 하고 동치인 방정식들은 정당화하는 것 없이 표현되어야 한다(물론 새 수학 시기에 어떤 책들은 이러한 단계들이 이끌어낸 답이 문제에 대한 해결책이라고 증명하는 것으로 여기기도 했지만).

마찬가지로, 방정식 풀이에서 그래프를 활용한 경우를 생각해 보자. 이것은 $3x+4=-x-22$와 같은 하나의 방정식 문제를 공통 변수 x를 가진 함수로 생각하여, 양변의 식을 그래프로 그려서 교점의 x좌표를 구하는 방법이다. 여기서 어떤 특정한 경우에 이 METHOD를 실행하려면 다른 과정을 해야 할 수도 있다. 예를 들어, 그래프를 그리려고 하는 창에 함수가 나타나지 않으면 그 창의 눈금을 재설정해야 한다. 우리의 관점에서 METHOD는 구체적으로 명시되지 않는 과정이므로 어떤 추론 없이는 실행될 수 없다.

여기서 METHOD에 대해 할 수 있는 모든 질문들을 하지 않았다. 예를 들어, 하나의 METHOD와 다른 것들 간에 경계는 어떻게 정해질까? 그림 2.3에서 제시한 단계들은 특별한 순서로 진행되었다는 것을 기억해야 한다. 그렇다면 다른 순서로 진행되는 것은 다른 METHOD를 따르는 것인가? $1/2x+3/4=x+7/3$과 같은 분수 계수를 가지는 이차 방정식을 생각해 보자.

먼저 분모를 없애는 것이 전략적으로 유용하다고 할 수 있지만, 그 과정에서 분모를 없애면 새로운 METHOD가 되는 걸까? 또는 $4(x-3)-17=3(x-3)+4$라는 방정식을 풀 때, $x-3$을 초기에 분리할 표현으로 생각한다면 이것은 새로운 METHOD일까 아닐까? 세 가지 다른 방법으로 연립방정식을 풀이하는 것을 서로 비교하면서 생각해 보자. 그림 2.3과 소거법 사이의 관계를 어떻게 설명해야 하는가? 소거법은 하나의 변수를 가진 방정식 풀이를 다른 상황으로 일반화하는 것인지, 아니면 이런 METHOD는 더 나은 완전히 새로운 것인가?

교실에서의 상호작용을 더 넓게 생각해 보기 위하여, 위에서 설명한 method의 모호함은 여기서 논의하지 않겠다. 교사와 학생 간에 일어나는 교환의 본질을 METHOD는 어떻게 구조화하는가? 분명한 것은 METHOD는 어떤 해가 적절한 것인지 조절할 수 있고, 적절한 해들은 다시 METHOD를 사용하도록 유도한다. METHOD가 비능률적이거나 혼동을 준다면, 결국에는 수학적으로 정확할지라도[2] 이용하는 목적달성에는 실패한 것으로 보여 앞으로 사용하지 않을 것이다.

둘째, 예를 들어 동치 방정식은 교사들이 학생들의 답을 빨리 파악하고 쉽게 평가하게 해준다. 만약 학생들이 방정식을 푼 방법을 몇 단락의 글로 적었다면 그런 추론은 이해

2 $3x+2=14$라는 방정식의 양변에 5를 더하는 학생을 상상해 보자. 비록 틀리지는 않았지만, 방정식 풀이라는 교수 상황에서 교사는 실망하게 된다.

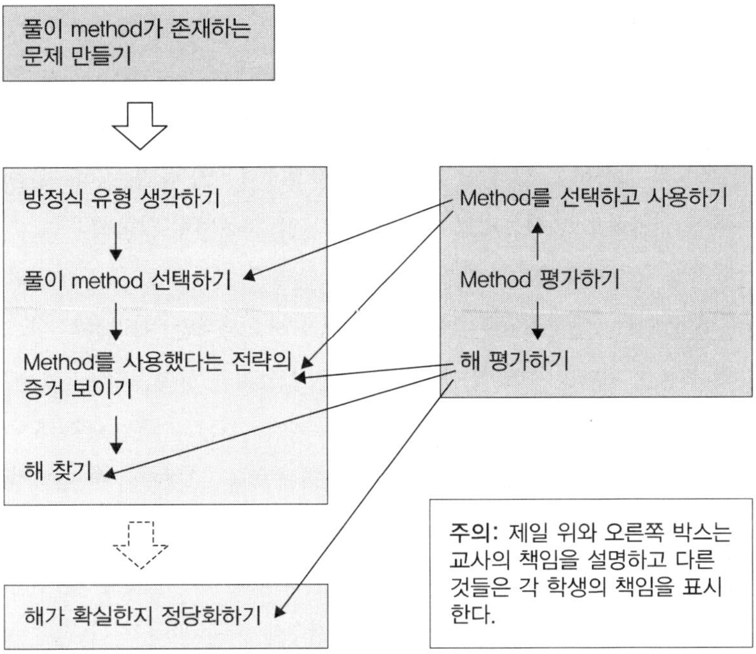

[그림 2.4] 방정식을 푸는 교수학적 상황

하고 평가하기가 무척 힘들 것이다. 문제풀이에서 METHOD를 알고 가르치는 것은 학습을 평가해야 하는 교사의 일을 덜어준다.

마지막으로, 풀이 과정을 보이는 것은 학생들이 어떤 특정 질문에 단순히 답을 추측한 것이 아니라 그들이 METHOD를 알았다는 것을 보여준다. 이것은 학생들이 비록 정답을 만들어내지 못했더라도 방정식 풀이를 배웠다는 것을 주장할 수 있게 한다. METHOD를 정확히 사용했지만 마지막 단계에서 계산 실수를 하여 문제의 답을 틀린 학생에게 점수를 준 교사를 생각해 보자. 이 교사는 학생이 작은 계산 실수로 답은 틀렸지만 교사가 원하는 학습이 되었다고 생각한다.

그러므로 METHOD는 교사와 학생 간의 관계를 조절하는데 상대방의 역할과 책임을 알게 한다. METHOD를 쓰려면 교사가 자신의 학생에게 METHOD를 가르쳐야 하고 학생은 교사가 제시한 문제나 당장에 METHOD를 적용하기 힘든 도전적인 문제까지도 적용할 수 있어야 한다. 교사는 학생이 구사한 전략과 그 과정에서 구한 답을 평가함으로써 학생의 지식을 평가한다(그림 2.4를 보라).

예제에 나타난 대수 수업에서의 추론

여기 제시된 모델로 방정식을 푸는 대수 수업이 설명되면 학교 대수에서 추론의 본질을 설명하는 데 파생되는 문제는 무엇일까? 만약 교사들이 METHOD를 소개하고 학생들은 그것을 적절히 적용하고 있다는 것을 풀이 과정에서 보인다면, 대수 수업에서 어떤 종류의 추론이 일반적으로 사용되고 어떤 추론이 잘 사용되지 않을까?

첫째, 《원리와 규준》(NCTM, 2000)을 보면 "학생들은 그들의 결론을 설명하고 정당화해야 하는" 수업에서 방정식을 푸는 데 METHOD가 중요하지만, 사람들은 이런 상황에서 다른 종류의 추론을 기대할 수도 있다. 만약 방정식 풀이를 안다는 것이 배운 것을 효과적으로 수행하는 것을 의미한다면, 학생들이 할 수 있는 추론은 배운 METHOD를 능숙하게 수행하고 있음을 보여주는 것이 될 것이다. 따라서 특정 문제에서 특별한 행동을 취하는 것이 어떻게 그 METHOD의 (앞에서 Blue가 변수 소거라는 자신의 목적을 분명히 말한 것과 같이) 예가 되는지에 대한 추론은 마치 방정식 풀이와 비슷할 것이다. 학생들은 방정식을 풀 때 적절하고 효율적인 연산으로 미지수를 따로 모아야 한다는 것을 배우게 된다. 그리고 하나의 단계가 어떻게 효율적으로 도달하고자 하는 목표에 다가가는지를 명확히 이유를 제시해야 한다. 마찬가지로, 예를 들어, "왼쪽 변에 모든 x를 모아둔다." 또는 "분수 뺄셈을 하지 않고 분모를 없애기 위해 곱했다." 등에서 학생들은 자신들이 사용한 특정 항을 더하고 뺀 전략에 대해 이유를 설명하고 정당화해야 한다.

이러한 추론은 수업 상황에서 흔히 볼 수 있지만, 교사와 Blue라는 학생의 대화에서 나오는 그런 전략적 추론과 NCTM 비전이 제시하는 정당화와는 차이가 있다는 것을 보여준다. METHOD의 각 단계들을 정당화하는 것은 우리가 생각한 교사와 학생이 역할과 책임을 가진 수업 상황에서는 일어나지 않을 것 같다.

비슷한 맥락에서, 교사가 책임지고 수학에서 METHOD를 가르칠 경우, 방정식 풀이에 사용되지 않는 METHOD는 가르치지 않을 가능성도 있다. METHOD의 존재는 특별한 문제를 풀 때 그것이 유용하다는 것을 보여주고 단지 학생들이 METHOD를 적용할 수 없다거나 적용 영역이 제한되어 있다는 것을 의미하지는 않는다. 간단히 말해, 교사가 (적절하게) 가르친 METHOD는 수학적으로 틀린 것이 아니다.

이제 교사가 Blue에게 두 방정식을 더한 이유를 묻는 질문으로 돌아가 보자. 교사가 한 질문("왜 두 방정식을 더할 수 있을까?")은 수학적 전략에 대한 질문이라기보다는 두 방정식의 덧셈을 선택하게 된 수학적 추론과 수학적 적법성에 대한 추론 같은 근본적인 질문이다. 하지만 방정식의 풀이 상황에서 그러한 질문을 한 의도는 풀이에 사용한 방법의 정확성을 의심한 것일 수 있다. 더 나아가 대수 가르침과 관련된 이런 논의를 하는 것은 교사와 학생이 효과적으로 METHOD를 적용하는 것만이 아닌 METHOD를 발전시키고 정당화하는 이슈로 논의를 옮긴다. 비록 가르친 대로 따라가는 것이 중요하기는 하지만 학교 대수 수업은 보통 그렇지 않다. 교사가 이미 가르친 METHOD의 형식적 정당화를 찾는 것은 교사와 학생이 일반적으로 과제를 조직화하는 방법과는 반대되는 것이다. 지금까지 우리는 Blue의 경우를 통해 METHOD에 대한 통합적인 개념을 완성하였다.

또한 하나의 방정식 또는 연립방정식의 풀이에서 학생들은 특정값에 대하여 방정식을 평가함으로써 METHOD가 적용되는지를 간단히 확인할 수도 있다. 그렇게 되면 왜 적용되는지를 형식적으로 정당화할 필요도 없다. 많은 학생들에게 방정식 풀이 METHOD는 전자 기계장치와도 같다. 중요한 것은 어떻게 작동하느냐가 아니라 그것이 작동한다는 사실이다. 수업 상황에서 학생의 역할은 그것을 완전히 터득했다는 것을 교사에게 보여주는 것이다.

방정식 풀이 상황에서 METHOD에 집중하면 특정 단계에서의 전략적 유용성에 대한 추론의 기회를 만들면서도 특정 단계들이 정말로 수학적으로 합법적인지를 정당화하는 기회는 줄이게 된다. 이러한 특징은 증명을 진술하는 상황과는 매우 다른데, 증명 진술은 주장을 정당화하는 합법적 이유를 밝히는 메커니즘이지만 이것은 결론을 정당화할 논증을 만드는 특정 단계의 전략적 중요함을 밝히지는 못한다.

METHOD로 풀이 단계의 적법성에 대한 추론의 기회가 줄어드는 것을 해결하려면 방정식 풀이 상황에서 답을 어떻게 검증할 것인지를 연구해 보면 된다. 그림 2.3에서 볼 수 있는 것처럼 상호작용의 마지막 단계는 왜 그 해가 타당한 것인가를 정당화하는 것이다. 이것은 찾아낸 답을 원래 방정식에 대입해 보는 마지막 검토인데 교사가 보통 상소하는 부분이다. 학생은 항상 자신들이 방정식을 맞게 풀었다는 것을 확인하고 검증할 수 있어야 한다. 하지만 요구하는 것과는 달리 학생들은 일반적으로 교사가 굳이 시키지 않는다면 마지막 단계에 별 신경을 쓰지 않는다. 학생들은 정확하든 아니든 간에 METHOD를 적용했기 때문에 자신들의 답을 맞는 것처럼 생각한다. 이런 행동이 당황스러울 수 있지만, 아마도 상황에 대한 관점이 이렇게 하게 하는 것 같다. 학습이 되었다는 것이 답에 대한 단계들을 보여주는 것이라면, 답이 옳다는 것을 확인하기는 좋겠지만 교사가 학생이 방정식 풀이를 배웠는지를 평가하는 데 꼭 필요한 것은 아니다. 이 상황에서는 학생들에게 문제를 풀도록 요구하기보다는 이미 배운 METHOD를 사용해서 그 답을 찾아보라고 물어봐야 한다.

미국 초등학교 수업에서의 교수 설계 실험

2장의 첫 번째 절에서 수학을 알고 이해하게 되는 수학적 증명의 힘을 교수의 본질로 보았는데, 학생들은 그만큼 이해하지 못하는 것 같다. 두 번째 절에서는 방정식 풀이와 관련된 전형적인 중학교 수학 수업을 살펴보았는데, 여기서는 수학적 사고의 두드러지는 특성인 METHOD 학습과 수학적 정당화 사이에 존재하는 이슈들을 얘기했다. 앞에서 방정식의 풀이를 통해 각 단계의 전략적 질을 논하는 기회를 제공한다고 주장했지만, 두 절의 내용을 보면 추론과 증명을 통합하는 교육과정에 대한 NCTM 비전은 실현가능성이 희박해 보인다. 이것은 우리가 제시했던 해석이지만, 그렇다고 비관적인 것은 아니고, 그보다는 학교 수학에서 추론과 증명이 더 광범위하고 깊게 고려되어야 한다.

이제 증명을 가르치는 것에 관한 연구의 극히 일부가 아닌 학문적 규준에 맞는 수학 수업을 설계하는 연구에 대해 논의하려고 한다. 이 절에서는 NCTM이 장려하는 수학적 추론을 교실에서 교수학적 상황으로 설계할 가능성을 분석하기 위해 교수학적 상황 구성을 살펴보고 수업 상황에 적용한다.

Lampert(1993)는 그녀의 교수법 설계를 설명하면서, 수학 수업의 특징으로 수업 문화를 가정했다.

> 수학을 한다(doing mathematics)는 것이 교사에 의해 정해진 규칙을 따르는 것을 의미한다는 점에서 학교 경험은 변화하는가, 수학을 안다(knowing mathematics)는 것이 교사가 질문할 때 정확한 규칙을 기억하고 적용한다는 의미에서 학교 경험이 변화하는가, 교사에 의해 답이 인정되면, 수학적 진리가 결정된다는 점에서 학교 경험은 변화하는가(p.32, 원문에서 강조).

위의 발췌문은 우리가 지금까지 설명했던[3] 방정식의 풀이 상황을 떠올리게 한다. 우리는

3 예를 들어, 산술에서 많은 "METHOD"가 알고리즘적인 것 같지만, 우리가 METHOD라고 부를만한 수준의 애매

방정식 풀이 상황에서 METHOD가 교사와 학생의 역할을 특별한 방법으로 조절한다고 주장했다. 학생들이 지금 배우고 있는 METHOD를 학습하게 될 것이라는 생각을 버리지 않고서 어떻게 이런 기대를 극복할 수 있을까? 추론과 증명의 기회를 제공하는 것처럼 METHOD를 가르칠 방법이 있을까?

Lampert(1990)는 한 세미나 보고서에서 만약 "그 문제가 그 질문이 아니라면, 그 해는 (원하는) 답이 아니다."라고 했다. 또는 우리의 표현으로 만약 METHOD를 사용해서 문제를 풀었다는 것이 학생들이 배웠다는 것을 교사에게 보인 것이 아니라는 말이다. 구체적으로, Lampert의 교수법[4] 묘사에 나온 하나의 예를 설명하겠다. Lampert는 초등학교 수학 수업에서 일어나는 행동의 본질을 바꾸어보려는 시도를 한 에피소드를 소개한다. 수업 목표는 지수 학습이었는데, Lampert는 지수를 가지고 하는 METHOD에 중심을 두고 시작하기보다는, 제곱수 표에서 끝자리 수들의 패턴을 찾도록 학생들에게 질문하는 것으로 수업을 시작하였다. 이 과제는 "지수를 더하고 빼는 것으로 지수 곱셈이나 나눗셈(p.44)"을 배우는 것이라기보다는 지수 규칙들의 정당화에 대한 논의를 활성화하려는 것이다.

이 예제에서 Lampert의 수업 방식의 변화를 설명하는 한 가지는 산술법 공부에서 수론 공부로의 변화인데 기본적인 산술 계산에서 학생들이 수의 변화에 대해 가설을 세우고 관찰하도록 하는 것[5]이었다. 다시 말해, Lampert의 교수법 설계는 단지 특정 학생이나 교사의 행동을 주장하는 것이 아니라 수업 내용에서 교사와 학생의 역할을 재조정하는 것에 있다. Lampert는 이 일을 수업 상호작용의 '새로운' 형식을 창조하는 것으로 묘사했다. "이 프로젝트에서 나의 역할은 교사와 학생 간의 상호작용에 새로운 형식을 발전시키고 실행하는 것이다(p.33 추가된 강조)." 이러한 사실은 두 가지 이유에서 중요하

모호함이 있다. 두 분수를 더하고 빼는 것을 가르치는 예를 생각해 보자. 두 분모의 곱으로 공통 분모를 만드는 것이 연산을 위한 알고리즘의 중요한 부분이라면, 분수의 덧셈과 뺄셈하는 법을 학습하는 부분은 분모의 최소공배수를 구하는 법을 배우는 것과 관련된다. 이런 선택을 하는 것은 우리가 이전에 METHOD의 주요 요소로 강조했던 전략에 대한 관심이다.

4 연구에서 다른 예제들은 이 특정 예를 바꿔 놓을 수도 있다. Ball, 1993과 Heaton,1992, 그리고 교사와 밀접하게 일하는 이들을 포함한 Yackel과 Cobb,1996 같은 연구자들을 보라. 주요한 이슈는 이런 종류의 상호작용을 만드는 데 교수학적 상황과 수업 운영의 규준 등을 재조정하는 것이 필요하다는 것이다. 그런 재조정은 역할과 책임만큼이나 과제나 규준 둘 다와 관련된다.

5 Sean number(1993)처럼 잘 알려진 예에서 Debora Ball의 교수법에 대해 비슷한 논증을 할 것이다.

다. 첫째, 이것은 전형적인 교수 상황과 다르다. 둘째, 이러한 새로운 교수 상황의 창조는 Lampert가 교사였기 때문만은 아니다.

이 예제의 또 다른 중요한 측면은, 경험 많은 교사이자 식견이 있는 연구자로서, 교사가 수업에서 일어나는 변화의 유일한 요소는 아니라는 것이다. 비록 어떤 사람들은 이런 변화를 위해서 교사들이 가르치는 데 필요한 수학적 기술을 더 발전시켜야 한다고 강하게 주장할 수 있다. 하지만 우리가 주장하는 것은 Lampert가 근본적으로 아동들이 참여할 수 있도록 과제를 변형하였고 아동들의 학습이 표현되도록 예를 들어, 커뮤니티 형태의 수학적 논의 같이 수업에서 책임 구조를 바꾸었다는 점이다. 이를 통해 수업에서의 수학의 본질이 변화되고 이것은 교수 상황이 수업에서 나타나는 행동들을 어떻게 만들어 내는지 알려준다. 즉, 과제의 성격과 그 과제의 수학적 맥락이 과제에서 일어나는 상호작용을 변화시키는 것이다.

결론

우리는 수업에서의 수학적 활동과 학문에서의 수학적 활동 사이의 관계를 살펴보았는데, 이 장의 세 절의 쟁점은 수업에서 다루어지는 수학과 수업에 참여하는 사람들이 수업의 상호작용을 어떻게 구조화하는지를 이해하는 것이 중요하다는 것이다. 이 구조화의 핵심은 학교 수학의 증명 교수에 관한 연구들의 몇몇 결과들을 다시 생각해 보는 기회를 제공할 뿐만 아니라 학교에서와 학문에서의 수학적 활동 사이의 관계에 관심을 가지는 연구자들이 학교라는 제도적 틀에서 하기 힘든 수학적 활동들을 이해하도록 한다. 책임성을 강조하는 학교 교육의 역동성을 더 잘 이해한다는 것은 새로운 교수법 설계를 자극할 수도 있고, 수업에서 활동이 학문에서의 활동과 더 비슷하도록 통합하는 교수 설계를 증진시킬 것이다(Chazan 1990, p.22에서 밝힌대로, 심지어 그런 활동을 증가하게 하는 이유가 아닐지라도). 증명에 관한 연구들은 정당화와 증명하기가 가능한 교수학적 상황을 만드는 수학교육의 여러 연구들에 병합되어야 한다. 마지막으로, 구조화는 전형적인 교육과정에서도 이미 강조하는 수학적 추론을 이해하도록 돕고 학문에서의 수학의 본질에 대한 큰 그림을 그릴 수 있게 한다. 예를 들어, 응용 수학의 여러 요소들을 통합하는 것이며, 결과적으로 학문과 학교 교과목들 사이의 관계에 관심 있는 연구자들은 명제의 정당화를 넘어 다른 수학적 행동들도 관찰해 보아야 할 것이다.

교수 상황 구성은 유용한 도구로 자세한 관찰에서도 눈에 잘 띠지 않는 수업의 구조를 볼 수 있게 한다. 방정식 풀이 예제를 통해서 대수 교수-학습이 내용에 중심을 둔 수학적 METHOD를 다루는 수업으로 상황에 따라 역할과 책임이 주어지는(그러나 불변하는 것은 아닌) 그런 식으로 바뀌기를 희망한다. 이러한 책무는 역사와 같은 학문과도 차이가 있고, 수학 내에서도 기하와는 또 다르다. 대수에서 일반적으로 볼 수 있는 분상제 문제를 푸는 것과 같은 문맥이 다른 것에서도 차이가 난다. METHOD는 해마다 반복되는 효과적이고 손쉬운 방법으로 지식을 교체하는 방정식의 풀이 같은 상황에서는 특히나 강력한 요소가 된다.

학교 수학에서 연역 논증에 관심을 높이는 것이 현실적인 목표이지만, 방정식의 풀이 상황과 같은 특정한 수학의 주제들이 관련된 상황이나 전기와 관련된 엔지니어링 같은 상황에서는 수업의 행동 주체들이 가지는 제약을 이해하는 것이 필요하다. 사실 수학적 정당화를 더 많이 하기 위해서는 교실에서 행동하는 사람들이 방정식 풀이라는 특정 맥락에 투자하는 시간을 줄여야 할지도 모른다. 규준집에서 제시한 다양한 방정식에 대한 표현과 서로 다른 중요한 양적 추론 능력들 사이의 관계를 발전시키는 요구 때문에 이런 정당화라는 기술은 빛을 잃게 될 수도 있다. 전형적인 수학 수업 활동(그래프적으로 추론하고 풀이하는 것, 가설을 만들고 수학적 METHOD를 **발전시키는 것** 같은 활동)에 기초한 상황을 구성하고 그 상황을 중심으로 한 수업 활동은 연역 추론과 증명에 더욱 집중하게 만들 것이다.

물론 이러한 노력들은 어려움에 부딪힐 수 있다. Lampert(1990)는 자신의 교수법을 변화시키는 과정에서 겪은 다양한 어려움을 보여주었다. 비록 최근 수학 교육 연구들이 학교 수학과 학문으로써 수학 사이의 간격을 강조하고 있지만, 학생들이 알아야 할 가장 가치 있는 기술이 어떤 것인가에 대한 수학자들 사이의 합의점은 제시되지 않았다. NCTM이 문제 해결 기술의 사용과 연역 논증을 지지하지만, 수학의 어떤 분야는 그런 것에 관여하지도 않고, 대신 알려진 기술과 METHOD를 응용하는 것에 의존하기도 한다. 따라서 이러한 관점에서 METHOD와 관련된 교수학적 상황을 무시하는 것은 바람직하지 않다. 사실 방정식 풀이에 관련된 기술들은 수학이 잘 쓰이는 많은 다른 분야에서 (특히 수학적 모델링 분야에서) 유용하다는 것을 보여준다. 더군다나 METHOD와 관련된 교수학적 상황은 수학적으로 가치 있는 사고 요소인 전략적 선택의 중요성을 논의하게끔 만든다. 학교 수학에서 증명과 정당화에 대한 새로운 관점을 만들기 위해서는 교수학적 상황의 힘과 새로운 교수 상황 개발에 잠재적인 방해물들을 설명하는 것이 더 현실적이라고 생각한다.

3

수업에서 증명하기와 이해하기

증명의 본질

Patricio Herbst[1] and Nicolas Balacheff

3장에서는 증명 개념을 다루는 수업에서 수학 활동의 세 가지 의미를 descriptive theory로 설명한다. 이 이론이 필요한 까닭은 수학 수업의 활동 전체에서 교육과정, 교수법, 평가가 되었는지 알기 위해 인식론에 대한 이해가 필수적이라는 가정에 근거한다. descriptive theory는 수업을 전체가 하는 수학 활동으로 계획해야 함을 고려할 때 활동을 할 개인에게 제기되는 많은 중요한 질문들을 한꺼번에 다룰 수 있다. 과제를 하는 학습자들의 개인적인 의미나 개인 학습에 대한 질문을 다루기보다는, 오히려 학습자들이 전체적으로 하는 행동에 대한 기술로 그 의미를 발전시킬 것이다. 즉, 개인 학습의 가치 진술이 아니라 개개인들의 수학적 아이디어를 전체의 활동으로 구체화하는 집합적이고 복합적인 수업을 설명하려는 계획이다.

1 본 장은 미국 국립 과학재단의 연구 REC-0133619의 교부금으로 부분 지원받은 것이다. 본 장에서 제시하는 모든 의견과 연구 결과 및 결론, 자료상에 표현된 권고사항은 저자에 의한 것이며 이것이 반드시 미국 국립 과학재단의 의견을 반영하는 것은 아니다. 저자는 Michael Weiss와 Takeshi Miyakawa의 의견을 수용하였다.

이 장에서는 증명을 공적 활동(public performance)으로 간주한다. 수업을 보는 이가 '증명'이라고 이름 붙일 수 있는 다양한 활동들을 통해 증명의 세 가지 개념을 제시한다. 첫 번째 개념은 수업 담화에서 **증명하기**와 **증명** 같은 단어들의 습관적인 사용과 지식이 교실에서 어떻게 구성되고 어떻게 타당하게 되는지 그 관습적인 방법들에 대한 것이다. C-proof로 명명한 두 번째 개념은 수업에서 다루는 문제에 포함된 특정 개념들 사이에서 해를 적용하거나 문제의 해를 찾는 특정 방법과 관련된다. K-proof라 부르는 세 번째 증명 개념은 새로운 것을 알아가는 과정에서의 증명의 역할, 즉 이미 수업에서 다룬 하나의 개념이 새로운 개념과 어떻게 은유적으로 연결되는지, 그리고 새로운 개념에 대한 잠재적 지식을 어떻게 정당화하는지를 설명하는 것이다.

수업에서의 수학 활동

학교 시스템과 부모들은 수업 활동과 교수 활동을 학생들 개개인이 학습목표를 달성하기 위한 도구로 받아들인다. 하지만 다른 교육 관계자들에게 수업 활동의 목표는 다를 수 있다. 전문가 집단은 예를 들어, 수학자나 엔지니어들은 한 세대의 지식을 모으고 확산시키는 면에서 지식을 나누는 것에 더 관심을 가질 것이다. 마찬가지로 수업을 하는 교사도 첫 번째 관심이 전체 학급에 있는 이해관계자이다. 튜터와는 다르게 교사는 개개인의 학생을 가르치기보다는 하나의 학급을 가르친다. 여기서 수업이 가지는 집단적 본질은 축구팀이나 발레팀의 집단적 본질과는 다르다. 수업은 개개인의 학습이 이루어지도록 제도적으로 인정된 목표를 가지는데, 그 인정된 목표라는 것은 수업에서 이루어지는 배우기 위한 공적인 기회에 의해서 운영되고 조절되는 것이다. 즉 학생 개개인이 학교에서 배운다면, 그들은 개별 학습으로 배우는 것도 아니고, 수업하는 교사의 개별적인 주의를 받을 때만 배우는 것도 아니다. 학생들은 수업에서 사람, 방해물, 자원 등의 시스템의 일부분이 되면서 배우는 것이다. 전체적이고 시스템적인 수업 활동을 통해 개인이 집단 과제에 참여함으로써 그것이 결과적으로 배우는 기회가 된다. 학생들의 학습 기회는 수업 활동에 좌우되는데, 이것은 오케스트라에서 개별 음악가가 전체 오케스트라 연주의 한 부분(아마도 한 순간)을 담당하지만 완벽한 오케스트라 연주를 위해 자신의 부분을 연주하는 것과 비슷한 방식이다.

수업 활동은 전체 과제를 통해 지식을 표현한다. 수업 활동들은 학생들이 학습 기회로 받아들일 수 있을 정도로 강제적이고 몰입될 수 있어야 하지만 동시에, 그러한 활동들은 수학적으로도 끌리고 문화적으로도 가치 있는 중요한 것이어야만 한다. 이러한 학습 기회의 이중적인 질을 관리하는 것은 가르침(가르치기 위한 의도로 만들어진 인간과 물질 자원들의 시스템)에 달려 있다. 이 장에서 다루는 질문은 어떤 종류의 증명 표상이 수업 활동에서 구성되는지, 그리고 수업 활동 안에서 구성될 수 있는지의 여부와 교사의 관점을 가진 관찰자가 그런 증명 표상들을 어떻게 설명할 수 있는지이다.

여기서는 집단적 인지 구조(organization)로써 수업 활동을 관찰하는 교사의 관점을 이론적으로 발전시키는 데 중심을 둔다. 그리고 그 관점으로부터 증명을 전체가 하는 공적 행위로 설명한다. 특별히 중요한 세 가지로 구분된 시점에 수업 활동에 나타나는 학습 기회의 관찰자로서 교사에 중심을 둔다. 이 관점은 수업에서 일어날 수 있거나 혹은 일어났을 것 같은 여러 가지 가능한 활동들보다 실제 수업에서 수학적 질을 높이기 위한 주요 활동인 교사 평가, 교사 교육, 교육과정 연구를 알리는 데 있어서 중요한 역할을 한다. 이러한 관점에서 수업 활동의 수학적 질을 설명한다는 것은 교사로 인해 일어났을 것 같은 변화를 종속 변수로 보고 비유적으로 설명하는 것을 의미한다.

Balacheff(2002)는 수학교육에서 증명에 관한 연구가 많음에도 불구하고 이 분야에서 연구 목적의 경계 설정이 명확하지 않아 교착상태에 있다고 지적했다. 개인이 어떻게 하나의 문장이 참이라고 생각하는지 알고 싶을 때, 교육과정 개발자가 학생들이 푼 문제에 대한 답을 정당화하기를 바랄 때, 독자가 수학적으로 쓰인 글의 장점을 판단할 때, 역사가가 수학적 아이디어를 통해 변화를 설명하려 할 때, 또는 철학자가 수학을 자연과학과 비교할 때, 과연 똑같은 증명 개념을 쓰는 것이 유용할까? 우리는 수학교육 연구에서 '증명'의 의미가 무엇인지에 대한 합의가 이루어지지 않은 것은 각 연구자의 관점이 불분명하기 때문이라고 생각한다. 수업에서의 수학 활동을 평가하기 위해서는 논란의 여지가 있을지라도 '증명으로 인정할' 수 있는 범위에서 관찰자가 **증명**이란 단어를 특별한 의미들의 집합으로 설명하는 것이 필요하다.

수업 활동이 단지 개인의 행동을 모아놓은 것이라거나 명시적인 사회적 계약이 아니라는 점을 강조하기 위해서 수업 활동을 의미하는 데 있어 **성과**(performance)라는 용어를 사용한다. 또한 수업 활동은 학교 기관이 역할을 수행해서 구체화된 문화적 구성을 하는

체계적인 반응이다. **성과**라는 용어는, 수학 커뮤니티는 수학적 내용을 보지만, 그 의미는 교육받은 이의 경험에서 점수가 되는 그런 오케스트라 같은 수업이라는 은유에서 얻는다. 즉 관찰자인 교사의 관점에서 말하는 것을 의미하는 것으로, 수학 수업이라고 그 성과를 수학적인 점수로만 본다면, 그것을 수학적 성과라고 할 수 없다는 것이다. 심지어 이미 배운 정의와 전통적인 기호를 사용해서 구문론적으로 타당한 증명을 사용하지 않았을 때조차도 관찰자로서 교사는 대부분의 수업 활동이 수학적 성과라고 주장할만한 수단이 필요하다.

수업의 수학 활동에 있는 네 가지 제약

수업 활동의 복합성 및 수업 활동에 대한 평가자로서의 교사는 수업 구조(organization)를 파악하기 위해 수업의 특징을 주의 깊게 살펴보아야 한다. 수업 구조를 파악하는 것은 우리가 I^4라고 명명한 네 가지 제약에 대한 답을 찾는 것으로, 네 제약은 각 수업에 증명이 있게 하기 위해 특수한 요건들이 필요하다.[2]

■ 제도적(Institutional) 제약

학교 조직은 수학 교실에서의 활동의 주제를 학문으로써의 수학 내용이라고 가정한다. 수학은 학교의 교과목이면서 학교 밖에서는 진정한 학문적 과제로써 대중에게 이 학문을 널리 퍼뜨리기 위해 학교에 의존한다. 그런 까닭에 수학이라는 학문은 비록 유용하지 않더라도 학교 구성원들이 인정할 수밖에 없는 문화적 특권을 지닌다. 또한 수학이라는 학문은 종종 논평이나 교과서를 검토하는 과정에 참여하는 수학자들의 제안을 통해 수학적 표상을 스스로 감독하는 문화적 책무도 갖는다. 증명 개념은 수학이라는 학문 안에 존재하기 때문에 수업 활동에 포함된다. 그리고 증명은 만약 모순이 생겼을 때 어떻게 해결할지 설명할 수 있는 형태로 그 역할을 수행한다.

■ 교수적(Instructional) 제약

학생, 교사, 교과 내용 사이의 만남은 아무렇게 만들어지거나 자발적으로 된 것이 아니다. 수업 활동은 특정한 일정 시간 동안 학생과 교사가 서로 마주보고 특별한 장소에

2 이러한 제약조건을 명시하는 것은 교사들이 그들의 의무를 바람직한 상태로 수행하도록 하기 위한 것이다. 교실에서 그들이 노는 것처럼 보이게 묘사하였다.

있도록 하는 것이다. 학생과 교사는 공부하는 내용에 있어서 비대칭적인 관계에 있다. 교사는 이미 내용을 알고 있다고 가정하고, 학생은 아직 그것을 알지 못하지만 나중에는 그것을 알 것이라 기대된다. 수업을 하는 일정 시간 동안 그 관계에는 문서화되지 않은 계약 또는 합의가 존재한다. 제도적으로는 원하지 않는 것이 이 관계가 가지는 결함이며 이 때문에 학생과 교사 관계가 유지되기 위해서는 이러한 관계 형성에 적응해야만 한다. 특히 증명은 교사와 학생을 연결하는 내용의 일부분이기 때문에 '가르치고', '배우고', '알게 되는', 그리고 '평가되는' 것이어야만 하며, 여기서 이 단어들의 상대적인 의미는 학교 상황에서 설명되는 것이다. 또한 학생과 교사의 수학적 지식은 다른 것으로 가정한다. 학생의 지식은 끊임없이 새로운 지식을 추가하면서 증가할 것이라 생각되고 반면에 교사의 지식은 상대적으로 안정적인 것이라고 생각된다. 특히나 교사는 학생이 알아야 할 것들을 이미 알고 있을 것이라고 가정한다. 상대적으로 교사에게는 고려해야 할 명제를 학생보다 먼저 알고 있어야 할 뿐만 아니라 그 명제가 참인지 아닌지, 심지어 그것들을 증명하기 이전에 학생들이 쓸 수 있는 정리로 만들 수 있을 것이라고 기대한다.

■ 개인적(Individual) 제약

20세기 이후에는 학생이라는 역할에도 불구하고 학생 개개인이 서로 다른 권리를 지니는 것으로 본다. 제도적으로도 개인은 생각하는 방법, 좋아하는 것, 발달 정도, 능력과 결정 등이 다르다는 것을 인정하였다. 개인에게 학생으로서의 권리를 빼앗지 않으면서 동시에 학생들이 서로 다르다는 이슈는 다양한 방향으로 논의할 수 있다. 이 점이 의미하는 바를 증명에 관해 생각해보면, 어떤 학생들은 (수학자들이 할 것 같은) 수학적으로 타당한 증명으로도 명제가 참이라는 것을 확신하지 못할 수도 있고, 또 어떤 학생은 어느 누구도 수학적이라고 부를 수 없는 논쟁으로 명제의 참을 확신하기도 한다. 또한 어떤 학생들은 설명하거나 논쟁하는 것을 즐기지 않을 수도 있고 논리적으로 따지는 것을 어려워할 수도 있다. 하지만 그런 학생들 모두 학교에서 자신의 방식을 고수할 권리를 가진다. 특히 개인의 여러 특성이 바뀌는 타이밍과 각 시점에서[3] 가르치는 타이밍이 시점에 맞추어 갈 것이라 기대할 수는 없다. 그렇기 때문에 수학적으로 매우 가치 있는 이론의 증명이라도 어떤 이들에게는 명확하게 이해되지 않을 수도 있고 다른 이들에게는

3 생물학적 성장, 정체성, 학습형태 장애여부, 인종 등

확신할 수 없는 것일 수도 있다. 이것은 다른 것을 하기 위한 이유가 될 수도 있다.[4]

■ **대인관계에서의(Interpersonal) 제약**

학생과 교사는 외부에서 감독하는 것이 상대적으로 느슨하게 오랜 시간을 함께 한다. 그들은 역할을 하지 않기도 하고 자신들을 표현하지도 않으면서 맥락에 맞지 않는 전략은 적용하지도 않고 즉흥적으로 행동하지도 않는다. 학생과 교사는 시간에 따라 드러나는 정체성이나 드러나지 않은 개인특성을 발전시켜서 서로 적응하면서 동시에 그 상호관계를 전술적으로 관리한다(Erickson, 2004). 증명과 관련해서 이것이 의미하는 바는 증명과 관련된 (상호소통의) 활동이 학생과 교사가 관련된 식으로 된다는 것이다. 예를 들어, 증명을 요구하는 것은 결코 단순히 진실을 만들기 위한 요구가 아니라, 다른 사람의 말이 믿을 수 없어서거나 이해가 부족해서거나 어떤 사람과의 힘의 관계의 표현일 수도 있다. 증명을 제시하는 것이 거만함이나 박식한 체하는 것으로 (청중의 의심을 가정하고 청중이 생각할 시간을 존중하지 않는 것으로) 받아들여질 수도 있다. 시간이 지나면서 교사와 학생의 상호관계는 계속되고 그 관계를 위해 필수적인 노력은 관계에 좋은 혹은 나쁜 영향을 줄 수 있다.

앞에서 설명한 I^4의 제약을 가진 환경은 개인이 증명을 만나는 환경들, 예를 들어 수학자가 출판을 위해 제출한 논문을 심사한다거나 명제의 참 여부에 대하여 친구를 설득하는 노력들과는 전혀 다르다. 수업 활동에서 증명의 역할을 평가하기 위해서 관찰자는 활동의 여러 가지 측면에 관심을 기울일 필요가 있다. 여러 측면들 중에서 어떤 것을 '증명으로 간주할' 것인지 아닌지를 결정할 방법은 찾을 수도 있고 찾지 못할 수도 있다.

수학교육자들이 증명을 설명하기 위하여 수업의 '제도적' 제약을 넘어서기 위한 도구의 필요성을 이해하는 것은 매우 중요하다. 제도적 제약에 따르면, 수학이라는 학문은 증명이 무엇인지 말할 권리와 의무를 가진다. 기관의 연구자들(예를 들어, 특정 교과서가 수학적으로 타당한지 고려해야 하는 사람들)은 수학자의 용어를 있는 그대로 받아들이는 것 이외에는 선택의 여지가 없을 수도 있다. 하지만 수업 활동을 이해하려는 수학교육 연구자들은 Lakatos가 과학 철학자들에게 가르쳤던 것의 이점을 통해 좀 더 복잡한 관점을 발전시킬 수 있다. 《Proofs and Refutations》라는 책의 서문에서, 20세기 수

4 즉, 수학책에서 증명이 어떻게 증명으로 받아들여지는가는 매우 다르다.

학의 형식주의자인 Lakatos(1976)는 Boole이 명제에 관한 논리법칙들을 논의하기 이전에는 진정한 수학이 없었다고 주장했다. 수학교육 연구자가 수업 활동에서 증명의 위치를 설명할 때 (수학자들이 역사적 시간 동안 겪은 만큼) 과학 철학자들이 수학의 역사에서 증명의 역할을 찾으면서 만났던 똑같은 패러독스에 직면할 것이다. 한 해 동안 학생들이 지식을 만들고 조직한 방법은 그 지식 스스로 발전한 만큼 시간에 따른 결과물이라 할 수 있다. 그런 패러독스를 이겨내는 한 가지 방법은 현재 학문으로 확인된 것들보다 특정 수학으로부터 알려진 의미에서 증명의 역할에 대한 문제들을 없애 나가는 것이다. 다른 방법은 학생들이 이전에 배웠던 것이 진정한 수학이 아니라고 거부하고 증명해야 한다는 가정을 무시하고, 수학적 아이디어를 변화시키는 증명의 비공식적이고 전략적인 본질을 인정하는 것이다. Lakatos(1978)는 "심지어 부족한 역사결정론일지라도 그것이 아예 없는 것보다는 낫다(p.61)."고 하면서 수학의 방법론을 이해하기 위해서는 후자가 가장 좋다고 주장했다.

하지만 만약 학생들의 삶에서 수학적 아이디어가 더 일찍 발달될 수 있는 비공식적인 방법을 인정한다면, 학생들의 활동에서 어디까지가 수학적인지 그 범위를 어떻게 측정할 수 있는가? 이러한 학교 활동이 Benjamin Peirce의 '필연적으로 결과를 만드는 과학'으로써의 특성과 모순이 없는 수학의 이미지를 유지할 수 있을까?(Peterson, 1955) 필연적인 결과를 주장하기 위한 정당화와 결과를 단순히 경험적으로 확인하는 정당화를 구분할 수 있어야 하고 명확한 정의나 공리를 필요로 하거나 상징적 형식주의에 기대지 않고 그런 구분을 할 수 있어야 한다. 여기서 우리가 제안하려는 것이 바로 그것이다.

세 가지 시점

수업에서의 수학 활동에는 증명의 본질을 설명하는 중요한 세 가지 특별한 시점(Lemke, 2000)이 있다. 각각은 특별한 설명이 필요한데 일반적으로 수학 수업에서 증명의 역할을 이해하기 위해서는 세 가지 시점을 통한 분석의 통합이 필요하다. 첫 번째 시점은 수업의 관습에 관한 것이다. 이 시점에 대한 기본적인 질문은 한 해 동안 수업에서 관습적으로 이루어진 수학 활동 가운데 증명의 위치가 무엇인지에 대한 것이다. 이 시점의 특징이 각 증명이 특별한 경우가 되는 그런 증명의 일반적인 의미를 말해줄 것이라고 가정하지는 않는다. 카테고리와 그 구성요소 사이의 관계처럼 일반적인 증명(proof)과 특정한 하나의 증명(a proof) 사이의 관계를 보기는 어렵다. 그러나 수업에서나 수학자들은 증명이나 증명하기 같은 단어를 일반적인 카테고리처럼 사용한다. 그래서 일반적이고 관습적인 사용을 설명하는 것이 수학 수업에서 증명의 본질과 역할을 이해하기 위한 중요한 부분이라는 것이다. 수업에는 수학을 하는 것과 관련하여 습관적인 방법들의 집합체인 관습(custom)이 있다(Balacheff, 1999). 예를 들어, 증명하기 같은 단어를 사용하는 것이나 지식과 관련된 습관에 반영되는 (예를 들어, 하나의 주장을 말한 후에 그것이 사실이라고 주장할 것이라는 기대) 증명의 위치가 바로 그 관습이다. 지금까지 대략적으로 설명한 증명의 일반적인 개념을 비판하려면 다른 시점에서 증명의 역할을 설명해야 할 필요가 있다.

형식주의자인 Lakatos는 수학적 활동에서 증명의 본질이 형식적이지 않고 경험적이라고 비판했다. 증명은 개념과 명제를 다듬고 그것에 의미를 부여한다. 결과적으로 증명에 대한 일반적인 생각보다 특정 증명을 하는 것에서 찾을 수 있는 증명의 본질이 더 많다. Cauchy의 조합 증명(Lakatos, 1976, p.8)이나 Poincaré의 벡터 대수 증명(Lakatos, 1976, p.116) 같은 오일러의 가설에 대한 특정한 증명들은 실제 증명뿐만 아니라, 그 가설에 부여되는 의미와 명백하게 밟아야 할 단계, 분석되지 않은 아이디어 등이 모두 다르다. 예를 들어, 증명이 논증보다 계산에 가깝다면 그 증명의 본질은 증명에 관한 아이디어를 만들어내는 특별한 표상체계에 좌우된다. 증명의 본질과 역할을 설명하는 방식을 점검하기 위해 특정 시점을 활용한다고 했는데, 이는 정해진 시간에 어떻게 문제를 풀었는지를 조절하는 구체적인 의미를 지닌 특정 순간에 행해진 활동과 같은 특별한 수학적 개념의 시점이다. 우리는 이것을 C-proofs로 표현한다.

마지막으로, 세 번째 시점은 Lakatos가 오일러 가설의 역사적 발전을 말로 풀어 설명한 것과 같이 수업 비교로 설명할 수 있다. Lakatos의 설명을 보면 다면체의 다양한 의미들, 오일러 가설의 여러 버전들, 그 증명들과 명성들은 다면체에 관한 '정리'를 증명하기 위한 명성과 증명의 힘의 결과이다. 즉 특정한 개념 내에서 결과를 검증하기 위한 특정 증명이나 지식과 관련된 수학적 방법을 특징지으려 증명하는 관습뿐만 아니라, 모든 새로운 증명이 지식을 발전시키는 데 있어서의 조작적인 방법이 있다는 것이다. 증명은 '증명하기'라고 부를 수 있는 행위들에 의해 개념이 변화하고 새로운 개념의 통합이 일어난다. 이 장의 목적은 이러한 세 가지 시점, 관습적 혹은 습관적이고 지엽적인 특정 행위(새로운 지식으로의 변환을 돕는 조작)에서의 증명의 역할과 위치를 설명하는 프로토콜을 제시하는 것이다.

관습에서의 증명

수업에서 증명과 증명하기란 단어는 바꿔쓸 수도 때로는 바꿔쓰면 안 될 때도 있다. 즉 증명과 증명하기란 단어는 공식적인 의미로 상호관계일 수도 있고 아닐 수도 있다는 것이다. 수업 관례의 한 요소로 증명을 설명하려면 증명과 증명하기의 용어를 수학적 담화에서 사용하는 것과 일상에서 습관적으로 사용하는 것과 비교해 볼 필요가 있다. 이러한 설명은 비슷한 관례적 역할을 하는, 예를 들자면, 정당화하다나 설명하다와 같은 다른 표현들과도 연관된다. 수업을 통해 확립되는 증명과 증명하기의 개념을 파악하는 것은 관찰자의 입장에서 기본적인 용어 정의를 이해하는 데 도움이 된다. 다음은 약 20년 전에 Balacheff(1987)가 쓴 것이다.

> 말하는 사람이 자신이 얻은 결과나 정리가 사실이라는 것을 이해시키기 위한 일종의 담화를 설명이라고 부른다. 화자가 설명에 쓴 이유는 토론될 수도 있고 거부될 수도 있고 받아들여질 수도 있다. 특정한 상황에서 특정 커뮤니티가 인정하는 설명을 증명(proof, 프랑스어로 preuve)이라고 부른다. 여기서 인정한다는 결정은 논쟁의 목적이 될 수 있는데, 그 논쟁의 주요한 목적은 말하는 이의 정당성을 인정할 공통의 시스템을 결정하는 것이다. 수학 커뮤니티[5]가 특별한 형태로 채택하는 설명들만이 증명으로 인정될 수 있으며, 설명은 결정된 법칙에 따라 구성된 일련의 명제들이다. 하나의 명제란 사실로 인정된 것이거나 잘 정의된 법칙의 집합들로부터 연역법을 이용해 그 명제를 앞서는 명제들로부터 추론된다. 이런 종류의 증명들을 수학적 증명(**mathematical proofs**, 프랑스어로 demonstration)이라고 부른다(p.147-148 번역서에서).

그래서 우리는 명제에 적용되는 담화에서(다시 말해, 주장이 사실이라고 제안하는 문장들에서) 그리고 그 담화가 명제가 사실이라고 밝히기 위한 목적에서 증명의 위치(그리고

5 수학 커뮤니티는 학술 저작물로 정리를 증명하고, 이를 게재하는 수학 연구자들의 현대사회로 여겨진다.

관련 용어들)를 설명하려고 한다. 수업에서 관습적인 증명의 위치를 설명하는 것은 명제와 관련한 담화에서의 상대적인 위치를 설명하는 것이면서 동시에 관습적인 수학 과제에서 그런 담화들이 차지하는 상대적 위치를 비교하는 것을 의미한다.

수학자들이 이룬 성과만큼이나 그들이 쓴 폭넓은 반성적인 글들은 수학 커뮤니티 내에서 일반적이고 관례적인 성질들과 이전에 주어진 수학적 증명의 개념을 보완한다. Gila Hanna은 이런 것을 조사 및 조직하고 상세화하였다(예를 들면, Hanna, 1983; Hanna & Barbeau, 2008; De Villiers, 1990을 보라). 증명은 종종 명제가 만들어진 이후에 그 명제가 사실임을 밝히기 위해 일반적인 명제로 제시된다. 때로는 명제가 만들어지기도 전에 그 명제를 만들기 위한 방법으로써 증명이 주어지기도 한다. 하지만 참인 명제가 모두 실제로 증명을 하는 것은 아니다. 어떤 명제들의 증명은 종종 따름정리와 증명이 빠진 결과들을 도출해 낸다. 수학자들의 글은 특정 증명의 '아이디어'와 '스케치'로 가득 차 있다. 그래서 증명이 존재한다는 것을 보이는 관습은 완성된 증명을 제공하는 것보다는 덜 현학적이지만 받아들여진다. 그리고 증명에 대한 아이디어를 성공적으로 활용할 수 있는지 전문가의 검토를 거치는 것은 수학 출판물을 낼 때 중요한 과정이었다. 논쟁을 하기 위해 그 기록을 사용할 때마다 빠진 부분을 찾고 채우면서 실제 증명으로 다시 완성되기 때문에 전통적인 수학만큼이나 동시대의 수학은 '증명의 묘사(descriptions of proof)'(Livingston, 1999)라 부를 수 있을만큼 충분히 기록해야 한다. 수학자들의 반성적 사고는 종종 일반적인 의미에서 수학에서 증명의 역할과 특징을 반영한다(Davis, 1972; Haimo, 1995; Thurston, 1994).

특정 수업에서 관습적인 증명이 의미가 있는지 알아보는 것의 핵심은 수업에서 그 수업에 참여한 자들이 일반적인 특성을 설명하기 위해 명제의 사실 여부를 확인하고 찾아내는 습관이나 (기호적이거나 상호적인) 자료들을 가지고 있느냐이다. 때로는 그런 일반적인 명제들이 수학자들이 참이라고 증명하려고 하는 것이 아닐 수도 있다. 참인 명제를 만들고 축척해 나가는 것을 수업의 결과물로 여기지 않을 수도 있다. 이것은 커뮤니티가 이해하는 수업의 성격이기도 하다. 또한 수업은 참인 명제를 얻는 것일 수도 있지만, 각각의 명제들이 참임을 밝히는 것은 순전히 임시변통이고, 결과적으로 어떠한 일반적인 담화가 가능하지 않다는 것을 밝히는 것이 증명의 본질일 수도 있다. 추가로 수업은 참인 명제를 얻는 것과 관련되는데, 즉 어떻게 참이 성립될 수 있는지를 설명하는 METHOD를 가지고 특정 맥락에서 증명과 증명하기 같은 단어의 사용을 가능하게 할 수도 있다.

하지만 수업에서 수학적 증명의 관습적인 개념에 포함된 요소들과 증명을 비교하는 것은 전혀 다른 얘기이다. 따라서 수업에서 증명의 관습을 설명하기 위해서는 증명하기, 증명, 논증(정당화하기, 정당화, 설명하기, 설명, 보여주기 같은 단어들처럼) 같은 주요한 용어의 사용을 추적해보아야 하고, 그 용어들이 명제의 진실 여부를 논하는 담화에 포함되어 있는지 관찰해야 한다.

Balacheff(1987)가 제안한 증명 개념에는 커뮤니티와 시간의 중요한 역할과 모든 증명에 적용되는 엄격한 형태를 요구하지 않음에도 불구하고 무엇이 증명을 자유로운 형식에서 자발적인 합의로 옮겨가는지 의문을 제기한다. 여기에서 커뮤니티들은 결코 자유로운 형식이 아니며 의견의 일치는 결코 단순한 자발적인 합의가 아니다. 수학 수업은 특별한 커뮤니티이면서 I^4라는 제약들로 묶여 있다. 예를 들어, 제도적 제약에서 참으로 설명된 명제는 어떤 이가 그 사실을 확신했다고 전달하는 것 이상으로 사실인 것처럼 여기기를 요구한다. 그 정의에서 시간의 중요성을 간과할 수는 없다. 왜냐하면 특정 시간에 어떤 것이 참인지 밝히면 커뮤니티는 그 순간 이후에는 그 명제가 사실이라고 인정하게 되기 때문에 증명에서 시간은 중요하다. 결론적으로 Balacheff의 정의는 수업에서 '관습적인 증명'이 '하나의 증명'과 '일반적인 증명' 사이의 필수적인 순환관계를 가리킨다. 역사적으로 일반 명제를 진술하는 관습을 발전시키고 받아들이고 증명으로 기록한 것은 어느 한 순간 이루어졌고 새로운 명제를 세우고 그것을 증명하는 데 적용되었다. 예를 들면 새로운 전략을 발전시키고 수행하는 것 또는 명백한 어떤 것들을 말하지 않고 남겨두는 것으로 새로운 명제를 증명하는 활동을 변화시켰다. 그 순환성 때문에 습관적인 증명 개념은 증명해야 할 때 증명인지 아닌지 아직 판단하기에는 충분하지 않은 주장으로 생각하는 것이 유용할 것이다.

미국 수업에서 '증명'이란 단어는 보통 고등학교 기하 수업과 연관되었고 그 수업은 증명하기라는 관습을 배우는 것이었다. Herbst(2002a)는 고등학교 기하에서 증명하기 관습의 역사적인 발전과정을 추적해보았는데, 이는 20세기 초에 증명을 쓰는 표준으로써 이단 증명을 쓰게 된 원인을 찾는 것이었다. 21세기 초에 편찬된 NCTM(2000)의 《학교 수학을 위한 원리와 규준》에는 모든 과목과 학년을 통틀어 규준으로써의 '추론과 논증'이 포함되어 있다. 《원리와 규준집》에서는 논증하는 여러 관습들이 학생들의 발달 수준과 사용 가능한 자원들(도구나 상징 등)에 의존해 발달하기 때문에 추론과 논증이 학년에 따라 다르게 보일 수 있다고 했다. 교육과정, 지역교육청, 교사들은 이 규준을 수행한 실제 수업에서 나타날 수 있는 논증의 관습을 설명하는 연구를 해야 한다. 이 책이 공헌하려는 바도 이런 연구가 되고 있다는 것을 보이려는 것이다. 증명에 대한 연구들은 수업에서 수학 과제에 포함된 증명의 관습적인 개념을 서술하는 범위를 넘어서야 한다.

정규적인 구조로써의 증명

앞 절에서는 일반적인 명제의 성립과 공식화, 그리고 증명을 준비하고 증명할 필요성을 만족시키면서 명제의 사실 여부를 설명하려는지를 알기 위해서 수업 과제를 살펴보아야 한다고 했다. 그리고 특정한 수업은 그런 관습을 포함하지 않을 수도 있으며(즉, 그런 종류의 활동을 하게 하는 지속적인 계획이 포함되지 않을 수도 있다) 수업 담화에서 증명을 기대해야 할지도 모른다. 수학 수업은 항상 특정 과제를 포함하며, 특별한 활동 안에서는 특정 방식이 증명으로 간주될 수도 있다. 이제 다른 종류의 시점을 살펴보겠다.

우리는 수업에 주어진 목표와 자원에 따라 주어진 순간에 무엇을 하고 있는지를 설명함으로써 증명의 또 다른 개념을 제안한다. 앞으로 사용하는 **개념**(conception)이란 표현은 Balacheff와 Gaudin(출판중, Balacheff, 1995 참조)이 사용한 것으로 수학 수업에서 학생들이 특정한 순간에 수학적인 환경으로 조직화하는 안정된 방법을 의미한다. **개념**이라는 표현은 수업보다는 개인과 연결지어 사용한다. 개념이 수업과 연관되는 것은 교사의 관점에서 수업을 어떤 추상적인 또는 **형식적인**(modal) 것으로 여기고 관찰했을 때 이해할 수 있게 된다(Herbst, 1998). Balacheff와 Gaudin(출판중)은 **개념**이 정신 구조를 의미하는 그런 규범적인 사용에서 안정적인 활동을 의미하는 데 사용될 수 있다고 주장했다.

Bourdieu(1990, p.83)의 **활동의 측면**(sphere of practice)이라는 개념을 구성하기 위해, 우리는 수학적 성과에서 구성단위들을 밝히고 그 단위들을 **개념**이라고 불렀다(Balacheff, 1995; Herbst, 2005). Balacheff(1995)는 인지에 기초한(cognitive-based) 연구들에서 '오개념(misconceptions)', '오류(bugs)' 또는 '실수(errors)'라고 부르는 것들이 모두 실제적인 실행가능성을 배제한 상태에서 인식 주체(학생과 수업)와 환경 사이의 적응을 의미하는 유사한 경우들이라고 제안했다. 인지에 관한 논문들은 같은 사람이 모순되는 개념을 사용한다고 비난하는 경우가 많은데 이것은 여러 개념들이 상대적으로 독립성을 유지하기 때문이다. 관찰자들은 이를 같은 개념으로 봐서 비난하는 것이다. 이러한 상대적인 독립성은 실제적인 상황과 시간적인 위치가 다를 때에도 계속 유지된다. (시간의 변화에서도 학교 안인지 밖인지에 따라 차이가 있고 또는 한 지역이라도 '올해 수업'과 '작년 수업'이라는 상황에 따라 존재하는 시간적인 차이가 있다.) 이런 실제에 기초한 개념은 CK¢ 모델로 제시된다. 여기서는 하나의 개념을 4차원 $C=(P_C, R_C, L_C, \Sigma_C)$으로 모델화해 설명하겠다.

P_C는 주어진 순간에 주체에 의해 성공적으로 수행된 과제나 문제 세트
R_C는 주체가 문제 세트를 해결하는 데 사용할 수 있는 일련의 시행들
L_C는 그 문제들이 제기하거나 그 문제의 해가 표현하는 것 안에서의 표상체계나 기호체계
Σ_C는 그 문제에 대한 해의 타당성을 조절하고 해를 정당화하는 데 사용되는 정규적인 구조를 의미한다.

특히 이 개념 모델은 적어도 교사에게는 수업이 형식상 하나의 학생과 같기 때문에 수학 수업에서 전체 수학 활동의 기본 유닛을 표현하는 데 사용될 수 있다. 결국에는 수업에서 개념들을 정리하거나 문제의 해에 대한 적합성도 증명이라 부를 수 있게 된다.

고등학교 기하 수업에서의 전형적인 예는 합동과 같은 '일치(correspondence)' 개념이다. 고등학교 기하에서 학생들은 종종 두 선분이나 두 각이 일치하는지 또는 왜 그런지 보이도록 하는 문제를 만난다. 이러한 개념을 만드는 다른 문제들은 두 선분의 길이 비를 찾도록 요구한다. 고등학교 기하를 듣는 학생들은 이전 학년에서처럼 그런 질문에 수를 재거나 비교하는 것으로 문제를 해결하지 않는다. 내신 고등학생들은 한 각의 크기를 주고 서로 각을 비교할 수 있도록 대응되는 두 각을 찾도록 시각적인 다이어그램을 만약에 대응되는 삼각형이 합동이라고 주장할 수 있으려면 (말하자면 대응하는 삼각형의 대응 부분들이 합동이라는) 합동의 정의로부터 필요한 요소들을 비교해야 한다. 이단 형식(Herbst, 2002a)으로 만들어진 이단 증명은 종종 삼각형의 합동을 컨트롤하는 데 사용된다. 이런 컨트롤 전략은 삼각형 합동 증명에서 추가로 설명할 내용없이 비교하는 삼각형의 존재를 인정한다. 이단 증명 형식은 합동이라고 알려진 두 삼각형의 각각의 요소를 '주어진(given)' 무엇에 의한 것인지 정당화하면서 나열하는 것이다. 더 나아가 이단 증

명은 상대적인 순서로(예를 들어, 대응하는 두 변, 그 다음에 그 변들 사이에 끼인 대응각) 합동인 요소들을 놓도록 요구한다. 그리고 합동 조건(예를 들어, SAS-변-각-변) 순서대로 리스트를 비교한다. 고등학교 기하에서는 증명을 배운다고 하면서 이런 합동 비교 활동이 많이 행해진다. 지금까지 이렇게 자세히 설명한 것은 다음과 같은 점을 알리고자 해서이다. 즉 합동을 주장하는 방식이 '증명'이란 이름으로 조절되는 것은 부인할 수 없지만, 이 방식이 무엇과 연관되는지 그리고 이런 '증명'이 합동의 개념을 만든다는 언급이 없어도 되는 본질은 삼각법(triangulation) 때문이라는 것이다. 합동을 줄여서 보아 삼각법을 각각의 대응하는 대상을 구성하는 데 사용한다는 것이다. 지금까지의 설명은 앞으로 개념을 규정하는 특별한 종류의 전략을 나타낼 C-proofs라고 부를 첫 번째 예제이다. 독자들도 문제의 해가 정확한 것인지를 확인하는 특별한 방식(Harel & Sowder, 1998)이 특정 개념에 기인함에도 불구하고 수학적인 추론으로 증명할 수 있다는 것을 이해할 수 있을 것이다. 삼각형 합동의 경우 정규 구조의 수학 대상은 직접적으로 합동이라고 확신할 수 없지만 합동이라고 할 수 있는 충분한 정보가 주어진 경우들에 대한 질문을 줄이기 위한 선택이다. 다시 말해, 누가 해를 찾았는지, 언제 해결했는지의 문제가 아니라 해는 문제와 주어진 조건들의 상태에 따라 적절한 표상체계로 제한하는 것이 필요하다는 것이다.

C-proof

이제 '증명'이라는 단어를 쓰지 않는 초등에서 C-proof의 개념을 알아보자. 초등학교 저학년 학생들은 두 자릿수 이상의 덧셈 문제를 풀 때, 오른쪽에서 왼쪽으로 순서대로 숫자를 채우고, 각 자릿수를 더하여 마지막 자리에 쓰고, 남은 수는 다음 자리 위로 올린다. 176은 '백 플러스 칠십 플러스 육'이라는 개념이며 자릿수는 표상체계의 일부분이다. (여기서 기본적인 원소는 0부터 9까지의 자리와 10의 거듭제곱, '칠십'이라는 표현, 표면적으로는 '7개의 사과'와 비슷하다.) 만약 '46'이 '17+39=?'라는 덧셈 문제의 해가 되려면 (학생들이 실제로 하는) '다시 해보기'로 적합성 또는 결과를 확신하거나 부정하는 방법으로 체크한다. 예를 들어, 어떤 학생은 이 문제의 답으로 46, 416, 또는 56을 얻을 수 있다. '다시 해보기'는 정규 구조로, 어떤 수업에서는 '한 것을 다시 하기'가 결과를 다루는 유일한 관습적인 방법일 수 있다. 그러나 '다시 해보기'를 두 자리 수 이상의 덧셈에서 C-proof로 보기는 어렵다. 다시 해보기는 문제 풀이 경험이 판단의 정확성에 대한 증거로 계속하는 것을 막는다. 경험적 귀납은 문제를 여러 번 풀어서 어떤 결과를 얻으면 그 결과가 문제의 해가 된다.

비슷한 상황에서 해는 문제와 표상체계에 있는 성질들로 설명될 수 있다. 예를 들어, '17+39'는 '16+40'으로 바꾸어서 56 또는 46보다는 훨씬 큰 수라는 결과를 얻을 수 있다. 46보다 크다는 결과를 찾는 전략은 같은 문제를 다시 푸는 경험을 반복하지 않기 위해 자릿수라는 표상체계의 성질을 이용한다. 이것은 '다시 해보기' 대신에 선수 지식으로 문제의 해를 정확히 찾을 수 있는 다른 유형의 간단한 문제로 바꾸는 것이다. 선수 지식은 위의 경우에서처럼 제시된 해의 부정확성과 정확성을 모두 포함한다. 두 자리 수 이상의 덧셈의 정규 구조(regulatory structures)는 여러 표면적인 유사점이 부족하지만 합동이라는 일치 개념을 이용한 삼각형의 합동을 증명하는 것과 비슷하다. '간단한 문제로 바꾸기'는 함축된 추론에 의한 것인데(예를 들어, 17+39에서 17에서 1을 빼고 39에 더한 후 40을 만드는 것은 결합 법칙으로 인한 것이지만, 어린이들은 결합 법칙이라고 말하지는 않을 것이다) 이 둘을 모두 C-proofs라고 볼 수 있다.

본 절에서 설명하는 시점으로 보자면 증명의 본질을 설명하는 데 필요한 첫 번째는 개념 자체를 모델링하는 것이다. 실제로 가능한 정규 구조를 만드는 것은 C-proof로 볼 수 있는데 이것은 수업 중에 정규 전략이 있는 순간이 있다고 주장할 수단이 된다. 같은 이유로 이러한 C-proofs와 C-proofs를 조절하는 개념들 사이에는 명백한 사상관계가 존재한다. 합동의 일치 개념은 전체적인 사상관계나 부분적인 대상과 대상 간의 사상을 필요로 하지 않기 때문에 관습적인 방법으로 볼 수 있다. 10진법 수 체계는 수많은 정보를 가지고 있기 때문에 초기의 산술 문제는 '문제를 간단하게 바꾸거나 이미 알고 있는 문제로 바꾸기'로 계산 결과를 찾을 수 있다. 관찰자는 주어진 순간에 그 수업이 '포함한' (즉, 수업 구성원이 가진 것처럼 작용한다) 어떤 개념으로 (예를 들어, 나항식 곱셈을 수의 곱셈으로) 혹은 특정한 시간에 주어진 수업 과제에 포함된 것으로 개념을 설명할 수 있다. 이런 주장은 학생이 그 개념을 이해하는 것을 의미한다기보다는, CK¢ 모델이 개념을 설명한다는 의미에서 형식적인 학생(교실 상호작용에서 일반적으로 교사의 반대를 의미하는)이 그 개념과 관련된 활동의 책임을 지닌다고 보는 것이 적합하다.

따라서 '증명'은 개념과 연관된다. 정의에 의하면 개념의 조절 구조(control structures)가 문제의 해가 사실임을 밝힌다. 만약 문제를 공식화하는 것을 통해서만 해의 사실 여부를 파악할 수 있다면, 다시 말해 조절(control)이 문제의 정의를 포함한 대상 나열에 영향을 미친다면, 그것을 표상하는 수단이 필요할 때 해를 반복해서 찾지 않아도 이미 구한 해를 재구성할 수 있다. 이러한 조절 구조를 C-proof라고 부른다. 문제를 푸는 데 있어 '증명'은 문제의 해를 정당화하는 과정이다. 문제의 해를 찾는 과정에서 단순히 일어난 일과 반드시 찾아야 하는 것 이상으로 그 과정을 논리적으로 재구성하는 것을 C-proof라고 부른다.

특히, 어떤 개념이 C-proof라고 부를 수 있는 정규 구조를 가진다고 할 때, 그 개념을 위한 표상체계는 문제의 지시 대상(referent)뿐만 아니라 그것을 작동시키는 수단과 모아진 것들을 알 수 있게 스스로 포함한 것도 표시할 수 있어야만 한다(작동 경험이 표상체계가 조절할 수 없는 결과를 가지는 활동을 더 이상 추가할 수 없도록). 이러한 증명은 개념에 의존하며 이런 의미에서 모든 개념들이 C-proofs가 되기 위한 조절 구조를 가지는 것이 아니다. 즉 어떤 개념은 문제의 해의 정당성이 경험과 관련되어 해를 찾는 과정에 지속적으로 관여한다는 점에서 (그리고 같은 결과를 얻는 것으로써 그 답을 확신한다는 점에서) 경험적이다. 어떤 수업은 수학 과제를 수행하는 관습이 일반적인 수학 명제의 진실여부를 경험적으로 결정하는 방법에 대한 담화를 포함한다.

따라서 C-proof의 개념은 정의만 되었을 뿐 Balacheff(1987)가 제안하는 증명 개념과 여기서 설명하는 수업에서의 증명 관습에 대한 내용은 대상과 카테고리라는 측면으로 쉽게 연결되지 않는다. C-proof는 구체적인 개념일 뿐만 아니라 바로 그 개념이라는 이유에서 공통적인 형식에 얽매이지 않는다. 또한 수업에서 학생들은 그것을 '증명들'이라고 부르지 않을 수도 있다. 증명이라는 관습을 유지하기 위해서는 (우리가 얘기하는 것은 기하학적이고 언어적인 형식만큼이나 논리적인 형식도 포함해서) 어떤 형식이 필요하다.

수업에서 다루는 개념들은 (교사가 학생의 답을 체크하도록 하는 것처럼) 문제의 해를 조절하는 수단을 가진다. 이러한 가능성들을 통틀어 '정규 구조' 또는 '조절 구조'라고 부르고 좀 더 특별한 것은 C-proof라고 부르려고 한다. 심지어 고등학교 기하 수업처럼 명백히 논증해야 하는 수업에서 수학적인 증명을 생략하는 것은 경험에서 알 수 있는 개념들을 제한하게 된다.

일반적으로 몇몇 개념들은 모델이나 그 대상에 관한 '이론'과 문제와 관련된 연산 작용들에 관한 해석에 있어서 문제 풀이 경험을 기호로 나타내는 데 조절 구조를 움직이도록 형식화되어 있다(즉, 표상체계가 충분히 풍부하고 명확하다는 의미이다). 즉 기술적인 '문장'이나 '담화'는 왜 그 결과가 그것이어야만 하는지를 나타내는 것으로 문제 풀이 행위를 대체한다. 이런 C-proof의 개념은 ○○이나 17 같은 기호를 x나 pq 같은 문자와 구분하지 않으며, 쉽게 변할 수 있는 일종의 기호들이다. 각각의 기호들은 수업에서 어떤 개념을 알기 위해 C-proof를 지원하는 표상체계의 일부분일 수도 있고 아닐 수도 있다. 기호의 역할은 그것이 무엇인가가 아닌 문제 풀이에서 그 표상체계 내의 문법적인 행위가 그 기호들에게 의존하는가와 답을 확인하기 위해 다시 계산해야 할 필요가 없게 만드는 것이다.

알게 하는 도구로써의 증명

증명 관습과 C-proof의 구체적인 개념 간의 차이점을 다룬 앞의 내용을 보면 두 개념 모두 증명하는 과정 전체를 다 포함하지는 않는다. 수학적인 증명 관습과 비슷한 증명 관습은 안정적인 개념을 위해 서둘러 만든 C-proofs가 아니라 특정 순간에 일어나는 특정 아이디어를 발전시켜 만들어진다. 새로운 두 삼각형을 생각하기 위해서 다이어그램에 보조선을 긋는 것과 같은 획기적인 아이디어는 종종 고등학교 기하에서 일상적으로 제시되는 삼각형 합동 증명에서 나오지 않는다. 참신한 아이디어들은 수학자들이 쓰는 '증명 서술(description of proofs)'(Livingston, 1999)로 기록된다. Lakatos(1976)는 비형식적인 증명을 수학자들이 그럴듯한 추론을 조절하고 실험해보는 주요한 방법들 가운데 하나로 보았다. Lakatos는 Pólya(1954a)의 아이디어를 기초로 하여 수학적 추론을 귀납적, 연역적, 직관적인 것이 아닌 **발견술**로 보았다. 수업에서 관찰할 수 있는 발견술 및 비형식적 증명이라는 개념을 어떻게 설명할 수 있을까? 증명과 논박의 변증법이 새로운 지식이 생성되는 수단으로 수업에 존재한다면, 어떻게 그것을 볼 수 있을까?

C-proofs 정의에 대한 개념 논의는 그런 행위를 할 수 있는 지식이 있는지 알 필요도 없이 학생들이 어떤 것을 할 수 있는 능력에 기반을 두고 개념을 만드는 도구를 제공한다. 관찰자가 개념으로 모델화한 활동들은 참가자에게는 수업에서 반성의 대상일 수도 있다. 이것이 위에서 언급한 교수학적 제약의 결과로 수업에서 발생하는데 학생들은 수업에서 단순히 어떤 행동을 하는 것만이 아니라 배우고 있다. 따라서 학생들은 책임감을 가지고 자신들이 어떤 것을 알지 못하는 상태로부터 알아야 할 책임이 있는 상태로의 변화를 인지해야 한다. 현재 수업에서 전체 활동을 통해서 알게 되었다는 것을 보여주기

위해 참여자(보통 교사)는 전체 활동에 대한 수업 담화를 진행해야 한다. 결과적으로, 관찰자 입장에서 볼 때, 교사가 하는 일은 개념의 존재를 입증하는 것뿐만 아니라 **개념을 아는지**를 수업에서 반성적으로 인지하는지도 보여야 한다. 물론 수업을 통해 습득할 지식을 알게 하는 방법은 다양하다. '이런 종류'의 문제를 어떻게 하는지 단순히 알게 하는 것일 수도 있고, '그런 것들과 또 다른' 문제들을 구체적으로 예를 들어 설명하는 일반적인 과정을 하는 방법을 알게 하는 것일 수도 있고, 또는 '이런 저런' 것이 그 경우임을 알게 하는 것일 수도 있다. 이렇게 알게 하는 책임은 한 상황에서 모두가 알게 되는 다른 상황으로 변화하는 순간을 알려주는 증명의 세 번째 의미의 기초가 된다. 무엇을 증명으로 여길 것이냐는 질문에 답하기 위한 세 번째 방법으로 특별히 알려진 개념을 사용해서 새로운 개념을 창조하거나 이해시키는 것과 관련된 반성적인 과제들을 살펴본다. 일반적으로 따로따로 존재하는 활동들을 나열하고 연결하고 비교하는 반성의 일련의 순간들이 증명의 세 번째 의미이다. Herbst(2005)의 넓이가 같다는 개념에 관한 연구를 통해 이 반성의 순간을 설명하였다.

CK¢ 모델에서 'μ 알기' 또는 Kμ라는 표현은 (수학적인 아이디어인 μ를 쓴다) 관찰자가 한 사람이나 또는 전체에게 설명할 수 있는 개념의 집합을 나타내는 데 쓰인다. 예를 들어서, 면적 문제를 다루는 수업에서, **면적이 같음을 알기**(knowing of equal area)를 정의내리기 위해서 사용된 여러 가지 면적 개념의 집합을 다루는 시간에 쓸 수 있다. Herbst(2005)는 '삼각형 문제'(하나의 삼각형을 넓이가 같은 세 개의 삼각형으로 나누기 위한 점 찾기)를 다룬 과제를 같은 면적의 네 가지 다른 개념, 즉 경험적(empirical) 개념, 합동(congruence) 개념, 동차원(equal dimensions) 개념, 그리고 양적(quantitative) 개념을 설명하기 위해 사용했다. '경험적' 개념(EMP)에서는 두 삼각형의 밑변과 높이를 재어서 만든 면적 공식으로 같은 결과가 나오면, 넓이가 같다고 한다. 반면에 '합동' 개념(EAC)에서는 두 삼각형이 합동일 때 같은 넓이라고 한다. '동차원' 개념(EAED)에서는 두 삼각형의 밑변과 대응하는 높이가 일치하면(무엇을 재었는지에 상관없이) 넓이가 같다고 한다. '양적' 개념(QEA)에서는 넓이가 같은 삼각형에서 스칼라 연산 작용(모양을 더하거나 빼기, 동일한 수로 곱하기)을 하면 넓이가 같다고 본다(Herbst, 2003과 2006을 보라). 관찰자는 형식적으로 이러한 여러 개념들 사이의 변환 함수를 정의해서 개념들 사이의 관계 집합을 만들 수도 있다. 예를 들어, '양적' 개념은 '동차원'과 '합동' 개념을 논리적으로 특별한 경우로 포함할 수 있다. 하지만 양적(QEA) 개념은 수업 과제에서 동차원(EAED) 개념 이후에 나타나고 동차원(EAED) 개념은 합동(EAC) 개념 이후에 나타난다. 학생들은 초기에 삼각형 문제를 경험적(EMP) 개념이나 합동(EAC) 개념으로 해결하려고 시도한다. 즉 임의의 삼각형에 대해서 하나의 삼각형만을 가지고 문제를 푸는 경우와 옳게 증명되는 해를 만들 수 있는 삼각형을 선택하여 해결한다. 면적이 같은 삼각형에 대한 과제는 삼각형 합동에 대한 C-proof의 예제로 설명하기는 어렵지만, 합동(EAC)에서 동차원(EAED)으로의 변화와 그 이후 양적(QEA) 개념으로의 변화를 설명할 수는 있다. 앞으로 이러한 내용들을 설명하고 삼각형 합동에서 C-proof와의 차이점도 논의하겠다. 또한 K-proof라고 부르는 증명의 세 번째 의미를 설명하기 위해 이 예제를 다시 사용할 것이다.

학생들이 두 삼각형의 넓이가 같다고 주장하기 위해 사용한 동차원(EAED) 논증은 글로 풀어쓰기보다는 이단 형식을 쓰는데, 이는 아주 정확한 표현은 아니다(예를 들어, '일치'와 '합동' 사이에는 어떤 기호적인 차이가 없다). 그리고 이단 형식의 논증들은 완전하지 않은 정당화이다(예를 들면, 정당화되지는 않은 명제들도 있다). 이론도 아니고 그 시간에 가정한 것도 아닌, 단순히 사전적 지식으로 면적 공식 같은 것을 당연한 것으로 여기는 것이다. 이러한 논증들은 일상적으로 증명으로 여기는 이단 형식의 합동 증명도 아니다. 연구 보고서에서 지적했듯이, 학생들은 합동이 아닌 삼각형들의 넓이가 같을 수 있음을 증명하는 과제에서 삼각형이 합동임을 증명할 때 일반적으로 조절 구조의 일부분만을 이용하여 해결한다. 경험적(EMP) 개념과 합동(EAC) 개념 모두를 이용하면 동차원(EAED) 개념이 되고, 경험적 개념은 (EMP에서 조작자인) 면적 공식을 동차원(EAED)의 기호화된 요소로 표현된다. 동차원(EAED)에서 삼각형 T의 면적은(동차원에서처럼 공식에 적용해 단순히 **계산하기** 위한 것이 아니다) $A_T = \frac{1}{2} b_T \cdot h_{b_T}$로 표현할 수 있는 것이다.

합동 개념은 두 삼각형의 넓이가 같음을 증명하기 위해 대응하는 합동 요소들을 추적하는 방법이다. 학생들은 각 삼각형에서 각 변을 살펴 일치하는 변과 밑변을 찾고 (어떤 때는 그려지지 않은) 대응하는 높이를 찾은 뒤, 그것들이 합동으로 볼 수 있는지 또는 합동으로 논쟁할 수 있는 것인지 확인한다. 합동인 경우에는 다이어그램에 줄 표시를 하고 두 삼각형의 넓이를 비교하기 위해 (말로 혹은 기록을 사용해서) 글로 기록한다. 이런 관점에서, 삼각형 합동의 C-proof는 합동이 아닌 삼각형을 비교하는 경우에 넓이가 같다는 주장을 조절하는 방법으로 메타포를 사용한다. 이 메타포는 **합동을 넓이가 같음**으로

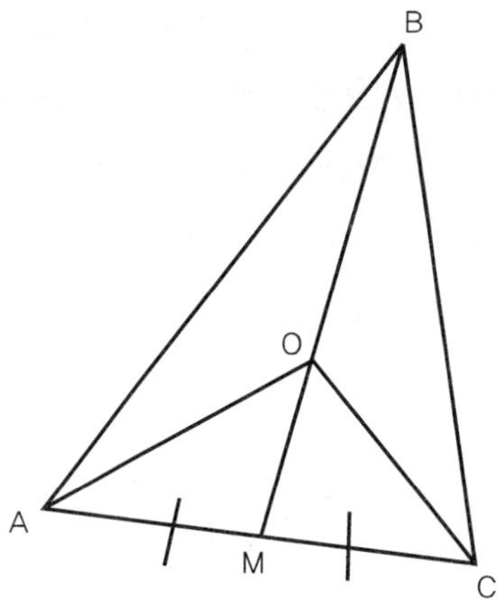

[그림 3.1] 넓이가 같은 두 삼각형

대응시키고, 변과 각이라는 요소들의 크기를 측정하여(밑변과 높이를 측정) 대응시킨다. 그리고 합동인 부분을 줄로 표시하는 행위는 합동인 크기와 줄 표시를 서로 대응시킨다. 더 나아가 이러한 메타포는 **합동 기준**(ASA, SAS)을 **넓이 공식**으로 대응시키는데, 이것은 두 넓이를 실제로 계산해 보지 않고서도 밑변과 높이가 일치하기만 하면 넓이가 같다고 주장할 수 있음을 의미한다. 넓이 공식은 주어진 문제가 기하적인 양과 측정값이 관련되는 것을 모르고, 삼각형 넓이 공식은 아직 증명되지도 않음에도(실제로 넓이에 대한 어떤 공리적인 정의도 제공되지 않았다), 그리고 결과적으로 왜 넓이가 같은지에 대한 설명이 일반적으로 이단 형식의 글로 서술되지 않은 상태에서도, 넓이 공식을 적용한 풀이는 삼각형이 넓이가 같음을 증명하라는 요구에 대한 적절한 답으로 받아들여진다. 이런 종류의 조절 구조들 간의 대응관계는 양적 개념으로 볼 때 더 명백하다.

같은 면적이라는 양적 개념에서의 이슈 중의 하나는 삼각형의 내부에 한 점을 택해서 그 점이 삼각형의 세 꼭짓점들과 연결하여 생긴 세 개의 삼각형 중에서 두 개의 삼각형이 넓이가 같다는 것이다. 예를 들어, 학생들이 중선 위에 있는 한 점(그림 3.1에서 BM 위의 점 O)을 택하고 그로 인해 생긴 두 개의 삼각형(그림 3.1에서 △AOB와 △BOC)의 넓이가 같음을 보이려고 한다. 이를 증명하기 위해서는 한편으로는 △ABM과 △CBM을 관찰하고 다른 한편으로는 (학생들이 같은 길이의 밑변과 높이임을 알기 때문에) △AOM과 △COM의 넓이가 같다는 것을 이용해야 한다. 그러면 구하고자 하는 삼각형의 넓이를 얻기 위해 동일 면적의 한 쌍의 삼각형에서 동일 면적의 다른 쌍의 삼각형을 빼는 것이

되어 같은 넓이를 뺀 것이므로 그 결과도 같다고 할 수 있다. 여기서 삼각형 합동의 C-proof는 넓이가 같음을 증명하기 위한 메타포로 사용되었다. 특히, 여기에서 사용되는 명제들은 같은 값에서 똑같은 양을 빼도 그 결과는 같다는 성질을 확인하는 것으로 주장을 뒷받침하는 근거가 된다. 여기서 주어진 근거가 알려진 가정이나 이론, 정의가 아닌, 그저 같은 넓이에 대한 **새로운 지식의 일부분**이기 때문에 넓이가 일치한다는 것을 (이런 종류의 증명을 삼각형 합동에 사용되는 C-proof의 일종인 면적의 응용 정도로 여기는 것에 대해서) 은유직으로 생긱한다(Herbst, 2005와 2006을 보라).

위의 두 예제는 동일 면적을 주장하는 것을 통해 새로운 개념을 인식하게 하며, 삼각형 합동이라는 C-proof를 메타포적으로 사용한 새로운 개념을 통해서 동차원(EAED) 개념과 양적(QEA) 개념을 설명할 수 있다. 여기에서 다른 개념을 위한 조절 구조와 '유사함'을 설명하기 위해(예를 들어, 합동과 동일 면적처럼 의미 체계를 서로 대응시키는 것, Black, 1962) 메타포라는 개념을 도입했다.

한편으로는 세 쌍의 삼각형을 관찰하고 합동인 두 삼각형을 찾고, 다른 한편으로는 넓이가 같은 두 쌍의 삼각형을 조사하며(두 개를 조합해서 만들어 내는) 세 번째 쌍의 삼각형이 그 넓이가 같다는 것을 추론한다. 일치한다는 추정은—**증명하다**—라는 습관적인 단어에 반응해서 절차를 하나씩 만드는 과정 속에 나타난다. 여기서 그런 추정을 당연한 것으로 여기기 때문에 새로운 지식의 일부분—같은 넓이에서 같은 넓이의 부분을 뺀 나머지의 넓이는 같다[6]—을 소개할 수 있게 된다. 이것은 넓이의 성질을 이용해서 넓이가 같다는 주장을 정당화하는 데 매우 유용하다. 이러한 의미에서 이미 알고 있는 개념의 C-proof와 새로운 개념을 위한 C-proof 간의 메타포적인 대응관계들을 K-proof라고 부르기로 한다. 지금까지 이런 대응관계들이 존재한다는 가정, 즉 마치 그것이 이미 알고 있는 개념인 것처럼 새로운 개념을 사용할 수 있다는 가정, 그리고 새로운 개념들이 이미 파악된 개념들에서 이미 주장된 것처럼 진실을 조절할 수 있어야만 한다는 가정들을 통해 논증과 관련되는 행위를 설명했다. 사실 이러한 메타포들은 새로운 지식을 만들어 내는 것과 동시에 새로운 지식들을 가능하고 합리적이도록 하는 기반이 된다. 개념 내에서 주장하는 바의 진실

6 이 해석은 단순화된 것이다. 이것을 완성하려면 기호 목록들, 예를 들어 선분과 삼각형 또는 선분의 길이와 삼각형의 면적, 선분의 모음을 수 덧셈으로 대응시키는 morphism의 성질과 평면 도형의 모음을 넓이 덧셈으로 대응시키는 morphism의 성질 간의 기호 목록들(semiotic registers) 간의 메타포적인 대응관계를 고려해야만 할 것이다.

을 조절하는 C-proof와는 다르게, K-proof는 개념들과 새로운 개념의 발전을 돕는 것 사이에서의 잠정적인 대응관계를 조절한다. C-proof의 메커니즘이 모르는 문제를 알고 있거나 간단한 문제로 만드는 것이라면, K-proof의 메커니즘은 은유적으로 오래된, 이미 알고 있는 개념을 이전에 해결할 수 없었던 (새로운) 문제에 대한 (새로운) 해로 주장함으로써 아는 상태를 더 발전된 상태로 확장시킨다. 새로운 개념에 관한 메타포적인 주장을 조절하려고 할 때, K-proof는 이미 알려진 개념을 반영하여 작용한다.

따라서 우리는 어떤 수업에서 개념에 대해 중요한 반성 활동(여기서 중요하다라고 하는 것은 반성이 적어도 활동의 두 가지 이상의 측면과 관련되는 것을 의미한다)을 하는 순간이 증명의 세 번째 의미를 찾을 수 있는 순간이다. 다시 말해, 반성 활동이 증명으로 간주되는 수학적 활동의 순간들이다. 그리고 그 반성의 목적은 학생들이 새 아이디어를 수업 전체에서 공유하고, 전체가 인정한 지식은 새롭게 인정한 요소들과 기존의 지식을 통합하여 조직되고, 향후에 수행할 과제들을 논쟁하기 위함이다. 당연히 모든 반성 활동이 '증명'이라고 명명할만한 활동들을 필수적으로 포함하고 있지는 않다. 반성은 예를 들어, 분류법(taxonomy)에서 구성된 병렬의 경우처럼 여러 가지 다른 방법으로 활동 영역을 구성할 수도 있다. 수업에서 기존의 지식 또는 새로운 지식을 구성하는 데 어떤 전략을 사용할 수 있는지를 설명하는 것보다 더 중요한 것은 증명을 할 때 그것을 어떻게 보일지를 구체적으로 말하는 것이다.

위에서는 문제를 풀고 해를 표현하는 데 사용되는 표상체계의 관점에서 문제 풀이 경험을 해석하는 과정에서 특징이 나타나는 개념 중심적인 조절 구조인 C-proof의 개념을 도입했는데, C-proof는 정확성을 높이기 위한 문제 풀이의 반복이 불필요하다는 것을 보여준다. K-proof는 문제 자체보다는 활동의 측면에서 설명하려고 한다.

K-proof를 포함하는 여러 가지 측면의 (의미의 다른 체계로) 활동을 반성하기 위해서 우리가 가정하는 것은, 활동의 한 측면에서는 C-proof가 이용되고 활동의 다른 측면에서 문제의 해를 조절하는 데 이용되는 식으로, 관찰자는 하나의 체계를 다른 것으로 사상하는 것으로 수업을 관찰해야 한다는 것이다. 이런 종류의 사상(mapping)은 Max Black(1962)이 두 의미 체계의 부분들이 한 체계의 구조를 다른 체계로 투영하는 사상과 관련되는 **메타포**라고 부르는 형식 구조를 가진다. 아마도 그 메타포는 새롭게 개발된 체계에서 원소들을 찾기 위해 투영된 구조를 사용할 것이다. 언어 사용에서 메타포적인 투영(projection)은 마치 "가난한 사람들은 유럽의 흑인들이다(Black, 1962)."라는 표현에

서 볼 수 있는 것처럼 기존의 사회적 관계 체계가 미국에서는 인종으로 나타나고 유럽에서는 계층으로 나누어지는 것으로 투영되는 식의 메타포에서 나타난다. 기존의 체계(미국에서는 인종이란 의미)를 사용함으로써, 메타포적인 투영은 “유럽에서는 어떤 정책이 계층 차별을 유지하는가?” 또는 “유럽 사람들은 차별 철폐 조치 같은 것이 있는가?” 같은 질문을 당연하게 던지게 한다. 반면에 학교 대수에서 주로 사용되는 것은 다항식을 다루는 대수를 정당화하기 위해 한쪽에는 수와 연산을, 다른 한쪽에는 다항 대수(polynomial algebra)를 두어 비슷한 메타포적인 사상을 두는 식이다. 왜냐하면 대수 연구에서 다항식에 대한 형식적인 정의가 없어서 다항식 연산을 메타포적인 투영 외에는 정의하기 힘들고 수 계산의 조절 구조는 다항식 연산의 정의를 제대로 만들 수 있기 때문이다. 메타포적 투영은 의미 체계들 사이의 메타포를 통해 그 시스템에 대해 알 수 있는 발견술을 제공한다. 학생들은 수업 활동의 여러 측면들을 연결시키는 것에 참여하게 되고 그 활동의 어느 한 측면에 대해 수업 전체에서 만들어지는 지식을 발전시킨다.

새로운 수학적 대상에 대한 수업에서의 지식은 어떤 새로운 대상이 마치 오래전부터 알고 있는 대상으로 ‘믿게 만드는’(또는 ‘메타포’) 증명을 해서 발전할 수 있고 비슷한 조절 구조들로 컨트롤될 수 있다. 다항식과 수의 경우에는 다항 대수와 관련된 활동들이 부정소(indeterminate)와 같이 불명확하면서도 합리적인 것처럼 보이는 것을 의미한다. 예를 들어, 사람들은 다항식 X^2-1에서 X가 의미하는 바를 모르지만, $X^2-1=(X+1)\cdot(X-1)$은 분배 법칙에 의해 인정한다. 여기서 분배 법칙은 사람들이 수와 다항식 사이의 메타포적 투영의 결과로 인식하는 것이다. 비록 기본적인 대상이나 성질들이 형식적으로 구성되지 않았을 때조차도, 학생들은 이런 식으로 ‘이론’ 또는 다항식의 증명으로 지식을 구성할 수 있다.

합농과 같은 면적 사이의 메타포적 사상에서 길이를 언급했던 예제는 면적 개념이 비형식적으로 정의되었더라도 그것을 이용한 공식을 적용해서 면적이 같음을 증명으로 조직된 지식(proof-organized knowledge)으로 어떻게 수업에서 발전시킬 수 있는지를 보여준다. Herbst(2005)는 합동인 삼각형의 이단 증명(C-proof로써)의 특징들이 메타포적으로 합동이 아니지만 두 삼각형의 넓이가 같음을 보일 때 새로운 개념으로 반영된다는 점을 지적했다. 이것은 이단 증명 형식이 일상적으로 적용되지 않는 문제들에도 사용되었고, 적용하는 데 필요한 모든 조건이 갖추어지지 않은 문제에도 적용되었기 때문에 메타포적인 것으로 볼 수 있다. 여기서 증명으로 조직된 지식을 발전시킬 수 있는 역량은 한편으로는 진실인지 거짓인지를 결정하기 위해 증명을 요구하고 제공하는 습관이나 관습에 영향을 받는다. 다른 한편으로는 개념의 기호적인 기록을 포함하는 풀이를 하면서, 문제 풀이를 통해 얻은 해를 조절하기 위한 구체적인 의미를 지닌 개념(conception-specific means)의 존재의 영향을 받는다. 그런 까닭에 K-proof는 일반적인 의미에서 증명이 존재한다는 가정에 대한 비형식적인(메타포적인) 도구이다. K-proof는 특정 개념에 대한 증명을 위해 새로운 아이디어가 제시될 것이라는 가정에서 진행된다.

관찰자는 이론적인 요소로 무엇을 할까?

앞에서는 수업에서 만들어지는 지식을 발전, 관리, 조직하는 데 증명이 차지할 수 있는 위치에 대해 생각하는 방법을 논의하였다. 간략히 말해, 수업에서 증명은 세 가지 다른 레벨로 나타난다.

첫째, 증명은 과제에서 공적 지식과 언어의 사용에 대한 수많은 일반적인 기대들로 증거를 대는 수학 수업의 관습(**습관**, Bourdieu, 1990)의 한 요소이다. 만약에 참이나 거짓인 명제가 주어지고, 발표자가 그들이 제시한 것의 참을 설명해야 할 의무가 있거나, 증명하고 설명하고 정당화해야 하는 요구가 있을 때, 우리는 증명의 관습적인 개념이 수업에 있다고 말할 수 있으며 그것을 자세하게 설명할 수 있다. 둘째, C-proof라는 증명은 어떤 개념을 위한 특별한 정규적인 구조로, 특정 문제의 해들은 그 문제들과 관련 대상들의 표상에 의한 절차로 조절될 수 있다. 다시 말해, C-proof는 주어진 문제의 해는 표상체계의 구조와 문제에서 주어진 조건에 따라 필수적으로 나온다는 것을 보여준다. 셋째, K-proof 증명은 한 개념을 조작하는 것을 '마치 다른 것인 것처럼' 다른 개념으로 조작하는 방법을 제공하는 둘 이상의 개념과 관련된다. 따라서 (1) 모호성으로부터 (비형식적인) 합당함을 만들어내는데 조절 구조인 C-proofs가 작용하여 다른 새로운 개념을 만들고, (2) 수업에서의 축적되는 공적 지식에서 논리적인 구조를 만든다.

수업에서 무엇을 증명으로 여길 것이냐는 질문에 세 가지 경우를 생각할 수 있다. 이 세 가지 경우는 적어도 교사의 관점에서는 중요하다. 관찰자는 수업 활동을 수준에 맞추어 배치하고 특정 수업에서의 활동이 그 수업에서의 개념과 아는 것이라고 판단할 수 있는 활동과 어떻게 관련이 되는지 설명하기 위해 기존의 해석을 활용할 수 있다. 이 관찰자가 그 수업의 교사이든지 또는 다른 사람이든지 상관없이 그 수업에서 어느 정도까지 증명을 했는지 설명하는 데 있어 증명의 세 가지 개념을 활용할 수 있다.

관찰자는 관찰한 수업에서 일반적 명제를 만들고 증명을 요구하는 관습이 필요한지 여부를 판단할 수 있으며, 수학적 습관을 구성하는 기저의 가치들을 분석할 수도 있다. 예를 들면 기억하고 있는 선수 지식이 참이거나 거짓인 일반 명제들에 포함되어 있는가? 명제들이 참인가 거짓인가? 다음에 무엇이 발생할지가 일반 명제에 표현되었는가? 경험하기보다 먼저 참 또는 거짓에 대한 판별이 우선적으로 결정되도록 제시되었는가?

또 관찰자는 구체적인 개념만 가지고서 문제 풀이가 진행되는 과정을 볼 수 있다. 일정한 시간 동안 수업에서 사용한 각 **개념**에서 증명은 활동의 특정한 측면에서 문제의 해를 판단하는 (궁극적인) 조절 구조로써 존재할 수도 아닐 수도 있다. 다양한 각도에서 수학 수업의 활동을 조사하는데, 관찰자는 학생들이나 교사가 경험적으로 찾은 해가 합리적인지를 보여서 문제의 해를 정당화했는지 판단할 수 있다. 만약에 기호나 표상체계의 문법을 사용해서 문제를 변형시켜 찾은 해라면 관찰자는 그런 개념을 C-proof에 의한 조절로 볼 수 있다.

위에서 언급한 관습에 의한 측면과 개념에 의한 측면은 증명을 위한 역할을 배분하는 데 있어서 서로 대립된다. 전자는 일반적이고 긴 시간에 걸친 여러 가지 지식의 성격을 나타내는 가치에 관심을 둔다. 후자는 구체적이면서 주어진 순간에 주장하는 특정 지식의 정당화에 관심을 둔다. 수학자들에 의한 수학적 지식 생성에서 관습과 개념은 상호 보완적이다. 일반적으로는 무엇이 증명이고 무엇이 증명에서 중요한지에 대한 공유된 지식을 통해 제시된 문제를 푸는 과정에서 증명을 구성하고 어느 순간 관습적인 의미의 증명이 소개될 수 있는 그런 해들로 이끈다. 주어진 문제의 해를 커뮤니티가 아는 내용과 결합한다는 의미는 문제의 해가 가진 조직을 기억하기 쉽고 납득할 수 있도록 다시 표현할 필요가 있다는 것으로, 예를 들어, 새로운 개념을 정확히 정의하고 증명에 이용할 선수 지식들을 설명하는 것이다. 하지만 수학 수업은 수학사의 경우에서보다 더 많은 이슈들을 만들어내는 I^4라는 제약들과 함께 이루어지기 때문에 수학 커뮤니티들과는 매우 다르다. 학생들에게 언제 X를 가르칠 것인지 결정하기 위해서는 학교에서 X에 대해, 그리고 X와 함께 무엇을 할 것인지에 대한 학문적 관점을 절충할 필요가 있다(Bruner, 1960을 보라). 따라서 수업에서의 만들어지는 지식을 증명이란 단어를 사용하여 증명을 만드는 지식(proof-generated knowledge)이라고 할 수 있을까?

앞 장에서는 선택된 개념을 조절하는 C-proof의 메타포적 반영으로써 K-proof의 개념을 설명하면서 이를 통해 어떻게 증명이 새로운 지식을 발전시키는 역할을 하는지 또는 하지 않는지를 관찰하는 것에 대해 얘기했다. 구체적으로 관찰자가 개념과 관련시킬 수 있는 활동으로 수업의 흐름을 분석하는 데 **개념**이라는 용어를 사용한 관찰자는 수업에서 어떤 반성적인 담화가 이루어지는지 각 순간을 분석하여 그 결과를 제시할 수 있다. 특히 관찰자는 특정 활동들이 다른 활동들과 관련되는 것으로 행위를 설명하는 담화를 구별할 수 있다. 문제 풀이를 조절하는 C-proof가 메타포적으로 사용될 때마다(예를 들어, 표상체계를 발전시키기 위해서나 문제의 해를 조절하기 위해서) 그것을 K-proof라고 부를 것이다. 이런 상황에서는 K-proof의 형식화를 통해 이미 획득된 새로운 지식을 요구할 때에도 새롭고 공적인 지식을 발전시킬 수 있다.

관습적이고 일반적이면서 동시에 모호한 개념인 증명(Proof), 국소적이고 구체적인 개념의 C-proof, 그리고 반성적이고 메타포적인 개념의 K-proof는 수업에서 증명이 의미하는 세 가지 수준이다. 관찰자는 이런 개념 각각을 여러 시간에 걸쳐, 또는 특정 시간에, 혹은 수업 중 어느 순간의 활동을 분석하는 데 사용할 수 있다. 관찰자는 수업에서 '무엇을 증명으로 보는지'를 표현하기 위해 위의 세 가지 개념들을 활용할 수 있고, 비슷한 제약을 포함하고 있는 여러 다른 수업 상황을 관찰하여 비교하는 데 활용할 수 있다.

만약에 우리가 '증명'이라 의미하려는 것이 문제가 생기면 그것은 부분적인 것이라고 주장할 것이다. 특별히 증명을 관찰할 수 있는 수학적 활동이 발생하는 현장(arena)에 관심을 가질 필요가 있다. 앞에서 수업 활동에서 과제를 특징짓는 네 가지 제약을 언급했다. 관찰자가 수업을 비평하기 위해서는 전문가인 수학자들과 그들이 리뷰하는 연구 논문들과의 상호작용 같은 그런 현장에서 수학 행위에 대한 비평을 할 때와는 다른 도구가 필요하다. 수학을 이해하고 학생들을 격려하기 위한 수업을 구성하기 위해 증명의 세 가지 의미가 필요한 것이다. 일반적인 증명은 단지 수업에서 수학 활동의 기초가 되는 일반적인 가치이면서 여러 증명들 속에 녹아 있다. 수업 활동은 개인적으로 보이기 때문에 특정 대상에 대한 특정 주장은 그에 따른 증명이 존재할 뿐 아주 특별하면서 보편적인 성질의 증명 같은 것은 존재하지 않는다. 이런 활동들 중 일부는 이미 많이 알려져서 특정 증명도 일반적인 가치로 알려진 것도 있다. 다른 활동에서는 모호한 용어나 경험적, 직관적인 지식에 의존해서 그것이 수학적인 증명인지를 결정하려는 시도를 여러 번 무시할 수도 있다. K-proof라는 개념은, 메타포적 투영의 방법으로 어떻게 증명 활동을 통해 수업에서 공적 지식이 더욱 합리적으로 제시되는지, 또한 그 공적 지식이 다른 수업에서의 공적 지식보다 덜 형식화되었을 때조차도 합리적인지를 알아보는 데 유용하다.

II

초등과정에서의 증명에 관한 교수·학습

증명하기는 형식적 수학의 범위를 넘어서서 확장되는 인간의 행위이다. 수학적 증명이라는 엄밀한 개념을 통제하는 논리적 법칙이라는 것이 있기는 하지만, 증명이라는 아이디어는 확실성을 수립하려는 필요 속에서 행해지는 인간의 행위에 그 발생적 기원이 있다고 할 수 있다. 아동들도, 논리와 연역법에 관한 정규교육 없이, 그들이 어떤 일을 행할 때 왜 그렇게 이루어지는지, 사물들은 왜 그런 상태로 있는지를 확실히 알고 이해하려는 선천적인 호기심을 가진다. 사실, 걸음마를 배우는 아이들이 언어를 습득하기 시작할 때, 가장 자주 묻는 질문이 대개 "왜?"라는 질문이다.

아동들의 이러한 자연스러운 경향에 관하여, Mason(2008)은 특정 상황의 세세한 사항들 안에서 구조와 관계를 찾아내고 일반화하는 아이들의 능력은 태어날 때부터 존재하며, 수학적 발달을 위해 이러한 초기의 역량을 함양하고 길러내는 것이 정규 학교교육의 의무라고 주장하였다. 초등수학과정에서의 증명에 관한 교수와 학습에 적용하여 보면, 아동들은 어떤 것을 증명하고, 확신시키거나 혹은 확신을 얻고 싶어하는 자연스러운 성향을 가지고 정규 학교교육의 제도 안으로 들어오며(본 서 Maher의 7장 참고), 그것은 그 아동들의 수학적 사고 안에서 더욱 길러질 수 있다는 것을 말한다.

이러한 전제로부터 II편에서는 아동들의 직관적이고 비형식적인 증명에 관한 개념을 탐구하고, 어떻게 아동들이 가지는 증명에 대한 자연스러운 성향이 중, 고등과정 속에서 상급의 수학적 증명을 위한 기초를 다질 수 있도록 장려될 수 있는지 살펴본다. 그러나 '초등과정에서의 증명'을 이야기함에 있어, 수학자들이 어떻게 증명이라는 것을 바라보는가를 언급하려는 의도는 없다. 대신 이 편에서는 증명이란 사회적으로 구성된 과정이며, '용인될 만한' 주장들을 구성하는 데 필요한 증명의 규준은 증명이 행해지는 그 공동체의 고유성에 맞추어 유동적인 경계를 가진다는, 좀 더 넓은 의미의 해석을 채택한다. 아동들이 어떤 것을 납득하도록 돕는 것은 수학자를 설득하는 것과는 다르다. Schifter(4장)가 보여주었듯이, 증명한다는 것이 무엇을 의미하는가를 이해하기 위해서는 단지 누구를 설득하고 어떤 내용이 설득되어야 함을 이해하는 것뿐만 아니라, 청중에 따라 어떻게 그 논증의 성격이 바뀌어야 하는지 이해하는 것도 포함한다. 교실에서 인정될 수 있는 주장에 대한 개념을 인식한다는 것은 학생들이 스스로 주장해보기를 어느 정도 시간에 걸쳐 경험하고 난 다음이었다(NCTM, 2000).

《학교 수학을 위한 원리와 규준집》(NCTM, 2000)은 "추론과 증명은 유치원생부터 고등학생들에게 일관된 수학적 경험의 일부이어야 한다(p. 56)."라고 주장한다. 본 편의 여러 장에서 언급된, 대학교 학생들조차 여전히 경험적 논거를 사용하고 있다는 많은 연구 결과를 고려해볼 때 이 주장은 매우 중요하다. 증명에 대한 연구들은 무엇이 논리적으로 타당한 논증을 구성하는가에 관해 초등학교와 같은 이른 시기에 학생들이 생각하고 도전해볼 수 있도록 하는 학교경험의 필요성을 뒷받침한다. 본 편에서는 어떤 형태로 이러한 경험들이 아동들을 위해 구성될 수 있는지를 제시하고, 이후 중, 고등과정에서의 좀 더 엄밀한 증명에 대한 이해와 스스로 증명해보기 학습의 준비과정으로써 비형식적인 연역적 논증을 발달시킬 수 있다는 증거를 제시한다.

학생들의 증명에 대한 이해

본 편의 각 장에서 증명에 관한 여러 측면들에 대한 논의를 통해서 초등과정에서 증명의 교수·학습과 그 이후 상위 교육과정에서 좀 더 형식적인 증명 학습을 위해 학생들을 어떻게 준비시킬 것인가를 이해하는 데 도움이 될 만한 공통적인 원칙들을 도출할 수 있다. Schifter(4장)는 증명이란 초등학생들이 "어떻게 우리가 이것이 모든 경우에 대해서 참임을 알 수 있을까?"와 같은 질문들을 탐구할 때 확실성에 대한 문제 제기로 발생한다고 하였다. Schifter는 이야기 맥락에 대하여 학생들이 세운 표현, 표상(representations)으로부터 형성된 논증(arguments)이 초등학교 수준에서의 증명하기에 얼마나 중요한 형태로 나타나는지 조사하였는데, 이는 그 표상들이 좀 더 엄밀한 증명에 필수적인, 그러나 경험적 논증은 가지고 있지 않은, 일반성이라는 요소를 포함하고 있기 때문이다. Schifter가 명명한 '표상-기반 증명(Representation-based proof)'을 통하여, 학생들이 어떤 특정한 수가 아닌 수량화된 표상의 구조로부터 추론하는 논증을 구성할 때, 수는 '임의의(any) 양'을 위한 자릿값이 된다. 따라서 학생들의 논증이 특정한 숫자들을 명명하더라도, 그 수들의 사용은 특정한 경우나 예제로부터 세워진 주장을 배제하는 일반성을 반영한다. 이를 통해, Schifter는 어떻게 표상을 기반으로 한 증명이 특정 예제만을 통해서 혹은 단순히 권위에 근거하여 호소하는 논증의 한계에 맞서게 하는 도구로써 기여하는지 묘사한다. Schifter는 '표상으로부터의 논증은…… 초등학교 교실에서 일반성을 가진 주장을 수립하는데'(4장, 75쪽), 나아가 이후 중, 고등과정에서의 증명을 위한 사고의 기초를 형성하는 데 효과적인 방법이라고 주장한다.

Morris(5장) 역시 학생들의 연역적 추론 기술을 발달시키기 위한 도구로써 표상의 활용에 대한 강조를 주장하고 있다. Schifter가 수에 대한 탐구에서 발생되는 수학적 맥락에서의 연역적 추론에 살펴본 반면, Morris는 수적으로 측정되지 않는 양에 대한 추론에 근거한 수학적 맥락에 의도적으로 초점을 맞추었다. 특히, Morris는 학생들이 어떻게 물리적 양에 대한 행동과 조작들을 내포하는 표상(표상의 행동이 수량화되지 않은 양에 대한 행동을 담고 있는)을 가지고 추론하는지에 초점을 맞춘다. Morris는 임의의, 비 수량화된 양(예, 'A라는 양')을 표상하고, 이를 가지고 추론하는 것이 학생들의 사고 속에서 그 행위가 한 가지의 경우가 아니라 무한하게 많은 경우에 적용 가능하다는 아이디어를 줄 수 있고, 따라서 학생들이 포괄적인 범위에서 적용할 수 있는 일반성을 가진 논증을 세우는 데 도움이 된다고 주장한다. Morris는 임의의 양, 즉 수치가 부여되지 않고 기호로 표현된 양에 대한 관계를 연역 추론하는 학생들의 능력의 발달은 수학적 증명의 본질과 통하는 것이며, 따라서 이후 상위 교육과정에서의 증명에 대한 좀 더 형식적인 학습을 준비시키는 중요한 방법의 하나가 될 수 있음을 주장하며 결론을 내리고 있다.

Fosnot & Jacob(6장) 또한 아동들이 또래 아동들에게 자신의 수학적 주장을 설득하려고 노력하면서, 수학자들이 논증을 반성하고, 아이디어를 재구성하며, 정당성을 수립해 나가는 과정이 어떻게 그 속에서 재생산되는지에 대한 연구를 통해 학생들의 연역적 추론에 초점을 맞추고 있다. 그들은 수학적 명제들(statements) 사이의 관계를 정교하게(refining) 하는 행위가 간단하고 명쾌하며 군더더기 없는 증명하기의 발달을 촉진시키기 때문에 수학적 증명의 중요한 측면임을 주장한다. Fosnot & Jacob은 개방형 수직선(open number line)이 학생들로 하여금 양 사이의 관계를 표현하고 비교하면서 정당화와 증명에 대한 이해를 어떻게 뒷받침해줄 수 있는지 묘사하였다. Fosnot & Jacob은 또한 개방형 수직선이 동치와 비동치에 대한 학생들의 연역적 사고에 대한 규칙을 세우는 도구로써 작용하였음을 밝혀냈다. 더욱 중요한 것은 학생들이 동치 관계에 관한 자신들의 추측을 증명하기 위하여 '연쇄적인 연역적 움직임(6장, 115쪽)' 속에서 이러한 규칙들을 이용하는 것을 관찰한 것이다. 그러나 동치 관계에 관한 간단하고 분명한 논증을 구성하기 위해 불필요한 정보를 제거하는 활동은 학생들에게 그리 간단한 과정은 아니었다. 더군다나, 그 활동의 복잡성 때문에, Fosnot와 Jacob은 학생들이 수학자 관점에서의 증명을 이해하기 위한 기초를 다져야 한다면, 간결한 논증을 위해 그들의 생각을 재조사하고 단순화하는 다양하면서도 복합적인 학습경험이 필요함을 주장하고 있다.

Maher(7장)는 학생들이 가지는 증명이라는 생각에 대한 자연스러운 경향에 우리의 주목을 집중시키기 위해 학생들의 추론에 대한 종단 연구를 이용하고 있다. 다양한 색깔의 큐브들을 가지고 서로 다른 배열로 쌓을 수 있는 방법의 수를 찾는 문제를 통해 Maher는 학생들이 추측하고, 발견한 것을 설명하고, 생각을 토론하고, 자신의 생각의 타당성에 대해 자신 또는 타인을 설득하기 위한 방법을 만들어 낼 수 있음을 발견하였다. 그렇게 하면서, 학생들은 어떤 특정한 색 조합을 가진 큐브 쌓기를 통해 발견된 가짓수를 정당화하기 위하여 소거, 모순, 반복, 경우의 방법을 활용하였다.

학생들의 증명이라는 개념에 대한 발견에 관한 이야기와 더불어, 7장에서는 초등학교에서의 교육과정과 학생들의 증명하려는 자연스러운 성향에 대하여 또 하나의 중요한 점을 (본 편의 다른 장에서도 암묵적으로 제시되고 있는) 강조하고 있다. 특히, 학생들의 증명에 관한 사고를 뒷받침하기 위한 증명하기에 관한 주제들은 초등 교사들이 **이미 사용하고 있는** 풍부한 문제해결 과제들로부터 나온다. 교사들에게 특정한 '증명을 위한 교육과정'이 필요한 것이 아니다. 7장에서 활용된 문제의 강점 중 하나는 교사들과 학생들을 위한 접근성이다. 큐브 쌓기 문제는 단지 학생들에게 두 가지 색깔의 큐브를 사용하여 서로 다른 배열의 4개짜리 큐브 더미를 쌓을 수 있는 모든 가능한 경우의 수를 찾으라고 질문하였을 뿐이다. 학생들은 큐브를 쌓아보거나, 혹은 큐브 더미를 그려보거나 하는 구체적인 방법으로 그들의 사고를 모델링할 수 있으며 이것은 산술적 활동이라 할 수 있다. 그러나 7장에서 묘사된 많은 과제들과 같이, 숙련된 교사(혹은 연구자)의 손을 거쳐, 이 과제는 추측을 형식화하며 논증의 타당성을 세우고 소거, 모순과 같은 방법을 통하여 논증을 구성하는 등의 증명하기의 원칙들이 드러나는 중요한 수단이 되었다. 그러므로 이 과제는 초등학교 교육과정 속에 쉽게 배치될 수 있을 뿐 아니라, 학생들의 증명과 추론에 대한 자연스러운 성향을 발휘되게 하는 방법으로 확장될 수 있다.

증명하기를 장려하는 교수 관행

더욱 큰 도전은 아마도 초등 교사들의 교수(teaching) 방식을 통해 학생들의 사고 속에 내재된 이러한 성향들을 뒷받침할 수 있도록 증명하기에 관한 자신들의 직관력을 어떻게 발달시킬 수 있는지에 대해 이해하는 것이다. Reid & Zack의 연구(8장)는 초등과정에서 증명하기를 장려하는 교수 방법의 면면들을 조사함으로써 교수 관행의 중요성을 부각시킨다. Reid & Zack 연구의 전제는 증명하기란 무엇보다도 문제해결, 의사소통, 추측하기의 문화를 필요로 한다는 것이다. 이 연구에서 제시한 결과와 본 편의 다른 연구를 통해서도 추측할 수 있듯이, 학생들이 여러 아이디어에 대해 질문하고, 자신이나 다른 학생의 생각을 이해하고, 추측하여 그 추측을 위한 논증을 세우거나 자신의 추론방식을 써보거나 발표하는 것을 장려하는 교수 관행은 증명하기를 향한 사고 습관을 세우는 데 중요한 기초가 되는 실행 형태의 모든 것이라 할 수 있다.

Schifter(4장)는 "왜?"에 대한 질문하기와 답하기를 가치 있게 여기는 교수 관행이 학생들이 확실성을 수립하려는 사고 습관을 발달시키는 데 도움을 준다고 하였다. 이러한 '증명하고자 하는 충동(4장, 78쪽)'은 시간이 지남에 따라 엄밀한 논증을 필요로 하는 정확한 추측의 형태로 다듬어 질 수 있다. 그러나 그것은 담화의 공동체를 필요로 하는데, 즉 이것은 학생들이 설득력 있는 논증의 구조를 세우고 인식하기를 배우는 과정에서 그 과정을 통제하는 의사소통의 규준에 의해 안내되는 수학적 공동체로의 입문이다(Fosnot & Jacob, 6장; Reid & Zack, 8장). Maher(7장)은 학생들이 흥미를 가지고 수학적 탐구를 추구할 수 있고, 문제들에 관해 깊게 생각할 수 있도록 돕는 적절한 교구와 충분한 시간이 확보되는 수업 환경 조성이 중요함을 강조하고 있다. 이는 수학적 아이디어들의 의미를 이해하려는 학생들의 자연스러운 성향이 발휘하도록 하는 증명하기의 문화를 뒷받침하기 때문이다. 대조적으로, 수학을 숙달해야 하는 산술적 기술과 절차로 여기고, 학생들의 성공여부를 측정하기 위해 정해진 시간에 수행한 결과를 우선시하는 전통적인 교실 문화는 초등과정에서 증명의 교수와 학습이라는 목적에 상반된다고 할 수 있다.

증명하기 문화를 장려하는 교수 관행은 수학교육 개혁운동이 지지하는 관행과 일치한다. 이런 아이디어의 경제적 효율성은 초등과정에서 학생들의 증명하기를 발달시키고자 하는 주장을 더욱 강화한다. 예를 들어, 의사소통 실행에 대해 잘 이해하고 있는 교사들은 이런 의사소통 기술을 증명하기를 포함하여 자신들의 모든 수학교수 관행에 활용할 수 있다. 문제가 될 수 있는 것은 아마도 초등 교사들의 수학적 지식의 발달일 것이다. 초등학교 교사들이 필요로 하는 특정 종류의 증명에 관한 수학적 지식은 역사적으로 초등 교사들의 양성과 재교육과정에서 중요한 요소로 포함되지 않았다. 예를 들어, 교사들은 수학적 논증을 세우고, 학생들이 사용할 만한 수준의 논증을 이해하고, 학생들이 좀 더 복잡한 논증을 세워나갈 수 있는 능력을 이끌어내고(scaffold), 논증을 표현하기 위한 적절한 기호체계와 어떻게 학생들이 이런 기호체계를 발전시키도록 도울지를 이해하고, 매일매일 수행되는 교수 활동 속에서 증명하기 활동을 통합시키기 위해 교과과정 속에서 유연하게 그러한 기회를 찾아내는 경험들이 필요하다. 이러한 지식을 증명하기 문화를 장려하는 실행 속으로 스며들게 하는 것은 학생들의 수학적 사고방식을 탈바꿈시킨다.

공통적인 주제 및 논의점

비록 본 편에서 기술된 연구들이 학생들의 증명에 대한 이해를 위한 서로 다른 접근방식을 보여주고 있지만 — 어떤 연구는 수를 가지고 활동하는 학생들의 추론을 바탕으로 하였고(Schifter, Fosnot, & Jacob), 어떤 연구는 수치화되지 않은 양을 가지고 이루어지는 추론을 바탕으로(Morris), 어떤 연구는 학생들의 자연 언어에 뿌리를 두고 있고(Schifter, Maher), 어떤 연구는 기호의 표기법을 포함한다(Morris, Fosnot, & Jacob). — 모든 연구는 단일 예제가 아닌 여러 종류의 대상들에 대한 주장을 뒷받침하는 임의의 양들과의 추론을 기반으로 한 일반성을 가진 논증을 세우도록 학생들을 도우려는 중요한 목표를 공유하고 있다. 이러한 점에서, 연구자들은 경험적 논증이 유효하며 타당하다는 학생들의 인식에 도전하고 자극하며, 학생들이 (형식적 증명을 학습하기 위한 선결요소인) 연역적으로 추론하기를 **배울 수 있는** 다양한 맥락으로부터 증거를 제시하고 있다. 그리고 도구인 동시에 매개된 사고의 결과로써 작용하는 기호의 변증법적 활용 속에서(Vygotsky, 1962), 어떻게 표상이 학생들로 하여금 증명을 발달시키도록 돕거나 학생들의 증명에 관해 매개된 사고를 반영하는지 탐구한다. 마지막으로, 문제해결, 추론, 의사소통, 추측하기, 생각 정당화하기를 강조하는 실행의 공동체에 속하여, 학생들이 충분한 기회를 가지고 탐구할 수 있는 풍부한 문제해결 과제들의 활용을 포함한 교육과정을 시사하고 있다.

이러한 공통적인 주제들은 이후 상급과정에서 증명을 위한 학생들의 능력을 기르도록 하기 위해 초등과정에서의 기초가 되는 사고와 그 실체가 어떤 종류인가를 정의하는 데 도움이 된다. 그러나 여기에 기술된 연구들은 또한 우리가 고려해야 할 다른 몇 가지 점들도 제시하고 있다. 우선, 모든 장들은 학생들이 보이는 대수적 추론과 그 근저에 깔려 있는 수학적 맥락을 기술하고 있다. 예를 들어, Schifter(4장)는 임의의 짝수들과 홀수들의 합에 관한 학생들의 논증을 기술하고 있으며, Morris(5장)는 학생들이 기호를 사용하여 표기된 양들 사이의 관계를 어떻게 추론하는지 설명하였고, Fosnot과 Jacob(6장)은 학생들이 같은 양과 다른 양 사이의 관계를 어떻게 대수적으로 추론하는지 살펴보고 있고, Reid와 Zack(8장)은 학생들이 패턴과 기능적 관계를 분석하는 교수 관행에 관해 고려하고 있다.

대수적 추론이 수학적 일반화를 발달시키고, 정당화한다는 내재적 목적을 가지고 있으므로(Kaput, Carraher, & Blanton, 2008 참고), 초등과정에서 증명에 대한 연구에 대한 동기를 제공한다. 수학교육 개혁운동의 한 주요 요소인 학생들의 대수적 추론능력을 신장시키는 것을 옹호하는 것은(NCTM, 2000) 학생의 증명에 대한 이해의 신장을 상호간에 뒷받침하는 것이다. 이러한 상호호혜성(reciprocity)은 초등과정에서의 대수적 추론에 대한 연구와 증명에 대한 연구를 옹호하는 주장을 정당화한다.

Schifter(4장)와 Morris(5장)에 의해 기술된 접근방식의 대조성은 학생들이 그들의 논증을 세우는 데 사용하는 언어와 기호체계에 관한 또 다른 점을 중요하게 부각시키고 있다. 예를 들어, 학생들은 일반적 논증을 표현하는 데 상징적 기호 체계의 결핍에 의해 제약을 받는가? 아니면, 그들이 자연언어와 수에 대한 친밀성이 일반성을 표현하는 데 더욱 의미 있는 통로를 제공하는가? 이런 점에서 학생들이 사용하는 언어체계가 상징적이든 자연적이든, 증명을 발달시키는 능력을 어떻게 형성하는가? Schifter(4장)의 연구에서는 학생들이 논증을 수립하고, 표현하는 방법으로써 그들의 자연언어 체계 속에서 수와 더불어 추론하고 있다. 결과적으로 그 학생들은 수를 일종의 유사변수(pseudo-variable)로 사용하는 셈이다. 반면, Morris(5장)는 대조적으로 어떻게 학생들이 수라는 제약 없이, 상징적 기호체계 속에서 추론할 수 있는지 보여준다. 학생의 연역적 추론을 이해하는 것과 더불어 나타나는 기호체계의 사용의 제약성과 행동유도성(affordance)은 어떻게 나타나는가? Fosnot과 Jacob(6장)은 산술적 추론과 기호적 추론을 연결하기 위해 기호와 변이가 의미 있는 방식으로 나타날 수 있는 개방형 수직선과 같은 표상의 도구를 사용함으로써 이것에 대한 하나의 해법을 제공하고 있다.

본 편에서 개략적으로 서술되고 있는 초등 교육과정에서의 증명과 증명하기의 도입은 비교적 새로운 발상이다. 여기서 기술된 연구들은 우리의 사고를 열어주어 증명하기를 향한 자연스러운 경향을 더욱 키우는 교실 문화 속에서 학생들이 할 수 있는 것에 대한 가능성을 제시한다. 또한 이러한 경험들이 상위과정에서 더욱 형식적인 증명에 대한 학습을 위해 어떻게 학생들을 준비시킬 수 있는지에 대해 방향을 제시하고 있다.

그럼에도 불구하고, 초등과정에서의 학생들의 경험과 상위의 수학적 단계에서 증명에 대한 학생들의 이해를 연결하는 연구가 요구된다. 특히, 상징직 혹은 유사-상징적인 형태로 일반적인 논증을 세우고 표현하는 학생들의 연역적 추론 능력을 발달시키는 학습지도가 중고등과정 또는 그 이상의 과정에서 그들의 증명에 관한 개념형성에 어떤 영향을 끼치는가? 만일 학생들이 무엇을 논리적으로 타당한 주장으로 여길 수 있는지 그리고 어떻게 그 주장을 전개하는지에 대한 새로운 이해를 가지고 중고등과정에 진학하였을 때, 그 이해가 어떤 식으로 좀 더 상위 단계 학습에서의 수학적 이해를 확장시키는가? 더 나아가 학생들이 이러한 이해를 한 상태로 중고등과정(혹은 그 이상)으로 진학하였을 때, 교육과정 구성이나 학습지도를 위한 제언은 무엇인가? 초등 이후 과정에서의 증명에 관한 교수와 학습을 언급한 본 서의 이어지는 장들은 학생들의 초등과정에서의 경험과 그 이후 과정에서의 학습을 잇기 위한 출발점을 제공할 것이다.

4

초등과정에서의 표상 –기반 증명[1]

DeBorah Schifter[2]

수학교실은 학생들이 자신들이 가진 추론능력의 힘을 기를 수 있는 중요한 공간이다. 학생들이 자신들의 수학적 아이디어를 공유하도록 장려하는 교실환경에 놓이게 되면, 초등학년 학생들도 수학적 추론을 하는 인상적인 장면을 볼 수 있다(Ball & Bass, 2003; Cobb et al., 1992; Lampert, 1990). 연구자들은 아동들이 수체계에서 관찰되는 규칙성들에 대해 탐구하고 토론하며, 관찰을 통해 찾은 일반성을 명확히 표현하며, "이것이 모든 경우들에도 참이 됨을 우리가 어떻게 알 수 있을까?"라는 질문을 성공적으로 다룰 수

1 본 장에서 나타내어진 아이디어들은 Virginia Bastable, Susan Jo Russell, Steve Monk 그리고 여러 그룹의 현직 교사들과의 협동연구를 통하여 발전된 것이다. Professional Development Study Group과 DMI Advisory Board, Investigations Advisory Board, 그리고 Alan Schiffmann에게 유익한 피드백과 제안을 해준 것에 대해 감사를 표한다.

2 본 연구는 교육 개발 센터의 Deborah Schifter에게 수여된 국립 과학 재단 학술지원금 ESI-9254393, ESI-0242609, TERC의 Susan Jo Russell에게 수여된 ESI-0095450, ESI-0550176에 의해 수행된 것이다. 본 장에서 제시된 어떤 의견이나 결과, 결론, 제언들은 저자의 입장이며 국립 과학 재단의 입장을 반드시 반영하는 것은 아님을 밝힌다.

있음을 보여주었다. 즉, 어린 시기에도 학생들은 일반성에 대한 주장들을 증명하는 과정에 이미 참여하고 있다는 것이다.

본 장은 초등과정에서 증명에 대한 가능성과 실현성에 대하여 탐구하고 있다. 아동들은 일반적인 경우에 적용되는 수학적 주장들에 대하여 어떻게 생각할까? 증명에 대한 어떤 기준이 초등수준의 학생들에게 적절하며 또 이후의 상위학년에서 중요한 구분을 뒷받침할까? 그리고 증명에 대한 그러한 연구가 이미 초등 수학교육 프로그램에 핵심이 되어야 한다는 내용들을 뒷받침할 수 있을까?

본 연구의 맥락

1993년 이후, 필자는 동료인 Susan Jo Russell, Virginia Bastable과 함께 교실환경에서 학생들의 수학적 사고를 조사하기 위해 여러 그룹의 현직 교사들과 협동 연구를 수행하였다(Schifter et al., 1999). 최근에 우리는 초기의 대수 학습에 초점을 맞추었다(Bastable & Schifter, 2007; Schifter, 1999; Schifter et al., 2007).[3] 2001년부터 2004년까지 매달 프로젝트에 참여한 연구자들과 협동 연구를 하는 교사들이 모여 회의를 통해 교사들이 초등학교 교실에서 발생할 법한 산술에서의 일반화를 탐구할 수 있도록 고안된 일련의 수학과제들에 대해 논의하였다. 더불어서, 교사들은 이전 연구프로젝트에서 수집된 사례들을 — 교실에서 일어난 에피소드에 대한 반성적이고, 대개는 세밀한 기술들 — 읽고 토론하였다.

교사들이 수학과제들에 대한 미팅과 사례에 대한 토론에 참여를 통해 자신들의 수학적 일반화에 관하여 의미 있게 이해하고 학생들의 사고방식을 분석하며 나아가, 이러한 아이디어들을 경험해 봄으로써 어떤 교실활동이 여러 학년에 거쳐 학생들을 가장 잘 뒷받침할 수 있는지 고려하게 되었다. 교사들은 고안된 수학 활동이나 혹은 관련된 활동들을 학생들에게 소개하고 수업 활동 과정에 대한 자신들의 수업 사례를 — 교사그룹과 공유할 목적으로 — 기록하고, 다음과 같은 내용을 보고하였다.

3 이 연구는 유치원에서 5학년까지의 교육과정인 Investigations in Number, Data, and Space와 교사교육 교재 시리즈인 Developing Mathematical Ideas 두 장의 개발에 영향을 주었다.

1. 수업 중 일어나는 대화 속에서 반추해 볼 수 있는 학생들의 사고방식
2. 학생들이 사용한 표상의 방법들
3. 교사들 자신의 교수 관행에 관하여 예화로부터 제기되는 질문들

참여연구자들은 특히 사례현장에서 나타났던 수학적, 개념적 주제들을 강조하면서 각각의 사례에 대하여 읽고, 응답하였다.

그룹에 속한 몇 명의 교사들의 교실로부터 수집된 비디오자료와 함께 제시된 이러한 사례들이 교육과정에서 언급된 주요한 대수적 아이디어에 관한 우리들의 생각과, 학년에 걸친 그러한 아이디어들의 발전, 또 그러한 발전을 이끌어 낼 수 있는 교실에서의 과제들을 개선하는 데 이용할 수 있는 자료들을 제공해 주었다. 또한 이러한 자료들을 통해 초등학년에서 무엇을 수학적 일반성에 대한 정당화 활동으로 여길 수 있는가에 대하여 생각할 수 있게 되었다.

일반화 및 정당화하는 활동은 학생들이 산술에 대한 일상적인 수업에서의 학습으로부터 매우 자연스럽게 나타난다. 일단 학생들이 수 체계 속에서 규칙성을 인식하고 기술하기 시작하면서, **왜 이 규칙이 유효한가?** 또는 **이 규칙은 항상 성립하는가?**라는 질문에 대하여 어떻게 정당화할 것인지를 탐구하게 된다. 우리가 유치원생부터 5학년 학생들이 제시한 논증의 성질에 대하여 연구하면서, 다음과 같은 질문을 제기하게 되었다. 학생들이 무한히 많은 수에 대하여 주장하는 것에 대한 문제점을 인지하기 시작하면서 어떤 형태의 설명이나 정당화를 제시하는가? 어떤 수단을 통해 학생들은 그러한 논증에 대한 문제를 언급하는가? 학생들이 구성하는 논증의 어떠한 점들이 이후 학년에서 직면하게 될 증명에 관한 개념과 연관되는가?

모든 경우의 도전에 대한 학생들의 반응

몇몇 3학년 교실로부터 수집한 대화들(상자 4.1)에 대하여 생각해 보자.

상자 4.1 도전에 대한 응답

학생들은 홀수와 짝수에 대하여 공부하였고, 어떤 수가 짝수임을 확인하는 방법 중의 하나는 그 수만큼의 물건을 남김없이 짝지어서 배열할 수 있는지 없는지를 보는 것이고, 만약 짝을 지어 배열하였을 때 그 짝이 없는 한 개가 남는다면 그 수는 홀수라는 주장을 세웠다. 오늘, 토론과정을 통하여, 두 짝수들의 합은 짝수라고 추측하였다. 교사가 학생들에게 임의의 두 짝수들을 더했을 때 어떻게 **항상** 짝수인가를 질문하였을 때, 학생들은 다음과 같이 응답하였다.

Paul: 나는 합이 짝수임을 알아. 왜냐하면 누나가 항상 그렇다고 말했기 때문이야.
Zoe: 나는 4+4=8이고, 8+8=16이니까 합이 짝수가 될 거라는 걸 알아.
Juan: 6+12=18이고 32+30=52이지.
Eva: 사실 우리는 알 수 없어! 왜냐하면 우리는 어떤 짝수에 대하여 모를 수도 있고, 거기에 2를 더하면 홀수와 같을 수도 있으니까!
James: 수는 멈추지 않기 때문에 우리는 결코 확실히 알 수 없어.
Claudia: 우리는 몰라. 왜냐하면 수는 끝나지 않으니까. 백만 더하기 백. 너는 언제나 또 다른 백을 더할 수 있어.
Melody: 너의 답은 짝수가 될 거야. 왜냐하면 너는 짝수들을 사용하고 있으니까.

Melody는 이야기하면서, 그녀 앞에 정사각형의 배열을 보여주었다.

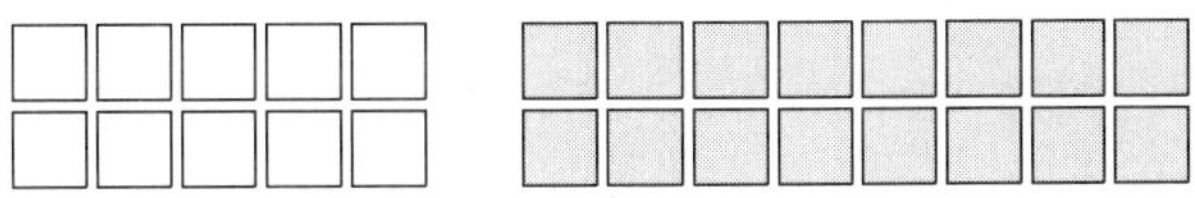

그녀는 계속하여

Melody: (밝은 색의 정사각형들은 가리키며) 이 수는 짝이 지어져 있어. (어두운 색의 정사각형들을 가리키며) 이 수도 짝이 지어져 있어. 그리고 같이 놓으면, 여전히 짝이 지어져 있지.

교사인 Emerson은 수학활동을 하는 데 있어 중요한 문제를 언급하면서 학생들의 도전을 자극하였다. 너는 무한한 수의 경우에도 적용된다고 주장하고 있는데, 너는 어떻게 확증할 수 있는가? 3학년 학생들에게서 기대할 만한 반응을 네 가지 범수로 나타낼 수 있나.

권위에 호소하기
몇 가지 경우로부터 추측하기
무한한 경우에 대한 주장을 증명될 수 없다고 하는 의견
표상 또는 이야기 맥락으로부터의 추론

첫째 범주는 권위에 호소하여 주장을 받아들일 준비가 되어 있는 Paul이 보이고 있는

데, 이 경우에는 Paul의 누나에게 부여된 권위였다. 학생들은 교사가 말하거나 '책'에 있거나, 반에 있는 '똑똑한' 동료학생이 맞다고 이야기하면 그 주장을 받아들인다. 학생들이 학교에 진학하고 그 문화를 통해 사회화되는 과정에서, 수학적 정의나 관습을 포함하여 이미 주어진 것으로 받아들여야 하는 것들이 많다. 그러나 앞서 제시된 수학교실은 학생들이 자신의 추론 능력에 의지하는 방법을 경험할 수 있는 맥락을 제시하고 있으며, Emerson에 의해 제시된 질문들을 이러한 예로 볼 수 있다.

둘째 범주에 해당하는 학생들의 반응은 일반화된 주장을 뒷받침하기 위하여 몇몇 특수한 경우에 의존하는 것이다. Zoe는 4+4, 8+8의 결과를 예로 들어 두 짝수의 합은 짝수가 됨을 보인다. 학생들은 대개 이런 방법을 사용하여 정당화한 것에 대해 매우 만족스러워한다. "내가 시도한 경우들이 모두 성립하였으니 일반적으로 참이어야 해요." 연구에 따르면 상당수의 대학생들도 몇 가지 성립하는 예들을 증거로 제시한 후 일반적으로 성립한다고 주장하는 것을 아무 문제없이 받아들인다(Harel & Sowder, 1998, 2007; Knuth et al., 2002; Martin & Harel, 1989).

Juan은 Zoe가 (결국 두 배가 되는) 같은 수를 더하는 것과 같은 특수한 예를 선택하였고, 그것은 단지 그 경우들에 대해서만 성립할 수도 있다는 것을 인식할 수도 있다. (사실 짝수의 또 다른 정의에 의하면 임의의 자연수의 두 배는 짝수이다.) 그래서 Juan은 그 주장을 테스트하기 위해 서로 다른 수들을 사용하여 더한다.

Juan의 전략은 특정 가설이 일반적으로 성립하는지 검토하는 데 유용한 방법으로 다른 종류의 특수한 예들을 선택함으로써 그 주장을 반박하는 데도 유용하다. 주장을 뒷받침하는 예들은 그 주장이 참임을 보여주는 방향으로 더 의미 있게 살펴볼 수 있는 기회를 제공하기도 한다. 그러나 예들을 계속 제시하는 것만으로는 궁극적으로 적절한 수학적 정당화라 할 수 없다.

셋째 범주의 학생 반응은 일반성을 주장하기 위해 특수한 경우에 의존하여 일반성을 주장하는 것이 부적절함을 인식하고 확실한 결론을 내리는 것이 불가능함을 인식하는 것으로, Eva, James, Claudia의 반응에서 발견된다. 학생들이 수의 무한함을 인식하게 되면서 자신들의 추측이 몇 가지 예들을 통해서는 증명될 수 없음을 알게 된다. 왜냐하면, 하나의 반례를 찾는 것만으로 그 주장을 반박할 수 있기 때문이다. "수는 영원히 계속되기" 때문에 모든 경우를 검토하는 것은 불가능하다. Eva는 우리가 모르는 짝수가 있어 2를 더하면 홀수가 **될 수도 있다**고 지적한다. 그녀는 모든 숫자들을 테스트해 볼 수 없기 때문에 결코 알 수 없다고 추론한다.

Melody는 다른 접근법을 취하는데, 이는 넷째 범주의 반응으로, Melody는 추론에 근거한 주장을 하기 위해 특정 표상(이 경우에는 정사각형의 모음)을 사용한다. Melody는 짝수의 정의를 인용하며 정사각형의 여러 쌍으로 나타낼 수 있는 수가 정사각형 여러 쌍으로 나타낼 수 있는 또 다른 수와 결합되면 더 큰 쌍들의 집합이 됨을 보인다.

그러나 Melody가 특정한 숫자에 관해 이야기하지는 않았지만, 그녀의 표상은 어쩔 수 없이 특정한 수의 정사각형들이다. 어떻게 우리는 Melody가 10과 16이라는 특정한 숫자가 아닌 임의의 두 짝수의 합에 대하여 주장한 것이라고 알 수 있을까? Melody는 교사의 질문에 대해 추가적인 증거를 제시하며 자신의 추론에 대해 다시 설명한다.

Melody: 2의 묶음들은 홀수가 될 수 없어요. 만일 주어진 수가 모두 짝수라면 둘 다 2씩 묶어 셀 수 있고 같이 배열하면 계속 2씩 셀 수 있으니까 항상 짝수에요.

Eva: 그렇다면 Melody는 언제나 짝수가 됨을 이미 알고 있는 거네요.

Melody는 자신이 비록 정사각형으로 나타낸 특정한 수에 대해 이야기하고 있지만 실제는 **임의의 짝수**를 생각한 것이라고 말한다. Melody가 6개의 정사각형과 4개의 정사각형을 배열하고, 8개와 22개를 배열하였지만, 이는 같은 맥락의 주장이다. 즉, Melody가 우연히 선택한 예들의 특수성에서 나온 것이 아닌 표상 구조로부터 나온 것이다.

무엇이 초등학교 수준에서의 증명을 구성하는가?

Melody의 주장을 약간 변형하여 수학자가 제시할 수 있는 주장과 비교하여 보자(그림 4.1 참조).

각 주장은 전제(두 짝수를 더하면)와 결론(그 합이 짝수라는)으로 구성된다. 수학자는 주장을 전달하기 위하여 전제로부터 결론까지 어떻게 각각의 단계가 이미 성립된 정의, 사실, 또는 원리 등에 의하여 정당화되는지 보여주며 이것들은 산술법칙, 정수의 영역에서 적용되는 정의, 대수적 기호에 의존하고 있다.

명제: m과 n이 짝수이면, 그들의 합인 $m+n$은 짝수이다.	두 짝수를 더하면 짝수가 된다.
증명: m과 n이 짝수라면, 정의에 의해 다음을 만족하는 정수 k, j가 존재한다. $m=2k$, $n=2j$	둘 모두 짝수이므로, 각각 2로 묶어서 셀 수 있다.
그러면, $m+n=2k+2j$ 분배법칙에 따라, $m+n=2(k+j)$ 따라서 $m+n$은 어떤 정수의 2배와 같으므로, 그 합인 $m+n$은 짝수이다.	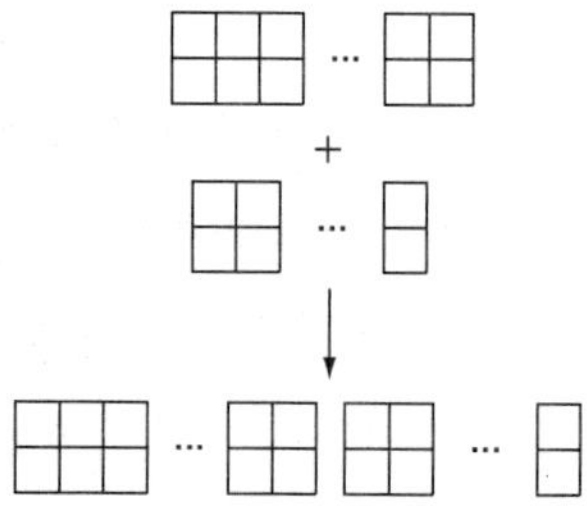 두 수를 모아 합치면, 여전히 2로 묶어서 셀 수 있다.

[그림 4.1] 수학자의 증명과 Melody의 증명의 변형과의 비교

그림 4.1에 제시된 Melody 증명의 변형은 임의의 큐브들의 쌍들을 나타내기 위해 점을 사용하고 있고, 이는 **임의의 짝수**를 나타내는 것이다. 점들은 어떻게 공간적 표상이 무한개의 짝수를 담아내는지 상호 의사소통을 위해 본 논문의 저자에 의해 삽입되었으며, 이런 방법은 초등학교 교실에서 주장의 복잡성을 증가시키나, 설득력을 반드시 증가시키지는 않는다(Monk, 2008, p. 175).

수학자의 증명에서 쓰이는 도구들이 초등학교 수준에서 일반적으로 가용되지 않는다는 것은 주지의 사실이다. 대부분의 초등 수준의 학생들은 사칙연산과 관련된 활동들에 익숙하다. 초등학생들이 산술법칙들에 대하여 의문을 가지는 한 산술법칙들은 정당화하는 데 있어 그 근거로 활용되지 않는다. 예를 들어 수학자들이 교환, 결합, 분배법칙이라 부르는 것들을 교실에서 증명해야 할 수학적 추측이라고 볼 수 있다. 대수적 표현 역시 일반성을 표현하기 위한 수단으로써 가용하다고 할 수 없다.

그러나 아동들이 일반성에 대한 주장을 정당화할 수 있음을 알 수 있는데, 일반적 주장을 정당화하기 위해 시각적 표상으로부터 추론하는 것은, Melody가 했던 것처럼, 학생들에게는 이용가능하고, 위력적이며, 생산적인 방법이다. 이 연구를 통해 우리는 (물리적 물체, 그림, 다이어그램, 또는 이야기 맥락과 같은) 표상으로부터의 주장들이 초등

학교 교실에서 일반적 주장을 세워나가는 데 효과적인 방법임을 확신할 수 있었다.

그렇다면 다음 문제는 '표상을 위한 어떤 기준들이 그러한 주장을 위해 제시될 수 있는가?'이다. 그러한 주장들의 예들에 대한 연구를 통해 다음 세 가지를 알 수 있다.

1. 연관된 연산(들)의 의미가 다이어그램, 조작물, 이야기 맥락 속에서 표상되며,
2. 그 표상은 (예를 들면, 모든 자연수와 같은) 일련의 예시들을 수용할 수 있으며,
3. 주장의 결론은 그 표상의 구조적 성질로부터 도출된다.

우리는 이런 형태의 추론이 초등학교 수준에서 명시적으로 장려된다면, 이후 초등학생들의 증명에 관한 학습을 향상시킬 것이라는 가설을 세울 수 있다. 즉, 학생들은 (1) 특정한 경우들에 의존하여 일반적 주장을 증명하는 것은 논리적으로 오류가 있고, (2) 그럼에도 불구하고 무한한 경우에 적용되는 주장에 대한 참 여부를 증명할 수 있음을 경험하게 될 것이다. 특정한 수들에 대한 추론 및 반대의 경우인 일반화에 대한 추론의 이러한 측면을 강조하기 위하여, 그러한 주장을 증명, 특히 '표상기반 증명'이라 부르도록 하겠다.[4]

계산과 표상기반 증명 연구

초등학교 수준에서 증명이라는 아이디어에 대한 연구를 반대하는 의견 중의 하나는 교육과정이 이미 많은 내용으로 가득 차서, 더 많은 내용들이 초등학교 수준으로 이동할 것으로 가정하는 것은 적당하지 않다는 것이다. 왜냐하면 학생들이 이후에 배우더라도 잘하지 못하는 모습을 보여주기 때문이다. 우리의 연구는 표상기반 증명에 대해 학습하는 것이 초등 교육과정의 핵심이며 그러한 학습이 향상된다는 것을 밝히는 것을 그 목적으로 한다. 이러한 점을 보여주기 위해 두 예화를 들어 설명하였다.

첫째 예화는 Margie Riddle 교사의 4학년 수업의 일부분으로, 학생들이 계산 문제를 제시했을 때, Riddle은 학생들이 그 계산의 기본이 되는 이슈들을 탐구할 수 있도록 일

4 우리는 표상기반 증명이 초등 수준에서 나타나는 유일한 증명의 형태라 주장하지 않는다. 예를 들어, 학생들은 학급이라는 공동체에 의해 용인된 일반화로부터 주장할 수도 있다.

정 시간을 주었다. 그 맥락에서 학생들은 자신들이 처음에 놀라워했던 수학적 관계를 스스로 풀어낼 수 있는 증명을 고안한다.

둘째 예화는 Karen Schweitzer 교사의 1, 2학년 통합 수업에서 발췌한 경우로, Schweitzer는 학생들에게 교실에 있는 모든 학생들이 이미 받아들인 명제에 대한 증명을 제시하도록 질문하였다. 학생들이 자신들이 구성한 증명을 공유할 때에, 좀 더 복잡한 계산이 요구되는 경우에도 적용할 수 있도록, 좀 더 일반화하여 자신들의 주장을 뒷받침한다.

이해에 도움이 되는 수단으로써의 증명: 4학년 교실에서의 예

매일 아침에 Margie Riddle 교사는 학생들에게 뺄셈 문제를 제시하였다. 학생들이 당시 사과가 말라감에 따라 변해가는 사과의 무게를 재는 과학과목 프로젝트를 진행 중이었고 Riddle 선생님은 그 맥락에서 문제를 냈는데, 그 중에 145−100과 145−98이 포함되어 있었다. 학생들이 둘째 문제를 풀기 시작했을 때, Riddle 선생님은 이 문제가 학습할 내용을 많이 포함하고 있는 중요한 출발점이라 인식하고 그 날의 수학 수업시간까지 문제에 대한 토론을 미루었다.

Riddle 선생님은 다음과 같은 이슈를 생각하였다. 많은 학생들이 두 문제 사이의 연관성이 있다는 것을 인식하였다. 그러나 145−100=45를 계산한 다음, 145−98을 계산하기 전에 학생들은 둘째 문제의 답이 45보다 2가 많은지 적은지 확신하지 못하였다. 문제를 풀고 답이 47임을 알게 된 후에야 학생들은 궁금해 하기 시작했다. 왜 2가 **많아질까**? 100에서 98로 바뀔 때에는 2를 **뺀다**. 그렇다면 왜 2를 **더하는** 것이 맞을까? Riddle은 학생들이 느낀 이러한 당황스러움을 통해 학생들이 뺄셈 연산의 의미를 더욱 깊게 이해하게 된다고 생각했다.

나중에 수학 수업에서 그 문제를 다룰 때, 몇몇 학생들이 145−98=47이라는 답을 찾아낸 과정을 공유하였는데, Riddle은 수업 중에 일어난 일들을 다음과 같이 기술하였다.

> Brian도 자신의 생각을 설명하기 위해 계속 손을 흔들어 표시하였다. Brian은 설명하는 데 적당한 단어들을 생각해내려고 고심하였다. "그것은 앞의 문제와 같이 가는 거예요"라고 분명히 얘기했다. "그건 마치 큰 것을 제거하고 난 다음 더 작은 것을 제거하는 것과 같아서 더 많이 가지게 돼요. 그림을 그려도 될까요?"

내가 고개를 끄덕이자 Brian은 칠판 앞으로 가 잠시 동안 생각하더니, 방울 모양의 그림을 그렸다. (그림 4.2)

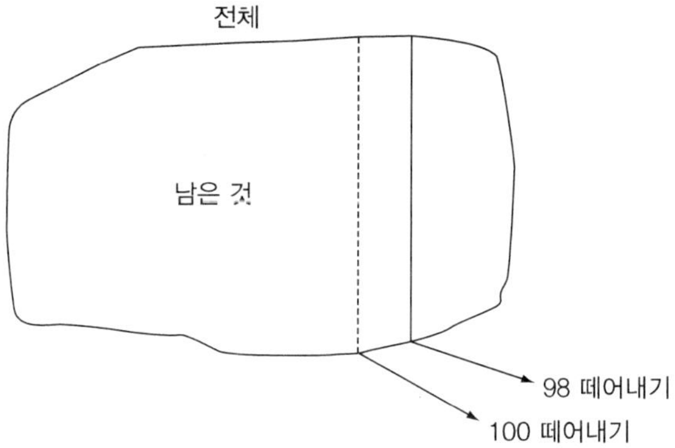

[그림 4.2] Brian의 뺄셈에 대한 생각

"보세요. 이게 처음 사과 양이에요. 그리고 얼마만큼 떼어내면 얼마가 남죠. 그러니까 98그램을 떼어내면 이렇게 되요."라고 Brain은 설명하였다. 내게는 Brian이 문제를 그만의 방식으로 생각하는 데 도움을 주면서도 우리와의 의사소통을 하기에는 쉽지 않은 어떤 매우 명확한 심상을 가지고 있는 것으로 보였다.

반 학생들은 그의 설명을 꽤 골똘히 응시하며 듣고 있었다. 그러다 갑자기 Brain의 설명에 무언가가 떠오른 Rebecca가 흥분하여 이야기하기 시작했다. "아, 그건 말하자면 큰 빵 덩어리를 가지고 있고 작은 조각을 떼어내느냐 더 큰 조각을 떼어내느냐 같은 거구나. 만일 더 작은 조각을 떼어내면, 더 큰 게 남게 되는 거지!"

"이게 항상 맞을 거라고 생각하니?"라고 내가 묻자, Rebecca는 "그렇게 생각해요"라고 답하였다.

토론이 진행되는 동안 이 시점까지 계속 조용히 있었던 Max는 Rebecca의 설명과 Brian의 그림에 고무되어 토론을 통해 조금씩 분명해지는 자신의 생각을 계속 설명했다. Max는 손을 든 채 설명하기를, "맞아요, 더 적게 뺄수록 많이 남게 되요. 그리고……" "사실 결론은 더 적게 뺀 양이 정확히 그만큼 더 많이 남은 양이라는 거죠."

4학년 학생들의 일반화에 대한 탐구는 간단한 산수 문제인 145-98에서 시작되었다. 이 문제를 유사한 문제로 보이는 145-100과 함께 제시하여 학생들이 두 문제를 비교하도록 유도한 셈이다. 비록 처음 질문은 145-100=45이고 98이 100보다 2 작으면 145-98은

45보다 2 적어야 하는 거 아닌가와 관련된, 특정한 수에 대한 것이었지만, 만일 뺄셈문제에서 빼는 양을 줄이면 같은 양만큼 답도 줄어들까와 같은 일반적인 질문이 그 밑에 깔려 있는 것이다.

이 질문에 대한 학급토론은 145−98을 계산하는 전략을 이야기하는 데서 시작되었다. 예를 들어 Jillian은 47+98=145이기 때문에 145−98은 47이 되어야 한다고 했다. 비록 Jillian과 다른 학생들이 145−98이 43이 아닌 47인지 설명하였지만 그것은 왜 계산이 그런 식으로 진행되는지에 대한 다른 학생들의 궁금증을 해결하지는 못했다.

그러나 Brain의 '방울'에 대한 언급은 다른 영역으로의 관심을 유도했다. 전체에서 부분을 제거하는 의미를 가진 뺄셈의 행위를 묘사한 표현은 145−98의 결과(실선의 좌측 부분)가 145−100의 결과(점선의 좌측 부분)보다 크다는 것뿐만 아니라 왜 그렇게 되는지 설명하고 있다.

비록 Brian의 그림에는 특정한 숫자가 이름 붙여져 있지만(98과 100), 나머지 학생들은 그것을 일반적인 것으로 해석했다. 사실, '98'과 '100'이라는 숫자를 무시하면 Brain의 그림은 증명의 세 가지 기준을 만족시킨다. (1) 뺄셈은 전체에서 부분을 제거하는 형태로 표현된다. (2) 전체는 임의의 양의 값이고, 빼는 수는 전체보다 작은 임의의 양의 값이다. (3) 같은 전체에서 다른 두 양의 뺄셈이 이루어진다는 전제가 제시되고, 결론이 다음과 같음을 표상을 통해 보여야 한다. 즉, 적은 양을 뺄수록 많은 양이 남는다는 것이다.

Rebecca는 그 그림에 대해 일반적인 관점에서 해석하며 명확히 설명하였다. "더 작은 양을 뺄수록 더 큰 양이 남게 된다." Max는 일반화에 대해 좀 더 정확하게 진술하였다. "더 적게 뺄수록 많이 남게 돼요. 사실 결론은 더 적게 뺀 양이 정확히 더 많이 남은 양이라는 거죠."

그러나 Max의 이러한 멋진 진술은 결국 나머지 학생들이 그들 자신만의 생각과 질문들을 가지고 표현하는 시작점이 되었다. 여기에 대해 Riddle은 다음과 같이 서술하였다.

> 나는 이야기할 또 다른 학생들이 있는지 물었고, 그 때 Riley가 손을 들었다. 지난 2년 동안 여러 차례 이사 다닌 경험이 있는 Riley는 이해하지 못한 채 외우려고 하지만 외우기 힘들어 하는 전통적 방식의 수학적 절차들과 자신만의 방식으로 전략을 생각해 내려고 노력하는 동료학생들과의 사이에서 어쩔 줄 모르고 막혀있는 상태였다. 그는 종종 수학에 대한 토론에서 흐름을 놓치고 있음을 느끼지만, 오늘은 열심히 참여하려고 하는 듯 보였다. "나는 으레 43이려니 생각했어요," Riley가 말했다. "하지만 지금은 계산기에서도 그렇고

다른 모든 얘들이 그렇다고 이야기하니 47인걸 알겠지만, 왜 그런지는 모르겠네요."

나는 Riley는 종종 수학적 토론의 흐름을 완전히 놓치지만, 이번엔 그가 거의 이해하는 수준에 다다르지 않았나 하는 생각을 했다. "다른 경우를 생각해 보자. 만약에…… 너희들이 145페니가 있고 내가 처음에 100페니를 너희들로부터 가져왔어. 다시 145페니로 돌아가서 이번에 내가 98페니를 너희들로부터 가지고 왔어."

Riley의 얼굴에 커다란 웃음이 번졌다. "아, 이제 알겠어요." 그는 행복한 듯 말했고, 나는 내 예상이 맞았음을 확인했다. Riley는 덧붙이길 "그것은 일종의 재생하는 거 같은 거네요. 이제 이해가 되요." Brian처럼 그는 그 문제를 푸는 데 도움이 되는 심상을 가지고 있는 것으로 보였다.

이 교실의 예화에서 증명하고자 하는 동기는 4학년 학생들이 그들 자신에게 던진 수학적 질문으로부터 자연스럽게 생겼다. 이 예화는 증명이라는 작업이 이미 꽉 차 있는 교육과정에 더 추가되는 것으로 생각할 필요가 없다는 것을 보여준다. 그보다 증명은 학생들의 계산에 대한 이해를 뒷받침하고 어떻게 수체계가 네 가지 기본 연산 하에서 작동되는지 알 수 있게 한다.

더 나아가, Riddle의 예는 증명이라는 것은 수학적으로 뛰어난 성향을 보이는 학생들만을 위한 것이어서는 안 된다는 것을 보여준다. 이 경우 증명은 전체 토론으로부터 발전되었고, 수학적으로 뛰어난 학생들부터 수학을 어려워하는 학생들까지 모든 스펙트럼을 대표하는 학생들이 참여하도록 장려하였다. Brian은 (Riddle이 나중에 설명하였듯, 수학 토론에서는 대개 조용한 아이였던) 이미지를 제공했지만, 그것이 나타내는 아이디어를 말로 명확하게 설명하는 데 애를 먹었다. Rebecca는 학생들의 일상생활의 맥락에서 또 하나의 이미지로 일반화를 간결하게 설명하였고 Max는 일반화를 좀 더 정확히게 설명하였다. 이 학생들은 (아마도 짐작하건대 일화에 소개되지 않은 토론에 참가한 다른 학생들도) 무한한 경우에 적용된다는 주장을 뒷받침하는 논거를 제시하였는데, 즉 그들은 증명의 과정에 참여한 것이다.

수학 때문에 힘들어 했던 Riley는 토론이 진행되는 대로 따라갈 수는 없었지만 결국 이해하게 되었다. Riley가 도움을 요청한 후 Riddle은 다른 맥락에서 생각해보자는 의견을 제시했고, Riley는 만족하였다. 비록 그가 일반화로 가는 아이디어의 흐름을 따라가지는 못했지만, 왜 145−98이 145−100보다 2가 큰 답이 나오는지 이해할 수 있었다. 즉, Riley는 여전히 특정한 수에 대해서만 생각하고 있었고, 일반화에 대한 증명과정에 참여하지는 못했다. 그러나 전체 토론은 그럼에도 불구하고 그에게 있어서도 매우 유익했다고 할 수 있다.

확신으로 가는 통로로써의 증명: 1~2학년 교실로부터의 예

어떤 특정한 뺄셈 문제를 풀면서, Margie Riddle이 담당한 4학년 학생들은 그들 모두를 혼란스럽게 하는 질문에 봉착했다. 만일 네가 빼는 수의 양을 **줄인다면**, 답에서 그만큼을 **더해야** 하는가 **빼야** 하는가? 그들의 증명은 그만큼을 더해야 한다는 것뿐 아니라 **왜** 그런지도 보여주었다.

증명은 다른 역할을 할 수도 있다. 예를 들어, 증명은 당신이 이미 참이라고 믿고 있는 주장에 대해 다른 사람들에게 참임을 설득하기 위해 쓰일 수 있다.

1~2학년 교사인 Karen Schweitzer은 더하는 두 수의 순서가 바뀌면 합이 어떻게 되는지에 대하여 몇 번의 토론을 하였고(그 후 학생들은 덧셈의 교환적 성질이라고 부르도록 배우게 된다), 지금은 그 성질을 테스트하기 위해 세기 활동을 더 이상 하지 않아도 된다. 즉, 학생들은 합이 똑같다는 것을 확신하게 된다. 그러나 그 이상으로 교사가 그 학생들에게 설명을 해보라거나, 왜 그렇게 확신하는지 이야기해보라고 했을 때, 학생들은 그리 많은 것을 말하지 않았다. Schweitzer는 이 질문으로부터 더 진행시켜보아야 하지 않겠나 하는 생각이 들었고, 어느 날 그녀는 더하는 수들의 순서가 중요하지 않다는 명제로 다시 돌아갔다. 모든 학생들은 여전히 그렇게 생각하고 있었고, 그녀는 학생들에게 어떻게 그것이 참인지를 알 수 있는지를 시간을 가진 후 참인 것을 보이도록 하였다.

그러나 이런 연습에 대해 어떻게 동기유발할 수 있을 것인가? 학생들 자신의 당황스러움을 형식화시켜갔던 Riddle의 4학년 교실과는 다르게, Schweitzer의 학생들은 이미 그 명제의 일반성에 대해 확신하고 있었다. 즉, 그들은 그 명제를 더 탐구할 필요를 느끼지 않았던 것이다. 그래서 Schweitzer는 증명의 다른 기능을 요구하였는데, 즉 어떤 주장이 참임을 다른 사람에게 설득하는 것이다. Schweitzer는 학생들에게 다음과 같이 설명했다.

> 증명하는 것은 다른 사람을 납득시키는 것입니다. 예를 들어, 어느 날 교장선생님이 교실로 들어오셨을 때 순서에 대해 아까 우리가 이야기한 것이 참이라고 교장선생님을 설득해야 한다면 어떻게 해야 할까요? 나는 학생들이 설명을 하기 위해 필요한 어떤 도구도 사용할 수 있으며, 큐브, 다이어그램, 수선 등과 같은 가능한 여러 선택이 있음을 이야기하였습

니다. 그 도구들과 함께, 나는 학생들을 둘씩 짝지어 증명활동을 해보도록 하였습니다.

둘씩 15~20분 정도 활동한 뒤, 전체가 하나의 그룹으로 모였습니다. 어떤 아이들은 큐브와 십진블록을 가지고 왔고, 어떤 아이들은 종이에 써서 가지고 왔습니다. 나는 이 활동을 통해 확실하게 학생들이 다른 사람을 설득해야 할 필요가 있다는 생각을 가지기를 바랐고, 이것이 이미 아는 것인데 다른 할 말이 무엇이 필요하겠는가 하는 생각을 넘어설 수 있도록 하는 데 도움이 될 것이라고 생각했습니다. 나는 다음과 같은 내용을 상기시키며 학생들과의 대화를 시작했습니다. "나는 여러분들이 설명을 할 때 이렇게 가정하고 시작하기를 바랍니다. Mr. Valen(교장선생님)께서 여기서 서 계신데, 너희들을 믿지 않으시기 때문에 여러분들은 교장선생님을 설득할 때 매우 조심해야 합니다. 어떤 것도 가정하지 말고, 교장선생님을 정말로 설득하기 위해 필요한 모든 것을 이야기하세요. 마치 증명하는 것처럼."

나는 Kathleen부터 시작하기로 했다. 왜냐하면 그녀는 대체적으로 어떤 것이 참이라고는 말하지만 왜 그런지는 설명하지 못하는 부류에 속하는 학생이었기 때문이다. 그러나 이번에 Kathleen은 왜 그런지 설명하기 위한 방법을 찾아내었다. 그녀는 어떤 순서로 더하든지 전체 합은 같다는 것을 보이기 위해 10개의 큐브와 20개의 큐브가 명확하게 그려진 다이어그램을 가지고 왔다(그림 4.3).

Kathleen: 만일 10과 20을 가지고 순서를 바꾼다면, 그래도 서로 똑같을 것입니다. 10을 먼저 한군데 놓고, 그리고 20을 놓는 것과 20을 놓고 거기에 10을 놓는 것이지요.

Schweitzer는 Kathleen에게 몇 가지 질문을 하고, 그녀의 말과 시각적 이미지를 연결시키기 위해 방금 설명한 그림을 짚어가며 이야기하도록 했다. 비록 토론이 10 큐브와 20 큐브의 이미지에 특수하게 한정되기는 했지만, 곧 Kathleen은 일반적인 관점에서 이야기하기 시작했다. "그것은 어떤 방식으로든 바꿀 수 있는 것이기 때문에 어쨌든 같아지는 거예요. 이미 어떤 수를 가지고도 할 수 있을 것 같아요. 당신은 어떤 수를 가지고 그렇게 할 수 있어요."

비록 Kathleen이 ("**아마** 어떤 수를 가지고도 할 수 있을 것 같아요")라는 의심스러운 상태에서 교실을 떠났지만, 그녀는 10과 20의 경우를 넘어서 **임의의** 두 수에 대하여 생각하는 데까지 사고를 확장했다. Schweitzer는 반 전체에게 질문을 함으로써 이러한 변화를 강조했다.

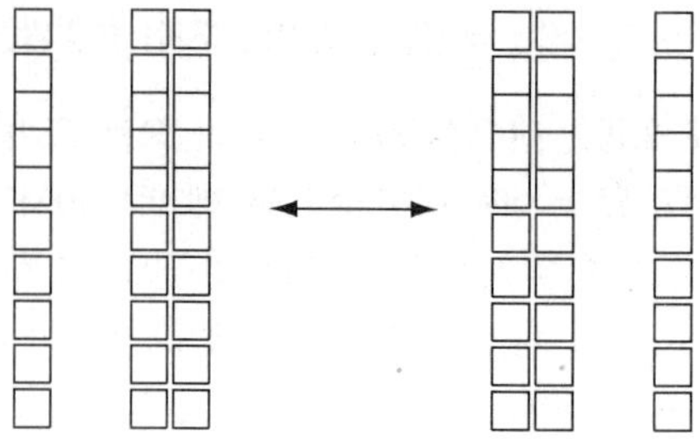

[그림 4.3] Kathleen의 가수에 대한 생각

교사: 그러니까 어떤 수에 대해서도 통한다고 말하는 것이지요? 어떤 두 숫자에 대해서도 바꿀 수 있고, 그것은 답을 변하게 하지 않을 거라는 의미인가요?

Andrew: 어떤 수던지요.

Kathleen이 그린 그림에서 큐브가 특정한 수 10, 20에서 임의의 가수로 옮겨가는 순간, 그것은 증명의 기준들을 만족시켰다.

1. 덧셈은 두 집합의 결합으로 나타내어진다.
2. 표현된 표상은 임의의 두 자연수를 나타낼 수 있다.
3. 그 표상은 두 양의 자리를 바꾸어도 전체 합은 변하지 않음을 보인다.

가수의 순서에 대한 질문이 다른 교실에서 제기되었을 때 학생들은 Kathleen의 것과 비슷한 이미지를 만들어내었다. 학생들은 두 집합의 위치를 서로 바꾸면서, "더 이상 더하지도 빼지도 않았으니 전체는 그대로 같습니다."라고 설명하였다.

이제 이런 이미지를 머릿속에 확실하게 담은 채로, Schweitzer 반 학생들은 일반화 단계로 확장할 준비가 되었다.

교사: 여러분들이 할 수 있는 어떤 수에 대해서도 동의하나요?

Kirsten: 17과 33 같은 거요.

Nathan: 그리고 꼭 두 숫자만 이용해야 하는 건 아니에요.

갑자기 서너 명의 학생들이 동시에 이야기하기 시작했고, 이 모든 생각들을 들으려고 노력했다.

Teacher: 그러니까 Kirsten은 다른 위치로 서로 바꿀 수 있다고 이야기했고, Molly는 뭐라고 했지요?
Molly: 단지 두 수만 사용할 필요는 없다고 했어요.
Teacher: 단지 두 수만 사용할 필요는 없다.
Kirsten: 10과 5와 3을 사용할 수 있어요.
Teacher: 와, 숫자 세 개를 사용했네. 10과 5와 3과 같은?
Molly: 여덟 개도 사용할 수 있어요.
Kirsten: 개수는 상관없어요.

이 시점에서 두 개 이상의 숫자를 사용할 수 있고 사실 얼마나 많은 숫자를 사용하든 상관없다고 이야기하며 많은 아이들이 갑자기 대화에 참여하기 시작했다. 십억 개의 숫자라도!

위의 수업은 더하는 두 수의 순서가 바뀌면 어떤 일이 일어날까에 대한 토론과 함께 시작했다. 반에 있는 학생들이 비록 전체 합을 변하지 않을 것이라고 이미 확신하고 있었지만, 교사는 증명을, 즉 교실 문에서 의심스러운 눈초리로 서 계신 교장선생님을 납득시킬 수 있는 논거를 전개하도록 장려하였다. 학생들이 어쩔 수 없이 10과 20 큐브, 탤리 마크, 원 등 특정한 숫자를 나타내는 예시를 만들었지만, 그것들은 **임의의** 두 수를 나타내는 것이다. 두 양이 서로 뒤바뀌어도 전체 합은 변하지 않는다. 그 이미지를 머리에 새기고, 학생들은 더 나아가 일반화로 확장하였다. 각각의 큐브 막대기가 임의의 숫자를 나타낼 뿐 아니라 얼마나 많은 막대기가 있어도 상관없이 그 주장은 성립한다. 더하는 수의 개수가 여러 개여도 시작할 수 있다. "10억 개일지라도!" 그리고 순서를 바꾸는 것은 총합에 변화를 주지 않을 것이다.

비록 학급의 몇 명은 열정적으로 이 결론에 도달하였지만, Schweitzer는 좀 더 탐구해야 할 것이 있다고 생각했다. 학생들에 의해 제시된 다양한 표상들에 대해 토론을 지속하면서 좀 더 많은 학생들이 그 주장에 참여하게 되었고, 이미 확신하고 있던 학생들도 그 생각에 대한 응용을 생각해 볼 수 있었다. 학급 토론이 계속 되면서 학생들은 4+6+2의 합(10을 만드는 데 익숙한 학생들은 풀기 쉬운 문제)이라는 특별한 경우를 보면서 10에 또 하나의 한자리 수를 더할 수 있었다. 그러나 이제 학생들은 4+2+6 또는 6+2+4와 같은 더하는 수들이 다른 순서로 배열된 문제를 보더라도 더 어려운 계산을 요구하는 문제들과 씨름할 필요 없이 그 합을 알게 되었다.

또 다른 그룹은 140을 십진 블록을 사용하여, 즉 100개짜리 한 면과 10개짜리 막대기 4개를 가지고 나타내었다.

Corey: [카펫 위에 있는 블록들의 위치를 바꾸면서] 그냥 순서만 바꾸는 거예요. 어떤 것도 더 놓거나 치우지 않아요. 어떤 것도 더하거나 빼지 않는다는 거예요. 그저 순서만 바꾸고 다른 위치에 놓는 거예요.

Teacher: 그렇군요.

Marissa: 그리고 더 더하거나 빼지 않는 한 그 숫자를 분해할 수도 있어요.

Teacher: Marissa, 좀 더 이야기해 볼래요? 뭘 하지 않는 한 그 숫자를 분해할 수 있다고요?

Scott: 그래요.

Marissa: ... 더 더하거나 빼지 않는 한이요.

이 시점에서 학생들은 증명 이면에 있는 핵심 아이디어를 이해하게 되었다. 덧셈은 더하려는 몇 개의 집합을 결합시키는 것으로 표상되고, 어떤 것도 더 더해지거나 빼지지 않는 이상 그 집합들의 순서를 바꾸는 것은 전체 합을 변하게 하지 않는다는 것이다. Corey는 그 블록들이 10 + 10 + 100 + 10 + 10 또는 10 + 10 + 10 + 10 + 100으로 배열될 수 있음을 계속 해서 보여주었다.

이 학생들은 어떤 크기의 더하는 수가 몇 개가 되던 전체 합을 바꾸지 않고 순서를 바꿀 수 있다는 것에 대해 동의하였고, 이제 십진 블록을 사용하여 여러 자리를 가진 숫자를 분해하고 재배열할 수 있게 되었다. 자릿값의 분해 및 더하는 수의 재배열이라는 아이디어의 결합은 여러 자리 숫자를 계산하는 데 있어서 유창성을 발달시키는 중요한 기술이 될 것이다.

이 수업에서 교사는 학생들이 이미 동의한 덧셈에 대한 주장, 즉 추측을 증명하도록 반 전체를 격려했다. 학생들에게 더하는 두 수의 순서를 바꾸어도 그 합은 변하지 않는다는 것을 자신들의 공동체 밖에 있는 사람에게 납득시키기 위한 논거를 세워보라고 요구함으로써, 학생들은 어떤 크기를 가진 가수들을 수용할 수 있는 덧셈의 이미지를 만들어 내었고 또한 가수의 수가 얼마이든지 상관없이 주장이 성립함을 알게 되었다. 이러한 경험은 학생들에게 긍정적인 영향을 주었고, 나아가 학생들은 새롭게 확장하여 일반화된 생각을 머리에 새기고 교사와 학생들은 교육과정에 적용할 수 있는 방법을 생각해 보았다.

어떤 독자는 학생들이 전체 합이 변하지 않고 두 가수의 순서가 서로 바뀔 수 있다는 것을 **증명하고** 있다는 개념에 대해 의문을 가질 수도 있을 것이다. 결국 덧셈의 교환법칙은 공리이므로 증명 없이 받아들여야 한다고 생각할 수도 있다. 그러나 1, 2학년 학생들은 아직 공리체계 내에서 연산을 하고 있는 것이 아니다. 그들이 자신들이 하고 있는 연산이 무엇이라는 것을 이해한 후에도 이 성질은 여전히 의문으로 남을 수 있다. 나중에 곱셈에 대해 연산을 할 때 학생들은 2×5와 5×2가 그러하듯 3×4와 4×3의 결과가 같음을 깨닫고 (많은 학생들이 부르는 것처럼) '순서를 바꾸는 것'이 여기서도 통할지에 대해 궁금해할 수도 있다. 다시 말해서 초등 수준의 지식과 경험의 맥락에서 그러한 추측, 즉 두 승수의 순서를 바꾸어도 그 곱은 변하지 않는다는 것에 대한 증명을 요구하는 것이다 (cf. Brown, 1996).

더 나아가, Schweitzer의 학생들이 두 가수에 대한 주장을 제시하고 난 뒤, 임의의 가수를 임의의 개수만큼 표현하는 큐브 타워를 상상할 수 있음으로 인해 그 표현이 결국 일반적인 주장에 대한 증명이 될 수 있음을 깨닫게 되었다. 임의의 개수만큼의 임의의 가수들의 순서를 바꾸어도 합이 변하지 않는다는 두 번째 주장은 사실 수학자들이 하는 증명이다.

결론

초등학교 교실이 학생들의 생각에 맞추어 조직되고, 학생들이 자신들의 아이디어를 공유하도록 장려될 때, 학생들은 수 체계 내에서 관찰을 통해 깨닫는 규칙성을 자주 이야기하게 된다. 이 관찰이 무한한 경우에도 적용되는 일반화에 대한 것일 때, 교사(와 학생들)는 다음과 같이 질문할 수 있다. 이것이 **언제나** 성립한다는 것에 확신이 있는가? 어떻게 그걸 알 수 있을까? 이런 방식으로 학생들은 무한한 경우를 다룬 주장의 진리성을 어떻게 논증해야 할지 고민하게 되는 것이다. 어린 나이에도 학생들은 특정한 몇몇의 예들(아주 많다 하더라도!)을 테스트해보는 것은 불충분하지만 그럼에도 불구하고 무한한 경우에 관한 주장이 증명 가능하다는 사실을 배울 수 있는 기회를 가지게 된다. 이것을 통해 우리는 표상기반의 주장이 학생들이 증명의 과정에 참여할 수 있는 강력하고 접근 용이한 방법을 제공한다는 것을 알게 되었다.

이 장에서 선택된 예화들은 그 과정이 초등학교 교실에서 어떤 식으로 나타나는지를 묘사하고 있다. 예화들 속에서 증명된 주장들은

두 짝수들의 합은 짝수이다.
적게 뺄수록, 그 차는 더 커진다.
가수의 순서를 바꾸는 것은 합에 영향을 미치지 않는다.

이 프로젝트에서 교사들에 의해 기록된 경우들은 학생들이 더 폭넓은 종류의 주장을 증명하고 있음을 보인다.

두 홀수들의 합은 짝수이다; 짝수와 홀수의 합은 홀수이다.
승수의 순서를 바꾸어도 곱에 영향을 미치지 않는다.
덧셈 문제에서 한쪽에서 일정 양을 빼고 그만큼을 다른 쪽에 더하면 합은 그대로이다.
뺄셈 문제에서 양쪽에 같은 수를 더하거나 빼도 차는 같다.
곱셈에서 한쪽을 두 배하고, 다른 쪽을 반으로 나누면 곱은 같다.
어떤 수의 인수는 그 수의 배수들의 인수도 된다.
곱셈 문제에서 한 승수를 분해하여, 각 부분에 다른 승수를 곱한 다음 각 부분을 곱하거나 더할 수 있다.

학생들로 하여금 위의 주장을 증명하도록 하는 것은 교사들이 이미 가득 찬 가르칠 목록들을 짜내어 덧붙여 가르치도록 하려는 것은 아니다. 그보다는 이 장에서 제시된 예들이 보여주듯이 수와 연산에 관한 일반성을 증명하려고 도전하는 것을 통해 학생들이 수

학적 효율성의 많은 측면을 경험하게 된다(Kilpatrick et al., 2001). 이러한 토론을 통하여 학생들은 연산의 의미와 관계에 대한 더 깊은 이해를 발전시킬 수 있고, 이것이 결국은 계산 과정의 유연성 향상을 뒷받침하는 것이다.

증명을 하려는 도전은 특정 부류의 학생들에게만 해당되는 것은 아니다. 한 교사가 기록한 것처럼, "나의 학생들과 일반적 성질에 대하여 같이 생각하기 시작했을 때, 나는 부진했던 학생들에게서 변화를 발견하였다. 무언가가 그들에게 더 접근 용이한 것처럼 보였다." 일반성이 명확하게 드러날 때, 즉 그것을 정당화하기 위해 언어를 통해서, 또는 시각적 표상을 통해서 더 많은 학생들이 이해하게 되고, 그것은 계산 유창성 향상을 위한 기초를 제공한다. 더군다나 수학적 질문을 통해 그것을 나타내는 표상을 만들어내려는 습관은 학생들이 겪을 수 있는 혼란을 줄이고 추론해나가는 데 도움을 준다. 학생들은 수학을 의미 있는 것으로 여기게 되고, 그들의 효능감에 대해 자신감을 발달시키게 된다.

동시에 수학에서 항상 자신들의 또래보다 잘하는 학생들에게도 이 활동은 도전할만하고 동기가 유발되는 활동이다. 수와 연산에 관한 학습은 효율적인 계산을 넘어 무한한 수들에 대해서도 적용될 수 있는 수학적 관계에 대한 추측을 만들고 증명하는 기쁨을 느끼는 것으로 확장되는 것이다. 한 교사가 설명하듯이, "학생들은 그 활동을 넘어 활동에서 얻는 경험들이 적용되는 더 넓고, 더 많은 맥락들을 찾으려고 하는 사고 습관을 발달시켜야 합니다."

마지막으로 증명에 대한 이러한 접근은 수 체계에 대한 학생들의 이해를 심화시키며 동시에 수학의 중심이 되는 과정에 학생들을 참여시킨다. 주장의 진리성을 믿게 하는 다양한 방법을 경험함으로써 학생들의 추론은 진리성 수락의 기준이 된다. 학생들은 권위에 호소하거나 특정한 예를 시험해보는 것보다 추론을 가장 우선순위에 두게 된다.

5

아동의 연역적 논증에 도움이 되는 표상

Anne K. Morris[1]

초등학교 수준의 아동들의 연역 논증 능력을 어떻게 발달시킬 수 있을까? 이 장에서는 아동들의 연역 논증 능력을 발달시키는 데 중요한 표상의 역할에 초점을 맞춘다. 또한 초등학생이 좀 더 쉽게 접근할 수 있는 연역 논증의 표상의 한 유형에 대하여 설명한다. 이 표상들은 수학적 행동(actions)과 관계를 나타내는 도식(schematics)이나 다이어그램이다.

딜레마

초등학교 수준에서 '증명 지도'는 특히 도전의식을 북돋운다. 이는 수학에 대한 아동들

1 이 장은 미국과학재단(National Science Foundation)의 지원을 받아 준비되었다(Mid-Atlantic Center for Teaching and Learning Mathematics에 수여된 허가번호 0083429). 이 장에서 표현된 의견은 저자의 것이지 반드시 재단의 의견과 일치하는 것은 아니다.

의 개념이 종종 물리적 세계에서의 행동에 근원을 둔다는 점에서 우리에게 딜레마를 보여준다. 예를 들면, 아동들은 대상들을 분해하고 다시 합침으로써 부분-전체 관계에 대한 아이디어를 발달시킨다. 초등학교 교사는 수와 양을 나타내는 구체적인 대상들을 사용해서 이런 비형식적인 이해를 형성한다. 행동들은 수학적 아이디어를 발달시키기 위해 구체적인 대상들에 대해 수행되고 그 행동들은 상징적으로 표현된다. 예를 들면, 교사와 학생은 5개의 블록과 3개의 블록의 합을 5+3으로 나타내고, 원의 삼분의 일과 원의 팔분의 일을 1/3+1/8로 나타낸다. 이런 표상들은 특정 대상에 대한 특성 행동을 나타낸다.

대조적으로, 증명은 특정한 경우나 행동을 표현하는 것뿐만 아니라 주어진 종류의 모든 대상에 적용할 수 있는 일반화를 필요로 한다. 어떤 종류의 표상들이(예를들어, 다이어그램, 기호 표현) 아동들이 일반화를—특히 특정한 행동의 종류가 주어진 종류의 모든 대상들에 대해 수행될 수 있거나 어떤 관계가 주어진 종류의 모든 수나 양에 대해 성립하는 일반화를—생각하고, 만들고, 증명하는 데 도움이 될 것인가? 어떻게 우리는 아동들이 특정 대상에 대한 행동의 표상에서 일반성의 표상으로 옮겨가도록 도울 수 있을까? 어떻게 교사들은 종종 연역 논증의 근원에 있고 한 유형의 대상들에 대해 연역적으로 추론하게 하는 일반적인 표상과 행동들을 아동들이 '보고(see)' 표현하도록 도울 수 있는가?

일반성 표현하기

일반적인 유형의 대상들에 대한 아동들의 추론에 필요한 표상을 발달시키려는 도전은 러시아의 Davydov et al.에 의해 개발된 초등 수학 교육과정에 명확하게 설명되어 있다(예, Davydov, Gorbov, Mikulina, & Savel'eva, 1994). (이 교육과정을 '러시아 교육과정'으로 부를 것이다.) 이 교육과정과 그 뒤에 있는 개념적 논증이 아동의 연역 논증 능력 발달에 의도적으로 초점을 맞추기 때문에 그리고 그것들이 미국 독자들에게 널리 알려지지 않았기 때문에, 아동들의 추론을 위한 기본적인 도구를 제공하는 샘플 표상에 덧붙여 이 교육과정이 취한 교수학적 접근 방식을 간단하게 설명할 가치가 있다. 이 장의 목표는 이러한 접근 방식이 다른 접근 방식들보다 우월하다는 것을 증명하는 데 있는 것이 아니라(예, Morris & Sloutsky, 1998), 미국의 상황에서 더 깊은 숙고와 연구를 위한 아이디어와 표상을 소개하는 데 있다. 학교 수학의 대안적인 교육과정에서 연역 추론에 대한 관심을 고려해볼 때, 대부분 현재의 규준 기반의 교육과정과 다른 접근 방식을 고려하는 일은 유용하고 시기적절하다(예, Laudien, 1998).

Davydov et al.이 개발한 교수학적 접근 방법의 주요 목표는 아동들이 일반화를 인지하고, 적용하며, 유도하도록 돕는 것이다. 이 접근 방법에서 표상은 아동들이 특정 양에 대한 행동의 아이디어를 대상의 부류에 적용되는 행동과 관계에 대한 개념과 연결하는 데 사용된다. 예를 들면, 아동들은 물리적 대상들을 분해하고 하나로 다시 합치는 행동들로부터 주어진 종류의 임의의 양들 사이의 부분-전체 관계 개념으로 나아가고, 이런 행동들을 부분-전체 개념들과 관련시킨다. 이 표상들은 아동들이 추상적인 관계를 연역 논증의 기초로 사용하게 할 것이다.

이 접근 방법에서, 교육과정 개발자들과 교사들은 다음과 같은 질문을 했다. 어떤 행동이 특정 수학적 관계에 대한 개인의 이해의 기저를 이루는가? 어떤 표상은 행동과 표상 둘 다를 보여주도록 고안된다. 그 표상은 아동이 특정 양에 관한 행동에 근거하여 표상에 대한 의미를 처음으로 만들어낸다. 즉, 아동이 그 표상을 보고 사용할 때, 그것은 세상에서 그 아동의 행동을 처음으로 나타낸다. 하지만 아동이 준비가 되어 있을 때, 그 표상은 이미 주어진 추가적인 해석이 될 수 있다. 그것은 이런 종류의 행동이 적용될 수 있는 임의의 대상들에 실행할 수 있는 행동을 나타내고, 양들 사이의 관계도 나타낸다. 해석에 따라 그 표상은 특정한 구체적인 대상들에 대한 행동, 특정 종류의 임의의 대상들에 대한 행동, 특정한 구체적인 대상들 사이의 관계, 주어진 종류의 임의의 대상들 사이의 관계를 나타낸다.

예 1: 부분-전체 도식

러시아 교육과정에서 나온 표상의 예와 그것이 연역 논증에서 잠재적으로 사용된 예를 지금 설명할 것이다. 1학년 교육과정에서, 아동들은 부분-전체 관계의 이해를 발달시키도록 고안된 많은 경험을 한다. 예를 들면, 아동들은 하나의 용기에 담긴 물을 두 개 또는 그 이상의 용기에 나누어 붓고, 여러 개의 용기에 담긴 물을 하나의 용기에 담는 활동을 한다. 아동들은 직사각형 모양의 종이를 부분으로 자르고, 그 부분들을 합쳐서 하나의 전체 직사각형으로 모은다(예, Mikulina, 1991). 아동들은 구체적인 대상에 대한 행동을 특별한 '도식(schematic)'으로 나타낸다. 전체 양을 하나의 문자—예를 들면 A—

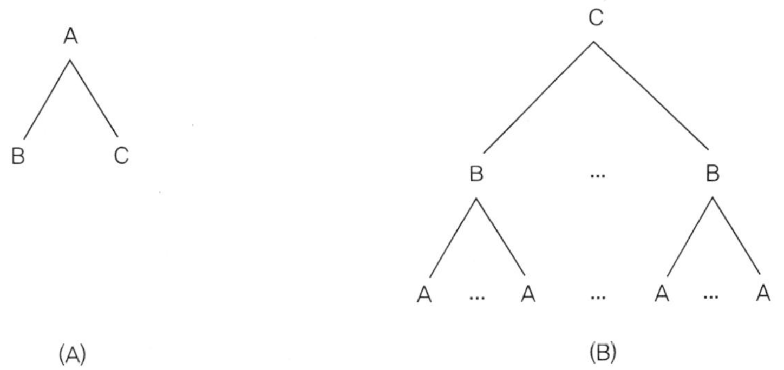

[그림 5.1] "뒤집힌 V" 도식을 사용하여 전체 A를 부분 B와 C로 나누기

로 나타낸다. 부분들도 문자들 — 예를 들면 B와 C — 로 나타내야 한다.[2] 이 문자들이 수를 나타내지 않는다는 사실을 강조해야 한다. 대신에 이 문자들은 물의 양, 모래의 양, 종이조각의 넓이, 리본의 길이 등과 같이 숫자로 양화되지 않는 물리적 양을 나타낸다. 그림 5.1(A)처럼 아동들은 전체 A를 부분 B와 C로 나누는 행동을 '뒤집힌 V' 도식으로 보여준다.

이 도식은 아동들이 세계에서 물리적 양에 관한 행동의 본질을 인지하고 그 본질에 초점을 맞추도록 돕는다. 만약 위에서 아래로 도식을 따라 이동하면, 그 도식은 그 자체로 전체를 부분으로 분리하는 행동을 의미한다. 만약 아래에서 위로 도식을 따라 이동하면, 그 표상은 전체 A를 형성하기 위해 부분 B와 C를 합치는 행동을 묘사한다. 그러므로 아동들의 행동과 이 행동의 표상 사이에 긴밀한 대응관계가 있다. 더구나 아동들이 처음 이 표상을 사용할 때, 이는 항상 양에 관한 행동을 동반한다. 예를 들면, 아동들은 모래더미 A를 B와 C 둘로 나누고 그 행동을 그림 5.1(A)와 같은 도식으로 나타낸다. 교사가 아동들에게 이런 종류의 도식을 보여주면 아동들은 그들이 선택한 특정한 구체적인 대상으로 이 행동을 설명해야 한다. 두 요인들, 즉 아동의 행동의 본질과 도식의 본질 사이의 긴밀한 대응관계, 특정한 구체적인 양에 관한 아동들의 행동과 결합한 표상의 초기 사용, 모두 그것을 발전적으로 적절한 표상으로 만들고 아동들이 구체적인 대상에 관한 행동을 통해 표상에 관한 의미를 만들어내는 다양한 기회를 제공하는 것처럼 보인다.

도식이 처음에 특정한 물리적 양에 관한 행동의 표상으로 보이더라도, 이는 묘사된 행

2 문자 그대로의 기호는 교수학적 단계 순서에서 매우 신중하게 도입된다(Davydov, 1975).

동 그 자체에도 관심을 집중한다. 도식은 합병과 분리 행동 사이의 관계와 한 행동이 다른 행동을 "원상태로 돌릴 수 있다"는 행동의 가역성 아이디어를 보여준다. 이런 행동과 그것들 사이의 관계를 나타낸 그림은 아동들이 그 행동들의 특성을 연구하는 데 도움이 되고 다른 관련된 사실들을 이끌어내는 데에도 도움이 된다. 예를 들면, 아동들은 다음의 사실을 이해하기 위해 도식과 구체적인 자료와 상황을 사용한다. 만약 부분들의 크기를 알고 전체 물리적 양의 크기를 알고 싶다면, 부분들을 합병할 필요가 있다. 만약 한 부분의 크기를 알고 싶다면, 알려진 전체 양에서 알려진 부분을 없애서 남아 있는 양의 크기를 알아낼 수 있다.

도식은 또한 아동들이 '임의의 양'에 대해 논의하는 데 도움이 된다. 아동들은 특정한 양에 대한 행동에서부터 이런 방법으로 다루는 임의의 양에 적용할 수 있는 행동에 대한 그림으로써 표상을 다루는 것으로 점진적으로 옮겨간다. A, B, C는 이런 종류의 행동이 적용 가능한 임의의 양이 될 수 있다. 그 표상은 아동들에게 의미있게 된다. 이는 그 표상이 대상에 관한 아동들의 행동을 표현하지만, 구체적인 대상들을 가지고 수많은 경험을 한 후에는 아동들이 그 표상의 의미를 이해하고 그 의미를 이해하기 위해 구체적인 양에 관한 행동을 할 필요가 없어지기 때문이다. 아동들은 **이**(this) 양 B라고 하는 대신에 **어떤**(any) 양 B 또는 **임의의** 양 B라고 말하기 시작한다(Lee, 2002). 그 표상은 아동들이 특정한 양에 관한 행동으로부터 '임의의' 양에 관한 이런 행동의 특성을 생각하는 것으로 이동하도록 잠재적으로 도울 수 있다.

이 표상에 관해서 특별한 것은 비록 그것이 행동으로 해석되고 행동을 암시할 수 있다 하더라도 그 표상이 A, B와 C 사이의 관계를 보여주는 것으로 해석될 수 있다는 점이다. 아동들은 그 표상을 행동, 관계, 또는 둘 다로 해석할 수 있다. 그러므로 표상은 관계에 대한 아동들의 이해의 근원이 되는 행동, 즉 부분-전체 관계에 대한 이해의 근원이 되는 양을 분리하고 병합하는 행동을 나타내고 표상은 둘 다 보여주지만, 동시에 이 두 양 사이의 관계도 보여준다. 즉, A는 두 개의 부분 B와 C로 이루어진 전체이다. 아동들은 또한 구체적인 물리적 양에 덧붙여 이 도식을 사용해서 부분-전체의 관계의 성질을 계속해서 공부한다. 예를 들면, 아동들은 전체가 부분보다 크다는 사실을 배운다. 아동들은 또한 넓은 범위의 맥락화된 문제 상황에서 문제를 해결하기 위한 도구로 부분-전체 관계를 사용해서 학습한다(나중에 설명됨).

부분-전체 도식과 같은 표상은 대수의 세계에 다리를 놓기도 한다. 도식의 도움으로,

아동들은 대수적으로 일반성을 표현하는 법을 배울 수 있다. 예를 들면, 러시아 교육과정에서 1학년 학생들은 물리적 양에 관한 행동을 나타내는 대수적 진술을 쓰는 방법을 이해하기 위해 부분-전체 도식과 구체적인 자료를 사용한다.

B + C = A (부분을 더해 전체를 만든다.)
A − B = C (전체에서 부분을 빼면 다른 부분과 같아진다.)
A − C = B (전체에서 부분을 빼면 다른 부분과 같아진다.)

다시, 문자들은 수가 아니라 측정되지 않은 물리적 양을 나타낸다. 아동들은 물리적 양에 관한 그들의 행동을 기초로 이 진술들의 의미를 만들어낸다. 예를 들면, 아동들은 '전체 물의 양' A에서 부분 B를 다른 용기에 붓는다. 남은 양은? (다른 부분 C) 비록 이 등식이 처음에 특정한 물리적 양을 나타냈다 하더라도, 아동들은 결국 이 등식들의 물리적 근본 의미를 잃지 않은 채 양에 관한 행동을 수행하지 않게 된다(Lee, 2002; Mikulina, 1991).

■ **증명을 위해 부분-전체 표상 사용하기**

행동과 관계에 관한 이런 유형의 표상들이 어떻게 아동들이 증명을 하도록 도울 수 있을까? 다음 교실 상황을 생각해보자. 한 집단의 초등학생에게 다음과 같은 추측을 증명하게 하였다. 만약 $a|b$이고 $b|c$이면, $a|c$이다. 3학년인 벤은 120개의 스냅 큐브를 펼쳐놓았다(Schifter, Bastable, & Russel Russell, 2008a). 벤은 이것을 8개의 큐브로 이루어진 15개의 그룹으로 나누어 120이 8로 나누어떨어짐을 보였다. 그 후에 8개의 큐브로 이루어진 각각의 그룹이 네 개의 큐브로 이루어진 두 개의 그룹으로, 두 개의 큐브로 이루어진 네 개의 그룹으로, 또는 하나의 큐브로 이루어진 여덟 개의 그룹으로 나누어질 수 있음을 보였다. 벤은 8의 모든 인수가 120의 인수가 된다는 주장을 뒷받침하기 위해 스냅 큐브 모델을 사용하였다. 벤은 기발한 표상을 만들어냈지만, 이는 특정한 경우를 나타낸 것이었다.

이 장에서 설명되는 표상은 아동들이 숫자를 기초로 한 논증(벤이 한 것과 같은)과 관련된 논증으로부터, 일반적인 연역 논증을 만들어내고 나타내는 것으로 이동하는 데 도움이 되는 **한 가지** 방법을 제시한다. 아동들이 한 행동이 (이 경우에, 양을 부분들로 나누는 행동) 유사한 대상들로 이루어진 무한 집합에 실제로 적용 가능하다는 아이디어를 표현하게 하고, 양에 관한 행동들뿐 아니라 양들 사이의 관계를 나타내게 하고, 단일한 경우가 아닌 대상들의 유형을 나타내게 하는 교육 경험과 표상을 제공받을 수 있다. 이 표상은 왜 임의의 셈수의 인수의 인수가 또한 그 수의 인수가 되는지를 설명하는 좀 더 일반적인 관계에 대한 아이디어에 특정한 양에 관한 아동의 행동을 연결시키는 데 도움을 줄 것이다. 그 아동의 사고는 부분-전체 다이어그램을 사용해서 더 일반적인 방법으로 표현될 수 있다[그림 5.1 (B) 참조].

이 다이어그램은 측정되거나(즉, 수로 양화된) 측정되지 않은 임의의 양 C를 그것의 인수나 부분으로 나누는 행동을 보여준다. 아동의 추론은 더 일반적인 형태로 표현될 수 있다. 만약 크기 C인 양이 여러 개의 크기 B인 부분들로 균등하게 나누어질 수 있고, 각각의 크기 B인 부분이 크기 A인 부분들로 균등하게 나누어질 수 있다면 양 C는 크기 A인 여러 개의 부분들로 균등하게 나누어질 수 있어야 한다. 도식은 양을 부분들로 나누는 행동을 보여주는 동시에 그것들 사이의 관계도 보여준다. 그것은 벤의 표상 이상 나아간 것인데 왜냐하면, A, B, C는 부분-전체 관계가 적용 가능한 **임의의** 양을 표현할 수 있기 때문이다. 그것은 일반성을 나타내는 것으로 일보 전진한 것이고, 연역을 위한 기초로 일반적인 관계를 사용한 것이다.

수학적 논증에서 기본이 되는 일반적인 관계에 대한 아동들의 이해를 확인하고 발달시킴으로써, 아동들의 연역 추론 만들기는 몇몇 내용 영역으로 확장될 수 있고, 그들의 수학적 지식이 발달함에 따라 점점 더 정교해질 수 있다. 예를 들면, 러시아 교육과정에서 학생들은 부분-전체 다이어그램을 사용한 곱셈과 관련된 대수적 방정식을 쓰는 방법을 배운다. 그림 5.2(A)에서 부분-전체 도식은 크기 A인 m개의 부분들을 보여주고, 학생들은 이 행동/관계를 $\mathrm{B} = m \times \mathrm{A}$로 나타내는 법을 배운다.

이 발달과 함께, 학생들은 잠재적으로 "$a|b$이고 $b|c$이면 $a|c$이다"와 같이 더 복잡한 추측에 대한 논증을 도식의 도움을 받아 쓸 수 있을 것이다. 벤의 논증은 다음과 같이 자세히 설명될 수 있다[그림 5.2(B) 참조].

$\mathrm{B} = m \times \mathrm{A}$ (m = 부분의 개수)

$C = n \times B$ (n = 부분의 개수)

그러므로 $C = n \times m \times A$

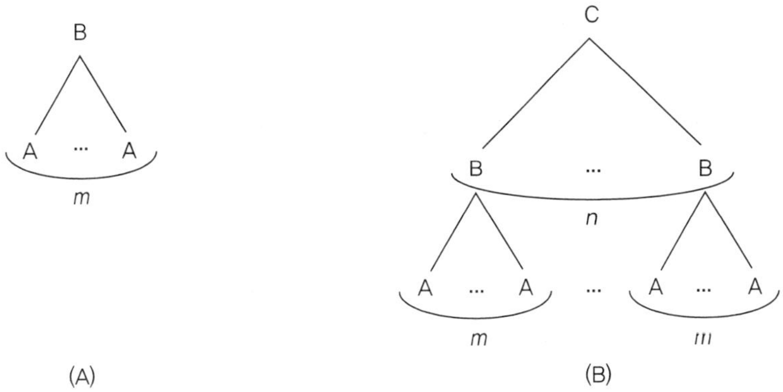

[그림 5.2] m **개의 크기 A인 부분들로, 학생들은 이 행동/관계를** $\mathrm{B} = m \times \mathrm{A}$ **로 나타내는 법을 배운다.**

이 도식은 잠재적으로 학생들이 일반적인 연역 논증을 만들기 위해 부분-전체 관계를 명확하게 인지하고, 나타내며, 사용하는 데 도움이 될 수 있다.

요약하면, 이런 유형의 표상에 대한 아주 흥미로운 특징은 도식의 의미가 구체적인 양에 관한 행동으로부터 발달되었기 때문에 그것이 아동들에게 구체적이고 아동들이 그것을 이해하기 쉽다는 사실이다. 하지만 그 표상은 '**임의의**(any)'라는 논의를 이끌어낼 잠재력을 가지고 있다. 이 표상들은 한 아동이 어떤 행동, 관계, 연역이 임의의 수나 양, 구체적인 자료나 특정한 경우로 나타내기 어려운 무엇인가에 적용시킬 수 있다는 아이디어를 표현하게 한다. 도식들은 또한 발달상의 고려 사항에 민감한데, 이는 그것들이 행동과 추상적 관계의 이중적 표상이 되고 거기에서 행동이 그 관계에 대한 개인의 이해의 기저를 이루기 때문이다. 이런 방식으로 아동들은 특정한 양에 관한 행동의 이해로부터 어떤 특정한 종류의 모든 양에 적용 가능한 행동과 추상적인 관계에 관한 이해로 이동할 수 있다.

아동들에게 시간이 걸쳐서 변하는 것은 특정한 구체적인 양에서 '어떤 양(a quantity)' 또는 '임의의 양(any quantity)'으로 변하는 것과 같은 문자의 의미와 어떤 행동과 관계로써 도식을 이중적으로 해석하는 것이다. 그 다음에 학생들은 주어진 모든 양에 대해 성립하는 연역을 만들어내기 위해 표상을 사용할 수 있다. 그리고 학생들은 대수적 표상과 방정식을 쓰고 증명에서 대수를 사용하기 위한 가교로써 그 표상을 사용할 수 있다.

양적 추론에서 산술적 추론으로

도식과 관련된 러시아 교육과정의 한 특징은 독특하다는 점과 더 깊은 설명을 정당하게 만든다는 점이다. 수학적 행동과 관계의 특성에 대한 이해는 먼저 비산술적인 상황에서 발달되었다. 이 이해들은 물리적 양에 관한 아동들의 행동을 기초로 처음 발달되는데, 여기에서 교사나 학생들은 물리적 양을 수치로 설명하지 않는다. 그 다음에 아동들은 수와 관련된 상황에서 이 아이디어들을 적용시킨다. 그 교육과정은 도식들로 설명된 관계가 물리적 양뿐 아니라 그것들의 수치적 측정에 대해서도 성립한다는 아이디어를 발전시킨다(Mikulina, 1991).

대부분의 경우에, 이 교육 순서는 각각의 새로운 주제에 대해서도 반복된다. 예를 들면, 부분-전체 관계는 측정되지 않은 양의 상황에서 먼저 탐구된다. 문자들은 측정되지 않은 양들을 나타내기 위해 사용된다. 물리적 양을 먼저 다룬 후에, 수들이 두 부분으로 나누어지는지 아닌지 학생들에게 물어보고, 수와 관련된 상황(즉, 4와 2가 부분이고 6이 전체인)에서 부분-전체 관계를 보여주고 탐구하기 위해 부분-전체 다이어그램을 사용하게 한다. 교육 순서의 이 지점에서, 문자들은 또한 수를 나타내기 위해 사용된다.

이 교육 순서는 아동들이 종종 수와 산술에 대한 경험에서 수학적 관계와 행동의 특징들에 대한 명확한 이해를 발달시키지 못한다는 관찰에 일부 근거한다(예, Kieran, 1992). 아동들의 산수에서 그들의 관심은 수학적 구조에 있는 것이 아니라 답을 계산하고 '답을 구하는' 쪽으로 향해 있을 것이다. 러시아 교육과정에서 취한 접근 방법은 다른 근원(물리적 양에 대한 아동들의 행동)으로부터 이 아이디어를 발전시켰다. 그 다음에 이 교육과정은 아동들이 이 아이디어를 산술적, 수치적 상황으로 전이시키는 데 도움을 준다.

수학적 관계와 행동에 대한 일반적인 아이디어로부터 수로 이동하는 것은 일반적인 순서를 근본적으로 뒤집는다. 수에서 시작하는 대신에, 그리고 특정한 수와 관련된 경우에서부터 대상들의 유형과 수학적 행동과 관계의 특성으로 일반화하도록 아동들을 돕는 대신에, 러시아 교육과정은 후자의 경우에서 시작하고, 그 다음에 특정한 경우로써 수를 다룬다. 일반적인 관계와 **수와 산술의 상황에서 수학적 행동의 특성을 확인하고, 나타내며, 사용하면서, 아동들은 그 아이디어에 대한 더 풍부한 이해를 발달시킬 것이라 기대된다. 수학적 구조에 대한 아동들의 명확한 이해**는 산술의 영역에서 그들의 관찰과 학습을 안내하도록 의도된다.

특정한 순서에 대한 일반적인 다른 예는 다음과 같다. 아동들은 물리적 양 사이의 부분-전체 관계를 확인하는 법을 배운 후에 부분-전체 관계에 관한 이야기 텍스트를 분석한다. 분석을 위해 다음과 같은 텍스트가 제시될 것이다. **바구니에 Q 파운드의 사과가 있다. Z 파운드를 더했더니, 바구니에 T 파운드의 사과가 남게 되었다.** 아동들에게 양들 사이의 관계를 분석하게 하고 그 관계를 보여주는 부분-전체 도식을 만들게 한다. (이 이야기에서 T는 전체이고, Q와 Z는 부분이다.) 학생들에게 도식으로 제시되기도 하고, 그 도식에 대한 그들 자신의 이야기를 만들게 할 수 있다.

나중에 이 교육 순서에서 이야기 텍스트에서 제시된 양들 중 하나를 미지수로 만들 수 있는데, 이는 이야기 텍스트를 이야기 문제로 바꾼다. 다음과 같은 문제가 아동들에게 제시될 것이다. m명의 아동들이 공원에 있었는데, 이때 약간 많은 아동들이 이 공원에서 이미 뛰어 놀고 있었다. 그랬더니 t명의 아들이 공원에 있게 되었다. 얼마나 많은 아동들이 처음에 공원에서 뛰어 놀고 있었는가? 아동들은 이 문제에 대한 행동을 설명하는 방정식을 쓸 것이다. $m+x=t$. 이 문제에서 부분-전체 관계를 분석하기 위해 아동들은 부분-전체 도식을 그릴 것이다. 이 도식은 아동들이 부분 또는 전체로 미지의 양을 확인하게 할 수 있고, 문제를 풀기 위한 적절한 산술적 행동을 결정하게 할 수 있다. 미지의 양이 부분이기 때문에, 아동들은 알고 있는 전체에서 알고 있는 부분을 뺌으로써 남아 있는 양의 크기를 찾는다. 그러므로 아동들은 방정식 $x=t-m$을 답으로 쓸 것이다. 수를 포함하는 이야기 문제는 교육과정의 이 지점에서 제시될 수 있다(즉, 짐은 몇 장의 카드를 가지고 있다. 그의 형은 짐에게 6장의 카드를 더 주었다. 지금 짐은 11장의 카드를 가지고 있다. 짐은 처음에 몇 장의 카드를 가지고 있었는가?). 아동들은 수와 관련된 문제에 대해 동일한 유형의 분석을 수행한다[예, Schmittau & Morris (2004)].

요약하면, 러시아 교육과정은 일반적 관계와 수학적 행동의 특성을 인지하고, 나타내며, 사용하는 아동들의 능력을 발달시키는 시작점으로써 측정되지 않은 불리적 양에 대한 행동을 사용한다. 그 다음에 이런 이해는 수와 산술의 특정한 경우에 적용함으로써 확장되고 풍부해진다. (이런 역량을 발달시는 시작점으로 아동들의 산술적 추론을 사용하는 접근 방식에 대해 Carpenter, Franke, & Levi, 2003을 보자.)

예 2: 곱셈 도식

러시아 교육과정에서 도식들을 자세히 설명하기 위해 양들 사이의 곱셈 관계에 대한 두 번째 도식을 고려하는 것이 유용하다. 이 도식은 러시아 교육과정의 1학년에서 다음의 형태로[그림 5.3(A) 참조] 먼저 소개된다(Davydov et al., 1994).

도식이 먼저 도입되면, 아동들은 그것을 "양 C를 만들기 위해 물리적 양 B를 네 번 반복해 쌓는다"는 의미로 해석한다. 이런 유형의 도식에서, 화살표는 항상 작은 양에서 큰 양으로 그려진다. 부분-전체 도식과 마찬가지로, 이 도식은 처음에 양에 관한 아동들의 행동을 나타낸다. 이 탤리들(tallies)은 (즉, '||||') **양 B를 네 번 (각 행동당 하나의 탤리) 쌓는** 행동을 가리킨다. 수 개념은 1학년 교육과정의 나중에 도입된다. 이 도식은 이 새로운 아이디어[그림 5.3(B) 참조]를 반영하도록 바뀐다. 화살표 위의 탤리들은 숫자(즉, '4')로 대체된다.

1학년에서 이 도식은 다른 물리적 양에서 한 물리적 양을 구성하는 행동, 양들을 비교하는 행동, 다른 양을 가지고 어떤 양을 측정하는 행동, 그리고 수에 관한 행동에 대한 아이디어를 발달시키는 데 사용된다. 2, 3학년에서 양들 사이의 곱셈 관계에 대한 아이디어를 발달시키기 위해 같은 도식이 사용된다. 예를 들면, 그림 5.3은 네 배에 의한 B < C와 네 배에 의한 C > B를 보여준다. 만약 B가 C를 만들기 위해 네 번 반복해 쌓인다면, B는 C보다 '네 배 작게' 되고 C는 B보다 '네 배 크게' (관계가) 된다.[3]

아동들은 먼저 이런 유형의 행동을 일련의 문제에서 수행한다. 이 도식은 그들의 행동을 기록하기 위해 도입된다. 도식이 도입된 후에 아동들은 이 도식과 관련된 다양한 문제를 해결한다. 아동들에게 이 도식이 제시되는데 이때 'B'로 표시된 물리적 양과 함께 문자 'C'는 물음표로 대체된다. B는 선분의 길이, 세 원, 모눈종이에 그려진 다섯 개의 정사각형, 두 컵의 물 등이 될 수 있다. 아동들은 B를 네 번 반복해 쌓음으로써 미지의 더 큰 양을 만들어야 한다.

다른 유형의 문제에서 아동들에게 'C'로 표기된 물리적 양과 함께 문자 'B'가 물음표로

3 영어에서 용어 '~ 보다 큰'과 '~보다 작은'은 오직 덧셈에서의 비교를 위해 사용되어야 한다. 즉, 내가 여기에서 썼던 것처럼 "C는 B보다 4배 크다"나 "B는 C보다 4배 작다"라고 말하는 것은 옳지 않다. 대신에 나는 "C는 B의 네 배 만큼 크다" 또는 "B는 C의 네 배 만큼 작다"라고 써야 한다. 나는 여기에서 몇 가지 이유 때문에 옳지 않은 표상을 사용했다. 첫째로, 러시아어에서 '~보다 큰'은 덧셈과 곱셈에 적용될 수 있다. 예를 들면, '8 на 2 больше чем 6'은 문자그대로 "8은 6보다 2만큼 크다"를 의미하고 '8 в 4 раза больше чем 2'는 "8은 2보다 4배 크다"를 의미한다. 둘째로, 'n배 작은' 표상은 분수의 도입 전에 분수 언어를 사용하지 않게 해준다. 셋째로, 용어 'n배 큰'과 'n배 작은'의 유사성은 두 관계있는 행동의 가역성, 즉 더 큰 하나를 만들기 위해 하나의 작은 양을 n번 반복하는 행동과 작은 하나를 찾기 위해 큰 양을 n번 분할하는 행동을 더 명백하게 해주는 것처럼 보인다. 'n배 만큼 많은', 'n분의 1만큼 많은'이란 용어들은 덜 유사해보여서 이 관계를 덜 분명하게 만드는 것 같다.

(A) (B)

[그림 5.3] 러시아 교육과정에서 곱셈 도식

대체된 도식이 제시될 것이다. 예를 들면, C는 모눈종이에서 12개의 정사각형으로 된 긴 선분이 될 것이다. 이 아동들은 더 작은 미지의 양을 찾아야 한다. 어떤 종류의 행동이 필요할까? 아동들은 더 작은 양을 찾기 위해 물리적 양 C를 네 개로 균등하게 나눌 필요가 있음을 인지한다(이는 이 도식이 미지의 더 작은 양이 C를 만들기 위해 네 번 반복됨을 나타내기 때문이다). 그 대신에, C로 표시된 물리적 양(즉, 모눈종이에서 더 큰 영역)과 B로 표시된 물리적 양(모눈종이에서 더 작은 영역)과 함께 탤리들이 물음표로 대체된 도식이 아동들에게 제시될 것이다. 이 문제를 해결하기 위해, 아동들은 **B를 반복해 쌓음으로써 양 C를 만들어낼 것이다. 아동들은 B의 각각의 복제를 기록하기 위해 탤리나 어떤 다른 비슷한 표시를 쓴다(하나의 B를 쌓는 각각의 행동에 대해 하나의 탤리를 그린다).**

다시 이 도식은 한 행동이나 관계로 해석될 수 있다. 그 행동에 덧붙여, 이는 "B는 C에 네 번 들어맞는다, C는 B보다 네 배 크다, 또는 B는 C보다 네 배 작다"와 같은 관계를 보여주는 것으로 해석될 수 있다. 다시 이 도식은 어떤 특정한 양, 또는 **임의의** 양을 지칭하는 것으로 해석될 수 있다. 예를 들면, 그림 5.3(B)의 도식은 C가 B보다 네 배 크다는 두 개의 특정한 물리적 양 사이의 관계로 해석되거나, B와 C는 이런 종류의 행동과 관계를 적용할 수 있는 임의의 양들로 해석될 수 있다.

또한 이런 종류의 표상은 행동의 유형들 사이의 관계로 설명될 수 있음에 주목하자. 이 도식은 더 큰 하나를 만들거나 찾기 위해 좀 더 작은 양을 n번 반복하는 행동을 설명한다. 하지만 만약 더 큰 양에서 시작해서 더 작은 하나를 찾거나 만들길 원한다면(즉, 이 도식을 따라 다른 방향으로 움직이길 원한다면), 어떤 종류의 행동을 수행해야 하는가? 만약 더 큰 하나를 만들기 위해 더 작은 양을 n번 복제하거나 반복해야 한다면, 어떻게 큰 양으로 시작해서 작은 하나를 발견할 수 있을까? 어떻게 이런 행동을 '원상태로 돌릴' 수 있을까? 더 큰 양을 n개의 균등한 부분, 즉 반복 횟수로 나눌 수 있다. 균등한 부분 중 하나의 크기는 반복한 양이 되어야만 한다. 그러므로 이 도식은 반복하고 분할하는 행동 사이의 관계를 보여준다(더 큰 하나를 만들거나 찾기 위해 더 작은 양을 반복하고, 더 작은 하나를 만들거나 찾기 위해 더 큰 양을 균등하게 분할하는 것). 대상들의 종류에 적용될 수 있는 행동에 관한 이해뿐 아니라 이런 행동을 '원상태로 돌릴' 수 있는 관련된 행동에 대한 이해는 종종 연역 추론에서 필요하다.

증명하는 데 곱셈 도식 사용하기

일반적인 경우에 대한 추론에서 시작한 다음에 이 추론 형태를 특정한 경우에 적용시키는 일이 의도하는 이득 중 하나는 학생들이 특정한 경우에서 일반적인 경우로 일반화를 시도할 때 종종 일어나는 공통적인 오개념을 막을 수 있다는 점이다. '수학적 증명' 개념에서 발달된 이 고전적인 오개념은 현상의 사례들의 모임이 하나의 증명을 구성한다고 가정하는 것이다. Lee와 Wheeler(1987)는 118명의 10학년 학생에게 다음의 문제('소녀 문제')를 제시하여 어떤 사실을 발견하였다.

> 한 소녀가 어떤 수에 5를 곱한 후에 12를 더했다. 그 다음에 원래 수를 빼고 그 결과를 4로 나누었다. 소녀는 그녀가 얻은 답이 처음 시작한 수보다 3이 많음을 알게 되었다. "나는 어떤 수로 시작하든 상관없이 이 일이 항상 일어난다고 생각해요"라고 소녀가 말했다. 대수를 사용해서 소녀가 옳음을 보여라.

118명의 학생 중 26명이 몇 개의 수를 가지고 테스트를 하고 결론의 근거를 그 수치적 결과에 두었다. 즉, 만약 각각의 경우에 답이 원래 수보다 3만큼 컸다면, 학생들은 그 일반화가 옳다고 결론 내렸다. 16명의 학생은 식 $(5x+12-x)/4$를 세웠지만, 숫자로 예를 만들고 시험하기 위한 공식으로써 이 식을 사용했다. 즉, 그들은 다시 결론의 근거를 수치적 결과에 두었다. 13명의 학생들은 식 $(5x+12-x)/4=x+3$을 세우고 이 등식을 입증하기 위해 x값 대신 숫자를 대입하였다. 118명 중 아홉 명의 학생만이 식 $(5x+12-x)/4$을 세운 다음에 대수적으로 이 식을 $x+3$으로 간단히 하였다. 아홉 명 중 네 명은 그들이 3을 더 얻는지 아닌지를 보기 위해 x에 수를 대입해서 '더 나아가 입증'을 계속했다.

몇몇 연구들이 비슷한 발견을 하였다. 이 연구들은 학생들이 종종 많은 숫자 예를 결론적인 증명으로 해석하거나 사용하고, 학생들이 일반화를 증명하는 데 수학적 관계나 연산의 성질들을 표현하거나 사용할 수 없음을 제시하였다(Bell, 1976; Chazan, 1993; Fischbein & Kedem, 1982; Martin & Harel, 1989; Morris, 1999, 2002; Porteous,

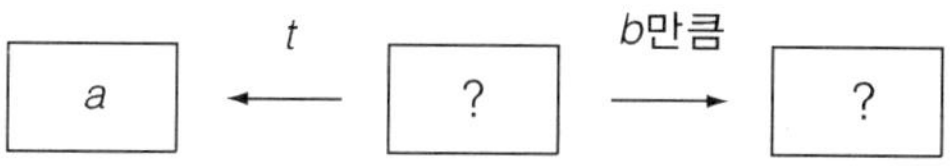

[그림 5.4] 도식에서 미지의 양에 대한 식 만들기

1986; Williams, 1980). 소녀 문제에 대해서, 이 결과는 대다수의 10학년 학생들이 원래 수와 마지막 수 사이의 일반적인 관계를 확립하는 데 문제와 관련된 곱셈 관계, 덧셈 관계를 사용할 수 있다는 사실을 이해하지 못했음을 암시한다.

러시아 교육과정에서 중심 가정 중 하나는 비특정 물리적 양에 관한 추론이 양에 관한 행동을 하고 특별한 도식을 가지고 기호적으로 그 행동을 기록함으로써 먼저 수로 표현된 특정한 양에 관한 일반화를 인지하고 이끌어내도록 학생들을 돕는다는 것이다. 이 순서는 일반적인 관계를 인식하고 사용하며 유도하기 위해 학생들의 능력을 의도적으로 발달시키는 것이다. 이 교육과정을 사용했던 뉴욕의 한 미국학교의 사례 연구는(Lee, 2002) 연역 추론의 좀 더 풍부한 형태가 발달시킨 방법을 설명한다.

Lee(교사)는 약 3년 동안 6명의 초등학생과 함께 연구를 하였는데, 이들은 1~3학년 교육과정을 마쳤다.[4] Lee는 3학년 학생에게 그림 5.4에 나타난 도식에서 미지의 양에 대한 식을 만드는 과제를 제시하였다.

그 그림에서 왼쪽 부분은 다음과 같이 논의된 도식의 유형이다. 첫 번째 화살표 위의 't'는 곱셈 관계를 나타내고, 첫 번째 상자(즉, a)의 양은 가운데 상자(즉, ?)의 양보다 t배 크다. 두 번째 화살표 위의 'b 만큼'은 오른쪽 상자의 양이 가운데 상자의 양보다 b만큼 크다를 나타낸다(즉, 표상 'b만큼'은 덧셈 관계를 나타낸다). Lee는 아동들이 가운데 상자의 미지수를 $a \div t$로, 오른쪽 상자의 미지수를 $a \div t + b$로 쉽게 결정할 수 있었다고 보고했다.

이런 종류의 문제를 해결하는 아동들의 능력은 물리적 양과 관련된 초기의 활동, 즉 물리적 양을 반복하고 분할하는 행동과 이 행동을 기호적으로 나타내는 행동을 바탕으로 한다. 예를 들면, 아동들은 다음과 같은 방법으로 추론할 수 있다. 만약 a를 만들기 위해 미지의 좀 더 작은 양을 t배 한다면, 미지의 좀 더 작은 양을 구하기 위해 a를 t개의 균등한 부분으로 나누어야 한다. 그러므로 미지의 양은 $a \div t$이다. 이 도식이 관련된 행동

4 아동들은 1학년 교육과정을 시작할 때가 7세에서 8세였다.

[그림 5.5] 도식에서 문제 해결하기

을 보여줄 뿐 아니라 결과로 나온 양들 사이의 관계도 보여준다는 사실에 주목하자.

다시 '임의의(any)'에 대해 이야기하는 점진적인 이동이 있다. 예를 들면, Lee는 3학년에서 이런 유형의 문제와 관련된 다음의 토론을 묘사하였다. Lee는 아동들에게 다음의 도식을 제시하였다(그림 5.5를 보자).

이 도식은 왼쪽에서 두 번째에 있는 양이 a보다 두 배 크고 왼쪽에서 세 번째에 있는 양보다 5만큼 큼을 의미한다. 오른쪽에 있는 양(즉, ?)은 그것의 왼쪽에 있는 양보다 3배 크다. 그러므로 학생들은 두 번째, 세 번째, 네 번째 상자에 각각 (왼쪽에서 오른쪽으로) 다음과 같은 답을 써야 한다.

$$a \times 2,\ a \times 2 - 5,\ 3 \times (a \times 2 - 5)$$

아동들은 이 문제를 개별적으로 푼 다음에 논의하였다. 아동들은 마지막 답 (즉, ?)이 $a \times 2 - 5 \times 3$이라고 결정하였다. 괄호 사용에 실패한 학생들에게 교사는 문자 'a'를 숫자로 대체할 수 있다면 그 결과가 이 특정한 경우에도 성립하는지를 물었다. 모든 아동들은 자신 있게 '그렇다'고 대답하였다. 아동들은 문자 'a'가 임의의 수가 될 수 있기 때문에 그렇게 된다고 대답하였다(Lee, 2002, p. 134). 그 다음에 교사는 'a' 대신 '5'를 사용해서 아동들에게 이 경우의 답이 무엇이 되는지를 물었다. 한 아동이 "이건 말도 안 돼요. 답이 10−15가 돼요[답은 15가 되어야 한다]"라고 답하였다. 다른 아동, Chris는 "선생님이 잘못된 수를 택했기 때문에 일어난 것이에요. 문자 'a'는 5이면 안 돼요"라고 주장하였다. 이 학급은 설명을 거부하였다. 한 아동이 "문자 'a'는 임의의 수가 될 수 있어요. 그것은 5가 될 수 있어요. 그것은 중요하지 않아요"라고 대답하였다. Chris는 그 다음에 그의 설명을 철회하였다. 아동들은 결국 괄호를 사용할 필요가 있다고 결정하였다. 한 아동이 "우리는 전체 $a \times 2 - 5$에 3을 곱해야 해요. 괄호가 없으면 우리는 오로지 5만 3으로 곱할 수 있어요. 그리고 이것은 도식에 나타난 방법이 아니에요."라고 말하였다(p. 135). 이 학급은 나중에 일반적인 답을 $(a \times 2 - 5) \times 3$으로 답을 바꾸었다.

중심 주장을 되풀이하기 위해 수학적 논증에서 기본인 일반적인 관계에 대한 아동들의

[그림 5.6] 곱셈 관계와 덧셈 관계에 대한 도식 사용하기

이해를 발달시킴으로써, 아동들의 연역 논증 만들기는 몇몇 내용 영역으로 확장될 수 있고 수학적 지식이 발달함에 따라 더 정교해질 수 있다. 소녀 문제로 돌아가, Lee(2002)의 3학년 학생들은 그 문제를 나타내고 이해하게 하는 많은 이해 요소들을 발달시켜왔다.

문제는 곱셈과 덧셈 관계에 대한 도식을 사용해서 그림 5.6처럼 표현될 수 있다.

아동들이 '임의의 수(any number)'로 한 문자를 해석하기 때문에, x에서 가장 오른쪽에 있는 상자에 들어갈 결과 식 $x+3$ 사이의 관계를 임의의 특정한 경우에 대해 성립한다고 해석할 것이라고 가정하는 것은 합당하다.

아동들이 연역 논증을 하게 할 수 있을까?

이 장에서는 초등학교에서 연역 논증을 다루기 시작하는 것이 발달상 적절하고 중요하다고 가정한다. 아동들이 이런 형태의 논증을 하게 할 수 있을까? 초등학교 수준에서 수를 가지고 하는 귀납 논증은(소녀 문제에서 Lee와 Wheeler(1987)가 관찰한 것 같은) 왜 충분하지 않은가?

초등학교 아동들은 연역 추론에 대해 어느 정도 역량을 보여주고 있고, 많은 연구 결과들은 초등학교 동안 이 능력을 형성하고 발달시키는 것이 적절하다고 제안하고 있다. 유치원 수준의 아동들조차 단순한 연역 추론 과제를 잘 수행한다(예, Moshman, 2005). 어린 아동들에게 많은 논리적 영역을 나타내는 전제들이 제시되었을 때(예, 고전 논리학, 명제 논리학), 아동들은 보통 성인이 도달하는 것과 같은 연역적 결론에 도달한다(예, Braine & Rumain, 1983; Hawkins, Pea, Glick, & Scribner, 1984). 아동들은 약 6세에 추론이 지식의 잠재적 근원이라는 사실을 인지하기 시작한다(Pillow, 1999; Sodian & Wimmer, 1987). 약 11세에서 12세의 아동들은 보통 논리적 추론에 대한 더 분명하고 메타인지적인 인식과 논리적 논증과 비논리적 논증 사이의 차이에 대한 명확한 이해를 발달시키기 시작한다(Morris, 2000a; Moshman & Franks, 1986). 초등학교 아동들은 수학보다는 다른 학문 영역에서 연역 추론을 한다(예, Anderson, Chinn, Chang, Waggoner, & Yi, 1997). 적절한 교수학적 지원을 받아, 몇몇 초등학교 아동들은 약 3, 4학년에서 수학의 일반적인 형태의 논증을 사용하거나 이해하기 시작하고, 단일 사례의 숫자를 사용한 논증에서 일반적인 논증으로 확장할 수 있다(Ball & Bass, 2000, 2003; Carpenter, Franke, & Levi, 2003; Schifter, Bastable, & Russell, 2008b). 많은 초등학교 아동들은 일반적인 관계와 수학적 연산의 성질을 나타내기 위해 기본적인 상징을 사용하는 법을 배울 수 있고, 변수를 '임의의 수(any number)'로 해석할 수 있다(Carpenter et al., 2003; Lee, 2002; Kaput, Carraher, & Blanton, 2008; Morris & Sloutsky, 1998). 미국의 초등학교 아동들은 일반적인 수학적 관계를 나타내기 위해서 러시아 교육과정에서 제시된 도식을 사용하는 능력을 보여주었고, 이전의 교육에서 노출되지 않았던 수학적 아이디어를 표현하고 유도하기 위해 도식을 사용하는 능력도 보여주었다(Dougherty & Slovin, 2004; Lee, 2002; Morris, 2000b).

초등학교 아동들의 일반적인 수학적 논증을 만들어내는 능력은 적절한 교육적 지원이 주어질 때 향상된다는 증거와(예. Ball & Bass, 2000; Carpenter et al., 2003; King, 1973; Maher & Martino, 1996a), 대다수의 중, 고등학교 학생들은 적절한 교수학적 경험이 제공되지 않는다면 연역적 수학적 논증을 만들거나 이해할 능력을 발달시키지 못한다는 증거가 있다(Kieran, 1992). 더욱이 만약 아동들의 연역 추론 능력이 발달되지 않았고, 아동들에게 초등학교에서 귀납적 수학적 추론에 의존하도록 장려된다면, 그들은 수학에서 귀납적 추론이 논리적으로 타당하다는 믿음을 발달시킬 것이다. 청소년들과 어른들은 보통 일반화된 많은 수와 관련된 예들이 일반화라고 믿는 것처럼 보인다(예, Lee & Wheeler, 1987; Martin & Harel, 1989). Morris(2007)는 이 믿음이 규정할 수 없는 전제-결론 관계에 대한 이해를 적용시키는 어른들의 능력을 방해할 수 있다는 사실을 발견하였다. 이 결과들은 교수를 시작할 때부터 수학적 증명의 본성과 더 잘 양립하는 수학적 정당화에 대한 아이디어를 발달시키는 것이 유익함을 암시한다.

결론

이 장에서 설명된 종류의 다이어그램이나 도식은 많은 연역 논증의 기저를 이루는 일반적인 관계를 **명확하게** 인지하고 사용하도록 아동들을 도울 잠재력을 가지고 있다. 그런 표상은 또한 주어진 종류의 모든 대상에 대해 수행될 수 있는 특정한 종류의 행동들의 본성과 그 행동들 사이의 관계를 이해하도록 아동들을 도울 잠재력을 가지고 있다. 표상들은 특정한 사례에서 '임의의(any)'에 대해 이야기하는 것으로 이동하도록 아동들을 도울 수 있다(Lee, 2002). 동시에 표상들은 대수적 표상에 대한 의미, 일반적인 관계를 표현하기 위한 그리고 증명하기 위한 다른 도구를 만들어내도록 아동들을 돕는 것처럼 보인다(Mikulina, 1991; Morris & Sloutsky, 1998). 이 '중간(interim)' 표상을 가지고 학생들은 일반적인 것을 명확하게 표현하고 결과적으로 연역 추론을 하게 하는 부가적인 도구를 갖게 된다.

그런 표상들의 사용을 돕는 논증의 개연성, 학생들의 연역 추론 능력을 발달시키는 것과 관련된 가치, 그리고 유망한 예비 자료를 고려할 때, 그런 표상이 어떻게 미국 맥락에서 사용될 수 있는지 고려하는 일은 가치가 있다. 이 장에서 제시된 도식은 오직 고안된 도식의 범위에 대한 설명일 뿐이다. 연구자, 교육과정 개발자, 교사들은 특정한 양들이나 주어진 종류의 모든 양들에 관한 행동을 제안하고 그들 사이의 관계를 묘사하는 강력한 '중간' 표상을 생각함으로써 이 일을 자극할 수 있다. 그것들은 일반적이고 기본적인 수학 관계를 아동들이 '보도록(see)' 돕는 물리적 양들에 관한 행동을 확인할 수 있다. 이는 물리적 양들에 관한 행동과 물리적 양들 사이의 관계 모두를 나타내는 표상을 고안하도록 이끈다. 적절한 연령의 학생들과 그런 표상을 사용했을 때 나타나는 효과를 테스트하는 일은 생산적인 연구 의제(agenda)를 정의할 수 있다.

6

수학 문제를 푸는 어린 수학자

증명에 있어서 맥락과 모델의 역할

Catherine Twomey Fosnot & Bill Jacob

전문적인 수학자들에게 증명이란 그들이 속한 커뮤니티 참여를 통해 이해하고 받아들이며, 한 치의 간극 없이, 명백하게 형성된 가정에 근거하여 수학적 기술의 타당성을 제공하는 엄격한 추론을 포함하는 것이다. 비록 최근 10년간 대학교 교육과정에 증명 과목이 등장하였지만, 대부분 수학자는 "여기부터 저기까지 어떻게 그렇게 됐는가?" 혹은 "이건 그렇다 하더라도, 다음 건 왜 그런가?"와 같이 초기 질문을 하는 정도로 증명에 대한 그들의 개념을 발달시켜왔다. 다음으로는 반성(반영)하는 행동이 따르고, 아이디어와 증명이 되게끔 하기 위한 '간극(gap)을 메우는' 근거들을 재조직하는 행동이 따르게 된다. 수학자들은 전 생애에 걸쳐 이 과정에 참여한다. 이 장에서는 2학년(7세)과 5학년(10세) 학생들이 특정한 수학적 진술이 참임을 급우들에게 확신시키고자 하는 '토론 커뮤니티'에 참여하면서 몰랐던 것들을 알아가는 과정을 살펴보고자 한다. 이전에 주어졌거나 설정된 등가성으로부터 좀 더 새로운 등가성을 얻기 위한 규칙 사안을 야기하는 초등학급 상황에서 학생들이 어떻게 수학적 진술 사이의 연계성에 대한 아이디어를 생각해 내고 재조직하는지 살펴보고자 한다.

다른 시각으로부터 나온 주장들이나 추론에 근거한 논증[1]과는 반대로, 증명은 이전 진술이나 가정으로부터 나온 각 진술을 추론하게 해주는 해석 기준이 받아들여지는 순서로 배열된 수학적 진술의 타당함을 보이는 것으로 가정한다. 우리는 증명을 필연적으로 형식적인 연역과 동일시하지는 않지만, 증명에 관한 수학자의 생각을 이해하는 과정을 재실험이나 설명하는 행동으로 본다. 때로 그러한 재실험 혹은 설명이 연역적 규칙(예를 들어, 대입(substitution), 소거, 보편적인 일반화 등)을 유도한다. 학생들이 수학적 진술 사이의 연계성을 재실험할 수 있으며 언제 그러한지 그 증거를 찾는 과정에서, 학생들이 특별한 연계를 위한 정당화에 관해 생각하는 동안 도출해내는 아이디어를 살펴보고자 한다. 정당화, 일반화, 증명의 형식 사이에 전개되는 연관성이 있다는 입장(Carpenter, Franke, & Levi, 2003 참조)으로, 상황과 모델의 역할, 특히 개방 수직선에 관해 설명하며 논하고자 한다.

이 장에서 언급되는 데이터는 뉴욕의 City College[2]에서 수학 'think tank'에 초점을 둔 프로젝트로 대수의 발달에 관해 진행되고 있는 연구 프로젝트로부터 나온 것이다. MitC의 초기 작업은 수와 연산, PK-8의 발달에 주로 초점을 두었다. RME 접근(예: Gravemeijer, 1994 참조)을 구성주의(Summermath for Teachers와 같은 프로젝트에 예시된 것처럼, Schifter & Fosnot, 1993 참조)를 통합하면서 우리는 교사들이 실제적인 상황과 모델들(예: 개방 수직선, 비에 관한 표, 배열)을 교수학적으로 사용하게끔 하였으며, 교실은 학생들이 토의하고 전략과 아이디어를 변론하는 수학 회의와 탐구가 일어나는 워크숍 환경으로 바뀌었다(Fosnot & Dolk, 2001a, 2001b, 2002). 이러한 환경에서 이 작업이 이루어졌으며, 교사들은 MitC 워크숍에 참여하였고, 학생들은 MitC 워크숍 방식에 동화되었다. 실제적인 상황을 교수학적으로 사용함으로써 학생들의 증명에 대한 개념이 발현하는 데 있어서 학생들로 하여금 개방 수직선 모델을 사용하게 하였다. 학생들이 개방 수직선을 사용하게 되는 것이 이번 장의 핵심적인 내용이다.

1 수학 연구 커뮤니티에서 주장(argument)은 증명(proof)과 종종 동의어로 사용한다. 본 장에서 논증(argumentation)과는 다르게 사용되며, 명확하게 공식화된 일련의 가설에서 증명의 우월성에 의한 것보다 정확한 추론에 의한 것을 더 좋은 주장으로 간주한다.

2 Mathematics in the City는 1995년에 뉴욕시립학교, 뉴욕시립대학, 프로이덴탈연구소 간의 공동 전문 개발 프로젝트로 처음 시작되었다. 초기에는 미국 국립 과학재단과 엑손 모빌 재단의 지원을 받았으며 현재는 다양한 지원을 통해 현직 교육과 연구, 교육과정을 개발하는 국가 기관이다.

처음에 학생들이 등가성의 상황에서 연역적 추론을 사용하였던 시도들을 살펴보면 확실한 수학적 아이디어를 구성하는 것은 매우 중요하다는 것을 알게 된다. 특히, 절차를 나타내는 대신 대상을 표현하는 학생의 능력이 무엇보다 중요하다. 예를 들어, 양쪽 다 더하여 16이 됨을 우선 생각하지 않고 학생이 만약 10 + 5 + 1 = 10 + 3 + 2 + 1임을 인식한다면, 5 = 3 + 2에 대해 이해할 수 있어야 하며, 처음 방정식 안에 맞는 대상으로 5와 3+2를 다룰 수 있어야 한다. 이 차이는 변수를 소개하는 데 좀 더 문제가 있을 수 있는데 대상-절차 차이를 이해하게 하는 도구로 수직선을 이용한다.

2학년

등가성(동등성)을 이해하게 되면서

2학년 수업은 등가성의 기초에 초점을 두면서 시작하였다. 많은 연구자들이 지적하였듯이, 어린 아동은 때때로 등호 기호는 “답이 나오게 되는” 걸로 생각한다(Carpenter 외, 2003). 이런 방식으로 기호를 사용하는 것을 막기 위하여, *Investigation in Number, Data and Space*에 나오는 *Collect 50 Cents*라는 제목의 동전 게임으로 시작하였다. 활동판은 페니(1센트), 니켈(5센트), 쿼터(25센트)로 이루어져 있고, 아동들은 짝과 놀이를 하면서, 아동들과 함께 참인 진술을 기록하였다. 예를 들어, 한 아동이 1쿼터, 2다임, 그리고 8페니를 갖고 있고, 다른 아동이 4다임, 1니켈, 그리고 8페니를 갖고 있으면, 1Q + 2D + 8P = 4D + 1N + 8P라고 기록하였다. 활동판이 동일하지(등가이지) 않은 경우에 학생들은 ‘>’ 혹은 ‘<’라고 기록하였다.

시작할 때, 대부분의 아동들은 진술문의 참, 거짓을 판단하기 위하여 계산을 왼쪽에서 오른쪽으로 순서대로 하거나, 활동판을 동일하게 하기 위하여 동전을 실제 교환하기도 하였다. 방정식의 양변에 8P를 제거하고/하거나 동등한 대상으로 표현하는 것과 같은 대안적인 방법을 유도하기 위해, “어떻게 알았는지”와 “알게 된 다른 방법은 무엇이가?”에 대한 전략을 명백하게 토론하게 하였다. Philipp과 그 짝인 Isaac, Trish(교사) 사이의 초기 토론과정(10월)은 다음과 같다.

Philipp: 나는 41센트를 가지고 있어. [Philipp의 활동판에는 p, n, d, 그리고 q (1페니, 1니켈, 1다임, 그리고 1쿼터)]

Trish: 어떻게 알았나요?

Philipp: 25 + 10 해서 35... 더하기 5... 40, 41.

Trish: 50센트가 되기 위해 얼마나 필요한가요?

Philipp: 음.. 9. 왜냐하면 그건 40이고 다음은 50이 되기 위해 10.

Trish: Isaac은 어떻게 생각해요?

Isaac: 몰라요, 3 그리고 5... [포기하려고 하며, 손가락을 세기 시작한다.] [그의 활동판에 3p + n + d + q를 기록하였다.] 내 생각에 아마도 47인 것 같아요.

Trish: 어떻게 알았지요?

Isaac: 그냥 추측했어요.

Trish: Philipp보다 더 많이 혹은 더 적게 갖고 있나요?

Isaac: Philipp이 더 많이 갖고 있어요.

Trish: 보드를 봅시다. 모든 걸 다 더하지 않고 말할 수 있는 다른 방법이 있을까요?

Isaac: Philipp이 더 많이 갖고 있다는 걸 알아요. 잠깐만요... 아마 제가 할 수 있을 것 같아요. 왜냐하면 우리는 둘 다 이걸 갖고 있어요[n, d, 그리고 q의 위로 손을 올리며]. 저는 3을 갖고 있어요[페니를 가리키며]!

Trish: 그래서 누가 더 많이 가지고 있나요?

Isaac: 저에요!

Trish: 얼마나 갖고 있는데요?

Isaac: [Philipp을 보며] 제 생각에 제가 두 개 더 가지고 있으니까 저는 43센트를 가지고 있다고 생각해요.

Philipp과 Isaac은 덧셈 연산을 순차적으로 시작하였지만, 이 대화에서 Isaac은 뒤돌아보며 그 관계를 비교하였다. 그는 무엇이 동일한 것이지, 덮을 수 있는지, 오로지 페니로 살펴보았고, 그리고 대체하였으며 Philipp의 표현이 41과 같다면 자신의 것은 둘 많아서 자신이 가진 건 43이라고 결론지었다. 이 행동에 깔려 있는 논리는 다음과 같다.

3p + n + d + q = p + n + d + q라는 진술은 맞지 않아요. 왜냐하면 n + d + q =

n + d + q, 그래서 3p = p가 사실임을 알아내면 돼요. 이 진술이 사실이 아니므로 첫 번째 진술도 사실이 아니에요. 3p = 2p + 1p가 참이므로 만약 p + n + d + q = 41이라면, 그러면 3p + n + d + q = 43이에요.

Isaac이 형식적인 수학적인 느낌으로 연역적 방법으로 증명하고 있다고 보는 건 아니다. 왜냐하면 첫째, 그 동전들은 구체적인 값을 가지고 있었고, 그의 행동과 논리는 그 동전들의 구체적인 경우에 직접적으로 연결되어 있기 때문이다. 물론 기록된 증명은 하나도 없지만, Isaac은 자신의 생각을 재확인하며, 등가성, 소거와 대입이 포함된 연역적 방법의 논리가 그의 행동으로 나타나는데, 이러한 사고의 형태는 다른 학생들에게도 많이 나타난다. 따라서 우리는 다음과 같이 질문하게 되었다. "이러한 사고가 발달되도록 하는 데 어떠한 도움을 줄 수 있을 것인가? 그리고 이 7세 학생들을 어디까지 이끌 수 있을 것인가?"

아동들은 덧셈을 해 나가기보다는 분석하는 대상으로 표현하도록 격려되었다. 초기에, 우리는 동전과 활동판의 상황에 머물렀지만, 아동들은 등가의 동전은 무시해도 된다는 것을 이해하게 되었고, 이러한 것들을 수(number)에도 적용해 보도록 아동들을 격려하였다. 이를 위해서, 우리는 이동들이 모든 수를 다 더하지 않고도 등가성을 적용하는 전략을 고려할 수 있는 상황을 생각해 보았다. Trish는 학생들에게 페니 6개와 다임 1개가 그려진 Isaac의 활동판을 보이고, Isaac이 얼마를 가지고 있는지 질문하였다. Isaac이 (16센트를) 갖고 있는 양을 고려해서 여러 학생이 설명한 후에, Trish는 Isaac이 그의 활동판에 p + n + d를 처리한 결과를 'trade'로 묘사하였다. 한 학생이 그 양은 아직 16센트임을 지적하자 Trish는 다음과 같이 토론을 유도하였다.

Trish: 와! 그래서, 내가 한번 써 볼까요? [d + 6p = d + n + p의 식을 기록하였다.]
학생: 네. 왜냐하면 이건 단지 다른 동전들이지만 같은 양이기 때문에요.
Trish: 이것을 수를 사용해서 어떻게 표현할 수 있을까요?
학생: 10 + 6 = 10 + 5 + 1
Trish: 이 식이 맞나요?
학생: 네, 왜냐하면 다른 조합이지만 같은 양이니까요.
Trish: 와... 그건 멋진 방법(shortcut)인데요. 그래서 모든 것을 다 더하지 않고 양변에

10과 6인 것이지요.

몇 개의 이런 종류의 다른 식을 해본 후, Trish는 동등한 양을 소거하기 위하여 “비밀의 동전(secret coin)”을 소개하였다.

Trish: 지난번, Devin과 Mia Chiara가 게임하는 걸 본 적이 있는데, Mia Chiara가 “나는 Devin보다 더 많이 갖고 있는 걸 알아. 세지 않고도 알아.”라고 말했었죠. 여기 비슷하게 보이는 두 활동판이 있어요. [한쪽에는 2P + 2N + D, 다른 쪽에는 P + N + 2D라고 동전이 아닌 문자로 쓰인 두 활동판을 보여준다]. Mia는 어떻게 알았나요?

학생: 왜냐하면 니켈 두 개와 다임 하나는 다임 두 개와 니켈 하나보다 작기 때문이에요.

학생: 그리고 니켈 하나, 다임 하나 그리고 페니 하나가 양쪽에 모두 있어서 그건 신경쓰지 않아도 돼요. 페니 하나와 니켈 하나는 다임 하나보다 적어요.

Trish: 내가 만약 그들에게 비밀의 동전을 주었다면? 그게 무엇인지 말해 볼래요? 그걸 이제부터 C라고 부릅시다... [짝끼리 토론을 시작하는 표시 후, Trish는 다시 전체 토론을 시작하였다.]

Michael: 그건 아직도 공평하지 않아요. 만약 각각에 똑같은 양을 더하면, 각각은 더 갖게 되고 그 차이는 아직도 같게 남아요.

Trish: C가 무엇인지 문제되지 않나요?

Michael: 아니요. C는 어떤 수도 될 수 있어요. 두 애들에게 같은 걸 주는 한, 그 양이 얼마인지 문제되지 않아요.

Chynma: 너 역시 같은 양을 같이 뺄 수도 있어. 두 애들에게 같은 걸 하는 한, 동일할 거야. 전에 공평하지 않았다면, 그건 아직도 공평하지 않을 거야.

마지막 두 코멘트에서, 식의 양변에 C를 더하거나 빼더라도 그 식의 항등과 부등에 영향을 주지 않을 것이다. 학생들이(구성원들이) 연역을 위한 (공동체에서) 인정된 규칙(행동)을 표현하기 시작하였다.

Representation: 도구로써의 개방수직선(The open number line as a tool)

일단 아동들이 동전과 활동판을 탐구하고, 교환과 소거 방법에 의해 등가성(혹은 부등성)을 판단하는 데 익숙해지자, 게임 상황을 없애고 식의 표현을 살펴보는 데에만 초점을 두었다. 여기서의 목적은 아동들이, 구성원 사이에 인정된 연역 규칙의 성질을 계속 발달시키기 위해 교환하거나 소거할 수 있는 대상으로 동등한 표현을 대체할 수 있도록 하는 데 있다. 동시에 아동들이 수학식들의 연계를 정당화하기 위해 구성원 사이에 나타난 규칙을 사용하기 시작하는지의 여부에 관심이 있었다. 추측, 행동 그리고 논쟁이 일어날 경우에 활용할 수 있는 표상 도구를 제공하기 위해, **개방수직선**(open number line)을 소개하였다. 수직선 모델은 학습자들로 하여금 수식과 연결시키는, 능동적인 정신적 실험이 가능한 구체적인 활동을 가능하게 한다. 전통적인 수직선과는 반대로, 개방수직선은 아동들의 사고를 정당화하는 수식의 표현만을 포함하는 것으로, 선의 위와 아래 부분을 사용함으로써, 양을 소거 혹은 첨가와 같이 등장하는 규칙이 표현되는지 살펴볼 수 있다. 똑같은 선의 위와 아래 부분이 사용될 때 우리는 이를 **이중수직선**(double number line)으로 표현하였다. 때때로 두 개의 수직선을 서로 평행하게, 혹은 인접하여 사용하기도 하였으며, 그들 사이의 관계에 대해 토의하였다. 우리는 이를 **이중수직선 출현**(emergent double number line)이라고 부른다.

측정 상황을 이용하여 수직선이 소개되었다. 학생들은 멀티링트 큐브로 길이를 재고 측정치는 '더하는 머신테이프(adding machine tape)'로 표현하였다([그림 6.1] 참조). 테이프 위에 측정치를 표시함으로써 (각 튜브의 길이) 측정이 계속 반복되는 단위를 표현하

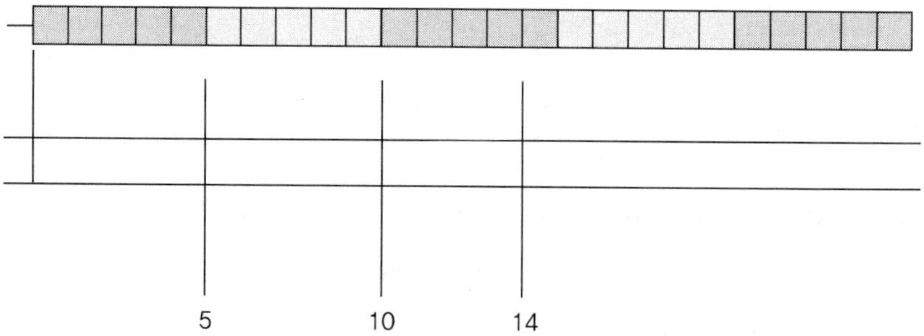

아동들이 길이를 측정할 수 있도록 테이프 위에 (두 색으로 이루어진) 다섯 개의 유니픽스 큐브가 반복해서 엮어진 큐브타래를 놓았다.

[그림 6.1] 개방수직선 만들기

는 데 이 표현을 사용하였다. 이를 계속해서 반복하면 개방수직선 모델은 연속적 진행으로 나타난다(이 부분에 익숙하지 않은 독자이거나 좀 더 자세한 자료를 위해 Dolk & Fosnot, 2004; Fosnot, 2007; Fosnot & Dolk, 2001a, 2001b; Gravemeijer, 1999 참조).

일단 수직선 모델이 만들어진 후에는, 아동들은 상징적 표상의 등가성을 표현하거나 식에 관한 자신들의 사고를 증명하는 데 필요한 연역적 규칙을 표현하는 데 이를 사용하기 시작하였다. 2월에 Trish는 8 + 6 = 5 + 9가 참인지 학생들에게 질문하였다. Trish는 이중수직선([그림 6.2] 참조)에서 "왜냐하면 9는 8보다 1 많고 6은 5보다 1 많기 때문에" 참이라는 Lela의 논쟁을 기록하였다. 다른 학생은 "이건 6에서 1을 가져와서 이를 8에게 주는 것과 같은 겁니다. 그래서 9 + 5 = 5 + 9가 됩니다."라고 설명하였다.

더 많은 수식 생각하기를 계속하면서, 이중수직선은 학생들이 수식의 동일한 부분을 알아채는 데 도움을 주는 것처럼 보였다. 학생들은 자신들의 관찰을 토의하기 위해, 통상적인 용어보다는 표현의 특징을 연결하여 용어를 만들었다. 다음 대화에서 학생들은 교환법칙에서의 대칭성에 대해 '거울(mirror)'이란 단어를 사용하였으며, '바나나'처럼 보이게 하거나 칠판지우개로 지움으로써 소거한다고 하였다. Trish는 즉각적으로 학생들이 보여준, 관련 있는 수식 사이의 관계를 생각해 보게 하였다. Trish는 13 + 8 = 5 + 9 + 13 - 6을 기록하고 이 식이 참인지 질문하였다.

학생: 같아요. 왜냐하면 13은 양변에 있어서 같이 소거할 수 있어요. 5 + 9는 14이고, 14 - 6은 8입니다. 그래서 8 = 8.

학생: 제 방법은 다른데요. 저는 9로 시작해서 6을 뺐어요. 그래서 13 + 8 = 8 + 13이 남아요. 수들의 순서를 바꿀 수 있고 그 결과가 같다는 걸 알아요.

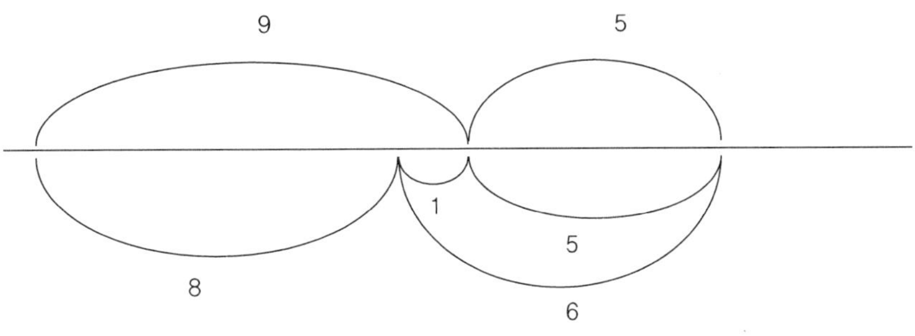

[그림 6.2] 두 개방수직선 위에서 식 기록하기

Trish: 내 방법을 나누고 싶은데, 그게 항상 성립하는지는 모르겠고... 생각하는 걸 이야기해 보세요. 내가 그 문제를 기술했을 때, 그 전에 13 + 8 + 6 = 5 + 9 + 13이란 문제였어요. 나는 양변에서 6을 뺐고, 첫 번째 문제가 참인걸 알았기에 이것도 참이어야 한다고 생각했는데... 어떻게 생각하나요?

학생: 그러네요! 언제나... 왜냐하면 양변에 어떤 같은 수를 더하면 그건 항상 같아요.

학생: 그건 수직선 위의 거울과 같아요. 우리가 Michael(교생 이름)과 함께 했던 대칭과 마찬가지로. (수직선) 위에서 일어나는 건 아래에서도 일어나요. 그리고 어떤 수를 더하고 빼는 것처럼, 시작한 점에서 점프하고 다시 뒤로 점프하는 것처럼. 바나나처럼!

학생: 또는 칠판지우개처럼! 뭔가 쓰고는 그걸 지우잖아. 어떤 수에서 같은 수를 빼면 0이잖아.

Trish는 다음으로 학생들의 등가성의 개념에 어떻게 영향을 미치는지 살펴보기 위하여 변수가 포함된 식을 소개하였다. Trish는 8 + 6 = 5 + 9 + N이라고 쓰고는 참인지 질문하였다. 위의 맥락에서 보면 아동들은 변수를 받아들일 준비가 된 것으로 보인다. 한 학생이 "만약 한 변에만 수를 더한다면 그건 같을 수가 없기 때문에 같지 않다"라고 주장할 때 Trish는 학생들에게 짝과 이에 대해 토의하게 하였다. Trish는 Roxanna에게 그 모둠의 생각이 어떤지 물었다.

Roxanna: 대부분 동의하였지만, 만약 비밀의 수가 0이면 어떻게 될까요? 그때는 그렇게 되지 않을 거예요[이전 아동의 식을 언급하며].

Trish: 그래서 N이 0일 때에만 참이란 거니?

변수 사용의 확장하기와 문제 풀기

아동들은 그 변수를 풀기 시작하였고 그 식이 참인 경우와 그렇지 않은 경우를 살펴보고 N=0인 경우를 분석하고 있었기 때문에, 이후에 좀 더 살펴보기로 하였다. Cathy(제1저자)는 변수 사용을 더 어려워하는 의욕적인 8명의 학생 모둠을 살펴보았다. 그들은 테이블 위에서 함께 활동하였고 C + 2N + 6P = 6P + D + C를 살펴보게 하였다.

Devon: 양변에 똑같이 C와 6P가 있어서 소거했어요. 그러니까 2N = D가 남았어요. 이건 니켈과 다임 같은 것이지만, D가 N의 두 배가 되는 한 어떤 수라도 참이에요.

Haille: 혹은 만약 N = D −1/2D 하면

Cathy: 좀 더 이야기해 봅시다. 증명해 보일 수 있나요?

Haille: 제가 쓴 것을 보여줄까요? [Haille의 풀이과정은 [그림 6.3] 참조]

Haille: [그녀는 풀이 과정을 보여주며 설명하였다.] 먼저 5와 10도 생각했어요. 하지만 다음 24와 99를 해 봤어요. 모든 수가 가능하게 됨을 증명해 보고 싶었어요. C와 6P를 소거한 후, 양변에서 D의 절반을 뺐어요.

Mia Chiara: 왜 그렇게 했어요?

Haille: 하나의 D를 만들기 위해서는 두 개의 N이 필요하다면, D의 절반은 하나의 N이라고 생각했어요. [Mia Chiara가 기록한 [그림 6.3] 참조]

Cathy: 모두 동의하나요? D를 만드는 게 두 개의 N이라며 N은 D의 1/2인가요? [모든 학생들이 동의하므로 Haille는 계속하였다.]

Haille: 그래서 N = D −1/2D를 얻게 되었는데, 이건 오로지 N이 D의 1/2인 경우에만 참이에요.

Cathy: Mia Chiara야, 네 활동지에 "만약 D = 0이면 성립한다"라고 썼던데. 그 부분에 대해 말해 줄래요?

Mia Chiara: 아무것도 없는 것의 절반은 역시 아무것도 없는 거예요.

3월경, 어린 7세 아동들의 대화에서 서로 나누었던 원리와 연역 규칙의 시스템이 나타나는 듯 보였다. 그들은 등가성을 이해하였고, 동일한 식을 교환하거나 소거할 수 있게 되었다. 보정(compensation)(항등성을 유지하기 위해서는 더한 것만큼 뺌), 교환법칙, 무시하기(ignoring)(소거하기), 양변을 간단히 하기 위해 N을 더하거나 빼기를 하게 되었다. 학생들은 아직 N = 0인 경우를 살펴보는 것이 필요하다고 생각하였다. 저자들은 청중(독자)에게 제공하였는지, 서로 돌아가며 사용하였는지, 공유한 연역 원리와 규칙을 이용하여 증명을 구성하였는지에 대해 우리 저자 스스로에게 질문하였다. 즉, 학생들이 기록한 논쟁거리는 초기 증명의 형태를 띠고 있는가?

Trish는 종이 위에 몇 가지 식을 썼고, 아동들에게 증명 과정을 쓰게 하였다. 몇 과정은 [그림 6.4]에 나타나 있다.

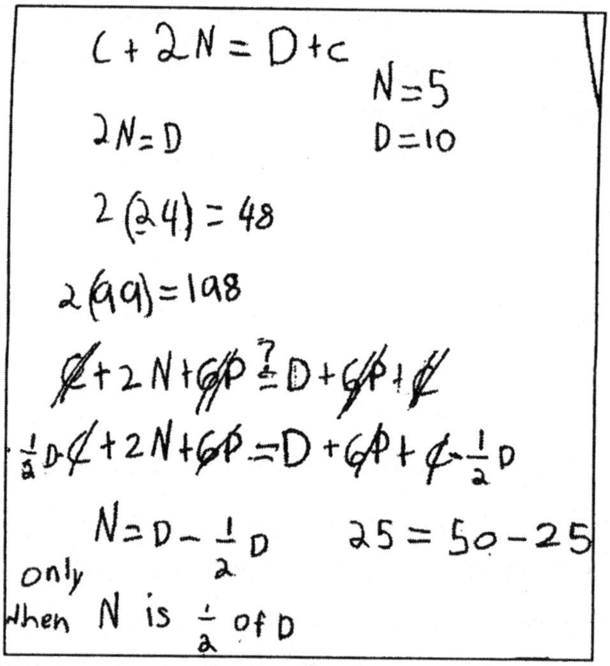

Haille의 풀이

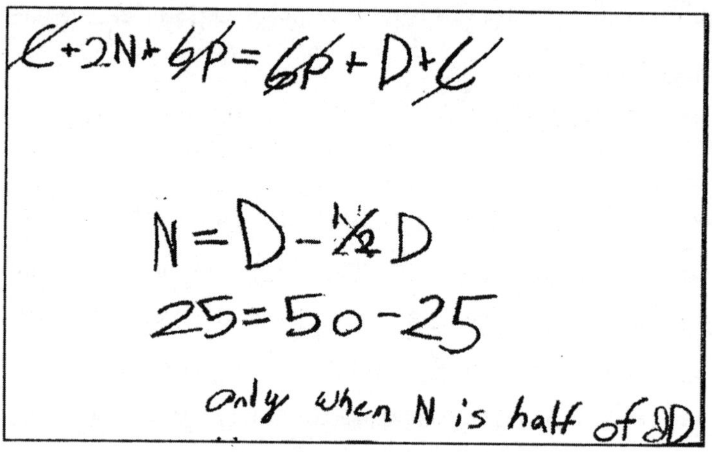

Mia Chiara의 풀이

[그림 6.3] Haille와 Mia Chiara의 풀이

학생들의 논쟁이 어떻게 연속되었는가는 매우 관심을 끌고 있다. 둘째로, 그들이 보인 진행은 수직선 경험 안에서 구성원들 사이에 받아들여진 참으로 인정된 연역적 규칙에

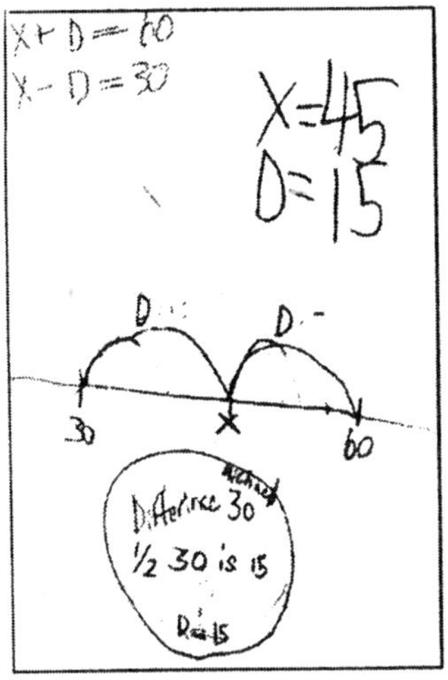

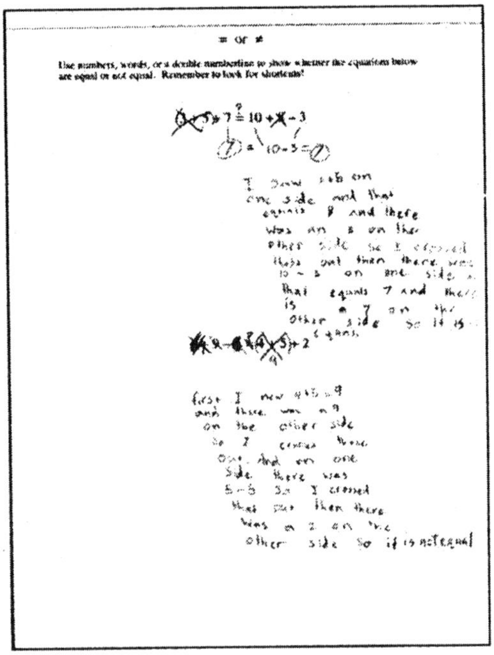

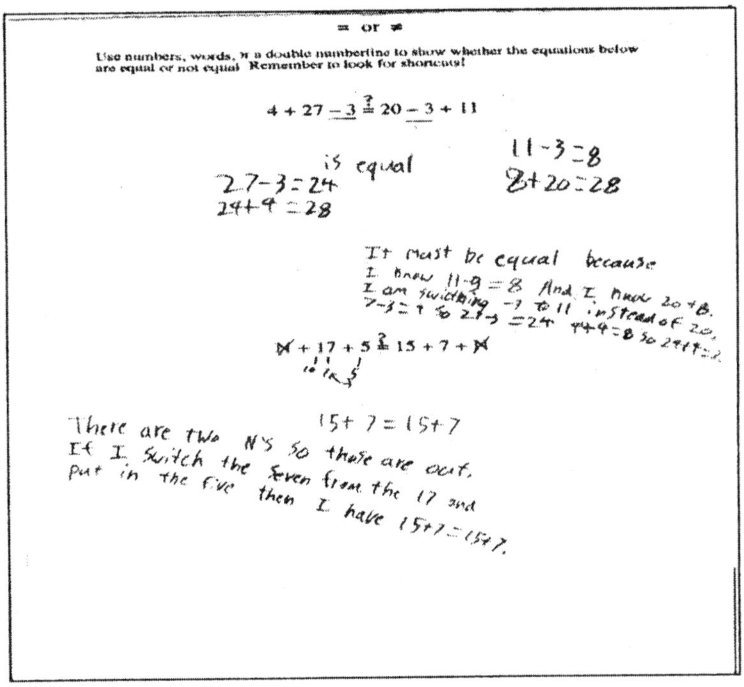

[그림 6.4] 여러 식의 증명에 대한 아동의 풀이과정

기초한다. 한 학생은 다음과 같이 기술하였다. "우선 4 + 5 = 9임을 알고 있었고 한쪽에 9가 있어서 그걸 없앴어요. 한쪽은 5 − 5가 돼서 그걸 없앴고요. 다음에 다른 변에는 2가 있었는데 그건 같지 않아요." 다른 학생은 다음과 기술하였다. "두 개의 N이 있어서 그것들을 없앴어요. 17을 7로 바꾸고 5를 놔두니, 15 + 7 = 15 + 7이 되었어요."

논의

위의 내용에 대하여 여러 관점에서 논의할 수 있는데, 첫째, 2학년 학생들은 연역의 여러 규칙 체계를 구성하였고, 그들 구성원 사이에서 참인 명제를 인정하고 이용하였다. 이러한 규칙들은 조사, 이중수직선으로 표현, 일반화한 상황(반복되는 단위의 측정)으로 진전되었으며, 이후에 등가성(혹은 부등성)을 증명하기 위해 연역적인 활동 고리에서 사용되었다.

그러나 몇 가지 질문을 생각해 볼 수 있다. 이러한 추론의 고리는 논쟁 그 이상의 것인가? 연역에 의해, 출현한 증명 형식으로 그것들을 분류할 수 있는가? 아동들이 계속해서 이런 형태의 학습을 한다면 어떻게 계속해서 더 발전할 수 있을까? 고학년이라면 이중수직선 표현에 어떻게 반응하며, 대수식에서 소거를 표현하는 표시로 받아들이게 할 수 있을까? 이러한 질문에 답하기 앞서 5학년에게서 얻은 다음 연구 결과를 제시한다.

5학년

캘리포니아 개구리 점핑 콘테스트: 5학년 과정의 수직선을 소개하는 상황

6개월 동안 이루어졌던 2학년 토론과는 다르게, 본 내용은 90분 세션에서 이루어졌으며, 다음 두 가지 문제에 대하여 살펴보았다. 첫 번째 문제는 수직선 표현을 소개하기 위해 고안된 문제이며, 두 번째 문제들은 학생들이 어떻게, 그리고 어디까지 소거하는지, 대수 방정식을 풀기 위한 도구로 수직선을 사용하는지 살펴보기 위함이다. 20명의 학생은 계산 전략을 나타내기 위해 과거에 수직선을 사용해 왔으나 대수적 문제 상황에서는 사용하지 않았다. 도입 문제는 다음과 같다.

[문제 1]

MT는 황소개구리이다. 그는 세계 점프대회 기록으로 유명하다. 매번 점프할 때마다 같은

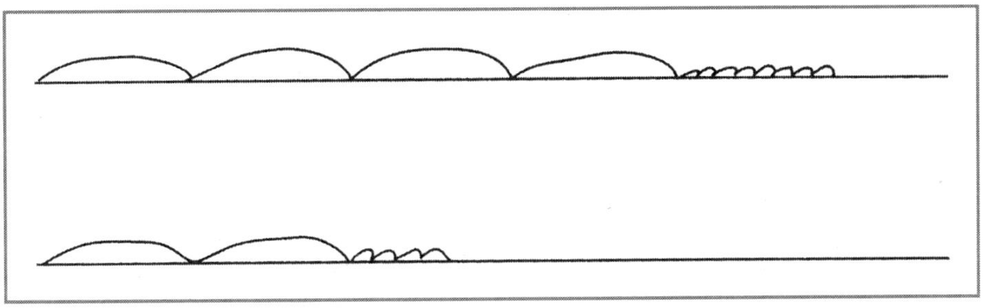

[그림 6.5] 캘리포니아 개구리 점핑 콘테스트

> 거리를 이동한다. 그가 4번의 점프와 8번의 스텝을 하였을 때, 그것은 52번 스텝을 한 것과 같다. 2번의 점프와 4번의 개구리 스텝은 개구리 스텝 몇 개와 같을까? 얼마나 많은 개구리 스텝이 MT의 한 점프에 포함되어 있는가?

예상한 바와 같이, 대부분의 학생들은 이 문제를 5~10분 사이에 52−8=44, 44÷4=11과 22+4=26과 같이 직접 계산하며 해결하였다. 이러한 도입 문제를 제시한 목적은 교사가 학생들이 전략을 수직선에 표현할 수 있는지 알아보기 위해 상황을 설정하기 위한 것이었다. 학생들이 상단 수직선이 4번의 점프와 8번의 개구리 스텝을 나타내고 하단 수직선은 2번의 점프와 4번의 개구리 스텝([그림 6.5])을 나타내는 두 표현을 보고 그 사이의 관계에 대해 토론하는 시간을 갖게 하였다.

학생들은 어떻게 상단 그림이 하단 그림의 두 배가 되는지 토론하였다. 두 방정식의 관계에 대한 대화는 다음 활동을 위한 표현으로써 이중수직선을 만들어 보는 시도를 하게 되었다.

> **[점핑 콘테스트]**
> MT는 점핑 콘테스트를 열기로 결정하였다. 세 명의 참가자는 Cal, Sunny, Legs이다. 이 콘테스트에서 모든 개구리는 같은 크기이다. 또한 한 개구리가 점프할 때, 그는 항상 같은 거리를 이동한다. 문제는 가장 큰 점프를 한 개구리를 찾는 것이다.
> Cal은 3번의 점프와 6 스텝을 앞으로 갔을 때와 4번의 점프를 하고 2 스텝을 뒤로 갔을 때 같은 위치에 있었다.
> Sunny는 4번의 점프와 11 스텝을 앞으로 갔을 때와 5번의 점프와 4 스텝을 앞으로 갔을 때 같은 위치에 있었다.
> Legs는 2번의 점프와 13 스텝을 앞으로 갔을 때와 4번의 점프와 5 스텝을 뒤로 갔을 때

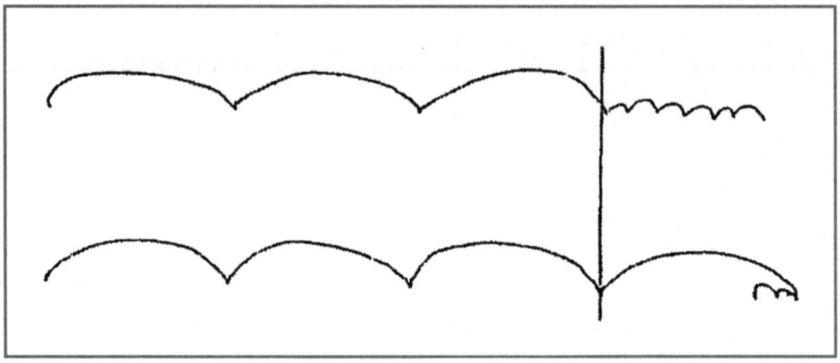

[그림 6.6] 캘리포니아 개구리 점핑 콘테스트 문제에 대한 Maria의 그림

같은 위치에 있었다.

학생들은 약 30분 동안 문제풀이 활동을 하였다. 15명의 학생들이 개방수직선 다이어그램을 사용하였고(앞부분의 토론에서 언급한), 추론의 도구로 이 다이어그램을 사용하려고 하였다. 서로 평행하거나 인접한 두 수직선(전혀 소개되지 않았던 2학년 수업에서 사용된 이중수직선)이 등장하였다. (또한 개구리는 위로 점프를 하기 때문에 그 점프 내용을 수직선 아래에 나타내는 게 부자연스러워 보일 수 있다.) 4명 학생은 계산을 사용하며 추론하였고, 몇몇은 이후 점프 길이를 찾기 위해 다이어그램을 그려보았다. 한 학생은 Cal의 점프거리를 평행선으로 발견하였고, 그 다른 두 개에서 숫자로 찾아보았다. 많은 학생들은 점프 시나리오를 비교하는 데 어려워하였다(예를 들어, 3 점프 + 6 스텝 = 4 점프 - 2 스텝). 왜냐하면 그들은 이중수직선을 그리게 되었는데, 같은 지점에서 점프를 시작하지 못하거나 점프들을 동일선상으로 줄맞추지 못하였다. [차이가 있었는지 의문이 들면서, 두 개의 개방수직선보다는 오히려 초기의 이중수직선을 사용했더라면 좀 더 명백했을 것이다.] 짝 활동 후, 그들의 발견에 대하여 논의하기 위해 전체 토론을 하였다.

우리는 어떻게 공동체로서 이 교실이 개방수직선을 사용하게 되며, 특히 어떻게 변수를 갖는 동일한 양을 소거하게 되는지에 관심을 두었으며, 이러한 관심은 토론을 구성하는 데 반영되었다. Bill(두 번째 저자)은 토론을 이끌었고 각각의 부분에서 해결책을 소개할 3명의 학생들(Maria, Yolanda, Sam)을 선별하였다. Maria는 초기에는 힘들어 하였지만 점차 소거하는 방법을 찾아가는 듯 보였다([그림 6.6] 참조).

Maria: 나는 3 점프와 6 스텝을 그렸고, 4 점프에서 2 스텝을 덜어서 그렸다. 그리고 나는 그 선을 보여주기 위해 이 특정한 방식으로 그림을 그렸다. 왜냐하면 나는 이 3 점프는 무시하기로 결정했는데, 6 스텝이 한 점프에서 2 스텝을 덜어낸 것과 같은 것을 보여줄 수 있기 때문이다. 그래서...

이때, Maria는 머뭇거렸고, 잠시 침묵이 흐른 후, 그녀가 지금까지 무엇을 하였는지에 대해 말로 표현하게 되었다.

Bill: Maria의 전략을 너희들의 말로 말해 봅시다. 그리고 그녀의 그림 중 무엇이 큰 막대인지 말해봅시다.

짝과의 이야기가 끝난 몇 분 후, 두 번째 학생이 다음과 같이 설명하였다.

학생: 저는 이것이 하나의 분리기와 같은 종류라고 생각하는데, 왜냐하면 3 점프와 3 점프는 바닥에서 만나기 때문이에요. 그러나 우리는 종점이 같아질 것으로 보이는 6개의 작은 스텝과 2 스텝이 줄어든 큰 점프가 어떻게 만나는지 보고 싶어요. 그건 다른 3 점프가 어디에 있는지는 정말 중요하지 않기 때문이에요. 중요한 건 그들이 어떻게 만나는지를 찾아내는 게 중요해요.

Bill: 너는 분리기와 같다고 말했는데... 맞아요? 그리고 너는 별로 문제가 되지 않는 그것들을 분리했고.

학생: 글쎄, 그것이 문제가 되지 않는다는 것은 아니고요. 그것들이 자동적으로 만나게 되었고, 그래서 그것을 신경 쓸 필요는 없는 것 같아요.

Bill: 너는 그들이 만난다고 말할 수 있는데 그 이유는....

학생: 왜냐하면 3 점프와 3 점프는 같은 것이기 때문입니다.

토론을 좀 더 진행한 후, Bill은 Maria에게 다시 시작하라고 부탁하였고, 그녀는 어떻게 6 스텝과 2 스텝이 1 점프와 같은지 그녀의 선에서 보여주기 위해 그녀의 손을 사용하였다. Bill은 Yolanda에게 Sunny의 점프 길이에 대한 풀이방법을 발표하게 하였다. 그녀는 [그림 6.7]을 보여주면서 시작하였다.

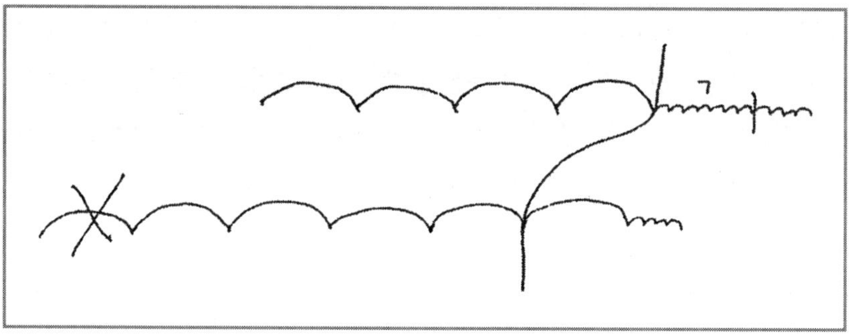

[그림 6.7] 캘리포니아 개구리 점핑 콘테스트 문제에 대한 Yolanda의 그림

Yolanda: 글쎄요, 3번의 동일한 점프가 있는데, 이건 2번의 점프와 4 스텝(네 개구리 스텝을 가리키며)과 같은 11 점프일 거예요.

Bill: 우리에게 3 점프를 보여 주세요.

Yolanda: 4 점프는 같은 양이구요. 그래서... 1 점프와 4 스텝은 11번 스텝과 같아요. 여기 4 스텝은 아래 그림에 있는 4 스텝(그림 오른쪽에 있는 4 스텝을 가리키며)과 같아요. 그래서 여기 남은 7 스텝은 1 점프와 같아요.

학생들은 그 두 전략이 같은지, 다른지 짝과 함께 토론하게 되었다. 두 학생은 다음과 같이 답하였다.

학생: 저는 그 전략들이 매우 유사하다고 생각합니다. 왜냐하면 각 전략에서 그녀는 도움이 되지 않는 점프를 덜어냈고, Maria와 함께 그녀도 얼마나 많은 스텝이 있는지에 관한 문제를 해결하는 데 도움이 되지 않는 것들을 덜어냈어요.

학생: 그들 모두 분리막대(separation bar)를 사용했어요. 그게 가장 큰 유사점인데, 왜냐하면 그것은 그들의 전략의 근원와도 같기 때문입니다.

Bill: 그래서 분리막대가 불필요한 것을 덜어내게 해 주나요?

학생: 저장 상자와 같은...

학급은 왜 같은 점프를 덜어내거나 점프를 저장 박스에 두는지에 관해 토론하였다. 저장 박스에서 그것들을 덜어내기 전에 점프의 크기를 모르는 것이 문제가 되는지 생각해

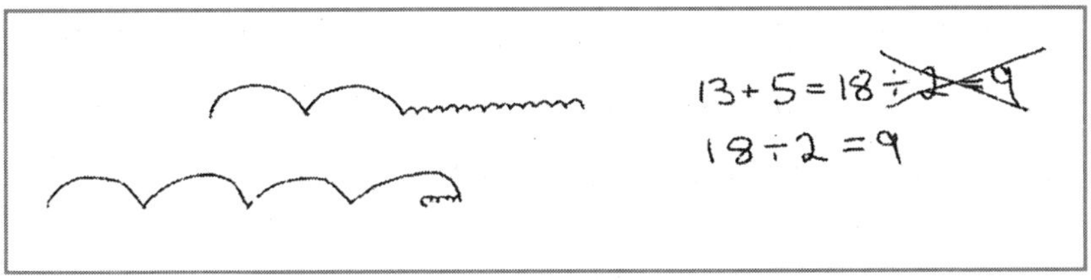

[그림 6.8] 삭제 전략에 관한 Sam의 일반화

보게 하였는데 어느 누구도 그것에 관해 신경 쓰지 않았다. Bill은 Sam에게 3번째 문제를 풀게 하였다. Sam은 소거 전략을 일반화하는 데 무엇을 고려하여야 하는지에 대해 발표하였다. [그림 6.8]은 그가 대화 중에 적은 내용이다.

Sam: 점프의 수의 차이와 스텝이 앞으로 혹은 뒤로 가는가에 따라, 점프에서 몇 스텝인지 항상 찾아낼 수 있습니다. Legs의 경우, 13 더하기 5를 2로 나누면 9가 됩니다. 2번의 점프, 13 스텝(그리며)이고, 그 다음에 4번의 점프와 5 스텝을 덜어내서, 2번의 여분의 점프는 왜 2로 나눠야 하는지를 설명해 줍니다.[그는 13 + 5 = 18 ÷ 2 = 9라고 쓴 것을 다시 13 + 5 = 18, 그 아래에 18 ÷ 2 = 9로 적었다.]

Bill은 "어디에 13+5가 있는지 그림으로 보일래요?"라고 요청하였다.

Sam: 여기 둘이 같은 점프라면, 이건 2 더하기 13과 같을 거예요. 왜냐하면 2 더하기 13은 여기까지 같아지게 되고 5는 뒤로 가는데 왜냐하면 같은 위치에 있기 때문이에요. 그래서 13 + 5가 여기에 오게 됩니다. 그리고 이건 전부 한 점프이니까 13 = 5가 될 거예요. 그러나 이건 서로 다른 두 점프이니까 둘로 나누어야 해요.

학생들에게 방금 전 언급된 그 규칙이 간편하게 사용되었는지 생각하게 하였다.

학생: 네.
Bill: 그런데 왜 그렇게 생각하지요?
학생: 그것은 보이지 않는 선(invisible line) 같은 거예요. 왜냐하면 그는 문제 푸는 데

도움이 될 거라고 생각하지 않아서 그 첫 번째 2 점프와 아래의 첫 번째 2번의 점프를 신경 쓰지 않았기 때문이에요. 그래서 그는 단지 그 두 개의 나머지 점프와 13 스텝에 집중했고, 그래서 그는 보이지 않는 선과 같은 그 규칙을 기계적으로 사용하였습니다.

Bill: Sam, 같은 전략을 사용하였나요?

Sam: 모르겠어요.

논의

미지수의 동일한 양만큼 소거할 수 있는 대수 규칙을 만들고 정의하는 과정을 통해 공통체로서 함께 배우는 교실의 모습을 볼 수 있다. 두 개의 개방수직선 위에 같은 양을 가리키기 위해 그려진 선을 통해 대화가 진행된다. 어떤 학생들에게는 그들이 그린 그림 위에, 교사가 무의식적으로 '막대(bars)'라고 언급했던, 선들을 어디다 그어야 할지 그 위치를 찾는 게 문제가 되었지만, 대부분의 학생들은 점차 문제해결에서 도구로써 선을 사용하게 되었다.

또한 토의 과정에서, 소거하는 규칙에 관한 학생들의 용어가 생겼다는 단서인 발명된 용어가 진화됨을 목격할 수 있었다. 선을 설명하면서, 두 번째 학생은 그것을 '분리기(separator)'로 묘사하였다. '분리기'란 용어는 상당히 호감이 가는데, 왜냐하면 이는 토의 과정에서도 나타났듯이, 많은 학생들이 같은 양을 선뜻 소거하지 않았기 때문이다. 학생들은 왼쪽 부분의 동일한 양이 문제 푸는 데 필요하지 않음을 알면서도, 문제를 두 부분으로 쪼개는 역할을 '분리기'로 간주하는 듯하다. 분리기가 '저장 상자'를 제공하는 역할로 간주된다는 점에서 이 가정 역시 인정된다. 미지수에서 같은 양이 소거되지 않아서, 학생들은 '소거(cancelled)'하지 않고 '저장(stored)'하였다. 학생들은 교사/연구자들의 용어인 '무시한다' 혹은 '제거한다'는 단어보다 오히려 '불필요하다(unnecessary)'(질문에 답한다는 용어로)는 단어를 선호하였다.

Sam은 같은 양을 소거(cancel)하면서 이후에는 더 이상 고려하지 않았다. 그의 규칙은 오로지 추가되는 점프와 앞, 뒤로 이동한 스텝만을 고려하였고, 그의 노트를 통해 볼 수 있듯이, $9 \times 2 = 18 + 13 = 31$, $4 \times 4 = 36 - 5 = 31$을 같이 확인하면서 $13 + 5 \div 2 = 9$를 기록함으로써 등가성보다는 연산을 나타내기 위해 등호를 사용하였다. 토의에서 그는 표현을 이해하고 있음을 나타내면서, 모든 점프를 포함하는 다이어그램을 만들었지만 분리선(separation line)은 포함하지 않았고, 오직 다이어그램의 오른쪽 부분만 포함하였다. 다른 학생들이 이전에 사용하였던, 구성원이 연역적인 방법으로 소거했던, 'hidden line'의 형태로 그가 규칙을 사용하고 있음을 깨닫게 되었다. 그러나 Sam 자신이 그 규칙을 사용하고 있음을 아는지는 확실하지 않다. 사실, Sam이 종이 뒷면에 두 번째 문제에 대한 정당화를 "4 점프 + 11 스텝은 4 점프와 5 점프 간의 차이와 같으므로, 11 스텝과 4 스텝 간의 차이는 4 점프와 5 점프 간의 차이다"라고 기록하였다. Sam이 세 번째 경우에서 유사한 추론을 하였음을 가정하면서, 우리는 그가 왜 보이지 않는 선(invisible line)을 사용하고 있는지를 확신하지 못했는지 이해할 수 있었다. Sam은 (그들이 분리해냈던 것처럼) 남아 있는 점프를 처리할 수 있었지만, 전체적으로는 아직 확신하지 못한 것으로 보인다.

증명에 관한 함의점

우리 연구자들은 초등학교 학생들이 연역적인 방법(이 경우 '소거법')을 사용하고, 연속된 문제를 해결하기 위한 증명에서 연역적 규칙을 사용하는 능력에 관심을 두었다. 학생들이 이러한 사고를 하는 데 이중수직선이 도움이 되는 것을 알 수 있었으며 학생들이 표상을 부수적인 유용한 도구로 사용하는 것을 볼 수 있었다. 더욱이, 토의의 목적이 표상에 대한 것일 때 대화 공동체에서 기호가 사용되고, 따라서 비록 어떤 학생들은 이중수직선을 사용하지 않고 규칙을 찾아낼 수 있을지라도, 부수적으로 얻은 것은 공동체에서 그 규칙에 대해 토의하는 맥락을 제공하였다는 점이다. 표상을 사용함으로 인해 '분리기(separators)', '저장상자(storage box)', '숨겨진 선(hidden line)'이라는 용어가 등장하게 되었는데, 보통 상징적 기호/공식이 언급되는 대화에서 이러한 용어가 나타났을까에 대하여는 회의적이다.

"a + b = a + c 그러므로 b = c"는 연역법 개념으로 전적으로 형성되는 반면, 5학년 학급에서 관찰된 대화 내용에서 소거법이라는 용어가 이 규칙의 초기 이해 단계에서는 적절한 용어는 아닐 것이다. 어떤 학생들은 a + b = a + c 그러므로 a = a 그리고 b = c라는 연역법에 대해 더 편안하게 생각하기도 하였고, b = c를 따로 떼서 보는 것은 어려워하였다. 사실, b = c를 따로 생각하는 것을 쉽게 받아들이지 못하는 것을 알 수 있었는데, 이것은 더 일반적인 의문을 갖게 한다. 수학자에게, 증명의 정교함(그리고 힘)이란 중복되거나 관련 없는 요소들을 제거(증명을 해 나가는 작업은 뭔가 조금 다른 것이며)

해 나가면서 완벽한 형식으로 중요 아이디어를 축소해 가는 것이다. 그러나 증명을 배우는 대상에게는(혹은 이와 같은 연역법의 경우) 증명의 방식은 (맥락에서 혹은 표상에서) '상황에 처해 있는' 상태일 것이며 중복되거나 관련 없는 정보를 없애는 작업은 단순한 일이 아니다.

반대로, 오랜 기간에 걸쳐 관찰한 2학년 교실에서, 학생들은 '소거(cancel)'라는 단어를 쉽게 반복적으로 사용하였다. 우리 연구자는, 학생들 커뮤니티가 그 개념을 이해하게 될 정도로 시간이 충분히 소요되었기 때문에 나타난 결과라고 예상한다. 5학년 학급에서와 같이, 학생들이 모르는 양을 소거하는 것은 이는 이미 알고 있는 양을 소거하는 것과는 부차적으로 다른 것이다. 나아가, 13 + 5 = 18 ÷ 2 = 9라고 기록하였던 5학년 Sam을 보면 알 수 있듯이, 그 교실 수업을 통해 학생들은 '=' 기호의 개념을 완벽히 형성하지 못했고, 이것은 소거법을 받아들이는 것을 더디게 하였다. 그러나 Sam의 소거 형태를 성공적으로 사용하게 됨은 등가성의 이해가 등식의 이해와 같은 것이 아님을 보여준다. 이는 발달의 중요성을 설명해주고, 등가성과 등식 표현의 이해가 초등학교에서 시작될 수 있음을 보여주는 것이다.

수학적으로 증명하는 작업은 간단하지 않으며, 대개 단순화하고 논리적인 순서로 아이디어를 정리하기 위해 초반부의 추론과정에 대한 재검토(re-examination)가 요구된다. 이런 점에서 초기 습작 작업을 다시 살피며 재구성하는 등 '메타-과정(meta-process)'이 나타나는데 이 과정은 학생들을 위한 목표이기도 하다. Schoenfeld(1992)의 견해에 고무된 두 번째 저자는 수학 전공 학부생들에게 문제해결 과목을 가르치고 있으며, 그의 학생들은 비정형화된 문제 해결, 그들 전략에 대한 토의, (자기조절) 과정의 초인지적 측면을 명백히 고려하고 있다. 이 과정에서 대학생에게 문제풀이 과정을 가르친 후, "네가 발견한 것을 증명하시오"라고 요구하는 것이 새로운 난제임을 알 수 있었다. 때때로 성공적인 문제 해결 경험 이후, 증명은 재시험과 간략화하기 라기보다는 오히려 문제풀이 과정에서 진행했던 모든 단계를 재진술하는 것이다. (예를 들어, 학생들이 이전에 배웠던 모든 선형대수학의 기본 원리를 사용하여 단순화하고 되돌아보는 대신 초기의 상세한 계산의 모음집을 제시하는 것과 같다.)

여기서 교실에서 사용된 표현은 학생들을 위해, 하나의 커뮤니티로써, 그들의 추론과정을 재검토하기 위해 하나의 맥락을 제공했다. 이러한 재검토 작업은 수학자들이 소거법이라고 언급하는 연역법에 대해 더 잘 이해하게 한다. Leg의 점프가 9 스텝이라는

Sam의 분석은 분리기(separator)보다는 통상적인 소거법에 좀 더 근접한 단계인, '보이지 않는 선(invisible line)'이라는 생각을 갖게 하였다. 마찬가지로, 2학년 학급에서 '수직선 위의 거울 같이' 혹 '바나나 같아 보이는' 소거법이라며 교환법칙을 언급하였고, 연역법에 대한 점진적인 이해를 통하여 이중수직선 표현을 사용하여 방정식을 재검토하게 되었다. 결과적으로, 여기 2학년 학생들은 그들의 증명과정에 소거하는 형식을 적용하게 되었다. 재검토의 형태는 "한 사람이 추론해 나가기"로 특징지을 수 있을 것이다. 학생들이 증명하게끔 하는 능력에 대한 연구에서 다음 단계는, 예를 들자면, 학생들이 추론하는 처음 선을 재형성하기 위해 표현하고 증명의 간결한 형식으로 재조직하고 단순화할 수 있는지 판단하는 것이다. 이는 수학적 완성 면에서 좀 더 발전되었음을 의미하는 것이다.

7

아동의 추론

수학적 증명 아이디어의 발견

Carolyn A. Maher

증명은 대개 고등학생과 대학생이 하는 수학적 추론과 관련되는 것으로 간주해왔다. 어린 아이들도 증명을 할 수 있다는 기대는 비교적 새로운 관점이다(Maher, 2005; Maher & Martino, 1996a, 1996b; Yackel & Hanna, 2003). 그러나 정당화하고 문제해결과정의 타당성을 다른 사람들에게 확신시키는 과정을 통해서 어린 아이들에게서 좀 더 정교화된 추론이 나타난다고 보는 연구 보고가 늘고 있다(Fosnot & Jacob, 이 책의 6장; Reid & Zack, 이 책의 8장). Rutgers University에서 진행했던 프로그램에서도 아이들이 스스로 생각할 수 있는 교육적 환경을 제공할 때 증명에 관한 기초가 아이들에게서 자연스레 나타남을 보여주고 있다. 이 장에서는 8세 아동들이 논증을 이끌어내며 서로를 설득하는 과정을 자세히 설명한다.

이론적 견해

이 장은 개인적인 학습이 학습 공동체 구성원들에게 서로 접근 가능하고 다른 구성원들의 생각에 영향을 받는 공동체 내에서 효과적으로 이루어질 수 있다는 인식에 기초한 연구 프로그램[1]의 이론적 근거에 기반을 둔다. 학습자 개개인과 공동체 내의 다른 학습자들은 상호작용하는 관계로, 특정 개인이 학습하는 방법은 다른 사람에게 영향을 주거나 또는 다른 사람의 생각의 영향을 받기도 한다. 생각을 공유하는 기회를 통해 새로운 수학적 아이디어를 발전시킬 수 있으며, 문제해결과정에서 학생들은 결과를 내고, 다른 사람의 결과와 비교하며 표상방법을 통해 의사소통하기도 한다. 다른 사람의 생각을 들음으로써 학습자들은 다른 사람들의 표상방법과 추론과정을 자신의 것과 비교할 수 있고, 자신의 아이디어와 다른 사람의 아이디어가 어떻게 연관되는지를 생각해볼 수 있다. 다양한 표상방법을 관찰하게 되고 이를 통해 학생들은 수학적 아이디어를 좀 더 심도 있게 이해하게 된다(Davis & Maher, 1997; Maher & Davis, 1990).

구체적인 경험과 의미 만들기(building meaning) 사이의 상호작용은 특히 어린 학습자들에게는 기본적인 것으로, 구체적인 경험을 통해 학생들은 수학 과제에 더 몰입할 수 있게 되고 물리적 실재 사이의 관계를 인식하게 된다. 결과로 초래된 이미지, 패턴, 관계는 아이디어를 확장하여 의미를 만들고 추상적 개념을 탐구하는 과정에서 머릿속으로 행하는 수학적 목표가 될 수 있다(Gravemeijer, 1999). 아동들이 구체적인 실례를 심도 있게 탐구하는 것은 매우 도움이 된다. 구체적인 실례의 세부적인 부분들을 다른 추상적인 표상방법과 비교할 수 있다(Maher & Speiser, 1997).

학생들이 생각하고 아이디어의 의미를 이해하여 나타내는 수학적 아이디어에 대한 표상방법은 추론과 학습을 위해 필수적이다. 실제로, 수학적 개념에 대한 표상방법은 개념에 대한 학습을 구성하며(Davis, 1972) 수학적 아이디어나 절차에 대해 개인별로 취하는 표상방법은 각기 다른 형태로 나타나기도 한다. 학생들이 수학적 영역에서 경험할 기회를 더 많이 가질수록, 그 영역 내에서 개념의 표상방법은 더 정교해진다. 학생들에게 각기 다른 과제를 해결하게 함으로써 표상방법을 더 정교하게 하며 표상방법들 사이의 연관성을 이해하게 할 수 있다(Davis & Maher, 1997). 매우 잘 정의된 개방형 문제를 풀기 위

1 이 연구의 상세내용은 Maher(2005)를 참조하도록 한다.

해 분석하고 해결하면서 나오게 되는 연결성은 이해가 더 깊어지는데 앞서 나가는 기회를 제공한다고 본다. Bruner(1960)는 지식의 기본적인 구조를 이해하게 되면 지식을 발전시킬 수 있고 '기초적인' 지식과 '고급' 지식 사이의 간극을 줄일 수 있다고 주장한다.

증명하기는 학생들이 연역적 논증으로 정당화시키는 수학적 활동의 특수한 형태이다. 본 저자들의 관점은, 학생들의 증명하기 학습은 수학적 논증을 좀 더 정교한 표상방법으로 나타내기 위해 노력하는 과정에서 이루어진다는 것이다. 논증에 대한 경험을 통해 수학적 지식이 어떻게 발전되는지, 그리고 논증에 대한 학생의 개념이 어떻게 정교하게 되는지, 연역적 논증 전략이 어떻게 발전되는지를 볼 수 있다.

배경

이 장에서 활용한 데이터는 수학적 아이디어를 세우는 과정을 자세하게 관찰한 연구 프로그램에서 수집되었다. 학생들의 추론은 과제를 해결하면서 어떻게 행동하며 무엇을 말하고 쓰는지에 기초한 학생들의 추론과정을 기록하고 비디오녹화하여 녹취록을 작성하였다. 학생들이 해결해야 할 과제들의 복잡성을 어떻게 이해하는지를 조사하기 위해 학생들의 표상방법, 발견술, 수정과정, 논증의 근거대기 등을 관찰하였다.

연구 대상자인 초등 3학년 학생들은 Robert B. Davis Institute for Learning(RBDIL)와 파트너십을 맺은 초등학교의 학생들이다. 이 장에서는 수학적 아이디어의 발전과정과 추론방법[2]을 중심으로 한 횡단연구의 일부분을 다룬다. 아동들은 도입부에서 짝을 이뤄 문제해결을 시작하였고 개인 인터뷰에 일부 학생들이 참여하였다. 아동들은 탐구[3]하기 위해 함께 협력하였고 교사 혹은 연구자는 학생들에게 설명을 요구하거나 학생들의 논증 과정이 타당한지를 질문할 경우, 그리고 더 정교한 설명을 요구하는 등과 같은 학생들의 활동에 개입하였다.

2 이 연구는 미국 국립 과학재단의 연구 MDR9053597, REC-9814846에 의해 부분 지원을 받았다. 제시된 의견은 연구를 지원한 기관의 의견을 대표하지 않으며, 공식적인 지지를 의미하지 않는다.

3 수학적 연구에 대한 의견 제시는 Robert B. Davis Institute for Learning (http://www.gse.rutgers.edu/rbdil/site/)에서 할 수 있다.

자료와 분석

각 90분씩의 두 세션 비디오 녹화를 위해 두 대의 비디오 카메라와 두 개의 녹음기가 설치되었다. 학생들이 짝과 함께 문제를 해결하는 과정을 녹화하면서 자신들의 풀이를 정당화해나가는 과정을 관찰하였다. 수학적 상황에 학생들이 부여하는 의미를 알아내기 위해 비디오 내용을 녹취록으로 작성하여 자세하게 분석함으로써, 학생들이 말하고 기록한 내용, 직접 만든 실제 모형, 그림, 학생들이 만들어낸 표기방법 등을 통해서 학생들이 자신의 생각을 어떻게 드러내는지 학생들의 논증 발전 과정을 살펴보았다.

결과

한 세션은 3학년 교실의 Jackie와 Meredith가 짝이 되어 시작되었다. 빨간 큐브와 노란 큐브를 골라 만들 수 있는 4층짜리 탑의 경우의 수를 가능한 모두 찾도록 하였다. Meredith는 탑을 쌓아 오른쪽부터 놓기 시작하고, Jackie는 왼쪽부터 놓기 시작하였다. Meredith는 자신이 만든 탑을 놓기 전에, 이미 만든 것들 중에 겹치는 것이 있는지 없는지를 확인하였다. Jackie와 Meredith는 함께 16개의 탑을 찾았으나, 실제로는 15개였다. 한 개는 중복된 것이어서 제외하였다. [그림 7.1]은 이 팀이 탑을 세워나가는 초기 과정을 보여준다.

Jackie와 Meredith는 모든 탑의 경우의 수를 모두 찾았는지, 모두 찾았다는 것을 다른 사람들에게 확신시킬 수 있는지를 묻는 연구자의 질문에 다음과 같이 응답하였다. 전체 교실 수업에서는 다른 학생들과 찾아낸 탑의 경우의 수인 16과 비교하였다.

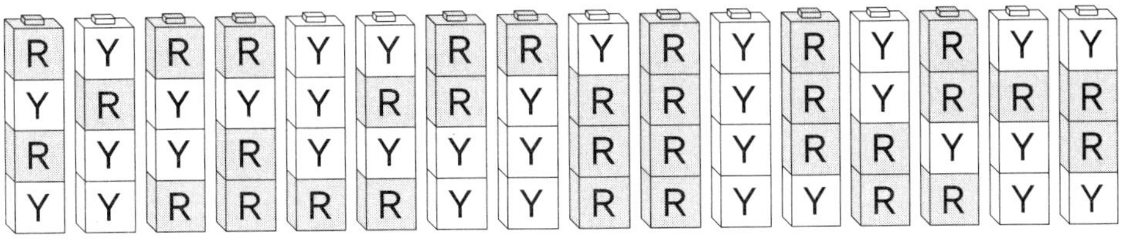

[그림 7.1] 빨강과 노랑 탑 세우는 초기 시도

[그림 7.2] '거꾸로'에 관한 두 아이디어에 대한 부분적 시도

Meredith: 저 애가 구한 결과가 확실하다고 생각하니?

Jesse: 얼마나 찾았니?

두 여학생: 16개

Jesse: 우리가 찾은 것도...

Jesse: 더는 없어.

Jackie: 우리도 더는 못 찾았어.

탑 세우기의 가능한 모든 경우의 수를 찾았다는 것을 Jesse에게 확신시키기 위해 Jackie는 Meredith와 함께 탑을 조직화(organize)하기로 하였다. **거꾸로**(opposites)의 개념으로 자신들이 만든 탑들을 분류했지만, Meredith와 Jackie가 생각한 거꾸로의 의미는 달랐다([그림 7.2] 참조). Meredith에게는 같은 패턴을 갖고 있으나 큐브 배열에서 색상이 바뀌어(alternate) 나오는 경우에 두 탑이 '거꾸로'라는 의미였다. Jackie의 경우, 탑을 뒤집었을 때 큐브 색상 배열이 같은 경우를 거꾸로로 보았다.[4]

Meredith와 Jackie는 계속해서 문제를 풀었다. 한 여학생은 Meredith의 '거꾸로' 개념을 사용하였고 탑의 배열을 재조직(reorganize)하고, 똑같은 모양의 탑을 찾아 제외하여 총 15개의 탑을 찾았다. Jackie는 탑의 모든 경우의 수가 홀수이므로, 한 탑은 '거꾸로'가 아님을 발견했고 이로 인해 학생들은 그 나머지 한 개의 탑을 찾으려고 하였으며, Meredith는 탑의 수가 16개라고 말하여 아직까지 못 찾았던 '거꾸로' 탑을 찾아내었다. Jackie와 Meredith가 1개의 탑을 찾아 여덟 쌍의 탑을 모두 찾게 되자, 탑의 그림과 '거꾸로'의 그림을 그려 자신들의 문제해결 결과를 기록하였다.

그 다음, 학생들은 똑같은 모양을 가진 1개의 탑을 어떻게 찾았는지, 모든 경우의 수

4 Stephanie와 Dana는 이 탑의 배열을 '친척(cousins)'이라 하였다(Maher & Martino, 1996a).

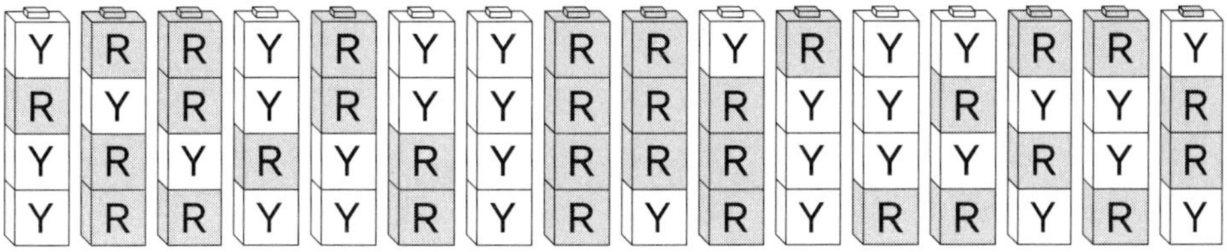

[그림 7.3] 노랑 큐브 수에 의한 분류

를 찾기 위해 나머지 1개의 탑을 어떻게 찾았는지, 거꾸로 방법으로 모든 탑을 어떻게 배열했는지 등([그림 7.3] 참조) 그림과 같이 배열해 놓은 것을 이용하여 설명하였다. Jackie와 Meredith는 어떻게 이러한 새로운 배열을 하게 되었는지 그리고 중복 가능성을 체크하는 전략을 어떻게 사용하였는지 열정적으로 설명하였다.

Jackie: 그런 다음, 다른 걸 찾기 위해, 우리는 거꾸로 해 보았어.
Meredith: 계속해 봤어.

Meredith는 각각의 탑을 어떻게 확인했는지 설명하였고 연구자는 모든 탑에 대해 거꾸로 된 탑이 있는지 질문하였다. 여학생들은 다음과 같이 답하였다.

Meredith: 우리 모두는 거꾸로 탑을 가지고 있어요.
Jackie: 우리가 하나[탑]를 빠뜨리긴 했지만요.
Meredith: 왜냐하면 두 쌍을 찾은 다음, [짝들이 되는] 그것들을 거기에 놓지 말았어야 했던 걸 알았어요. 아래에서부터 두 번째는 빨간 큐브를 놓았어야... 그래서 노란 것 2개, 빨간 것 1개, 노란 것 1개.

Meredith는 포스터에 탑 모형을 기록하고 있었음을 설명했다. 연구자는 Meredith에게 그 결과를 다른 친구들에게 납득시킬 수 있는지 질문하였다.

Meredith: 글쎄요, 우리는 표를 만들고 있어요.
연구자: 좋아요! 표를 만들고 있군요. 그런데 17개가 아닌지, 18개가 아닌지 어떻게 사람

들이 확신하도록 할 수 있을까요? 그리고 16개가 전부인지 어떻게 알죠? 모두 나왔다고 생각해요?

연구자의 질문에 대해 Meredith는 탑을 재조직하기 시작하였고, 정확하게 3개의 노란색 큐브로 이루어진 탑들을 가리키기 시작했다. 그런 다음, 두 여학생은 4개의 노란색 큐브와 4개 빨간색 큐브를 가리켰다. 그들은 '거꾸로' 탑의 아이디어를 '거꾸로 그룹들'이라는 아이디어로 확장하였다. 다음, 2개의 노란색 큐브로 이루어진 탑, 그 다음에는 1개의 노란색 큐브로 이루어진 탑들을 함께 묶었다.

연구자는 특히 0개, 1개 그리고 모든 빨간색 큐브들로 이루어진 경우를 확신해 가는 여학생들의 추론 과정에 수긍하였다.

연구자: 그룹을 잘 만들었군요. 매우 흥미로운 방법이에요. 단지 그 과정을 기록하는 동안 다른 경우가 더 이상 없다는 걸 확실히 확신하기 바랍니다.

연구자는 계속해서 노란 큐브 2개와 빨간 큐브 2개로 이루어진 탑들에 관심을 두고 질문하였다. "이 그룹[모두 4개의 빨간색으로 이루어진 탑]의 의견에 완전히 확신합니다. 그렇죠?"

연구자는 모두 빨간 큐브로 이루어진 탑을 특별히 주목하였다. "노란색이 없는 탑은 오로지 한 방법일 것입니다." 다음엔 하나의 노란색 큐브만을 갖는 탑들에 주목하였다. "이런 그룹들[오직 1개의 노란색 큐브만으로 이루어진 탑들 그룹과 3개의 노란색 큐브만으로 이루어진 탑들]에 대해 어느 정도 확신합니다. 그렇죠?"

연구자는 빨간색으로 이루어진 탑을 살펴보았다. "노란 큐브를 포함하지 않는 탑들은, 아마도 한 가지뿐입니다." 연구자는 계속해서, 노란색 큐브로만 이루어진 탑들을 가르키며, "이들 그룹[오로지 하나의 노란 큐브를 갖는 탑들 그룹과 오로지 3개의 노란 큐브로 이루어진 탑들 그룹]에 대해 뭔가 확신하는 게 있죠."

연구자는 시각적으로 뚜렷이 구분되는 카테고리의 완성도를 명확히 한 후, 정확하게 2개의 노란 큐브를 포함하는 탑들의 그룹으로 주제를 옮겼다.

연구자: 여기, 보면서도 이해하는 게 어려웠는데, 왜냐하면 여러분이 그것들을 만들 때

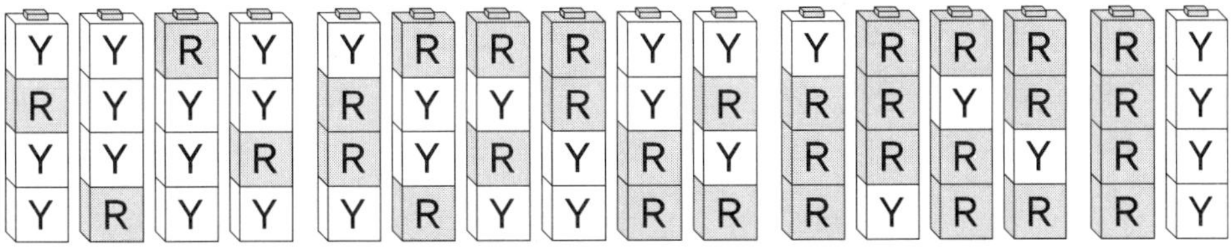

[그림 7.4] 각각의 경우에 대한 정교한 배열

> 내가 여기에 없어서였던 것 같아요. 하지만 다른 사람들은 어떻게 반응하는지 궁금합니다. 그래서 다시 이 큐브들을 기록한다고 가정해 봅시다. 여러분이 어떻게 이 큐브들 그룹에 대해 사람들을 확신시킬 수 있을지 생각해 봅시다. 이제부터 여러분이 직접 해 보고 기록하십시오.

각각 다른 색의 두 큐브로 이루어진 그룹이 모두 완성되었는지 학생들에게 정당화하도록 요청하였고, 이에 대하여 여학생들은 자신들이 만든 탑들을 다시 살펴보면서 [그림 7.4]처럼 재배치하였다. 그런 다음, 그 결과에 대해 연구자와 함께 대화하였다.

연구자: 여기 1개의 노란 큐브를 포함하는 그룹들이 모두 여기에 있나요?

Jackie: 그리고 마지막 그룹의 탑들은 [색이] 4개인 것들[4개의 빨간 큐브로 이루어진 탑과 4개의 노란 큐브로 이루어진 탑]입니다.

연구자: 네, 이건 4개의 노란색 큐브들[모두 노란색 큐브로 이루어진]이에요. 여기는 노란 큐브가 몇 개[4개의 빨간 큐브로 이루어진] 포함되어 있나요?

Meredith: 없어요.

연구자: 노란 큐브는 없다고요?

Meredith: 그래서 여기다 놨어요.[한 개의 노란 큐브가 있는 탑 앞에 노란색이 하나도 없는 탑을 놓았다.]

연구자: 오호, 좋은 생각이에요. 계속해 봅시다. 여기 4개의 노란색들, 여기는 3개의 노란색들, 여기는 2개의 [노란색들]...

Meredith: 저건 1개[노란색] 그리고 0개[노란색].

연구자: 1개 그리고 0개...

Meredith: 그래서 그룹들 같이 정렬했어요.

연구자는 여학생들에게 다시 정확히 1개의 노란색만 포함하는 카테고리를 시작하면서 다른 카테고리들을 완성해 보게 하였다.

연구자: 여기 이 그룹은 흥미로워요. 이 그룹들 안에는 1개의 노란색 큐브를 포함하는 탑들이 모두 있음을 확신하나요?
Meredith: 네.

위의 대화에서 보듯이, Meredith는 **모순에 의한 논쟁**(argument by contradiction)으로 초반부의 시각적 설명을 덧붙였다. Meredith는 탑들이 모두 4개의 큐브로 구성되어야 함을 지적하였다.

연구자: 어떻게 더 이상 없다는 걸 알았나요?
Meredith: 더 높이는 갈 수 없어요...
연구자: 왜?
Meredith: 우리는 오직 4개로 이루어진 높이여야 하는데 4단계이기 때문이에요.

연구자는 계속해서 정확히 3개 큐브를 갖는 탑들 그룹에 주목했다. Meredith는 '단계식(stair-like)'이라고 언급하고 Jackie는 얼마나 '올라가는지(going up)'를 가리켰다.

연구자: 3개의 노란 큐브들로 이루어진 것들을 모두 포함한다는 것을 어떻게 알았어요? 내게는 그렇게 본다는 게 매우 어려워요.
Meredith: 왜냐하면 어느 한 패턴과 같이, 계단처럼, 그 탑들처럼 위로 올라가기 때문이에요.
연구자: 계단이 어디 있나요?
Meredith: 그건...
Jackie: 어, 여기 올라가고, 저기도 올라가고.
연구자: 아, 여기 올라가고, 저기 올라간다고요? 여러분이 말하듯이.
Meredith: 패턴 같은 종류요.

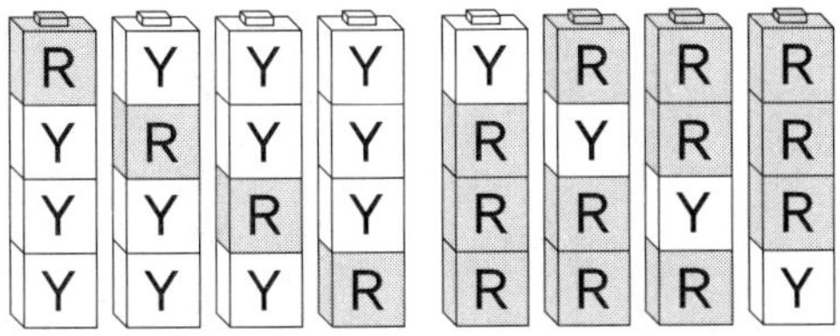

[그림 7.5] 1개의 노란색 큐브와 3개의 노란색 큐브를 갖는 탑들로 이루어진 계단 모습

3개의 노란 큐브로 이루어진 그룹에 대해 설명하라는 연구자의 요청에 내해, Meredith는 정확하게 1개의 빨간 큐브(3개의 노란 큐브)와 정확하게 1개의 노란 큐브(3개의 빨간 큐브)에 대해 엘리베이터 같은 형식으로 탑을 재배치하였다.

연구자: 여러분이 3개의 노란 큐브를 포함하는 탑들을 모두 찾았는지 내가 아주 확신할 수 있는 방법이 있을까요?

Meredith: 잠깐만요. [꼭대기 위치에서 시작하는 시점에서 빨간색 큐브를 하나 아래로 움직이면서 계단식 패턴으로 3개의 노란 큐브로 이루어진 탑들을 재배치하였다.]

[그림 7.5]는 1개의 노란색 큐브와 3개의 노란색 큐브를 갖는 탑들에 대해 계단처럼 배열한 그림이다.

연구자는 정확히 2개의 노란색 큐브를 갖는 6개의 탑들에 주목하며 그게 전부인지 물었다. Jackie는 각 탑은 거꾸로 탑을 가지고 있으며 더 이상 찾을 수 없다며 모든 가능성을 확인하였다고 답하였다.

연구자: 흥미롭습니다. 여기[2개의 노란 큐브로 이루어진 6개 탑의 모음] 좀 골치 아픈 데가 있긴 한데요. 이건 좀 현기증이 나려고 해요. 모든 게 하나만 있는지, 하나 더 혹은 2개 이상은 없는지 의문이 생겨요.

Jackie: [정확히 3개의 노란 큐브를 갖는 네 탑 그룹과 같이] 빨간색 하나, 노란색 3개를 갖는 조건을 확인하고 모든 걸 찾아냈는지 확인했고 더 이상 찾을 수 없었어요.

연구자: 왜요? 왜죠, Jackie?

Jackie: 왜냐하면 우리는 '거꾸로'들을 모두 찾았고, 그것으로 모든 걸 찾았다고 생각했기 때문입니다.

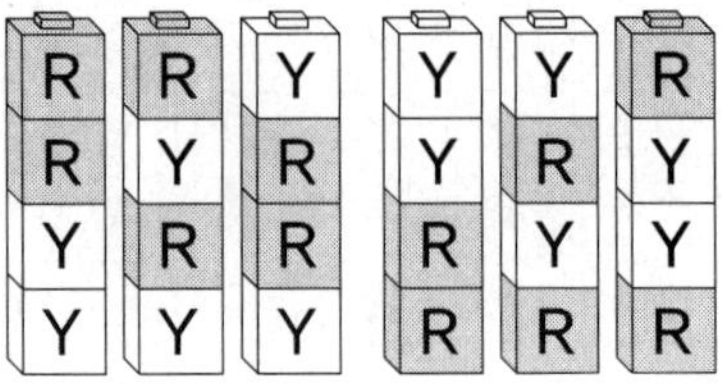

[그림 7.6] 2개의 노란색 큐브로 이루어진 탑들의 모음

연구자: 그렇군요. 그래서 완전히 확신하는군요.
Jackie: 음음..

정확히 2개의 노란색 큐브를 포함하는 탑들 모두를 찾는 데 있어서, Meredith는 귀납적인(recursive) 전략으로 설명하였다. 마침내 [그림 7.6]에 나타냈듯이 거꾸로 된 세 경우로 만들면서, 인접한 두 색깔에 대해 계단식으로 시각적인 표현으로 연결시켰다. 두 노란 큐브의 패턴에 대해 지적했듯이, "위로 올라간다"라고 설명하였다. 빨간색에 초점을 두고 탑들을 그룹화한 후, Meredith는 "이런 정렬은 이것[노란 큐브 배열]과 패턴이 같아요. 각각의 경우는 단계(step)와 같아요"라고 설명하였다.

연구자는 노란 큐브를 이용하여 4층으로 이루어진 탑을 설명하였다. Meredith는 4개의 빨간 큐브 탑을 0개의 노란 큐브로 거꾸로 표현하면서 쉽게 바꿔서 나타냈다.

연구자: 이건 다른 탑[4개의 노란 큐브로 이루어진 탑]이에요, 맞죠? 이건 노란색 4개였어요.
Meredith: 네.
연구자: 그래요, 그래서 이 탑이[4개의 빨간 큐브로 이루어진 탑들] 다시 포함되는 것인가요?
Meredith: 4개의 빨간색 혹은 0개의 노란색[탑들]이에요.

연구자가 1개의 노란 큐브 탑에 대해 다시 묻자, 여학생들은 각각의 경우에 대해 논쟁하면서 등장한 분류할 수 있는 모든 경우에 대하여 질문하였다.

연구자: 0개의 노란색[탑] 그리고 이것들[오직 1개의 노란 큐브로 이루어진 탑들]인가요?

Meredith: 1개의 노란 큐브[탑]입니다.
연구자: 그리고 또[다음 카테고리들을 가리키며]?
두 여학생: 2개의 노란 큐브[탑], 3개의 노란 큐브[탑], 4개의 노란 큐브(탑)입니다.
연구자: 그래요. 여러분이 찾은 각각의 그룹들로 이루어진 모든 경우의 탑들을 확신하죠.
Meredith: 왜냐하면 거기엔 패턴이...

패턴으로 모든 경우를 설명하였는데, 처음에는 탑의 짝 안에 나타나는 패턴을 설명하고, 각 짝의 opposite(거꾸로)에 초점을 두었다. 그 이후에는 계단이나 엘리베이터 같이 그룹 내에서 나타나는 패턴에 초점을 두었다. 마지막에는 그룹 내에서의 패턴을 그룹 전체에 걸쳐 나타나는 패턴으로 확장시켜 설명하였다.[5]

발표

짝끼리 두 가지 색으로 이루어진 4개의 블록 탑을 만들 수 있는 가능한 모든 경우를 찾아 그 방법을 정당화하였고, 수업에서 학생들이 찾은 결과를 공유하였다. 전체 교실에서 자신들이 알아낸 결과들을 발표하는 기회를 통해서 학생들은 자신의 추론 과정을 설명할 수 있는 기회를 갖게 되었다. 또한 자신들의 해결 과정을 정당화할 수 있는 기회 그리고 다른 사람의 생각을 들을 수 있는 기회를 가지게 되었다. 발표를 통해 모든 학생들이 16개의 탑을 찾았으며 어떻게 찾았는지 해결 과정을 학급 친구들에게 설명하였다.

Meredith와 Jackie도 자신들이 찾아낸 배열을 설명하였다. 여기서 흥미로운 점은, 모든 경우의 수가 어떻게 조직(배열)되었는지에 관한 것뿐만 아니라 각 그룹 내의 가능한 모든 경우의 수를 설명하였다는 점이다.

Meredith: 패턴 같이 구분을 하였고요, 각각에 대한 패턴을 만들고, 1개의 노란 큐브[탑], 2개의 노란 큐브[탑], 그리고 3개의 노란 큐브[탑]를 만들었어요. 그런 다음, 1개의 노란 큐브[탑], 2개의 노란 큐브[탑], 3개의 노란 큐브[탑], 그리고 4개

5 또 다른 예시는 Maher & Martino(1996a, 1996b)를 참조하도록 한다.

의 노란 큐브[탑]에서의 패턴을 만들었어요.

연구자: 한 가지 색으로 이루어진 4개의 큐브도 있고요, 4개의 노란 큐브도 있고요, 그런데 그런 것들은 뭐라고 불렀지요?

Meredith: 0개의 노란 큐브요. 여기서[맨 아래에 노란색 큐브가 있는 탑] 하나 올려 노란색을 놨어요. [맨 아래 위치한 노란 색 큐브를 하나 위로 올렸다.] 노란색을 하나씩 올리면서 그 자리에는 빨간색을 놓았어요. 마찬가지로 아래로부터 2개씩 위로 옮기면서 이동시켰어요. 3개의 빨간 큐브를 꼭대기에 놓았고, 다음에는 빨간 큐브 아래에 3개의 노란 큐브, 2개의 빨간 큐브와 1개의 노란 큐브를 놓았어요. 그런 다음 여기[두 노란 큐브로 이루어진 탑들]에 같은 패턴으로 놓았어요. 그 다음 바로 여기도 같은 패턴으로 놓았어요. 맨 끝에 이걸 놓고요.

연구자: 그래요. 이것들은 1개의 노란색으로 이루어진 탑들이고, 두 노란색으로 된 탑들이네요.

Meredith: 여기 3개[세 노란 큐브로 된 탑들]도 [1개의 노란 큐브로 된 탑들과] 같은 방법으로 했고요, 그런데 그 노란 것들은 빨간색 대신이고요.

앞에서, 연구자는 정확히 두 가지 색으로 이루어진 4층탑이 전부 6개뿐인지 여학생들에게 확신하게 하였다. 각각의 색이 2개로 이루어지는 경우에 대해, 여학생들은 시각적 패턴을 제시하며 더 나아가 반복적 논쟁(recursive argument)을 하기도 하였다.

연구자는 Jackie와 Meredith가 찾아낸 방법 외에, 1개의 노란 큐브와 세 빨간 큐브로 이루어진 4층탑을 만드는 다른 방법이 더 있는지 질문하였다. Andrew는 이를 반박하며, 4층탑을 만드는 그 조건을 어긴다면 더 많은 탑을 만들 수 있을 거라며 Jackie와 Meredith의 방법은 소모적이라고 답하였다. 그는 오로지 1개의 노란 큐브를 갖는 4층탑을 만드는 모든 가능한 방법을 반복적 논쟁으로 설명하였다.

Andrew: 3개의 빨간 큐브를 갖고 있다면 1개의 노란 큐브만을 갖는 탑을 만들기 위해 5층탑을 만들어야 되기 때문에 안 될 텐데요.

연구자: 흥미로운데, 왜 그렇지요?

Andrew: 마지막 탑[맨 아래에 노란 큐브로 이루어진 4층탑]에 있는 노란 큐브를 빼고 하나 더 쌓는다면, 저쪽의 마지막 탑[맨 아래에서 두 번째 위에 노란 큐브가 있는 탑]과 같아요.

연구자: 이게 그렇다고요?

Andrew: 만약 노란 큐브를 2층으로 하나 더 옮기면 두 번째 탑과 같아요.

연구자: [탑을 가리키며] 이것처럼?

Andrew: 네. 만약 이걸[탑의 맨 아래에서 두 번째 노란 큐브가 있는 탑] 하나 더 높이면 세 번째 것[탑 맨바닥으로부터 세 번째에 노란 큐브가 있는 탑]과 같아요.

연구자: 그래요, 이렇게 말이지요?

Andrew: 네. 하나 더 옮기면 마지막 것[탑 꼭대기에 노란 큐브가 있는 탑]과 같아요.

연구자: 한 번에 하나씩 옮긴다는 말이지요. 멋져요! 그래, 더 있어요? 그러면 이제 더는 없다는 말이지요.

Andrew: 네.

연구자: 이 말에 모두들 동의하나요? 동의하지 않나요?

Meredith: 동의합니다.

논의

자연스럽게 학생들은 직접 탑 쌓기를 시작하였는데 처음에는 탑을 직접 쌓고, 쌓을 때마다 새로운 유형인지 아닌지를 확인하였다. 모든 경우의 수를 찾았는지 묻자, 학생들은 중복되는 것을 제외하고 제외된 것을 찾기 쉽게 배열을 조직하는 데 있어 시각적 패턴을 사용하였다. 배열을 조직하고 재조직하는 과정에서 반증과 반복 논쟁의 새로운 방법이 나타났다.

연구자가 질문하고 학생들은 모둠 내, 학급 내에서 더 정확하게 설명하게 되었다. 연구자는 학생들로 하여금 이 모든 탑들의 경우를 갖고 있는지에 대해 좀 더 궤변적으로 논쟁하게 하였는데, 이는 학생들이 더 효율적인 조직 방법을 찾아 발전시키는 데 도움이 되도록 동기를 유발하였다. 학급 전체가 토의하는 동안, 여학생들로부터 시작되고, 이후 Andrew까지 증명하는 여러 다양한 아이디어를 살펴볼 수 있었다. 더 나아가 연구자의 질문에 자극되어, 각 경우에 대한 논쟁(Jackie와 Meredith의 경우), 반박에 의한 논쟁

(Meredith와 Andrew의 경우), 귀납적인 논쟁(argument by recursion)(Meredith와 Andrew의 경우)을 사용하여 8세 아동들이 시각적인 제시 방법을 통해 좀 더 정교한 정당화를 하게 되었다.[6]

결론

탑은 저절로 만들어진 게 아니라, 학생들 스스로 조직하여 만들었다. 탑들의 다양한 등장은 탑을 무작위로 만들어보기도 하고, 경우의 수들을 묶어보기도 하고, 거꾸로 보기도 하면서 다양하게 조직하는 것을 가능하게 했다. 본 연구에서 탑들의 배열은 자연스러운 놀이, 협력, 문제를 다시 해 보기, 정당화하게끔 하는 과정 등이 혼합되면서 조직화되었다. 우리가 의도하였던 중요한 측면은, 학생들 사이에서 우연히 나왔다거나 교사에 의해 제안된 게 아니라, 학생들이 스스로 추론에 근거한 경우, 반박에 의한 증명 그리고 귀납법을 사용하고 있다는 점이다. 이는 연구자가 학생들에게 자신의 문제해결과정을 설명해 보도록 하는 과정에서 자연스럽게 나타났다. 여기 기술된 에피소드에서의 문제해결이 8세 아동들에게서 나타났다는 점이 놀라운 일로 연구자의 요청에 따라 학생들이 해결과정을 정당화하는 중에 자연스럽게 나타났다.[7]

학생들이 증명을 배우는 것은 어려운 일이지만, 이 연구를 통해 자기 자신과 다른 사람들을 확신하게 하는 과정 속에서 아동들도 수학적 증명이라는 형식을 갖춘 논쟁을 할 수 있다는 것을 밝혀냈다. 증명 같은('proof like') 논증은 증명하려는 의도 없이 발전되는 것이고, 논증은 문제해결과정이 옳고 그른지 자신과 다른 사람을 납득시키는 과정에서 자연스럽게 생겨났다. 아동들은 다양한 아이디어와 접근방식으로 자신들의 관심을 표현하였다.

이 연구 프로그램이 진행되는 가운데, 아동들은 무엇을 볼 것인지, 그리고 관찰할 내용을 어떻게 선정할 것인지 결정하면서 과제에 임했다. 아동들은 여러 가지 방법으로 자신들의 아이디어를 표현하였고 동시에 아동들이 표현한 아이디어에 대하여 특징들을 발

6 또 다른 예시는 Maher & Martino(1996a, 1999)를 참조하도록 한다.

7 탑에 대한 Stephanie(14세)의 추론은 Maher & Speiser(1997)을 참조하도록 한다.

견하고 여러 가지 방법으로 상상함으로 인해 다른 정보와 다른 설명으로 발전하였다. 아동들이 협력하는 동안 중재인이 개입할 때, 다른 사람의 논쟁에 귀 기울이고 자기 자신과 다른 논쟁을 비교하기도 하였다. 연구자의 질문에 답하는 과정에서 등장하는 아동들의 좀 더 섬세한 정당화 과정은 주목할 만하다. 문제해결에 대한 심오한 이해와 함께, 정당화를 이끄는 관심이 학생들을 스스로 정교하게 설명하도록 유도하였다. 연구자의 역할은 특정 방법으로 생각하게 하거나 추론하게 유도하는 것이 아니라, 오히려 문제해결과정에서 나타는 아이디어와 실제적인 표상방법을 통해 학생들의 생각을 노출해내고 공적으로 표출할 수 있도록 돕는 것이었다.

이 종단연구를 통해 학생들 스스로와 다른 이들을 확신시키며 세심한 논쟁을 해 가는 과정을 볼 수 있었다. 아동들은 초기에 찾아낸 결과와 그 과정들을 더 새롭고 일반적인 아이디어로 만들고 또한 상호적인 관계에서 재고려하고 재형식화하였다. 아동들은 그들 스스로 자신들의 아이디어를 서로 수정해가며 이해하려고 노력하였다. 아동들은 초기에 아이디어들을 발견한 것(Pirie & Kieran, 1994)처럼 다른 사람들과 논의하며 신중하고 철저한 검토 및 재검토 과정을 통해 이전 과정을 수정하기도 하였다. 이런 식으로, 아동들은 목적한 대로 특정 과제를 해결할 수 있었다. 아동들은 초점을 갖고 관찰을 주도하였다. 우리가 목격한 아동들의 담화는 핵심적인 검토 과정뿐만 아니라 초기 작업에서의 특정 부분을 의도적으로 재조직하는 것을 보여주고 있다. 아동들이 증명을 배워야 할 것인가라는 질문은 교수(teaching)의 정의를 어떻게 하느냐에 달려 있다. 만약 교수(teaching)를 잘 정의된 개방형 문제를 해결하고, 협동 학습, 교사와의 대화에 참여하기 위한 상황 제공이라고 간주한다면 위의 질문에 '예'라고 대답할 수 있을 것이다.

아동들이 처음에 무엇을 하는지에 관해 교사/연구자와 함께 토의해가는 과정을 볼 수 있었다. 이 과정에서 연구자는 무엇을 하였을까? 연구자는 세심하게 아동들의 행동을 관찰하며 아동들이 만들어가는 설명을 유도하였다.

시작부터 연구자의 내재적인 의도는 아동들이 논쟁을 확신할 수 있도록 하는 추론의 과정과 아이디어를 도출하도록 하는 것이었다. 분명한 것은 아동들이 증명에 대한 아이디어에 대해 배웠다는 것이다.

함의점

학생들이 증명하는 것의 의미가 무엇인지 알기도 전에 교사가 학생들에게 증명하도록 하는 것은 효과적인 방법이 아닐 것이다. 오히려 교사가 학생들에게 문제에 대해 심도 있게 생각해 볼 수 있는 충분한 시간을 제공하는 교실 환경에서 'sense making' 하는 과정을 통해 학생들의 흥미를 활용하는 것이 더 효과적일 것이다. 본 연구에서는 학생들에게 문제를 해결하고 그 해결과정을 정당화하고 수정하는 기회를 충분히 제공함으로써 논증의 형태가 더 정교하게 되고 증명답게 되었다. 학생들은 급우들에게 주목하고 질문하는 테크닉을 잘 갖춘 교사에게 자신들의 생각에 대해 말하는 경험이 필요하다. 교사들은 학생들이 자신들의 생각을 자세하게 설명하도록 격려하고 그럴 듯한 추론과 더 나아가야 할 사고로 이끌도록 적극적으로 반응하도록 한다. 문제해결과정에서 'sense making'과 추론은 자연스레 나타나는 것이며 이를 교실에서 발전시킬 수 있는 기회는 많다.

8

초등학교 고학년에서 증명 수업의 양상[1]

David A. Reid and Vicki Zack

개정된 교육과정은(예, NCTM) 초등학교를 포함한 모든 학년에 걸쳐 수학적 추론 및 증명 능력이 더 많이 강조되어야 한다고 주장한다. 이러한 변화는 지금까지 추론 및 증명 능력을 교육과정에 포함시킬 필요가 없었고 그러한 능력을 가르칠 준비가 되지 않은 교사들에게 매우 도전적인 과제이다. 이 장에서 우리는 초등학교 교사(Vicki Zack)의 수업에 대한 다년간의 교수 실험(teaching experiment) 분석을 통하여 초등학교 5학년 수업에서 아동들의 추론 및 증명 능력을 성공적으로 발전시킬 수 있는 교수법에 대한 몇 가지 양상을 살펴본다.

1 이 논문은 #410-98-0085, 410-94-1627과 #410-98-0427의 보조금과 공동저자들의 지도 아래 Social Sciences와 Humanities Research Council of Canada에 보조를 받은 두 가지 관련 연구 프로젝트에 의해서 시행된 연구에 바탕을 두고 있다.

아동의 추론 능력에 대한 연구

초등학교 학생들의 추론 능력에 관한 연구는 중등 및 대학교 학생들의 추론 능력에 관한 연구에 비해 다루는 정도가 광범위 하지 않지만 이와 관련한 논문들을 이 장에서 두루 살펴보는 것은 가능하지 않다. 초등학교 학생들의 추론 능력에 관한 더 광범위한 연구를 보고 싶다면 Stylianiades와 Stylianides(2008)의 연구 논문을 참고하기를 바란다. Stylianiades와 Stylianides(2008)에서 몇몇 연구들은 초등학교 학생들이 증명에 열정적으로 참여하기에는 아직 이르다고 하였다. 반면 또 다른 연구들에서는 아동들이 상당히 어린 나이에도 연역적 추론 활동이 가능하다고 한다. 예를 들어, Galotti, Komatsu와 Voelz(1997)은 다음과 같이 설명한다.

> [어린] 아동들은 연역적 추론과 귀납적 추론을 도출해 내는 것보다 더 많은 활동을 할 수 있다. 심지어 초등학교 2학년 학생들도 연역적 추론과 귀납적 추론이 서로가 다르다는 암묵적인 인식을 하기 시작하며, 비록 연역적 추론을 이용하여 도출한 결론에 대한 자신감이 기대만큼 높지는 않지만 연역적 추론을 사용하며 더욱 높은 자신감을 가지고 더욱 일관된 답변을 한다(p. 77).

Stylianides와 Stylianides는 또한 몇몇의 연역적 추론 능력이 다른 추론 능력보다 아동들에게서 더 쉽게 발전된다고 설명한다. 나아가 아동들은 간접 연역(indirect deductions, **modus tollens**)보다 직접 연역(direct deductions, **modus ponens**)을 더 쉽게 이해하고 사용하지만 그러한 두 가지 연역적 추론 능력은 교사들의 지도 아래에 초등학교 저학년 학생들에게서도 모두 발전될 수 있다고 주장한다.

이러한 연구 결과에도 불구하고 학생들의 추론 능력 개발을 위한 교수법에 관한 구체적 예를 제시한 연구 논문들은 찾아보기 어렵다는 점에서 초등학교 교사들에게 학생들의 추론과 증명 능력을 지도하는 데에 도움이 되는 사항들을 제안하는 다음의 논문들을 언급하는 것은 중요하다. 예를 들어, Lampert(1990, 1998a, 1998b)는 자신이 직접 가르친 수업에서 5학년 학생들이 어떻게 추론하고 증명하는지 보여주었고, Maher와 그녀의 동료들(예, 1996a, 1996b)은 종단연구(longitudinal study)를 통해서 초등학교 3학년 학생들의 추론 및 증명 능력이 어떠한 형식으로 변화 발전하는지 다년간에 걸친 변화과정을 보고하였다. Ball과 Bass(2003)는 Ball의 3학년 수업을 통해서 학생들의 추론 능력의 변화과정을 관찰하였고, Boero et al.(Boero, Garuti, Lemut, Mariotti, 1996; Boero, Garuti, & Mariotti, 1996)은 저학년 학급의 수업에 적용할 수 있는 태양의 그림자와 관련 개념에 중점을 둔 이탈리아 8학년 수업을 보여준다.

'증명'과 '증명하기'란 무엇인가?

Reid(2001, 2005)가 문헌 연구를 통해 밝힌 것과 같이, **증명**과 **증명하기**는 학자들에 따라 조금씩 다른 의미로 사용되고 있기 때문에 먼저 우리가 말하는 두 용어의 개념에 대해 설명하고자 한다. 우리가 말하는 **증명하기**(proving)란 표현하는 방식과 목적이 무엇이든 연역적 추론을 기반으로 한 모든 활동을 의미하며, 구두로 혹은 문서로 작성되든, 형식적이든 비형식적이든 증명을 하는 활동을 표현하는 논쟁들을(arguments)을 **증명**(proof)이라고 정의한다.

증명을 한다는 것은 그것이 구두나 문서로 표현이 될 때 비로서 의미를 가진다. 우리는 학생들이 연역적 사고를 하는 많은 예를 볼 수 있는 Vicki Zack 교사의 수업을 통해서 우리가 말하는 추론이 무엇이고 학생들이 증명을 한다는 것은 무엇인지 구체적인 하나의 예를 통해서 보여주고자 한다.

그 예는 아래 그림 8.1의 n과 n 그림판의 정사각형 개수를 구하는 문제에 대하여 한 학

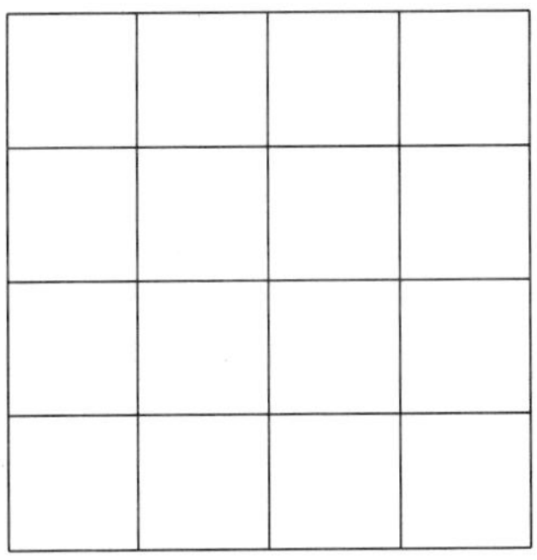

위의 표 속에 정사각형의 개수를 찾으시오.
모든 정사각형의 개수를 찾았는지 증명할 수 있나요?
심화문제: 눈금판이 5 x 5, 10 x 10,
그리고 60 x 60인 경우에는 어떠한가?

[그림 8.1] 정사각형의 개수 문제

생이 그녀의 급우들에게 설명하는 과정에서 나타난다. Maya는 10 과 10의 눈금판 속에 어떤 특정한 치수의 정사각형 개수가 왜 항상 완전 제곱수가 되는지, 그리고 그 수들은 100, 81, 64, …, 4, 1이 되는지를 설명한다. Maya는 초반에 2행 2열의 정사각형이 10과 10 눈금판에 어떻게 아홉 번 들어가는지를 손동작을 취하여 보여주며 다음과 같이 말한다.

> Maya: 너희들도 모두 볼 수 있니? 1, 2, 3, 4, 5, 6, 7, 8, 9 센 거야, 그렇지? … 너희가 어떠한 정사각형을 선택하고 어떠한 방향으로 정사각형을 회전하더라도 그 정사각형은 변함없이 10과 10이야. 그러기에 우리는 다시 측정할 필요가 없이 9 곱하기 9를 하면 되는 거야. 무슨 말인지 이해하겠니? 그럼, Gino가 말하였듯이 9 곱하기 9, 즉 81이 되는 거야. 그럼 3과 3 치수를 가진 정사각형의 경우는 1, 2, 3, 4, 5, 6, 7, 8로 같기 때문에 또다시 측정할 필요가 없어지는 거야. 그래서 8 x 8 = 64야. 너희들은 그 방법을 계속해서 사용할 수가 있어. 7 x 7은 49, 6 x 6은 36, 5 x 5는 25, 4 x 4는 16, 3 x 3은 9를 얻을 수 있어.

Maya의 주장은 이미 용인된 일반적인 원리("정사각형은 어떠한 방향으로 회전을 한다고 하여도 항상 10과 10이야")와 정립된 사실들(눈금판 위를 가로지르는 2행 2열의 정사각형 개수를 구하기 위한 그녀의 명백한 설명)에 기반으로 한다는 점에서 증명이다.

Vicki 교사는 학생들에게 자신들이 추측하는 내용들을 노트에 적게 하였는데 그러한 추론들은 연역적 추론인 경우에 증명으로 발전될 수 있다. 예를 들어, Micky라는 학생은 다각형 속에 그릴 수 있는 대각선 개수를 구하는 공식의 증명을 다음과 같이 적었다.

> Micky: 만약 네가 특정 다각형에서 하나의 꼭짓점에서 다른 꼭짓점으로 그을 수 있는 대각선을 모두 찾을 수 있다면 다각형의 내부 모든 대각선 개수를 구할 수 있어… 나는 다각형의 한 꼭짓점에서 그 자신과 바로 왼편과 오른편의 꼭짓점을 포함한 3 점을 제외하고 다른 꼭짓점들과 모두 연결될 수 있다는 것을 알아. 따라서 전체 변의 개수에서 3을 빼고,… 여기 그 규칙이 있어. 즉, (Z = 변의 개수) … Z - 3 X Z ÷ 2 = 다각형의 대각선 개수.
> (Zack의 1995 논문 속, Micky의 5월 16일 1994 수학 일지)

Micky 증명은 여러 단계로 이루어진다. 그는 우선 (각각의 꼭짓점에서 그 자신, 그리고 이웃하는 두 점을 제외한 모든 꼭짓점들의 대각선과 연결되기 때문에) 하나의 꼭짓점에서 다른 꼭짓점의 개수는 Z - 3이라는 것을 확실히 알고 있다. 그러나 모든 대각선은 두 번씩 계산되었기 때문에, 마지막에 2로 나누어야 공식이 성립하는 것을 명시적으로 증명하지 않았다.

Vicki Zack 교사의 증명하기 수업에서 나타나는 양상들

우리는 여기서 문제해결(problem solving), 시간, 추측하기(conjecturing), 기대(expectations), 그리고 전문적 지식(expertise)의 5가지 요소가 Vicki Zack 교사의 5학년 교실에서 학생들이 증명을 학습할 수 있도록 하는 데에 어떻게 공헌을 하였는지 예를 들어 설명하고자 한다.

다른 논문들(Zack & Reid, 2003, 2004)에서 보고하였듯이 우리는 Vicki 교사의 교실에서 드러나는 아동들의 추론 능력에 대해서 함께 연구하여 왔다. 이 장에서 우리는 우리의 관심사를 아동들의 추론 능력으로부터 교수법으로 전환한다. 우리는 학생들이 그림 8.1의 정사각형의 개수 문제, 구체적으로 10과 10 그리고 60과 60의 경우에, 서로의 풀이방법들을 토론하는 부분들을 제시하고 이 부분들을 통하여 Vicki 교사의 수업에서 드러나는 몇 가지 교수 양상에 대해서 논의하고자 한다(Vicki 교사의 교실 속 학생들의 추론 능력에 대하여 관심 있는 분들은 다음의 논문들을 참고하길 바란다. Reid, 2002a, 2002b; Zack, 1999a, 2002; Zack & Graves, 2001; Zack & Reid, 2003, 2004).

배경

Vicki 교사가 근무하는 학교는 사립이지만 대부분의 학생들은 중간층 가정의 자녀들이며 특정 종교에 기반을 두지 않고, 대부분의 학생들이 영어를 모국어로 사용하고 있지만 인종적, 종교적, 언어적으로 혼합된 학생들로 구성되어 있다. 대략 25~27명의 학생들로 한 학급이 구성되지만, Vicki 교사의 수학 수업은 항상 그의 반인 12~13명의 다양한 수준의 학생들로 구성되었고 나머지 반의 학생들은 같은 시간대에 불어, 체육, 과학, 음악, 또는 미술 등의 다른 수업을 받았다.

문제해결

문제해결은 Vicki 교사의 수학수업 교육과정에서 핵심인 주제이다. 이 학교의 교육과정은 개정된 퀘백 교육과정인 Défi mathématique/Challenging Mathematics(Lyons & Lyons, 1991, 1996)을 사용하며 NCTM(1989, 2000) 규준의 영향을 크게 받아왔다. 비정형화된 문제해결은 수학 교육과정 모든 학년에 걸쳐 핵심이며 그러한 문화가 학생들이 교육과정 전반에 걸쳐서 서로의 의견을 지지해주고 그들의 시각에서 논점들을 제시할 수 있게 하였다.

Vicki 교사가 선택한 문제들은 교육학자들이 추천한 기준들에 의거해서 선택한 것으로 시간이 지나면서 그 문제들은 그 전년도 학생들과의 경험을 통해서 수정되었다. 동일한 문제를 다년간 사용하면서 Vicki 교사는 학생들의 추론 능력을 발전시키는 데 더 도움이 되도록 문제들의 문구나 follow-up 과제들을 조금씩 수정해 나갈 수 있었다(Brown, Reid, & Zack, 1998).

이 학생들이 문제를 해결하였는지를 결정하는 기준은 학생들에게 달려있었다. 특수한 결과 값들은 반복적인 계산 또는 실수를 판별해 내거나 학생들이 서로 얻어 이용한 방법들을 비교하는 과정을 통하여 검산되었다. 학생들이 사용한 여러 풀이방법들을 자신들이 개발한 기준에 의거하여 평가되었다(한 문제의 옳지 않은 풀이방법을 반박하기 위해서 한 학생이 사용한 반논증에 대한 묘사를 살펴보기 위해서는 Zack, 2002 참조).

Vicki 교사의 수학수업이 항상 비정형화된 문제해결 위주로 진행된 것은 아니다. 그녀의 학생들은 '형식적인 학교 수학 교과서'에서의 수학 용어와 친숙해지기 위해서 수학 교과서의 언어들을 다루고 알고리즘을 학습하였다.

'이 주의 문제' 과제들

여기서 우리의 초점은 이 주의 문제 중에 네 가지 과제들로, 이 네 과제들은 다른 '이 주의 문제' 과제들과는 다르게 학생들에게 풀이 과정을 구체적으로 기술하도록 하였다. 학기 중간에 Vicki 교사는 약 20개의 '이 주의 문제'들을 선정하였다. 그 문제들은 매우 다양한 자료에서 발췌된 것들로 대부분은 문제해결 관련 책들에서 인용되었다(예를 들어, Charles & Lester, 1982; Charles, Lester, & O'Daffer, 1987; Meyer & Sallee, 1983; Moretti, Stephens, Goodnow, Hoogeboom, 1987). 그러나 십각형의 대각선 문제(Decagon Diagonals)는 고등학교 수학 교과서에서, 정사각형의 개수 세기 문제(Count the Squares)는 교사들의 워크숍에서 인용되었다.

앞서 말했듯이, 이 부분에서 중점적으로 다룰 것은 정사각형의 개수 세기 문제, 프레리 개 터널 문제(Prairie Dog Tunnels), 악수하기 문제 (Handshakes), 그리고 십각형의 대각선 문제이다. 정사각형의 개수 세기 문제는 앞에서(그림 8.1)에서 설명하였고 나머지 세 가지 문제는 다음과 같다.

프레리 개 터널 문제

아홉 마리의 프레리 개들이 자신들의 적인 흰담비들을 피하기 위해서는 각각의 터널이 서로 연결되어야 한다. 몇 개의 터널을 만들어야 하는가?

악수하기 문제

한 학급의 모든 학생들이 서로 악수를 할 때에 모두 몇 번의 악수를 할 수 있을까?

십각형의 대각선 문제

10개의 변을 가진 도형의 대각선 개수는? [학생들에게 삼각형(3변, 0 대각선), 정사각형(4변, 1 대각선), 오각형(5변, 2 대각선), 그리고 육각형(6변, 3 대각선)으로 새겨진 모형들이 제공되었다]

25개의 변을 가진 다각형의 대각선 개수는?

52개의 변을 가진 다각형의 대각선 개수는?

위의 과제들에서, 학생들은 체계적인 표 만들기, 도표 이용하기, 연속적인 사건들 속에서 규칙을 발견하기, 차이점 이용하기 등과 같은 일반적인 문제해결 전략들을 사용하였다. 정사각형의 개수 세기 문제는 1부터 n^2까지의 합을 구하는 과정을 수반하고 나머지 세 문제는 1부터 n까지의 자연수의 합을 구하는 것을 필요로 한다. 학생들에게 $(1 + 2 + 3 + 4 + \cdots + (n-1))$과 $n(n-1)/2$가 동등하다는 것은 경험적 실험과 연역적 추론의 과정을 통해서 발견된다. 가능한 대각선 모두와 터널 그리고 악수하기를 그림으로 나타내는 경험적 전략들은 n의 값이 작을 때의 정답을 구하는 데에 사용되었다. 또한 그러한 경험적 기술들은 학생들이 n의 값이 커짐에 따라 각자 그 전 사람보다 하나 적은 수의 악수를 한다거나(즉, 처음 사람이 $n-1$개의 손과 악수를 하고, 두 번째 사람은 $n-2$개 등등) n명의 사람 각각이 $n-1$의 손과 악수를 할 경우에 동일한 악수를 두 번씩 세는 것이기 때문에 $n(n-1)/2$를 해야 정확한 수가 된다는 것과 같은 연역적 추론을 할 수 있는 길을 아이들에게 제시해 준다. 이 두 가지 추론 방법 모두 악수하기 문제를 해결할 수 있게 한다는 점에서 이 두 방법은 수학적으로 동치류이다. 이 문단에서 사용된 기호적 공식들은 이 내용을 알고 있는 독자들을 위한 것으로 학생들이 교실 속에서 사용한 언어와는 다르다. Vicki 교사의 수업에서 일반화는, 악수하기 문제에서 "악수하는 사람 전체의 수와 그 보다 하나 작은 각각의 학생들이 할 수 있는 악수의 수를 곱하고, 그 결과 여러분들이 모두 두 번씩 악수를 하게 되기 때문에 곱하여 얻은 수를 2로 나누어라"에서처럼 그 문제의 구조와 밀접하게 관련된 절차로 표현된다. 그러면서 Vicki

교사는 학생들이 자신들의 생각을 일반화할 수 있도록 사람 수가 몇이 되던 간에 항상 적용할 수 있도록 문자를 사용하여 표현하게 하였다. 시간이 지남에 따라 그녀의 학생들은 미지수를 이용하여 $n(n-1)/2$과 같은 표현을 할 수 있게 되었다. 148쪽에서 언급한 Micky 학생의 증명은 십각형의 대각선 개수 문제에서 그가 사용한 기호적 공식을 보여준다.

시간

Vicki 교사의 수업에서 학생들은 자신들이 이해한 것을 실험하고 생각하며 토론하고 그리고 정교화할 수 있도록 충분한 시간이 주어졌다. '이 주의 문제'는 매주 월요일에 제시되었으며, 학생들은 수업시간 90분 동안 주어진 이 주의 문제에 관하여 개별적으로 시도해 보고 수학 일지(math log)에 자신들의 생각을 구체적으로 기술할 수 있는 시간을 가졌다. 학생들이 수학 일지를 적는 동안, Vicki 교사는 학생들에게 그녀가 마치 그들의 옆에 있듯이 그들이 기술하고 있는 내용을 그녀에게 말하듯이 기록할 것을 요청하였다. 그날 밤, Vicki 교사는 학생들이 스스로 얼마나 할 수 있는가를 알아보기 위해, 수학 일지를 읽고 학생들이 사용한 전략들, 어려움, 강점 그리고 독특한 방법들 등을 따로 메모하였다. 그 다음날인 화요일에는 원하는 학생들은 그들의 수학 일지를 수정할 수 있는 기회를 주었고 몇몇 학생들에게는 그들의 설명을 수정하라고 지시하였다(예를 들어, 설명을 명료화하기, 도표에 자세하게 설명하기, 혹은 표 추가하기 등).

문제에 대한 토론을 하는 날은 90분 수업이 진행되는 수요일로, 학생들의 수학 일지를 토대로 토론을 시작하였다. 학생들은 먼저 2~3명이서 토론을 한 후에, 4~5명으로 합쳐 토론을 계속하였다. 이 소그룹들 속에서 학생들은 각자의 문제 풀이 전략과 해답을 공유하고 토론하며 나아가 다른 반의 학생들과도 공유하였다. 만약 소그룹 혹은 전체 그룹 토론이 의미 있는 결론에 도달하고 있다고 판단될 경우에는 그러한 결론에 도달할 수 있도록 목요일이나 금요일 수업 시간도 토론 시간으로 할애하였다. 이것을 통해 이 학생들이 한 문제당 대략 4시간이라는 상당한 시간의 탐구과정을 거친다는 것을 알 수 있다. 증명과 관련된 수업 활동에 충분한 시간을 할당하는 것은 다른 초등학교 고학년을 위한 증명을 위한 교수에서도 드러나는 양상이다(예를 들어 Boero et al.에서 묘사된 한 문제당 10시간을 사용한 이탈리안 교실 그리고 Maher 연구에서의 충분한 시간). 이렇게 충분한 시간을 제공함으로써 학생들이 추론을 할 수 있도록 하고 시간의 제약 때문에 당위적으로 갑자기 끝내지 않고 학생들이 설명할 수 있는 환경을 조성하였다. 이것은 짧은 시간 동안 여러 간단한 문제들을 완성해야 하는 Schoenfeld(1985)가 관찰한 교실과는 극명하게 대조된다. Schoenfeld는 그러한 행위가 학생들에게 모든 수학 문제들은 몇 분 만에 끝낼 수 있어야 한다는 잘못된 믿음을 학생들에게 심어준다고 하였다. 문제를 해결하는 데 있어서 10분 이상이 걸려선 안 된다고 생각하는 학생들은 여기서 혹은 다른 논문에서 말한 증명하기에 도달하기 위한 지속적인 탐구에 참여하기 어렵다.

추측하기

여기서 사용한 문제들은 학생들이 가설을 세우고 후에 그 가설을 확인하며 설명하기 위해 증명하여 정답을 발견할 수 있는 기회를 제공한다. 이러한 과정의 예로 Maya와 Danielle이 정사각형의 개수 세기 문제에서(특히 10×10과 60×60의 경우) 보여준 토론 과정을 보자. Maya와 Danielle은 이전 수업을 통해서 4와 4 그리고 5와 5의 경우에 대하여 이미 토론을 마친 상태였다. 두 학생은 그 두 가지 경우에 해당하는 정사각형의 개수를 구하기 위해서 체계적인 정사각형의 개수 세기 방법을 이용하였고 유용한 규칙을 발견하였다. 이 문단 다음에 나오는 이 둘의 대화는 그들이 10×10일 경우의 정사각형 개수 구하기 문제에 대한 답을 서로 비교해 보고 둘의 해답이 서로 다르다는 것을 발견하고 서로의 계산 과정을 검산한 후부터 시작된다. Maya는 사소한 계산 실수를 수정하였고 Danielle에게 60과 60의 경우에 맞는 답을 구하기 위해서 얼마나 긴 계산을 시도하였는지 그리고 자신의 계산을 검산하는 과정에서 실수한 것을 언급하였다. Vicki 교사가 그 결과 값이 굉장히 큰 수라는 것을 알면서도 학생들에게 60과 60 경우를 문제로 제시한 의도는 학생들로 하여금 계산에 집착하기보다는 오히려 문제에 대한 일반적인 부분을 생각해보게 하는 데 있었다. 그러나 이러한 교사의 의도와는 다르게 나머지 학생들과 마찬가지로 Maya와 Danielle은 최선을 다해서 답을 계산하려고 시도하였다(아래 대화 속 이름 앞에 쓰인 번호들은 녹음을 시작한 이후로 백 자리의 수가 분을 나타내는 대략적 시간을 의미한다.)

■ 대화 1

201 Maya 그래서 나는 다시 계산하지 않을 거야. 여기를 다시 계산하려고 노력했지만 아니라고 했어. 나는 이미 계산을 하느라고 10분이나 사용했

		거든. 너 그거 아니? 여기서 중요한 것은 10과 10의 경우 또는 내가 그 경우에 어떻게 정사각형의 개수를 구할 수 있는지 안다는 것이야.
202	Danielle	봐, 이제 내 예감을 어떻게 사용해야 하는지 알았기 때문에 이제부턴 서둘러 60과 60 경우를 해결하려고 노력할 거야. 그리고 정사각형의 개수를 일일이 세지 않고 구할 수 있는지 생각해 볼래.
203	Vicki	[???]
204	Danielle	그런데 내가 60과 60 그림판을 그린다면, 7과 7의 경우에 7 곱하기 7이었듯이 …
205	Maya	나도 그렇게 했어. 60과 60, 9와 9의 경우에 너는 끝까지 계산해야 해. 분명히 더 빠른 방법이 있겠지만 나는 그 방법으로 해결했고 …
206	Danielle	신경쓰지마 …
207	Maya	… 그 방법은 옳았어.
208	Danielle	그래.
209	Maya	그 모든 수를 더하는 데 30분이 넘게 걸렸어.
210	Danielle	그런데 … 너 네가 시작하기도 전에 답이 60 곱하기 60이 나올 줄 알았어?
301	Maya	내가 시작했을 때? 아니. 나는 내가 규칙을 생각했었는지 기억이 안 나. 모르겠다.
302	Danielle	왜냐하면 지금 …
303	Maya	나는 먼저 그것을 해결하기 시작했었고 그것은 다른 문제들에도 적용돼. 그게 내가 시도한 이유야. 다른 경우에도 적용된다고. 자 봐 …

202열에서 Danielle은 정사각형들을 그리지 않고 60×60 문제를 해결하기 위한 '예감'을 언급하였다. 301열에서 Maya는 비록 그 규칙이 무엇인지는 불확실하였지만 규칙에 대하여 생각하였다고 언급하였다. 두 학생 모두 추론 과정에서 여러 가지 추측을 하였고, 그 추측들이 정당한지 검증하였다. Danielle은 "나는 시도할 거야. 나는 빠른 방법으로 60과 60의 경우를 시도해보고, 나는 그 방법이 …(202열)"라고 하였고 Maya는 그녀가 발견한 규칙을 자신이 해결한 문제들에 적용해 봄으로써 자신의 추측을 평가하였고 "다른 경우에도 적용된다(303열)"는 것을 발견하였다.

이러한 형태의 추측하기는 Vicki 교사의 교실 속 학생들에게는 전형적이다. 추측하기의 과정과 증명하기의 과정은 다음 두 가지 면에서 서로 밀접하게 연관된다. 증명하기는 통찰력을 통해 완성되는데, 이 통찰력은 추측으로 이어지는 탐구의 과정을 통해 길러진다(예를 들어, 치수가 서로 다른 정사각형들은(cut-out squares of different sizes) 정사각형의 개수를 세는 것뿐 아니라 증명을 하는 데에도 도움을 주었다. 대화 1의 Maya의 증명 과정과 Zack, 2002 참고). 또한 추측은 증명하기의 기초가 된다(예를 들어, 한 학생이 눈금판의 크기가 3의 배수인 경우를 제외하고 정사각형의 개수가 항상 5의 배수가 될 것이라고 추측하였다. 그는 후에 급우들이 일반적인 규칙에 모순되는 추측하였을 때에 그 답을 인정하지 않았다. Reid, 2002b 참고).

기대

학교는 아동들이 자신들의 생각을 공적으로 표현하며 추측하고 논쟁하며 그리고 정당화하는 과정에 적극적으로 참여할 수 있는 공간이다. Vicki 교사는 교실에서 학생들과 교사 모두에게 흥미 있는 질문들에 대하여 그 답을 찾아내는 탐구중심 방식의 수업을 진행하였다(문학과 사회 과학 속에서의 탐구, Zack, 1991, 1999b, 또한 수학에서는 Zack & Graves, 2001 참고)

일 년에 걸친 준비 작업에는 아동들이 패턴을 찾고 조금씩 그 패턴이 가진 수학적 구조를 생각할 수 있을 것이라는 기대도 포함된다. 뿐만 아니라, 학생들 개개인의 답을 고려하며 그러한 답이 어떻게 나왔는지 토론하고 가능한 오류들을 논의하기 전까지는 학생들이 답을 변경하지 않을 것이라는 기대도 포함된다. Lampert(1990)에 따르면 신념은 수학적 사고 발달에 중요한 역할을 하며, 이러한 기대는 신념의 발달에 도움이 된다.

대화 1에 이은 아래 대화에서 Vicki 교사의 교실에 드러난 몇 가지 기대들이 드러난다. 아래 대화에서 교사는 교실에서 기대되는 의사소통이 활발해지도록 여러 번 개입한다. 이 경우에 교사는 학생들이 소그룹 토론을 통해 문제해결을 하는 동안 거의 간섭하지 않았던 Vicki 교사가 아니고, 교사-연구자의 두 가지 역할을 한 Vicki의 도움을 받아 일 년 동안 함께 수업을 진행한 Vicki의 동료 교사이다. Vicki 교사는 주로 전체그룹 토론과 수학 일지에 적힌 학생들의 반응에서 그러한 기대를 품으려고 하였다.

■ 대화 2

304	교사	어떠한 다른 것, 어떠한 규칙들을 말하는 것인가요?
305	Maya	제가 발견한 규칙이요.
306	교사	그 규칙은 무엇인가요?
307	Danielle	7 곱하기 7이요 …
308	Maya	네, 그런데 Danielle 너 네 것 보았니?
309	교사	설명해 줄 수 있어요?
310	Maya	여기 보면, 여기 60과 60의 경우에 1과 1의 경우만 우선 살펴보면, 1과 1의 경우는 항상 한 변 곱하기 다른 한 변이고 그것은 제가 증명해야 하는 것이 아닌, 항상 옳은 것이고 그게 제가 시작한 방법이에요. 그것을 알고 나서 60의 경우를 생각할 수 있었어요. 2와 2의 경우에 59 곱하기 59, 3과 3의 경우 58 곱하기 58, 4와 4의 경우 57 곱하기 57 등으로 계속 할 수 있었어요.
311	Danielle	알았어, 왜냐하면, 나는 이렇게 생각했거든. 만약에 10과 10의 경우부터 …
401	Maya	여기, 여기를, 그 경우에 어떻게 되는지 내가 (Danielle에게 말하는 것인지 교사에게 말하는 것인지 분명하지 않음) 설명할까?
402	교사	먼저 Danielle이 끝낸 다음에 할래요?
403	Danielle	만약 네가 처음부터 10과 10에서부터 60 곱하기 60을 할 수 있다는 것을 알았다면, 60 곱하기 60, 더하기 59 곱하기 … 를 노트에 적을 것이고, 계속 적지 않더라도 이런 식으로 계속 내려갈 거야. 그러나 만약 그것을 처음부터 알지 못하였더라면 …
404	Maya	그런데 그 모든 수를 더하는 데 시간이 꽤 걸려.
405	Danielle	그런데 … (생략됨) 하지는 않니?
406	교사	Danielle, 60과 60, 10과 10 중 무엇을 말하는 것이에요?
407	Danielle	60과 60이요.
408	교사	왜냐하면 네가 '만약 10과 10의 경우를 안다면'이라고 말했지요 …
409	Danielle	아, 저는 Maya가 7과 7, 6과 6, 5와 5의 경우를 했다는 것이고요, 60과 60의 경우, 만약 10과 10의 경우에 적용될 수 있다는 것을 안다면,

저는 아마도 60 곱하기 60, 59 곱하기 59, 58 곱하기 58, 그리고 Maya가 알고 있었던 것처럼 할 거예요. 그러나 만약 알지 못하였다면, 모든 과정을 거쳐야 해요. 그러나 이미 반은 해결한 거예요. 혹시 그거 아세요 … 반은 아니더라도 이렇게 될 것이라는 … 그런데 Maya 네가 처음 한두 쌍을 곱하기 시작하였을 때, 그 다음에도 58 곱하기 58로 갈 것이라는 것을 알았니?

501 Maya 나는 10의 경우부터 생각했어. 나는 규칙을 빌견하기 전끼지는 60× 60은 시도하지도 않았을 거야.

502 Danielle 그러니깐 너는 기본적으로 네가 무엇을 해야 하는지 알았구나. 너는 그냥 기록하여야 했던 것뿐이구나.

위의 대화에서 교사는 다음과 같은 세 가지 형태로 개입(interventions)하였다. 즉, 특정한 부분에 대한 명료함을 위해서(304열, 406열), 이유에 대한 설명을 요구하기 위해서(309열), 그리고 Danielle이 말하는 것을 계속한 후 마칠 때까지 기다릴 것을 Maya에게 상기시켜주기 위해서(402열) 개입하였다. 이러한 세 가지 종류의 개입은 Vicki 교사의 수업에서 나타난 세 가지 기대의 유형이다. 즉, 명료함, 설명, 그리고 동료들의 의견에 주의를 기울이는 세 가지 활동을 중요하게 생각하였다.

학생들에게서 위의 세 가지 유형을 기대하는 것은 증명을 수반하든 안하든 간에 학생들의 사고를 표출하는 것에 도움을 주는 것뿐만 아니라 그러한 사고를 다른 학생들이 질문하는 데에도 중요하다. 매 수업을 마무리할 때, Vicki 교사는 학생들에게 '도움을 줄 수 있는 설명/도움을 줄 수 있는 생각'이라고 적힌 종이를 나누어 주며 학생들이 도움을 받았다고 생각하는 어떠한 생각이나 설명이라도 그 이유를 설명하고 도와준 동료들을 인정하기 위해서 그 용지에 적으라고 하였다. 그녀는 학생들이 자신의 이해에 도움을 준 동료들에 대해서 의식적으로 인식하기 시작했고 때로는 학생들이 자신의 친구들의 생각을 이해하려고 하다가 그 친구들의 생각도 재정비하였다고 하였다(더 자세한 설명은 Zack & Graves, 2001 참고).

대화를 통한 의미의 형성 과정에 대한 Vicki 교사의 관심이 그러한 기대들에 큰 영향을 주었을 수 있다. 그녀는 토론의 질과 의사소통의 방식으로써의 수학 일지에 적힌 학생들의 설명에 관심을 두었다. 학생들의 증명과 추론의 표현 능력을 판단하는 그녀의 기준은 (중요하지만) 추론 그 자체의 수준에 있는 것이 아니었고 추론에 대해 학생들이 명쾌하게 설명할 수 있는가에 있었다. Vicki 교사는 자신이 종종 학생들의 논쟁을 다른 학생들을 통해서 다시 들었을 경우(Zack, 1995) 혹은 수학자에 의해 분석된 경우(Zack, 2002)에만 이해하게 되는 것을 알게 되었다.

▸ 막간 1: 한 경우에서 다른 경우로의 추론

Vicki 교사의 교실에서 나타나는 교사의 양상에 대한 또 다른 예를 제시하기 전에 우리는 Maya와 Danielle이 사용한 추론에 대해 언급하고자 한다. 60과 60의 경우를 풀기 위하여 Maya가 사용한 규칙은 10과 10 경우에 대한 자신의 풀이에 바탕을 둔다. "가장 중요한 부분은 10과 10 경우이거나 혹은 내가 그 경우를 어떻게 해결하는 지 아는 것이다(201열)"는 Maya의 설명에서 볼 수 있듯이, 답 자체를 찾는 것보다 답을 찾는 방법에 중점을 둔 Lampert(1990)의 관점을 보여준다. Maya의 방법은 60과 60의 경우를 해결하기 위해서 10과 10의 경우에서 발견한 그리고 "다른 경우에도 적용될 수 있다(303열)"는 것을 확인한 규칙을 적용하는 것이다. Maya는 모든 경우에 적용되는 일반적인 규칙에 근거를 두고, "1과 1이 한 변 곱하기 다른 한 변이라는 것을 알고 있으며 그것이 내가 설명해야 하는 것이 아니고 이미 아는 것이기 때문에 시작할 수 있었다(310열)." 그리고 Maya는 10과 10의 경우를 해결할 때에 사용한 방법을 60과 60의 경우에도 적용한다. "나는 2와 2의 경우 59 곱하기 59, 3과 3의 경우에 58 곱하기 58, 4와 4의 경우에 57 곱하기 57 등등을 하였다(310열)." Maya는 그 규칙을 일반적인 용어를 사용하여 표현하지는 않았지만(예를 들어, 만약에 Maya가 "2와 2의 경우에 너는 그 수보다 하나 작은 두 수를 곱해."라고 하였다면), 그녀가 발견한 규칙을 다른 경우에도 적용할 수 있었다는 것은 그녀에게는 그것이 일반적인 규칙이고, 그것은 다른 특수한 경우에도 적용할 수 있다는 것을 말해준다.

Maya의 방법은 옳지만, 정사각형의 개수를 1부터 3600까지 더하는 것은 실용적이지 않다. Danielle은 아마도 10과 10의 경우에서의 결과를 이용해서 더 효율적인 방법을 찾으려고 하는 것 같았다. 즉, Danielle은 "만약 네가 10과 10의 경우에 너의 패턴이 적용될 수 있다는 것을 알았다면, 너는 그냥 바로 60 곱하기 60, 59 곱하기 59, 58 곱하기 58 그리고 Maya가 그전에 했던 방법으로 했을 거야(409 열)."라고 설명했다. Danielle은 그들이 60과 60에서부터 11과 11까지의 합을 계산한 후에 10과 10까지의 결과를 더할 수 있을 것이라고 생각했을지도 모른다. 그러나 그러한 생각은 완벽하게 표현되지 않았다. 우리는 5명의 학생으로 된 한 조에서 Maya와 Danielle이 아닌 다른 두 명의 여학생에 의해 사용된 비슷한 생각을 살펴보도록 하겠다.

전문 지식(Expertise)

Vicki 교사의 수학적 지식은, 그녀가 자신의 형식적 수학 배경이 약하다고 묘사하였다는 점에서 전형적인 초등학교 교사의 수준으로 볼 수 있다. Vicki는 수학적 증명의 본질과 역할에 대해 능숙하게 숙지하지 않은 상태이며 고등학교 졸업 이후에는 형식적인 증명을 해 본 경험이 없었다. 그녀는 초등학교에서 수학을 가르친 경험이 있는 Lampert와 Ball과 같은 교수 연구자나 Maher & Martino 그리고 Boero, Mariotti et al.과 같은 교사연구자 팀이 아니고 자신의 수업을 연구하는 전임교사였다. 그러나 대화를 통해 의미가 구성되는 과정에 대한 연구를 수행하고자 하는 의지와 흥미로 인해 Vicki 교사는 자신의 학생들이 어떻게 자신들의 생각을 표현하는지 또한 결과적으로 어떻게 타인을 설득하고 증명을 하는지 등에 대하여 깊이 있게 관찰하게 되었다.

우리의 마지막 예를 통해 Vicki 교사가 비록 수학에 대한 전문 지식을 가지고 있지는 않지만 학생들의 수학적 추론의 발전을 어떻게 지원하는지 살펴본다. 그 예에서 Samantha는 60과 60 정사각형의 개수 문제를 해결하는 데 있어 수업시간에 배운 수학 내용을 넘어선 수학적 지식을 인용하며 자신이 사용한 방법을 설명한다. Samantha가 사용하는 용어가 완벽하지는 않지만(그녀는 '제곱수'를 '제곱근'이라고 오칭하였다.) 어딘가에서 그녀는 제곱수를 배웠을 것이다.

■ 대화 3

1803 Samantha 아, 어제 기억나니? 네가 그 규칙을 언급했을 때, 그것을 이용하여 문제를 풀었어. 규칙을 사용하여 해결했어.

1804 Maya 무슨 규칙?

1805 Samantha 반쯤 지나서—규칙을 사용해서, 뒤집는 것 같은 거야 …

1806 Maya 아, 그래?

1807 Samantha 1, 1, 4, 4, 모두 볼 수 있니? 그러면 9, 9, 그리고 계속 사용하고 반쯤 지났을 때, 계속 규칙을 사용했고 순서에서처럼, 가장 작은 것

		부터 가장 큰 것처럼, 큰 것이 무엇이냐면 … 모든 답들이 제곱근이라는 것을 알았어.
1808	Maya	무슨 말이야?
1901	Samantha	그러니깐, 1은 가장 작은 첫 번째 제곱근이야, 4는 두 번째, 9, 16, 25, …, 이 모든 수들이 작은 수부터 큰 수로의 제곱근들이야.
1902	Maya	아, 385의?
1903	Samantha	아니, 그냥 일반적으로. 100까지 모두 …
1904	Maya	아!
1905	Samantha	이것은 10과 10, 9와 9, 8과 8, 7과 7을 위한 거야, 그렇지?
1906	Maya	아 그래.
1907	Samantha	우리가 60과 60의 경우에 한 것은—우리 60과 60의 경우에 대해 생각해 보아도 될까? ... 오케이, 우리가 60과 60의 경우에 하던 것은—우리는 10과 10의 경우에 멈췄어, 그러니깐 우리는 11 곱하기 11을 했고, 121를 얻었어, 이런 식으로 우리가 60까지 될 때까지 순서대로 계속 제곱근을 곱하는 거야. 그러면 우리는 더하고, 개별적으로 나누어 답을 모두 더할 거야.

Samantha는 자신이 말하는 내용을 다른 학생들도 즉시 알아들을 것이라는 듯 (실제로 그랬었는지 확인할 수 없지만) '제곱근'이라는 용어를 사용하였다. Maya의 "아, 385의?"이란 반응은 그녀가 약수들을 생각하고 있다는 것이다. 다른 학생들은 아무 말도 하지 않았다. 그 순간에, 다른 학생들이 Samantha가 기록한 것을 통해서 Samantha가 말하는 '제곱근'이 하나의 수와 그 자신의 수를 곱한 수라는 것을 알았기 때문에, 그 용어를 전부터 알고 있었는지는 중요하지 않다. 그러한 학생들의 이해는 그 당시의 상황에서는 (즉, Samantha와 Maya의 대화를 이해하고 자신들도 문제에 적용해 보는 것 등) 충분했다(더 자세한 내용은 Zack & Reid, 2003, 2004를 참고).

Vicki 교사의 역할 중 하나는 학생들의 비형식적인 언어사용을 표준적 관습에 맞는 용어들과 연결하는 것으로, Samantha가 자신의 방법을 학급 절반이 참여한 토론(half-class discussion)에서 발표할 때에 확연히 드러났다. Vicki는 Samantha가 말한 내용을 반복하고 잘못된 표현을 올바르게 바로잡아주며 그 기회를 이용하여 제곱수에 대한 개념, 용어, 그리고 기호에 대해 설명하였다.

Vicki 교사의 수업에서 핵심은 아동들의 의미를 구성하는 방법을 사용하는 것이다. Vicki 교사의 전문성은 학생들의 의견을 세심하게 경청하여 유용 가능한 학생들의 의견을 인지하고 그 의견들을 이용하여 토론을 할 수 있도록 하는 것에 있다. 학생들은 자신들이 발견한 규칙에 대해서 끊임없이 설명을 하고(예, "어떻게 그리고 왜 그게 옳은지 설명하시오"와 같은 질문을 하는 것), 일반화하는 것에 대한("그 방법은 항상 옳을까," "일반적은 규칙을 만들어 볼 수 있니?") 기대감이 형성되어 있었다. Vicki 교사는 아동들이 문제를 해결하는 과정을 관찰하면서 수학 과제(mathematical tasks)의 풍부함을 발견했다. 비록 증명을 한다는 선행 목표 없이도 그러한 수학 과제를 통해 아동들은 대수적 사고를 비롯하여 일반화와 증명을 할 수 있었다.

▸ 막간 2: 추론의 다양한 규칙

1803~1807열을 보면, Samantha는 Vicki 교사가 4와 4의 경우를 토론한 수업의 마지막에 지적한 규칙을 언급하였다. 이 경우에 1, 4, 9, 16의 정사각형의 치수는 각각의 정사각형의 개수 16, 9, 4, 1과 반대순서이다. 이것은 이미 발견된 규칙으로(Reid, 2002b) Vicki 교사는 자연스럽게 올해의 수업에서 아직 드러나지 않았다는 듯이 학생들의 토론에 소개했다. Samantha의 언급 "어제 말이에요, 선생님께서 언급하셨던 규칙이요(1803열)"를 살펴보면 Maya는 Samantha와 그 규칙에 대해서 먼저 이야기를 나누었던 것 같다. 그러나 Maya의 의견은 그 규칙이 Maya의 사고에 중심에 있지 않음을 보여준다(1804열, 1806열). 이 규칙은 60과 60의 경우에 60과 60부터 1과 1까지의 곱들을 모두 합해서 구할 수 있다는 Maya의 발견에 또 다른 길을 제공해 주었을 수 있다.

비록 Samantha도 그 규칙에 대하여 더 깊게 살펴보시 않았지만 각 치수별 정사각형의 개수가 모두 제곱수라는 것을(1807열) 알아차리기에 충분한 정보를 제공했고, 이는 그녀가 60과 60의 경우에 1과 1에서부터 60과 60까지의 곱을 모두 합하는 방법을 사용할 수 있게 하였다(1907열). Samantha는 또한 Danielle이 먼저 원했던 것처럼(409열) 10과 10의 경우의 해답을 이용하여 60과 60의 경우의 해답을 구할 수 있었다.

Samantha와 Maya 둘 다 60과 60의 경우에 해결할 수 있는 방법들을 유도해 낼 수 있었다. 계산 순서가 다르긴 했지만 계산법은 동일하였다(즉, 1의 제곱부터 60의 제곱까지 합한 수와 60의 제곱부터 1의 제곱까지 합한 수는 동일하다). 그러나 두 학생이 사용한 추론 방식은 다르다. Maya가 일반화한 것은 1과 1 정사각형의 개수에서부터 시작하여 곱할수록 1씩 감소한다는 과정이고, Samantha가 일반화한 부분은 곱셈의 결과 값이 제곱수라고 하는 특수한 양상이다. 두 개의 서로 다른 과정이 같은 해답을 도출하였는데, 두 학생이 두 가지 방법으로 생각할 수 있었던 것은 개방형 문제, 추측할 수 있는 기회, 그리고 교실에서 의사소통할 수 있는 환경 때문이었다. 정사각형의 개념과 그 개수를 세는 것은 아동들에게 익숙한 과제이기 때문에 이러한 과제는 모든 학생들에게 소개될 수 있고, 학생들은 우선 체계적으로 정사각형의 개수를 세는 것부터 시작할 수 있다. 학생들이 개수를 세기 시작하면서 문제의 여러 측면들을 일반화할 수 있다. Maya의 경우에는 자신이 일반화한 세기 방법이고, Samantha의 경우에는 각 정사각형의 치수별로 정사각형의 개수를 센 결과이다. 만약 그 문제가 그러한 여러 가지 다른 접근을 할 수 없는 문제라면, 그 문제를 풀기 위한 방법은 다양하지 않았을 것이다. 또한 추측의 기회도 중요한데, 수업 시간에 추측을 하는 것이 중요하게 여겨졌다(공동체 기대감 중 하나는 다른 사람들이 추측한 것을 주의 깊게 듣는 것이다.). 이러한 지원이 없었다면 Maya와 Samantha는 처음부터 그러한 추측을 할 수 없었을 것이다. 결론적으로 이러한 교실의 문화는 학생들의 반성적 사고와 탐구를 촉진시키고 그들이 자신들의 생각을 표현할 수 있도록 하며, 다른 학생들과도 공유하고, 그들의 생각을 명쾌하게 설명할 수 있도록 한다.

결론

Vicki Zack 교사 수업은 초등학교 학생들도 증명을 할 수 있다는 것을 보여준다. 만약 우리가 학생들이 생각하는 수학의 본질이 암기하여야 하는 규칙의 모임이 아니라 수학을 아는 것을 설명하는 것에 바탕을 둔 인간이 생각하는 숙련 과정이 되길 원한다면 학생들은 증명하는 것을 배워야 한다. 그러나 다수의 초등학교 교사들은 자신들이 증명을 가르치기에는 그만한 수학적인 배경지식이 없다고 생각하며 또한 증명을 한다는 것이 어떤 것인지에 잘 알지 못하기 때문에 학생들에게 증명을 가르친다는 것은 매우 어려운 일이다. 우리는 이 장에서 언급한 교사의 교수 양상을 이용하면 그러한 교사들이 느끼는 어려움에도 불구하고 많은 초등학교 교사들이 증명을 기반으로 하여 수업을 할 수 있을 것이라고 생각한다.

교수 실험을 시행한 여러 학자들의 연구는(Ball & Bass, 2003; Boero, Garuti, Lemut & Mariotti, 1996; Boero, Garuti & Mariotti, 1996; Lampert, 1990, 1998a, 1998b; Maher & Martino, 1996a, 1996b) 그 학자들이 이미 충분한 수학적 지식을 갖추고 있고 교수 실험을 하는 데 있어서 다른 연구원들로부터 도움을 받을 수 있다는 점에서 그런 지원 없이 수업을 하는 대부분의 초등학교 교사들에게 자신들의 학생들에게 증명을 가르칠 수 있을 것이라는 주장에 대한 설득력이 떨어질 수 있다. 그러나 Vicki 교사의 수업에서 학생들은 증명을 하는 방법을 학습할 수 있었는데, 이러한 결과가 가능했던 이유에 대해서 생각해보는 것은 매우 흥미롭다. 이 장에서 묘사한 것처럼 추측하기(가설 세우기), 아이들에게 옳은 해답을 선택할 수 있는 기준을 직접 만들도록 하는 것, 그리고 의사소통을 기대하는 이 세 가지 교수 활동의 조합을 통하여 Vicki 교사의 학생들은 증명을 하는 방법을 학습할 수 있었다고 생각한다. 학생들은 가설을 세우기 위해서는 그들이 해결하고자 하는 문제에 대하여 어느 정도 이해를 했어야 하고, 자신들의 가설이 옳고 그른지에 대한 결정을 하기 위해 개인적으로 시간을 투자하여야 했다. 또한 추측이 타당한지 검토하기 위해서 아동들은 자신들의 방법이 합당한지에 대한 기준을 만들어야 했고, 따라서 추측과 논쟁의 다양한 탐구 과정을 거칠 수 있었다. 그리고 아동들은 교실의 사회적 규범과 친구들을 설득하기 위해서 자신들의 주장을 전달하여야 했기 때문에 신중하게 본인들의 생각을 구성하였으며, 친구들에게 분명하게 전달할 수 있어야 하였고 표현이 만족스럽지 않았을 경우에 재조명할 수 있어야 했다. 이러한 세 가지 활동들을 통해 학생들은 추론과 논쟁을 할 수 있고, 이 세 활동들은 초등학교 교사들로 하여금 학생들이 증명을 배우는 것을 가능한 목표로 삼을 수 있게 한다고 생각한다.

III

중 · 고등학교에서의 증명 교수 · 학습

앞의 II편에 포함된 각 장들에서는 결국 증명의 이해로 귀결되는 초등학교 학생들의 증명과 관련한 경험이 가지는 특성을 알아보기 위한 여러 가지 시도들에 대하여 살펴보았다. 그러한 시도들의 일차적인 목표는 수학에서 증거와 정당화의 의미에 대하여 학생들이 가지는 개념에 대한 이해를 확장하며 세분화하기 위한 것으로, 이는 학생들이 중등학교에서 하게 될 증명과 관련한 경험의 강력한 기초가 된다. 이것은 중요한 목표로, 중등학교, 특히 중학교에서는 급진적이면서 갑작스러운 수학적 전환이 일어나는데, 구체적이고 산술적 추론이 주인 초등학교 수학으로부터 고등학교 수학 및 그 이상 수준에서 요구하는 점점 더 복합적이고 추상적인 추론으로의 도약이 일어난다.

중등학교에서의 증명은 역사적으로 고등학교 기하 과목에 그 근거를 두며 다른 과목에서는 거의 다루어지지 않았다(중학교 수학에서는 사실상 존재하지 않는 내용이었다). 그러나 이 책의 개요에서 언급했듯이 최근의 개혁을 위한 시도들의 하나로 K-12 수학에서 증명에 대한 중대한 변화를 강조하는데, 이는 증명이 학교수학 교육과정 전체에서 매우 중요한 역할을 담당하기 때문이다. 중등학교에서의 증명은 학생들이 겪는 규칙적이고 지속적인 수학적 경험의 한 부분으로 간주되며 이러한 경험은 학생들이 겪은 초등학교에서의 증명과 관련된 경험들을 토대로 확장된다. 중등학교에서의 증명과 관련한 경험은 학생들의 증명에 대한 이해를 더욱 분명하게 하며 확장하는 데 필수적이며 이를 통해 학생들이 인정하는 설명의 기준을 더욱 엄격하게 하고 자신들의 추론 및 증명의 방법들을 더욱 정교하게 할 수 있게 된다(NCTM, 2000).

III편에 포함된 7개의 장들은 학생들이 증명을 이해하도록 돕기 위한 통찰을 제공하는 수업 및 학습의 측면을 강조한다. 뿐만 아니라, 초등수준에서의 학생들의 경험을 강력한 토대로 형성하는 데 있어 필수적인 증명과 관련된 경험의 유형에 대하여 살펴본다.

중등학생들의 증명에 대한 이해 계발

9장(Knuth, Choppin, & Bieda)과 10장(Küchemann & Hoyles)은 각각 미국과 영국의 중학교 수학교육을 통해 학생들의 수학적 추론에서 발견할 수 있는 패턴에 대하여 살펴본다. Knuth, Choppin, & Bieda는 9장에서 중학교 시작과 끝날 때를 비교했을 때 학생들의 증명하기 및 정당화 역량이 약간 향상되는 결과를 밝혔는데, 이 결과는 동시에 개선의 여지가 많음을 시사한다. 일례로, 학생들은 명제와 정리가 참인 것을 보이거나 확증하기 위해 예(examples)를 과도하게 활용하는 것으로 나타났다. 이는 전통적인 학교수학의 교육과정 및 수업을 어느 정도 감안할 때 학생들에게 더 정교한 정당화를 기대하는 것은 부당한 것인지도 모른다. 하지만 증명에 대한 개선을 위한 권장사항들이 더 광범위하게 적용되면 — 이러한 가능성들을 이 책의 여러 장에서 보여주고 있다 — 학생들은 추론 제시의 경험을 더 많이 하며 정당화하는 더 발전된 방법들을 개발하게 된다.

10장에서 Küchemann & Hoyles는 구조화된 추론을 유도하기 위해 설계된 과제들에 대한 학생들의 응답을 살펴보았다. 여기서 구조화된 추론이란 근간이 되는 수학적 구조에 기반을 둔 추론 형식으로 특정한 논증을 구성하는 데 기초가 되는 것을 의미한다(이러한 형식의 추론은 Deborah Schifter의 장에서 학생들이 두 짝수의 합의 등가성(parity)에 대하여 논의할 때도 나타난다). Küchemann & Hoyles는 이러한 추론 형식을 더 정교화된 방식의 추론(및 증명)의 기초로 보았다. 이는 Knuth, Choppin, & Bieda가 9장에서 밝힌 학생들의 발달 수준과도 유사한 것으로, Küchemann & Hoyles는 7학년에서 9학년으로 학년이 올라갈 때 학생들이 구조적 추론의 활용 면에서 약간 향상되는 것을 밝혀냈다. 하지만 이러한 학생들의 발달은 단선적이지 않으며(즉, 몇몇 경우에는 학생들이 "퇴보했다") 이러한 가변성(variability)은 부분적으로는 구조적 추론에 대하여 학생들이 익숙하지 않거나 경험이 부족하기 때문일 수 있다. 9장과 10장을 통해 알 수 있는 것은 학생들에게 좀 더 일찍 그리고 지속적으로 증명하기에 대한 기회를 제공하는 것이 매우 중요하다는 사실이다. 이러한 메시지는 II편과 III편의 여러 장들에 반영되어 있다.

Heinze & Reiss(11장)와 McCrone & Martin(12장)은 고등학생들이 증명을 어떻게 이해하는지에 대하여 살펴보았다. 11장에서는 수학적 추론 및 증명을 하는 데 있어서 인지적, 정의적 요인들에, 12장에서는 증명의 본질에 대한 학생들의 인식에 초점을 두고 있다. Heinze & Reiss는 독일의 고등학생들(7/8, 12/13학년)을 대상으로 학생들이 주어진 증명과제를 어떻게 수행하는지 그리고 동기나 흥미와 같은 정의적 요인들에(증명에 대한 연구에서 일반적으로 고려되지 않았던 요인들) 대하여 설명한다. 이 연구를 통해 학생들의 과제수행 패턴은 선행 연구결과와 유사하며 동시에 정의적 요인의 영향을 받는다는 것을 알 수 있다. 특히, 학생들이 느끼는 수학에 대한 흥미는 과제수행과 상관관계가 있는 것으로 나타났으며 이는 학생들로 하여금 규칙적이고 일관되게 수학에 직접 참여할 수 있는 수업 환경을 조성하는 것이 중요함을 보여준다.

McCrone & Martin은 12장에서 미국의 집중 증명 코스를 수강하는 학생들을 대상으로 인터뷰와 설문조사를 실시하였다. 그 결과, 상당수의 학생들이 논증이 가지는 논리를 보기보다는 증명의 형식적 측면(이단과 같은)으로 증명의 타당성을 검증하는 것으로 나타났다. 또한 학생들은 "증명의 타당성에 대하여 다소 모순적인 관점을 가지고 있는 것처럼 보였는데," 예를 들면, 학생들은 일반적 논증(증명)을 경험적 증거에 의한 논증보다 '좋은' 것으로 생각하는 경향을 나타내지만 그럼에도 불구하고 경험적 증거에 의한 논증을 타당한 증명으로 인정하는 것으로 나타났다. McCrone & Martin은 학생들이 겪는 어려움은 최소한 부분적으로는 수학의 세계(culture)에서의 타당한 논증과 '일상'의 세계에서 타당한 논증의 차이를 제대로 구분하지 못하기 때문일 수 있다고 결론지었다.

위의 네 장에서는 중·고등학생들의 증명에 대한 이해에 있어서 중요한 문제와 증명에 대한 교육과정 및 수업에 있어서 중요한 이슈들을 다루었다. 이 책의 여러 장들이 K-16 학생들이 증명하기에 적극적으로 참여하는 실제 사례를 보여주고 있지만 학생들의 증명에 대한 이해 및 경험을 확대하는 노력의 중요성은 여전히 유효하며 그러한 사례들은 예외적인 것이 아닌 좀 더 일반적인 경우가 될 수 있다. III편의 나머지 세 장에서는 앞에서 언급한 사례들이 특수한 경우가 아닌 더 일반적인 경우가 될 수 있도록 하는 수업 활동 및 교수 방법들에 대하여 논의한다.

증명하기를 지원하는 교수 활동

수업에서 증명의 역할을 제고하기 위해서는 교사의 역할이 막중한데 이는 교사가 학생들이 증명하기(proving)에 적극적으로 참여할 수 있는 기회와 방법을 제공할 책임을 가지기 때문이다. McClain은 13장에서 자신이 직접 가르친 중학교 수학수업의 에피소드를 분석하여 수업에서 증명의 역할을 제고할 수 있는 시도들에 대하여 자세히 기술한다. McClain은 학생들이 의미 있는 수학적 논의에 참여하는 과정 자체가 증명에 대한 점진적인 이해를 돕는 유용한 자원이 될 수 있음을 주장한다. 나아가 학생들이 의미 있는 수학적 논의에 참여하는 과정 자체가 "점진적 과정을 거쳐 더욱 정확하고 정교한 수학적 논증을 가능하게 하는 상황을 만든다"(13장, 268쪽). 또한 McClain은 학생들이 증명하기에 참여할 수 있는 기회와 그러한 기회를 통해 학습하도록 돕는 교수 활동과의 관계가 중요함을 강조한다.

14장에서 Stylianides & Silver는 증명하기의 기회와 교수 방법 간의 연결성에 대하여 약간 다른 방향에서 살펴보는데, 패턴 찾기 과제(특별히 개혁지향 교육과정 도서에서 흔하게 볼 수 있는 유형의 과제) 및 이러한 과제의 적용에 대한 중학교 교사들의 논의를 중점적으로 다룬다. Stylianides & Silver는 전문성 신장 프로그램의 세션에서 교사들이 패턴 찾기 과제를 어떻게 수행하고 참여하는지를 분석한다. 그 패턴 찾기 과제는 알아낸 패턴에 대한 결정적 증거를 제공하는 과제였지만 교사들은 자신들이 찾은 패턴을 그 패턴일 수밖에 없는 근원적인 구조와 연결하는 것을 어려워하였다. 이와 같이 교사들이 구조적으로 추론하는 데 어려움을 겪는다는 사실은 Küchemann & Hoyles가 10장에서 밝힌 학생들이 겪는 비슷한 어려움에 대하여 이해할 수 있는 실마리를 제공한다. 즉, 학생들의 구조적 추론 능력을 촉진하기 위해서는 교사들이 먼저 그러한 능력을 갖추어야 하며, 이는 개혁지향 교육과정에 포함된 전형적인 과제 수행을 촉진하고 학생들의 증명 학습을 장려하는 데 매우 중요하다.

마지막 15장에서 Herbst et al.은 고등학교 기하 과목에서의 증명에 대하여 그리고 역사적 관점 및 기하교사의 관점에서 본 증명하기 작업에 대하여 살펴본다. 또한 저자들은 기하 수업의 일부를 발췌하여 학생들이 증명하기에 어떻게 참여하였는지를 소개하며 증명하기에 대한 학생들의 참여를 통제하는 규범의 측면에서 발췌록을 어떻게 분석하였는지 논의한다. 저자들은 기하 수업에서 '증명하기(doing proofs)'가 학생들이 수학 학습을 위한 방법으로써 증명을 이용하도록 하는 기회 제공의 역할을 제대로 수행하지 못하며 오히려 논리적 사고를 가르치기 위한 도구로써만 활용되고 있음을 지적한다. 따라서 수학 학습에서 학생들의 추측하기(conjecturing) 및 증명하기 활동이 의미를 가지려면 '증명하기'에 대한 재개념화가 필요하다.

공통 주제와 이슈

III편의 7개의 장들은 중등학교 수학수업에서 증명의 교수·학습에 대한 중요한 이슈들을 강조하고 있다. 처음 네 장을 관통하는 주제는 현재 학생들이 겪는 증명에 대한 어려움을 고려할 때 학생들의 증명에 대한 이해를 계발하는 것이 도전적인 과제라는 점이다. 각 장에서는 학생들의 증명에 대한 경험의 질을 높일 뿐만 아니라 그러한 경험을 통해 학생들의 이해를 촉진하는 교육과정 및 교육의 변화의 필요성에 대한 이해를 돕고 이를 위한 시사점을 제시한다. Knuth et al.은 학생들이 수학에서 충분한 증거의 의미가 무엇인지를 이해하도록 지원하는 것이 얼마나 중요한지를 매우 강조한다. 또한 Knuth et al.은 교사들도 마찬가지로 '증명할 수 있는 눈과 귀'의 계발이 필요함을 강조하는데, '증명할 수 있는 눈과 귀'란 교사들이 수업 중에 그리고 교과서 및 교사용 지도서와 같은 교육과정 도서에서 증명에 관한 기회를 인지하는 능력과 그러한 기회를 활용하는 능력을 의미한다. Küchemann & Hoyles는 교육과정과 수업에서의 구조적 추론에 대한 강화를 강조하는데, 구조적 추론을 증명에 대한 이해 및 구성 능력 계발에 필요한 본질적인 추론 형태로 보기 때문이다. Heinze & Reiss 또한 강조하기를, 학생들의 증명 학습에 있어 동기와 흥미와 같은 정의적 요인이 중요한 역할을 하며 교사들이 학생들의 증명에 대한 이해를 높이기 위해서는 이러한 정의적 요인들을 고려해야 한다는 것이다. 마지막으로, McCrone & Martin은 학생들의 증명 자체의 본질에 대한 이해 발달의 중요성을 강조한다. 여기서 증명의 본질이라 함은 증명이란 무엇인지, 무언가를 증명한다는 것이 무엇을 의미하는지, 그리고 도대체 왜 증명이 필요한 것인지 등에 관한 것이다. McCrone & Martin은 교사들이 학생들로 하여금 수학 커뮤니티에 자연스럽게 적응하여 익숙할 수 있게 도와야 하며 이러한 적응을 통해 학생들은 수학적 사고와 앎의 방식들을 이해하고 인식할 수 있게 된다.

III편의 마지막 세 장에서는 교사와 교수(teaching)에 초점을 두고 학생들의 증명 학습에 영향을 주는 활동의 여러 측면에 대하여 살펴본다. McClain은 자신의 수업을 통해 학생들의 논증이 어떻게 발전하는지, 특히 자신의 교실 커뮤니티에서 무엇을 수학적 논증으로 볼 것인지에 있어서의 변화에 초점을 두고 설명한다. McClain에 따르면 이러한 학생들의 수학적 논증에 있어서의 발전은 증명에 대한 이해 발달에 있어 핵심적인 부분이며 이러한 학생들의 사고가 발전하도록 하는 데 교사의 역할이 매우 중요하다. 이와 같은 교사의 역할의 중요성은 Stylianides & Silver의 장에서도 마찬가지로 강조되는데, 교실 상황 자체를 벗어나 전문성 신장 프로그램의 일환으로 진행된 증명과 관련된 패턴 찾기 과제를 교사들이 어떻게 수행하고 참여하는지 보여준다. Stylianides & Silver는 학생들이 증명에 대한 이해를 발전시키도록 돕기 위해서는 교사들 자신이 증명에 대한 이해를 발전시키는 경험을 해보아야 한다는 점을 강조한다. 마지막으로, Herbst와 동료들은 수학교육학자들에게 기하에서의 증명하기(doing proofs) 수업에 대한 재고를 제안한다. 구체적으로, 고등학교 기하 수업에서 전통적인 증명하기 활동을 통해서는 학생들이 수학 학습의 한 가지 방법으로 증명하기를 활용하는 경험을 하지 못했다는 점을 지적한다.

III편의 장들은 중등 학교수학에서 증명의 역할을 확대하는 것에 대하여 수학교육 커뮤니티가 직면하고 있는 당면과제를 명확히 제시한다. 아마도 초등학생들에서부터 규칙적이고 지속적인 수학적 경험의 일부로 추론 및 증명을 하게 될 때 중등학교에서 더 많은 학생들이 증명에 대한 이해 및 인식을 할 수 있게 된다. 연장선상에서, 중·고등학생들이 증명과 관련된 경험을 많이 할수록 상급 학교에서의 증명집중 과목들에 대하여 제대로 준비하게 될 뿐만 아니라 그 과목들을 성공적으로 이수하게 될 것이다.

9

중학생들의 수학적 정당화 구성[1]

Eric J. Knuth, Jeffrey M. Choppin, and Kristen N. Bieda

수학교육 커뮤니티에서 여러 수학 교육자들은 모든 학년에 걸친 증명이 학교 수학의 핵심이라고 주장하는데, 이에 따라 학교 수학에서의 증명의 성질과 역할에 대한 관심이 증가하고 있다(Ball, Hoyles, Jahnke, & Movshovitz-Hadar, 2002; Knuth, 2002a, 2002b; Schoenfeld, 1994; Sowder & Harel, 1998). 이러한 관심은 현재의 수학교육 개선 노력(initiatives)에도 반영되어 있다. 이전의 국가 수준의 규준 문서(National Council of Teachers of Mathematics [NCTM], 1989)에서 다룬 증명의 비중과는 대조적으로, 가장 최근의 문서(NCTM, 2000)에서 증명의 위치는 상당히 높아졌다. 특히, '학교 수학의 원리와 규준(NCTM, 2000)'에서는 유치원부터 12학년까지의 학생들 모두가 수학교육을 통해 "추론과 증명이 수학의 기본임을 알고 수학적 추측을 만들어 조사하고, 수학적 논증과 증명을 평가하며, 다양한 유형의 추론과 증명방법을 선택하고 활용할 수

---

1 이 연구는 일부 National Science Foundation (연구 번호 REC-0092746)의 지원으로 수행되었다. 이 장에 제시된 것은 저자들의 의견으로 National Science Foundation의 의견이 반영된 것이 아님을 밝힌다.

있게(NCTM, p. 56)" 하는 것을 강조한다. 그러나 이러한 강조도 많은 학생들이 증명을 어려워한다는(예: Bell, 1976; Chazan, 1993; Healy & Hoyles, 2000; Porteous, 1990; Senk, 1985; Usiskin, 1987) 점에서 교사와 학생 모두에게 심각한 도전이 된다.

그러므로 증명과 관련된 학생들의 경험과 그런 경험을 하고 나서 학생들의 증명에 대한 이해의 성격을 제대로 파악하기 위해 노력을 기울이는 것은 당연한 일이다. 이런 노력은 여러 개선 기반(reform-based) 교육과정—학생들의 정당화 및 증명 역량(competencies) 개발을 촉진하기 위해 만들어진 것으로 알려진 교육과정—에 반영되었다. 하나의 예로 Connected Mathematics Project(CMP) 교육과정의 저자들은 다음과 같이 밝히고 있다. "이 교육과정은 학생들이 패턴을 찾고 수학적 추측을 만들고 자신들이 만든 추측과 전략들에 대한 증거를 제시하도록 설계되었으며, …… 6~8학년 동안 비형식적 추론은 점차 연역적 논증으로 발전하게 된다(Lappan et al., 2002, p. 8)." 그러나 개선을 위한(reform-oriented) 교육과정을 사용한 수업을 받은 학생들의 정당화 및 증명 역량에 대한 연구는 거의 없는 실정이다. 따라서 이 장에서는 CMP 교육과정을 활용한 수업을 통해 중학교(6~8학년) 학생들이 만드는 수학적 정당화(mathematical justification)의 특성과 범주에 관한 연구 결과들을 살펴본다.

증명 구성 프레임워크(Proof Production Framework)

연구자들은 학생들의 정당화 및 증명 역량의 발달은 일련의 발달 단계(developmental progression)를 거친다고 보았다. 즉, 학생들의 수학적 정당화에 대한 이해는 "귀납적에서 연역적으로 그리고 더 일반적으로 진행된다(Simon & Blume, 1996, p. 9)." 실제로 여러 증명 구성 프레임워크가 이러한 발달 단계를 반영하고 있다(예, Balacheff, 1987; Bell, 1976; van Dormolen, 1977; Waring, 2000). 특히, Waring (2000)의 프레임워크는 학생들의 수학적 정당화에 대해 강력한 아이디어를 제공한다. 앞으로 우리의 연구 계획과 파일럿 데이터 분석을 토대로 Waring의 프레임워크를 수정하고 수정된 구체적인 부분들에 대하여 논의할 것이다.

증명 구성 수준 (Proof Production Levels)

■ 증명 구성 수준 0 (Proof Production Level 0)

수준 0에 해당하는 학생들은 주어진 명제가 참임을 증명하기 위해 수학적 정당화를 제시해야 하는 필요성을 인식하지 못한다. 예를 들어, 어떤 학생은 교사, 부모, 혹은 교재가 참이라고 "말하면" 그 명제를 참이라고 받아들인다(참조, Harel & Sowder, 1998). 이러한 수학적 정당화는 명제를 참으로 인정하는 데 있어서 "수학적이지 않다(non-mathematical)." 어떤 학생은 주어진 명제가 왜 참인지에 대한 설명을 하지 않고 단순히 그 명제가 참이라고 진술한다. (예, "두 짝수의 합은 짝수이다. 왜냐하면 그냥 그렇기 때문이다.", 그 "그 두 수는 같을 것이다. 왜냐하면 두 수는 항상 같기 때문이다.")

■ 증명 구성 수준 1 (Proof Production Level 1)

수준 1에서는 학생들이 수학적 정당화를 제시할 필요성을 인식하기는 하지만, 정당화가 일반화의 수준에는 도달하지 못한다. 대부분의 경우 학생들의 정당화는 경험에 의존한다. 경험에 의존한 정당화들은 몇 가지 하위수준으로 구별할 수 있는데, 여러 가지의 경우를 체크하기, 극단적인 경우 또는 "임의의" 경우를 체크하기, 일반적인 사례 활용하기(대상 전체에 대한 증명 (proof for a class of objects)) (참조: Balacheff, 1987) 등이다.

■ 증명 구성 수준 2 (Proof Production Level 2)

수준 2에서는 학생들이 일반적인 논증(general argument)이 필요하다고 인식할 뿐만 아니라 때때로 일반적 논증을 시도한다. 그러나 이 수준에서 논증의 수준은 아직 증명이라고 하기 부족하다. 여기서 "부족하다"는 것은 다음의 두 가지 의미 중 하나이다. 첫째, 학생들은 일반적 논증을 하려고 시도하고 그러한 일반 논증 시도가 필요하다고 인식하고 있음을 표현하지만, 학생들이 제시한 논증을 타당한 논증으로 보기는 어렵다(즉, 논증이 수학적으로 정확하지 않거나 받아들일 수 있는 증명으로 발전할 수 있는 것이 아닌 논증). 둘째, 학생들은 일반적 논증을 하려고 시도하고 그러한 일반 논증 시도가 필요하다고 인식하고 있음을 표현하지만, 학생들이 제시한 논증은 미완성이다(즉, 논증이 완성될 경우는 증명으로 받아들일 수 있다). 위의 두 가지 경우 모두 핵심은 학생들은 일반적인 경우를 고려한다는 것이다. 또한 수준 2에서의 정당화는 경험적 증거(empirical evidence)가 증명으로 충분하지 않다는 것을 인식하고 있지만—모든 경우를 언급함이 필요함을 인식하거나 혹은 사례 제시가 증명으로는 불충분함을 인식하고 있음을 표현— 일반적 논증을 (시도)할 수 없는 학생들의 반응들을 포함한다.

■ 증명 구성 수준 3 (Proof Production Level 3)

수준 3에 해당하는 학생들은 일반적 논증의 필요성을 알 뿐만 아니라 성공적으로 수행할 수도 있다. 이 수준의 학생들이 만든 논증은 증명으로 인정될 수 있는데, 그러한 논증은 하나의 명제가 모든 경우에 참인 것을 입증하는 것으로 구성된다. 이 수준에 적절한 논증의 일반적인 형태는 특정한 가정 및 주어진 조건을 언급, 논증에 필요한 하나의 추론 계통(chain of deductions) 및 결론에 대한 진술문을 포함하는 것으로 볼 수 있다. 이 수준에서 학생들이 만든 논증은 증명의 엄밀함이나 형식적인 부분이 부족할지라도 일반적인 경우들을 충분히 입증한다.

연구 방법

이 연구의 주요 자료(data)는 평가 문항에 대한 답안들로, 증명하기(proving)의 여러 측면에 대한 학생들의 이해를 측정하는 두 가지 종류의 지필 시험에 있는 특정 문항들에 대한 학생들의 답안이다. 그 지필 시험의 목적은 학생들이 다양한 수학적 논증을 검토하고 스스로 논증을 만들고 관련된 규칙과 추론을 이해했는지를 보여주며 정의를 적용하고 증명의 속성을 논의할 수 있는지를 평가하기 위한 것이다. 이 논문에서는 수학적 정리나 명제의 참, 거짓을 정당화하는 문항 6개를 중점적으로 살펴본다.

연구 대상

연구 대상은 한 학교에 다니는 약 400명의 중학생(6, 7, 8학년)들로 아프리카 계 29%, 남미 계 8%, 아시아 계 12%, 백인 51%로 구성된다. 이 학교는 최근 8학년 대수의 한 섹션만 제외하고 CMP(중등 교육과정 Connected Mathematics Project의 약어)를 채택하여, 학생들이 과목별로 수업을 진행하지 않고 같은 학년의 학생들은 모두 같은 과목을 수강하고 있다. CMP 채택은 매우 의미 있는 것으로 CMP 교육과정은 앞에서 언급한 수학적 추론을 강조하기 때문이다. 이러한 의미에서 혹자는 이 학생들이 정당화의 측면에서 기존의 전통적인 교육과정을 사용하는 학교의 학생들보다 '더 나을' 것으로 예상할 수도 있다.

자료 수집

자료는 2년에 걸쳐 수집되었다. 매 학년 초 학생들은 다르게 구성된 지필 평가를 받았는데, 첫 번째 평가에는 394명이, 두 번째 평가에는 426명의 학생이 참여했다. 두 해 연속해서 평가를 실시하였고 두 평가에 모두 참여한 학생들도 있었다. 즉, 첫 번째 평가는 6학년 때 치르고, 두 번째 평가는 7학년으로 참여한 학생들이다. 이 장에서는 시행된 두 번의 평가에서 학생들의 증명 능력과 관련된 평가 문항들에 대한 자료를 제시하였다. 학생들이 수행하는 수학적 정당화의 특성을 두 평가를 통해 비교하는 것이 아니라, 중학생들의 증명 수준에 대한 아이디어를 얻는 것이 이 연구의 주요 목적이다.[2]

여섯 개의 평가 문항들은 다음 두 가지 측면에서 구별된다. 첫째, 세 개의 문항들의 맥락은 '수 트릭(number tricks)'(예를 들어, "임의의 수에 2를 곱하고 그 곱에 2를 더한 다음, 그 합을 2로 나누면 그 수는 처음에 택한 임의의 수보다 항상 1만큼 크다는 것을 보여라.")과 연관되는 반면에 나머지 세 문항들은 수의 성질과 관련된다. 둘째, 정당화를 하는 프롬프트들이 다양하게 제시된 것인데, 학생들에게 급우들을 설득하기 위해 어떻게 정당화할 것인지 묻는 것에서부터 특정 명제가 항상 참인 것을 보이도록 하는 문항 등 여러 가지로 제시되었다. 제공되는 특정 프롬프트에 따라 나타나는 학생들의 정당화 능력의 특성의 차이가 조직적일 것으로 추측했지만, 수집된 자료로는 검증되지 않았다.

자료 분석

앞에서 기술한 증명 수준에 따라 핵심 문항 여섯 개에 대한 학생들의 답안을 분석했다. 먼저, 학생들의 답안을 증명의 네 가지 수준 중의 하나(각 수준별로 하위 수준도 마찬가지로), 무응답(non-responses) (즉, 학생들이 빈칸으로 둔 문항), 혹은 코드화할 수 없는 경우(non-codable)로 코딩하였다. 코드화할 수 없는 경우는 학생들의 답안이 전혀

2 이 연구 프로젝트의 주요 목적 중의 하나는 중학생들이 증명에 대한 이해를 어떻게 발전시키는지 연구하는 것으로 종단 연구(longitudinal study)로 진행되었다. 그러나 이 장에서 사용된 자료들은 두 단면 연구(cross-sectional studies)에서 추출되었다.

말이 되지 않는 진술로 평가 문항을 잘못 이해하거나(예를 들어, **연속된** 정수를 5, 8과 같이 **다른** 두 정수로 해석) 계산 실수(계산 실수로 인해 **수의 트릭**이 맞지 않는 것으로 결론 내리는 경우)에 의한 것으로 볼 수 있었다.

결과 및 논의

이 섹션에서는 유사한 평가문항들(즉, 수의 트릭에 대한 문항)에 대한 결과를 먼저 제시하고 그 평가문항과 결과들을 비교함으로써 결과를 간략히 논의한다. 다음에는 두 번째 유사 평가문항들(즉, 수의 성질에 대한 문항)에 대하여 기술한다. 마지막으로 여섯 문항 전체에 대한 주요 결과를 설명한다. 특정 결과를 자세히 설명하기 위하여 제시된 대표적인 사례들은 학생들이 직접 작성한 답안으로부터 발췌하여 구성하였다.

■ 수의 트릭에 대한 결과

수의 트릭에 대한 각 문항들을 해결하기 위해서 학생들은 일련의 계산을 하고 그리고 시작할 때 사용한 수가 무엇이든 상관없이 그 계산을 통해 나온 결과는 항상 같다는 것을 정당화해야 한다. 각 문항에 대하여 하나 또는 두 개의 예제를 통해 서술된 문제를 해결하는 데 필요한 절차들을 보여주었다.

▸ (숫자) 3 트릭

숫자 3 트릭 문항은 다음과 같다. "Mei는 다음과 같은 수의 트릭을 알아냈다. 하나의 숫자에 5를 곱하고 12를 더한 다음, 처음 숫자를 뺀다. 여기서 얻은 숫자를 4로 나눈다. Mei는 그 결과에서 얻은 수는 항상 처음 시작한 수보다 3만큼 큰 수라는 것을 발견했다. Malaika는 Mei의 주장이 항상 참이라고 생각하지 않고 다른 수로 실험해 보았다. Mei와 Malaika는 마지막 수는 언제나 처음 수보다 3만큼 큰 수라고 결정했다. 과연 이 둘의 결정은 옳을까? Mei와 Malaika가 내린 결정이 옳다는 것을 학급 친구들에게 어떻게 설명할 수 있을까?"

이 문항의 경우, 모든 학년에서 증명 구성 수준 1에 해당하는 답안이 제일 많았는데, 이는 예를 제시하여 정당화하는 것이 정당화의 주된 수단이었다. 6학년 학생들의 78%, 7학년 학생들의 79%, 8학년 학생들의 81%가 증명 구성 수준 1에 해당되었다. 아래의 내용은 학생들의 전형적인 답안들이다.

"급우들이 임의의 숫자를 선택하도록 한 다음 제시된 수의 트릭이 참인 것을 보이는 식으로 납득시키겠다." (6학년 학생)
"주어진 명제를 증명하기 위해서 Mei와 Malaika가 한 것처럼 몇 개의 숫자로 실험해보겠다." (7학년 학생)
"증명하기 위해서 특정 전략을 몇 번 시도해보겠다." (8학년 학생)

위에서 제시한 수의 트릭을 근본적으로 뒷받침하는 다소 복합적인 수학적 연관성을 고려할 때, 상당수의 학생들이 정당화의 방법으로 예를 활용한다는 것은 놀랄 일이 아니다. 실제로 일반적인 논증의 수준(수준 2나 3)을 시도한 학생들은 거의 없었다. 6학년 학생들 중에는 한 명도 없었고 7학년 학생들의 5% 미만, 8학년 학생들의 10% 미만 정도였다. 그리고 8학년 학생들의 2%만이 증명을 제대로 완성한 것으로 나타났다. 다음은 증명 구성 수준 2 정당화에 해당하는 예제이다.

"숫자에 5를 곱하고 12를 더한 다음 첫 수를 다시 뺀다. 나눈다는 것은 그 숫자가 몇 번 포함되는지를 아는 것이고 원래의 숫자는 이미 한 번 뺀 상태다. 원래의 수에 5를 곱한 후에 한 번을 뺐기 때문에 4로 나누어진다." (7학년 학생)

위의 답안을 통해 이 학생은 원래의 수에 5를 곱한 뒤, 다시 원래의 수를 빼면 원래의 수의 네 배가 된다는 것(즉, "4로 나누어진다")을 이해하고 있음을 알 수 있지만, 이 학생의 논증을 완전한 것으로 볼 수는 없다. 이것과는 대조적으로 아래에 제시된 것은 증명 구성 수준 3에 해당하는 정당화 내용이다.

"급우를 설득하기 위해 다음과 같이 설명하겠다. 원래의 수에 5를 곱한 다음 그 수를 다시 빼면 원래의 수 곱하기 4가 되고, 다시 4로 나누면 원래의 수가 된다. 또한 12를 더한 후 4로 나누면 12/4 = 3이 된다. 따라서 시작한 수 더하기 3이 된다." (8학년 학생)

흥미로운 것은 일반적인 논증을 시도한 학생들 중에서 (성공적이거나 그렇지 못하거나 상관없이) 가장 쉬운 정당화 방법이라고 할 수 있는 대수적 기호(symbolic-algebra)를 사용하여 증명(즉, $(5x+12-x)/4=x+3$)한 (혹은 시도한) 학생은 한 명도 없었다는 점이다.

▸ **(숫자) 20 트릭**

수 20 트릭에 관한 문항(Bell, 1976에서 각색)은 다음과 같다. "Amy와 Stephan은 수의 트릭을 시험해 보고 있다. Amy가 1과 10 사이의 숫자 중 하나를 선택하여 10을 더한 후에 그 값을 기록한다. 이번엔 10에서 처음에 시작했던 숫자를 뺀 값을 적어 놓는다. 그 다음, 기록한 두 수를 더한다. Stephan도 Amy와 마찬가지로 처음에 1과 10 사이의 숫자 하나를 선택하여 10을 더한 후 그 결과를 기록하고, 10에서 선택한 수를 뺀 값을 구한다. 그 다음에, 이 두 단계에서 구한 두 수를 더한다. 이 두 사람이 구한 마지막 수가 무엇일지 예상할 수 있는가? 처음에 선택한 수가 어떤 숫자이든 상관없이 맨 마지막 수는 항상 같을까? 항상 똑같은 숫자가 나온다는 것을 급우들에게 어떻게 확신시킬 수 있을까?"

이 문항에 대한 정당화를 보면 앞의 숫자 3 트릭에서보다는 적은 비율이지만 상당수가 증명 구성 수준 1에 머물렀다. 구체적으로, 6학년 학생들의 35%, 7학년 학생들의 51%, 8학년 학생들의 49%가 증명 수준 1에 속했다. 세 학년 전체로 보면 일반적인 논증(수준 2 또는 3)을 하려는 시도가 더 많았다. 각 학년별 비율은 6학년 6%, 7학년 14%, 8학년 14%로 나타났다. 수준 2에 해당하는 대표적인 정당화 과정은 아래와 같다. "$10-n$을 하면 이것은 $10-n$과 같다. $10+n$을 하면 이것은 $10+n$과 같다. 이것은 더한 수만큼 다시 빼는 것이다" (7학년 학생). 여기에서 이 학생은 '올바르게' 정당화하고 있긴 하지만 논증이 완전하지는 않다. 반면에 "$10+x$와 $10-x$를 더할 때 x가 소거되고 $10+10=20$이 된다" (8학년 학생)는 답안을 보면 이 학생은 완전한 논증(수준 3의 정당화)을 하고 있는 것을 알 수 있다. 위의 두 학생들은 정당화하는 데 있어서 대수적 기호를 활용했지만, 수준 2 또는 3에 해당되는 대수적 기호를 활용한 정당화를 하는 학생들은 거의 없었고, 오히려 이 수준에서 가장 많이 나타난 정당화는 말로 설명하는 것이었다.

3 트릭 문항에서 보인 답변들과는 다르게, 학생들은 가능한 경우를 모두 테스트해서 결과의 불변성을 증명할 수 있다. 즉, 항상 20이 나온다는 것을 보이기 위해 1과 10 사이의 모든 수를 시험해 볼 수 있다(즉, 모든 경우를 철저히 검토하는 증명(proof by exhaustion)). 실제로 상당수의 학생들이 (6학년 21%, 7학년 16%, 8학년 20%) 검토에 의한 증명을 활용하였다. 대표적인 응답은 다음과 같다.

> "1과 10 사이의 모든 숫자를 가지고 차례로 차근차근히 해 본다." (6학년 학생)
> "1부터 10까지 모든 숫자를 이용해서 보여준다." (7학년 학생)

> "모든 시작 수 (1–10)으로 시험해보고 마지막에 나오는 수가 20으로 항상 같다는 것을 증명하겠다." (8학년 학생)

학생들의 답변 중 상당 부분이 코드화할 수 없는 경우(non-codable)로 분류되었고, 6학년의 경우 상당수의 답안이 수준 0에 해당하는 정당화를 제시하였다. 코드화할 수 없는 경우는 급우들에게 어떻게 항상 20이 나온다는 사실을 납득시킬 것인가라는 물음에 각 학년별로 많은 수의 학생들이 "모른다"로 응답한 경우였다. 6학년 학생들의 대부분은 항상 20이 나온다고 단순히 기술만 했을 뿐 그 어떤 정당화도 제시하지 않았다(예를 들어, "항상 20이 나오기 때문이다").

▸ **같은 수 트릭**

같은 수 트릭 문항(Porteous, 1990에서 각색)은 다음과 같다. "Sarah는 신기한 수의 트릭을 알아냈다. 1과 10 사이의 수를 하나 생각해서 그 수에 3을 더하고 결과로 얻은 수를 두 배한다. 다시 처음에 생각한 수를 두 배한 후 6을 더한다. Sarah가 이렇게 얻은 두 수는 항상 같을까? 자신의 추론을 설명하시오."

마찬가지로, 어떤 수로 시작하든지 그 결과는 항상 같다는 것을 정당화하기 위해 모든 학년의 학생들 상당수가 예를 제시한(example-based) 논증을 함으로써 정당화를 하는 것으로 나타났다. 구체적으로, 6학년 학생들의 36%, 7학년생들의 30%, 8학년생들의 31%가 여기에 해당되었다. 또한 이러한 결과는 실제로 더 많은 수의 학생들이 (앞의 두 문항과 비교했을 때) 일반적인 논증을 시도했거나 하고 있는 것을 보여주었는데, 6학년생들의 17%, 7학년생들의 23%, 8학년생들의 27%가 이 경우에 해당된다. 증명 구성 수준 2 정당화에 해당하는 학생들의 전형적인 답안은 다음과 같다.

> "그렇다. 왜냐하면 항상 3을 더하고 두 배하면 항상 똑같은 결과가 나온다. 그리고 다시 되돌아가서 다른 순서로 해도 같은 결과가 나온다." (6학년 학생)
>
> "그렇다. 처음에 생각한 수에 3을 더한 것을 두 배하면 원래 수처럼 3이 두 배가 된다. 두 배를 처음에 하면 3의 두 배, 즉 6을 더하는 것과 같다." (8학년 학생)

위에 제시된 대표적인 답변들을 통해 학생들이 왜 수의 트릭이 항상 같은 결과를 내는지 정당화하려고 노력하고 있다는 것이 분명히 드러난다. 그러나 수준 3 정당화로 분류할 수 있는 근본적인 수학적 관계를 충분히 드러내는 답안을 제시하지는 못했다. 수준 3에 해당하는 정당화를 제시한 학생들은 근본적인 수학적 관계를 더 분명하게 표현할 수 있는 것으로 나타났다. 이 경우에 해당하는 답안의 예시는 다음과 같다.

> "그렇다. 첫 번째 단계에서 3을 더하고 그 후에 두 배를 한다. 두 번째 단계에서는 두 배를 하고 6을 더한다. 이 결과는 항상 같은데 그 이유는 첫 단계에서 더한 후에 두 배를 하면 3을 한 번 더 더하게 되고 이것은 두 번째 부분에서 3 대신에 6을 더하는 이유가 된다." (6학년 학생)
>
> "그렇다. 왜냐하면 $(x+3)2$와 $2x+6$은 같다. 똑같은 과정을 수행하는 것이다." (8학년 학생)

위의 답안들과 수준 2로 분류된 답안들의 근본적인 차이점은 명확성의 정도(degree of clarity)나 그 정당화의 완전성(completeness of the justification)에 있다.

철저한 검토에 의한 증명(proof by exhaustion) 또한 정당화에 사용된 방법이었는데 실제로 여러 학생들이 이 증명 방법을 활용하고 있었다(6학년 2%, 7학년 5%, 8학년 10%). 다음의 답안을 보자.

> "결과로 얻은 두 수는 항상 같다. 왜냐하면 (아래와 같이) 확인했기 때문이다(1과 10 사이에 있는 모든 수에 대한 과정을 모두 예시했다)." (6학년 학생)

흥미로운 것은 20 트릭 문항에서보다 더 적은 수의 학생들이 정당화의 수단으로 이 증명 방법을 이용했다는 것이다. (다음 섹션에서 더 자세하게 다룬다.)

마지막으로, 상당수의 답안이 코드화할 수 없는 경우로 분류되었는데, 6학년생의 30%, 7학년생의 26%, 8학년생이 24%가 여기에 해당된다. 해당 학생들 대부분이 문제를 잘못 이해하고 있는 것으로 보였는데 주로 마지막 결과가 항상 20이 되어야 하는 문제로 생각하는 경우들이 많았다(이 문항과 함께 제공된 실행 예제에 이 결과가 제시되었다). 다음에 설명한 것처럼 (잘못된) 이해를 하고 있었다. "아니다. 왜냐하면 숫자 11과 같은 수를 선택하면 다른 결과가 나오기 때문이다. 20은 나오지 않는다."(8학년 학생)

▸ 수의 트릭 문항들 비교

수의 트릭에 대한 세 문항들을 통해 얻은 결과들이 보여주는 여러 가지 차이점들에 대해 자세히 살펴볼 필요가 있다. 첫째, 20 트릭 문항이나(46%) 같은 수 트릭 문항에(32%) 비해 3 트릭 문항(81%)에서 더 많은 학생들이 예를 제시함으로써(example-based) 정당화를 하는 것으로 나타났다. 이것은 **3 트릭** 문항이 다른 두 문항에 비해 더 복합적인 수학적 관계를 내포하기 때문이라고 생각한다. 이러한 까닭으로 학생들이 정당화하기 위해 예를 활용하는 방법 외에 다른 대안을 찾지 못했던 것 같다(즉, 수학적 관계를 토대로 한 말로 하는 논증이나 또는 기호를 통한 논증은 매우 어렵다). 둘째, **20 트릭**과 **같은 수 트릭** 문항의 경우 두 문제 모두 본질적으로 학생들로 하여금 각 트릭이 참인 것을 보이기 위해 가능한 모든 경우를 테스트하는 기회를 제공하고 있는데 이것을 통해 하나의 증명 방법(즉, 철저한 검토에 의한 증명)을 배우게 된다. 사실 학생들 상당수가 **20 트릭** 문항에서 이 증명 방법을 사용하고 있었고(19%), 비록 6%밖에 안 되지만 **같은 수 트릭** 문항에서도 이 방법이 사용된 것을 알 수 있었다. 두 문항에 대한 이러한 학생들의 응답률의 차이는 **같은 수 트릭** 문항이 가지고 있는 수학적 원리가 학생들이 더 '알기(see)' 쉽고 따라서 일반적 논증을 만들어 가는 시도를 더 많이 하는 결과를 낳은 것이다. 학생들은 **20 트릭** 문항에서 모든 경우를 확인하는 철저한 검토에 의한 증명(proof by exhaustion) 방법을 더 많이 사용했을 뿐만 아니라 수준 1에 해당하는 정당화를 시도한 것으로 나타났는데, 이것 또한 학생들이 일반적 논증을 만들기가 어려웠기 때문일 수 있다. 셋째, **같은 수 트릭** 문항에 대한 학생들의 답안 중 26%가 코드화할 수 없는 경우(non-codable)에 해당하는 반면, **3 트릭** 문항에 대한 답안 중 11%, **20 트릭** 문항에 대해서는 16%가 이 분류에 해당하는 것으로 나타났다. 앞 장에서의 논의와 마찬가지로 이렇게 비율이 증가한 원인을 학생들이 **같은 수 트릭**을 통해 얻어지는 결과를 잘못 해석하는 것에 (즉, 20 트릭의 결과는 실행 예제에서 나온 20이 항상 답이 되어야 한다고) 따른 것으로 볼 수 있다.

앞에서 살펴본 모든 수 트릭 문항들 중에서 **3 트릭** 문제가 가장 어려운 것으로 일반적 논증을 시도한 학생도 가장 적게 나타났다. 이와는 대조적으로 다른 두 트릭 문제들은 (20 트릭, 같은 수 트릭) 학생들 입장에서 수학적으로 더 쉽게 접근할 수 있었을 것이고 그 결과 더 많은 학생들이 일반적 논증을 시도했을 것이다. 나아가 상당수의 학생들이 (20 트릭과 같은 수 트릭 문제에 각각 약 30%) 정당화의 방법으로 예를 사용하는 것을 넘어서는 결과를 보여주었다. 인상적인 것은 일반적 논증을 시도했던 학생들 중에서 정당화를 위해 대수적 기호를 사용한 학생들은 거의 없었다는 점이다. Porteous(1990)도 자신의 연구에서 **같은 수 트릭**과 유사한 문제에 대해 학생들이 한 정당화에서 '대수의 절대적 부재(a total absence of algebra)' (p. 595)를 발견했다. 기호 표현(즉, 변수)을 활용하는 내용이 7학년에서(Connected Mathematics 교육과정의 경우) 소개되지만, '대수'

는 대부분의 중학생들에게 해당되지 않는 영역으로 (8학년 대수를 수강하는 학생들은 예외로) 간주되어 왔기 때문에 학생들이 정당화 과정에서 대수를 거의 활용하지 않았다는 점은 당연한 것일 수 있다. 동시에 학생들이 "수를 활용하는 상황(number situations)에서 대수의 유용성(usability)을 인지" (Bell, 1976, p. 35)하지 못했기 때문일 수도 있다. 즉, 학생들은 일반적 진술을 하는 데 있어 대수가 유용한 방법임을 알지 못할 수도 있다.

수의 성질에 대한 결과 (The Number Property Results)

수의 성질에 대한 세 가지 문제는 학생들로 하여금 합이 같음을 정당화하는 것에 대한 내용이다. 세 문항 모두 학생들에게 익숙한 수학적 사실과 연관되어 있다.

▸ 연속된 수의 합

문항은 다음과 같다. "연속된 두 수의 합은 항상 홀수이다. 예를 들어, $5+6=11$, $8+9=17$이다. 임의의 연속된 두 수의 합이 항상 홀수임을 보이시오."

연속된 두 수의 합은 항상 홀수임을 보이기 위해 학생들이 주로 활용한 방법은 예를 통한(example-based) 논증이었는데 6학년 학생들의 54%, 7학년생 49%, 8학년생 43%가 이러한 논증을 사용하였다. 또한 상당수의 학생들이 일반적 논증(2, 3 정당화 수준)을 시도하였다. 6학년생 12%와 8학년생들 32%가 여기에 해당된다. 증명 구성 수준 2에 해당하는 정당화를 보여준 학생들의 답안을 보면 합이 홀수라는 패턴으로부터 (귀납적으로) 일반화하여 정당화하기도 하고 '올바른 방향(right track)'이긴 하지만 완전하지 못한 정당화를 하는 등 다양했다.

> "[학생들은 다음의 예들을 제시한다. 4 + 5 = 9; 5 + 6 = 11; 6 + 7 = 13; 7 + 8 = 15] 이러한 합의 패턴은 2씩 커지는 것이다. 홀수는 2만큼 커지면 다시 홀수가 된다. 왜냐하면 홀수는 하나씩 건너뛰어 나타나기 때문이다." (7학년생)
>
> "짝수와 홀수를 더하면 그 합은 항상 홀수가 되는데 임의의 두 연속하는 수에는 항상 홀수가 있기 마련이다." (8학년생)

증명 구성 수준 3의 정당화에 해당하는 경우, 학생들은 처음에는 연속된 수들이 갖는 특정 부분을 찾아내고 그 다음에 (중학생들이) 알고 있는 참인 명제(accepted truth)—짝수와 홀수의 합은 항상 홀수이다—를 적용하여 결론에 이른다. 이러한 유형의 정당화를 보여주는 예는 다음과 같다.

> "짝수로 시작하든 홀수로 시작하든 연속한 수들은 항상 홀수와 짝수로 이루어진다. 짝수와 홀수의 합은 항상 홀수이다." (6학년생)
> "연속된 두 수를 더한다는 것은 홀수와 짝수를 더한다는 것을 의미한다. 홀수와 짝수를 더하면 항상 홀수가 된다." (8학년생)

흥미롭게도 7학년 학생들 중 어느 누구도 수준 3에 해당하는 정당화를 만들지 못했다.

학생들의 답안 중에서 상당수가 코드화할 수 없는 경우(non-codable)로(6학년생 28%, 7학년생 26%, 8학년생 25%) 나타났다. 여기에 해당하는 대부분의 답안들을 살펴보면 연속한 수에 대한 이해 부족이 문제에 대한 '잘못된(wrong)' 정당화를 만드는 것임을 알 수 있었다. 문항을 문장화하는 데 있어서 연속한 수를 '정의하는' 방법을 두 가지 예로 나타내어 설명하는데 그러한 설명이 많은 학생들에게 부적절했던 것 같다. 코드화할 수 없는 경우로 분류된 답안을 한 학생들 상당수가 연속한 수를 서로 다른 두 수로(예: 5와 8은 '연속된 수') 이해한 것으로 보인다.

▸ **짝수의 합**

짝수의 합에 대한 문항은 다음과 같다. "임의의 두 짝수를 더하면 그 합은 항상 짝수임을 보이시오. 급우를 납득시킬 수 있는 설명을 제시하시오."

여기에서도 학생들이 제시한 가장 흔한 정당화는 예를 통한(example-based) 것으로 6학년생들의 답변 중 69%, 7학년생 50%, 8학년생 62%가 여기에 속했다. 흥미로운 점은 수준 1에 해당하는 정당화를 한 8학년생들의 답안 비율이 증가했다는 점이다. 이러한 수준 1 정당화로 분류되는 8학년생들의 답안 증가는 수준 0 정당화의 비율(약 22%)과 연관되는 것으로, 수준 1의 증가와 수준 2, 3 정당화에 해당하는 답안 비율이 상대적으로 낮은 (약 8%) 이유는 학생들이 매우 당연해 보이는 수학적 사실을 정당화할 필요를 느끼지 못했기 때문인 것으로 추측할 수 있다. 다음에 제시되는 학생의 답안은 이러한 추측을 뒷받침한다. "두 짝수를 더하면 항상 짝수가 된다. 왜냐하면 언제나 성립하는 명백한(simple) 사실이기 때문이다." (8학년생)

흥미롭게도 수준 3 정당화로 분류되는 학생들의 답안은 전혀 찾을 수 없었다. 일반적 논증을 만들려는 시도는 대부분 일의 자릿수에 초점을 맞추고 있었고 때때로 논증의 일부분으로 명제 자체를 사용하는 것으로 나타났다.

> "두 짝수를 더해서 항상 짝수가 나오는 이유는 만약에 그 숫자가 두 개의 짝수와 만나면 그것은 항상 짝수가 될 것이기 때문이다." (6학년생)
> "두 짝수를 더하면 언제나 짝수가 되는데 이것은 그 문제의 마지막 숫자가 항상 짝수이기 때문이다." (7학년생)

위의 답안을 통해 알 수 있는 것은 학생들이 예를 통한 철저한 증명을 시도한다는 것이다. 즉, 짝수의 일의 자리는 0, 2, 4, 6, 8이고 이러한 두 수를 더하면 그 합의 일의 자릿수도 0, 2, 4, 6, 8 중의 하나가 된다(따라서 다시 짝수가 된다). 그러므로 두 짝수의 합은 항상 짝수일 수밖에 없다. Healy와 Hoyles(2000)도 자신들의 연구에서 학생들이 이와 같은 증명 방법을 시도한다는 것을 밝혀냈다. 이러한 방법이 수준 3 정당화를 만드는 데 활용될 수 있기는 하지만 어느 누구도 그러한 논증을 성공적으로 만들어내지는 못했다.

학생들이 만든 논증들이 짝수의 구조(예를 들어, 모든 짝수는 두 개의 그룹으로 나눌 수 있다)를 활용한 것이 거의 없다는 점은, 특히 그러한 논증이 초등 수준에서도 가능하다고 밝힌 연구들(Ball & Bass, 2003; Carpenter, Franke, & Levi, 2003)과 CMP 교육과정에서 짝수와 홀수의 합을 다룬 내용이 그러한 논증을 강조하고 있는 점을 고려한다면, 다소 놀라운 결과이다. 많은 학생들에게 '짝수(evenness)'에 대한 잠정적인(working) 개념들이 논증의 본질을 이해하는 데 제약이 될 수도 있다(Miyakawa, 2002). 학생들이 가진 짝수에 대한 개념들이 일의 자릿수와 같은 것이라면, 학생들이 만들 수 있는 논증의 본질에서 생각해볼 때 그러한 개념들은 다소 한계를 지닌다.[3]

▸ 세 홀수의 합

다음과 같은 문항이 있다. "임의의 세 홀수를 더하면 그 합은 항상 홀수일까? 그 합이 항상 홀수임을 보이기 위해서 어떻게 설명할 수 있을까?"

수준 1 정당화에 속하는 답안들이 가장 큰 비율로 나타났는데, 6학년생의 41%, 7학년생

3 사후 평가에서는 학생들에게 짝수와 홀수에 대해 정의하도록 하였는데 여기에서 논의한 것과 같이 대부분 학생들은 단위의 자릿수의 유사성에 초점을 맞춰 정의하고 있었다. 흥미로운 것은 교육과정에서는 짝수와 홀수의 구조를 바탕으로 한 시각적 정의를 제공하고 있지만 이 같은 정의를 이용하여 논증한 학생들은 거의 없었다.

의 49%, 8학년생의 37%가 해당되었다. 또한 상대적으로 높은 비율을 차지한 답안은 수준 0이었는데, 특히 7학년에서 높게 나타났다. 대부분의 경우 학생들은 주어진 명제를 다시 진술하거나 "항상 홀수가 된다"(7학년생)는 사실로 쉽게 받아들인 것으로 보인다.

일반적인 논증을 구성한(수준 2, 3) 학생들의 비율은 6학년생 20%에서 8학년생 29%로 높아졌다. 증명을 제대로 구성한 학생들을 보면 (중학생들에게 있어) 알고 있는 사실(두 홀수의 합은 짝수이다. 그리고 짝수와 홀수의 합은 홀수이다.)을 활용한 것으로 나타났다.

> "두 홀수를 더하면 그 합은 항상 짝수이다. 짝수에 다른 하나의 홀수를 더하면 홀수이다. 따라서 세 홀수를 더하면 항상 홀수가 된다." (6학년생)
>
> "홀수 더하기 홀수는 짝수이다. 따라서 짝수(두 홀수의 합)와 홀수를 더하면 홀수가 된다. 이것은 세 홀수가 어떤 수이든 모두 더하면 그 합은 항상 홀수가 된다는 것을 보여준다." (7학년생)
>
> "세 홀수를 더하면 항상 홀수가 되는 이유는 홀수 + 홀수 = 짝수이기 때문이다. 여기서 두 홀수가 없어지게 되고 답은 짝수 더하기 다른 홀수가 되어 항상 홀수가 된다. 왜냐하면 홀수 + 짝수 = 홀수이기 때문이다." (8학년생)

연역적 논증을 구성함에 있어서 학생들은 암암리에 결합법칙을 이용하여 더할 세 수를 구분하고 두 홀수의 합은 짝수라고 하는 알고 있는 참인 명제를 활용해서 부분 합(처음 두 수)을 구하고 마지막으로 짝수와 홀수의 합은 홀수라는 참인 명제를 이용해서 최종 합을 구했다.

▸ 수의 성질에 대한 문항 비교

수의 성질에 대한 세 문항들 사이의 차이점에 대하여는 알고 있는 참인 명제의 역할에 관한 것으로 논증을 구성하는 데 있어서 참인 명제를 활용하는 것(**연속된 수의 합** 문제와 **세 홀수의 합** 문제)과 참인 명제를 증명하는 것(**짝수의 합** 문제)으로 나누어 볼 수 있다. **연속된 수의 합** 문제에서 학생들은 연속된 수에 대한 정의(즉, 홀수와 짝수로 이루어진다)를 적용하여 연역 논증을 시도할 수 있는데, 여기에서 홀수와 짝수의 합이 홀수라는 것은 알고 있는 참인 명제이고 그 다음에 결론을 추론할 수 있다. **세 홀수의 합** 문제에서도 학생들은 연역 논증을 하는 데 있어서 유사한 방법을 적용할 수 있는데, 두 개의 참인 명제—두 홀수의 합이 짝수라는 것과 짝수 하나와 홀수 하나의 합은 홀수이다—를 활용하여 결론을 추론하는 것이다. 이와는 대조적으로 짝수의 합 문제에서는 학생들로 하여금 두 짝수의 합은 짝수라는 명제를 증명하도록 했는데, 이것은 앞의 두 문제에 제시된 참인 명제와 같은 수준의 것이다. 결과적으로, **짝수의 합** 문제는 학생들에게 앞의 두 문제에 필요한 연역 논증과는 다른 유도(affordance)를 하고 있다. 따라서 **연속된 수의 합**과 **세 홀수의 합** 문제에서 학생들의 1/4 가량이 연역 논증을 시도한 반면에, **짝수의 합** 문제에서는 일반적 논증을 시도한 학생들 대부분이 일의 자릿수를 근거로 논증을 전개하였다.

두 번째 차이점은 명제에 대한 학생들의 인식에 관한 것으로 학생들이 주어진 명제가 참인지 확신하고 있는가에 대한 것이다. **짝수의 합** 문제에서, 두 짝수의 합은 짝수라는 제시된 명제는 모든 학생들에게 익숙한 것이다. 그러나 나머지 두 문제에 대해서는 주어진 명제가 중학생들에게 다소 생소하기 때문에 그 명제들이 참인지 확신하기 어려울 수 있다. Healy와 Hoyles(2000)에 따르면 "명제가 참이라고 확신할 때, 학생들은 경험 논증을 일반적인 것으로, 나아가 그것이 증명이라고 믿는 경향성을 보였다(p. 412)." 이것은 또한 왜 경험 논증이 **연속된 수의 합** 문제(48%)와 **세 홀수의 합** 문제(42%)에서보다 **짝수의 합** 문제에서(59%) 더 많이 나타났는지를 설명해 준다. 학생들은 짝수의 합 문제에서 명제가 참인 것을 이미 확신하고 경험 논증을 통해 그 명제가 실제로 참이라는 것을 간단하게 설명했을 것이다(대조적으로 명제가 참인지 확신이 없으면 그 명제가 참임을 증명해야 할 것 같이 느낄 것이다).

중학생들의 정당화 구성 (Production of Justifications): 패턴과 질문 및 시사점들

앞에서 기술한 결과들은 학생들이 정당화를 만드는 데 있어서의 패턴을 보여준다. 또한 학생들이 증명을 어떻게 이해하는지에 관한 여러 가지 문제를 제기하며 증명의 교수·학습에 대한 시사점을 제시한다. 다음 절에서는 패턴과 문제 및 시사점들에 대하여 논의한다.

학생들이 정당화를 구성하는 데 있어서의 패턴

본 연구에서 학생들이 구성하는 정당화의 주된 방법은 경험 논증으로 이것은 수학적 정당화에 대한 선행 연구들과 유사한 결과이다. 전형적인 학교 수학의 수업과 교육과정을 고려할 때 이것은 어쩌면 당연한 것일지 모른다. Harel과 Sowder(1998)는 대학 수학교육에서 증명하기에 대한 현황에 대하여 다음과 같이 논의하고 있는데, 이러한 논의는 중등 수학교육에도 적용될 수 있을 것이다.

> 예를 들어, 수업을 통해(through) 경험적인 증명 스킴(empirical proof schemes)이 조성된다. 수업에서 경험적인 정당화(empirical justifications)는 수학자 혹은 중등 수학 교사가 하는 논증의 예가 되거나, 수학적인 맥락에서 충분히 용인되는 정당화의 한 형태로 경험적인 증명(empirical proof)을 무심코 인정하기도 한다. (p. 278)

그러나 개혁(reform)을 위한 제안들이 다양하게 실행되면서 학생들은 추론을 더 많이 경험하게 될 것이고 나아가 더 발전된(advanced) 정당화 방법을 개발하기 시작할 것이다.

앞의 여섯 개의 문항들을 살펴보면 6학년에서 8학년으로 올라갈수록 정당화를 시도하는 비율이 전체적으로 높아졌다. 6학년에서 8학년으로 올라갈수록 수학적 정당화(수준 1, 2, 3)를 제시하는 학생들의 비율과 제시하지 않은(수준 0) 학생들의 비율도 높아졌으며, (짝수의 합 문제는 예외이다) 일반적 논증 구성을 시도한 학생들의 비율도 증가했다. 특히, 일반적 논증(수준 2 또는 3)을 시도한 학생들의 비율은 학년이 올라갈수록 증가했다(여기서도 짝수의 합 문제의 경우는 예외이다). 이러한 현상은 어느 정도 개혁의 영향에 대한 긍정적인 지표일 것이다. 본 연구에서 학생들은 8학년까지 3년째 추론과 증명을 매우 강조하는 개혁에 기반을 둔(reform-based) 교육과정을 사용해 왔다.

마지막으로, 여섯 개의 문항들은 증명을 유도하는 본질적인 측면에서 차이를 보였는데, 이것은 다시 학생들이 구성한 정당화의 본질(nature)에도 영향을 준다. 3 트릭 문제와 같은 수 트릭 문제는 모두 학생들이 모든 경우 검토에 의한 증명(proof by exhaustion) 방법을 활용하는 기회를 제공하였는데 실제로 학생들은 그 방법을 활용한 것으로 나타났다. 증명 유도(proving affordance)의 두 번째 유형은 알고 있는 참인 명제를 활용하는 것으로 연속된 수의 합 문제와 세 홀수의 합 문제를 통해 학생들이 참인 명제를 가지고 연역 추론(deductive chain)을 구성하도록 유도하였고 실제 학생들은 이 방법으로 논증하였다. 증명 유도의 세 번째 유형도 발견되었지만 이것은 학생들에 의한 것은 아니었다. 이 경우에 학생들은 여섯 문항 모두에서(특히 20 트릭과 같은 수 트릭 문제는 더 쉽게) 정당화의 방법으로 대수적 기호(symbolic-algebra)를 사용할 수도 있었다. 요약하자면 증명 유도는 학생들이 추론하는 데 있어서 활용할 수 있는 것이 무엇인지에 따라 학생들이 구성하는 정당화의 본질을 설명해 준다. 정당화를 해야 하는 여러 다양한 문제 상황에서 많은 학생들이 일반적인 경우를 다룰 필요성을 인지하고 있겠지만(즉, 정당화하기 위한 방법으로써 경험적 증거의 한계를 인식) 일반적 논증을 하는 데 필요한 것을 자유자재로 이용할 수 있는 상태에는 이르지 못했을 것이고(아마도 내용 지식과 관련된 이슈나 정당화해야 할 명제들의 특성 때문에), 따라서 정당화를 하기 위해 예를 통한 방법만을 사용했다. 이러한 논의를 뒷받침하는 연구들이 있는데, Healy와 Hoyles(2000)에 따르면 학생들이 정당화를 할 때 경험 논증에 의존하긴 하지만 그러한 논증이 일반적이지 않다는 것을 인지하고 있는 것으로 나타났다.

학생들의 증명 이해에 대한 의문들

학생들이 증명을 어려워하는 이유는 여러 요인들에 기인하겠지만, 증명 개념을 이해하는 데 있어 일반성(generality)에 대한 이해가 매우 중요하다. 일반성의 한 측면은 증명이 어떤 명제나 결과에 대한 절대적인 보증이 된다는 것이다. 선행 연구들에 따르면, 많은 학생들이 이러한 일반성에 대하여 제대로 이해하지 못하고 있으며(예: Chazan, 1993; Fischbein & Kedem, 1982; Porteous, 1990), 상당수의 학생들이 (제대로 논증을 해 내는 학생을 포함해서) 일반적 논증을 시도하고 이 후 예를 통해 자신들의 논증을 보충 설명하는 것으로 나타났다. 위의 선행 연구들에서 보고된 학생들은 예를 사용하여 다른 사람이 구성한 논증을 입증하거나 확인하였다. 본 연구를 통해서도 학생들은 자신들이 구성한 논증을 예를 사용해 입증하거나 확인했다. 대표적인 학생들의 답안은 다음과 같다.

> "그렇다. 답은 항상 홀수인데 왜냐하면 홀수 더하기 홀수는 짝수이기 때문이다. 여기에 홀수를 하나 더 더하면 홀수에 짝수를 더하는 것이 되고 그 수는 항상 홀수가 된다. 97 + 95 + 37 = 299로 홀수이다." (세 수의 합 문제에 대한 8학년 학생의 답안)

"그렇다. [같은 결과를] 얻을 것이다. 왜냐하면 그 학생은 그 숫자들에 거의 똑같은 방법을 취할 것이기 때문이다. 첫 번째 것에서 그 학생은 먼저 더하고 나중에 곱했다. 두 번째는 첫 번째 것을 곱하고 나중에 더하지만 그것은 먼저 곱했기 때문에 3을 더하는 대신 6을 더했다. 어떤 수로 시작해도 [1, 2, 3, 4, 5로 모든 경우를 계산해본다] 모두 다 그렇게 될 것이다." (같은 수 트릭 문제에 대한 8학년 학생의 답안)

이러한 답안들을 살펴볼 때 생기는 의문은 학생들이 논증이 참임을 설명하기 위해 단순히 예를 사용하는 것인지 혹은 자신들이 만든 논증이 실제로 일반적이라서 (혹은 최소한 그렇게 되는 것에 대한 시도인지) 더 이상의 증거가 필요 없다고 단순하게 생각하는 것인지에 대한 것이다. 전자의 경우라면 학생들은 청중을 배려하고 있는 것인지도 모른다. ―자신의 답을 검토하는 사람들을 고려해서 자신들의 논증을 설명하기 위해 예를 사용한다(교사들이 종종 예를 가지고 증명을 설명하는 경우와 흡사하다). 후자의 경우는 더 복잡한데 학생들이 일반적인 경우를 다룬다는 것이 무엇을 의미하는지를 완전히 이해하지 못한 상태일 수 있기 때문이다(Knuth와 Sutherland, 2004 참조).

일반성의 두 번째 측면은 경험적인 증거가 증명으로써 충분하지 않다는 점이다. 많은 학생들이 일반성의 이러한 면을 충분히 이해하지 못하고 있는 것으로 보인다. 이것은 많은 연구에서 두드러지게 나타나는 결과로 학생들은 예를 활용하는 것에 의존해서 명제나 결과의 참을 증명한다(예, Healy & Hoyles, 2000; Porteous, 1990). 이 연구에서도 유사한 결과를 얻었는데, 상당한 비율의 학생들이 경험적인 증거(empirical evidence)가 증명으로써 충분하다고 인식하는 것으로 나타났다. 여기서 생기는 의문은 학생들이 실제로 경험적인 증거가 증명으로 충분하다고 생각하는 것인지 아니면 단순히 다른 유형의 정당화를 구성할 수 없기 때문인지이다. Healy와 Hoyles의 연구에서 밝혀진 것 중 하나는 대부분의 학생들이 경험 논증을 구성했고 또한 그러한 논증이 일반적인 것을 보여주지 않는다는 것을 인식할 뿐만 아니라 정확한 증명(다른 사람이 구성한)을 찾아낼 수 있었다는 점이다. 이러한 연구 결과는 학생들이 실제로는 예가 증명을 구성한다고는 생각하지 않을 뿐만 아니라 학생들의 증명 구성(production) 역량과 증명 이해 역량 간에 차이가 있다는 것을 보여준다.

요약하면 본 연구를 통해 학생들의 증명에 대한 이해와 관련해서 지속적인 연구가 필요해 보이는 다음과 같은 질문들을 제시할 수 있겠다.

1. 학생들은 어느 정도까지 증명이 일반적인 경우를 다룬다고 인식하는가?
2. 학생들은 어느 정도까지 예를 제시하는 것이 증명으로써 충분하다고 생각하는가?
3. 학생들이 증명을 이해하는 데 있어 예시의 역할은 무엇인가?
4. 학생들의 증명 구성 역량과 증명 이해 역량은 어떤 관계인가?

증명 교수·학습에 관한 시사점

이 연구의 결과는 학생들이 증명을, 특히 일반적 논증을 만드는 것을 어려워한다는 것을 보여준다. 학생들의 증명하기에 필요한 역량을 개발하기 위해서는 학교 수학을 경험하는 데 있어 증명이 좀 더 의미 있는 역할을 해야만 한다. van Dormolen(1977)에 따르면 "학생들에게 증명을 하는 것이 정말로 무엇을 의미하는지를 가르칠 수 있을 때에야 비소로 학생들이 이해와 통찰력을 지닌 연역 논증을 할 수 있게 된다(p. 33)." 학생들이 증명하기에 참여할 수 있는 방법과 수단을 제공해야 하는 교사의 책임 때문에, 수업에서 증명의 역할을 강화하기 위해서는 교사의 실질적인 노력이 필요하다(Herbst, 2002). 선행 연구들에서 밝힌 대로, 많은 현직 교사와 예비 교사들은 증명의 개념을 충분히 알지 못하고(예: Harel & Sowder, 1998; Jones, 1997; Knuth, 2002a; Martin & Harel, 1989) 또한 학교 수학에서 증명의 역할과 본질에 대해 제한된 견해를 가지고 있기 때문에(Knuth, 2002b) 이러한 임무는 결코 쉬운 일이 아니다. 수업에서 증명의 역할을 강화하기 위한 한 가지 방법은 교사 양성 프로그램에서 교사들이 증명에 대한 개념을 제대로 발전시킬 수 있도록 하는 것이 중요하다(Knuth, 2002a 참조).

교사의 교수 행위와 그들이 실행한 교육과정 간의 뗄 수 없는 관계를 생각한다면, 또 다른 방법은 증명의 역할을 강화하기 위한 교사의 노력을 지원할 수 있는 교육과정 자료 및 문서(curricular materials)를 설계하는 것이다. 교육과정 자료 및 문서는 학생들이 증명하기 활동에 참여하는 기회를 제공해야 하고 동시에 교사가 그러한 참여를 장려할 수 있도록 지원해야 한다. 다음의 예시는 6학년 *Connected Mathematics* 교육과정에서 발췌한 것이다.

다음의 명제들 중에서 항상 참인 명제, 결코 참이 아닌 명제 그리고 특정 경우에만 참인 명제를 고르시오. 각각에 대한 추론을 설명하시오.

임의의 수가 다른 수보다 크다면 첫 번째 수는 두 번째 수보다 더 많은 약수(factor)를 가진다.
두 홀수의 합은 짝수이다.

이러한 문제를 통해 학생들은 좀 더 의미 있게 증명하기 활동에 참여하게 된다. 이러한 문제는 교사와 학생 모두에게 하나의 예를 제시하는 것만으로 명제가 거짓임을 증명할 수 있는 경우와 예를 제시하는 것이 증명으로 충분하지 않은 경우에 대해 토론할 수 있는 훌륭한 기회를 제공한다. 하지만 증명하는 데 있어 학생들이 예에 의존하는 것을 감안하더라도 (지도서와 같은) 교육과정 지원 자료들(curriculum support materials)에는 수업에서 그러한 토론의 중요성을 강조하지 않고 있다. 더욱이, 교사들조차도 학생들이 정당화의 방법으로써 예를 사용하는 것에 대한 대화에 참여할 수 있는 기회가 수업이라는 것을 인식하지 못하고 있다.

개혁을 지향하는(reform-based) 많은 교육과정 프로그램들이 수업에서의 증명의 역할을 강화하기 위한 교사들의 노력을 지원하기 위해 설계되었다고는 하지만 그러한 지원의 본질을 검토한 연구는 거의 없다. 교육과정과 관련된 두 번째 방법이 성공하기 위해서는 이런 연구들이 필요하고 결과적으로 학생들의 정당화 및 증명 역량 개발을 증진하기 위한 교사들의 노력을 지원할 수 있는 교육과정 지원 자료들을 개발하는 데 도움을 줄 수 있다(Carpenter et al., 2003 참조. 초등 수준에서의 교육과정 지원 자료의 예).

맺음말

이 연구는 중학생들의 정당화 및 증명 역량에 대한 우리의 이해를 돕고 또한 학교 수학에서 증명의 교수·학습에도 영향을 줄 것이다. 연구를 통해 밝혀내야 할 것이 많으며 이 연구가 제기한 의문들에 대한 후속 연구, 특히 학생들이 이해하는 일반성에 대한 연구 그리고 학교 수학 교육과정이 증명을 어떻게 다루고 있는지에 대한 연구들이 진행되기를 바란다. 마지막으로, 증명에 대한 학생들의 생각에 대하여 더 상세히 알게 될수록 증명에 대한 학생들의 이해를 증대시키려고 노력하는 교사들을 제대로 지원할 수 있게 될 것이다.

10

수학의 경험적 추론에서 구조적 추론으로의 변화

시간 변화에 따른 추적

Dietmar Küchemann and Celia Hoyles

수학교육의 주요한 도전은 학생들이 수학적으로 추론하는 능력을 신장시키는 것이다. 이런 능력은 권위를 내세우고 지각하는 것으로부터, 특히 경험적인 경우로부터 논쟁하는 것보다는—여기서 경험적 추론(empirical reasoning)이라 한다(수학적 제약뿐만 아니라 모든 인지적, 사회적 제약을 설명하는 증명에 대한 종합적인 관점을 위해서, Harel & Sowder, 1998을 참조하라)—구조적 추론(structural reasoning)이라 일컫는 수학적 구조에서부터 추론하고 연역하는 것에 대한 능력이다. Lampert(1990)는 전 세계 대부분의 수학 수업에서 생각하는 수학에 대한 공통적인 관점은 "수학을 **하는** 것(doing mathematics)은 교사가 정한 규칙을 따르는 것이고 수학을 **아는** 것(knowing mathematics)은 교사가 질문했을 때 정확한 규칙을 기억해서 적용하는 것이며, 수학적 **진리**(mathematical truth)는 답을 교사가 인정했을 때 **결정된다**"라고 주장했다. 형식적 증명과 일관된 수학적 논증 둘 다 체계의 논리적 구조에 호소하는, 즉 구조적 추론에 호소함으로써 합리적 추론을 할 수 있는 능력을 요구한다. 이 능력은 수학적 이해를 발전시키고 수학적으로 증명할 수 있게 하기 위한 핵심 요소이다.

그러므로 많은 학생들이 "무엇이 수학적 논증인지 배운 적이 없다"라고 하는 경우라면 (Dreyfus, 1999), 상당수의 연구에서 학생들이 수학적 구조에 바탕을 두기보다는 경험적 수준에서 주장하는 경향이 있다는 것은 그리 놀라운 일이 아니다(Balacheff, 1988; Bell, 1976; Bills & Rowland, 1999; Coe & Ruthven, 1994; Healy & Hoyles, 2000).

이 장에서는 수/대수 분야에서 상위권 학생들의 수학적 추론의 패턴을 묘사하고 구조적 추론을 사용하는 데 있어 시간이 흐름에 따라 어떻게 발전하는지를 추적했다. 3년 이상 학생들의 수학적 추론의 발전을 분석한 종적 증명 프로젝트(Longitudinal Proof Project) (Hoyles & Küchemann: http://www.ioe.ac.uk/proof)의 일부를 소개하고자 한다. 이 연구와 그 결과에 대해 설명하기 전에 다른 나라들과는 차별화된 영국의 수학적 추론에 대한 접근 방식에 대해 간략히 요약하여 설명하겠다.

증명 학습: 영국 교육과정에서의 관점

1950년대와 1960년대에 엄선된 (문법) 학교에 재학한, 중등학교 학생의 20~30%에 해당하는, 인문계 학생들은 주로 전통적인 유클리드 기하 수업에서 증명을 접했다. 하지만 1970년대와 1980년대에는 11~16세 학생들을 위한 수학 교육과정에서 체계적인 증명 교육이 다소 사라져 버렸다. 예를 들면 피타고라스 정리는 피타고라스 법칙으로 알려졌고 증명하기를 요구하지도 않으며 정사각형 종이에 예시들을 그려보면서 확인한 후에 적용해 보는 정도로만 다루어졌다. 그러나 이제는 증명 교육이 다시 시작되고 있는데, 예를 들면 현재의 영국 국가 교육과정에서 대부분의 8학년 학생들(12세 이상)에게 다음 내용이 요구된다.

> 삼각형 내각의 합이 180°이고 사각형 내각의 합은 360°이며, 삼각형의 외각은 인접하지 않는 두 내각의 합과 같다는 것에 대한 증명을 이해해야 한다. (DfEE, 2001, p.183)

여기에서 제시된 방법은 탐구하는 것이고 증명은 비형식적인 것이다. 따라서 삼각형 내각의 합의 경우, 학생들에게 "한 점에서 만나는 세 직선 간의 관계와 이들 중 하나와 평행하는 네 번째 직선과의 관계를 생각"하도록 요구하면서 이를 "그림이나 도형을 이용하여 설명"하도록 하고 있다. 최근 정부가 지원하는(법령에 의한 것은 아닌) 자료(material)에서 교사들에게 그렇게 하도록 독려하고는 있지만, 증명의 요소를 명확히 해야 한다거나 논증을 형식적 형태로 해야 한다는 의무조건은 없다. 11~16세 학생들을 위한 영국 국가 교육과정에서 증명을 점점 더 강조하고 있기는 하지만 이 책의 12장(McCrone & Martin)에서 설명할 미국 교육과정의 고등학교 기하에서 엄격히 규제하는 활동들과는 여전히 많이 다르다. 예를 들면, 12장의 부록 A에서 'Linda의 딥'에 나타니는 형식적 증명을 보면 알 수 있다. 영국의 11~16세 학생들에게 "모든 직각은 합동이다"와 "반사적 성질(the reflective property)에 의해, XY=YX이다" 같은 형식적 명제를 가지고 증명을 생각하거나 구성하기를 요구한다는 것은 상상도 못할 일이다.

덜 형식적인 것이 좋다고 여겨지는 한(as well as being less formal), 영국에서의 증명하기는 대부분의 다른 나라들에서처럼 기하에서보다는 수/대수 영역에서 처음으로 소개되는 경향이 있다. 사실, 체계적인 증명 교육이 영국 학교 교육과정에서 사라진 후에도 학생들은 주로 수/대수에서 확장된 '조사(investigations)'를 통한 설명과 (비형식적) 증명을 할 기회를 가졌다. 1990년대에는 16세를 대상으로 하는 국가 수학 평가를 조사하는 과제가 있었다. '좋은 조사'의 특성을 서술하도록 채점기준표도 만들어졌고, 하나의 결과로써 중등 교육의 상위 학년에서 데이터를 만들어 내고 수의 패턴을 찾는 것을 강조하면서(Morgan, 1997), 조사를 '하는' 업무는 점점 절차적이고 관례화되었다. 물론 특정 사례를 바탕으로 하는 귀납 추론도 수학에서 중요하고 유의미할 수 있다(Pólya, 1954a). 귀납 추론은 학생들이 가설을 형성하고 수학적 상황을 느낄 수 있도록 도울 수 있으며, 학생들이 그들의 논증의 범위와 논리에 대해 확신이 적은 상황 — 이런 상황은 이 장의 후반부에 다룰 것이다 — 에서 일반적 증명이 타당하다고 보일 일종의 테스트를 제공한다(Jahnke, 2005). Cuoco et al. (1996)은 수학적 '사고 습성(habits of mind)'*에 대한 논의에서 학생들은 '패턴 감지기(pattern sniffers)', '실험자', '설명자(describers)'가 되는 것을 배워야 한다고 제안했다. 그러나 가장 중요한 습성은 "언제 무엇을 사용할 것인가(when to use what)"를 이해하는 것이라고 지적했다. 우리가 제안하는 것은

* (역자주) '사고 습성(Habits of mind)'이란 어떤 문제 상황에 직면했을 때 지성인들의 행위의 특성으로 많은 기술, 태도, 과거 경험, 성향 등의 집합체이다.

Dreyfus(1999)도 언급한 것처럼, 중요한 습성은 "수학을 계산으로 보는 관점에서 복잡하게 얽혀있는 구조의 영역으로 보는 관점으로" 옮기기 위해 수학적 구조를 찾는 것이다. 이러한 변화는 앞에서도 주장했듯이 교육과정에서 데이터와 계산을 강조하고 교수에서 구조적 추론의 중요성을 강조하지 않는 영국에서는 특히 중요해 보인다(Healy & Hoyles, 2000 참조). 이 장에서는 이러한 변화를 재조명하고 증명 문항들에 대한 학생 반응의 패턴 변화에서 어떻게 그 변화를 예시로 보여줄 수 있을지 살펴본다.

종적 증명 프로젝트

여기에 소개하는 내용은 한 프로젝트의 분석내용의 일부인데, 3년 이상 학생들의 수학적 추론의 발전을 분석한 종적 증명 프로젝트(Longitudinal Proof Project) (Hoyles & Küchemann: http://www.ioe.ac.uk/proof)이다. 초기에는 영국의 8학년에 해당하는 12/13세, 최종적으로는 10학년에 해당하는 14/15세의 상위권 학생들이 매년 본 증명 시험을 통해 데이터를 수집하였다. 영국 학생들은 능력별/적성별 코스(tracked)를 따르는데 우리는 10학년(14세 이상) 상위권 학생들을 대상으로 했다. 대상 학교는 영국에서 지리적으로 다양한 9개 지역에서 무작위로 선정되었다. 총 세 개의 증명 시험에서 제시된 문항들은 교육과정과 관련 연구들을 검토하고 교사들과 논의를 거쳐 만들어졌다. 각 문항은 아래에 제시된 증명 '범주들(categories)'(예비 시행 후에 만족스럽지 못한 범주들은 제외되었지만)에 속한다.

> 가설 세우기; 가설을 조건부 명제로 바꾸기; 구조적 추론에 의해 일반화하고 표현하기; 포괄적인 예 사용하기; 중요한 실험; 제한이 있는 일반적인 경우; 주어진 명제를 가지고 미지수의 값을 찾거나(연역하거나) 다른 명제로 유도하기; 논리적 함의; 정의와 구조 사용하기; 변환적 추론(transformational reasoning); 증명 후 특수화하기; 순서가 뒤죽박죽인 증명; 인지로부터의 추론.

문항들은 대략 200명의 학생들에게 예비 적용되었고 실제 연구에서는 54개 학교 1512명의 학생들이 세 가지 시험을 모두 치렀다. 시험 문항은 수/대수, 기하 영역에서 선택형(multiple choice)과 서술형(open response)으로 구성되었다. 각각의 증명 시험에는 새로운 문항과 함께 기존 시험과 동일하거나 매우 유사한 문항들(**핵심** 문항들)도 포함되었다. 프로젝트의 연구 방법으로는 양적, 질적 방법을 혼합한 혼합연구 방법을 사용하였다. 양적 방법에서는 증명 시험의 각 문항에 대한 학생들의 답안을 코딩하여 얻어진 위계적으로 카테고리가 정돈된 데이터에서 경향을 확인하고 학습의 성장 정도를 알 수 있는 중요한 예측 요인들을 확인하기 위하여 기하와 대수에서 학생 점수를 다층분석(multilevel analyses)하여 경향을 파악하였다. 질적 방법은 예상했던 것보다 더 나은 수행을 보인 학생들의 인터뷰 분석을 사용했는데 이 학생들은 다층 모델링으로 확인된 학교에서 선택된 학생들이었다(사용된 방법론에 대한 좀 더 자세한 설명은 Hoyles et al., 2005 참조).

수/대수 영역에서 전반적으로 발견한 것은 연구 대상인 상위권 학생들 중 많은 학생들이 패턴을 만들고 계산하는 데 강한 매력을 느끼기만 했고 대수의 사용이 (이 장에서 볼 수 있는 것과 같이) 향상되었다. 또 수치적 과제를 성공하는 것과 이와 동치인 대수적 과제를 성공하는 것에는 큰 격차가 있음을 발견하였다. 결국 10학년의 88%에 해당하는 학생들이 각을 계산하는 문제를 풀 수 있었지만, 이 계산을 대수적 관계로 다시 표현할 수 있는 학생들은 단지 21%뿐이었다.

이 장에서는 수/대수에 관한 질문들 중 A1(그림 10.1 참조)과 A4(그림 10.3 참조) 두 문제에 초점을 둔다. 둘 다 흥미로운 계산이나 경험적 데이터와는 대비되는 것으로 학생

A1 리사는 몇 개의 흰색 정사각형 타일과 회색 정사각형 타일을 가지고 있다.
이 정사각형 타일은 모두 같은 크기이다.

그녀는 흰색 타일 한 줄을 만들었다.

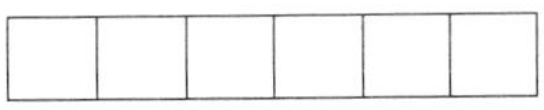

그녀는 흰색 타일들의 둘레를 회색 타일로 한 층으로 에워쌌다.

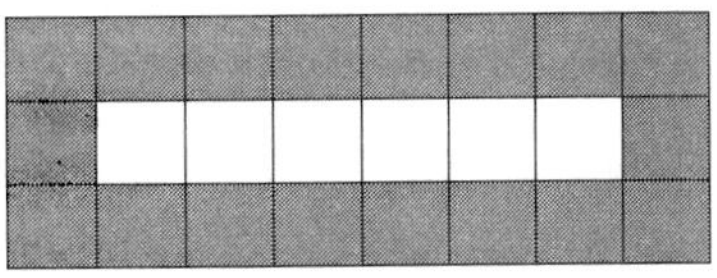

a. 60개의 흰색 타일 한 줄을 에워싸려면 회색타일이 얼마나 필요한가?
어떻게 답을 구했는지 보이시오.

b. n개의 흰색 타일 한 줄을 에워싸는 데 필요한 회색 타일의 개수를 식으로 나타내시오.

[그림 10.1] A1문제의 8학년용(a문제)과 10학년용

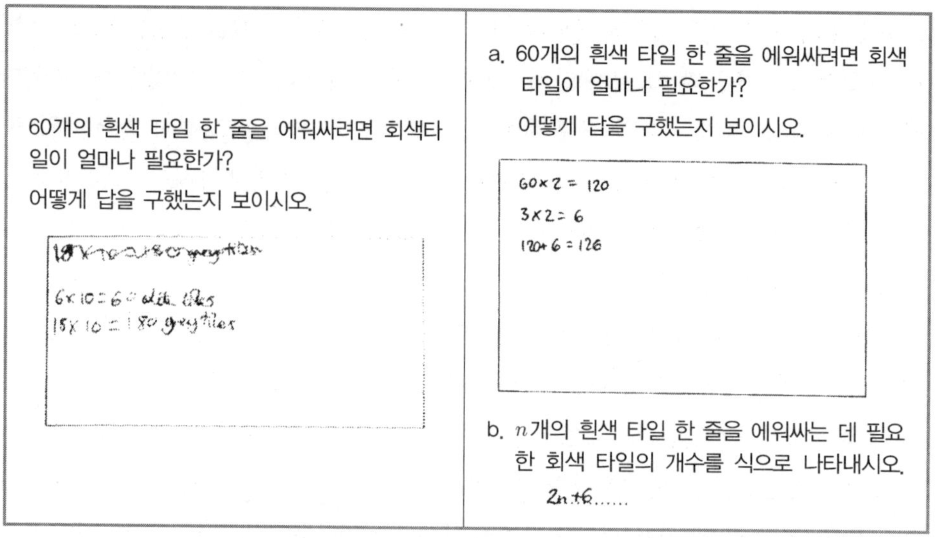

[그림 10.2] A1에 대한 학생 JG의 답: 8학년 때와 10학년 때

들의 구조적 추론을 평가하기 위한 문항이다. 앞에서 언급했듯이, 구조적 추론은 수학적 증명의 핵심 요소이다. 두 문항은 증명 시험에 한 번 이상 나왔던 것으로 매년 시행된 시험의 답안 패턴 변화를 확인할 수 있게 하였다.

문제 A1(그림 10.1)은 일반화되어야 할 흰색과 회색 타일의 패턴을 보여준다. 이는 영국 학교 교육과정에서는 친숙한 문제 유형이다 — 이것은 학생들에게 먼저 '일반화에 가까운(Stacey, 1989)' 수열을 만들기보다는 '일반화와는 거리가 있는 것(Stacey, 1989)'을 즉각적으로 만들도록 한다는 사실과는 별개이다. 이 문제는 학생들이 패턴의 구조를 기반으로 일반화를 할 수 있는지 또는 잘못된 수 패턴을 기반으로 부적절한 '함수'나 '전체-대상의 비례(whole-object scaling)(Stacey, 1989)' 전략을 사용하는지를 알아보기 위해 고안되었다.

Brown et al.(2002)은 예비 교사들을 대상으로 한 연구에서 그들이 "계산에 대한 추론이 만족스러울 때 계산을 수행"한다는 것을 발견하였다. Ruthven(1995)의 생각에 기초해서 만들어진 문제 A4(그림 10.3)는 덜 친숙한 상황에서 계산 수행의 경향을 탐구하기 위한 것인데, 계승(factorials-이 나이 학생들이 알지 못하는 기호)을 사용하고 가분성(divisibility)과 관련된다. 이 문제의 처음 부분은 간단히 계산할 수 있지만, 마지막 부분에서는 피젯수가 너무 커서 계산을 전략으로 쓰기는 힘들고 색다른, 좀 더 구조적인 접근을 하도록 (기대)한다.

이 장에서는 위의 두 문제에 대한 답안들을 횡단적으로(cross-sectional) 양적인 분석을 하는 것뿐만 아니라 문제 A1과 A4에 대해 토론한 10학년 학생들과의 인터뷰 자료를 발췌하여 제시하였다. 인터뷰 자료는 인터뷰 하는 동안 학생들이 같은 질문에 대해 서로 다르게 응답한 것을 비교하고 평가하도록 하여 그들의 답안에 숨겨져 있는 이유를 조사한 것이다. 문제 A1과 A4에 어떻게 답했는지를 바탕으로 학생을 선발한 것이 아니기 때문에 불행히도 인터뷰가 체계적이지는 못했다. 하지만 적절히 발췌된 자료의 분석은 이 문항에 대한 학생들의 사고를 조명하고 왜 사고의 진전이 있었는지 또는 진전이 없었는지에 대해 정보를 주었다.

수 패턴 일반화하기

문제 A1은 영국의 학생들에게는 친근한 타일 패턴과 관련된 대표적인 수/대수 과제이다. 이것은 학생들이 흰색 타일과 회색 타일의 개수 사이의 구조적 관계를 파악하고 사용하며 설명할 수 있는지를 평가하기 위해 설계되었다. 이런 유형의 문제는 모든 증명 시험에 포함되었지만 두 가지 형태가 있다. 같은 문제가 8학년과 10학년 증명 시험에 사용(10학년은 추가적 부분이 있음)되었고 9학년에서 서로 다른 문제이지만 동형인 문제를 사용한 경우가 있었다(여기에는 제시하지 않았음). 그림 10.1에 제시된 10학년 문제는 A1a, A1b 두 부분으로 구성되어 있다. 학생들에게 타일의 관계를 보여주는 한 가지 예(6개 회색 타일과 18개 흰색 타일)를 주었고 문제의 a부분에서는 이 관계를 60개의 흰색 타일로 일반화하고 수치적 계산을 설명하도록 요구했다. 문제의 b부분에서는 학생들이 n개의 흰색 타일로 일반적 관계를 쓸 수 있는지를 물었다. 8학년용 문제는 대수적 기호화 경험이 부족한 나이의 학생들이기 때문에 a부분만 동일하게 구성되었다. 문항에서 제시한 흰색 타일의 개수(즉, $6 \times 10 = 60$) 사이에, 그리고 주어진 배열($6 \times 3 = 18$)에서 흰색과 회색 타일 수 사이에 간단하면서도 적합하지 않은 관계를 나타내는 형태로 수치적인 방해요소를 문항에 의도적으로 넣었다.

이 프로젝트의 목적은 증명 문항의 답안에 여러 유형을 배치하고 시간의 흐름에 따라 코드의 빈도가 어떻게 변화하는지를 분석함으로써 추론의 발달을 포착하는 것이었다. 이러한 목적을 성취하기 위해 답안으로 가능한 유형을 사전 분석(이전 연구와 150명 학생들의 예비 시행)하여 5개의 범주로 나누어 A1a의 답안을 코드화하였다. 단지 수 패턴을 찾는 것에 기반을 두고 옳지 않은 답안을 한 경우는 코드 1로 하였다. 구조를 인식하기는 했으나 불완전하거나 옳지 않은 답안을 한 경우는 코드 2에 해당한다. 시행한 수치적 계산의 구조를 인식하는 것을 보여주는 옳은 답안인 경우에는 코드 3이다. (코딩 스킴을 개발할 때 타일 패턴을 정확하게 구조화한 대부분의 학생들은 암시적으로 혹은 분명하게 "두 배를 하고 6을 더한다"와 같은 패턴을 안다는 것을 관찰했다. 물론 "각각의 마지막에 하나를 더하고, 두 배를 하고, 각각의 마지막에 하나를 더한다"와 같은 다른 동형도 있었다. 그러나 이러한 경우는 드물었기 때문에 코딩 스킴에서 이들을 구별하지는 않았다.) 코드 4는 서로 다른 색의 타일들 사이의 일반적 관계를 분명하게 서술한 경우이고, 코드 5는 일반적 규칙을 변수를 사용하여 옳게 표현한 경우에 사용되었다. 마지막으로 기타 코드는 무응답이거나 다른 코드에 맞지 않는 답안의 경우에 사용되었다. 다음은 코드 1부터 5까지 정리한 것이다.

코드 1: 수 패턴 찾기(spotting number patterns) ($6 \times 10 = 60$, 따라서 회색 타일 $18 \times 10 = 180$개가 있다; 또는 $6 \times 3 = 18$, 따라서 회색 타일 $60 \times 3 = 180$개가 있다), 구조 없음.

코드 2: 구조를 약간 인식함 (불완전하거나 그림과 수 세기)

코드 3: 구조를 인식하고 사용함: 구체적인 경우 (정답, 예를 들어 60+60+3+3을 보임)

코드 4: 구조를 인식하고 사용함: 일반적인 경우 (정답과 일반적 규칙, 예로 $\times 2$, $+6$)

코드 5: 구조를 인식하고 사용함: 변수를 사용한 일반적인 답과 규칙 (단어나 문자로 나타낸 변수를 사용한 정답과 일반적 규칙, 예를 들어 흰색 타일의 개수에 2를 곱하고 6을 더한다, 혹은 $2n + 6$)

이러한 코드에 따라 답안을 수학적인 '질'에 의해 위계적으로 정리하였고 대체로 학생들이 수학적으로 발전할수록, 즉 좀 더 수학적으로 알고 있고 능력이 있으면 좀 더 질 높은 답안을 하는 경향이 있다고 판단하였다. 동시에 코드 3에 해당하는 응답들은 충분히 문항에 성공적으로 답할 수 있었고 그렇기 때문에 코드 3보다 수준 높은 답안을 쓸 수 있는 학생들은 코드 3 이상 되는 응답을 할 필요성을 느끼지 않았다.

패턴 찾기와 구조적 추론

시간이 지나면서 보이는 답안 패턴의 변화를 포착하기 위한 첫걸음은 코드에 따라 분류된 A1a 답안의 빈도를 기록하는 것이었다. 빈도들은 표 10.1에 제시하였다.

표 10.1에서 볼 수 있는 것은 8학년과 9학년 사이에 약간의 향상이 있었음에도 불구하고 상당수의 일부 학생들이 '수 패턴 찾기(pattern spotting)' 전략을 계속 사용해서 회색 타일이 180개라는 잘못된 풀이를 한다는 것이다. 8학년 전체 표본 중 35%가 이렇게 응답하였다. 이런 응답은 9학년에서는 21%로 떨어졌지만 10학년이 되어서도 21%를 유지했다. 따라서 횡단적 분석을 통해 보면 약간의 발전을 보인 후 정체기가 뒤를 이었음을 알 수 있었다. 물론 9학년과 10학년에서 수 패턴 답안을 한 학생들의 비율이 같다는 것이 그 비율을 차지한 학생들이 정확히 동일한 학생들이라는 의미는 아니다. 이 장 후반부에서 종적으로 데이터를 볼 때 다시 논의할 것이다.

패턴 찾기 답안의 빈도 변화에서도 옳은 답안(코드 3, 4와 5)의 빈도는 8학년일 때 48%에서부터 9학년에서는 68%, 10학년에서는 70%로 늘어났다. 그러나 9학년에서 10학년까지의 수치는 소폭으로 증가했지만, 오히려 학생들의 설명(코드 5 답안)에서의 변수의 적절한 사용(단어 또는 문자들로 표현됨)면에서 보면 9학년에서는 16%였던 것이 10학

[표 10.1] 8, 9, 10학년들의 A1a 문제 코드 빈도(N=1512)

코드	8학년		9학년		10학년	
	학생수	비율(%)	학생수	비율(%)	학생수	비율(%)
오답						
기타 옳지 않은 응답(무응답 포함)	163	11	67	4	66	4
코드 1: 수 패턴 찾기	522	35	317	21	315	21
코드 2: 구조를 약간 인식	112	7	105	7	75	5
오답 합계	**797**	**53**	**489**	**32**	**456**	**30**
정답						
코드 3: 정확한 구조, 구체적임	527	35	572	38	615	41
코드 4: 정확한 구조, 일반적임	53	4	214	14	43	3
코드 5: 정확한 구조, 변수의 사용	135	9	237	16	398	26
정답 합계	**715**	**48**	**1023**	**68**	**1056**	**70**
총계	1512	100	1512	100	1512	100

년에는 26%로 증가(8학년에서는 9%로 시작하였음)한 것과 같이 상당한 발전이 있었음을 감추고 있다.

이제 데이터에 대한 종적 분석 내용(longitudinal analyses)을 보자. 문항 A1의 첫 부분은 9학년에서는 없고 8학년과 10학년에는 동일하므로(문항 A1에 대한 10학년의 답안에 대한 전체 종적 분석은 프로젝트 보고서에 나와 있음 — Küchemann & Hoyles, 2003, pp. 10-18) 8학년과 10학년의 답안 패턴 변화에 중점을 두었다. 표 10.2A는 A1a에 대한 종적인 코드의 빈도를 보여주는 것으로, 8학년에서의 개개인 학생의 답안을 10학년에서의 답안과 함께 교차표를 통해 나타내었다. 그러나 연구의 목적은 '향상(progress)'을 생각하는 것이고 코드 3 답안은 문항에 대한 답으로 충분하기 때문에 코드 3, 4, 5를 그룹화하였다. 표 10.2B는 표 10.2A에서 파생된 것으로 코드 1, 2, 3-4-5의 위계적 순서의 타당성을 가정하였다. 이러한 가정에 기반을 두고, 8학년에서 10학년까지 그들의 답안에서 '향상' 또는 '퇴보'한 학생들의 백분율을 기록하여 제시하였다(한 학년 또는 두 학년 모두에서 기타 내용으로 오답을 한 학생들은 무시했다).

[표 10.2A] A1a에 대한 코드 3, 4, 5 답안을 결합하였을 때 8학년 대비 10학년의 코드별 빈도 (N = 1512)

	10학년 A1a									
	코드 1		코드 2		코드 3, 4, 5		기타		합계	
8학년 A1a	No.	%	No.	%	No.	%	No.	%	No.	%
코드 1	184	12	27	2	283	19	28	2	522	35
코드 2	26	2	9	1	72	5	5	0	112	7
코드 3, 4, 5	57	4	29	2	612	40	14	1	715	47
기타	48	3	10	1	89	6	16	1	163	11
합계	315	21	75	5	1056	70	66	4	1512	100

[표 10.2B] A1a에 대한 코드 3, 4, 5 답안을 결합하였을 때 8학년 대비 10학년의 향상 정도 (N = 1512)

	No.	%
향상	382	25
변함없음	805	53
퇴보	112	7
기타	213	14
합계	1512	100

표 10.2B에서 볼 수 있듯이, 8학년 대비 10학년의 학생 답안에 나타난 향상은 자연스럽게 이루어진 것은 아니다. 문항 A1a에서 25%는 향상되었고 7%는 퇴보하였으니 결국 '순수하게 향상'된 학생들은 18%뿐이다(이것은 대부분의 다른 핵심 문항에서 순수 향상된 학생들의 범위가 2%에서 32%의 범위 안에 존재하는 것과도 일맥상통한다). 표 10.2A에서 보듯이, 8학년에서 10학년까지 2년 동안 8학년에서 수 패턴 답안(코드 1)을 한 절반 이상의 학생들이 10학년에서 옳거나(코드 3, 4, 5) 또는 부분적으로 옳은(코드 2) 구조적 답안을 할 정도로 향상되었지만, 10학년에서 수 패턴 답안을 제공한 학생들의 $\frac{1}{4}$은 8학년에서 이미 높은 수준의 답안을 했던 학생들이었다.

대수에서 구조 표현하기

문제 A1의 9학년과 10학년용은 A1b 부분이 더해진 것으로 n개의 흰색 타일에 대해 필요한 회색 타일 개수를 식으로 쓰라는 문항이다(그림 10.1의 10학년용 참조). 이 문항에서는 학생들이 대수적으로 타일 패턴을 파악하고 그 관계를 표현할 수 있는지, 또한 단어나 문자로 주어진 구조에 대한 설명이 표현한 관계와 일관성이 있는지에 관심이 있었다. 선행 연구(Healy & Hoyles, 2000)에서 알려진 것은 영국의 10학년 학생들이 수학적 구조를 설명하기 위해 언어로 대수적 기호화(algebraic symbolization)를 하도록 배우고 대수적 '증명'에서 높은 수준을 보여 온 것이 사실이기는 하지만, 실제로 대수적 기호화를 사용하는 경우는 드물다는 것이다.

A1b는 흰색 타일의 개수를 회색 타일의 개수에 대응시키라는 문항으로, 다시 말해 함수적 접근을 요구한다(10학년 문항에서 $n \rightarrow 2n+6$). 그래서 이러한 방식이 수 패턴 방식, 즉 비례와 관련된 방식(10학년에서 18개의 회색 타일×10=180개 회색 타일)을 사용한 몇몇 학생들을 다시 생각하게 하는지 궁금했다. 대부분은 b부분에서 여전히 수 패턴 방식을 사용하고 있었고 43%의 학생들은 $n \rightarrow 3n$(n=60일 때 180) 형태의 답안을 제시했지만, 10학년의 절반 이상의 학생들은(N=197) 함수 답안으로 바꾸어 제시하였다. 그러나 13%의 학생들은 $n \rightarrow 2n+6$ 형태로 (더 나아가 6%의 학생들은 부분적으로 옳은 대수적 표현을 제시했음) 옳은 대수적 표현을 제시했다. (놀랄 것도 없이, 문항 A1a에서 함수적 수 패턴 답안, 즉 60개의 흰색 타일×3=180개의 회색 타일을 한 10학년 학생들 92명 중에서 다수인 87%가 b부분에서 $n \rightarrow 3n$의 형태로 답하였고 단지 1%만이 옳은 대수적 표현을 하였다.)

10학년 A1a 답안에서 코드 3(즉, 옳지만 구체적이고 비대수적 답변)으로 분류된 615명의 학생들 중 93%가 문제의 b부분에서 옳은 대수적인 답변을 하였다. 따라서 문제 b부분은 a부분에서 그렇게 하도록 강요받았다고 느끼지 않으면서도 대수를 사용하도록 하는 데 효과적이었으며, 앞에서도 논의하였듯이 대부분의 경우에 학생들이 답을 정확히 재구조화하도록 이끌지는 못한다 할지라도 상당수의 학생들이 상수 접근에서 함수 접근으로 변환하도록 하였다.

■ **일부 인터뷰 전사 발췌**

양적 데이터 분석을 보면 적어도 일부 학생들에게는 그들이 답을 하는 기회에는 어떤 요소(an element of chance)가 있음을 알 수 있었다. 타일 패턴을 해석하는 특정 방법(몇몇은 구조적 추론으로, 몇몇은 수 패턴 찾기로)보다는 이런 경우에는 이런 방법을 쓰고 다른 경우에는 다른 방법을 떠올리는 것처럼 말이다. 더 나아가 찾아낸 관계에 대한 대수적이지 않은(non-algebraic) 표현과 대수적 표현 사이에는 어떠한 일관성도 없었다. 개인별 답안 검토를 통해 몇몇 학생들은 주어진 경우에 따라 접근 방식을 바꾸어 사용하고 있음을 알 수 있었다.

문제에 대한 학생들의 해석을 이해하기 위해 학생들의 인터뷰를 살펴보도록 하자. 여기에 소개하는 인터뷰 발췌 내용은 10학년 학생들에게 문항 A1에 대한 8학년과 10학년의 답안을 비교하도록 하고 답안 간의 어떤 불일치와 변화에 대해 설명하도록 한 것이다. 수학적 추론의 발달에 있어 매우 '우수'한 학교의 학생들과의 모든 인터뷰를 되짚어보는 것도 의미가 있을 것이다. 여기서는 서로 다른 답안 패턴을 보인 3명의 학생들이 만든 답안과 인터뷰 발췌 내용을 제시하겠다. 먼저 8학년과 10학년 모두에서 패턴 찾기 접근을 계속한 학생 MS, 그리고 8학년에서는 패턴 찾기를 사용하고 10학년에서는 구조를 인식하여 분명한 향상을 보였지만 자신의 추론을 설명할 때는 다르게 답변을 했던 학생 EC와 JG를 살펴볼 것이다. 명확하게 퇴보를 나타내는 학생은 인터뷰가 불가능했다.

학생 MS는 8학년과 10학년에서 패턴 찾기 답변을 하였다(9학년에서도 역시). 그러나 8학년에서는 '$\times 10$'인 스칼라 전략을 사용하였지만 10학년에서는 '$\times 3$'인 함수 전략을 사용하였다(b부분과 일관성 있는 '$3n$'이라는 함수 답변과 함께 제시했다).

MS는 10학년 시험 며칠 후 인터뷰를 하게 되어 8학년과 10학년에서의 그의 답안을 책상 위에 같이 놓고 이에 대한 질문을 받았다. 처음에 그는 답안이 본질적으로 같은 것이라고 생각하는 듯 했고 인터뷰 발췌 내용에서 나타나듯이 면담자가 답안을 다시 읽고 이들이 서로 다르다고 했을 때에도 흔들리지 않았다.

I: 여기(10학년 답안)에서는 좀 다르게 했네요. 나는 6개의 흰색 타일이 있고 여기에 3을 곱해서 18개의 회색 타일이란 답을 얻었어요.

MS: 6이 있고 18.... 전체에 3을 곱해요. 그러면 60개 안에 얼마나 많은 회색 타일이 있어야 하는지 찾아내는 거랑 마찬가지라고 생각해서 3을 곱했어요.

I: 어떤 방법으로든 확인해야 한다고 생각했나요? 아니면...

MS: 저는 이런 것에 꽤나 자신이 있었어요. 그래서 다음 문제로 넘어 갔어요.

따라서 MS는 그가 발견한 수치적 관계가 간결성(simplicity) 때문에 옳다고 확신하고 있었으며 이들이 서로 다르다는 제안도 무시할 만큼 만족스러워했다.

이제 8학년(그리고 9학년)에서 '$\times 10$' 수 패턴 찾기를 답하였던 학생 EC에 대해 얘기해 보자. 초기에 그는 10학년에서도 '$6 \times 10 = 60$'이라고 쓰면서 유사한 답으로 시작하는 듯했다. 그러나 이 답을 지우고 '$60 \times 2 = 120$'과 '$+3+3=126$'으로 대체하였는데 이는 기하적 구조에 기반을 둔 옳은 답이었다. EC는 10학년 시험 약 일주일 후 인터뷰에서 그의 8학년과 10학년 답안을 비교하라는 질문을 받았다. 이때 우리는 그가 지금 8학년에서의 오답을 옳다고 믿고 있는 것을 보고 놀랐다.

I: 어떤 것이 옳다고 생각하나요?

EC: 이것이요[8학년 답안을 가르치며].

I: 8학년 때 한 것?

EC: 네, 직감으로요.

I: 직감을 따르는군요.

EC: 네, 제가 생각하기에 처음 직감이 대부분 맞는 것 같아요. 그래서 이것이 맞는 것 같아요.

면담자는 좀 더 질문을 하면서 EC에게 좀 더 자세히 10학년 답안에 대해 설명하도록 했다. EC는 그렇게 하는 듯 했지만 여전히 8학년과 10학년 답안의 상대적 장점에 대한 자신의 생각을 바꾸지 않았다.

I: 10학년에서 두 배를 하고 6을 더하는 답안으로 결정을 내렸군요.

EC: 네.

I: 그래요, 어떻게 그렇게 하게 되었지요? 왜 그렇게 했나요?

EC: 우리는 60개가 필요하고 각 열에, 각 흰색 타일에 6개씩 있었기 때문에 결국 12개가 되고 이를 두 배 하면 3이 남게 되어서 여기에 3을 더했어요. 확실치는 않아요.

I: 좋아요, 충분히 이해가 되네요. 그런데 문제는 우리가 여전히 두 가지 다른 답을 가졌다는 것이에요. 그럼 아직도 직감을 믿고 8학년 답안이 옳다고 생각하나요?

EC: 네, 그렇게 생각해요.

놀라운 것은 EC가 10학년에서 옳은 구조적 접근 방식을 생각했고 심지어 A1b문항에 대한 10학년의 답안이 옳다고 지적해주었는데도 불구하고 8학년에서의 '×10'이라는 접근 방식의 간결성 때문에 옳은 답을 포기했다는 것이다. 아마도 이 단계에서 경험이나 안내의 부족으로 EC는 긍정적 또는 부정적인 질에 대하여 인식하고 적절한 방법으로 서로 다른 답안을 구별하는 데 필요한 메타-지식(meta-knowledge)을 가지지 못하였던 것 같다.

마지막으로 EC와 유사한 답변을 한 JG에 대하여 살펴보자. 그녀는 8학년에서는 수 패턴 답변인 '×10'을 하였고 10학년에서는 '60×2=120, 3×2=6, 120+6=126'과 같은 구조적 답변을 하였다(그림 10.2 참조).

JG는 10학년 시험 일주일 후에 인터뷰를 하였다. 처음에는 그녀의 8학년 때 답안을 이해할 수 없었으나("왜 제가 8학년 때 이렇게 썼는지 잘 모르겠어요"), 결국은 해석할 수 있게 되었다.

I: 네가 아니라 다른 사람이 이렇게 답했다고 하자. 왜 그렇게 했는지 알아낼 수 있나요?

JG: [오랜 시간 무응답 후] 아니오.

I: 여기에 어떤 논리도 보이지 않나요?

JG: 글쎄요... 네, 이제 알겠어요. 6이 있었기 때문에 6에다 10을 곱한 것이 60이고 문제에서 얘기하고 있는 것이니까 바깥쪽에 있는 수에 같은 수만큼 곱해야 해요.

오! 네.

그러나 EC와 달리 그녀는 좀 더 이해하고 있다고 느끼는 10학년에서의 그녀의 구조적 답변을 더 선호했다.

I: 왜 더 이해한다고 느끼게 되었는지 좀 더 얘기해 줄 수 있나요?
JG: 잘 모르겠어요. 아마 2년 이상 한 패턴 찾기 연습!
I: 그렇다면 이 답변이 패턴에 어떻게 맞는 것인가요? 10학년의 답이 패턴에 더 잘 맞나요?
JG: 글쎄요. 저는 단순히 내부에 있는 수와 외부에 둘러싸고 있는 것의 수를 곱한 것이 아니에요. 이 숫자에 대한 규칙보다는 그 패턴에 대한 규칙으로 구한 것이죠.
I: 좋아요. 그럼 10학년 답의 규칙은 어떻게 얻었나요?
JG: 글쎄요, 타일이 한 줄이고 각 끝에 있는 세 개의 타일은 변하지 않았어요. 단지 위에서 사용했듯이. 흰색 타일의 위와 아래에 회색 타일들...
I: 알겠어요.

JG의 답은 몇 가지 측면에서 흥미롭다. 먼저 그녀는 외적인 이유('여러 해 동안의 연습')를 가지고 구조적 답변을 선호하는 이유를 정당화하였다. 이것은 그럴듯하지만 실제 답변의 질과는 무관하고 간결성에 대한 EC의 탐구보다 더 타당하지도 않은 것이다. 하지만 그녀는 구조 자체를 훌륭하게 설명할 수 있었고('각 끝의 세 개... 위쪽과 아래쪽의 회색 타일') 사실상 좀 난해한 방법이긴 했지만 그 설명의 질에 대해 무언가 말할 수 있었고 이른바 일반적으로 설명할 수 있었다. 따라서 '난시 수에 내한 규칙'과 대조적으로 '규칙성'을 발견한 것이다. "저는 외부에 둘러싸고 있는 것의 수를 곱한 것이 아닙니다"라는 그녀의 진술은 흰색 타일 주변에 더 이상 맞지 않는 회색 타일의 집합이 결과가 되기 때문에 이러한 수 패턴 찾기 전략을 위한 억지스러운 시각적인 테스트를 제공하게 된다는 것에 주목해야 한다. 더 나아가, 그녀는 A1b 문항에 대해 옳게 답했는데, 이는 그녀가 대수를 사용하여 구조를 표현할 수 있음을 보여주는 것이다. 결국 여기서 개념과 언어가 아직 잘 형성되지 않았더라도 구조적 추론에 대한 메타-지식이 시작되고 있음을 입증하는 듯했다. 불행히도 우리는 이 지식이 어떻게 나타나게 되었는지는 알 수 없었다. — JG의 10학년 수학교실에 대한 제한된 정보만 가지고 분석한 것이지만, 그렇더라도 구조적 설명에 대한 탐구는 이에 대한 사회 수학적 규범(sociomathematical norms)의 강력한 양상은 아니었다.

인터뷰한 세 명의 학생들이 대표성을 띤다고 할 수 없지만 이들의 답변은 적어도 몇몇 학생들에게 수 패턴의 간결성이 구조적 접근에서 얻을 수 있는 통찰보다 훨씬 강력한 힘이 있다는 것을 알 수 있었다. 이는 수치적 모델링(modeling with numbers), 이 모델에 대한 설명, 몇몇 학생들이 자신의 생각을 재정비하도록 하는 대수적 모델링(modeling with algebra) 간에 불연속성이 있을 수 있음을 보여준다. 이 결과는 또한 구조적 접근의 힘을 인식하는 것이 취약하다는 것과 오히려 옳은 것이라 할지라도 구조적 추론의 특징을 설명할 수 있는 능력이 제한되어 있음을 보여준다. 이것은 다른 곳에서도 발견된 현상으로 수학적 설명을 하고 이에 대해 반성해 보는 경험이 적기 때문에 최상위 학생들 사이에서조차도 광범위하게 나타나는 현상이다.

계산하기에서 구조적 추론으로

증명 시험 문제에서 학생들이 경험적 수준에서 해결하려는 경향이 강한 것을 발견하였다. 앞에서 논의한 문항 A1의 경우, 경험적 수준으로 해결하는 것은 주로 패턴 찾기 답변으로 나타나는데, 8학년에서는 상위 그룹의 1/3 이상이, 10학년 표본 중에는 1/5 이상이 여전히 경험적 수준으로 해결하려 하였다. 8학년과 9학년 증명 시험에서 사용되었던(그러나 시간과 공간적 이유로 10학년에서는 제외되었음) A4와 같은 질문에 대한 답변에서는 다르게 나타나기는 했지만 이러한 경험적 경향은 강했다. A4는 A1과는 다르게 수학

A문제의 8학년용	A문제의 9학년용
A4 a. 4!은 4×3×2×1을 의미한다. 5!은 5×4×3×2×1을 의미한다. 5!이 3으로 정확히 나누어지는가? 답을 설명하시오. b. 100!은 무엇을 의미하는가? c. 100!이 31로 정확히 나누어지는가? 답을 설명하시오.	A4 a. 4!은 4×3×2×1을 의미한다. 5!은 5×4×3×2×1을 의미한다. 5!이 3으로 정확히 나누어지는가? 답을 설명하시오. b. 50!은 무엇을 의미하는가? c. 50!이 19로 정확히 나누어지는가? 답을 설명하시오.

[그림 10.3] A4 문제의 8학년과 9학년용

적 내용이 학생들에게 익숙하지 않았고 계산보다는 구조에 적합한 해결 전략을 아직 배우지 않았다는 점에서 구별되는 특징을 갖고 있었다. 문제는 그림 10.3에 축약된 형태로 제시하였다(원래 문제는 A4 사이즈[1] 종이 전체를 차지했고 각 부분 뒤에 있는 빈 공간은 학생들이 답변을 쓸 수 있는 부분이었다). 문제는 세 부분으로 되어있지만 관심 가는 부분은 a부분과 c부분이다. A4a에서는 학생들이 5!을 3으로 나눌 수 있는지에 대한 질문이고 A4c에서는 100!을 31로 나눌 수 있는지에 대한 것이다(또는 9학년용에서는 50!이 19로 나누어지는지를 물었다).

A4a의 답안들은 세 개의 범주로 코드화하여 학생들이 틀리거나 부적절한 이유를 한 경우(코드 1), 또는 5!을 계산해서 가분성(divisibility)을 판단한 경우(코드 3), 또는 '가분성의 원리(divisibility principle)'에 기반을 두고 옳은 이유를 든 경우(코드 4)로 판별하였다.

A4c에서 코드 1과 4는 다시 사용되었지만 학생들은 주어진 계승(8학년에서 100!이나 9학년에서 50!)을 계산하는 방법을 알지 못했기 때문에 코드 3은 없었다. 그러나 몇몇 학생들은 a부분에서 120, 즉 5!은 5, 4, 3, 2, 1로 나누어질 수 있다는 것을 관찰하고 이것에 근거하여 주어진 계승이 31(8학년) 혹은 19(9학년)로 나누어질 수 있음을 귀납적 근거를 들어 논증하였다. 이러한 답안의 경우는 코드 2가 부여되었다.

A1과 같이, 코드들이 수학적 '질'에 따라 위계적으로 정렬되었는지 그리고 학생들이 수학적으로 발달되면서 더 수준 높은 답안을 할 수 있는지는 다시 판단하였다.

A4a와 A4c의 전체 코드의 빈도들은 Küchemann과 Hoyles(2003, pp. 23-24)에서 찾을 수 있다. A4a를 보면, 코드 3과 4의 빈도가 나타내는 것은 대부분의 학생들이 5!이 3으로 나누어질 수 있음을 정확하게 결정할 수 있었으나(8학년에서 76%, 9학년에서 83%), 압도적으로 많은 학생들의 답안이 코드 4보다는 코드 3을 받았다는 것이나(8학년에서 전체 표본의 74%, 9학년에서 77%). 즉, 학생들은 5!을 계산한 다음에 120÷3을 계산했는데 본질적으로는 3을 곱하고 다시 3으로 나눈 것이다. 이 학생들은 계승과 가분성의 개념이 무엇을 의미하는지는 이해했지만 설명을 할 때는 활용하지는 못했다(물론 자신들의 논증이 충분하다고 느껴서 이러한 설명을 하지 않았을 가능성도 충분히 있다. 하

1 A4용지는 미국의 레터지(letter)와 비교 가능하다. A4종이는 반으로 접어 직사각형 모양으로 만들 수 있는데 이는 원래 직사각형 모양인 A4종이와 수학적으로 닮음인 성질이 있다(각 변의 길이의 비는 1: $\sqrt{2}$ 이다).

지만 c부분의 답변은 이런 경우가 거의 없었다). 즉, 3이 5!의 **주어진**(given) 인수라는 사실을 쓴 논증에 기초한 경우가 해당하는데, 8학년의 단지 2%와 9학년의 6% 학생들의 답안이 그러했고, 코드 4를 주었다.

논증의 마지막 유형(코드 4)은 a부분에서 필수적이지는 않았지만, 학생들에게 계산기를 허용하지 않았기 때문에 c부분에서는 필수적이다. 그러나 이미 언급하였듯이 c부분에서 약간 더 많은 비율의 학생들이 이러한 논증을 사용하였다(8학년의 3%, 9학년의 9%). 대부분의 학생들은 계승을 구하길 원했고 다른 가능한 대안적 전략은 없었다. 몇몇 학생들은 "해결하려면 수년의 시간이 걸리고 손쉬운 방법이 있더라도 나는 모른다"와 같이 적었다. 몇몇은 100=20×5이고 100!=20×5!에 기초하여 100!을 2400으로 계산하여 "아니오"로 답하였다. 다른 학생들도 "아니오"라고 답한 경우가 있었는데 100!은 짝수이고 31은 홀수 또는 소수이기 때문이었다.

그림 10.4에 제시한 어느 8학년 학생의 답안은 A4c의 전형적인 답변이다. 흥미롭게도 이 학생은 "만약 어떤 수를 곱한다면 그 수로 나눌 수 있기" 때문에 "50!이 19로 나누어지는가?"에 대해 "예"라고 답하여 구조적 답변을 하였다. 그러나 이렇게 익숙하지 않은 문제에서 경험적인 것으로부터 구조적 추론으로 옮겨갈 수 있는 학생들은 거의 없다는 것을 알 수 있었다. A4a에서 18명의 학생들만이 두 학년 모두에서 가분성의 원리를 사용하였고 단지 76명 학생들(표본의 5%)만이 계산하기(calculating)(또는 낮은 수준의 답변 혹은 무응답)로부터 가분성의 원리를 사용하는 것으로 변화해 갈 수 있었다. 8학년에서

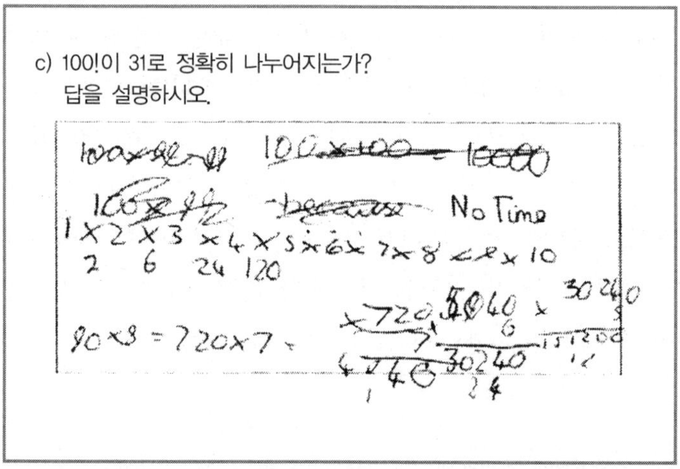

[그림 10.4] 8학년 문제 A4에서 MH 학생의 답안

가분성의 원리를 성공적으로 사용하였던 37명의 학생들 중 19명은 9학년에서 계산하기(또는 낮은 수준의 답변)로 되돌아갔다. 성공적으로 답하기 위해서 가분성의 원리가 필요한 A4c에서도 마찬가지였다. 단지 22명의(표본의 1%) 학생들만이 계속해서 이 원리를 사용하였고 114명의 학생들(7%)은 8학년에서는 하지 못하였다가 9학년에서 이 원리를 사용하는 식으로 향상되었다. 8학년에서 성공적으로 c부분을 답하였던 학생들 42명 중 20명은 9학년에서 퇴보(또는 무응답)하였다. 이러한 퇴보, 특히 c부분에서의 퇴보는 놀라운 일이었다. 일단 "만약 어떤 수를 곱하면 그 결과값은 다시 그 수로 나누어질 수 있다"라는 것을 이해했다면 "잊어버릴" 수는 없지 않는가?

이러한 이슈들을 파악하기 위해서 인터뷰 자료로 다시 돌아가 보자. 이른바 '예외적(outlier)'인 학교를 방문하여 문제 A4를 8학년과 9학년에서 답한 학생 12명을 인터뷰하였다. 불행히도 c부분에서 퇴보한 학생은 아무도 없었다(우리의 전체 표본인 1512명 학생 중 15명이 퇴보를 한 것은 놀랍지 않은 것이지만). 그러나 여러 학생들이 8학년 때는 계산하기를 사용하는 것에서 9학년 때는 가분성 원리를 사용하는 것으로 성공적으로 향상되었고 우리는 이 학생들 중 한 명의 경우를 여기에서 살펴보고자 한다.

학생 AM은 9학년 시험을 본 하루 뒤에 인터뷰를 했다. 그가 작성한 답안은 그림 10.5에 제시하였다. AM은 8학년에서 9학년으로 가면서 상당히 향상되었다. 그는 9학년에서 '가분성의 원리'를 명확하게 이해하는 듯 보인다.

문제 A1에 관한 인터뷰에서처럼 학생들이 각기 다른 학년에서 작성한 그들의 답안을 비교하고 왜 그렇게 답했는지 그 이유를 설명하도록 했다.

AM의 9학년 때 작성한 답안에서 그는 a부분뿐만 아니라 c부분에서도 5!을 계산하기보다는 가분성의 원리를 기초로 설명하였다. 따라서 a부분에서 그는 "이 수는 3을 곱해서 얻어진 것이므로 3으로 나누어져야만 한다"라고 썼나. 인터뷰에서 어떻게 이런 설명을 하게 되었는지 물었다.

AM: 저는 단지 이렇게 생각을 했어요. 5!은 5×4×3×2×1이니까 여기에 3을 곱하면 3으로 확실히 나누어질 수도 있어요. 이것은 2가 곱해지고 1이 곱해졌기 때문에, 2가 곱해지면 두 배가 되지만 1이 곱해지면 변화가 없기 때문에 그렇게 말했어요. 그래서 이것을 3으로 나눌 수 있어요.

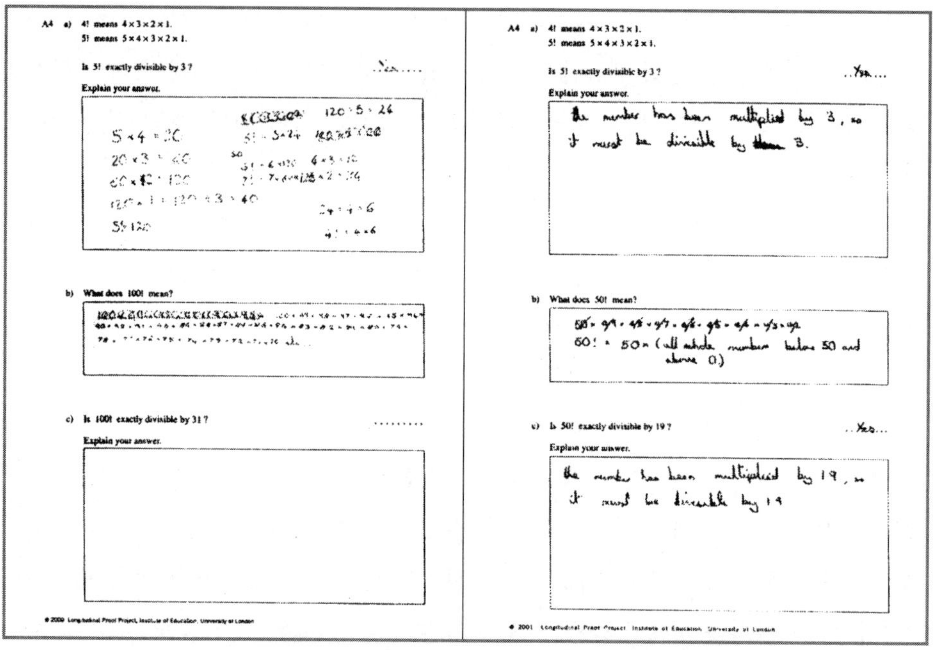

[그림 10.5] 문제 A4에 대한 8학년과 9학년 때의 학생 AM의 답안

AM은 5!을 계산하는 것에 대해서 언급하지 않았지만, 가능한 계산 과정에 맞추어 설명한 것으로 보인다. AM은 일련의 항에서 ×3이 한 요소라는 것으로는 불충분하다고 느끼고 조심스럽게 그 다음 항인 ×2와 ×1이 3으로 나누어지는 가분성에 영향이 없다는 것을 주의 깊게 확인하였다. 이는 '가분성'과 같은 개념이, 특히 100!과 50!의 경우와 같이 항들이 길게 나열되는 것의 가분성을 고려할 때 곱셈의 교환법칙과 결합법칙을 어느 정도 인식하는 것처럼, 아이디어의 전체적인 연결과 관련 있다는 사실을 잘 보여주고 있다(Brown et al., 2002 참조).

나중에 AM은 '거의 확실'하다고 말했지만 5!이 3으로 나누어지는 것에 대해서는 확신하지 못했다. 면담자는 이를 좀 더 조사하였다.

I: 지금 거의 확실하게 3으로 나눌 수 있다고 말하였는데, 약간 주저하는 것 같네요.
AM: 3으로 나눌 수 있다고 생각해요. 이때는 확실하지 않았던 것 같아요.
I: 그럼 지금은 확실하다는 것인가요?
AM: 네, 결국은 거의 확신해요. 그게 좋은 것 같아요.

I: 왜 아직 미심쩍은 것이 있나요? 거의 확실하다고 말했잖아요.

AM: 모르겠어요. 제가 확실하다고 한 것은... 그러나 아직 완전히는... 왜 그런지 모르겠어요. 왜 그런지 조금은 알겠지만 아직 완전히 알지는 못했어요. "좀 더 큰 수가 있다고 가정하면..."이라고 생각해 보지 못했어요.

AM에게는 '가분성의 원리'(임의의 수에 어떤 수가 곱해지면 결과는 그 곱한 수로 다시 나눌 수 있다는 논증)에 대해 확신하지 못하는 것은 기본적인 논증을 이해하지 못하거나 그 힘을 인식하지 못해서가 아니라 다른 상황에서의 특성(예, 100!에서 다른 항들이 길게 나열되고 나서 ×31이라는 항이 나오는 것)에 이 원리가 타당하지 않다는 것을 인식했기 때문이다. 이것(그리고 다른 인터뷰)으로부터 A4의 c부분에 정확하게 답하였던 학생들은 아직 더 계산할 필요가 있다고 표현했는데, 그것은 구조적 설명에서 그들이 시도했던 것을 버리거나 가치를 두지 않아서가 아니라 그들의 논증의 일부에 대해 확신이 없어서 설명이 타당한지 확인하기 위해 이러한 계산의 필요성을 표현한 것으로 나타났다. '다른' 요인들의 영향 때문에 수치적 관계를 사용하는 것에 대해(심지어 이 관계를 이해하고 있을 때조차) 확신을 갖지 못했던 것은 왜 몇몇 학생들이 9학년에서 '퇴보'를 하게 되었는지 그 이유를 설명하는 데 도움이 되었다.

결론

우리는 높은 성취도를 보이는 학생들의 수학적 추론에 대한 개념을 연구한 종단 연구의 결과들을 몇 가지 살펴보았다. 그 연구에서는 해마다 특별히 고안된 지필 증명 시험을 시행하여 이에 대한 학생들의 답안을 코드화하고 그 코드 빈도를 횡적으로 그리고 종적으로 분석하였다. 각 증명 시험의 총점은 다층 분석을 하여 예상보다 더 잘한 학생들이 있는 학교를 파악하는 데 사용하였다. 그리고 나서 그 학교의 학생들을 인터뷰하여 답안을 설명하도록 하였다. 비록 체계적이지는 않았지만 인터뷰에서 얻어진 전사 자료들을 통해 각 평가 문항에 대한 학생들의 생각들을 알 수 있었고 왜 향상되었는지, 혹은 왜 향상되지 못하였는지에 대한 이유를 밝혀낼 수 있었다.

이 장에서 경험적 추론(empirical reasoning)과 구조적 추론(structural reasoning)의 사용으로 패턴을 조사하도록 고안된 수/대수의 두 문제에 초점을 두었다. 첫 번째 문제인 A1은 타일 패턴을 일반화하는 친숙한 문제이다(비록 "일반화와 거리가 먼" 것만 다루는 것이 일상적이지는 않지만). 또 다른 문제인 A4는 덜 친숙한 문제로 계승과 가분성에 관련된 것이다. 우리는 구조적 추론의 사용이 시간이 지나면서 적당한 속도로 증가하는 것을 발견하였다. 이러한 향상은 경험적 추론에 의지하는 것에서 구조에 대한 메타-지식의 개발에 기반을 둔 좀 더 이론적인 추론으로 일반적인 인지적 변화를 보여주는데, 이는 의심할 여지없이 이 상위 그룹에 대한 교수 효과와도 연관되어 있었다. 그러나 이러한 교수 효과에도 불구하고 문제 A1의 부적절한 수 패턴 찾기의 형태는 경험적 추론을 사용한 것으로 A4에서의 계산을 분석하기보다는 문제를 풀어내고자 하는 바람에 의해 아직까지도 널리 퍼져있다.

코드화된 종적 데이터의 양적 분석은 학생들 답안에서의 동요의 정도를 보여주었고 이는 적어도 몇몇 학생들에게 그들의 답안을 정할 기회의 요소(element of chance)가 있음을 보여주었다. 예를 들면, 타일 패턴을 해석하는 특정 방법을 사용하기보다는 어떤 경우에는 기저에 깔려있는 구조에 따르고 또 다른 경우에는 피상적인 수 패턴에 근원을 두는 것으로 보였다. 수 패턴 답안의 간결성은 구조적 접근법으로부터 얻을 수 있는 통찰보다 더 강한 매력을 갖고 있는 듯했다. 또한 초기에 사용한 추론 방법과 같을 필요가 없는 대수적 표현을 쓰도록 했을 때 대부분의 학생들은 타일 패턴을 해석하는 데 있어서 일관성이 없었다. 몇몇 학생들은 이러한 불일치 때문에 혼란스러워하기도 했지만 그렇지 않은 다른 학생들도 있다는 증거도 있었다.

학생 인터뷰를 통해 알 수 있는 것은 전체적으로 학생들이 구조적 추론에 대해 자신감이 부족하고 허술하게 이해하고 있다는 것이다. 처음에는 이러한 결과를 단순히 학생들이 구조적 추론의 힘을 인식하지 못하고 경험적인 방법을 사용하는 경향 — 특히 교육과정과 수업방식 때문에 영국 학교에서 특히나 강하게 나타나는 경향(예로, Morgan, 1997 참조) — 이 널리 퍼져있다는 증거로써 해석했다. 그러나 학생들의 답안과 인터뷰에서 보여준 다양한 방법에 대해 다시 반추해 보면서 이러한 관점을 수정하였다. 결과적으로는 구조적 논증의 타당성을 확인하기 위해 경험적 추론의 좀 더 발전된 사용을 구분하는 대안적인 설명을 하게 되었다.

Jahnke(2005)는 학생들이 수학적 증명을 배울 때 하는 학생들의 행동을 설명하는 한 가지 방법으로 '이론적 물리학자'라는 은유를 사용했다. 이러한 관점에서 보면 학생들이 경험적 증거에 의지하는 것은 증명 논증의 타당성을 평가하기 위한 합리적이고 의미 있는 시도로 볼 수 있다. 실제로, 증명이 "의사-경험적 과정의 한 부분으로써... 오류 가능한 수학자들"(Reid, 2005; Lakatos, 1976; Lampert, 1990 참조)에 의해 시행된 어떤 것으로 본다면 이런 은유는 수학에 초보인 학생들을 넘어서 유용하게 확장될 수 있다. 이것은 증명에 대하여 "수학 명제의 형식적 증명은 선험적이고 보편타당함에 귀착되는 것이다"라고 하는 (Reid, 2005 인용) 증명에 대한 '전통적' 개념을 가지고 있는 Fischbein과 Kedem(1982)의 대단한 연구에 흥미로운 정보를 던져주는 것이다. 그들은 학생들이 주어진 증명이 옳다는 것에 동의하더라도 수치적 확인을 하게 되면 정리(theorem)를 좀 더 확신하게 된다는 것을 발견했다. 이러한 결과는 이와 비슷하게 학생들이 하나의 명제에 대해 서로 다른 '증명'을 한 문항을 사용한 Healy와 Hoyles(2000)의 연구에서도 나타났다. 이들도 학생들이 동시에 증명에 대한 두 가지 다른 개념, 즉 최고점을 받은 논증에 대한 증명 개념과 자신들이 받아들이는 논증에 대한 증명 개념을 갖고 있다고 보고하였다. 두 번째 개념에서 학생들은 자신들의 식견이 제한적이라는 것을 알면서도 상대적으로 무엇이 좀 더 설득력 있는지(다른 논증을 선택하는 학생들이 했던 것보다 좀 더 설득력 있는 것을 찾는다는 의미에서) 그들이 평가할 수 있는 논증(주로 경험적인)을 선택했다.

Fischbein이 볼 때, 좀 더 수치적 확인을 좋아하는 학생들은 "실제로 수학적 증명의 의미가 무엇인지 이해"하지 못했다(Fischbein, 1982, p.16). 우리의 증거는 몇몇 학생들의 경우이기는 하지만 다른 학생들에게 적용할 수 있는 대안적인 해석을 제공한다. 즉, 학생들은 증명에 대해 어느 정도 (즉, 수학적 특성과 관련된 논리적으로 순서가 있는 근거들의 집합으로) 이해하고 있다. 하지만 그들이 찾지 못했던 증명(예, 논리나 근거)에 결함이 있을 수 있나는 것을 인식하고는 있다. 그래서 제승과 가분성에 관한 친숙하지 않은 문제에서, 심지어 답안에서 주어진 구조적 근거와 근본적인 구조에 대해 기초적인 이해를 하고 있는 몇몇 학생들도 완벽히 마무리하기 위해서는 더 계산할 필요가 있다고 생각하는 듯했다. 이것은 구조적 논증의 타당성을 확인하는 측면에서 학생들이 논증의 힘을 인식하지 못한다기보다는 타당하지 않은 그들의 추론을 만들어진 상황의 다른 측면들의 영향에 대한 불확실성에 대처하는 합리적인 방법으로 볼 수 있다. 따라서 많은 경우에 경험적 데이터에 의지하는 것이 증명에 대한 이해가 부족함을 보여주기는 하지만, 그렇게 하지 말아야 할 필요는 없다.

이제 우리 결과를 요약하고 교수(teaching)에 대한 몇 가지 시사점을 제안하고자 한다. 무작위 표본에서 높은 성취를 보인 학생들은 지난 3년 이상 구조적 추론을 사용함에 있어 향상을 보였고 이는 교수의 긍정적인 축적된 결과를 보여주었다. 하지만 구조적 추론으로의 진전은 선형적이지 않고 유지되는 것도 아니다. 전체적으로 긍정적인 경향이 있음에도 불구하고, 과제의 해석에 대한 이슈 때문에 교육과정에서 중점을 둘 것의 변화(대수의 도입과 같은), 개별 학생들의 구조적 추론의 선택에 대한 자신감과 같은 예측 불가능한 변수가 있다. 즉, 구조적 논증의 타당성을 확인하기 위한 좀 더 발전된 경험적 추론의 사용을 알았음에도 불구하고 부적절한 수 패턴 찾기의 형태나 또는 계산을 분석하기보다는 계산하는 것을 통해서 경험적 추론을 사용하는 현상은 지난 3년간의 프로젝트 내내 널리 퍼져 있었다.

종적 분석내용에서 보듯이 학생 답변의 취약성을 고려할 때, 학생들은 수학적 논증의 질의 향상이 의미하는 바를 명확히 인식하지 못하거나 새로운 표상적 기반(representational infrastructure) (예, 대수)에서 수학적 아이디어를 표현하고자 하기 때문에 학생들의 이해를 단편적으로 보는 것은 잘못된 결론에 이르게 될 수 있다고 결론내렸다. 또한 이 장에서 논의하지는 않았지만, 학생들은 부적절하거나 효과적이지 않은 방법일 때 최근 학교에서 다룬 아이디어들을 적용함으로써 퇴보를 보이기도 하여 '성장의 오류'를 연상하게 하는 u-모양처럼 보이는 발전을 하고 있음을 발견하였다(Bruner, Oliver, & Greenfield, 1966, p. 199).

우리의 분석은 (심지어 옳지 않은 전략들 사이에서도) 전략 간의 전환은 문제에 대한 새로운 관점을 촉진시키는 데 도움을 줄 수 있음을 보여준다. 이는 학생들의 사고 습성(habits of mind) (Cuoco et al., 1996)을 변화시킬 수 있음을 의미한다. 최근에 증명 자료 프로젝트(Proof Materials Project) (Küchemann, 2008: http://www.ioe.ac.uk/proof/PMPintro.html 참조)에서는 이러한 습성의 변화가 좀 더 널리 효과를 줄 수 있는지, 특히 다양한 유형의 증명 전략과 설명을 인식하는 데 도움을 줄 수 있는지를 교사들과 협력하여 연구하고 있다. 교사들과의 논의의 출발점으로 평가 문항에 대한 학생들의 답안을 사용했다. 이를 통해 교사들이 어떻게 학생들이 그들의 생각을 다양한 표상(예, 언어적, 대수적, 시각적)을 사용하고 표상들 사이의 연결에 대해 알고 그들의 추론을 정당화하도록 독려할 수 있을지 생각해 보게 하였다. 이는 학생들이 수학적이지 않은 이유와 수학적인 이유를 구별하는 것을 도울 뿐만 아니라, 결과에만 초점을 맞추기보다 구조에 관심을 갖는 데 도움이 되었다. 관계에 대하여 말하기, 서로 다른 표상들을 비교하고 사용하기, 특수한 경우의 범위 정하기와 같은 교수전략들은 새로운 관점이다. 해 왔던 방식을 다시 생각해 보도록 하면 교육과정을 모두 커버하지 못하고 학생들이 지루해 할 수 있다는 두 가지 두려움 때문에 영국 학교에서는 교사들이 상위 학생 집단이 아닌 주로 하위 학생 집단에게 사용하는 경향이 있었다. 상위 학생들을 위해 이러한 방향으로 교수방법의 변화는 앞으로 유용할 것으로 보인다.

11

수학 수업에서 논쟁 및 증명 역량 계발

Aiso Heinze and Kristina Reiss

> Do we need proof in school mathematics?
> Absolutely. Need I say more? Absolutely.
>
> Alan Schoenfeld

논리정연하게 수학적 논쟁을 하고 논리적으로 타당한 증명을 하는 것은 모든 학생들에게 어려운 과제이다. 이러한 과제들은 인지적, 비인지적인 선수지식이 필요하기 때문에 수학 수업을 통한 적절한 지원이 요구된다. 그럼에도 불구하고, 이런 선수 지식이 어떻게 나타나게 되는지, 수학 수업을 통하여 이런 과정을 어떻게 도와주어야 하는지에 관하여는 알려진 바가 그다지 많지 않다. 이 장에서는 독일에서의 중·고등학생들의 증명 역량과 수학 수업을 통하여 어떻게 증명 역량을 개발할 수 있는지에 대하여 간략하게 살펴보려고 한다. 그리고 고등학생들의 수학적 논쟁 및 증명 역량을 다룬 연구 결과를 살펴볼 것이다. 논쟁 및 증명 역량은 포괄적 관점에서 보아야 하므로 학업성취도, 수학에 대한 흥미, 동기, 정서 등을 포함하는 것으로 본다.

학생의 추론 및 증명 역량

수학적 역량

수학은 논증에 관한 과학이며 이 점에서 모든 다른 과학 분야와는 구별된다. 일반적으로, 정확한 수학적 증명을 하는 것은 결코 쉬운 과제가 아니며 별도의 수학적 역량을 필요로 한다. Boero(1999)의 수학적 역량 모형에 따르면, 추측(conjecture) 세우기, 그 추측과 관련된 논증 찾아내기, 고려하고 있는 논증과 타당한 증명 연결 짓기와 같은 수학적 증명 역량을 필요로 한다. 이러한 측면들은 인지적 관점에서 논의할 수 있지만 이 역량은 좀 더 복합적인 개념으로 보아야 한다. Weinert(2001)에 따르면 이러한 논쟁 및 증명 역량은 학생들이 가지고 있어야만 하는 것이거나 혹은 학습될 수 있는 인지적인 능력 및 기능으로 볼 수 있다. 그러나 이러한 인지적 능력과 기능으로는 특정한 문제만 해결할 수 있기 때문에, 수학적 역량은 다른 다양한 상황에서 자신감을 가지고 성공적으로 해결방법을 활용할 수 있도록 학습동기, 자발적, 사회적 준비도 및 능력 등도 포함해야 한다.

논쟁과 증명을 제대로 할 수 있는 역량을 갖추자면 특정 영역에 관련된 선언적 지식이나 절차적 지식을 사용할 수 있는 것과 같은 기계적인 선수지식을 학습하는 것만으로는 충분하지 않다. 여기에서 요구되는 역량은 학습자의 성향을 고려해 다양한 상황에서도 선언적, 절차적 지식을 활용할 수 있는 능력을 말한다. 그러한 지식들을 적절하게 활용할 수 있는 역량을 키우는 것이 수학 수업이 해야 할 중요한 역할이라는 사실은 수학 교육자들이 의식해야 하는 필수불가결한 것이며 수학 교육과정 개발에 있어 어려운 과제이다. Weinert(2001)의 수학적 역량에 대한 정의는 학교 수학교육의 중요한 목표와 일맥상통한다. 즉, 수학적 역량은 수학에 대한 학생들의 학습동기 수준과 주어진 과제를 정확하게 수행하려는 학생의 의지 및 사회적 준비도에 달려있다는 것이다.

수학적 역량에 대한 이러한 개념은 수학자들이 수행하는 과정에서 나타나는 것과 마찬가지로 수학적 증명 과정에 있어서의 패턴과도 부합된다. 저명한 수학자들인 B. L. van der Waerden(1903~1996)과 Henri Poincaré(1854~1912)는 수학적 증명의 어려움을 기술하면서, 자신들의 동기부여 상태에 대하여 드러내어 설명하지는 않았지만 은연중에 자신들의 수학에 대한 긍정적인 태도를 보여주고 있다(Heinze & Reiss, 2007 참조). 수학을 학습하는 데 있어 긍정적인 태도를 갖는 것은 매우 중요하다. 수학 학업성취도는 수학에 대한 흥미, 학습의욕, 정서적 태도와 밀접한 관계가 있기 때문이다.

■ 수학 수업에서 추론 및 증명을 가르치는 목적

수학 수업의 중요한 목표는 학생들의 추론 및 증명 역량의 계발이다. 추론 및 증명 역량은 논리정연하게 체계적으로 추론하며, 타당한 수학적 논증을 규명하고, 정확한 수학적 증명을 수행할 수 있는 역량을 의미한다. 학교수학에서의 추론 및 증명은 수학적 개념으로써의 추론 및 증명이 가지는 엄격성을 토대로 하기는 어렵다. 따라서 학교수학에서의 추론 및 증명은 논리적 연역을 토대로 하는데, 단순히 명확하게 정의된(well-defined) 수학적 기초지식들보다는 비형식적인 부분을 활용한다. 특히, 학교수학 수업에서 강조하는 수학적 추론은 지엽적인 활동으로 간주되기도 하는데, 이런 관점은 특정한 문제 상황에만 해당될 뿐만 아니라 통합적인 관점으로 보지 못하는 데서 기인한다.

여러 나라의 수학교육과정을 살펴보면, 추론 및 증명은 모든 학년에서 강조되고 있다. 수학 수업에서 강조하는 논증은 공리와 정리들만 가지고 수행하는 엄격한 의미에서의 증명은 아니다. 추론 및 증명을 가르치는 데 있어 기본적인 전제는 학생들이 증명을 이해할 수 있도록 지원하고 나아가 수학적 추론이 사고의 습관(habit of mind)이 되도록 하는 것이다. 그러한 사고 습관을 개발하기 위해서는 학생들이 모든 학년에서, 그리고 여러 다양한 상황에서 추론하는 과정을 경험할 수 있는 수업 분위기가 중요하다. 저학년의 학생들에게도 수학적 명제의 타당성을 검토하여 수용 혹은 거부하는 논증을 할 수 있는 기회를 제공해야 한다. 그리고 어느 학년에서든지 학생들이 패턴과 구체적인 사례로부터 귀납적으로 추론하는 경험을 통해 수학적 구조와 관계를 탐구할 수 있도록 해야 한다. 또한 학생들이 효과적으로 연역적인 논증을 활용할 수 있어야 한다. 고등학교를 마칠 때까지 수학 수업을 통하여 학생들이 추론 및 증명을 배워야 하는 목적은 첫째, (간단한) 수학적 증명을 이해하고 만들어 내기 위해서, 둘째, 연역적 결론을 내릴 수 있고, 셋째, 그러한 논증의 의미와 중요성을 아는 것이다(예, NCTM, 2000).

■ 실증적(empirical) 관점: 추론 및 증명에서의 학생들의 성취(performance)

수학 수업의 목표들 중 하나는 증명을 가르치는 것이다. 물론 달성하기 쉽지 않은 목표이다. 수학 학업성취에 관한 여러 연구와 학생들의 증명 역량에 대한 연구들에 의하면,

논증은 복합적이고 매우 어려운 수학적 활동이기 때문이다.

수학적 정확성을 가지고 추론할 수 있는 역량과 증명을 구성하는 역량은 적합한 선수 지식을 필요로 한다. 여기에서 선수 지식이란 수학 개념과 발견적 학습 전략에 대한 지식, 문제 상황에 맞는 수학적 개념과 학습전략의 적용, 메타 인지적 조절 전략 활용, 증명의 본질적 의미에 대한 적절한 이해 등을 포함한다(Schoenfeld, 1985). 여러 나라에서 시행된 실증적 연구들을 살펴보면, 많은 학생들이 위에서 정의된 증명할 수 있는 역량의 여러 요소들 중에 하나 혹은 여러 요소들에서 학습 결손을 보인다(Healy & Hoyles, 2000; Heinze, Cheng, & Yang, 2004; Klieme, Reiss, & Heinze, 2003; Lin, 2000; Reiss, Hellmich, & Reiss, 2002). 특히 Healy와 Hoyles(2000)는 학생들의 증명에 대한 이해, 증명을 구성하는 능력(ability), 증명의 필요성에 대한 생각 등에 대한 체계적인 연구의 필요성을 심각하게 제기하였다. Healy와 Hoyles는 영국과 웨일즈 지역의 여러 다양한 유형의 학교에서 연구를 시행하였는데, 연구대상은 거의 대부분 수학 학업성취도의 상위그룹에 속하는 10학년 학생들이며 약 2500명이 이 연구에 참여하였다. 연구에서 밝혀진 것은 상위그룹에 속하는 학생들도 증명을 만들어내는 것(generating)을 대단히 어려워 한다는 것이었다. 또한 수학적 증명을 구성하는 데 취약한 것으로 나타났으며, 모든 학생들이 경험적인 검증에 의존하는 경향을 보였다. 대부분의 학생들은 하나의 명제가 증명되면 유효한 범위 내에서 모든 경우를 설명할 수 있다는 것을 인식하고 있었다. 그리고 학생들이 정확한 증명을 제대로 판별할 수 있는 것으로 나타났으며, 정확한 증명에 대한 판별과 증명을 할 줄 아는 것 사이에 양의 상관관계가 있는 것으로 나타났다. 학생들의 답도 과학적인 이해의 부족 때문인 것으로 나타났다. 예를 들어, 많은 학생들이 증명에 대한 선호도를 중요시하는 것으로 나타났는데, 이것은 자신들의 교사가 선호할 것이라고 예측했기 때문이었다. 또한 학생들은 자신들의 교사가 형식적으로 나타낸 증명을 인정할 것 같다고 생각하였다. 그러나 학생들의 증명에 대한 선호도 조사의 결과, 대부분의 학생들은 설명적 요소를 많이 포함한 증명을 선호하였다. 또한 학생들은 설명위주의 수업을 선호하지만, 자신들이 받은 수학 수업은 추론 및 증명의 형식적 측면을 더 많이 강조하는 형태로 인식하고 있는 것으로 나타났다.

여러 나라에서 진행되는 논쟁과 증명에 관한 대부분의 연구들은 중등 수준에서의 기하 논증에 초점을 두고 있다. 그러나 상당수의 실증적 조사연구에 따르면 증명의 어려움은 중·고등학생들만 겪는 것도 아니고 형식적인 수학적 증명을 처음 시도할 때만의 문제도 아니다. 북미 지역에서 고등학생들이 가지고 있는 증명에 대한 이해도는 천차만별이었는데(Senk, 1985), 이는 예비 교사의 경우에도 마찬가지였다(Martin & Harel, 1989). 결국 초·중·등 수준에서나 대학 수준에서나 마찬가지로, 수학 수업이 수학적 증명을 제대로 가르치는 역할을 수행하지 못하고 있는 것이다. 대부분의 학생들이 수학적 증명 및 논증을 하는 과정에서 요구되는 기본원리를 알지 못한 채 졸업을 한다.

논증 역량은 학생들의 학업성취도 수준에 따라 매우 다른 양상으로 나타난다. 이러한 사실은 추론 및 증명 문제 상황에서 왜 학생들이 어려워하는지, 그 원인이 무엇인지를 규명하는 데 중요한 단서가 된다. 예를 들어, Lawson과 Chinnapan(2000)의 연구에 따르면, 하위권 학생들에 비해 상위권 고등학생들은 기하에서 도형의 성질과 정리에 대한 지식을 더 많이 활용할 뿐만 아니라 정리, 예시, 그림(drawings) 간의 많은 연관성을 규명하였다. 이러한 사실은 Weber(2001)의 연구에서도 밝혀졌는데, 기하에 대한 특정 지식 및 증명의 원리에 대한 기초적인 이해만 가지고서는 정확하게 증명을 하기 어렵고, 여러 가지 기본원리들을 어떻게 결합하는지에 대한 충분한 지식이 매우 중요하다는 것이다. 수학초보자들과 수학전문가들 간의 비교연구에 따르면, 증명을 효과적이고 의미 있게 하기 위해서는 수학적 사실과 개념의 의미를 이해하고 특정 수학문제의 유형에 따른 논증 스키마를 파악하는 것이 매우 중요하다. Koedinger와 Anderson(1990)도 비슷한 연구 결과를 제시했는데, 기하학적 증명에 능숙한 학생들은 논리적 추론을 하는 데 있어서 단순히 정의, 공리, 정리 등의 절차적 지식을 암기하고 결합해서 활용하는 것이 아니라는 것이다. 그 학생들은 논증 과정을 자세히 설명하기보다는 자신들의 논쟁을 개략적으로 서술하였다. 수학전문가들은 성질과 연관성을 파악할 수 있는 시각적 모델과 논증 과정에 필요한 실용적인 추론 스키마를 모두 활용하고 있었다. 기하적 역량이란 단순히 능력만의 문제가 아니라 특정 기능과 지식의 문제이기도 하다.

학습동기와 수학 학습

위에서 언급된 연구들은 대부분 수학적 추론 및 증명의 인지적 측면에 초점을 두고 있다. 그러나 학생들이 겪는 학습 과정은 인지적인 부분만이 아니다. 수학에 대한 학습동기, 흥미, 정서 등의 비인지적 선수지식 또한 한 개인의 역량을 구성하는 중요한 측면이다. 역량은 개인이 속해 있는 사회적 환경의 영향을 받는다. 개인의 내재적 학습동기와 사회적 환경 간의 연관성(link)은 성공적인 학습 과정을 위해 학습동기가 미치는 영향에 관한 현대 이론들의 핵심적인 주제이다. 흥미에 관한 주관적 객관 이론(subject-object theory)은 대표적인 예이다. 이러한 이론적 접근은 학습하는 개인으로서의 학습자와 학습 내용 간의 관계를 설정하는데, 흥미를 현재 상황과는 무관한 개인과의 관계에 대한 오랜 특성으로 보기 때문이다. Lewalter, Krapp, Schreyer와 Wild(1998) 등은 이러한 이론적 틀을 가지고 학습자 개인의 학습동기를 강화할 수 있는 수업 조건에 관해 연구하였다. 그들의 연구에 따르면, 학습자의 동기유발은 전적으로 수업을 계획하고 담당하는 특정 교사에게 달려 있으며, 무엇보다도 학생들의 자율성이 보장되고 자신들의 역량을 발휘할 수 있도록 장려하고 자신들의 실제 생활 혹은 상황과 연결되는 경험을 할 수 있는 수업환경이 중요하다는 것이다. Schiefele, Krapp과 Schreyer(1993) 등은 자신들의 메타분석 연구에서 특정 교과에 대한 흥미와 특정 교과의 성적 사이에 높은(substantial) 상관관계(평균 상관계수 $r=0.30$)를 보인다고 했다.

다른 여러 연구들은 학습 과정에서 정서적 측면의 중요성을 보여준다. 특히, 수학 학습에 있어서 학습동기 성향과 정서는 밀접하게 연관되어 있다(Pekrun, 1992). 정서적 측면은 학습 과정에 영향을 주고, 학습동기, 자발성, 문제해결전략, 인지적 자원들의 측면에서 학습과 학업성취도에 영향을 준다.

■ 수학 수업에서 증명 역량 측정하기

수학적 증명을 수행하는 과정은 복합적이고도 도전적인 과제이다. 그렇다 하더라도 수학적 논증 및 증명에 대한 이해를 지속적으로 촉진하기 위해서는 모든 학년의 교육과정에 수학 증명 과정이 포함되어야 한다. 논증은 수학의 핵심이기 때문이다. 최근의 연구결과들은 학생들의 성취에 대한 많은 정보를 제공하지만 수학적 추론 및 증명에 관해 학생들이 겪는 어려움에 대해서는 알려진 것이 많지 않다. 역량을 인지적 요소 이상의 개념으로 보는 많은 연구가 필요한데, 이는 인지적, 정의적, 사회적 측면들의 영향을 받는 하나의 구성체로써의 논증 역량을 구성하는 요소들이 무엇인지에 대한 더 많은 정보와 지식이 필요하기 때문이다.

수학 수업을 통한 추론 및 증명에 관한 많은 연구가 필요하다. 추론 및 증명에 관한 연구는 사회적으로나 개인적으로나 유용한 과목으로써의 수학의 필수조건이면서 학습자 개인과 그 개인의 선수지식을 고려하는 통합적인 시각에서 수행되어야 할 것이다.

수학 수업에 나타난 추론 및 증명에 관한 실증적 연구

연구 문제

독일의 7/8학년부터 12/13학년의 고등학생들을 대상으로 수학 수업에서 그들의 추론 및 증명 역량에 대한 연구를 시행하였다. 이 연구의 목적은 수학적 추론 및 증명에 대한 학생들의 인지적, 정서적 선수지식을 파악하는 것이었다. 특히 수학 학업성취도와 개인적 성향 간의 연관성을 분석하여 설명하고자 하였으며 분석을 위해 학생들이 연령대별로 학교를 다니는 동안 거쳐 온 과정에 대한 정보를 수집하였다. 구체적인 연구문제는 다음과 같다.

1. 학생들이 논증 과정을 성공적으로 수행하기 위해 필요한 선수지식은 무엇인가?
2. 논증 및 증명 과정을 성공적으로 수행하는 것은 학생들의 흥미, 학습동기, 정서와 어떤 상호연관성이 있는가?
3. 학업성취도와 학습동기요인들에 대하여 연령대별로 차이를 보이는가?

위의 연구문제들은 수학 수업에서의 논증 및 증명 과정에 대한 여러 다양한 관점들을 포괄적으로 담고 있다. 또한 7, 8 학년과 12, 13학년 학생들에 대한 여러 연구에서도 나타났다.

연구방법 및 표본

본 연구를 위해 사전-사후검사를 시행했다. 먼저, 7학년 말에 학생들의 성취도를 위한 테스트를 시행하고 학생들의 수학에 대한 학습동기, 흥미, 정서에 대하여 알아보기 위해 질문지를 통해 자료를 수집하였다. 다른 연구에서 좀 더 종합적으로 구성된 질문지(Götz, Pekrun, Perry, & Hladkyi, 2001)를 수정하여, 수학에 대한 흥미를 여러 단계로 제시한 질문지를 사용하였다. 그 다음에, 모든 7학년 학생들은 정규 교육과정에 따라 8학년에서 논증 및 증명에 관한 수업을 받았다. 논증 및 증명에 대한 수업의 진행은 교사가 주도하는 증명의 구성, 특정 기하학적 증명에 대한 전체 토론, 증명에 관련된 교과서 연습문제 풀기 등으로 이루어졌다. 단원이 끝난 후 학생들에게 사후검사를 위한 테스트와 학습동기, 흥미, 정서에 대한 질문지 검사를 실시했다. 사전검사(13 문항, 최고점 = 26)와 사후검사(11 문항, 최고점 = 22)는 맞는 답과 틀린 답 두 가지로만 채점한다면 하나의 잠재적 변수를 가지는 단차원으로 척도화할 수 있다(Reiss, Hellmich, & Reiss, 2002). 사전검사와 사후검사를 위해 각각 다른 평가지를 활용했는데, 이것은 사전검사는 7학년에서 다루는 기하에 대하여, 사후검사는 8학년 기하 내용에 대하여 평가를 실시하였기 때문이다. 몇몇 문항은 사전검사와 사후검사에 모두 사용되었다. 12, 13학년의 학생들은 증명 문제(TIMSS 연구에서 사용된 문항, Baumert & Lehmann, 1997)를 풀고 흥미와 학습동기에 대한 질문지에 답하였다.

증명 역량 개발

▪ 인지적 관점: 7, 8학년 학생들에 대한 연구 결과

첫 번째 연구의 목적은 논증 및 증명 과제를 수행하는 데 있어서 학생들의 역량을 규명하는 것으로 사전검사와 사후검사를 통해 수집된 자료를 과제수행의 정확도와 실수의 유형에 따라 분석하였다. 분석 결과, 독일의 학생들도 다른 여러 나라의 학생들이 겪는 비슷한 어려움을 겪는 것으로 나타났다. 학생들은 증명을 전개할 때 경험적 논증이나 불완전한 제약 또는 되풀이되는 추론을 하는 전형적인 실수를 범하였다.

그러나 수집된 자료를 심층 분석한 결과 학생들의 증명 역량을 위계적인 수준으로 분류할 수 있었다. 한 개인의 논증 역량과 증명 문제의 특성은 공통적인 잠재적 변수

옆의 그림을 보고 다음을 증명하라.
(1) $\gamma = \delta$
(2) $\alpha + \delta = \beta + \gamma$
(3) $\alpha = \beta$

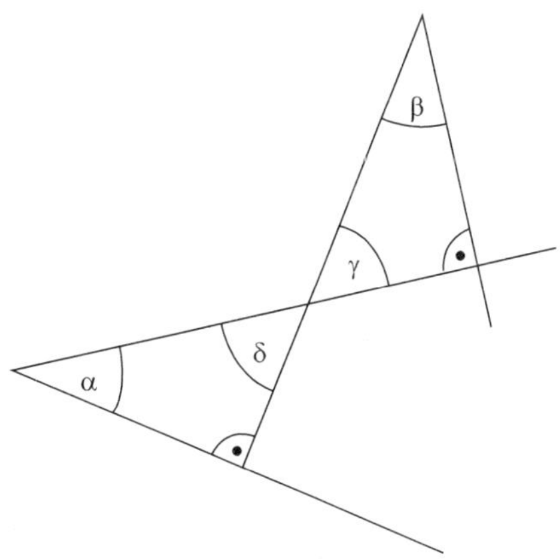

[그림 11.1] 7학년 시험에서 수준 II(1번 문항)와 수준 III(2, 3번 문항) 역량 측정 문항의 예

[표 11.1] 수준별 증명 역량

정답 문항 퍼센트 N = 659 (7학년)	수준 I: 간단한 법칙의 활용 M = 69%	수준 II: 논증과 추론 (하나의 단계) M = 56%	수준 III: 논증과 추론 (여러 단계) M = 24%
하위 1/3 N = 238	51%	22%	0%
중간 1/3 N = 215	72%	61%	18%
상위 1/3 N = 206	85%	89%	50%

(latent dimension)를 가지고 있다. 앞에서 언급했듯이, 이러한 가설을 검증하기 위해 자료의 분포가 단차원적 모델(unidimensional model)에 맞는지 분석하였다. 이론적 분류에 따라 세 수준으로 평가 문항을 구분하였다. 수준 I 평가 문항은 기초 지식과 간단한 법칙의 적용에 관한 것이고, 수준 II의 문항은 간단한 논쟁에 대한 것이며, 수준 III의 문항은 좀 더 복합적인 논쟁에 대한 것으로 구분하였다(표 11.1 참조).

8학년 학생들의 평가 결과, 학생들의 성취도는 낮은 편으로 나타났다. 논증과 증명 단원을 배운 후에도 대부분의 학생들은 기하적 맥락에서 계산을 요구하는 표준화된 문항들만 풀 수 있는 것으로 나타났다. 학생들이 여전히 어려워하는 부분은 증명을 구성하는 논증을 밝히는 것이었다(Heinze, Reiss, & Rudolph, 2005). 7학년에서의 평가 결과와 반 년 후인 8학년에서 시행한 평가 결과를 비교했을 때, 논쟁의 기능(skills) 부분에서 학업성취도는 크게 변하지 않았다. 또한 증명을 주된 내용으로 하는 수업을 받았지만 학생들의 논쟁 및 증명 문항에 대한 성취도에는 변화가 없었다. 즉, 학생들이 기하 영역의 새로운 내용을 배우기는 했지만, 논쟁 역량이 향상되지는 않은 것이다.

또한 이 연구를 통해 개별 학생의 학업성취도에 수업이 직접적으로 영향을 준다는 것을 알 수 있었다. 27개 학급의 학생들이 연구에 참여했는데, 상위권 학급과 하위권 학급 간의 성취는 유의미한 차이를 보였다. 기하 증명에 대한 평가 결과를 보면 22%와 68%, 그리고 12%와 59%의 정답률로 다르게 나타났다(Heinze, Reiss, & Rudolph, 2005). 사전검사와 사후검사에 대한 학급별 점수의 상관계수는 $r = 0.604 (p < 0.001)$로 나타났는데, 학급 수준에 대한 이러한 결과는 개인 수준($r = 0.435$; $p < 0.001$)에 비해 안정적인 것으로 볼 수 있다. 이러한 사실은 학급 수준이 어느 정도로 개인의 성취에 영향을 미

치는가에 대한 의문을 갖게 한다. 사전, 사후검사 모두 개별 학생의 점수에 대한 분산값이 컸다. 학급 수준에서 분산값은 사전, 사후검사 점수의 평균의 신뢰도가 높았기 때문에(신뢰도 점수는 분산에 영향을 받는 것이라서) 분석 결과에 큰 영향을 미치지 못했다. 개별 학생들의 점수는 학급의 평균점수보다 상당히 높은 점수를 얻어 향상된 것으로 보인다.

위의 결과들을 토대로 7학년 말에 추론 및 증명의 학업성취도가 낮은 하위권 학급은 추론 및 증명을 강조한 정규 수업을 통해서는 성적 향상을 이루기 어렵다고 할 수 있다.

▪ 인지적 관점: 12, 13학년 학생들에 대한 연구 결과

12, 13학년 학생들은 중학교에서 배운 수학적 지식을 활용할 수 있는 기하 문제가 주어졌을 때, 단순한 절차적 지식을 묻는 표준화된 문항들에서 좀 더 높은 점수를 얻었다. 이러한 결과는 그러한 수학적 사실이 오래전에 배운 것들이었음에도 불구하고 학생들이 문제를 풀기 위해 필요한 내용 지식을 알고 있는 것으로 볼 수 있다. 그렇지만 수학적 증명을 하는 데 있어 절차적 지식을 제대로 활용하지는 못했다. 수학과목의 상위권 학생들도 one-step 명제를 주로 활용하였으며 정확한 수학적 증명을 완성하기 위해 one-step 명제들을 하나의 논증의 고리(chain)로 종합하지는 못했다(Klieme, Reiss, & Heinze, 2003).

인터뷰 자료를 분석한 결과, 12, 13학년 학생들은 개별적인 단계에만 활용할 수 있는 절차적 지식은 가지고 있었지만, 과제 전체를 수행하는 데 필요한 절차적 지식은 부족한 것으로 나타났다. 12, 13학년 학생들은 단순 전략으로 결과에서 출발해서 거꾸로 푸는 방법을 사용하였다. 8학년 학생들과는 대조적으로, 더 많은 학생들이 two-step 논쟁을 잘 하였다. two-step 이상의 난계를 필요로 하는 문항들은 상위권 학생들만 푼 것으로 나타났다.

자료 분석 결과, 증명을 하는 데 필요한 절차적 지식에 대한 저학년과 고학년 학생들 간의 질적인 차이는 거의 없었다. 각각 12, 13학년의 학기 말에 이르렀을 때 7, 8학년 학생들이 활용한 것과 유사한 발견술을 활용했는데, 이것은 정도의 차이는 있겠지만 본질은 매우 단순하다. 12, 13학년 학생들은 거꾸로 찾아가기 전략을 더 많이 활용했지만 좀 더 도전적인 문항에서는 이 전략을 활용하지 못하는 것으로 나타났다. 7, 8학년 학생들은 물론 12, 13학년 학생들 모두 문제 상황을 체계적인 방법으로 탐구하는 능력과 증명에 필요한 아이디어를 찾아내는 능력은 부족한 것으로 나타났다. 따라서 두 그룹의 학생들 모두 수학적 증명의 기초인 절차적 지식을 활용하는 데 어려워하고 있음을 알 수 있다.

흥미, 학습동기, 정서

흥미, 학습동기, 정서는 학습자의 특성으로 특정 과목 또는 과목 내의 특정 토픽에 관련된다. 이 주제를 여러 연구들에서 살펴보기 위해 학생들의 흥미, 학습동기, 정서에 관한 질문지를 수집하여 분석하였다.

7/8학년 학생들은 48문항으로 이루어진 질문지에 응답했다. 질문지는 수학에 대한 흥미, 성취동기, 자기 주도적 학습, 실패에 대한 두려움, 수학 수업의 지루함, 수학과목에 대한 두려움 등을 조사하기 위해 설계되었다. 응답은 Likert의 5단위 척도를 활용하여 '전혀 그렇지 않다'에서 '매우 그렇다'로 선택하도록 하였다. 예시 문항은 표 11.2에 제시하였다.

흥미와 학습동기에 대한 자료 분석은 주요인 분석(principal component factor analysis)방법을 통하여 시행하였다. 흥미와 동기유발에 대한 데이터를 주요인 분석한 결과에 따르면 이러한 이론적 요인들이 있음을 보여주는 실증적 증거를 제공하는데, 이 요인에 의하여 설명되는 분산이 57.5%에 달한다. 자료의 비교분석을 위하여 7, 8학년 학생들이 응답한 질문지를 12, 13학년 학생들에게도 똑같이 사용하였다. 그 결과를 척도 -1('전혀 그렇지 않다')부터 1('매우 그렇다')로 변환하여 표 11.3에 제시하였다.

표 11.3에 제시된 자료들을 살펴보면 8학년 학생들과 12학년 학생들 모두 수학과목에 대한 두려움을 갖고 있지 않으며, 학업성취도가 낮을 것에 대한 두려움도 없고 수학 수업을 지루해하지도 않았다. 그럼에도 불구하고, 수학에 대한 흥미를 가지고 있지도 않았

[표 11.2] 흥미, 학습동기, 정서 질문지에 포함된 예시 문항

척도	예
수학에 대한 흥미	"수학에 흥미가 많아 수학 수업에 적극적으로 참여한다."
실패에 대한 두려움	"수학 시험을 칠 때 낮은 점수를 받을 것 같아 걱정이 된다."
지루함	"수학 수업은 지루하다."
성취동기	"좋은 점수를 받기 위해 열심히 공부한다."
자기 주도적 학습	"수학문제를 어떻게 풀어야 하는지 잘 알고 나 자신을 통제할 수 있다."
수학 수업에 대한 두려움	"수학 수업을 생각하면 긴장하게 된다."

[표 11.3] 수학에 대한 흥미, 학습동기, 정서

	8학년 (N = 417)		12학년 (N = 95)	
	평균*	표준편차	평균*	표준편차
수학에 대한 흥미	−0.27	0.44	−0.12	0.44
실패의 두려움	−0.26	0.51	−0.27	0.51
지루함	−0.45	0.48	−0.44	0.43
성취동기	0.40	0.44	0.09	0.36
자기 주도적 학습	0.15	0.42	0.32	0.32
수학 수업에 대한 두려움	−0.76	0.33	−0.71	0.38

* 수치는 −1부터 1까지의 척도로 환산한 값이다.

다. 8학년과 12학년 학생들의 수학에 대한 흥미, 성취동기, 자기 주도적 학습 등에서는 유의미한 차이가 있었다. 12학년 학생들의 경우 수학에 대한 흥미가 별로 없는 것으로 조사됐지만, 8학년 학생들과 비교했을 때는 흥미 수준은 약간 높았다. 성취동기를 보면, 8학년의 경우 매우 높았지만, 12학년 학생들의 경우 척도 [−1에서 1]의 중간값 정도로 나타났다. 8학년 학생들과 비교했을 때 12학년 학생들이 좀 더 자기 주도적인 학습을 더 많이 하는 것을 알 수 있다. 다른 척도 사이의 차이는 척도 상호간의 상관관계를 보여준다. 예를 들면, 실패에 대한 두려움과 수학 수업에 대한 두려움 간에 유의미한 상관관계(7/8학년 학생들의 경우 $r = 0.601$, $p < 0.001$)가 있고, 수학에 대한 흥미와 지루함 간에는 음의 상관관계(7/8학년 학생들의 경우 $r = -0.439$, $p < 0.001$)가 있는 것으로 나타났다.

질문지에서 얻은 이러한 결과에 대한 해석은 조심스럽게 이루어져야 한다. 왜냐하면 질문지에 쓰인 척도가 절대원점이 없을 뿐만 아니라, 각 문항상의 표현상의 사소한 변화가 학생들로 하여금 동의할 수도 있고 그렇지 않게 할 수도 있기 때문이다. 뿐만 아니라 문항의 내용에 대한 사회적 통념(social desirability)도 학생들의 반응에 영향을 줄 수 있다.

흥미, 학습동기, 정서에 관한 질문지 조사는 전체 학급에서, 그리고 학급 수준별로도 시행되었다. 여섯 가지 척도에 대한 각각의 자료를 통해 학급들 간에 상당한 차이를 확인했고, 특정 학급 내에서의 차이는 크지 않았다(Heinze, Reiss, & Rudolph, 2005). 표 11.4는 7/8학년 27학급에 대한 분석결과이다. 질문지에 포함된 흥미, 학습동기, 정서는 학급마다 다르게 인식되는 것으로 보인다. 수학에 대한 두려움 척도는 가장 적은 범위로

[표 11.4] 흥미와 학습동기에 대한 학급 평균 (척도는 −1에서 1)

학급 평균	최솟값	최댓값	평균*	표준편차
수학에 대한 흥미	−0.62	0.03	−0.27	0.17
실패에 대한 두려움	−0.55	0.27	−0.26	0.18
지루함	−0.71	0.08	−0.46	0.17
성취동기	0.07	0.71	0.40	0.13
자기 주도적 학습	−0.25	0.37	0.14	0.14
수학 수업에 대한 두려움	−0.96	−0.53	−0.75	0.11

* 수치는 척도 −1부터 1의 척도로 변환한 값이다.

나타났는데, 그 의미는 학생들이 수학을 전혀 두려워하지 않는다는 것이다.

몇몇 학급에서는 거의 모든 학생들이 각 척도에 대해 양 극값을 선택한 반면, 다른 교실에서는 학생들 개인의 점수 분포가 매우 넓게 나타났다. 그렇지만 대다수의 학급에서는 특정 척도보다는 통합적으로 '그렇다' 혹은 '아니다'를 선택하였다. 그러한 선택의 경향성은 특정 수학 수업의 영향을 받은 것으로 보인다. 아마도 인지적인 요인뿐만 아니라 학생들의 정서적 상태에 대하여도 '교실 분위기'가 존재하는 것으로 볼 수 있다.

수학수업에서의 인지적 변인과 정의적 변인의 관련성

역량은 인지적 측면과 정의적 측면을 포함하는 구성체로 볼 수 있으며, 따라서 두 측면 사이의 상호관계를 살펴보는 것이 필요하다. 이를 위해 학습자 개인마다 성취도 점수와 흥미, 학습동기, 정서에 대한 질문지에서 추출된 여섯 가지 척도의 점수 간의 상호관계 여부를 분석하였다. 여섯 척도 중 두 척도만이 학업성취도 검사와 유의미하게 상관관계가 있었다. 수학에 대한 흥미와 성취도 사이의 매우 유의미한 상관관계($r = 0.212$; $p < 0.01$)를 고려한다면 당연한 것이다. 수학에 대한 흥미가 상대적으로 높은 학생들은 그렇지 않은 학생들보다 높은 점수를 얻었다. 또한 실패에 대한 두려움($r = -0.218$; $p < 0.05$)은 학업성취도와 음의 상관관계가 있었다. 이러한 결과를 통해, 수학 자체에만 해당되는 것은 아니지만, 두려움이 학업 성취에 부정적인 영향을 주는 것임을 추정할 수 있다. 뿐만 아니라, 상위권 학생들은 좀 더 자기 주도적으로 학습하는 반면에, 하위권 학생들은 수학 수업에 대하여 두려움을 더 많이 느끼는 것을 알 수 있다(이러한 차이는 유의미하지만 아주 큰 차이는 아니다).

학습동기 측면과 학업성취도 사이에는 상관관계가 있었다. 그러나 높은 수학 학업성취도가 수학에 대한 흥미를 증가시키는지 혹은 흥미를 전제하는지 분명하게 밝혀지지 않았다. 학업성취도와 수학에 대한 두려움 사이의 연관성에 대해서도 마찬가지다. 여기서 어떤 메커니즘으로 작동하는지는 알 수 없었다.

결론

연구 결과, 학생들의 논쟁 및 증명 역량은 모든 학년에 걸쳐 다소 낮은 것으로 나타났다. 수학 수업이 절차적 지식을 촉진할 수는 있겠지만 절차적 기능을 향상시키는 데는 효과적이지 않았다. 학생들 대부분이 간단한 규칙(rules)과 개념을 활용하거나 one-step 논쟁만을 적용하는 문제들은 해결할 수 있었다. 그러나 둘 이상의 논증을 연결하여 하나의 논증 고리로(chain of arguments) 종합하지는 못하였다. 수학적 추론 및 증명은 학생들이 이해하기 어려운 내용이다. 다른 두 연령대별 학생들에 대한 자료를 가지고 장기적인 변화과정을 살펴보지는 못했지만, 연구 결과에서 지적된 문제점들은 모든 학년의 학생들에게서 공통적으로 나타날 수 있다(10장 Küchemann & Hoyles 참조).

학교 교육을 통해서 논쟁 및 증명을 하는 데 있어서 인지적 역량을 어떻게 향상시킬 것인가는 아직 해결되지 않은 문제이다. 역량의 특정한 면들을 지원하는 것이 가능하다는 것은 여러 중재(intervention) 연구들이 보여주고 있다. 그 예로 Mevarech과 Kramarski (1997)는 메타 인지적 활동 중심의 수학수업이 학생들의 문제해결 역량에 긍정적인 효과가 있음을 보여주었다. Reiss와 Renkl(2002)은 발견술 활용 실례의 개념을 개발하였는데, 이는 논증을 하는 과정에 있어서 발견적 측면을 강조한 하나의 학습 환경으로, 수학적 문제해결을 어떻게 수행할 것인가에 대한 정보를 학생들에게 제공하기 위한 것이었다. 8학년 학생 243명을 대상으로 시행한 중재 연구 결과는 희망적이었는데, 그러한 학습 환경은 다소 복합적인 증명을 하는 데 있어 학생들의 논쟁을 향상시킬 수 있음을 보여주었다(Heinze, Reiss, & Groß, 2006).

이 장에서 제시된 추론 및 증명 학습에 대한 이론적 접근을 통해 수학적 역량은 인지의 문제만이 아니라는 것을 알 수 있다. 첫머리에서 소개한 Weinert(2001)의 역량에 대한 정의를 통해서도 이것을 확인할 수 있다. 뿐만 아니라, 신뢰할 수 있고 반복 재생될 수 있는 여러 연구 결과들을 통해 흥미와 학업성취도 간에 그리고 학습동기와 학업성취도 간에 상관관계가 있음을 알 수 있다. 수학 교사는 물론 수학 교육자들은 그러한 연구 결과들을 하나의 도전으로 인식해야 한다. 특히, 후속 연구를 통해 흥미, 학습동기, 정서, 학업성취도의 영향과 각 요인들 간에 발생하는 상호작용의 복합적 구조에 관해 아직 풀리지 않은 질문들에 대한 답을 찾도록 노력해야 한다. 수학에 대한 흥미를 촉진할 수 있는 과정에 대하여 밝혀진 것이 많지 않다. 또한 특정 수업이 학습자 개인의 학습동기와 흥미에 미치는 영향과 같은 측면에 대해 더 많은 고찰이 필요하다. 학년별로 두 그룹에 대해 시행한 본 연구를 통해 학생들이 느끼는 수학에 대한 흥미 수준은 낮았지만, 수업 시간에 성취에 대한 동기유발이 되어 있고 수업을 지루해 하지 않음을 알 수 있었다. 이러한 모순된 결과는 학생들은 수업에서 느끼는 어려움을 도전으로 여기지 않고 충분한 수준으로 인식하는 것으로 해석될 수 있다. 좋은 수학 수업을 통해 수학에 대한 학생들의 흥미와 학습동기를 촉진할 수 있는지, 있다면 어떻게 할 수 있는지에 관한 연구들이 필요하다.

이러한 측면에서, 정서의 역할에 관한 고찰은 특히 중요한 일이다. 오랜 기간 동안 형성된 개인의 성향인 흥미와는 대조적으로, 정서는 특정한 상황의 경험을 통해서 형성되는 것일 수 있다. 긍정적인 정서는 좀 더 집중적인 학습을 촉진할 뿐만 아니라 학습을 위한 노력에 영향을 준다고 알려져 있다. 이 점에 대한 대부분의 연구는 매우 본질적이다. 논쟁과 증명과 같은 수학 수업의 특정한 측면과 관련된 정서적 측면에 관한 더 많은 연구가 필요하다. 그러한 연구를 통해 정서적 측면이 미치는 영향이 무엇인지 명확하게 알 수 있고 성공적인 교수 학습을 하게 될 것이다.

12

고등학교 기하에서의 형식적 증명

구조, 타당성, 목적에 대한 학생들의 인식[1]

Sharon M. Soucy McCrone and Tami S. Martin

> 내 생각에, 증명의 역할은 학생들이 스스로 논리적으로 생각하고 자신의 논리를 펼 수 있는 기회를 갖도록 하는 것이다. 그러나 이것이 단지 두 직선이 평행이라는 것을 증명하거나 또는 한 각이 직각임을 증명하는 기술을 얻기 위한 것은 아니다. 오히려 학생들이 그 과정을 찾아낼 수 있도록 하고... [학생들이] 자신의 주장을 왜 참이라고 생각했는지를 잘 납득시키고 정당화한다[나는 그러기를 바란다]. 만약 학생들이 참인 것을 말한다면, 왜 그런지 잘 설명할 수 있다[잘해야만 한다].
>
> –고등학교 기하 교사

앞에 소개된 인용문은 대부분의 기하(와 다른 수학과목) 교사들이 학생들이 증명 공부를 할 때 그들에게 원하는 것이 무엇인지를 반영한다. 교사들은 납득할 수 있는 논증을 만들어 내고 어떤 수학적 명제가 왜 참인지를 설명하는 데 있어서 학생들이 과정으로써의 증명을 알고 도구로써의 증명의 본질을 이해하기를 바란다. 이러한 관점에서 대부분의

1 본 연구는 National Science Foundation에서 제공한 연구비 No. 9980476의 일부를 사용하여 이루어졌다.

교사들의 열정적인 노력에도 불구하고, 왜 훌륭한 수학적 정당화를 할 수 있는 고등학생들이 거의 없을까? 이 장에서는 무엇이 훌륭한 수학적 정당화(혹은 타당한 증명)를 할 수 있도록 하는가에 대한 학생들의 생각을 탐구하기 위해 학생들의 증명과정과 그 결과에 대한 인식을 면밀히 살펴보고자 한다. 특히 고등학교 기하 수업을 듣는 학생들의 증명과 증명의 본질에 대한 사고방식을 기술하고자 한다. 교수 상황(instructional contexts)과 그렇지 않은 상황(non-instructional contexts)이 학생들의 증명에 대한 개념과 증명 과정을 발달시키는 데 어떻게 영향을 주는지를 밝히기 위해 학생들의 인식을 상세하게

[표 12.1] 증명 이해의 여섯 가지 원칙

원칙	명제와 하위요소에 대한 설명
원칙 1	정리(theorem)에는 예외가 없다. a) 일반적인 명제가 참이면 이 명제는 모든 구체적인 경우에도 참이라는 것을 안다. b) 일반적인 명제가 어떤 하나의 경우에라도 참이 아니면, 이 명제는 거짓이다. (즉, 하나의 반례가 이 명제가 참이 아님을 입증한다.)
원칙 2	증명의 두 가지 역할은 납득시키고 설명하는 것이다. a) 증명의 한 목적은 명제의 타당성을 성립시키는 것이다. b) 증명의 또 다른 목적은 왜 이 명제가 참인지에 대한 통찰을 제공하는 것이다.
원칙 3	증명은 일반적이어야 한다. a) 일반적인 명제를 증명하는 하나의 방법은 이 명제가 생각할 수 있는 모든 경우에 참이 됨을 보이는 것이다. b) 증명이 완벽하지 않다면 직접 증명, 간접 증명, 혹은 시각적인 증명이 반드시 구성되어야 하며, 모든 명제나 다이어그램들은 주어진 조건을 만족하는 모든 종류의 도형들을 나타내도록 해야 한다. c) 한 가지 혹은 그 이상의 경우에 대한 경험적 증거들만으로는 증명이 될 수 없다. d) 몇 가지 구체적인 중요한 경우를 확인하는 것만으로는 증명이 될 수 없다.
원칙 4	증명의 타당성은 그 내적 논리에 달려있다. a) 가설은 결론과 구별된다. b) 증명에 있는 명제들은 추론의 법칙을 충족하면서 가설에서 결론까지 이르는 과정을 보여주도록 배열되어야 한다. c) 증명의 타당성은 증명을 표현한 형태의 일관성이 아니라 고유의 논리로 결정된다.
원칙 5	명제는 논리적으로 역이나 이가 아닌 대우와 동치이다.
원칙 6	명제를 표현한 다이어그램은 이점과 제한점을 동시에 갖고 있다. a) 명제를 표현한 다이어그램은 시각적 보조물이다. 다이어그램의 이런 측면이 해당 명제의 조건을 반영하며 얼마든지 다양할 수 있다는 것을 명심해야 한다. b) 다이어그램의 요소에 초점을 맞추는 것이 가설과 결론을 연결시키는 기본적인 관계를 파악하는 데 중요하다.

살펴보는 것이 우리의 목적이다.

앞서 발표했던 논문들에서, 증명의 **여섯 가지 원칙**과 이 원칙에 대한 학생들의 찬반 의견, 교수학적 시사점들을 논의했다. Dreyfus와 Hadas(1987)가 먼저 소개했던 원칙들을 우리 연구(McCrone & Martin, 2004)를 위해 수정·보완하였는데, 본래 일반적인 수학 개념 혹은 정리와 관련된 명백한 명제들로 기술되었고, "평균적인 능력을 지닌 대부분의 학생들이 잘 이해하지 못하는 것"들이다(Dreyfus & Hadas, p. 48). 우리가 수정한 **증명 이해의 여섯 가지 원칙**(표 12.1)은 증명과 증명하기에 대한 좀 더 포괄적인 명제들을 의미하고(반드시 총망라할 필요가 없음에도 불구하고) 해박한 지식을 지닌 수학 커뮤니티 멤버들도 동의할 수 있는 것들이다.

이 장에서는, (a) 증명의 목적(원칙 2), (b) 증명에서 논리적 구조의 필수요건(원칙 4), (c) 증명의 타당성(원칙 3과 4)을 포함한 여섯 가지 원칙에 나타난 증명의 여러 가지 면들과 관련된 주제에 관한 학생들의 인식을 면밀히 살펴볼 것이다. 그 증거로, 몇몇 선택된 학생들과의 면담과 설문지 답안을 발췌해서 사용하고 수학적으로 엄밀한 방법으로 증명하는 것이 무엇을 의미하는지에 대한 학생들의 인식을 좀 더 깊이 탐구할 것이다. 또한 증명과정과 결과에 대한 학생들의 시각에 영향을 줄 수 있는 요인들에 대해서도 생각해 볼 것이다.

이론적 고찰

이해와 사고에 대해 탐구하기

다른 사람들의 이해를 밝혀서 철저히 조사하고 커뮤니티에서 공유되는 일반적인 생각과 얼마나 잘 맞는지 그 정도를 평가한다는 것은 본질적으로 불가능한 일이다. 개개인의 생각, 인식, 신념, 인지적 구조는 불분명하고 일정하지도 않으며 동시에 끊임없이 변화한다. 그래서 타인의 이해는 항상 알기 어렵다. 그럼에도 불구하고 학생들이 새로운 아이디어를 배우거나 이전에 가지고 있던 이해를 다듬도록 도와야 하는 교사들은 학습의 질을 결정하고 교수학적 결단을 내리기 위해서 학생들의 이해에 대한 증거를 수집하려고 지속적으로 노력해야 한다. 이와 비슷하게 교수학습에 도움을 줄 수 있는 인간 이해에 대한 모델들을 수립하고자 하는 학자들 역시 학생들의 생각을 알 수 있는 창을 마련하려는 노력을 해야 한다. 타인의 생각을 직접 알아내는 것은 불가능하기 때문에 교사와 학자들은 학생들의 생각, 신념, 인식, 인지적 구조에 대한 추론을 가능하게 하는 간접적인 증거의 출처에 의존해야만 한다.

Sfard(2000, 2001)는 사고를 의사소통으로, 학습을 어떤 담화로의 접근을 얻는 것으로 정의함으로써 학생들의 이해를 규명하는 데 대한 몇 가지 이슈를 언급하였다. 또한 어떤 학문의 내용을 관장하는 **대상-수준 법칙**(object-level rules)과 어떤 학문 내의 정보 교환의 흐름을 관장하는 **메타 추리 법칙**(meta-discursive rules)을 설명했다. Sfard의 설명을 사용하여 학생들이 이러한 추리 법칙을 얼마나 따를 수 있는지를 결정함으로써 학생들의 이해를 평가할 수 있다. 또한, Sfard(2000)의 연구에서 수업 환경과 기대의 차이는 결국 학생들이 메타 추리 법칙을 얼마나 인지하느냐의 차이를 가져올 수 있음을 밝혔다. 이 연구에서 학생들의 증명 이해에 대해 추론하기 위해서는 구두로 또는 글로 이루어지는 의사소통을 통한 증거들을 모아야 하고 학생들이 참여하는 수업에서의 메타 추리 법칙을 고려해야 한다고 제안하고 있다. 성공적인 학습 경험이라면 학생들의 의사소통 속에 그 수업의 규칙이 반영되거나 더 나아가 그 학문의 법칙과 통용되는 약속들을 반영해야 한다. 학생들의 의사소통이 학습 환경의 메타 추리 법칙에 어긋난다면 왜 그렇게 되었는지 곰곰이 생각해 봐야 한다.

이해와 사고를 구조화하기

증명에 대한 담화에 참여하는 학생들의 능력을 평가하기 위해 우리는 Harel과 Sowder(1998)의 증명 스킴을 사용했다. 그들이 정의한 개인의 증명 스킴이란 "그 사람을 설득하고 규명하도록 구성하는 것"(p. 244)이다. 학생들은 한 번에 한 가지 이상의 증명 스킴을 가지고 있을 수 있으며 아마도 무엇이 설득력 있는 주장을 구성하느냐는 내용이나 맥락에 따라 다양할 수 있다고 보여주었다. 학생들의 증명 스킴은 주어진 논증의 가치나 타당성을 판단하는 렌즈로 작용했다. 따라서 학생들이 서로의 증명을 비평하고 구성하는 과정을 통해 자신의 생각을 설명하는 것에 귀 기울임으로써 우리는 그들의 증명 스킴에 대해 추론할 수 있었다. 어떤 증명 스킴들은 다른 것보다 좀 더 수학적이었다. 결과적으로 증명을 만들어내는 데 있어서 대상-수준 법칙과 메타 추리 법칙 둘 다를 가지고 있는 학생들과 좀 더 수학적으로 정교한 증명 스킴을 가지고 있는 학생들이 중복될 수도 있다고 생각할 수 있을 것이다.

연구 방법과 분석

고등학생들의 증명에 대한 이해를 조사하기 위한 본 연구에서는 기하 수업을 수강하는 학생들과 연구자 사이의 의사소통의 여러 가지 예들을 데이터로 수집했다. 연구 도구, 면담, 질문, 수업 관찰 등에 대한 학생들의 반응에서 증명과 증명하기와 관련된 형식적 담화에 참여하는 학생들의 능력, 그리고 더 중요하게는 교실상황에서의 증명에 대한 메타 추리 법칙과 일상생활에서의 증명에 대한 메타 추리 법칙 사이에 존재하는 명백한 모순을 탐구하는 것과 관련된 형식적 담화에 참여하는 학생들의 능력에 대한 그림을 그릴 수 있었다.

이 장에 소개된 내용은 학생들의 증명에 대한 이해와 그 발전 과정에 기여한 수업 요인들을 분석한 3년간의 연구 결과의 일부이다. 전체 연구에 대한 상세한 내용은 다른 연구물에서 이미 발표되었다(Martin & McCrone, 2003; Martin, McCrone, Bower, & Dindyal, 2005; McCrone & Martin, 2004). 여기서는 본 연구의 2년차 연구에서 사용된 연구 도구 및 수업 관찰 자료와 더불어 8명의 학생과의 면담 자료를 좀 더 상세히 살펴보겠다. 참여 학생들은 미국 중서부에 위치한 두 고등학교에서 전통적인 증명수업을 하는 기하 과목을 수강하는 학생들이었다. 다양한 수준의 대상 학생들은 교사와 연구자가 협의하여 선정하였고 그 결과 4개 학급에서 각각 남녀 1명씩 총 8명을 선택하게 되었다. 연구자는 기하 수업을 하는 4개 학급을 약 3개월 동안 매일 관찰하였고 교사는 주로 증명을 써 내려가는 연습을 할 수 있는 기하 내용을(예를 들면, 평행선, 삼각형의 합동, 닮음) 중심으로 증명과 증명 과정을 서술하는 것에 초점을 두어 수업을 진행하였다.

이렇게 6~8주의 증명 수업 후 학생들에게 설문지[2]에 응답하도록 하였다. 설문 결과를 통해 학생들이 증명에서 어떤 부분을 어려워하고 어떤 원칙을 이해하지 못하고 있는지를 알 수 있었다. 학생들과의 후속 면담은 설문 후 약 2~4주 동안 실시하였고 이를 통해 여섯 가지 원칙과 관련하여 이해가 부족한 부분과 이해한 부분에 대해서 더 많은 정보를 얻을 수 있었다. 특히, 증명의 역할에 대한 이해(원칙 2), 증명의 일반화(원칙 3), 증명의 논리성(원칙 4)에 대해 좀 더 알기 위해 증명에 대한 질문들을 주고 답하게 하였다. 학생들은 다양한 증명의 타당성을 평가하고 증명에 대한 일반적인 질문에 답하였다. 면담에

2 설문지의 개발과 내용은 McCrone과 Martin(2004)에 제시되어 있다.

쓰인 질문은 부록 A(253쪽)에 첨부하였다.

면담과 녹화된 수업은 모두 전사(transcribe)하였다. 설문 자료는 양적 방법으로 분석하고 전사된 자료는 Maykut와 Morehouse(1994)와 Miles와 Huberman(1994)이 사용한 대로 질적으로 분석하였다. 면담 자료를 분석하면서 4개의 기하 수업 모두 증명의 역할과 목적을 비슷한 방식으로 다루고 있음을 알 수 있었다. 또한 학생들은 증명에 요구되는 논리와 설득력 있는 증명을 하게 하는 요인들에 대해서 공통된 인식을 가지고 있었다.

일정비교분석법(constant comparative method)(Maykut & Morehouse, 1994)과 유사한 질적 연구 방법을 사용하여 인터뷰 전사록에 나타난 학생들의 반복되는 응답 패턴을 탐색하였다. 인터뷰 자료 분석에서 여러 가지 주제들(themes)이 나타났고 본래 원칙과 완전히 일치하지는 않지만 공통의 아이디어들을 찾을 수 있었다. 발견된 주제들은 크게 세 가지 범주, 즉 증명의 구조(structure of proof), 증명의 타당성(validity of proof), 증명의 목적(purpose of proof)으로 분류될 수 있었다. 다음 절에서는 큰 범주 내에서의 각각의 주제들을 설명하고 각 주제에 맞는 인터뷰 자료를 발췌하여 설명한다. 이제부터는 학생들의 학습 경험에 대한 결과의 의미를 해석하고 설문 답안에 나타난 연결성과 불일치성에 대해 논의해 보겠다.

결과

■ 증명의 구조

증명에 관한 주제에서 첫 번째 범주는 증명의 구조이다. **증명의 구조**란 증명의 본질적 요소들뿐만 아니라 이러한 요소들로 어떻게 증명을 구성하는가 하는 방법들까지 의미하는 것이다. 우선 증명의 요소에 대한 학생들의 인식을 살펴보고, 그러고 나서 그 요소들을 나타낼 때 필요한 형식에 대한 학생들의 인식을 설명하겠다. 이 절에서 살펴보는 주제와 이 보고서에서 다루는 다른 주제들은 모두 좀 더 일반적인 증명을 단락의 형태로 기술하는 실증적(empirical) 방법에 기반을 둔 '증명'을 비교하라는 질문에 대한 학생들의 응답에서 도출되었다. 학생들은 "증명이 무엇인가?"라는 좀 더 일반적인 질문에 대한 대답에서 구조에 대한 이슈들을 언급하였다.

▸ 주제 1: 증명의 중요한 요소는 명제와 근거이다.

예시로 제시된 응답에서 알 수 있듯이 학생들은 명제와 근거를 증명의 성립 요소(building

blocks)라고 여러 번 주장했다. 몇몇 학생들은 이 개념에 대해 좀 더 정교한 설명을 하기도 했지만 누구도 이 주장을 반박하지 않았다. 한 예로 Kobi의 답과 Linda의 답 중 무엇이 증명인가라는 질문을 했을 때(부록 A에서 1번 문항), 학생들은 아래와 같이 답하였다.

HB Linda의 답이요. 각각이... 음... 모든 것이 근거를 제시하고 있어요. 이게 맞아요.

DW Linda의 답이 증명이에요. 왜냐하면 각 단계가 있고 왜 그런 단계를 밟았는지 이유를 제시했고 이런 방식으로 처음부터 끝까지 문제를 해결했으니까요.

RE 내 생각에도 Linda의 답이 더 증명 같아요. 한 단계 한 단계 가면서 앞의 단계가 그 다음 단계로 연결되고 있어요.

"무엇이 증명인가?"라는 질문을 했을 때 학생들은 다음과 같이 답했다.

LC 제 생각에는 하나의 명제이거나 또는 그 흐름, 알고 있는 것이나 그 근거를 이용해서 답에 도달하는 것이라고 생각해요.

AH 저는 사실에 근거해 일련의 단계들을 거쳐 결론에 이르는 것이 증명이라고 생각해요.

RE 기하에서 해야 하는 그 무엇, 왜냐하면 우리가... 음.. 모르겠어요. 근거를 바탕으로 각 단계들이 왜 그런지 천천히 말하는 거 같아요.

흥미로운 것은 학생들이 증명에서 근거들을 사용하기 위해 기존의 사실들을 고려해야 한다는 것을 설명할 때 '사실'과 '근거'를 번갈아 가면서 사용하고 있었다. 마찬가지로 학생들은 명제와 근거들을 순서대로 또는 일렬로 나열해야 한다고 언급했다. 다음에 다룰 주제는 만족스러운 형식으로 증명하기 위해서 어떻게 명제와 근거를 함께 연결해야 하는지에 대한 구체적인 부분들을 다루게 된다.

▸ 주제 2: 증명은 주어진 정보로부터 증명해야 할 명제로 이끌어나가는 식으로 구성되어야 한다.

몇몇 학생들은 증명 과정에서 어느 시점에 주어진 정보를 소개하는 것도 괜찮다고 하지만, 대부분의 학생들은 증명 과정의 첫 단계에서 주어진 정보를 제시해야 한다고 했다.

명제를 제시하는 일반적인 절차를 설명하는 경우에 모든 학생들은 증명하고자 하는 명제 또는 결론은 반드시 마지막 단계에서 제시되어야 한다고 했다. 이러한 생각은 이미 정해져 있는 형식을 따르지 않는 증명의 예시를 분석한 결과에서 비롯되었다.

Kobi의 답과 Linda의 답이 증명인지를 물어보았을 때, 학생들은 다음과 같이 대답했다.

LC　저는 증명이라는 것은 어떤 것을 증명하기 위해 어떻게 할지 계획하는 것이라고 생각해요. 거기에는 결론이 있어야 하고 그 증명에서는 무엇이 주어졌는지를 알아야 해요. 하나를 선택해야만 한다면 저는 Linda의 답이 증명이라고 할 거예요. 증명 과정에 주어진 정보가 없긴 하지만 그것 말고는 잘했어요.

HB　이거요. Linda의 답… 이건 한 단계 한 단계 제시되어 있고 무엇을 증명해 보여야 하는지도 아래쪽에 있어요. 제 생각에는… 저는 어디에도 주어진 정보를 볼 수가 없고, 여기엔 주어진 정보를 말하고 있지 않고, 증명이라고도 말하지 않았어요.

"무엇이 증명인가?"라는 질문에 한 학생은 아래와 같이 답했다.

LC　제 생각에는 증명이라고 하려면 주어진 것과 결론이 있어야 한다고 봐요.

학생들이 선호하는 증명 형식은 매우 확고해 보였고 언제나 주어진 정보로 시작해서 증명해야 할 명제로 끝난다고 생각하고 있었다. 사실상, '주어진 것'과 '증명하는' 명제가 명확하게 드러나지 않으면 학생들은 증명으로 만족해하지 않았다. 이는 첫 번째 주제에서 보였던 단계별 증명의 특성처럼 수업에서 강조된 것이 '이단형식(two-column format)'과 다른 형식(단락과 같은 형태)이라면 학생들은 그 증명에 대해 확신하지 못한다는 주장을 뒷받침한다.

▸ 요약: 증명의 구조

주어진 논증이 왜 증명인지를 묻는 질문에 대해 학생들은 대부분 논증의 구조에 초점을 두어 자신의 주장을 폈다. 이와 유사하게, 무엇이 증명인가라는 질문에 학생들은 명제의 물리적 특성이나 그 구성에 대해 설명하였다. 설문 응답에서 보듯이 학생들은 증명의 내적 논리보다는 그 형식에 좀 더 주의를 기울이고 있었다. 예를 들어, "기하적 증명은 반드시 두 개의 구별된 행에 명제와 그 이유를 나열해야만 한다"라는 명제에 동의하는지 묻는 설문 문항에 대해서, 4개 학급 중 2개 학급의 거의 50%의 학생들이 동의했다(한 학급에서는 50%의 학생들이, 다른 한 학급에서는 48%의 학생들이 동의했다). 또 다른 두 학급에서는 각각 26%, 19%의 학생들이 이에 동의했다. 이러한 반응은 증명을 알고리즘("이게 우리가 하는 방식이에요") 또는 결과물("증명은 이래야만 해요")의 관점으로 보고 있음을 알려주고 있다.

■ 증명의 타당성

증명의 타당성을 평가하는 방법은 많지만, 여기서는 추론의 본질(경험적 vs. 일반적)과 증명의 요소들의 논리적 순서에 초점을 두었다. 인터뷰 질문의 1번 문항은(부록 A 참조) 학생들의 추론의 본질에 대한 선호도를 묻는 것이다. 인터뷰 질문 2번 문항에 대한 응답은(부록 A) 논증의 논리적 순서를 평가함에 있어 학생들의 기준을 보여준다.

▸ **주제 3: 경험적 논증이 받아들여진다 하더라도 '타당한' 증명을 구성하기 위해 선호하는 방법은 경험적이지 않은(non-empirical) 논증이다.**

경험적 논증과 일반적 논증을 보여주는 '증명'의 예시를 비교하도록 하였을 때 대부분의 학생들은 일반적 증명을 선호했고, 이 학생들의 교사들도 이를 선호했다. 하지만 대조적으로 대부분의 학생들은 아직도 경험적 논증이 증명으로 간주될 수 있다고 생각하고 있었다.

(Kobi의 답과 Linda의 답 중) 어느 답을 교사가 더 선호할지와 더 높은 점수를 줄 것 같은지를 물었을 때 학생들은 Linda의 답을 더 선호할 것이라고 대답했다.

LC 제 생각에는 Linda의 답이 더 높은 점수를 받을 것 같아요. 왜냐하면 수업시간에 이렇게 해왔고 우리는 주로 직접 측정하기보다는 대신에 그걸 증명하려고 해요.

JJ Linda의 답이요. 왜냐하면 기하 용어를 좀 더 사용했어요. [Kobi의 답을 가리키며] 이건 추측하고 확인해 보는 것이죠. 그리고 [Linda의 답을 가리키며] 이건 좀 더 사실에 근거했어요. 그래서 Linda의 답이라고 생각해요.

GE Linda요. 왜냐하면 자기의 방식대로 할 수 있고 다른 자료가 필요 없고 우리가 증명에 대해 배운 것 이상 했어요.

LM 이거요[Linda의 답]. 저는 모든 것을 측정할 수 있지만 이것은 우리가 배우려고 하는 건 아니에요. 우린 증명을 배우는 거고, 특정 답을 구하는 때라면 나도 Kobi의 답을 사용할 거예요.

다음은 Kobi의 답(경험적으로 보여주기) 또는 Linda의 단락 설명이 증명인가 하는 문제에 대한 응답이다.

LC [Kobi의 답]은 제 생각에는 잘 모르겠어요. 제 생각에는 측정하는 것을 기대하는 것이 아닌 거 같아요. 증명하는 방법이 아주 일관적이지는 않지만, 제 생각에는 이것도 증명인 거 같아요.

DW Kobi는 여러 번 자신의 답을 확인했어요. 그는 점 X를 수직 이등분선 위의 다른 곳으로 옮겼고 선분 AX와 BX를 측정해서 그 길이를 알았어요. 이건 기본적으로 추측하고 확인하는 방식이었어요. 제 생각엔 이와 같은 증명을 할 수 있다고 생각해요. 하지만 Linda가 좀 더 제대로 된 방식의 증명을 한 거라 생각해요.

AH 저는 둘 다 증명을 썼다고 생각해요. 왜냐하면 둘 다 같은 결론에 이르렀으니까요. 그리고 둘 다 사실을 뒷받침하고 있어요.

학생들의 응답을 통해 수학 수업에서 일반적인 증명이 요구된다고 인식하고 있음을 알 수 있었다. 많은 학생들이 경험적 논증을 증명으로 생각하지 않고 선생님들은 경험적이지 않은 논증을 더 선호한다고 생각하고 있었다. 좀 더 상세히 말하자면, 이 학생들은 교사들이 일반적 논증을 더 선호하는 이유가 이러한 논증의 형식을 통해 기하와 형식적 증명에 대해 무엇을 알고 있는지 보여주는 것이기 때문이라고 생각하는 것이다. 다시 말해 정리나 기하 논증을 사용하여 학생들은 수학적 내용과 수업에서 배워야 할 증명 '알고리즘'을 이해하고 있었다. 이런 식의 합리화는 왜 학생들이 경험적 논증을 타당하다고 받아들이면서도 말로는 일반적 논증을 더 선호한다고 하는지 그 이유를 설명해주는 것이다.

▸ 주제 4: 명제들을 논리적으로 순서대로 정리하는 목적은 다른 사람이 증명을 구성한 사람의 생각을 그대로 따라갈 수 있게 하기 위한 것이다.

학생들에게 명제가 순서대로 되어 있지 않을 때(부록 A의 2번 문항 참조) 증명의 타당성을 평가하도록 하였다. 주어진 증명의 타당성 분석과 논리적 순서의 중요성에 대한 질문에서 학생들의 일반적인 응답을 통해 그들이 증명에서의 논리 역할을 어떻게 이해하는지에 대한 통찰을 얻을 수 있었다.

순서가 뒤바뀐 증명이나 증명의 논리적 순서가 그 타당성에 어떻게 영향을 주는가에 대한 학생들의 의견은 다음과 같다.

DW 이렇게 하는 것도 가능해요[타당한 증명에서 단계들을 뒤섞어 놓아도 여전히 타당하다고 말할 수 있나]. 단지 이해하기가 힘들 뿐이죠.

HB 제 생각에는 순서가 중요한데, 음, 왜냐하면 쉽게 그 과정을 따라갈 수 있고 점점 더 수긍이 가게 하죠. 만약에 모든 것이 뒤죽박죽 섞여 있으면 결국은 무엇을 얘기하고 있는지 이해할 수 없을 거예요. 만약에 이건 보각이구나, 그리고 세 줄 후에는 180°랑 같구나. 이러면 무슨 말인지 이해가 안가죠... 네, 이것도[순서가 뒤바뀐 논증] 증명이죠. 타당성도 가지고 있죠. 전 순서대로 되어 있는 게 더 좋아요. 하지만 여전히 타당성 있다고는 생각해요.

LM 이건[위치가 잘못된 명제] 저것[다른 명제]보다 앞에 와야 해요. 왜냐하면 합동인 각을 가지고 있지 않거든요. 합동인지 알 수 없어요. 그러니까 여기서 무엇을 증명하고자 하는지를 보여야 해요. 이건 특정한 순서가 있는 거죠. 만약에 다른 부분을 증명하고자 한다면 그 파트는 이것보다 전에 나와야 하고 이미 그걸 알고 있어야 해요. 그러니까 이것을 나중에 말할 수는 없어요.

AH 네. 만약 잘못된 단계를 거쳤는데도 같은 답을 얻게 되었다면 제대로 된 단계를 거쳐 얻은 답과 다른 것이에요. 왜냐하면 답에 이르기까지 제대로 된 단계를 거치지 않았다면 그건 그 성질을 틀리게 만든 거예요.

학생들의 의견에서 보면 LN과 AH는 순서가 바뀐 증명은 증명이 아니라고 말하는 것 같다. 하지만 DW와 HB가 논증을 증명으로 받아들이는 기준은 좀 더 관대했다. 그들은 증명으로 순서가 잘못된 명제들의 집합도 받아들였다. 하지만 명제들이 논리적으로 순서대로 제시된 것보다는 독자들이 따라가기 쉽지 않을 것이라고 지적했다.

▸ 요약: 증명의 타당성

학생들은 증명의 타당성에 대해 모순된 관점을 가지고 있는 듯했다. 경험적 증거를 기반으로 하는 논증보다는 일반적 논증이 더 좋다고 받아들이면서도 대부분의 학생들이 경험적 논증도 타당한 증명 방법이라고 인식하고 있었다. 경험적 논증의 타당성과 관련된 설문 문항에 대한 학생들의 반응에서도 이와 같은 결과가 나타났다. 이 연구에 참여한 네 학급 중 세 학급에서 약 70%의 학생들이 대표적인 경우(예, 직각삼각형, 정삼각형, 둔각삼각형)를 분석하는 것이라면 경험적 논증도 타당한 증명이라는 데 동의했다. 유사하게 좀 더 원활한 아이디어 교환을 위해서는 논리적 순서를 따르는 것이 좋다는 생각도 했다. 하지만 몇몇 학생들은 여전히 순서가 뒤바뀐 논증도 하나의 증명(a proof)으로 인정했다. 아마도 순서가 뒤바뀐 논증을 '일반적인 증명(proofs)'으로 분류하는 것은 언어의 문제일 것 같다. 결국에 우리가 관찰한 학교에서 학생들은 단지 부분적으로만 정확한 것이라도 증명을 시도하는 것을 일상적으로 '일반적인 증명(proofs)'이라고 불렀다. 이러한 엉성한 용어의 사용은 학생들을 혼란스럽게 할 수 있고 타당한 증명을 위해서 필요한 것이 무엇인지 명확히 이해하는 것을 더욱 어렵게 할 수도 있다.

■ 증명의 목적

증명 학습을 하도록 동기 부여를 하는 방법을 설명할 때 여러 학자들은 증명의 목적에 대해 논의했다(Chazan, 1993; Hanna, 2000; Hersh, 1993). 증명 이해에 관한 여섯 가지 원칙에서(표 12.1 참조) 증명의 두 가지 목적이 확인되었다. 여러 가지 증명의 목적이 있지만(예로 de Villiers, 1999를 보라) 우리의 초점은 납득시키는 것과 설명하는 것이다. 증명에 관한 설문에서 학생들에게 증명의 두 가지 역할이 납득과 설명이라는 명제에 동의하는지 동의하지 않는지를 물었다. 예상했던 대로 100%의 학생들이 이 명제에 동의했다. 명제 자체가 이미 동의를 유도하고 있는 것으로 해석될 수 있기 때문에 인터뷰 전사록에서 증명의 목적에 대한 학생들의 좀 더 상세한 관점들을 조사하였다.

▸ 주제 5: 증명의 두 가지 목적은 왜 이 명제가 참인지를 설명하고 납득시키는 것이다.

이 주제는 "증명이란 무엇인가?"와 "증명의 목적은 무엇인가?"라는 개방형 질문에 대한 학생들의 대답으로부터 얻어졌다. 잘 받아들여질 수 있는 증명의 역할을 반영하고 있다는 것은 놀랍지 않았지만 이러한 역할에 대해 약간의 의심을 하고 있다는 것은 좀 더 많은 정보를 제공해 주고 있다.

"증명이 무엇인가?"라는 질문에 대해 학생들은 다음과 같이 대답했다.

RE 그건 설명이에요. 잘 모르겠지만 무언가 증명하고자 하는 것에 대한 설명이에요.

HB 음. 제 생각에는 증명이란 문제를 어떻게 해결하는지에 대해 각 단계별로 설명하는 것이에요.

GE 무언가 참이라는 것을 증명하는 무언가예요. 제 생각에는... 이것이 참임을 보이기 위해 어떤 사실과 정리를 사용해서 그걸 증명하거나 또는 그것에 적용하는 것이에요.

"증명의 목적을 무엇이라고 생각합니까?"라는 질문에 대해 학생들은 다음과 같이 대답했다.

AH 음. 이것은 이런 방식으로 이렇게 말하는 대신 문제를 분해하기 위해 증명은 왜 이런 방식으로 해결하고 어떻게 그 방식에 도달하게 되었는지를 보여주는 것이에요. 왜냐하면 항상 왜 이것이 이렇게 되는지 의문이 생기게 마련이니까요. 그리고 증명은 질문, 의심을 없애고 이것이 절대적으로 이렇게 된다는 것을 보여줘요.

RE 저는 증명을 정말 좋아하지 않아요. 제 생각에는 증명은 우리가 그걸 배우기 때문에 목적을 제공하는 거 같아요. 제가 사회 지리 역사 선생님께 증명의 목적을 무엇이라고 생각하시는지 여쭤봤어요. 왜냐하면 전 그 목적이란 것을 모르겠거든요. 제 생각에는 그에 대한 선생님의 답을 어느 정도 이해했다고 생각해요. 선생님께서는 나중에 삶에 있어 왜 어떤 것이 이런 방식으로 되었는지 알아 나가는 데 도움이 될 거라고 하셨어요. 왜 이런 일이 일어나는지, 왜 이것인지 삶을 이해하는 데 도움이 될 거라고요. 그리고 하고 있는 일을 좀 더 이성적으로 사고하고 잘 조직하는 데도 도움이 된다고 하셨어요.

"증명이 어떤 명제가 참이라는 것을 정말 확신시켜줍니까?"라는 질문에 한 학생은 이렇게 말했다.

AH 대체로 어떤 일들이 일어나요. 음. 제 생각에는 그림만 보고 추측하지 말아야 한다고 항상 배우지만 어떤 것은 맞는 것 같다는 가정이 여전히 있어요. 제게는 어떤 때 증명이 그걸 증명하고 있지 않거든요. 전 여전히 제가 맞고 그 증명이 틀린 것 같다고 생각해요.

I　그럼 어느 것을 증명했을 때에도 마음속에서는 증명에 대한 의심이 있다는 말인가요?

AH　약간요. 하지만 종이 위에 쓰여 있고 증명이라고 하면 제가 그에 대해서 반박할 수는 없죠.

대부분 학생들은 증명한다는 것을 왜 참인지 설명하는 방식이라고 느끼고 있었다. GE처럼 다른 학생들도 독자에게 명제의 타당성을 납득시키는 것이 증명의 역할이라고 언급했다. 하지만 증명의 역할을 단순히 납득시키는 것으로 인식한 학생들과 증명의 설명력을 본 학생들을 어떻게 구분해야 하는지가 명확하지 않다. 여기에 소개한 전사 자료는 증명의 목적에 대한 학생들의 관점을 보여주기 위해 사용되긴 했지만 경험적 논증이나 시각적인 힌트에 의존하려고 하는 학생들에 대한 좀 더 많은 증거를 제시하지는 못했다. AH와 면담자 사이의 간략한 대화에서 보면, AH는 그가 구성한 증명이 어떤 상황에서는 논쟁이 불가능한 것임을 의미한다고 인식했지만 여전히 관계에 대한 시각적 표상이 증명보다 좀 더 설득력이 있다고 느꼈다. 결과적으로 학생들은 증명에 대해서 배워야 하는 방식을 인지하고 있으며 이것은 그들의 본능이나 자연스런 성향과는 충돌하는 것임을 알 수 있었다. 특히 학생들은 증명이 납득하기 위한 것이어야 한다고 배웠지만 어떤 경우는 아니었다.

▸ 주제 6: 사실을 규명하는 것과 납득시키는 것은 다르다.

미국 학교에서의 형식적 증명 교육은 어떤 수학 명제가 참이라는 것을 스스로 규명하는 것과 그 명제가 참임을 다른 사람에게 납득시키는 것을 구분하지 않고 있지만 본 연구에 참여한 몇몇 학생들은 이러한 두 가지 구별되는 목표에 대한 기준과 방법에 있어 차이가 있음을 명확히 밝힐 수 있었다. 다음에 나오는 발췌된 대화 부분은 이 이슈에 대한 학생들의 관점을 보여준다.

Kobi의 답과 Linda의 답 중 어느 것이 증명인가를 물었을 때 학생들은 다음과 같이 대답했다.

DW　Kobi의 답은 이것이 무엇인지를 찾기 위해 한 방법 같아요. Linda의 답은 한 단계 한 단계 풀어나가면서 각 단계별 이유를 제시하고 이러한 순서대로 이 문제를 어떻게 해결했는지를 제시했기 때문에 증명이라고 생각해요.

LM 이건[Linda의 답] 기하 증명으로 수업 시간에 했던 증명과 같은 거예요. 이건[Kobi의 답] 측정이구요. 이건 자신이 이해하기 위해서 증명하는 것이에요. 말하자면 당신이 증명을 어떻게 보는지에 달렸다는 것이죠. 이것을 증명이라고 하면... 이건[Kobi의 답] 납득시키는 증명이고 이건[Linda의 답] 증명을 해 보이는 것이에요.

"무엇이 증명인가?"라는 질문에 대해 한 학생은 이렇게 답했다.

LM 증명이란... 증명에는 두 가지 형태가 있는 것 같아요. 자기 자신이 납득하기 위해 믿는 것을 다른 사람에게 납득시키는 증명이 있구요. 이 증명[Linda의 답을 가리키며]과 같이 이것이 참인지 혹은 참이 아닌지를 논쟁하는 증명이 있어요.

이러한 학생들의 인식은 어떤 논증(Kobi의 답과 Linda의 답 중)이 당신을, 친구를, 선생님을 납득시키는 데 사용될 수 있는지를 묻는 질문에 대한 학생들의 응답에서도 나타났다. 거의 모든 학생들은 경험적 증명이 자기 자신이나 기하 수업을 수강하지 않는 친구를 납득시키기에 더 낫다고 느꼈다고 했다. 비슷하게, 모든 학생들은 일반적인 증명이 선생님과 기하 수업을 같이 수강하는 친구들을 납득시키기에 더 좋다고 주장했다. 즉, 학생들은 상황이나 대상이 다르면 증명에 대한 기준이나 방법도 다르게 적용해야 한다고 생각하는 것이다.

▸ 주제 7: 증명의 복석은 수학 문제의 풀이에 정리를 적용시키는 것이다.

증명의 역할에 대한 학생들의 인식에는 수업에서의 경험을 기반으로 언제 증명을 사용해야 하는가라는 일반화의 의미가 함축되어 있다. 일반적인 기하 수업에서는 A, B, C와 같이 기호를 붙인 도형, 주어진 정보, 증명해야 할 명제 등이 학생들에게 주어진다. 이러한 경험을 통해 많은 학생들은 증명의 주된 목적이 주어진 도형의 어떤 특성과 관련하여 명제의 타당성을 수립하는 것이라는 결론에 이르게 된다.

언제 증명을 사용해야 하는가에 대해 토론할 때 한 학생이 다음과 같은 의견을 제시했다.

DW 이미 증명된 이론들을 사용해서 주어진 도형이나 그 도형의 특정 부분이 무엇인지를 증명해요. 도형에 대한 조건을 주고 이미 증명된 이론에 대해 알고 있는 것을 사용해서 이 도형에 대해 우리가 원하는 것을 증명하는 거죠.

"무엇이 증명인가?"라는 질문에 대한 학생들의 답은 다음과 같았다.

GE 사실이나 정리를 사용하여 이것이 참임을 보이거나 이를 적용해 보는 거예요.

JJ: 삼각형을 보면 아니면 다른 걸 보면요. 증명하고자 하는 무엇인가가 있어요. 그림의 일부를 사용하거나 증명하라고 요구된 것을 증명하기 위해 그 그림의 일부에 관련한 사실들을 이용해야 해요. 서로 다른 두 삼각형에서 한 선분이 다른 선분과 합동임을 증명해야 한다면, 삼각형들을 보면서 그 두 삼각형이 합동임을 증명하기 위해 그 삼각형의 부분을 사용할 거예요. 또는 삼각형이 합동임을 보인 다음, 각각 대응하는 부분이 합동임을 증명하거나 아니면 증명하려고 하는 걸 증명해요. 기본적으로는 어떤 것을 증명하기 위해서 그림이나 증명 대상에서 사실을 이용하죠.

학생들의 대답에서 흥미로운 것은 학생들이 증명을 해야 하는 것에서 교육적 환경의 아주 특수한 경우의 증명과 연결시키는 것처럼 보였다는 것이다. 교사는 증명해야 할 명제와 함께 라벨을 붙인 도형을 제공하거나 또는 이미 라벨이 붙은 그림 안에서 특정 관계를 증명해야 하는 교과서 연습문제에 대해 답을 요구하기도 한다. 이런 대답들은 학생들이 증명하는 과정에서 알게 되는 명제의 본질과 관련한 Herbst와 Brach(2006)의 연구 결과를 상기하게 한다. 그 연구에서 학생들은 공리계로 이루어진 덩어리인 정리를 정당화하는 데 증명이 사용된다는 것을 이해하지 못하는 듯했다. 학생들은 어떤 도형에서의 관계가 그 자체로 광범위한 공리계 안에서 정리를 보여주는 것이 아니라 그 도형에서의 관계를 증명하기 위해 정리를 사용하는 것이라고 주장했다. 결론적으로 학생들은 증명이나 또는 기하 수업의 목적이 정리 또는 기하 체계 내에서의 관계를 수립하기 위해 어떤 엄밀한 규준을 사용하여 첫 번째 공준으로부터 유클리드 기하의 부분을 이끌어내는 것임을 감지하지 못한 것이다.

▸ **요약: 증명의 목적**

학생들이 증명이 명제의 타당성을 독자에게 납득시키거나 왜 이 명제가 타당한지에 대한 설명을 제시하는 데에 사용될 수 있다는 개념을 인지하지 못하고 있었지만, 증명이 교사와 특정 형식과 전례에 대해 이미 알고 있는 다른 사람들을 납득시키는 것이라고는 언급했다. 이 학생들은 증명 법칙들이 자명하고 증명 과정의 결과물이 외부 사람들도 충분히 납득시킬 수 있어야 한다는 것을 잘 이해하지 못하는 듯했다. 결론적으로 납득할만한 논증을 개발하도록 하는 엄밀성의 규순은 독자가 기하 증명을 잘 아는 사람이냐 모르는 사람이냐에 따라 다르다. 이러한 엄밀성의 규준은 수학활동의 목적이 답을 찾는 것이냐 증명을 구성하는 것이냐에 달려있기도 하다.

몇몇 학생들은 증명 쓰기가 기하 교사에게 자신이 기하의 정리들을 알고 있고 이를 어떻게 적용할 수 있는지를 보여주는 활동이라고 언급했다. 그 정리들은 도형의 어떤 측면이 그 도형의 다른 면에 대해 구체적인 기하 관계(예, 합동, 닮음, 평행 등)를 갖고 있다는 것을 증명하는 데에 적용되었다. 이런 의미에서 증명의 목적은 매우 국소적(local)이다. 증명의 목적을 구조적, 상호 연관된 체계를 개발하기 위한 수단으로 인지하는 학생은 아무도 없는 듯하다.

결론

증명의 구조, 증명의 타당성, 증명의 목적에 대한 학생들의 인식을 8명의 학생들과의 면담과 증명 중심의 기하 수업에서 100명이 넘는 학생들이 응답한 설문을 통해 조사했다. 학생들의 응답 분석 결과는 학생들의 증명 이해에 대한 통찰을 제공했다. 예를 들면, 대부분의 학생들이 증명의 일반적인 본질과 증명 분석과 관련하여 메타 추리 법칙을 따르려고 시도했고 또는 그것을 성공적으로 따랐다. Herbst과 Brach(2006), Sfard(2000, 2001)는 이러한 숨겨진 또는 인식된 규칙들은 수업에서 학생들의 참여 방식을 관장하고 있음을 지적했다. 따라서 대부분의 학생들이 증명과 함께 다이어그램이 있는 것이 중요하고 증명은 이단 형식(two-column format)으로 근거와 함께 명제들의 리스트를 포함하고 있어야 한다는 사실과 같이 메타 추리 법칙을 결정하고 따를 수 있을 거라 기대할 수 있을 것이다. 그러나 이러한 법칙이 일상 언어와 의사소통 방식 또는 납득할만한 논증을 구성하는 것과는 다르기 때문에, 연구를 통해서 많은 학생들이 기하 수업에서 직관적으로 이해하는 것과 논증의 규칙 사이에서 일어나는 분명한 모순을 합리화하는 방법을 개발하고 있음을 알았다.

학생들이 겪는 모순 중 또 하나는 증명의 일반화 조건을 수용하는 것과 특정 논증이 여러 면에서 좀 더 신뢰성이 있다고 감지한 것을 서로 융화시키는 데 서툰 것에서 발생했다. 연구 대상이었던 모든 학생들은 기하 교사가 명제와 근거를 나열하고 단계별로 기술하는 증명을 더 선호한다고 말했다. 이 학생들은 이러한 일반적인 논증이 논박할 여지가 없다는 것을 알고 있으면서도 또한 경험적 논증이 더 설득력이 있을 것 같다고 지적했다. 학생들은 연역 증명과 경험적 논증 모두 각 단계마다 근거를 제시하거나 주어진 정보로부터 원하는 결론으로 독자들을 이끌 수 있기 때문에 두 종류의 논증 모두 '증명'으로 받아들일 수 있을 거라고 자신들의 생각을 합리화하였다. Healy와 Hoyles(2000) 역시 어떤 명제를 증명하기 위해 다양한 논증을 제시하고 교사로부터 가장 좋은 점수를 받을 수 있고 친구들을 납득시키기에 좋은 논증이 무엇인지를 찾아보라고 학생들에게 물어봤을 때 비슷한 결과를 얻어냈다. 그들의 연구에 참여한 거의 모든 참여자들은 더 형식적으로 보이는 연역 논증이 교사들에게 좀 더 좋은 점수를 받을 것이라는 데 동의했다.

학생들에게 일어나는 또 다른 갈등의 원인은 논증의 논리적 순서와 관련이 있었다. 예를 들면 학생들은 명제가 논리적으로 구성된 논증을 선호했는데, 이유는 이러한 명제들이 따라가기 쉽기 때문이었다. 하지만 논리적이지 않은 논증들도 모든 필요한 정보가 설명될 수 있으면 학생들에게는 여전히 증명으로 인식되었다. 이런 인식은 설사 그 설명이 뒤죽박죽이더라도 숨겨진 의미를 이해할 수 있는 일상 담화와도 잘 맞는다. 결과적으로 본 연구의 학생들은 논리적 순서가 맞지 않는 것이 반드시 증명이 타당하지 않다는 것은 아니라는 주장에 동조하는 듯했다. 이러한 관점은 역시 교사의 평가에서도 동일하게 나타났는데, 참여한 교사들은 논리적 결점이 있는 논증에도 부분 점수를 주곤 했다. 우리가 이런 행위에 반드시 동의하지 않는 것은 아니지만 이러한 행위는 결국 학생들이 논리적 결점이 있는 논증도 유효한 것으로 받아들이려 하는 이유를 설명하고 오히려 이러한 현상을 강화하고 있음을 보여준다.

학생들에게 일어나는 또 하나의 흥미로운 모순점은 증명의 목적과 관련 있다. 본 연구에 참여한 모든 학생들은 기하 증명이 어떤 명제가 참임을 보이는 데 도움이 된다는 데 동의했다. 그러나 이 학생들의 대부분은 이것이 무엇을 의미하는지에 대해서는 비교적 좁은 관점을 가지고 있음을 발견했다. 대부분의 학생들은 그림의 요소 간의 관계를 보여주거나 교사에게 자신들이 기하 정리의 내용을 이해하고 있음을 보이는 데 증명이 도움이 된다고 생각했다. 이런 의미에서 타당한 증명을 잘 쓰는 학생들은 교사에게 대화로 산만한(discursive) 수학 수업의 커뮤니티 안에서 역할을 할 수 있다는 것을 보여주었다(Sfard, 2000). 학생들은 정리가 참임을 보이고 결과적으로 공리체계를 확립하는 데 도움이 되는 증명의 좀 더 큰 의미는 보지 못했다.

학생들은 일상 언어와 수업 용어 사이에서 왔다 갔다 하면서 조정 및 협의를 해야 하기 때문에 이 두 세계에서의 명백한 모순을 해결하고자 노력한다는 것은 그리 놀라운 일이 아니다. 아마도 이들의 합리화는 학생들이 동시에 참여하고 있는 일상 담화와 수학적 담화 사이의 이종교배 과정의 요소일 것이다(Sfard, 2000). 학생들의 합리화는 정확히 비합리적으로 보이는 규칙에 대한 합리적 설명이다.

이 장의 초기에 인용했던 교사는 학생들이 좀 더 체계적이면 좋겠다고 말했다. 대부분 학생들은 논증을 만드는 데 탄탄한 구조(structure)에 가치를 두고 실행했다. 교사는 학생들이 논리적으로 사고하는 법을 배우기를 원했고 대부분의 학생들도 역시 그랬다. 학생들은 일관적이고 논리적인 논증의 가치를 높게 평가했다. 하지만 항상 논리적 논증을 할 수는 없었고 그들이 만들어낸 논증 안에서 명제의 순서가 완벽하지 않았음에도 불구하고 논증이 이해되기를 기대했다. 교사는 증명이란 어떤 것이 왜 참인지를 설명하는 것이라고 학생들이 이해하길 원했다. 대부분 그랬지만 항상 확신하지는 않았고 때로는 다른 유형의 힌트나 증거가 형식적 증명보다 좀 더 설득력 있다고 생각했다.

학생들은 기하 수업에서 증명과 관련된 메타 추리 법칙을 따르도록 배우는 것 같다. 그러나 일상적인 담화의 세계에도 살고 있기 때문에 학생들에게 일상 담화의 규칙을 배제하라고 요구하는 것은 어쩌면 너무 이상적인 목표일지 모른다. 전통적인 증명 중심의(proof-based) 기하 수업에서 학생들의 경험은 수업 교사가 제시하는 모델이나 패턴을 따르는 것으로 제한된다. 이는 학생들이 수학적 정당화의 필요성의 진정한 의미를 깨닫지 못한 채 증명을 쓰는 방법만 배우게 만든다. 아마도 이 단계에서 교사들은 학생들이 수학적 증명이 좀 더 느슨한 구조를 가진 일상의 문화와 어떻게, 왜 다른지를 좀 더 명확히 이해하도록 지도할 필요가 있다. 다양한 '사실(facts)'과 상태를 자신과 타인에게 납득시킬 수 있는 합리적인 논증을 한다 하더라도 수학 체계의 엄밀성은 일상적 기준과 가까워지지는 않는다. 사실상 수학적 논증의 본질에 대한 전면적인 논의는 중학교(혹은 초등학교) 수준에서 시작할 수 있다.

학생들이 증명을 타당한 논증을 개발하는 것과 관련된 당연한 수학적 경험의 규칙으로만 이해하지 않게 하려면, 교사는 모든 학년에서 수학의 문화와 일상의 문화를 구별하는 것을 가르치고 학생들이 다양한 논증을 기대하는 이유를 알아볼 수 있도록 도와주어야 한다.

부록 A: 인터뷰 질문

1. 점 X는 선분 AB의 수직 이등분선 위의 어느 한 점이라고 가정하자. Kobi와 Linda는 다음 명제가 참인지 아닌지를 결정해야 한다. "삼각형 ABX는 이등변삼각형이다."

- 다른 친구에게 삼각형 ABX가 이등변삼각형임을 납득시킬 때 어느 학생의 답을 사용하겠는가? 그 이유는?
- 어느 학생의 답이 더 좋은 점수를 받겠는가? 그 이유는?

Kobi의 답:
이 명제는 참이라고 생각한다. 점 X를 수직 이등분선 위의 다른 곳으로 옮기고 선분 AX와 BX를 재었다. 이 둘은 항상 같기 때문에 이 삼각형은 이등변삼각형이다.

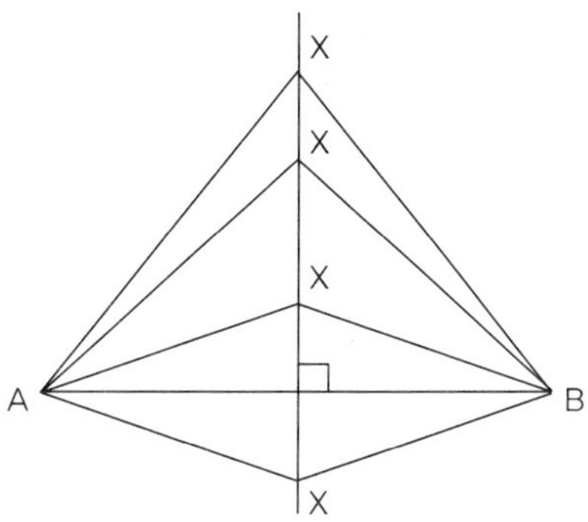

[그림 12A.1] Kobi의 그림

Linda의 답:
수직 이등분선은 선분의 이등분선이기도 하기 때문에 선분 AB는 두 개의 합동인 선분으로 나뉘고 AY=BY이다. XY는 선분 AB와 수직이므로 ∠AYX와 ∠BYX는 직각이다. 모든 직각은 합동이다. 따라서 ∠AYX는 ∠BYX와 합동이다. 반사적 성질(reflexive property)에 의해 XY=XY이다. 삼각형의 SAS 합동조건에 의해 △AXY=△BXY이다. 그러므로 변 AX와 변 BX는 합동이다(CPCTC). 따라서 △ABX는 이등변삼각형이다.

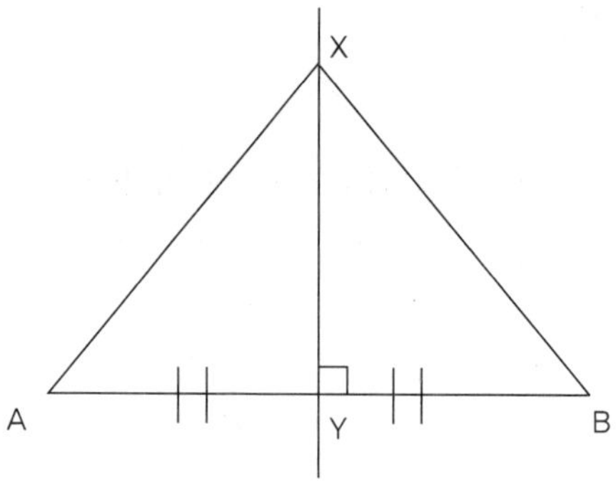

[그림 12A.2] Linda의 그림

2. 아래 문제와 답을 보고 생각해 보라.

- 논리적으로 정확한 순서로 써진 증명에서 명제와 근거가 있는가?
- 논리적 순서로 써진 증명은 증명의 타당성에 어떻게 영향을 미치는가?

주어진 조건: $\angle 1 \cong \angle 4$, $\overline{PR} \cong \overline{TS}$, $\overline{RN} \cong \overline{SN}$

$\triangle PNS \cong \triangle TNR$ 임을 증명하라.

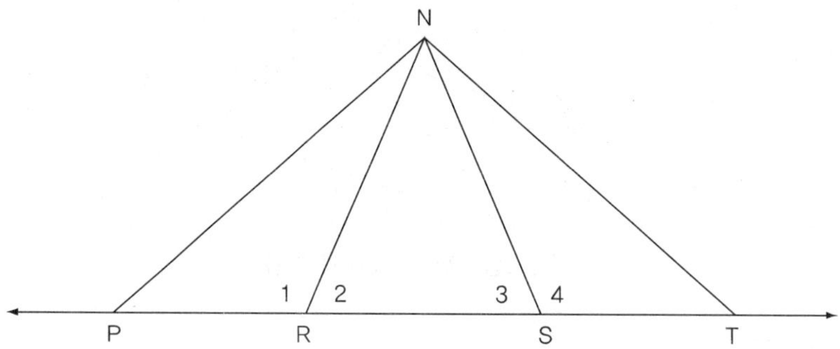

[그림 12A.3] 문제의 그림

[표 12A.1] 문제의 답

명제	근거
1. $\angle 1 \cong \angle 4$	주어진 조건
2. $\angle 1$과 $\angle 2$가 보각이고, $\angle 3$과 $\angle 4$가 보각이다.	두 각이 평각을 이룬다면 그 둘은 보각이다.
3. $\angle 3$과 $\angle 4$는 평각을 이룬다.	그림으로부터 (직선을 이루기 때문에) 가정
4. $\angle 1$과 $\angle 2$는 평각을 이룬다.	그림으로부터 (직선을 이루기 때문에) 가정
5. $\angle 2 \cong \angle 3$	합동인 각의 보각 역시 합동이다.
6. $\overline{PR} \cong \overline{TS}$, $\overline{RN} \cong \overline{SN}$	주어진 조건
7. $\triangle PNS \cong \triangle TNR$	SAS 합동조건

13

논증은 언제 논증이 되는가?

- 수학적 논쟁의 정교화[1,2]

Kay McClain

학생들이 좀 더 정교한 수준의 수학적 논쟁을 할 수 있도록 하기 위해서는, 교사들이 여러 논의를 통해 수학에 대한 좀 더 깊은 이해를 해야 한다(McClain, 2004). 이는 수학적 의제(agenda)를 향상시키는 것과 학생들의 논증의 가치와 질을 판단하는 것 모두에 중요하다. 논의되고 있는 주제(topics)가 수학적 의제가 되도록 하기 위해서는 논의의 속도, 순서, 과정과 관계된 행동 속에서의 의사 결정(decision making-in-action)을 필요로 한다.

학생들의 논증에 초점을 두면 교사는 교실 공동체(classroom community)와 개별 학생 모두의 수학적 발전을 능동적으로 이끌어 갈 수 있게 된다(Ball, 1993; Cobb, Boufi, McClain, & Whitenack, 1997; Cobb, Wood, & Yackel, 1993; Lampert, 1990). 학생들이 논증을 하면서 얻는 기회들을 이용하기 위해서는 교사들이 **행동 속에서 알기**(knowing-in-action)에 대한 인식을 가질 필요가 있다. 그래서 교사에게는 수업에서의

1 국가 과학 재단(NSF)의 연구비 REC-0135062의 지원을 받았다.

2 이 장에 소개된 에피소드는 McClain(2002)의 분석 대상이었다.

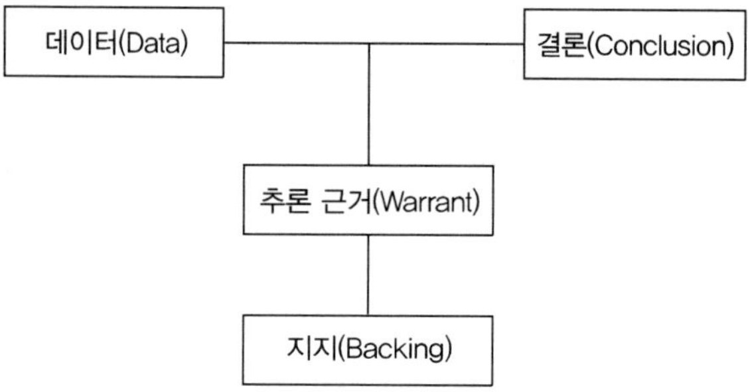

[그림 13.1] Toulmin의 논쟁에 대한 스킴

토론을 모니터하고, 효율적인 수학 담화에 참여하고, 적절하다고 판단되는 방향을 제시하고 지도해야 하는 책임이 따른다. Lampert(1990)도 가설과 반박 사이를 오가는 과정에서 수학적 논쟁을 이끄는 교사의 역할에 대해 논의하면서 이와 유사한 교육적 이슈를 언급했다.

이 장에서는 수학적 논쟁을 정교한 수준으로 발전시키는 데 있어서의 학생과 교사 간의 의사소통에 중점을 두었다. Toulmin(1958)의 논쟁에 대한 스킴을 분석틀로 사용하였다(그림 13.1 참조).

Toulmin은 결론에 이르기 위해 데이터를 조사하는 과정을 설명하였다. 그러나 그는 결론(conclusion)은 추론 근거(warrant)에 의해 입증되며 그 추론 근거를 뒷받침하는 지지(backing)가 있어야 한다고 주장했다. 이 장에서는 어떤 형태의 논쟁이 다른 형태보다 더 정교하다는 것을 주장하기 위해 지지와 추론 근거 사이의 관계를 대조하여 제시할 것이다. 이를 위해, 저자가 수업 교사로서 12주간 수업 설계 실험(design experiment)을 한 과정에서 나타난 수학적 논증의 진화 과정을 단계별, 수준별로 설명할 것이다.

이 장에서는 교실에서 협의(negotiation)을 통해 형성된 사회 수학적 규준(sociomathematical norms)에 중점을 두었다(McClain & Cobb, 2001; Yackel & Cobb, 1996 참조). 사회 수학적 규준은 어떤 것을 **상이한**(different) 수학적 논증, **정교한**(sophisticated) 수학적 논증, **효율적인**(efficient) 수학적 논증, **수용 가능한**(acceptable) 수학적 논증으로 볼 수 있는가를 포함한다(Lampert, 1990; McClain & Cobb, 2001; Simon & Blume, 1996; Voigt, 1995). 특히, 이 장에서는 무엇이 수용 가능한 수학적 논증인가에 대한 사회 수학적 규준의 발달과 이러한 논증의 정당화를 위한 규준에 초점을 둘 것이다.

연구자료

이 장에 소개된 에피소드는 29명의 미국 7학년 학생들(12세)과 진행한 수업 설계 실험에서 발췌한 것이다. 실험의 주된 목적은 탐험적인 자료 분석과 관련된 통계 학습활동에서 데이터에 대한 중학생들의 사고 능력을 적극적으로 도울 수 있는 방법을 연구하기 위한 것이다. 12주간의 실험 동안 교사인 나 자신을 포함하여 연구팀은 전체 수업을 같이 책임진다고 생각했다. 따라서 여기서의 나의 분석은 일지에 기록한 나의 의사 결정 과정과 이 결정에 대한 반성적 분석 둘 다에 바탕을 두고 있다.

수업 에피소드 분석

건전지 에피소드

■ 건전지 과제의 교수학적 의도

건전지 과제는 Always Ready와 Tough Cell이라는 두 건전지 회사에서 나오는 10개의 건전지 수명에 대한 자료를 분석하는 것이다. 이 과제의 목적은 수업에서 사용할 계산기를 위해 어느 회사의 건전지를 학교에 추천할 것인가를 결정하는 것이었다. 추천에 대한 결정은 데이터를 기반으로 한 논증에 의해 입증되어야만 한다. 건전지 수명에 대한 데이터는 수업 설계 실험에 사용된 두 가지 컴퓨터 중 첫 번째 컴퓨터를 통해 학생들에게 제시되었다. 그림 13.2에서 보듯이 수평 막대로 표시된 데이터 값은 측정한 값에 대응하는 길이로 표시되었다.

6일 동안 자료 분석 활동을 하였지만 이 과제는 첫 번째 컴퓨터에서 사용된 두 번째 과제였다. 이 과제의 목적은 학생들이 주어진 질문(즉, 어느 상표의 건전지가 더 좋은가?)에 대해 데이터의 특성을 찾는 방법을 알아내는 것이었다. 사전검사 데이터 분석을 기반으로 연구팀은 학생들이 두 세트의 데이터를 비교할 때 평균을 계산할 것이라고 예측했다. 이 과제의 목적은 이러한 방식으로 생각했을 때 혼란스러움을 느끼고 변산도(variability)를 포함하여 자료 분포의 특징에 중심을 두고 추론하는 식으로 변화를 이끌어 내기 위함이었다. 컴퓨터는 학생들이 데이터를 나열하고 분할하여 이러한 사고를 하

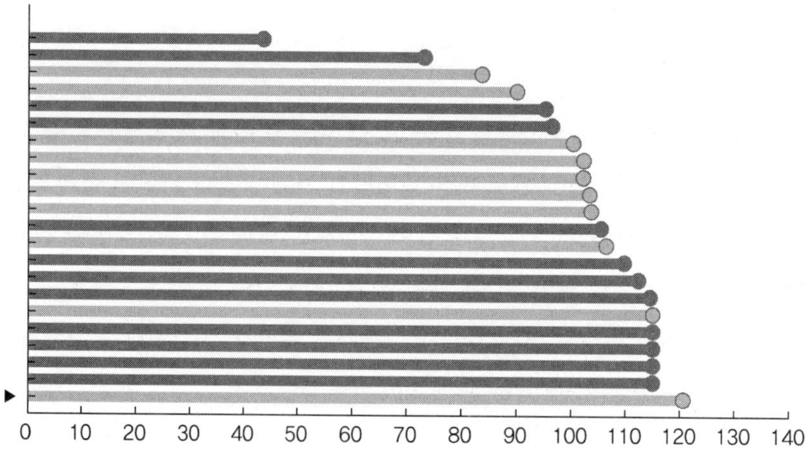

[그림 13.2] 첫 번째 컴퓨터에 나타난 자료

는 데 도움을 주었다. 그 다음 목표는 학생들이 서로 다른 데이터 세트를 비교하면서 논증을 만들어 내고 분포의 특징을 생각해 보게 하는 것이다.

■ **수업 분석**

자신의 논증을 처음 발표한 학생은 Carol과 그 짝꿍이었다. 이들은 컴퓨터에서 치역 기능을 활용하여 80시간에 수직선 바를 놓아 상위 10개를 찾았다. 나는 이렇게 치역 기능을 활용하는 것을 데이터를 분할하는 하나의 방식으로 간주했다. 나는 Carol과 그 짝이 특정 치역 내에 있는 각각의 데이터 세트의 비율을 추론했다고 생각했다. 하지만 Carol의 설명을 듣고 내 해석이 틀렸다는 것을 알았다. 이는 그 학생들과 자세히 의사소통을 하지 않았기 때문이라고 볼 수도 있겠지만, 사실 내가 원하는 방향으로 데이터를 해석하려 했기 때문이라고도 볼 수 있다. 결과적으로, Carol의 이러한 설명은 예상하지 못한 것이다.

Carol과 그 짝꿍이 한 데이터 분할에 대한 논증은 내가 해석한 분할하기에 관한 논증과 맞지 않았다. Carol은 조사된 20개 건전지 중 상위 10개를 찾기 위해 치역 기능을 사용했고 그 결과 '10개 중에 7개'가 Always Ready 상표였다는 것을 발견했다. 나는 이러한 논증이 특정 치역 내에 있는 각각의 데이터 세트의 비율에 주목한 것이라고 생각했다. 그러나 Carol이 상위 10개를 선택했던 것은 Always Ready라는 상표가 더 좋은 상표라는 타당한 근거에 의한 것이었다. 나는 Carol이 상위 10개에 동시에 주목하면서 지속성이라는 용어를 사용하는 것이 무척 혼란스러웠다. 내가 그녀를 정확히 이해하고 있는지 궁금해서 Janine에게 Carol의 답을 어떻게 이해하는지 물었다.

Janine: 이해해요.

McClain: 이해해요? 좋아요. Janine, 나는 잘 모르겠는데, 내게 설명해줄래요?

Janine: 제 생각에는 가장 오래 지속되는 10개의 건전지 중에 7개는 녹색이고 그게 가장 많은 숫자예요. Always Ready 건전지는 많은 수가 가장 오래 지속되었기 때문에 더 좋은 거예요.

Carol의 설명에 대한 Janine의 해석 역시 내 생각과는 맞지 않았다. 그래서 Carol이 지속성이라는 용어를 사용한 것에 초점을 두었다. 내게는 이것이 좀 더 작은 치역을 의미한다. 그러나 Janine이 Carol의 답에 대해 설명한 것은 지속성의 개념과는 맞지 않았다. 이 시점에서, 나는 어떻게 좀 더 효과적으로 치역 기능을 사용할 것인가에 대한 내 해석을 학생들에게 알려주거나 Carol의 해법을 생각하지 말고 다른 학생에게 기회를 주어야 할 상황이라고 느꼈다. 이러한 변화는 데이터 분석에 입각한 수학적 논증이 나타난 것을 지지하거나 담화의 '보여주고 말하기' 패턴을 모방하는 것은 아니다.

다행히 Juan이 나의 고민을 명확하게 할 수 있는 질문을 던져주었다. Juan은 Carol이 바로 다음에 있는 '가까운 건전지 그룹'(즉, 바로 그 다음에 있는 상위 4개 건전지)을 찾는 데 치역 기능을 사용했다면 각 브랜드당 7개씩 찾았을 것이라고 언급했다. 여기서 나는 Juan의 질문으로 시작해 Carol에게 상위 14개 대신 '상위 10개'를 선택한 이유를 설명하도록 했다. 그러나 Carol이 "절반을 가지고 해 보려고" 해서 10개를 택했다고 말하고 나니 나와 다른 학생들 모두 더 이상의 질문을 할 수가 없었다.

어떻게 더 진행해야 할까 생각하고 있는데, Brad가 손을 들어 자신은 이 문제를 다르게 풀었다고 했다. 현재 이루어지고 있는 논의가 더 이상 진행되기 어려워 여기서 전환하기로 했다. Brad는 데이터를 분할하기 위해 바를 80시간에 놓고 80시간 이상에 있는 데이터에 대해 생각했고 "어림짐작보다는 80시간 이상 지속되는 건전지가 더 좋기 때문에" Tough Cell이 더 좋은 브랜드라는 판단을 내렸다고 했다. 나는 Brad에게 왜 80시간을 분할하는 점으로 택했는지 물었다. 그는 "대부분의 Tough Cell 건전지들이 모두 80시간 이상 지속"되었다는 사실에 바탕을 둔 선택이라고 했다. 나는 이를 보고 그가 80시간을 하한으로 보았다고 해석했다. 다른 학생들도 80시간이 약 3일 정도이고 한 개의 건전지에 대해 '최소한' 기대할 수 있는 시간이라는 것을 제시하면서 Brad의 결론을 지지했다.

다시 이전 내용으로 돌아가 Carol과 Brad의 논증 사이의 중요한 차이점을 면밀히 분석하기 위해 Toulmin의 논쟁에 대한 스킴을 사용했다(그림 13.1 참조). Carol과 그 짝꿍은 데이터를 분석하여 Always Ready 건전지가 더 좋다는 결론에 이르렀다. 그 추론 근거를 제시하거나 어떻게 이러한 결론에 이르렀는지 설명해 달라고 했을 때, Carol은 20개 건전지 중 상위 10개의 건전지를 살펴보았다고 말했다. Juan은 Carol에게 지지 또는 추론 근거에 대한 정당화를 하도록 요구했다. 그녀의 근거는 "절반을 가지고 해 보려고 했다"는 것이었다. Brad의 결론에 대해서도 비슷한 질문을 했는데 그의 논증은 달랐다. 그는 Tough Cell을 선택했는데, 추론 근거 또는 결론에 대해 "모든 Tough Cell 건전지는 80시간 이상이었다고 설명했다." 설명에 대한 정당화를 요구했을 때, 그는 "어림짐작하는 것보다는 80시간 이상 지속되는 건전지를 가지는 편이 더 낫다"라고 설명했다.

여기서 우리는 두 가지 지지를 비교함으로써 일어났던 중요한 변화를 강조하고 싶다. 학생들이 Carol의 사고 과정을(데이터의 상위 50%를 보고 가장 좋은 결과를 가지는 브랜드가 무엇인지 찾는) 이해하긴 했지만 상위 10개의 선택에 대한 타당한 통계나 지지를 보여주지는 못했다. 특히, Juan은 상위 10개가 아니라 14개 건전지를 선택하면 바로 다음 4개가 Tough Cell이므로 각 브랜드별로 7개씩 갖게 될 것이라고 주장했다. 즉, 상위 10개를 선택하는 것은 임의의 선택이지 분석을 위한 타당한 선택이 아니라는 것이었다. Carol은 Juan의 주장에 대해서 더 이상 논의하지 않았다. Carol은 논증을 하기는 했지만 더 나아가서 논쟁을 하는 데에는 관심이 없었던 것이다. Carol에게는 데이터를 다시 언급하는 논증이 바로 정당화였다. 하지만 Juan은 초기 결론(또는 논증)을 지지할 수 있는 상황에 기반을 둔 지지를 기대했던 것이다.

대조적으로, Brad는 모든 학생들에게 타당해 보이는 80시간을 선택하는 지지를 제시했다. 그는 적어도 80시간을 지속할 수 있다는 확신이 드는 건전지를 원했다. 특히, 그의 근거는 건전지의 수명에 대한 상황에 입각하고 있었기 때문에 Carol의 논증보다 훨씬 강력했다.

여기서 학생들은 무엇이 충분한 지지 또는 수용 가능한 수학적 논증인지에 대해 협의(negotiation)를 하기 시작했다. 내가 분석하는 부분에서는 관찰 상황에서 확인할 수 있는 지지가 왜 필요한지 명확히 해야겠다는 시도를 하지 않았는데, Juan의 도전(challenge)으로부터 이런 시도를 하기 시작했다. Juan은 10을 선택하는 데 있어 무엇이 중요한지를 알고자 했다. 왜 14는 안 될까? Juan이 적절한 근거(backing)를 요구함으로써 논쟁에 대한 규준(norms)은 질문에 내재되어 있는 근거를 포함하는 것으로 약간 변화했다. 과정을 설명하는 것만으로는 불충분하고 활동이 그 질문에 기반을 두어야만 했다. 이러한 변화는 **무엇이 수용 가능한 논증인가**(what counts as an acceptable argument)에 대한 사회 수학적 규준(sociomathematical norm)에 있어 첫 번째 작은 변화였다.

에이즈(AIDS) 에피소드로의 전환

건전지 에피소드 후 몇 주 동안 학생들은 일련의 데이터를 분석하는 과제를 수행했다. 이 과정을 통해서 **무엇이 수용 가능한 논증인가**에 대한 규준이 전체 학급 토론에서 꾸준히 다시 협의되었다. 지지를 **요구**(need)하는 것에서 지지의 **질**(quality)로 그 초점이 옮겨졌다. 한 예로, 어느 한 분할점에서 데이터를 분할하는 것이 데이터를 조직하는 하나의 수용 가능한 방법이 되었다. 이 방법은 정당화 그 이상이었다. 그러나 토론에서는 분할점 선택과 그 특정 선택에 대한 이유에 초점을 두었으며 학생들은 **무엇**(what)에서 **왜**(why)로 논의를 옮겨갔다.

에이즈(AIDS) 에피소드

▦ 에이즈 과제의 교수학적 의도

에이즈 에피소드에서의 과제들은 건전지 에피소드에서의 과제들과는 여러 가지로 많이 달랐다. 우선, 데이터는 두 개의 컴퓨터 중 두 번째에 제시되었는데, 수직선 형태로 데이터를 표시하고 그 구조를 수치적으로 보여준다. 더불어 두 개의 데이터 세트는 비교를 위해 서로 나란히 놓여졌다(그림 13.3 참조).

12주의 교수 실험 과정 동안 연구팀은 학생들에게 더 좋은 건전지 브랜드 또는 더 좋은 취급 방법을 택하는 과정에서 보이는 학생들의 선택에 대한 분석에 초점을 두었다. 학생들에게 다른 사람이 합리적인 결정을 할 수 있도록 도울 수 있게 데이터를 구성하고 조직하는 방법에 대해 생각해 보도록 함으로써, 데이터의 패턴을 분석하고 전체적으로 데이터 세트를 보지 못한 사람에게 어떻게 하면 이를 가장 잘 표현할 수 있을지 결정하도록 했다. 이를 위해 토론의 초점은 논증을 지지하려고 만든 학생들의 발표 자료의 특

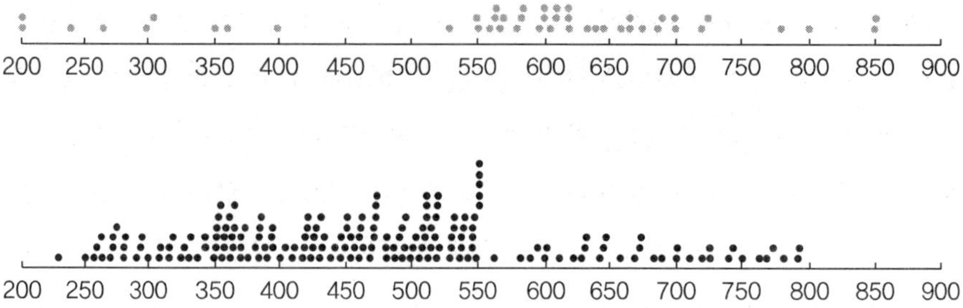

[그림 13.3] 두 번째 컴퓨터에 기록된 데이터

성에 맞춰졌다. 학생들은 대체로 '좀 더 좋은' 경우에 동의하기 때문에, 이렇게 과제를 재구성하는 것은 '**어느 브랜드(또는 취급 방법)가 더 좋은가?**'에서 '**어느 논증이 더 좋은가?**'로 수학적 논증의 본질을 변화시킬 수 있는 기회를 갖게 하는 것이었다. 학생들은 이런 방식으로 이전 활동에 대해 반성적 담화를 하게 되었다(Cobb et al., 1997 참조). 이 과정의 한 부분으로써, 학생들은 단순히 선택에 대한 논증을 하는 대신에 이를 강화하기 위해 논증을 정교하게 만드는 데 주목하기 시작했다. 이는 **무엇이 수용 가능한 논증인가**를 논하는 규준에서 중대한 변화를 가져왔다. 현재 시점에서 수용 가능한 논증이란 더 이상 "어느 것?"에 대한 결정이 아니라 데이터를 기반으로 하는 강력한 추론 근거와 지지를 포함해야만 하는 것이다. 이것은 논쟁에 대한 규준에 있어 상당한 변화를 가져왔는데, 그 변화란 옳은 선택은 분포와 결과를 기록한 자료의 특성에 대해 좀 더 수학적으로 중요한 논증에 의해 좌우된다는 점이다.

에이즈 과제에서 학생들은 232명의 에이즈 환자의 T세포에 대한 데이터를 분석하고 두 가지 치료방법 중에 어느 것이 T세포 증가에 좀 더 효과적인지를 결정하도록 했다(그림 13.3 참조). 이 과제는 두 가지 데이터 세트가 동일하지 않은 수이기 때문에 채택되었다. 특히, 한 데이터 세트가 다른 세트보다 훨씬 많았다(186명의 환자와 46명의 환자). 동일하지 않은 수의 데이터를 제시한 초기 과제에서, 학생들은 동일한 개수를 갖도록 하기 위해 어떤 데이터를 무시해야 하는지를 결정하는 데 엄청난 시간을 보냈다. 이 과제의 목표는 몇몇 데이터를 제거함으로써 데이터 세트를 동일하게 만들 수 없는 상황을 만드는 것이었다. 이것은 직접적인 부가적 비교(direct additive comparisons)가 부적절하기 때문에 비교를 위해 데이터를 재구성하는 다양한 방법이 필요함을 알게 되기를 원해서였다.

■ **수업 분석**

학생 두 명이 짝이 되어 과제를 해결할 때, 뒤이어 할 전체 학급 토론을 준비하고 계획하기 위해 학생들의 활동을 다시 관찰했다. 몇몇 학생들은 두 데이터 세트 간 비교를 하기 위해 어디에 '다수의' 데이터가 있는지를 언급하는 것과 같은 질적인 방법을 찾아냈다. 또 다른 학생들은 특정 분할점의 위와 아래에 있는 데이터 수를 기록해서 그 차이를 발견하는 양적 방법을 찾아냈다. 또 어떤 학생들은 데이터를 네 개의 동일한 그룹으로 나누고 특정 T세포 값보다 상위에 있는 각 데이터 세트의 백분율에 대해 생각했다. 데이터에 대한 지각적 패턴을 바탕으로 한 질적 비교에서 배가적으로(multiplicatively) 구성된 데이터까지 폭넓은 사고 방법은 학생들의 논증의 질과 정교화에 변화를 만드는 데 있어 완벽한 방법이었다. 한 예로 525 이상의 데이터 값을 주는 것은(예, 부가적으로 사고하기) 전통적인 치료법이 좀 더 효과적이라는 결론에 이르게 했다.

적절한 논증이 만들어 질 수 있는 것은 숫자가 전체에 대한 비율이나 백분율로 간주되었을 때뿐이다. 결과적으로 학생들의 발표 자료와 논증으로부터 좀 더 정교화된 논증으로 변화되기를 바랐던 것이다.

전체 학급 토론을 시작했을 때, 학생들이 각 발표 자료들을 잘 이해했는지를 판단하고 이것이 '적절한' 논증인지를 생각해 보도록 했다. 이렇게 하면서, 단순히 방법을 설명하는 것에서부터 논쟁에 대한 기준을 마련하는 비평으로 대화가 진행되도록 하였다. 이 과정을 촉진시키기 위해 학생들이 포스터 종이에 자신들의 발표 자료를 옮겨 적도록 했다. 그렇게 함으로써 이 발표 자료들을 좀 더 명확히 볼 수 있고 토론하는 동안 내 것이라는 생각을 없애도록 할 수 있었다. 발표 자료를 쓴 학생들은 어떤 것이 자기 것인지 생각했을 수도 있지만, 학급에 있는 다른 학생들도 같은 방법으로 과제를 해결할 수 있었다는 것을 보여주는 것이기도 했다. 이런 이유로 학생들은 누구의 것을 비판하고 있는지에 신경 쓰지 않게 되었다. 돌이켜보면, 이로써 논증의 정교화에 초점을 맞추는 것이 가능했다.

논의의 초기에 나는 그림 13.4에 제시된 두 개의 발표 자료를 소개했다.

발표 자료를 제시한 두 그룹 모두 처음에는 컴퓨터를 이용하여 비슷한 방법으로 데이터를 조직했다. 한 그룹은 525에서 데이터를 분할했고 다른 그룹은 550에서 분할했다. 두 그룹 모두 분할점의 양쪽에서 데이터 수를 생각했다. 물론 한 그룹은 질적 용어로(예, 대다수(majority)) 생각하고, 다른 그룹은 양적인 용어로 생각했다. 이 시점에서 Val은 왜 550에서 분할했는지 이유를 물었다. 그녀는 550이 중간값(median)을 나타내는 것이

발표 자료 A
신약이 이전 약보다 더 낫다. 이전 약의 대부분은 550 이하인데 신약의 대부분은 550보다 위에 있었다.

발표 자료 B	
실험 처치	전통적 처치
225–525	225–525
9	130
525–850	525–850
37	56

[그림 13.4] 발표 자료 A와 B에 제시된 에이즈 데이터

아니므로 이것이 왜 중요한 것인지 몰랐다. 그래서 Val은 추론 근거에 대한 지지가 무엇인지 묻고 있는 것이다. 여기서 Toulmin의 스킴을 사용하여 학생들이 결론에 이르기까지 데이터를 어떻게 분석했는지 보았다. 그들의 추론 근거는 550개의 T세포의 위와 아래에 있는 데이터 수를 살펴보는 것이었다. 발표에서는 왜 550을 선택했는지가 불분명했다. 다시 말해, 그 발표 자료에는 추론 근거에 대한 지지가 포함되어 있지 않은 것이다. Val은 550이 중간값처럼 데이터 세트의 특정 값을 나타내지도 않는데 왜 550에서 분할하기로 했는지를 알고 싶었다. 이 수업에서 구체적으로 나타난 규준은 데이터가 분포한 상황 또는 그 방식에 의해 정당화하는 것이었다. Val은 발표 자료의 정당화가 분명하지 않았음을 명확히 하고 있다. 이는 수용 가능한 수학적 논증에 대한 규준이 변화하고 있었다는 증거이다.

여기서 비슷한 방법으로 과제를 해결했던 Meg은 컴퓨터로 과제를 해결하면서 데이터들이 "550에서 한 줄로 쭉 서 있다"는 점에 주목했다. 나는 이를 분할점이 데이터에서의 자연스러운 틈(break)에 근거를 두는 것으로 변화되었다고 생각했다. 이것은 중요한 개념이다. 설계 실험의 목표 중 한 가지가 학생들이 모양으로 분포를 관찰할 것인가라는 것이었다. 여기서 Meg은 데이터 모양 또는 도구에 기록된 데이터에서의 분할에 기반을 두어 설명하였다. 이런 이유로 이 답과 Meg의 설명을 모두 강조하고 싶다. 이것은 논쟁에 대한 규준에 있어 또 다른 변화가 있음을 알려주는 것이기 때문에 중요한 교체(exchange)인 것이다. 아마 이 학생들은 데이터 분석에서 지지가 정당화되지 않은 논증은 받아들이지 않았을 것이다.

Val이 525가 아닌 550을 선택한 것에 대한 지지를 물어본 것은 중요하다. 525에서 분할점과 같이 쓰인 설명을 보면, 데이터는 양극단(예, 최솟값과 최댓값의 평균 찾기)의 중간점에 기반을 두어 분할되었다고 주장할 수도 있다. 그 이전 수업에서 학생들은 데이터 세트를 설명하기 위한 통계로써 두 극단의 데이터 값의 중간점을 사용하려고 했었다. 학생들은 이 값을 '치역의 중간'이라고 불렀다. 나는 분포의 측면에서 통계적 가치가 없기 때문에 이러한 사고 방법을 문제시했다. 그러나 이 에피소드에서 학생들은 그 값이 언덕(hills)에서의 틈(break)과 일치하기 때문에 타당한 분할점이라고 받아들였다.

그림 13.4에 제시된 두 발표 자료를 나란히 놓은 것은 중요한 변화였다. 나는 이 자료를 언덕에서의 틈 주변에서 데이터를 분할하는 것으로 재해석하긴 했지만 한 그룹은 어디에 다수의 데이터가 있는가로 결론을 설명했고, 또 다른 그룹은 분할점의 위와 아래에 있는 데이터 수를 결정하는 데 컴퓨터 도구를 사용했다. 두 발표 자료를 나란히 놓음으로써 직접적인 부가적 비교를 하는 것을 문제시할 수 있었다. 이는 Missy에 의해 촉진되었는데 그녀는 "예전 프로그램이 새 프로그램보다 더 많은 수가 있기 때문에" 두 번째 발표 자료에서 혼란스러워했다. 나는 이것이 매우 중요한 것임을 깨닫고, 이를 다시 언급함으로써 모든 학생들이 이 문제점에 주목할 수 있었다.

McClain: 오, 저기에 더 많이 있는 것 같이 보여요. 525보다 위쪽에는 56개가 있고 이쪽은 37개가 있네요?

Missy: 네, 제 생각에는 비교하는 것이 더 어려운 것 같아요.

McClain: Missy가 얘기한 것에 대해 어떻게 생각하나요? 예전 프로그램에 좀 더 많은 사람들이 있어서 만약에 정확한 사람 수만 본다면, 우리가 원하는 이 위쪽 치역에서는 56개를 가지고 있고 여기에는 37개만 있네요. 그럼 누군가는 예전 프로그램이 더 많이 가지고 있으니까 더 좋다고 말할 수도 있지 않을까요? Janine?

논의가 계속되면서 학생들은 논증의 본질적인 문제를 인식할 수 있었지만 그 해답을 찾지는 못했다. 결국, Ken이 하라는 대로 나는 그림 13.5에서 보듯이 데이터 그래프를 수정하였다.

이때 학생들은 이 숫자들에 대한 다양한 생각들을 쏟아내었다.

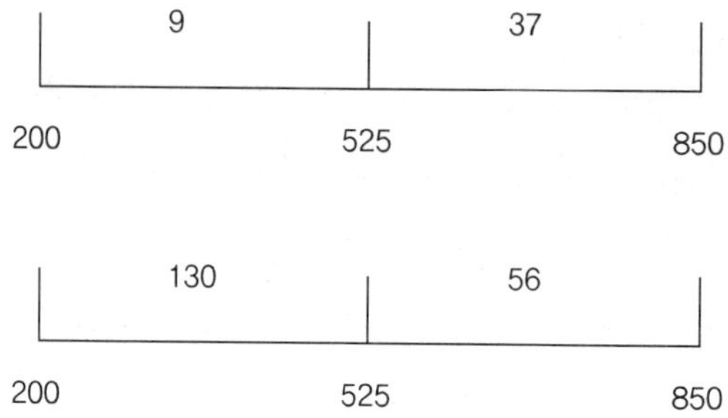

[그림 13.5] AIDS 데이터를 분할함으로써 만들어진 그래프

Brad: 하지만 새 프로그램보다 예전 프로그램에 더 많은 사람들이 있잖아요.

McClain: Juan?

Juan: 525 이상에는 37이 있는데 이는 절반 이상이고 56은 130의 절반보다도 많지 않아요. 상위보다 하위에 좀 더 많이 있어요.

학생: 모르겠어요.

McClain: Juan?

Juan: 네. 37은 9와 37을 합친 것의 절반보다도 많죠? 그러나 56은 30, 130, 56을 합친 것의 절반보다 많지 않아요. 위쪽보다 아래쪽에 좀 더 많이 있는 것이죠.

McClain: 좋아요. 그럼 누가 이 문제에 대해 도와줄 수 있나요? 혹시 내가 이해할 수 있도록 누구 다른 방법을 얘기해 줄 수 있을까요? Will, 다른 방법이 있나요?

Will: 글쎄요. 이 상황에서는 얼마나 많은 사람들이 있는지는 중요하지 않아요. 왜냐하면...

McClain: 좀 더 크게 얘기해 봐요.

Will: 아래쪽에 대해서, Juan이 얘기한 대로 525 이하에 있는 것보다 위에 더 많다는 것을 알 수 있죠. 이쪽이 더 좋다는 뜻인데 왜냐하면 위쪽에 있는 것은 525보다 아래에 있는 것의 절반에도 가깝지 않기 때문이죠. 그래서 동일한 수의 사람들이 있다면, 아래쪽에 좀 더 많이 있게 되겠죠.

Brad는 문제를 직관적으로 이해했지만 각 프로그램에서의 환자 수의 차이를 지적하는 것 말고는 더 명확히 설명하지 못했다. Juan은 실험 처치에서 절반 이상의 환자들이 525개 이상의 T세포를 가지고 있었고 전통적 처치에서는 이런 환자들이 절반 이하였기 때문에 실험 처치가 더 좋다고 생각했다.

논의가 계속되면서 백분율을 찾는 것이 도움이 된다는 제안이 있었다. 학생들은 각각의 처치에서 525 이상의 T세포를 가지고 있는 사람들의 백분율을 계산했다. 먼저 계산을 끝내고 나서 학생들은 초기의 직관적 논증을 결과와 함께 확인했다. 이러한 논의는 정교한 논증을 바탕에 두지는 않았지만 학생들은 수용 가능한 발표 자료와 논증을 위해 확실한 문제를 명료화할 필요성을 인지했다.

전체 학급 토론에서 발표한 마시박 사료는 그림 13.6에서 보듯이 각 치치별로 네 개의 동등한 그룹(four equal groups)으로 데이터를 구성하는 것이었다.

칠판 위에 발표 자료를 게시한 후, Brad는 "네 개의 동등한 그룹으로 나누니 이 그룹 간의 차이점이 무엇인지 말할 수 있기" 때문에 적절하게 느껴진다고 말했다. 그는 또한 실험 처치에서는 "동등한 그룹을 나눈 세 직선"이 525 이상에 있는 데 비해 전통적 처치에서는 "그 중 오직 한 개"만이라는 것을 보고 새로운 처치가 더 좋다고 했다. 다소 이해하기 어려웠지만 나는 Brad의 설명이 결국 실험 처치 데이터의 75%(즉, 세 직선들)가 525 이상인 반면 전통적 처치 데이터에서는 겨우 25%(즉, 한 직선)만이 525 이상이라는 것을 지적했다고 해석했다. 나는 이 수업의 많은 학생들이 Brad의 설명을 잘 이해하지 못했다고 생각했다. 그러므로 이 그래프의 의미를 좀 더 면밀히 살펴보는 것은 지금까지 이루어진 논의에서 중요한 측면이었다.

나는 학생들에게 직선 사이의 데이터의 백분율이 얼마냐고 물었다. 학생들은 답에서

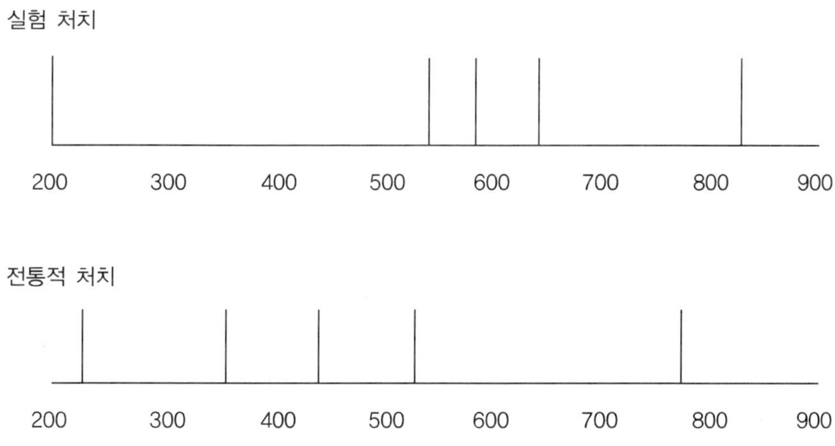

[그림 13.6] 네 개의 동등한 그룹으로 에이즈 프로토콜 데이터를 구성한 발표 자료

데이터 세트의 25%가 각 네 개의 간격 사이에 있다는 것을 이해했음을 명확히 했다. 학생들의 지시에 따라 발표 자료에서 같은 T세포 치역에 대해 새로운 처치에서 75%의 환자들이 있는 반면 전통적 처치에서 25% 환자들만 있음을 언급했다. 많은 학생들에게 백분율로 돌아가는 과정은 발표 자료를 이해하는 데 필요했다. 학생들은 이 자료의 숨은 의미가 무엇인지를 알 필요가 있었다.

이 수업을 다시 보면서 전체 학급 토론에서 처음에는 언덕 주변에서 분할함으로써 자료를 구조화했던 발표 자료에 중점을 두었다는 것을 발견했다. 첫 번째 해답은 다수의 사람들이 어디에 있는지에 중점을 둠으로써 두 데이터 세트 사이의 질적인 차이를 제공했다. 그러나 다음 것은 직접적인 부가적 비교로부터 문제를 양적으로 구별할 기회를 얻게 되었다. 이러한 직접적인 부가적 비교의 문제점을 인식하게 되었고 데이터 세트에 대한 좀 더 정교화된 방식으로 생각하도록 논의가 전환되었다. 이는 초기 논증의 정교화를 위한 셋팅이었다.

12주간의 교수실험 내내 **무엇이 수용 가능한 수학적 논증인가**에 대한 규준에서 지속적인 변화가 있었다. 어떤 새로운 기록이 나타나고(예, 네 개의 동등 그룹) 좀 더 자세한 형태의 설명 대 논쟁을 요구하면서 학습 주기(cycle)가 있긴 했지만 발표 자료를 가지고 사고하는 것은 규범이 되었고 논의 과정에서 정교화하기 위한, 논증을 위한 담화 공간이 마련되었다.

논의

중요한 수학적 논의는 학생들의 초기 이해를 시작점으로 하여 점점 발전해 가는 이해를 지지할 수 있는 자원을 제공한다. 이 과정은 수학적 논증이 좀 더 효율적이고 정교화된 논증이 되는 진화적인 정교화 과정을 거칠 수 있는 상황을 만들어 주었다. 동시에 학생들은 발전적으로 좀 더 정교화된 분석을 할 수 있게 되었다. 질문으로 인해 정교화가 일어났으며 설계 실험 과정 내내, Toulmin의 용어로, 수학적으로 추론 근거를 위한 지지에 기반한 이해와 필요를 발전시켰다. 학생들의 다양한 해법에 대한 토론과 비평이 정교한 형태로 나타나게 된 것이었다.

Simon(1997)은 수학 교수 주기(Mathematics Teaching Cycle)에 대한 설명에서 "학생들의 수학에 응답하는 것과 학생들의 학습 목표에 기반을 둔 교사의 의도된 교수법을 만들어내는 것 사이의 내재된 갈등"(p.76)이 있음을 지적했다. 에피소드에서의 의도된 교수법은 결국 명확한 수학적 논쟁에 초점을 맞추게 했다. 이는 과정을 완료하거나 해법을 찾는 것에 종속될 수 없으며, 수학적 과정의 난해한 부분임에 틀림없다.

본 연구는 이 수업에서 수학적 논증의 가설적 발전을 위한 기초를 제공한다. 첫 번째 단계는 **방어를 위한 논증**(argument for defending)으로 규정될 수 있다. Carol의 논증에서 Juan의 질문이 전혀 Carol에게 영향을 주지 못하는 것에서 볼 수 있는데, 그녀는 "절반을 가지고 해 보려고 했다"는 것 외에 Juan의 질문에 대해 다른 설명을 할 수 없었다. Juan이 이를 수용할 수 없다는 것을 아는 것이 Carol에게는 전혀 문제가 되지 않았다. 그녀는 논증을 했고 더 이상의 논의를 할 필요가 없었던 것이다.

나는 다음 단계를 **동의하지 않음을 위한 논증**(argument for disagreement)으로써 규준의 진화로 규정했다. 이는 미묘한 변화이기는 했지만 Brad가 "나는 다른 방법으로 했어"라고 말했을 때 그 증거를 찾을 수 있었다. Brad는 Carol의 결론에 동의하지 않으면서 자신의 논증을 제공했다. 수업 중 이 시점에서 학생들은 좀 더 좋은 브랜드 또는 처치에 동의하지 않았고 논증의 주된 목표는 좀 더 나은 선택을 하는 것이었다. Brad가 동의하지 않음은 Carol이 좀 더 좋은 건전지 브랜드를 선택한 것에 동의하지 않았던 것에 기반했다. 그의 논증은 추론 근거에 대한 수용 가능한 지지를 제공했기 때문에 다른 학생들로부터 좀 더 타당성을 확보할 수 있었다.

그 다음 단계는 **정당화를 위한 논증**(argument for justification)이었다. 이 단계에서 학생들은 그들의 선택이나 데이터를 조직하는 방법을 정당화하기 위한 논증을 제공했다. 이 시기 동안 학생들은 좀 더 좋은 선택 또는 처치에 대해 좀 더 동의하였고 논의는 데이터를 구성하고 주장하기 위한 좀 더 좋은 방법을 찾는 쪽으로 변화되었다. 정당화(또는 추론 근거와 지지)는 논증의 대상이 되었다.

무엇이 수용 가능한 수학적 논증인가에 대한 규준을 진화하는 마지막 단계는 **정교화를 위한 논증**(argument for refinement)이었다. 이는 에이즈 에피소드에서 학생들이 같은 수의 데이터를 갖고 있지 않은 데이터 세트를 가장 잘 표현할 수 있는 방법을 찾을 때 나타났다. 모든 학생들은 실험 처치가 더 좋다는 데 동의했다. 토론은 어느 발표 자료가 좀 더 좋은 논증을 제공하는가에 초점이 맞춰졌다. 이 과정에서 학생들은 가장 좋은 논증을 제공하기 위해서 제시된 발표 자료를 다시 정교화하였다.

규준을 진화시키는 마지막 단계에서 가장 좋은 논증이 가장 정교화된 것만은 아니었다는 것은 주목할 필요가 있다. 한 예로, 학생들은 학부모 회의에서 나타난 학습 습관에 대한 데이터 세트를 분석하는 과제에서 좀 더 간단한 논증과 기록을 선택했다. 이에 대해 학생들은 "우리가 네 개의 동등한 그룹을 선택한다면 부모들은 이해하지 않을 것"이라고 답했다. 대체로 진실이긴 하지만, 규준은 단순히 규준이었다는 것을 명확히 하는 것은 중요하다. 이는 특정 과제, 데이터, 독자(관객)에 달려 있다. 이러한 다양성은 학생들의 능력이 논증을 가지고 생각하는 것뿐만 아니라 논증에 대해서 생각하는 능력임을 보여주는 것이다. 이 과정에서 논증 자체가 반성의 대상으로 구체화되었다.

14

학교 수학에서의 추론 및 증명하기

패턴 찾기[1]

Gabriel J. Stylianides and Edward A. Silver

서론

> 패턴을 가르칠 때 겪는 어려움 중의 하나는 아동들이 자신들을 믿지 않고, 패턴도 믿지 않으며 관련된 수학도 믿지 않는다는 점이다. 학생들은 적용할 수 있는 하나의 공식(formula)을 발견한 경우에도 확신하지 못한 채 50개 또는 100개 항 전체 패턴을 실제로 만들고 나서야 자신들이 찾아낸 답에 대해 확신하게 된다.

위의 인용문은 전문성 신장 프로그램(Beyond Implementation: Focusing on Challenge

1 본 장은 BIFOCAL 프로젝트를 지원하기 위해 미국 국립 과학재단의 보조를 받는 Center for Proficiency in Teaching Mathematics(CPTM)의 연구 No. 0119790와 미시간 주립대학의 수학교육 기부 기금의 일부 지원을 받아 이루어졌다. 모든 의견과 연구결과 및 결론, 자료상에 표현된 권고사항은 저자에 의한 것이며 이것이 반드시 미국 국립 과학재단이나 센터, 대학의 의견을 반영하는 것은 아니다. 저자는 본 장에 대해 유익한 조언을 해준 두 익명의 검토자에게 감사를 전한다.

and Learning(BIFOCAL) project(Silver, Mills, Castro, & Ghousseini, 2006))에 참여했던 한 중학교 교사의 말이다. 전문성 신장 프로그램의 세션 동안에 위의 교사를 포함한 중학교 교사들은 패턴 찾기와 연관된 과제를 해결하고 토론하였다. 위의 발언은 패턴의 교수·학습과 관련한 중요한 이슈를 제기한다. 학생들은 왜 패턴을 믿기 어려워할까? 다른 패턴의 유형이 있는 것인가? 학생들은 자신들이 찾은 패턴을 신뢰해야만 하는가? 그렇지 않다면 신뢰할 수 있는 패턴과 그렇지 못한 패턴을 어떻게 구분할 수 있을까? 이러한 분별과 판단을 하는 데 있어 수학 학습이 어떻게 도움이 될까?

이러한 질문들은 몇 년 전까지만 해도 중학교 수준의 수학 교수·학습에서는 중요하게 여겨지지 않았지만 지금은 매우 중요한 문제들이다. 패턴 찾기는 **추론 및 증명하기**(reasoning-and-proving) 활동에서 필수적인 요소로 간주된다. 이것은 최근에 고등학교뿐만 아니라 초등학교, 중학교 학생들을 위한 교육과정 구성에 매우 뚜렷하게 나타나는 일반적인 현상이다(NCTM, 2000 참조). 추론 및 증명하기에 대한 강조는 앞의 발췌문에서 드러난 것처럼 교사들의 부담을 가중시키고 있다. 패턴을 가르치거나 수업에서 복합적인 수학 활동과제에 학생들이 참여하도록 할 때 대다수의 경우는 교사들이 학생들이 겪는 어려움을 해결할 수 있는 (수학적 지식과 교수학적 지식 모두에 대하여) 준비가 되지 않았다고 생각한다.

중학교 교사들에게 있어 패턴에 대한 숙달은 특히 중요한 이슈이다. National Science Foundation의 재정지원을 받아 1989년과 2000년에 출간된 NCTM의 교육과정 규준(standards)을 반영하는 소위 규준지향적인(standards-based) 교과서들을 보면 패턴에 관한 과제들이 대단히 많다. 많이 쓰이는 중학교(6~8학년) 규준지향 교과서 중 하나인 《Connected Mathematics Project(CMP)》(Lappan, Fey, Fitzgerald, Friel & Philips, 1998/2004)를 분석한 연구에 따르면 대수, 정수론, 기하 단원들에 포함된 수학 과제의 40%가 추론 및 증명하기와 관련되어 있고 이 중에서 25%가 패턴 찾기와 연관된 것으로 나타났다(Stylianides, 2005).

이 장의 목적은 앞에서 제기한 질문들에 대한 답을 찾기 위한 것이다. 이 장은 세 부분으로 구성되는데 첫 번째 부분에서는 추론 및 증명하기 활동에 대한 좀 더 일반적인 상황 안에서 패턴 찾기 활동을 설정한다. 구체적으로 이러한 활동의 본질에서 나온 추론 및 증명하기의 개념화와 패턴 찾기가 어떻게 추론 및 증명하기와 연결되는지 설명한다. 두 번째 부분에서는 **분석틀**(Stylianides, 2008)에 대하여 간략히 설명하는데, 이 분석틀은 추론 및 증명하기의 개념화와 같은 토대에서 구성된 것으로 추론 및 증명하기에 초점을 둔 여러 유형의 연구를 수행하는 데 있어서 유용한 발판이 될 수 있다.

세 번째 부분에서는 분석틀의 한 부분을 이용하여 앞에서 언급했던 전문성 신장 프로그램의 세션 동안에 발생한 에피소드를 분석한다. 이 에피소드를 분석함으로써 패턴에 대한 교사들의 수학적 이해와 패턴을 가르칠 때 겪는 어려움에 대한 통찰력을 얻을 뿐만 아니라 교사의 전문성 신장 세션의 상황에서 분석틀이 얼마나 유용한지를 구체적으로 보여준다. 추론 및 증명하기에 대한 여러 유형의 연구에서 활용할 수 있는 분석 도구의 개발은 여러 연구를 통해 얻은 연구 결과들을 서로 연결할 수 있는 방법을 제공하고, 따라서 통합된 연구 프로그램 개발과 다양한 연구를 통한 지식 축적에 도움이 될 것이다.

추론 및 증명하기에 대한 개념화

이 절에서는 추론 및 증명하기를 어떻게 개념화할 것인지 논의한다.

Harel과 Sowder(1998)에 따르면 "수학자가 하는 일의 대부분은 탐색하고 추측하는 것이지 제대로 진술된 명제(well stated propositions)들에 대한 증명을 찾아내는 것이 아니며 명백한 명제들에 대한 것도 아니다(p. 236)." Lampert(1991)는 다음과 같이 설명한다.

> 수학에서는 논증의 추론(reasoned argument)을 통해 주장을 검증함으로써 새로운 지식이 만들어진다. 커뮤니티의 담론을 통해서 특정한 가정에 대하여 주어진 영역에 대한 일반화를 하고 그 일반화를 적용할 수 있는 영역의 경계를 탐색한다(p. 125).

Pólya(1954b)는 수학적 활동을 두 가지 추론, 즉 그럴듯한 추론—이 과정을 통해 가설이 만들어진다—과 입증 가능한 (연역적) 추론—수학적 지식으로 보증되는—을 포함한 것으로 설명한다. Pólya가 강조한 것은, 수학은 이 두 가지 추론을 모두 포함하는 학문으로 수학적 증명은 명백한 추론이며 그 과정에서의 수학(mathematics in the making)은 그럴듯한 추론이라는 점이다. 그는 이 점을 다음과 같이 설명하고 있다.

> 수학은 실증 과학(demonstrative science)으로 간주되는데 이것은 수학의 여러 측면 중 하

나일 뿐이다. 완성된 형태로 제시되는 완성된 수학은 전적으로 증명을 설명하는 것으로 구성된다. 그러나 수학의 생성과정은 여타의 지식의 생성과정과 유사하다. 증명을 하기 위해서는 먼저 수학적인 정리(theorem)를 추측해야 하고 그 세세한 것을 완성하기 위해서는 증명을 어떻게 할 수 있을지 추측해야 한다. 관찰한 결과들을 통합하고 유사점들을 찾는 이러한 과정을 계속 반복해야 한다. 수학자들이 수행하는 창조적인 작업의 결과는 명확한 추론, 즉 증명이며, 이러한 증명은 그럴듯한 추론과 가설을 통해 발견된다(Pólya, 1954b, p. vi).

위의 인용문이 의미하는 것은 수학적 지식은 여러 단계를 거쳐 발달하는데, 초기 탐색 단계 및 특정 아이디어의 초기에서부터 마지막 단계로 흔히 증명이라고 일컫는 논증의 추론까지의 과정을 거친다는 점이다(Dubinsky & Tall, 1991). Atiyah(1984/1986)는 이 과정을 설득력 있게 기술하고 있다.

자연과학에서와 마찬가지로 수학에서도 발견과 관련된 여러 단계가 존재하는데 형식적인 증명은 마지막 단계에 불과하다. 가장 초기 단계에서는 의미 있는 사실들을 규명하고 그러한 사실들을 유의미한 패턴으로 조직하여 어떤 법칙이나 공식으로의 추출을 모색한다. 그 다음은 앞 단계에서 찾아낸 공식 등을 새로운 실험적 사실들과 대조하여 검증하는 단계로, 이때 증명의 문제를 고려하게 된다(p. 47).

요약하면, 이러한 활동은 증명과 관련된 수학자들의 연구 작업을 전형적으로 설명해주는 것으로 여러 단계를 포함한다. **증명**은 여러 단계들 중에서 마지막 단계일 뿐이다. 초기 단계는 Pólya(1954b)가 지칭한 '수학의 생성과정'과 관련된 것으로 의미 있는 사실들을 규명하고 유의미한 **패턴**으로 조직하는 과정이다. 구체적으로, **가설**을 만들기 위해 패턴의 활용 및 새로운 실험적 증거들에 대비하여 가설들을 검증하고 왜 특정 방식으로 작동하는지에 대한 **논증**의 이해와 이를 제시하려는 노력 등이 이 과정에 해당한다. 이러한 활동과정과 연결성은 대학생을 대상으로 한 Schoenfeld(1983)의 문제 분석에 잘 나타나 있다. Schoenfeld가 사용한 문제는 'reversed' 계수를 가진 n차 다항식 $P(x)$와 $Q(x)$의 근들 사이의 관계에 대한 것이었다. 즉,

다음 **증명**은 고전적인 수학 논증처럼 매우 간결하게 사고 과정의 결과를 보여준다. 그런데 증명에 대한 영감은 어디에서부터 오는 것일까? 논증이 진화해 온 길을 다시 생각해보면 중요한 두 가지 돌파구를 찾을 수 있다.

그 첫 번째는 문제에 대한 이해와 관련이 있는데 이것은 문제에 대한 어떤 느낌이다. 일반적으로, 주어진 문제는 그 어떤 도움도 제공하지 않고 있다. 우리는 **패턴을 찾기 위해서 특수한 사례들을 조사했는데** 구체적으로 특수한 사례들—이차식—에 대한 첫 번째 시도는 별로 도움이 되지 않았다. 더 구체적인 것을 찾기 위해 계산하기 쉬운 단순하고 직접적인 사례들을 조사해서 어떤 **패턴**이 나타나는지 살펴보았다. 운이 따른다면 그 **패턴을 일반화**할 수 있을지도 모른다. 이런 경우는 다항식의 근을 찾아 쉽게 인수분해 되는 방정식을 선택했다. 다른 상황에서라면 분명히 다른 선택을 했을 것이다. 그러나 이 전략을 통해 **추측을 만들 수 있었다**.

추측을 만든 후에 두 번째 돌파구가 생겼다. **왜 참이어야 하는지**에 대한 아이디어를 가지고 있긴 했지만 **논증**이 잘 정리되지 않아 한동안 다시 생각해 보았다. 이 시점에서의 행동은 매우 중요한 것이지만 종종 간과되는 것으로 주어진 문제의 조건들로 다시 돌아가서 탐색해보고 주어진 조건들과 바라는 결과들 간의 가시적인 연결성을 찾아보는 것이다. "r이 $P(x)$의 근이라는 것이 의미하는 바는 무엇인가?", "$(1/r)$이 $Q(x)$의 근이라는 것이 의미하는 바는 무엇인가?"와 같은 질문들은 각각 매우 단순해 보일 수 있지만 해결책[증명]이 될 수 있는 방법들을 보게 해 주었다. (Schoenfeld, 1983, pp. 11–12; 원본의 밑줄 친 것이 생략되었고 강조한 부분은 굵게 표시)

여러 학자들이 제안한 학생들이 학교에서 실제적인 수학적 경험을 하기 위해서는 그러한 경험들이 수학을 한다는 의미에 맞는 방식으로 조직되어야 한다(예, Ball, 1993; Bruner, 1960; Lampert, 1992; Schwab, 1978; Silver & Stein, 1996; Stylianides, 2007)는 입장에서 **추론 및 증명**을 '패턴 찾기', '가설 세우기', '증명 제시하기', '증명이 아닌 논증(non-proof arguments) 제시하기'의 활동을 아우르는 것으로(Stylianides, 2008) 개념화하고자 한다. 처음의 두 활동은 '수학적인 일반화하기'의 개념과 관련된 것이고 나머지 두 활동은 '수학적 주장에 대한 지원하기' 개념에 포함된다.

분석틀

위에서 제시한 추론 및 증명하기에 대한 개념화는 분석틀(analytic framework)을 수립하는 토대가 된다. 분석틀은 세 가지 구성요소를 포함하는데 수학적, 심리학적, 교수학적인 측면이다(그림 14.1 참조). Stylianides(2008, pp. 10–13)는 분석틀의 구성 요소에 대한 상세한 논의와 함께 실질적 사례를 보여준다. 여기에서는 교사들이 참여한 전문

<table>
<tr><td></td><td colspan="4">증명 및 추론하기</td></tr>
<tr><td rowspan="3">수학적 요소</td><td colspan="2">수학적 일반화 만들기</td><td colspan="2">수학적 주장에 대한 지원 제시</td></tr>
<tr><td>패턴 찾기</td><td>가설 세우기</td><td>증명 제시</td><td>증명이 아닌
논증 제시</td></tr>
<tr><td>• 가능한 패턴
• 확정적 패턴</td><td>• 가설</td><td>• 포괄적인(generic) 사례
• 실연/시범
(demonstration)</td><td>• 실증적 논증
• 근거</td></tr>
<tr><td>심리학적 요소</td><td colspan="4">패턴/가설/증명/증명이 아닌 논증의 수학적 본질에 대한 문제를 해결하려는 사람의 인식은 어떠한가?</td></tr>
<tr><td>교수학적 요소</td><td colspan="4">패턴/가설/증명/증명이 아닌 논증의 수학적 본질은 문제를 해결하려는 사람에게 어떻게 명료해지는가?
패턴/가설/증명/증명이 아닌 논증의 수학적 본질과 그러한 본질에 대한 문제를 해결하려는 사람의 인식을 비교해 보면?</td></tr>
</table>

[그림 14.1] 분석틀 (Stylianides, 2008, p. 10)

성 신장 프로그램 세션 중에서 핵심 에피소드를 분석하는 데 필요한 부분에 대해서 간략히 기술한다. 구체적으로, 먼저 '패턴 찾기'에 대한 분석틀의 수학적 요소에 대해 묘사한다. 그 다음에 수학적, 심리학적, 교수학적 관점에서 볼 때(각각의 관점은 분석틀을 구성하는 해당 요소들로부터 나온 것이다) 그 분석틀이 어떻게 추론 및 증명하기에 대한 연구를 지원하는지 설명한다. 세 관점을 모두 활용하여 핵심 에피소드를 분석한다.

패턴 찾기

분석틀에 있어서 **패턴**은 주어진 데이터에 적합한 일반적인 수학적 관계를 의미한다. 이 분석틀은 유형이 다른 두 패턴, 확정적(definite) 패턴과 가능한(plausible) 패턴을 구별할 수 있게 한다. 구체적으로, **확정적 패턴**의 경우, 문제를 해결하는 사람이 (과제에서 제시한 정보를 가지고) 데이터에 적합한 여타 다른 패턴들 대신 어떤 특정 패턴을 선택하게 된 결정적 증거를 제시하는 것이 수학적으로 가능하다. 한편 **가능한 패턴**에서는 문제를 해결하는 사람이 (과제에서 제시한 정보를 가지고) 데이터에 적합한 여타 다른 패턴들 대신 어떤 특정 패턴을 선택하게 된 결정적 증거를 제시하는 것이 수학적으로 가능하지 않다(예를 들어, 특정한 패턴을 주어진 데이터에 적합한 가장 단순한 패턴으로 선택할 수 있다).

표 14.1은 확정적 패턴과 가능한 패턴 간의 차이점을 보여준다. 표에서 제시하는 데이

[표 14.1] 분명한 패턴과 가능한 패턴 간의 차이

x	0	1	2	3	4
y	0	3	6	?	?

이 표는 두 변수가 어떻게 관련되는지를 보여준다. 이 표의 패턴을 구한 다음 그 패턴을 이용해서 빈칸을 채우시오.

터에 적합한 패턴은 (대수적으로 표현된) $y = 3x$ 이다. 이 패턴을 적용하면 빈칸은 9와 12가 된다. 데이터에 적합한 또 다른 패턴은 $y = x^3 - 3x^2 + 5x$ 이다. 두 순서쌍 (9, 12)와 (15, 36)은 주어진 데이터 집합에 적합한 무한히 가능한 해답들의 예제이다. 예를 들어, $y = \alpha x^3 - 3\alpha x^2 + (2\alpha + 3)x$ (x는 실수) 형태의 방정식은 주어진 데이터를 만족한다. 수학적 관점에서 보면 주어진 관계에 대한 어떤 답도 맞는 답이 될 수 있다. 혹자는 빈칸의 숫자가 0과 3이라고 할 수도 있는데, 이것은 표에서 y값의 처음 세 수를 패턴에서 '반복하는 단위'로 볼 때 가능하다. 위의 예에서 패턴은 한 가지로만 결정되는 것이 아니고 하나의 가능한 패턴임을 알 수 있다. 표 14.1의 과제를 어떻게 수정하면 확정적 패턴으로 만들 수 있을까? 한 가지 방법은 다음과 같은 상황을 설정하는 것이다. "한 작가는 팔리는 책 한 권당 3달러를 받기로 하고 출판사와 계약을 했다." 이러한 상황 설정을 통해 $y = 3x$ (y는 작가가 받는 총 금액, x는 팔린 책의 권수)를 유일한 패턴으로 결정할 수 있게 된다.

수학 교육의 중요한 목적 중 하나는 학생들이 패턴 찾기의 중요성뿐만 아니라 일반화가 왜 필요한지 그 중요성을 이해하도록 돕는 것이다(예, Harel & Sowder, 1998; NCTM, 2000). 앞에서의 논의를 통해 패턴이 확정적인지 혹은 가능한 것인지에 따라 패턴이 왜 그렇게 되는지를 정당화하는 방법이 달라진다. 확정적 패턴의 경우에는 결정적 증거를 제시할 수 있지만 가능한 패턴의 경우에는 그럴 수 없는데, 이것은 여러 개의 가능한 패턴들 중에서 어느 특정 패턴을 선택하는 것이 수학적 기준에 의한 것이 아니기 때문이다. 그렇지만 가능한 패턴이 학생들이 수학적 일반화에 대한 생산적인 정당화를 할 수 없게 한다는 의미는 아니다. 예를 들어, 학생들이 가능한 패턴을 확정적인 패턴으로 변형할 수 있는 특정한 구조를 **추정**하고, 그 다음에 그 특정 패턴에 대한 결정적 증거를 제시할 수 있다. 표 14.1의 패턴을 다시 살펴보면, 대부분의 중학교에서 중학생들(과 교사)은 완성되지 않은 패턴이 선형적임을 (암묵적으로) 추정할 수 있을 것이고, 그러한 추정을 바탕으로 그 과제를 해결하게 된다.

추론 및 증명하기 연구에서 수학적, 심리학적, 교수학적 관점을 토대로 한 분석틀 적용

이 연구에서 사용되고 있는 분석틀의 **수학적 요소**는 추론 및 증명하기 활동을 수학적 측면에서 분석할 수 있게 해 준다. 수학적 관점에서 보면 활동(일례로, 수업 활동)에 대한 관찰자(혹은 연구자)는 수학적으로 실력 있는 사람(예, 연구자 혹은 교사)이어야 하는데, 왜냐하면 해결하려는 사람(예, 학생)이 그 활동에 대하여 어떻게 생각하는지와 관계없이 주어진 활동을 수학적인 측면에서 분석해야 하기 때문이다.

심리학적 요소는 문제를 해결하려는 사람에게 초점을 맞춘다. 심리학적 관점을 통해 해결하려는 사람이 **추론 및 증명하기와 연관된 수학적 대상**(패턴, 증명과 같은)이 가지고 있는 수학적 본질을 어떻게 인식하는지를 탐색하기 위한 것인데, 그러한 인식은 해결하려는 사람의 풀이 과정이나 다른 사람의 풀이 과정에 대한 의견(comment)에 드러나기 때문이다. 다시 표 14.1의 과제를 수정한 내용(즉, 출판사와 작가의 계약 상황으로 설정한 과제)을 가지고 심리학적 요소에 대해 설명해 보겠다. 한 학생이 이 과제를 해결하기 위해서 표에 주어진 수치들을 보고 패턴을 일반화한다고 가정할 때 그 학생은 자신의 풀이 방법이 패턴이 왜 그렇게 되는지를 설명하는 유일한 방법이라고 생각할 수 있다. 이 경우에 패턴을 규명하는 접근 방식이 수학적인 관점에서 볼 때는 한계가 있지만(패턴과 하나의 패턴만이 존재하는 상황, 즉 작가는 팔린 책 권당 3달러를 받는 상황을 연결하지 못하기 때문에), 관찰자가 그 학생의 풀이 과정을 분석하는 데 심리학적 관점을 활용한다면, 이 학생이 그 패턴을 확정적인 것으로 인식하는 것을 알 수 있다.

교수학적 요소는 수학적 요소와 심리학적 요소 모두를 이용한다. 교수학적 관점은 추론 및 증명하기에 연관된 수학적 대상이 가지고 있는 수학적 본질을(수학적 관점을 적용할 때 파생되는) 해결하려는 사람이 인식하는 본질(심리학적 관점을 적용할 때 파생되는)과 어떻게 비교할 수 있는지에 관심을 둔다. 이러한 비교를 통해 나타나는 가능한 차이점들의 규명은 특정한 추론 및 증명하기 대상의 본질에 대한 학생들의 이해가 그 본질을 전통적인 방식으로 이해하도록 돕는 교사들의 교수학적 행동에 대한 잠재적(potential) 초점들을 규명하도록 도울 수 있다. 해결하려는 사람의 인식이 그 대상의 수학적 본질로서 타당한 추론과 일치할 때에(교수 활동의 개입 후에) 추론 및 증명하기 대상의 수학적 본질이 해결하려는 사람에게는 **분명한 것**(transparent)이 된다. 그렇지 않은 경우에, 그 대상의 수학적 본질은 해결하려는 사람에게 **분명하지 않은 것으로**(non-transparent) 여겨진다. 예를 들어, 해결하려는 사람이 주어진 표에 제시된 수치들의 패턴을 일반화함으로써 확정적 패턴이 유일하게 결정된다는 것을 확신할 경우 그 패턴의 수학적 본질은 투명하지 않은 것으로 여겨진다.

분석틀을 활용한 전문성 신장 세션의 에피소드에 대한 분석 및 논의

이 섹션에서는 분석틀을 활용하여 BIFOCAL 전문성 신장 세션의 에피소드를 분석한다. 이 전문성 신장 세션 동안 중학교 교사들이 육각형 기차 과제(그림 14.2 참조)를 해결한 후 토론을 진행한다. 이 섹션은 두 부분으로 구성되는데, 첫째, 여기서 다룰 에피소드에 대한 이해를 돕기 위해 BIFOCAL 프로젝트, 세션들의 구성, 그리고 이 프로젝트에 참여한 교사들의 특성에 대해 간략히 설명한다. 또한 초점이 되는 에피소드와 교사들에 대해 기술한다. 둘째, 분석틀을 이용해서 에피소드를 분석하고 논의한다.

전문성 신장 프로그램과 핵심 에피소드

BIFOCAL은 중학교 교사들을 위한 전문성 신장 프로그램이다(Silver et al., 2006). BIFOCAL 프로젝트 참여자는 전체 5개의 중학교로 이루어진 작은 규모의 4개의 교육청에 소속된 교사들로 CMP 교육과정을 3년에서 11년 동안 사용해오고 있었다. 초기 그룹은 각 학교마다 교사 두세 명씩을 모아(총 12명) 구성했는데, 각 학교의 교장들도 몇몇 세션에 참여했다. 초기 그룹의 교사들은 각 교육청이 선정한 교사들이고 리더로 지목되

아래 제시된 패턴에 대하여 처음 네 개 기차의 둘레를 계산하고, 10번째 기차의 둘레를 실제로 그리지 않고 구한 다음 이 패턴에서 임의의 기차의 둘레를 구할 수 있는 방법을 서술하시오.
첫 번째 기차는 정육각형 하나로 이루어진다. 다음에 오는 기차들은 각각 육각형이 하나씩 더해져서 만들어진다. 처음 네 개의 패턴은 아래 그림과 같다.

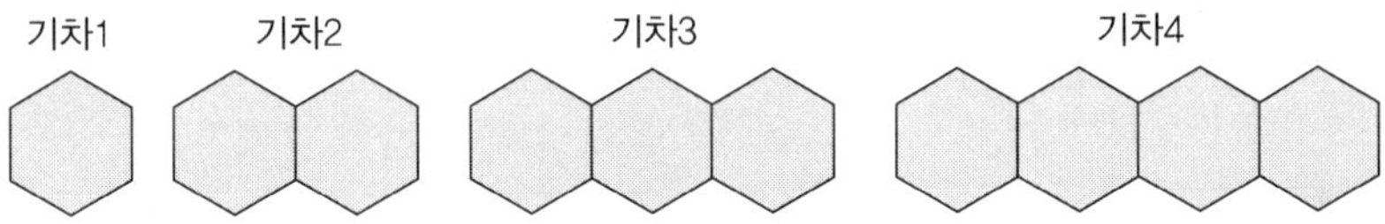

둘레를 구하는(그리고 정당화하는) 여러 가지 방법을 찾으시오.

[그림 14.2] 육각형 기차 과제

었는데, 평균 교사 경력은 14.5년이고 CMP 활용 기간은 평균 5년이었다. BIFOCAL 프로젝트 이후에도 초기 그룹의 교사들은 학교 단위 및 교육청 단위의 전문성 신장 프로그램에서 리더 역할을 수행하였고 추가로 참여자들을 모집하였다. 이 연구에서 중점적으로 다루고 있는 에피소드는 그 프로젝트의 첫 해에 첫 번째 세션 부분이다.

BIFOCAL은 Quantitative Understanding: Amplifying Student Achievement and Reasoning(QUASAR) 프로젝트와 Case of Mathematics Instruction to Enhance Teaching(COMET) 프로젝트(Silver & Stein, 1996; Smith & Silver, 2000; Stein, Grover, & Henningsen, 1996)의 작업을 토대로 한 프로젝트로 각 세션들은 COMET의 세션들(Smith, Silver, & Stein, 2005a, 2005b; Stein, Smith, Henningsen, & Silver, 2000)을 활용하였다. COMET의 사례들은 반성(reflection), 분석(analysis), 탐구(inquiry)의 과정을 통하여 교사들이 겪을 수 있는 여러 어려움들을 예시로 보여준다. 그러한 사례들은 수학, 교수법, 그리고 학생과 학습 간의 관계를 보여주고, 따라서 독자가 하나의 사례를 분석할 때 수업의 구성 요소 대부분을 검토할 수 있다. 또한 그 사례들은 도전적인 수학과제에 학생들이 깊숙하게 또 실질적으로 참여할 수 있게 하고 학생들의 학습을 향상시키기 위한 목적으로 규준지향적인 교과서들을 사용하는 데 있어 교사들의 효율성을 향상시키는 데 토대가 되었다.

교사들이 하나의 사례를 읽고 토의를 시작하기 전에 도입 활동으로 과제 하나를 해결하도록 했다. 이 과제는 내러티브 사례에 포함된 수학적 아이디어와 유사한 아이디어에 관한 것이다. 이러한 도입 활동은 주어진 사례가 보여주는 교사와 학생의 수업을 해석하고 분석하는 데 중요한 전조 역할(precursor)을 한다. 12명의 초기 그룹에게 하루 종일 진행된 전문성 신장 세션의 첫 번째 사례에 대한 도입 활동으로 육각형 기차 과제(표 14.2와 그림 14.2 참조)를 제시하였다. 이 과제를 통해 교사들은 특정 패턴이 가진 근본적인 수학 구조를 찾고 그 구조를 이용해서 기차의 둘레를 (확실하게) 계산할 수 있는 규칙을 유도하게 된다.

[표 14.2] 에피소드

1. 교사들이 개인으로 혹은 소그룹으로 육각형 기차 과제를 해결하는 동안에 교사 교육자(teacher educator) Elliot이 그룹들을 돌아가며 관찰하면서 메모를 한다. 충분한 시간이 흐른 후 Elliot이 전

체 토론을 시작할 즈음에는 모든 구성원이 답을 구했지만 풀이 과정이 다양했다는 것을 언급했다. 또한 답을 구하는 것이 중요한 것이 아니라 답을 구하기까지의 사고과정을 설명하는 것 또한 중요하다는 것을 강조했다.

첫 번째로 Betty가 자신의 풀이 과정을 OHP를 사용해서 전체 그룹에게 다음과 같이 설명했다.

2.

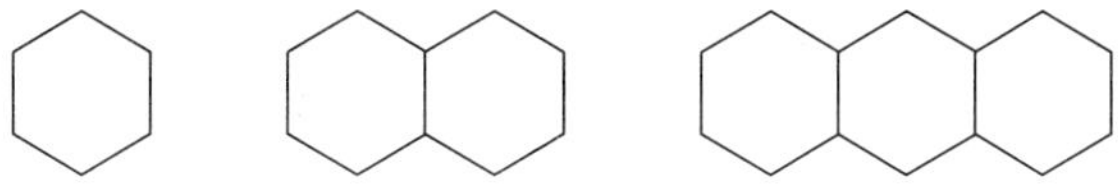

6 10 14

+4 +4

4(1)+2 4(2)+2 4(3)+2

3. Susan과 Betty가 한 조가 되어 찾아낸 것은 $4(n)+2$로, 여기서 n은 각 기차의 육각형 개수이다.

4. Elliot: $4n$은 어떻게 나온 것인가요? 위의 그림에서 분명하게 드러나는 것 같지 않아요. 물론 +4, +4 부분에선 알 수 있지만요. 아동들은 분명하게 볼 수 있을까요?

5. Susan: 각 변을 측정해서 패턴을 알아냈어요.

6. Susan은 Betty와 함께 어떻게 식 $4(n)+2$를 구했는지 설명했다. 구체적으로, 한 기차와 그 다음 기차 사이에 4씩 계속 차이가 있다는 것을 통해 $4(n)$이 포함되어야 함을 알았다. 그 다음에 적당한 보정 요소(correction factor)를 찾기 위해 시행착오(trial and error) 방법을 사용했다.

7. Elliot: 성인 혹은 문제 해결의 경험자로서, 사용할 수 있는 식을 구하는 데 있어서 적절한 보정 요소를 찾기 위해 더하거나 빼는 과정이 필요해요. 그런데 어떻게 해야 학생들이 이 과정을 이해하게 할 수 있을까요?

8. Nicole: 이 단원을 가르친다면 학생들은 분명 어려워할 것이고 저 또한 어떻게 학생들을 도울 수 있을지 막막해요.

9. Elliot: Nicole, 어떻게 이 문제를 풀었습니까?

10. Nicole: 저도 같은 방법으로 풀었어요.

11. Nicole이 앞으로 나가서 OHP에 다음과 같이 적었다.
첫 번째 기차: 6
두 번째 기차: 6+6-2
세 번째 기차: 6+6+6−2−2
....
$4n+2$

12. Elliot이 Nicole의 패턴을 $6n-2(n-1)$로 달리 표현했다. Nicole의 파트너인 Nancy가 토론을 이어나갔다.

13. Nancy: 저는 계속 $6n-2n-2$를 생각하고 있었어요. 확실하지 않은데, 이 식이 $6n-2(n-1)$인가요?

14. Elliot은 이때 질문을 했는데, 어떻게 그 패턴을 단순하게 수치가 아닌 주어진 그림으로부터 알 수 있었는지를 물었다.

15. Susan: 제 학생들은 아마도 '경계선(seams)'으로 이해할 것 같아요.

16. Tanya가 Nancy의 혼동에 대해 다음과 같이 반응했다.

17. Tanya: $6n-2(n-1)$이 맞아요. 왜냐하면 Nicole의 풀이를 볼 때 3번 기차에 대한 6+6+6−2−2에서 6이 세 번, 2가 두 번 나옵니다. 그렇다면 4번 기차에는 6이 4번, 2가 세 번 나올 거예요. 3번 기차와 4번 기차는 2만큼 차이가 나요.

18. Tanya는 자신의 풀이를 보이면서 어떻게 패턴이 $4n$+2가 될지 금방 알아냈는지를 아래 그림을 그리면서 설명했다.

19.

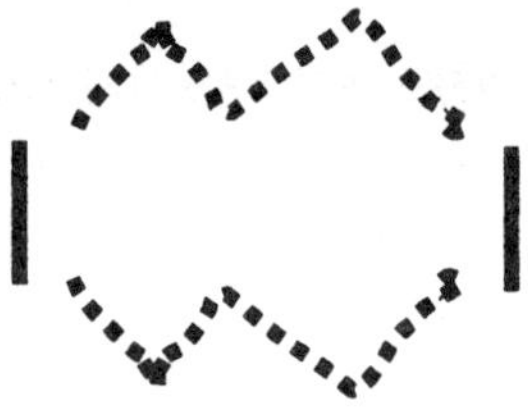

20. Tanya가 설명하기를 $4n$은 점선에(위와 아래에 있는) 해당하고 옆의 선들이 2에 해당한다는 것이다. 또한 육각형이 하나씩 추가될 때마다 점선 4개가 추가된다고 언급하고 또한 위의 그림에서 나타나는 2개의 육각형 사이에 새 육각형이 더해지는 것을 보여주었다.

21. Elliot이 Tanya의 풀이에 더해 모든 육각형은 위, 아래, 옆에 각각 2개의 선분으로 이루어짐을 덧붙여 설명했다. Tanya의 수식에서 숫자 4는 각 육각형의 윗변, 아랫변에 대응하는 것이고 +2는 육각형 기차의 맨 마지막에 있는 두 육각형의 옆 변(위의 그림에서 수직선으로 표현된 선분들)에 대응하는 것이다. 나머지 육각형들의 옆 변은 "포함되지 않는다." 왜냐하면 그 옆 변들은 내부의 선으로 전체 모양의 둘레가 아니기 때문이다. Elliot이 Susan이 앞에서 말한 '경계선'과 연관 지어 설명했다.

22. Nicole은 식을 찾기 위한 그림의 활용이 놀라운 경험(eye-opener)이었다고 말했다. 자신은 그저 표에 제시된 수치들만을 가지고 패턴을 설명했을 것이기 때문이다.

23. Elliot은 내부가 아닌 맨 뒤에 육각형을 계속 이어 붙이는 방법을 활용하는 등 학생들이 어떻게 다르게 시각화했는지 두 가지 예를 보여주었다. 나아가 이러한 여타의 방법들을 어떻게 기호 표현과 연관 지어 볼 수 있는지에 대해 토의하도록 했다. 여기서 Elliot은 질문을 던져 가르침에 관한 내용을 토의하도록 유도했다.

24. Elliot: 여러분들이 패턴에 대한 수업을 해 오는 동안 겪었던 어려운 문제들은 무엇인지요?

25. Nina: 저의 경우, 아동들이 자신들을 신뢰하지 못하고 자신들이 찾은 패턴을 확신하지 못하고 패턴에 포함된 수학을 신뢰하지 못한다는 점입니다. 적합한 수식을 찾았을 때조차도 50개 혹은 100개의 전체를 실제로 만들어 답을 구했을 때에만 확신이 듭니다.

26. Nancy는 그러한 현상은 뇌에 대한 연구와 관련이 있는 것 같다고 의견을 제시했다.

27. Nancy: 아마도 Nina가 담당하고 있는 6학년 학생들의 뇌세포가 자신들이 찾은 수식을 확신할 수 있는 정도의 추상화를 할 만큼 충분히 발달하지 않았기 때문일 수도 있어요. 학생들은 아직 구체적 사물이나 사실에 의거해 생각하는(concrete thinker) 단계에 있는지도 몰라요.

28. Nicole: 학생들을 대신해서 하지 않아야 하는데, 이것을 지키기가 대단히 어려워요.

29. Roberta: 학년 초에 수열을 다루었는데, 학생들에게 고정된 양이 증가하면 그 양만큼 곱해주어야 한다고 설명했어요. 그렇게 한 것이 학생들이 시작하는 데 도움이 된 것 같아요. 작은 힌트를 주는 것이 큰 도움이 됩니다.

30. Elliot은 이러한 것이 한 방법일 수 있음을 강조했다. 그러나 문제는 학생들이 왜 그 방법이 작동하는지를 충분히 이해하지 못한다는 점이다.

핵심 에피소드에 대한 분석 및 논의

이 절에서는 육각형 기차 과제 에피소드에 대하여 논의한다. 앞에서 언급한 분석틀의 용어와 **수학적 관점**을 적용할 때, 이 육각형 과제는 교사들에게 **확정적 패턴**의 근원적인 수학 구조를 찾아 그 구조를 활용해 임의의 기차의 둘레를 구할 수 있는 하나의 법칙을 찾아내는 기회를 제공한다. 좀 더 구체적으로, 그 육각형 과제를 통해 확정적 패턴을 알게 되는데 이것은 해결하려는 사람이 그 패턴에서 기차 둘레의 길이를 $n = (4n+2)$라는 것에 대한 결정적 증거를 제공하는 것이 수학적으로 가능하기 때문이다. 물론 여러 다양한 (대수적으로나 대수적이지 않은 것으로나) 방법으로 표현할 수 있다. 이 과제의 수학적 구조는 주어진 패턴에서 각 기차가 구성되는 과정을 상세하게 보여준다. 즉, "첫 번째 기차는 정육각형 하나로 이루어진다. 다음에 오는 기차들은 각각 육각형이 하나씩 더해져서 만들어진다." 이렇게 패턴의 구조를 제시하지 않았다면 해결하려는 사람이, 예를 들어, 5번 기차가 5개의 육각형으로 구성되는지 아닌지 결정하는 것이 수학적으로 불가능했을 것이다.

심리학적 관점에서 이 에피소드를 분석했을 때, 이러한 패턴에 대한 대다수 교사들의 접근 방식이 한정되어 있음을 알 수 있었다. 교사들은 처음 몇 개의 기차 둘레를 계산하고 나서야 각 기차들이 보이는 규칙성에 그 근거를 두어 패턴을 찾아내었는데, 일반화와 기차의 구성 과정을 연결하지는 못했다. 본질적으로, 교사들이 이 과제에서 제시하는 패턴을 확정적인 것으로 만드는 다른 정보들 중에서 오로지 수치만을 사용하였고, 이것은 교사들이 가능한 패턴인 것으로 보고 있음을 말해준다. Betty와 Susan의 풀이(문단 2-6)와 Nicole의 풀이(문단 8-11)에 수치적인 접근 방식이 잘 나타나 있다.

많은 교사들이 이 패턴에 경험적으로 접근하긴 했지만 대부분의 교사들은 그 패턴의 확정적 본질에 아무런 의문도 가지고 있지 않은 듯 보였다. 분석틀의 **교수학적 요소**에 근거해 볼 때, 교사들의 패턴에 대한 접근 방식과 패턴이 제시하는 수학적 본질 간의 뚜렷한 차이는 그 패턴이 가지고 있는 확정적 본질이 교사들에게는 **분명하지 않음**을 말해준다. 그러나 순전히 수치만을 가지고 패턴을 찾아낸 교사들 중의 일부는 그 수식이 패턴을 나타내는 정확한 표현인지에 대한 의문을 제기하였다. 일례로, Nancy는 자신이 찾아낸 수식 $6n-2n-2$가 주어진 과제의 패턴을 정확하게 표현하고 있는지, 또한 이 수식이 다른 수식 $6n-2(n-1)$과 (다르다면) 어떻게 다른 것인지(문단 12-13) 확신할 수 없었다. 대수적인 설명이 Nancy를 비롯한 다른 교사들에게 그 두 수식이 같은 것임을 설득하는 효과적인 방법이겠지만, 학생들에게 같은 아이디어를 설명할 때에도 똑같이 효과적인 방법은 아닐 것이다. 왜냐하면 학생들은 필요에 따라 대수적으로 조작하는 법을 아직 모를 수 있기 때문이다. 또한, 단순히 이 두 수식의 표현이 같은 것임을 보여줌으로써 두 수식이 어떻게 나왔는지 혹은 그 패턴이 임의의 기차에도 모두 참인지 아닌지 등에 대한 통찰의 기회를 빼앗게 된다. 이러한 쟁점들이 앞에서 살펴본 에피소드에서 교사 교육자인 Elliot이 교사들로 하여금 어떻게 패턴과 제시된 그림들을 연결할 수 있을지 생각해 보도록 유도한 이유가 된다. 패턴과 그림들을 연결하는 것이 중요한 또 다른 이유는 처음 몇 개의 기차들의 둘레에 대한 수치만으로는 어느 특정 패턴에 대해 확정적으로 결정하는 것이 가능하지 않기 때문이다. 일례로 Betty가 OHP에 적은 값들이 6, 10, 14(문단 2)인데, 수식 $\alpha n^3 - 6\alpha n^2 + (11\alpha + 4) \cdot n + (2 - 6\alpha)$($\alpha$는 실수)는 이 수치들에 부합된다(이러한 부합되는 서로 다른 유형의 수식은 무한개이다).

Tanya는 패턴과 그림들을 연결하는 풀이 과정을 제시한 첫 번째 교사로 $4n + 2$가 정확한 패턴이라는 것에 대한 결정적 증거를 제시하였다(문단 18-20). Tanya의 풀이 과정은 그 패턴의 확정적 본질이 Tanya에게는 **분명한 것**임을 보여주는 것으로, 또한 Elliot이 덧붙인 상세한 설명(문단 21)들이 더해져서 일부 다른 교사들에게도 분명한 것이 되었다. 예를 들어, Nicole이 Tanya의 풀이 과정을 보고 놀라운 경험이라고 말했는데, 이것은 Nicole은 Tanya의 풀이 과정을 보지 않았더라면 표를 통해서만, 즉 숫자상으로만 패턴을 보았기 때문이다(문단 22).

패턴에 대한 수치적인 접근 방법이 설득력이 떨어진다는 점은 당연한데, 이것은 수치 자료만 고려하는 것은 육각형 기차의 어느 특정 패턴에 대한 결정적 증거로 충분하지 않기 때문이다. 패턴 찾기와 같은 과제를 수행할 때 학생들도 위의 에피소드에서 교사들이 겪는 어려움과 비슷한 어려움을 겪게 될 것은 자명하다. 문단 25에 제시되어 있는 Nina의 설명은 이러한 것을 잘 보여준다.

> 학생들에게 패턴에 대해 가르칠 때 겪는 어려운 점은 아동들이 자신들을 신뢰하지 못하고 자신들이 찾은 패턴을 확신하지 못하고 패턴에 포함된 수학도 신뢰하지 못한다는 점입니다. 적합한 수식을 찾았을 때조차도 50개 혹은 100개의 전체를 실제로 만들어 답을 구했을 때에만 확신을 합니다.

위의 인용문을 통해 학생들이 특정한 경우(**확정적 패턴**)에 대해 더 이상의 검토 없이 패턴을 정당화할 수 있는 상황과 하나의 패턴(**가능한 패턴**)을 선택적으로 정당화할 수 없는 상황을 구별하는 것을 어려워한다는 것을 알 수 있다.

Tanya의 풀이방법이 다른 교사들이 육각형 기차의 패턴을 이해하는 데(예, Nicole의 경우) 큰 영향을 주긴 했지만, Nina 반의 학생들이 패턴 찾기뿐만 아니라 왜 일반화가 필요한지 그 중요성을 깨닫고 있었다면 패턴 문제에 관한 자신들의 풀이 과정을 훨씬 더 확신하게 되었을 것이라는 점에 대하여 아무도 그 연결성을 이해하지 못했다. 오히려 Nancy는 학생들이 패턴에서 겪는 어려움을 그들의 선천적인 발달상의 제약에 기인하는 것으로 보았다(문단 27). Nancy는 교사가 학생들이 Nina가 앞에서 언급한 학생들의 문제를 극복할 수 있도록 돕기 위해 할 수 있는 게 아무것도 없다고 믿는 것 같았다. Roberta의 발언(문단 29) 또한 다른 면에서 문제가 있는데, Roberta는 학생들이 패턴 찾기 문제에서 단위 요소(scale factor)를 찾는 알고리즘을 제시하였다. 주어진 문제에서 단위 요소는 연속적인 항들 간의 일정한 차가 된다. 이러한 방법에는 두 가지 근본적인 문제가 있다. 첫째, 문단 30에 명시된 것으로, 학생들이 하는 일에 의미를 부여하는 것이 전혀 도움이 되지 않는다는 점이다. 둘째, 이러한 방법은 가능한 패턴 혹은 비선형의 확정적 패턴에는 적용되지 않는다는 점이다. 왜냐하면 주어진 수열에서 처음 몇 개의 연속적인 항들 간의 차이는 그 수열 전체에 걸쳐 일정하게 나타나기 때문이다.

여기서 고려해야 하는 중요한 질문은 학생들이 Roberta의 방법을 적용할 수 있는 상황과 그렇지 못한 상황을 구분할 수 있는 방법을 어떻게 배울 수 있느냐는 것이다. 이것은 학생들의 패턴에 대한 이해 발달, 특히 추론 및 증명하기에서 매우 중요한 질문이지만, 좀 더 일반적으로 중학교 교사들이 수업에서 무시하고 '넘어갈 수' 있는 부분이다. 예를 들어, Roberta의 풀이방법이 적용되지 않는 과제들은 교과서에 매우 적은 분량이거나 혹은 아예 포함되어 있지 않을 경우, 앞에서 세시한 문제들에 대한 팁을 알지 못해도 학생들은 패턴 찾기 과제들을 정확하게 해결할 수 있을 것이다. 실제로, CMP의 대수, 정수론, 기하 단원들의 분석 결과를 보면 그 과제들의 대부분이 선형적인 확정적 패턴에 관한 내용이었다(Stylianides, 2005). 제시된 처음 몇 개의 항을 가지고 일반화를 하지 않도록 하는 과제들이 더 많았다면 학생들과 교사들이 Roberta가 제안한 것과 같은 방법들의 한계점을 더 쉽게 알 수 있었을 것이다.

마지막으로, 앞에서 제시한 분석틀이 핵심 에피소드를 분석하고 논의하는 데 있어 다음 두 가지 면에서 기여를 했다. 첫째, 그 분석틀은 육각형 과제에 관련된 수학적 특징

(terrain)을 설명하는 데 있어 매우 유용한 표현 수단이었다. 둘째, 분석틀을 통해 교사들이 주어진 과제의 패턴을 그 패턴의 수학적 본질과 관련해서 처음에 어떻게 이해했는지를 비교할 수 있었으며 이러한 교사들의 이해가 전문성 신장 세션 동안에 어떻게 전개되는지 살펴볼 수 있었다. 이 세션에서 교사들은 확정적 패턴을 다루고 있었지만, 처음에는 그러한 확정적 패턴을 수치의 패턴으로 보고 그 패턴을 결정하는 수학적 구조와는 연결시키지 못한 채 일반화하는 경향을 보였다. 세션 후반부에 이르러서야 일부 교사들은 토의를 통해 그 패턴을 분명하게 보기 시작했다. 교사들이 이렇게 분명하게 패턴을 보기 시작함으로써 자신들의 수업에 대하여 통찰할 수 있었다(Nicole의 발언 참조).

확정적 패턴과 가능한 패턴 간의 차이점에 대한 교사들의 이해는 두 가지 면에서 매우 중요하다. 첫째, 그것에 대한 이해를 통해 교사들은 수업에서 패턴 과제들을 다룰 때 복잡한 부분을 감당할 수 있게 되는데, 규준지향적인 중학교 교과서에 패턴 관련 과제들이 많이 포함되어 있는 점을 고려할 때, 이러한 부분에 대한 숙달은 매우 중요하기 때문이다. 둘째, 이러한 차이점에 대한 깊이 있는 지식은 교사들이 추론 및 증명하기에 대한 학생들의 이해를 촉진하는 데 도움을 준다. 구체적으로, (1) 학생들이 경험적 증거들의 한계를 인식하도록 도와주고(때때로 패턴이 처음 몇 개의 항에 제시된 방식으로 일반화되지 않는다), (2) 연역적 사고방식에 대한 학생들의 이해를 향상시킨다(특정 패턴을 선택하여 정당화할 수 있다).

결론

추론 및 증명하기 활동이 학생들이 하는 수학적 경험의 핵심이 되어야 한다는 사실에 이견은 없다(예, Ball et al., 2002; NCTM, 2000; Schoenfeld, 1994; Yackel & Hanna, 2003). 그러나 여러 연구들을 통해 모든 학년의 학생들은(대학생들도 포함해서) 이러한 수학적 활동을 하는 데 있어서 능숙하게 되기까지 심각한 어려움을 겪는다는 것을 알 수 있다(예, Chazan, 1993; Coe & Ruthve, 1994; Harel & Sowder, 1989; Healy & Hoyles, 2000; Knuth, Choppin, Slaughter & Sunderland, 2002). 또한 여러 연구들을 통해 추론 및 증명하기 활동을 하는 데 교사들도 유사한 어려움을 겪는다는 것을 알 수 있다(예, Goetting, 1995; Knuth, 2002a, 2002b; Morris, 2002; Stylianides, Stylianides & Philippou, 2004, 2007). 설상가상으로, 이러한 선행 연구들의 지식 기반은 추론 및 증명하기에 대한 능숙함이 오랜 기간에 걸쳐 발달되는 것인데, 이러한 사실에 대한 정보가 부족할 뿐만 아니라 추론 및 증명하기 영역에 대한 교사를 위한 효과적인 전문성 신장 프로그램을 어떻게 구성할지에 대해서도 충분히 기여하지 못하고 있다.

이러한 주제들에 대하여 진전이 더딘 이유 중의 하나는 다양한 유형의 연구에 활용할 수 있는 분석 도구가 부족하기 때문이고, 따라서 연구자들이 추론 및 증명하기에 대한 선행 연구 결과들을 토대로 연결성을 찾기 어렵고 결과적으로 학교 수학에서 추론 및 증명하기 활동에 대한 논리적으로 일관된 방식을 추진하기 어렵게 된다. 이 장에서 활용된 분석틀은 연구 및 개발을 위한 노력의 일환이다. 나아가 이러한 분석틀의 구성 요소들이 추론 및 증명하기와 관련된 전문성 신장 에피소드를 분석하는 데 어떻게 적용되었는지를 설명하고자 하였다. Stylianides(2008)는 추론 및 증명하기 영역에서 이 분석틀이 기여할 수 있는 다양한 측면을 논의하고 있다. 특히, 이 분석틀이 문서화된 교육과정(학생을 위한 교과서와 교사용 문서에 제시된 내용)과 실행된 교육과정(학생과 교사가 수업에서 교과서를 어떻게 실행하는지), 그리고 성취된 교육과정(수업에서 교과서 내용에 대한 교사와 학생 간의 역동적인 상호작용의 결과로 얻어진 학생의 학습) 간의 연결성에 대한 탐구를 어떻게 지원하는지 논의한다.

BIFOCAL 전문성 신장 세션의 에피소드를 분석함으로써 교장 등이 추천하는 규준지향적인 수학 교과서를 활용하고 있는 교사들조차도 패턴 찾기에 내포된 미묘한 차이점과 뉘앙스를 이해하는 데 어려움을 겪고 있음을 알 수 있었다. 여러 유형의 패턴들 간의 차이점을 이해하는 것은 매우 중요한데, 그러한 이해는 교사들로 하여금 수업에서 패턴 과제를 실행할 때 접하는 어려움들을 감당할 수 있도록 돕기 때문이다(예, 어느 경우에 특정한 경우에 대한 좀 더 면밀한 검토 없이 패턴을 신뢰할 수 있는가?). 모든 학생이 패턴 찾기와 더 넓게, 추론 및 증명하기를 능숙하게 하도록 해야 한다는 집단적 목적의 실현을 이루기 위해서는 전문성 신장 프로그램과 교사 양성 프로그램에서 이러한 주제들에 대한 구체적 논의가 반드시 이루어져야 한다.

15

기하 수업에서 '증명하기(Doing Proofs)'

Patricio Herbst[1], Chialing Chen, Michael Weiss, Gloriana González, Talli Nachlieli, Maria Hamlin, Catherine Brach

우리가 학생들에게 증명하는 방법을 가르치는 이유 중 하나는 수학적 문제 해결에 대해 특히 가치 있는 도구인 주어진 가능성들로부터 필요한 결론을 추론하는 능력과 기질을 발달시키기 위해서이다. 하지만 기하에서 학생들의 문제 해결에 대한 이전의 연구들은(예를 들면, Schoenfeld, 1986, 1988) 증명하기를 배운 학생들이 문제를 해결하는 데 그런 추론을 만들어내지 못함음을 보여주었다. 유사하게 수학적 정리들이 (세계에 대한 사실을 묘사하기보다는) 개념들 사이의 관계를 언급한다는 점을 고려하면, 다양한 가능성들로부터 나오는 필연적인 결론들을 추론함으로써 수학적 아이디어들이 어떻게 타당하게 되고 서로서로 연결되어 있는지를 이해할 수 있다. 하지만 연구들은 학생들이 문제에서 결정을

1 이 저작은 Patricio Herbst가 NSF의 지원(허가 번호 REC 0133619)을 받아 이루어졌다. 이 저작의 내용 안에 표현된 어떤 의견, 발견물, 결론, 권고도 저자의 것이지 National Science Foundation의 관점을 반드시 반영한 것은 아니다. 저자는 기록된 자료를 찾는 데 값진 도움을 준 Hui-Yu Hsu에게 감사를 표한다.

내리기 위해 증명했었던 것을 사용하지 못했음을 보여준다. 하지만 그럼에도 불구하고 학생들에게 '증명하는 방법(how to do proofs)'을 배우게 하는 교육 제도는 여전히 증명 발생 지식을 사용하지 못하거나, 문제 해결이 덜 바람직할 때 증명의 발견술을 사용하는 데 실패한다. 만약 왜 그것이 일어나고, 수업(instruction)이 그런 상태의 일을 영속시키는 데 어떤 역할을 하는지 이해한다면, 우리는 그런 제도를 더 개선시킬 수 있을 것이다.

우리는 기하를 이해하는 것으로부터(Schoenfeld, 1991) 관찰된 증명의 고립을 설명할 수 있는 증명 수업(instruction)의 특징을 찾아 고등학교에서 증명 가르치기를 논의한다. Herbst와 Brach(2006)은 몇몇 가능한 문제들이 어떻게 교실에서 다루어지고 있는지에 대해 학생들을 인터뷰하고, 학생들이 증명을 하게 하는 책임감을 받아들이는 과제들이 오직 증명이 잠재적인 역할을 하는 문제들의 작은 일부분임을 발견하였다. 그리고 증명에 대한 책임을 받아들이는 과제에서 학생들은 문제 풀이자가 하는 일들의 일부만을 하고 있었다. 즉, 학생들이 하는 일의 몫은 제한되어 있었다. 이는 고등학교 기하에서 증명 교수(instruction)에 대해 더 깊이 이해할 필요가 있음을 암시한다.

우리는 증명의 위치와 목적에 관해 종합 고등학교에서 제공되는 세 기하 과목의 교사들의 관점을 조사하여 아무런 처치를 하지 않은(intact)[2] 기하 교실에서 증명의 위치를 설명한다. 그 다음에 우리가 관찰한 학생들이 증명을 했던 교실 일화들을 살펴볼 것이다. 우리는 '증명하기(doing proofs)'의 상황이라고 부르는 설명적 모델에 반대하여 이 일화들을 배치할 것이다. 우리는 증명을 끝낸 일화와 교차하여 표면적인 차이를 넘어서, 암시적인 규준에 대한 공통 체계가 일의 분배, 시간의 조직, 학생과 교사 사이의 교환의 본성을 규정한다고 주장한다. 이런 규준들은 학생들이 '발견하기(finding out)'에서 분리된 '증명하기'의 연습으로 사회화된다고 강조한다.

Midwest 고등학교에서 기하 교수

2002~2004년 동안 우리는 1500명 이상의 학생이 재학 중이고 15명 이상의 교사가 수

2 아무런 처치를 하지 않은 수업이란, 우리가 수업을 계획하는 데 참여를 했던 어떤 간섭에도 반응하지 않은 수업을 의미한다.

학과에 있는 종합 고등학교인 Midwest 고등학교[3]에서 기하를 가르친 기록을 수집했다. 그 때 수학과는 세 종류의 수업을 제공하고 있었다. 우등 기하 과정(honors geometry course)은 보통 8학년에서 대수 수업을 수강했던 9학년 학생들이나 9학년 대수 과정에서 우수했던 10학년 학생들이 수강하고 있었다. 보통의 대학 준비 과정(college preparatory course)은 대수에서 첫 번째 수업을 수강한 학생들이 수강할 수 있었다(이 기하 수업은 보통 10학년 학생들과 때때로 9학년 학생들이 수강했다). 10학년 이상의 학생들이 수강하는 '기초 기하(informal geometry)' 과정도 있었다. 이 수업은 진도를 천천히 나갔고 학생들의 필요에 좀 더 초점을 맞추었다. 우등과 보통 과정의 교사들은 Boyd, Burrill, Cummins, Kanold, Malloy(1998)이 쓴 교과서를 사용한 반면, 기초 기하 과정의 교사들은 Hoffer, Koss, Beckmann, Duren 등(1998)이 쓴 교과서를 사용할 것으로 생각되었다. 이런 다양한 제공에도 불구하고, 학교 지구는 수준별 수업이 아니라고 주장하였고, 학생들과 학부모들도 기하 과정을 선택하는 데 자유로웠다(Hamlin, 2006 참조). 각각의 수업에 대해 우리는 1년 동안 매주 녹화된 수업, 학생들의 결과물, 학생과의 인터뷰, 교사와의 인터뷰를 포함한 교수 자료를 수집하였다.

우리는 네 명의 선생님이 가르친 네 개의 수업 자료를 수집하였다. 우등 교실은 Cecilia Marton과 Megan Keating이 가르쳤고, 보통 기하 교실은 Lucille Vance가, 기초 기하 교실은 Emma Bello가 가르쳤다. 우리는 각각의 선생님을 여러 번 인터뷰했다. 학년이 시작하기 전에 시행된 첫 번째 인터뷰에서 우리는 특히 증명의 목적에 관한 그들의 관점이 무엇인지 질문했다.

기하에서 증명의 역할에 대한 교사들의 관점

모든 교사들은 증명이 그것이 제공할 수 있는 형식적인 연습을 위해 가르치는 기술이라고 말했다. 20년 이상 기하를 가르친 Cecilia는 기하를 사고의 방식으로, 증명하기를 학생들이 단순히 암기를 통해 쉽게 얻을 수 없는 연습이라고 특징지었다. 어떤 정리가 증명되는지는 Cecilia에게 중요하지 않았다. "우리가 증명하는 이런 정리들 중 몇몇은

3 모든 개인, 기관의 이름은 가명으로 대체되었다.

... 꽤 쓸모없어 보여요. 그것은 사고 연습 이상의 것이에요." 나중에 수업 의도에 대해 물었을 때, 그녀는 '사고와 문제해결'이 '삼각형과 같이 작은 핵심이 아니라 큰 것'이라고 답했다. Cecilia는 학생들이 한 증명을 "단지 이 삼각형이 합동임을 증명하는 것이에요... 그것들은 단지 체계적이고, 무엇인가를 이해하며, 무엇인가를 증명하는 창의적인 연습이에요"라고 설명하였다.

Lucille은 학생들이 증명하는 동안 무엇인가를 배운다고 주장하였다. "당신이 하는 모든 것, 당신이 하는 것에 대한 일종의 기초가 되어야 하는 것이에요. 만약 당신이 연속적으로 그것을 정당화하거나 설명할 수 있다면, 그것은 절대적으로 완벽한 기술이에요." Lucille에게 증명은 "논리적으로 사고하고 추론하는 능력을 증진시켜 주는 것이에요. 나는 더 많은 사람들이 가능한 직업들에 관해 탐구하는 것을 보고 싶어요. 일련의 추론을 따르는 것처럼 보이고, 기하의 일부처럼 보이는 사실상 합법적인 것이에요." Megan은 비슷한 관점을 가지고 있었다. 그녀는 학부모에게 "기하는 당신의 아이에게 논리적으로 사고하는 방법을 가르쳐 줍니다"라고 설명하였다. 그녀는 종종 아동들과 다음과 같은 이야기를 나누었다.

> 엄마나 아빠한테 가서 자동차를 갖고 싶다고 말해보세요. 차를 갖는 것에 대해 너희들이 아는 사실들이 있고, 너희들이 도달하기 원하는 결론이 "나는 자동차를 가지고 합시다"라고 하자. 중간에 있어야 하는 단계들은 증명과 비슷해요. 나는 너희들이 매일 증명을 하고 있고, 너희들은 주어진 조건인 부모님의 자산이 얼마인지 알고 있고, 너희들이 원하는 것이 무엇인지 알고 있다고 말하라고 항상 아이들에게 말해요.

많은 사람들이 왜 기하 수업을 중요하게 생각하지 않는지에 대해서, Megan은 "[내용이] 이후의 과정에서 많이 나오지 않아요. 하지만 그 때에 증명의 진가를 알아보지 못해요"라고 말했다. 내용에 관해서 Megan은 Cecilia와 유사한 관점을 제시하였다. "나는 아이들에게 말해요. 살면서 어느 누구도 두 삼각형이 합동이라는 것을 증명하라고 시키지 않을 거라고. 하지만 그 증명에서 사용되는 사고 과정은 매일 너희들이 사용하고 있다고 말해요."

이 세 교사들은 형식적인 바탕 위에서 증명의 중요성에 대해 주장하였다. Emma Bello는 왜 기초 기하 과정에서 더 이상 증명을 가르치지 않는지를 설명할 때 같은 점을 강조하였다. Emma는 기초 기하 수업 교사가 "여전히 약간의 증명을 가르쳤던" 때가 있었었지만, 그 후에 "미수학교사회(NCTM)가 증명을 멀리하면서 그만두었다"라고 말했다. 특히, "논리는 항상 증명을 가르치기 위해 필요했는데, 논리를 직접 가르침으로써 더 잘 가르칠 수 있게 되었고 그것이 우리가 가는 방향이 되었다." 그러므로 만약 학생들의 증명하기가 그들에게 논리적 사고를 가르치기 위한 것이라면, Emma는 결과가 수단을 정당화하지 않는다고 생각했다.

네 교사들 모두 기하에서 추론과 증명의 지지를 위한 동시 논쟁과 같은 다른 문제들을 언급하였는데, 이는 우수 학생들에게 추가 도전을 제공하거나 기억에서 내용을 검색하는 도구를 제공하거나 무엇인가가 왜 참인지를 아는 일이 학생들에게 추가 동기를 줄 수 있는지를 포함한다. 특히 교사들이 언급하지 않았던 것은 기하 문제에 대한 답을 이해하기 위한 도구로써, 또는 반드시 참인 것과 그렇지 않은 것을 구별하는 방법으로써 증명의 사용에 대한 것이었다.

기하 교실에서 증명 연습이 무엇처럼 보이는가

학생들이 증명하게 하는 일이 그 교환 가치가 논리적인 방법으로 진술들을 조직하는 기술인 수학 과제의 형태임을 관찰했다고 교사들은 언급했다. 즉, 교사들은 학생들에게 증명을 하게 할 때 중요한 것이 논리적 추론을 배우는 기회를 제공하는 것이라고 생각하였다.

Emma Bello가 말한 것처럼, 기초 기하 과정의 교사들이 취한 접근 방식은 증명이 아니라 논리를 학생들에게 가르침으로써 학생들의 논리적 추론 능력을 발달시키는 것이었다. 그 해 초에 Emma는 학생들에게 귀납과 연역 추론을 가르쳤다. Emma는 수업에서 귀납 추론이 "패턴을 찾고 다음에 일어날 일을 예상하는 것"이라고 설명하였고, 학생들에게 귀납 추론을 통해 잘못된 예측을 할 수 있음을 보여주는 반례를 만들어 보게 하였다. 그녀는 연역 추론을 참인 "정보로부터 결론을 이끌어내는 것"으로 정의하였다. 그녀는 "우리 주에 사는 어떤 사람도 바다 옆에 살지 않는다. Joe는 우리 도시에 살기 때문에 우리는 그가 바다 옆에서 살지 않는다고 결론내릴 수 있다."와 같은 실생활 예를 제공하였다. 두 주어진 전제들로부터 결론을 이끌어내는 과제가 학생들에게 주어졌다.

세 개의 다른 교실에서 종종 기하 증명을 하였다. 우리는 이 교실에서 시행된 수업 기록을 연구하여 동기를 부여받은 증명 활동의 기술적 모델을 제시한다. 그 다음에 우리는 증명하기와 관련된 이 학급들에서 관찰한 예들을 제공할 것이고 무엇이 일어났는지 분석하기 위해 그 모델을 사용할 것이다.

'증명하기'의 상황

이단 증명(two-column proof)은 (때때로 참여자들은 **T-형식**이라고 불렀다) '증명 쓰기를 위한 표준 형식'이었다(Sekiguchi, 1991, p. 78). 이 형식에서,

> 수평선을 그리고, T자 형태를 만들기 위해 중간에서부터 아래로 수직선을 그리면 수평선 아래로 두 개의 열이 만들어진다. 왼쪽 열에는 우리가 증명하는 각 진술들에 번호를 붙여, 증명하려는 진술로 이끄는 연역적 순서로 진술들을 쓴다. 각 단계의 연역에 대해, 우리는 오른쪽 열에 숫자에 대응하는 연역에 대한 근거를 쓴다(pp. 78~79).

이전 연구에서 우리는 이단 증명으로 증명 쓰기와 관련된 교실 산물과 연습에 대한 많은 특징을 연구했다. 이런 특징들은 다이어그램이 어떻게 증명에서 주어지고 사용되었는지(Chen &Herbst, 2005; Herbst, 2004), 사건들이 어떻게 시간순으로 배열되었는지(Herbst, 2002b; Weiss & Herbst, 출간 예정), 관련된 아이디어들이 사용되기 위해 어떻게 활성화되었는지, 결론에 대한 전제가 어떻게 확인되었는지, 학생들이 어떻게 증명을 제시하기로 결정하였는지(Herbst & Brach, 2006), 학생들이 증명하는 정리들이 어떻게 역사적으로 진화되어 왔는지(Herbst, 2002a)를 포함한다. 우리는 이단 증명 형식이 '증명하기'라는 교수 상황의 환유(metonymy)이거나 징후(sign)라고 주장한다.

교사의 일이 한편으로는 그들의 상호작용에서 수업에 의해 된 일과 다른 한편으로는 성패가 달린 연구의 목적을 학습하게 한다는 주장 사이의 처리를 조직하고 운영하는 것으로 설명될 수 있다는 점에 따르면, '교수 상황(instructional situation)'이라는 표현은 교사가 하는 일이 교수(instruction)에 대한 우리의 이론의 핵심 구인을 가리킨다. 우리는 그런 교환 경제의 비유적 시장 각각을 지적하기 위해 **교수 상황**이라는 표현을 사용한다. 교수 상황은 그것이 "[사회적] 사건과 그것들 안에서 [인간의] 주관적인 개입을 통제

하는 조직 원리들"(Goffman, 1974, p. 10)을 포함한다는 점에서 하나의 **틀**(frame)이다. 교실에서 만나게 되는 다른 사건들은 참여자가 그들이 하는 일을 조직하고 운영할 때 유사한 규준들을 언급하고 따른다는 점을 고려하면 같은 교수 상황의 예들이 된다. 우리는 참여자들이 하는 일을 묘사하는 규준들[4]의 체계, 그들이 주장하는 교육과정의 이해관계, 그 일을 하기 위해 그들이 일을 나누는 방법, 사건들을 제 시간에 조직하는 방법으로 이런 교수 상황들의 모형을 만든다. 고등학교 기하에서 '증명하기'는 학생들과 교사가 증명을 만들어내는 사건들이 표면적으로 다르고, 이런 사건들이 공통 체계의 규준들에 의해 규제되는 것처럼 보인다는 점에서 교수 상황의 한 예가 된다.

우리가 '증명하기'가 교수 상황이라고 말할 때, 이는 '증명'이란 이름하에 어떤 종류의 수학적 작업을 모으는 것을 의미하는데, 표시되지 않았거나 기본인 그것의 조직은 이단 증명 형식을 채우는 것을 포함하는 시간이 지남에 따라 수행된 행위들의 모임을 구성한다. 우리는 어떤 작업이 되어 있고, 그것의 교환 가치가 무엇인지, 어떻게 교사와 학생 사이에 일이 공유되는지, 그 일이 시간이 흐르면서 (사건의 순서와 지속 기간) 어떻게 조직되는지를 설명하는 규준들에 의해 그런 행위들이 규제된다고 주장한다. 하지만 아무런 처치를 하지 않은 교실에서 '증명하기'는 단지 판에 박힌 절차를 제정하는 것이 아니다. 스포츠와 같이 되풀이되고 업무적인 많은 인간 활동들처럼, 그 활동이 규제되고 기준을 정하는 데 기초가 되는 것처럼 보인다고 말하는 것과, 그 활동이 균일한 방법으로 수행된다고, 각각의 예가 **미리 결정되어** 있다고, 또는 배우들이 그것을 하기 위해 규준이나 규칙들을 **끊임없이 적용한다**고 말하는 것은 별개의 것이다. 우리는 그것 중 어느 것도 의미하지 않는다. 몇몇 규준들은 배우들에게 분명히 알려져 있겠지만 대부분은 암묵적이다. 학생들이 기하 교실에서 증명할 때, 그들은 규준들의 체계를 따르거나 따르지 않는 교수 상황인 '증명하기'의 맥락에서 그렇게 한다. 한 규준은 실제 예들이 따르는 참조이다. 다음의 예에서 우리는 증명이 끝난 표면적으로 다른 많은 일화들을 제시하려고 노력

4 단어 **규준**(norm)에 대하여 우리가 사용한 의미와 Cobb et al.이 사용한 의미 사이에 어떤 가정된 연관은 없었다(Cobb & Bauersfeld, 1995). 그들은 무엇이 학생들이 하기에 적절한 내용으로 고려할 수 있는지에 대해 교사와 학생들 사이의 초기 동의를 표시하기 위해 그 단어를 사용했던 반면, 우리가 말하는 규준은 관찰자의 관점에서 보이는 것처럼 교사와 학생들의 공동 활동의 내포된 규제이다. 우리에게, **규범적인**(normative)은 누군가의 관점에서 반드시 '옳거나' '적절하다'는 것을 의미하는 것이 아니라 '표시가 없다', 즉 말할 나위도 없다는 점에서 보통의 공동 활동을 하는 방법을 의미한다.

한다. 그 다음에 우리는 이런 사건들 사이에 깊은 유사점이 있고, 그 유사점들은 참여자들이 말하고 한 것을 통해, 그리고 위반한 규준을 바로잡을 때를 통해 눈에 보이게 된다고 주장한다.

'증명하기' 상황에 대한 우리의 잠정적 모형은 다음의 규준들을 포함한다. 증명을 만들어내는 작업은 (1) (각 단계가 '진술'과 '근거'로 이루어진) 일련의 단계를 쓰는 것으로 구성되는데, 여기에서 (2) 첫 번째 진술은 기하 도형에 대해 하나 또는 그 이상 '주어진' 성질들에 대한 주장이고, (3) 각각의 다른 진술들은 노식적(diagrammatic)이거나 포괄적인(generic)[5] 레지스터에서 특정 도형에 대한 어떤 사실을 주장하며, (4) 마지막 단계는 '증명'으로써 이전의 확인된 성질들에 대한 주장이다. (5) 이런 주장된 진술들 각각이 표준 기호의 방법에 의해 다이어그램으로 그려지는 동안, (6) 각각의 진술들에 대해 나열된 근거들은 '주어진 것'뿐 아니라 이전에 연구된 정의, 정리, 또는 공준들이고, (7) 각각의 근거들은 개념적(추상적) 레지스터에서 언급된 것이다. (8) 학생들의 성공적인 증명 생산은 그들이 증명하는(그리고 논리적으로 추론하고 단계들을 정당화하는) 방법을 안다는 주장으로 바꾼다. 증명된 결론이나 주어진 것과 결론 사이의 함의점은 증명 만들어내기에 의해 주장된 지식의 대상이 아니다.

일의 분배는 다음의 규준들을 포함한다. 교사(또는 교과서)는 (9) 그 과제가 증명을 만들어내는 것이라고 언급할 책임이 있고, (10) 다이어그램에 나타난 도형의 성질들의 용어로 주어진 것들을 확립할 책임이 있으며, (11) 그 다이어그램에 대한 결론이 무엇을 '증명하기' 위한 것인지 확립할 책임이 있다. 교사는 (12) 다이어그램이나 문제 진술 방법에서 증명에 사용될 아이디어를 활성화할 책임이 있고, (13) 이단 증명 형식을 계획하거나 구별된 즉각적인 말("당신이 지금 말할 것은 무엇인가," "당신의 근거는 무엇이 될 것인가")을 이끌어내는 방법으로 진술과 근거의 생산을 유도할 책임이 있다. 교사는 또한 (14) 증명에서 사용된 대상들을 타당하게 나타내는 다이어그램을 제공할 책임이 있고, (15) 이런 대상들을 언급하는 데 사용될 이름표를 제공할 책임이 있지만, (16) 증명에 사용되지 않을 대상을 포함할 필요는 없다. 학생들은 (17) 적절한 순차적 순서로 진술을 제시할 책임이 있고, (18) 그것이 만들어진 후에 각각의 진술에 대한 근거를 확인할 필요가 있으며, (19) 다이어그램에 합동인 선분이나 각을 나타내는 기호를 표시하고 아마도 각에 숫자를

5 다이어그램의 포괄적인(generic), 개념적인 레지스터 사이의 차이점에 대해서는 Weiss & Herbst(2007)을 보라.

적을 책임이 있다. 하지만 점들의 이름을 포함한 임의의 기하 대상을 (20) 더하거나 (21) 제거함으로써 다이어그램을 바꾸길 학생들에게 기대하지 않는다. 시간 조직에 대한 규준은 다음과 같다. (22) 글로 표현된 증명에서 진술들은 이전의 진술이 그 전에 언급되도록 차례로 제시되어야 하고, (23) 각각의 진술에 대한 근거들은 그것들의 대응하는 진술들 다음에, 그리고 새로운 진술 앞에 제시되어야 한다. (24) 증명 만들기의 지속시간은 단계의 개수로 측정되지만, (25) 각각의 진술이나 근거는 몇 초 안에 만들어진다.

많은 이런 규준들은 암묵적인 반면 다른 것들은 명시적이다. 모든 규준들이 '증명하기'의 모든 예에서 시행되는 것은 아니다. 대신에 이런 규준들은 한 증명이 만들어지는 수업에서 그런 예들의 기본이 된다. 사람들이 규준에서 벗어날 때, 그들은 '바로잡을 전략'의 방법으로 그 일탈을 설명한다. 그들은 사건이나 그 행위들 중 하나를 특별한 것처럼 표시한다(Mehan & Wood, 1975). 우리는 많은 비디오 녹화 기록 중에서 증명에 대한 세 가지 다른 사건들을 살펴보는 데 이 규준들을 사용한다.

Midwest 고등학교에서 '증명하기'의 예

Lucille Vance의 일반 기하 교실에서 증명 연습하기

11월 초에 Lucille은 삼각형의 합동에 대한 단원을 서서히 마무리하였고, 그녀의 학생들은 증명 쓰기에 익숙해졌다. 우리가 조사한 수업에서 학생들은 합동인 삼각형을 증명하는 방법을 사용해 주장들을 증명하는 것과 관련된 많은 문제들을 개별적으로 수행했다. Lucille은 학생들을 칠판 앞에 나오게 하여 그녀가 검토할 수 있도록 그들이 한 것을 칠판에 쓰게 하였다. 검토된 첫 번째 문제의 진술은(그림 15.1 참조) 이전에 나열한 규준 (9), (10), (11)을 따르고 있다. 왜냐하면 교사가 주어진 것을 제공하였고 다이어그램에서 대상들에 관해서 증명하기 때문이다. 대상들이 주어진 것이나 결론을 언급할 필요가 없을 때조차, 다이어그램이 증명을 만드는 데 필요한 모든 대상들을 포함한다는 점에서, 그것은 또한 (14)를 따른다. 대각선 $\overline{RY}$의 포함에 주목하자. 여기에서 그것은 주어진 것이나 결론에 언급될 필요가 없다. $\overline{RY}$는 삼각형 $\triangle$RLY와 $\triangle$YAR을 제시하기 위해 주어지는데, 이 두 삼각형의 합동이 각 $\angle$A와 $\angle$L의 합동을 수반한다. 사용될 필요가

주어진 것: $\overline{RL} \cong \overline{AY}$, $\overline{RA} \cong \overline{LY}$
증명: $\angle A \cong \angle L$
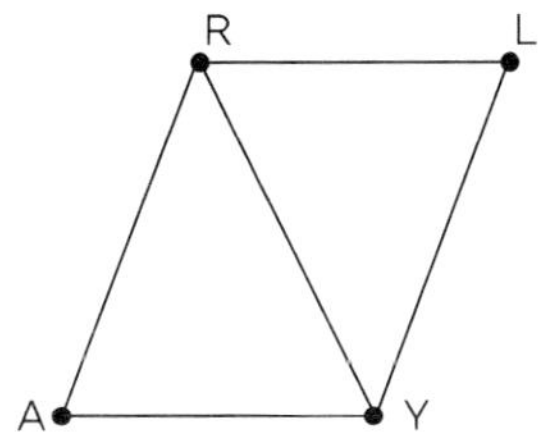

[그림 15.1] Lucille의 교실에서 사용된 활동지의 첫 번째 문제

있는 것을 제시하는 다이어그램의 역할은 Lucille이 Alan이 한 것을 검토할 때(그림 15.2 참조) 명백했다.

Alan의 증명을 검토하면서 Lucille은 대응하기 때문에 합동인 각이라고 Alan이 주장한 곳에서 직선들을 발견하였고, 그 증명을 교실에서 검토하였다. 그녀는 그렇게 하면서 다이어그램이 사용될 개념을 활성화시키는 역할을 한다는 증거를 제시하였다.

> 무슨 말인가 하면 만약 이것이[그림 15.2의 세 번째 다이어그램처럼 선분 $\overline{IA}$를 포함하는 직선이 있다는 것을 보여주기 위해 $\overline{IA}$를 연장] 이것과[선분 $\overline{UL}$을 포함하는 다른 직선에 대해서도 같은 일을 함] 평행이면 횡단선은 무엇일까?
>
> 그리고 동일하게 이것들이 평행일 때 [그림 15.2의 세 번째 그림처럼, 이전에 그린 평행한 한 쌍의 직선과 다른 표시를 사용해서 다른 점들을 지나는 $\overline{UJ}$와 $\overline{IL}$의 직선들을 완성] 횡단선은 무엇일까?

Lucille의 다이어그램 교체는 학생들이 각 1과 3을 (즉, 2와 4) 대응하는 것으로 정의하는 횡단선을 즉시 확인할 수 없을 때 발생하는 간격을 메우는 것처럼 보인다. 평행하다고 언급된 선분들을 연장하는데, Lucille은 대응하는 각들을 확인하기 위해 사용된 기준에 더 가까운 다이어그램을 보여주었다. 이는 마치 대응하는 각들을 보기 어려워하는 학생들이 책임을 받아들이는 것 같다. 일찍이 Lucille은 Alan이 증명한 방법에 주의를 환기시켰고, 그러므로 학생들이 증명을 할 때 어떻게 다이어그램과 상호작용하는지에 대

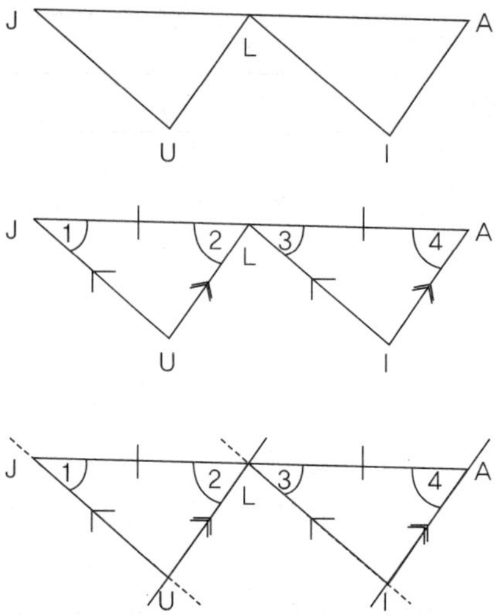

[그림 15.2] 검토 전 Alan의 다이어그램; Lucille이 각 표시를 한 후 Alan의 그림; 평행선들이 확장된 후 Alan의 다이어그램

한 규준을 언급한다. 학생들은 다이어그램에 표시하도록 기대되고(규준 5), 이런 표시들은 어떤 각들이 합동인지를 보여준다.

> 당신이 어떤 것을 쓰기 전 또는 당신이 쓰는 무엇이든 [이단 증명의 점들] 당신의 다이어그램에 [다이어그램의 점들] 표시하시오.

나중에 각 1과 3이 합동임을 쓸 필요가 있는지에 대해 Chloe가 한 질문의 대답에서, Lucille은 단지 평행성이 동일한 각을 의미한다고 가정할 수 없다고 강조했고 이 주장들을 만들고 정당화해야 한다고 강조했다. 그녀는 다음과 같이 덧붙였다.

Lucille: 음... 내가 다시 강조하길 원하는 무엇인가에 동의한다는 것을 깨달았어요. 우리가... 음... 생략된 근거를 받아들인다는 것을 깨달았어요. 하지만 네가 이 건물의 다른 교실에 간다면 그들은 네가 [왜 두 각이 합동인지에 대한 정당화로써 'corr ∠s'를 쓰는 것보다] 좀 더 구체적으로 설명해주길 원할 거예요.

Alan: 평행선이요?

Lucille: 횡단선에 의해 잘린 평행선들은 합동인 대응각들을 만들지요.

규준에서 벗어난 Alan의 일탈을 표시함으로써(예를 들면, 증명에서 두 직선에 대한 근거로 그는 'corr ∠s'를 썼다), Lucille은 증명에서 진술들이 근거에 의해 정당화되어야 한다는 규범적인 관념을 따랐는데, 이는 이전에 정리, 공준, 정의로 받아들여졌던 것이다. Lucille은 그 다음에 Lance가 붙여놓은 증명을(그림 15.3 참조) 보기 시작했다. Lance의 증명을 논의하면서 그녀는 그가 합동이라고 알고 있는 부분을 그림에 표시하도록 기대했었다.

비록 Lance가 이미 증명을 끝냈고 그 증명의 결론이 A에서 각들이 합동이라고 그에게 말할 자격을 주었다 하더라도, Lucille은 (증명에서 '주어진 것들'에 대한 정보를 근거로 하는) D에서 각들의 합동을 (오직 전체 증명의 결론으로부터만 결정될 수 있는) A에서 각들의 합동과 대조하였다. 그녀는 Lance의 증명을 계속 읽어나갔고, 증명에서 이름을 사용해야만 하는 방법의 문제를 제기하였다.

> 그리고 왜 우리는 이것들을 [각] 단지 꼭짓점 이름들로 부르게 했을까요?
> 하지만 N과 Y에 애매함이 있나요?

그 다음에 Lucille은 고등학교 기하 증명에서 가장 중요해 보이는 부분, 즉 삼각형의 합동을 타당하게 이용하는 것을 확인하는 것으로 넘어갔다.

Lucille이 Lance의 증명에서 주목한 주요 문제는 두 삼각형이 합동이라고 주장하기 위해서 사용될 필요가 있는 세 가지 요소 모두가 쓰여 있지 않다는 것이었다. 특히, 주어진 것과 Lance의 증명 첫 번째 줄(그림 15.4 참조) 모두 $\overline{DA}$가 ∠NDY를 이등분한다

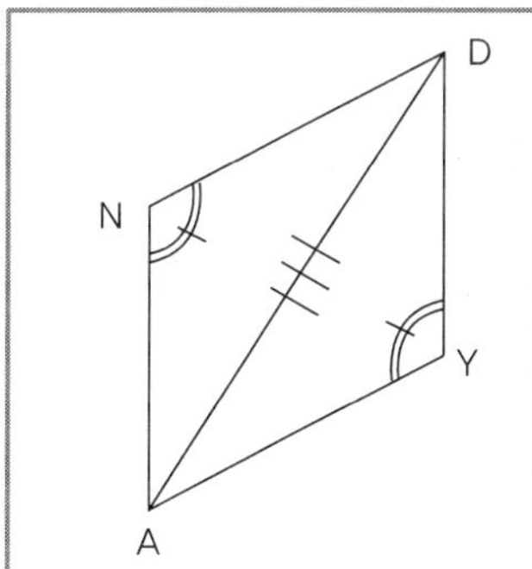

S	R
1) $\overline{DA}$는 ∠NDY의 이등분선 ∠Y≅N	1) 주어짐
2) $\overline{AD} \cong \overline{DA}$	2) 같은 선분
3) △NDA≅△YDA	3) AAS
4) $\overline{NA} \cong \overline{YA}$	4) CPCTC

[그림 15.3] Lance의 증명에서 다이어그램; Lance의 증명

S	R
1) $\overline{DA}$는 ∠NDY의 이등분선 ∠Y≅N	1) 주어짐
2) $\overline{AD} \cong \overline{DA}$	2) 같은 선분
∠NDA≅∠YDA	정의: 각의 이등분
3) △NDA≅△YDA 4) $\overline{NA} \cong \overline{YA}$	3) AAS 4) CPCTC

[그림 15.4] Lucille의 교정 표시 후, Lance의 증명

는 언급을 포함하는데, 이는 진술된 다른 합동과 마찬가지로 두 삼각형의 합동을 필요로 한다. 하지만 Lucille은 그림 15.4에서처럼 Lance가 놓친 하나의 진술과 그것의 근거를 강조했을 때, $\overline{DA}$가 그 각을 이등분한다고 말한 의미가 무엇인지 더 자세히 풀어써야 한다고 주장하였다. Lucille이 상기한 것처럼(Alan의 증명에 대해) Chloe와 한 이전의 대화는 그것들을 쓰지 않고 진술이 수반하는 것들을 사용할 수 있는지에 대해 간단히 언급하였다. 그녀는 가장 중요한 것이 학생들이 증명하는 방법을 아느냐 이기 때문에 그것들을 쓰는 것이 중요하다고 강조하였다. 이 일의 목적은 추상적인 기하 아이디어의 필수 성질들을 이해하는데 있는 것이 아니고, Lance의 문제에 있는 것조차 아니었다. 이는 임의의 연 모양에서 주 대각선이 대각을 이등분한다는 사실의 주장으로 이끌 수 있었다. 대신에 그들이 했던 것의 교환 가치는 삼각형의 합동을 증명하는 것에 친숙해졌다는 점이다.

Lance의 증명을 읽은 후에, 그녀는 교실에서 말했다.

> 여러분이 지나쳐버린 것이 있어요. 그것은 그것들 모두가 끝났음을 알아야 하는 것 같이 손으로 잡을 수 있는 느낌이에요. 여러분은 하나의 입장을 취해야 해요. 여러분이 보일 필요가 있는 세 가지가 있고 그 세 가지는 유용해야만 해요. 만약 세 각을 보인다면, 그것은 유용할까요? 세 각들, 각, 각, 각...? 아니 여러분은 합동에 대해 사용할 수 있는 것들을 찾고 있어요.

학생들에게 증명을 해내게 하는 Lucille의 사례는 학생들이 전형적인 증명 연습을 어떻게 하는지를 보여주는 맥락에서 다른 활동 구조에서 증명을 하게 한 다음의 Megan

Keating의 사례와 대조된다.

Megan Keating의 속진 기하 교실에서 정리 증명하기

Megan은 특정한 성질들을 가진 한 사변형이 평행사변형인지 아닌지를 결정하는 정리들을 가르치고 있다. 이전에 Megan은 '사변형이 평행사변형임을 증명하는 다섯 가지 방법'을 칠판에 썼다. 그 다음에 그림 15.5에서처럼 사변형을 그리고 다음과 같이 진술된 다섯 가지 '방법'의 마지막을 증명하도록 제안하였다.

만약 한 쌍의 대변이 서로 합동이고 평행이면 ⇒ 평행사변형

Megan은 증명 과제를 설정하는 데 그녀의 학생들을 참여시켰는데, 이는 그들이 거의 하지 않는 것이었다(Herbst & Brach, 2006). 그 과제는 만약 사변형의 두 변이 합동이고 평행이면 그 사변형은 평행사변형임을 보이는 것이었다. 증명이 완성될 때까지 그런 사변형이 평행사변형임을 가정할 수 없다는 사실에도 불구하고, Megan은 평행사변형처럼 보이는 그림을 그렸고, '증명하기' 상황의 암묵적 규준 중 하나인 (14)를 따랐다. 주어진 다이어그램은 보통 정확하다. 즉, 그것들은 증명해야 하는 성질을 이미 가지고 있는 것처럼 보인다(Herbst, 2004). 학생들에게 증명을 시작하라고 말하기 전에 Megan은 학생들에게 증명되는 정리를 **주어진 것**과 **증명하는** 진술로 분석하게 했다. 하지만 그녀는 간결하게 진술된 정리에서 가설과 결론을 확인하는 것 이상을 기대하였다. 그녀는 '주어진 것'에 대해 "사변형이 평행하고 합동인 두 대변을 갖는다"가 아니라 "$\overline{AD} \cong \overline{BC}$이고 $\overline{AD} // \overline{BC}$"를 기대했다. 즉, 그녀는 추상적인 개념보다는 다이어그램 같은 대상들에 대해 정리의 형식화를 기대했다. 우리가 이전의 일화에서 본 것처럼, 승명 연습은 보통

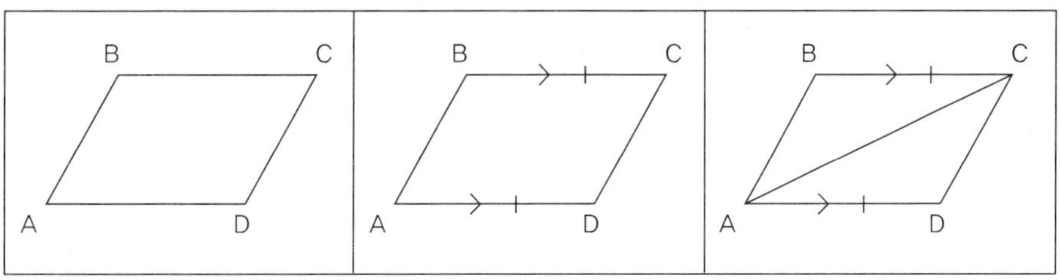

[그림 15.5] 한 사변형이 평행사변형임을 증명하는 방법에 대한 다이어그램

추상적 개념 하나만 갖고 있는 학생이 아니라 그런 추상적 개념들을 예시하는 특정한 도식적 대상을 갖고 있는 학생들과 대면하게 된다(Weiss & Herbst, 2007).

Megan은 다이어그램에 가까이 함으로써, 그리고 칠판에 무엇을 어떻게 쓸 것인지 결정함으로써 문제 설정의 순간을 계속 통제하였다. '증명하기'에서 일의 분담을 계속하는데 학생들이 걱정하는 것은 Lucille의 학생들과 유사해 보인다. 그들은 증명을 쓸 때 무엇을 써야 하는가? Jade는 "만약 숙제에서 그것을 써야 한다면, 우리는 AD가 BC와 합동 평행이라고 쓸 수 있나요?"라고 물었다. Jade가 쓰길 원하는 $\overline{AD} \cong // \overline{BC}$와 같은 관습적이지 않은 표기법은 "BC가 BC에 합동이고 평행"과 같이 말로 표현했을 때에는 그렇게 이상해보이지 않는다. 글로 쓰인 진술에 대한 수학적 정확성뿐 아니라, 그림에 대한 가능성들을 분리하는 것으로 평행성과 합동성의 성질들을 구별하는 것의 중요성, 그리고 이단 증명을 진술과 근거로 채우는 일이 어떻게 간결하게 될 수 있는지 결정할 권리가 그런 상호작용에서 중요하다.

일단 과제가 설정되면 Megan은 누가 해결의 **아이디어**를 가졌는지를 물었다. Norman이 손을 들었고 Megan은 칠판에 증명을 써보라고 그에게 요청했다. 그는 "만약 우리가 그것을 두 개의 다른 삼각형으로 만든다면, 그것이 더 쉬워질 것 같아요"라고 말했다. Megan의 허락 하에 그는 그림 15.5의 세 번째 부분처럼 대각선을 그렸다. 보통 학생들이 증명을 할 때 다이어그램에 특징들을 더하길 기대하지 않는다(규준 20). 아마 그런 이유 때문에 Megan은 학생들에게 증명을 하라고 직접적으로 요구하지 않았고, 대신에 누가 아이디어를 가졌는지를 물었다. 이런 방향에 따라 Norman이 평행사변형을 두 개의 다른 삼각형으로 만드는 것이 좋다는 아이디어를 먼저 말하고, Megan이 허락한 후에야 Norman이 대각선을 그렸다는 점에 주목하는 것은 중요하다. 또한 대각선을 그리는 Norman의 아이디어가 증명 그 자체로 기록되지 않았음에 주목하자. 누군가는 최종 증명이 임의의 서로 다른 두 점이 유일한 직선을 결정한다는 공준에 의해 정당화되는 "대각선 $\overline{AC}$를 고려하자"는 진술을 포함할 것이라고 상상할 것이다. 한편으로는 그런 명확한 주장과 증명의 불충분한 결합은 다이어그램 때문에 불필요하게 느낄 수 있는데, 여기에서 (일단 그려진) 대각선의 존재는 자명해 보인다. 보조선의 도입은 증명 그 자체이기보다는 전 증명단계 전략의 부분으로 논의될 수 있었는데, 증명 그 자체는 다이어그램에 의존하지 않는 것 같다. 다른 한편으로는 비록 대각선을 그리는 **합법적인 자격**이 왜 **부여되었는지**에 대한 어떤 정당화도 제공되지 않았다 하더라도, Norman은 한 쌍의 삼각형을 얻는 것이 왜 **전략적으로 유용한지**에(Chazan & Lueke, 이 책의 2장) 대한 정당화를 제공하였다. 증명 그 자체에서 이 중대한 부분에 주어진 유일한 관심은 반사적 성질, 즉 "AC는 AC와 합동이다"에 대한 Norman의 암시였다.

Lucille 학급의 Lance처럼 Norman은 그것이 그 자체와 합동임을 보여주는 하나의 선분에 해쉬 마크를 표시했다. 다이어그램에서 해시 마크를 사용하는 목적은 표면상 두 개 이상의 선분들이 합동임을 나타내는 것이다. 그러므로 해시 마크를 한 선분 위에 놓는 것은 오해의 소지가 있거나(그것은 발견되지 않을 두 번째 합동인 신분을 독자들에게 찾게 할 것이다) 무의미한 일이 될 것이다. 하지만 증명하기에서 이것은 꽤 흔한 일이다(Herbst, 2004). 그것은 한 선분이 그 자신과의 합동이라는 성질이 삼각형의 합동을 주장하는 데 사용될 세 개의 근거 중 하나가 된다는 사실을 나타낸다.

Megan과 Norman의 대화는 또한 교사가 학생들을 증명하게 하면서 어떻게 시간이 활용되는지, 그리고 이것의 속도를 유지하기 위한 교사의 역할을 설명한다(규준 13). "그 밖에 네가 아는 것은 무엇인가요"와 같은 말은 증명에 대한 진술들을 필요로 하는 반면, "그것은 왜 그렇지요"와 같은 말은 근거에 대한 진술들을 필요로 한다. 그것들은 학생들의 증명 만들기의 속도를 맞추고 촉발하기 위한 방법으로 교사의 말에 번갈아 나오는 경향이 있었다(규준 23). 그 일화는 증명을 어떻게 끝낼 것인지에 대한 계획을 세우는 데 협력하는 Megan과 Norman의 대화에서 계속되었다. Norman은 대응하는 진술 전에 다음 근거를 제시하였고, Megan은 그가 진술을 먼저 제시해야 한다고 언급하였다.

Norman: [Norman은 '진술'과 '근거' 아래에 각각 "3."과 "3."을 썼다.] 자, 선생님은 엇각을 볼 수 있을 거예요.

Megan: 나에게 조금 보여주세요. [Norman은 다이어그램으로 가서 대각선과 변들로 이루어진 각들에 숫자를 써 넣었다. 그림 15.6을 보자.]

Megan: 그래요, Norman, 그 그림에서 어떤 것들이 합동인가요?

Norman: 각 1이 각 2와 합동이고 각 3이 각 4와 합동이에요.

Megan은 Norman이 한 것을 검토하였고, 학급 학생들이 그가 각 3과 4가 합동이라고 아직은 말하지 않았음에 주목하게 하였다. "저는 그것들이 엇각인 것을 알아요. 하지만 평행선은 가지지 않았어요. 그래서 그것들이 합동이라고 말할 수 없어요. 지금 그것이

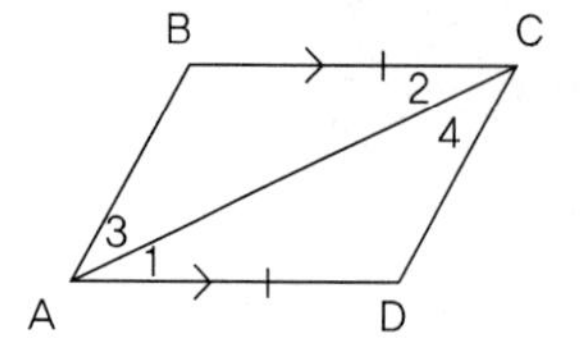

Statements	Reasons
1. $\overline{AD} \cong \overline{BC}$ $\overline{AD} \parallel \overline{BC}$	1. 주어짐
2. $\overline{AC} \cong \overline{AC}$	2. 반사율
3. $\angle 1 \cong \angle 2$	3. 평행선 → 엇각, $\angle a$

[그림 15.6] 각에 표시를 한 평행사변형; 각의 합동에 대한 증명

평행사변형이 될 것임을 알기 때문에 그것들이 평행이 되어야 하는 사실을 알아요. 하지만 우리는 아직 그것을 모르지요." 마지막 언급은 시기 선택과 관련해서 학생들에게 증명을 하게 하는 데 교사가 갖는 중요한 어려움을 드러낸다. 어떤 순간에 상황들은 참으로 간주될 수 있고 이것은 차례로 종종 다이어그램이 그려지는 방식에 대한 이전의 언급과 관련이 있다. 그 도형은(Megan이 원한 것처럼) 그 도형이 평행사변형이라고 보여주고, 결국 Megan이 말한 것처럼 그들은 그것을 발견할 것이다. 참으로 보이는 것과 근거를 바탕으로 참으로 정당화될 수 있는 것 사이의 차이를 여전히 배우는 학생들에게, 그들에게 무엇이 주어졌는지에 도움이 되는(각 1과 2가 합동이라는 결과를 즉시 이끌어내는) 지각과 관련된 증거(각 3과 4가 합동이다)를 포기하는 일은 어렵다. 하지만 증명에서 다이어그램의 역할은 주어진 순간에 학생들이 아는 것을 나타내는 것 이상이다. 그것은 또한 그들이 목표하고 싶은 것을 제시하는데, 이 때문에 보통 다이어그램들을 정확하게 그린다. 그리고 학생들이 증명에 대한 진술을 만들 때, 그들은 마치 특정 다이어그램만을 그리고 있는 것 같은 인상을 준다(Herbst, 2004).

Megan과 Norman이 진술과 근거에 대한 질문을 계속 교환하는 동안, 활동의 요점은 이전 지식의 적절한 사용을 보여주는 데 있는 것 같았다. 증명에서 진술에 대해 주어진 근거는 이전에 학습된 정리, 정의, 공준이 되어야 한다(규준 6). 학생은 문제에 주어진 표현과 다이어그램으로부터 적절한 근거를 확인해야 하고, 그것을 기억해내야 하며, 그것을 고려되고 있는 특정한 그림에 옳게 적용해야 한다. 그래서 Norman은 "평행사변형의 정의에 의해 그것을 가져요"와 같이 말했을 것이다. 요점은 단지 Norman이 그 도형이 평행사변형이 맞다고 (그가 확실히 할 수 있었던) 주장할 수 있었을 뿐 아니라, 그가 결론을 내릴 수 있게 하는 옳은 근거를 확인할 수 있다는 점이다. 다양한 성질들은 ('다섯 가지 방법들') 그 때 칠판의 왼쪽 편에 나열되어 있었고, 모두 이전에 증명된 적은 없었지만 모두 (다섯 번째를 제외하고) 학생들이 증명에서 사용할 근거의 후보였다. 그러므로 우리는 이 특정한 정리에 대한 증명하기가 한 정리가 증명되기 전까지 사용되지 않는다는 관념이 아니라, 증명하기가 학생들에게 알아야 하는 (다른) 정리들을 사용하는 연습의 기회를 제공한다는 관념에 자극받는다고 주장한다. Megan은 그 날 가르치기 시작했던 정리를 Norman과 학급 학생들이 실제로 학습하게 할 책임이 있었다. Norman에게 그것들 중 하나를 증명하게 하는 일은 그들이 다른 것에 대한 필요성, 즉 그가 마지막 진술을 정당화하는 데 필요한 그것을 발견하는 것처럼 명백한 필요성을 경험하게 하는 데 중요했다.

Cecilia Marton의 교실에서 기록된 우리가 설명할 마지막 사례는 기하 교실에서 증명하기 활동들이 '증명하기' 상황의 규준들을 어떻게 따르는지에 대한 다른 예를 제공하지만, 이 규준들을 결정적인 방법으로 단순히 적용하지만은 않을 것이다.

Cecilia Marton의 속진 기하 수업에서 숙제 문제 검토하기

12월 초에 Cecilia는 등변사다리꼴에 대해 증명하는 숙제 문제를 학생들에게 제시했다. 그 문제는 등변사다리꼴의 다리들을 연장해서 만들어진 삼각형이 이등변삼각형임을 증명하도록 개념적으로 진술되었을 것이다. 하지만 교과서는 그림 15.7에서 보이는 것처럼 다이어그램의 대상에 관해서 진술하였다. Cecilia는 학생들이 그 문제를 어떻게 해결하였는지 말로 논의하였다. Cecilia는 그 증명을 단계적으로 점검하기보다는 학생들에게 그들이 사용한 전략이 무엇인지 질문했다.

Cecilia는 다른 교실에서 한 학생이 "45단계 증명을 제출"했다고 말하면서 검토를 시작하였다. 누군가 "기분이 나빠요"라고 말하고 다른 학생들이 그 문제가 무엇이었냐고 물었을 때 그녀는 그것을 보았을 때 놀랐던 것을 기억하고 웃었다. 모든 학생은 문제에

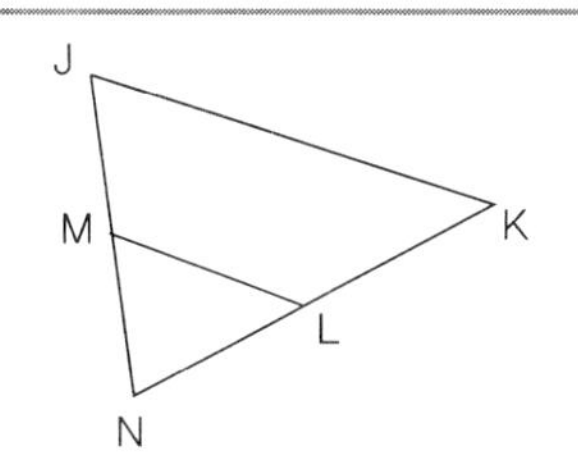

주어진 것 : JKLM은 등변사다리꼴
증명해야 하는 것 : △MNL은 이등변삼각형

[그림 15.7] 교과서에 제시된 다이어그램(Boyd et al., 1998, p. 326에 따라 그려진 그림); 문제 40에 대한 진술(Boyd et al., 1998, p. 326에서)

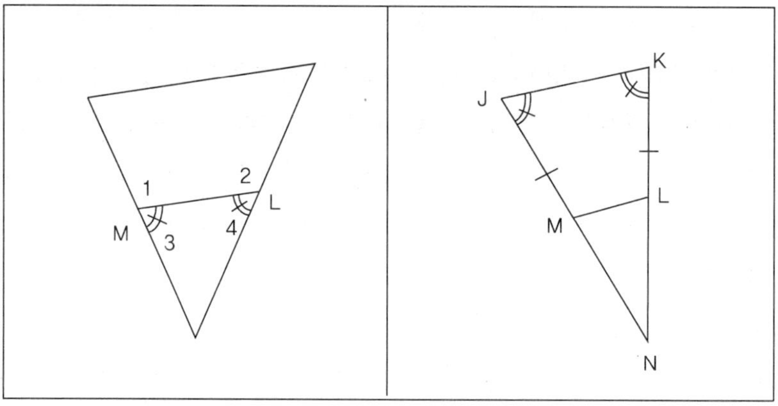

[그림 15.8] Eve의 답에 대한 Cecilia의 다이어그램; Kara와 Erie의 답에 대한 Cecilia의 다이어그램

대해 또 다른 "약 20단계" 증명을 만들어냈었다. Cecilia는 그 다음에 등변사다리꼴에 대한 숙제 문제에 대한 계획을 질문했다.

Cecilia는 학생들에게 이 문제를 풀기 위해 취한 접근 방식을 말해보게 했다. Eve는 그림 15.8에서 보이는 다이어그램을 제시하고는 각 1과 2가 합동이고, 3과 4가 1과 2의 보각이므로 그것들이 합동이어야 한다고 제안하였고, 그래서 Cecilia는 그것이 "이등변삼각형을 만든다"고 결론내렸다. Cecilia의 관심은 그 전략이 Eve의 주장에 대해서 무엇이었는지를 명확하게 하는 데 있는 것 같았는데, 그것의 가치를 전략으로 평가하고 이 전략을 교실의 나머지 학생들[6]이 알게 하였다. Eve가 한 숙제의 세부사항은 개인적으로 확인될 수 있었다. 하지만 Cecilia는 그 삼각형이 이등변삼각형이라는 사실을 정당화하는 다른 방법에 관심이 있었다. 그녀는 "그것을 다른 방법으로 해볼 수 있나요?"라고 Kara에게 물었다. Kara는 그림 15.8과 같은 다이어그램을 제시했다. Kara는 사다리꼴이 등변이고 각 J와 K가 각 M과 L과 (각각) 합동이므로 전체 삼각형 JKN이 이등변삼각형이라고 주장하였다. 이 경우에 비록 Kara가 증명에 대한 핵심 아이디어, 즉 전체 도형을 하나의 큰 이등변삼각형으로 본다는 아이디어를 제시한 것처럼 보이더라도, Cecilia

6 학생들은 그들의 자리에서 문제에 대해 서로 다른 접근 방식에 자원하였고, Cecilia는 칠판에서 다이어그램 위에 그들의 아이디어들을 기록하였다. 학생들이 말할 때 카메라가 얼굴을 포착했기 때문에, 이런 다이어그램들에 대한 우리의 기록 자료는 가끔의 칠판 사진이었고, 그들은 다이어그램에 대한 말과 행동의 일치를 허용하지 않았다.

는 Kara가 그녀의 전략을 더 설명해야 한다고 생각했고, 그래서 그녀는 세부사항을 계속 요구했다. Kara는 어떻게 큰 삼각형에서 작은 삼각형으로 옮겨갔는지 설명하였으나 Cecilia를 만족시킬 수 없었고, 그래서 포기하였다.

Ernest는 각들을 조작하는 것에 대해 다시 논의했고, "만약 JKLM이 사다리꼴이면, $\overline{JK}$가 $\overline{ML}$에 평행이어야 하고 그래서 각 3이 각 J와 합동이고 그것들이 대응한다"라고 제안하였다. Cecilia는 이 설명에 만족하면서, "그리고 이것들 둘이 합동이기 때문에 여러분은 이 두 개의 합동을 얻을 수 있고 이등변삼각형을 얻을 수 있을 거예요"라고 말했다. Ernest의 증명 다음에, Erie는 Cecilia가 이전에 Kara에게 했던 질문을 다시 시작하였다.

Erie: 만약 그것이 등변사다리꼴이기 때문에 각 J와 각 K가 합동인 것을 안다면, JN이 KN과 합동이라고 말할 수 있나요?

Cecilia: 그래요.

Erie: 그 다음에 JN에서 JM을 빼고, KN에서 KL을 빼면, MN과 LN이 합동이라고 말할 수 있나요?

Cecilia: 맞아요. 좋은 방법이에요. Erie는 선분 덧셈 공준을 사용할 수 있고, 이 두 개가 같은 길이, 즉 그것들이 서로서로 같기 때문에 같은 것들을 뺄 수 있어요. 그렇지요, Erie?

그러므로 Erie는 Kara의 첫 번째 아이디어를 보완하는 두 번째 큰 아이디어를 제시했고, 증명을 따라잡게 하였다. 다양한 증명 전략들을 고려하는 것은 학생들의 사고에 주의를 기울였다는 근거가 된다. Cecilia는 "나는 더 많은 것이 있나는 것을 알아요, 그렇지요? 거기에서 사람들이 그것을 하는 몇 개의 다른 방법을 알아요"라고 말했다. Erie가 답을 제시한 후에, 두 번째 가치, 즉 가장 큰 노동의 절약으로 이끄는 전략을 추구하는 것의 중요성이 드러났다.

Cecilia: 그래. 다들 이해했나요... [Cecilia는 칠판에 다른 증명 전략들에 번호를 매겼다.] 누구 이것에 대해 아나요, 어떤 것이 가장 짧지요?

학생 반응은 어떤 증명이 더 짧은지를 정당화하는 상황에서 이전의 지식이(그들이 등변사다리꼴, 이등변삼각형, 보각에 대해 무엇을 아는지) 무엇인지에 영향을 미쳤다. 세 증명 중 어떤 것이 긴지에 대한 논의가 계속되었고, 아이디어들 중 두 개를 그것이 취하는 단계의 개수를 세어 비교하였다. Cecilia는 결국 "우리는 이것들에 대한 어떤 판단도 하고 있지 않아요. 괜찮죠?... 내가 말했던 45단계 증명을 볼 때까지 기다려요"라고 웃으면서 말했다. 다른 증명들의 상대적 길이에 대한 논의는 거의 2분 동안 지속되었는데, 이 시간은 하나의 증명에 대한 논의보다 긴 것이었다(Eve의 증명에 대한 논의는 40초만 지속되었고, Kara의 증명은 31초간 지속되었으며, Ernest의 것은 25초간 지속되었고, Erie의 것은 38초간 지속되었다).

언뜻 보기에 문제 40번을 하기 위해 취한 접근 방식에 대한 Cecilia와 네 명(Eve, Kara, Ernest, Erie)의 학생들과의 대화는 Cecilia의 교실에서 '증명하기'가 Lucille의 교실에서와 매우 다르다는 인상을 남긴다. Lucille은 학생들이 한 일의 세부사항, 즉 다이어그램 표시하기, 필요한 모든 단계 계획하기, 적절한 정당화의 중요성을 알게 하기를 점검하는 데 집중한 반면, 이 일화는 Cecilia가 논증의 만드는 데 사용될 수 있는 다른 아이디어들에만 관심이 있었음을 나타낸다. 하지만 '45 단계 증명'에 대해 Cecilia가 시작 부분에서 언급한 것에 덧붙여, 증명의 길이에 대한 뒤이은 논의는 **진정한** '증명하기'로 간주되는 이전의 논의에 대해 무엇이 **되어 있을 필요가 있는가**를 지적함으로써 이전의 '계획하기' 논의를 바로잡는다. Cecilia의 교실에서 학생들에게 기대된 일은 적어도 필요한 수준의 세부사항과 '근거' 열에 쓰일 수 있는 것들에 관해서는 Lucille의 교실에서 학생들에게 기대된 일과 비슷해 보인다.

이런 차이점들은 두 개의 증명 연습이 다른 활동 유형에서 논의되었다고 언급한 것에 의해 부분적으로 설명이 될 수 있다(Lemke, 1990). Cecilia의 교실에서 그들은 생각건대 많은 단계를(확실히 Lucille의 교실에서 한 증명보다는 많은) 가졌을 수 있는 숙제 문제를 논의하고 있었다. Lucille의 교실에서 그 날에 할 일은 증명 쓰기를 좀 더 편하게 하고, 이런 증명을 쓴 다른 사람들의 결과를 보는 것을 포함했다. 그러므로 Lucille의 교실 일화는 '증명하기'에 대해 가정된 많은 규준들을 따르는 것을 보여주고 그 규준들이 위반되었을 때 특정 순간의 회복을 보여준다. 반면에 Cecilia의 교실 일화는 증명하기 상황에서 하나의 큰 위반으로 구성된다. Cecilia와 그녀의 학생들은 마치 증명의 아이디어를 논의하기 위해 정말로 해야 하는 것을 하지 않는 것처럼 행동하지만, 처음과 끝의 대화에서는 정말 중요한 것은 완성된 증명의 형식적인 특징들이었음을 보여준다.

'증명하기'

여기에서 소개된 일화들은 중등 수학 교실에서 꽤 흔한 세 가지 활동 유형들, 즉 Lucille의 교실에서 학생이 칠판에 쓴 연습문제를 교사가 공개적으로 검토하는 활동, Cecilia의 교실에서 자리에 앉아 있는 학생들과 함께 교사가 어려운 숙제 문제를 구두로 검토하는 활동, Megan의 교실에서 학생들이 칠판에서 한 활동을 설명한다. 이 세 일화들은 표면적으로는 다르다. Cecilia는 Lucille이 Lance가 한 것을 검토하는 데 쏟은 시간과 맞먹는 양의 시간을 하나의 해답을 검토하는 데 사용하지는 않았고, Megan은 Norman이 함께 증명 전개를 하도록 쏟은 시간과 맞먹는 양의 시간을 사용하지는 않았다. 하지만 유사점들이 차이점들보다 더 중요하다. 이런 유사점들은 표면적으로 사건들을 규제하는 암묵적인 규준들의 공통 체계로 표현될 수 있다. 우리는 이런 규준들이 어떻게 조직될 수 있는지를 보이면서 규준들을 요약한다.

무엇보다 기하 교실에서 '증명하기'의 대화구조를 만들어내는 규준들이 있다. 이는 중요한 것을 가치 있는 일로 규제하고, 특정한 일이 특정한 시간에 어떤 가치를 갖는지 규제하는 규준들이다. Megan에 의한 이단 증명 형식의 사용은 각각의 진술에 대한 근거를 제시하는 것이 노력으로 평가될 수 있다는 의미를 전달하는 반면, Cecilia에 의한 이단 형식의 불충분한 사용은 (실제로 어떤 쓰기도 불충분한) 좀 더 실질적인 공헌을 하도록 학생들을 몰아붙인다. 예를 들면, Erie가 '선분 덧셈' 논증을 제공했을 때, 단지 '근거' 열에 있는 빈칸을 채우는 것 때문이 아니라, 이등변삼각형의 다리에서 무엇을 뺄 것인지를 조작할 수 있게 하는 방법으로 필요하기 때문이었다. 수업에서 공개적으로 증명하기를 한 Lucille이 진술한 목표는 합동을 주장하는 데 사용될 각을 명확하게 확인하는 방법처럼 작은 세부사항에 더 가치를 두었다. 대신에 같은 결론을 증명하기 위해 다른 전략들을 공개적으로 보인 Cecilia의 시도는 각에 대한 빠른 참조와 증명에 대한 핵심 아이디어에 더 가치를 부여하였다.

둘째로, '증명하기'를 할 때 교사와 학생 사이에 분업을 규제하는 규준들이 있다. 보통 교사(또는 교과서)는 증명하기가 학생들이 수학 과제에 응답하는 방법이 된다는 점을 지적한다. 교사는 또한 논증에 필요할 모든 기하 대상을 포함하는 다이어그램과 다이어그램에 제시된 대상들의 말로 주어진 것과 결론에 대한 진술을 제공한다. 이와 대조적으로 학생은 다이어그램에 대해 간결한 진술을 만들어낼 책임이 있고, 이전의 지식으로부터 이끌어낸 근거를 명확하게 설명할 책임이 있다.

셋째로, '증명하기'에 대한 일시적인 구조의 존재에 기여하는 다른 규준들, 즉 일들이 끝날 필요가 있을 때 어떤 순서로, 얼마나 오래 되어야 하는지를 규제하는 규준들이 있다. 증명하는 과제가 ('주어지고' '증명할' 것으로) 설정되는 순간은 보통 논증의 생산에 앞선다. 특히 결론은 항상 시작부터 알려져(그리고 참이라고 알려져) 있다. 논증은 일련의 진술로 이루어져 있고, 차례로 각각의 근거가 뒤따르며, 보통 첫 번째 줄에 '주어진' 것이 있고 마지막에 '증명할' 것이 있다.

이런 규준들 대부분이 암묵적이므로 그것들은 관찰자에 의해 만들어진 가설으로써만 '실제적'이다. 그것들은 관찰자가 실제 사건들을 이해하고 그것들을 상상할 수 있는 것과 대조하는 데 유용한 한 존재한다. 증명을 할 때 교실 참여자들이 하는 것을 규제하는 규준들의 체계에 관해서 '증명하기'의 교수 상황 모형은 기하 교실에서 증명에 대한 다른 위치를 만드는 것이 무엇을 의미하는지 조사하는 데 유용하다. 이런 규준들은 바람직한 수학적 과제를 가능하게 하기 위해 관행에서 벗어난 교수 실험의 설계에서 그리고 교사가 그런 종류의 수학적 과제를 운영하게 하는 교수적 지원의 설계에서 고려될 수 있고 체계적으로 바뀔 수 있다.

결론

100년이 넘도록 미국 학생들은 고등학교 기하 수업에서 증명하는 것을 배워왔다. 증명 교수에 대한 정당화는 원래 형식적인 것(논리적 사고의 학습)이었다. 우리의 교사 인터뷰는 현재로서 그 정당화를 보여준다. 기초 기하 수업이 학생들에게 논리적 사고를 가르침으로써 논리적 사고의 학습을 추구하는 반면, 다른 기하 수업들은 일을 나누어 학생들에게 할당하고 학생들이 기하 도형에 대한 주장을 논리적으로 정당화하게 하는 방법으로 시간과 가치를 조직하면서 증명을 하도록 학생들을 계속해서 가르쳤다. 예들은 학생들의 주요 책임이 진술과 근거를 차례로 계속해서 만들어내는 데 있음을 보여준다. 즉, 학생들은 다이어그램에 관한 진술을 만들어내고 이전의 정리, 정의, 공준을 바탕으로 그것들을 정당화해야 한다. 학생들은 다이어그램을 만들어내거나, 어떤 주어진 것이 특정한 결론을 보장하는지를 확립하거나, 주어진 것들의 특정한 집합에서 어떤 결론을 이끌어낼 것인지를 발견하는 데에는 거의 책임이 없다.

논리를 훈련하는 범위는 문제 해결에 대한 학생의 능력 발달에 영향을 끼칠 수 있지만, **일기 위한** 도구로써 증명을 사용하는 것은 학생들이 어떻게 증명하기에 관여하는지를 규제하는 규준들에 의해 방해받는다. 기하가 단지 논리를 가르치기 위한 맥락이라는 생각은 명제논리학에서 사용하는 단어와 문장들처럼 기하 대상들 자체가 상징적 의미일 뿐이라는 것을 전제로 한다. 하지만 학생들이 한 증명은 (기하 개념 대신에) 주어진 기하 **다이어그램**에 대해서 형식화되고, 학생들이 그런 다이어그램에 대해 만들어낸 진술들은 반드시 이전의 진술로부터 온 결론이 될 필요는 없다. 때때로 그것들은 다이어그램에서 참으로 보이는 것의 설명이 된다(Herbst, 2004). 이것 때문에 기하 대상들이 기하 다이어그램으로 표현되면 이득도 될 뿐 아니라 손해도 된다. 다이어그램은 명제논리학의 P와 Q만큼 잘 행동하지는 않는데, 이는 논리 그 자체의 형식적 구조에 의해 다이어그램에 속하는 것 외에 다른 기호 관계항을 가지지 않는다.

Herbst와 Brach(2006)은 학생들이 증명을 만들기와 관련된 그것을 인지하는 과제와 (다른 것들 중에서) 다이어그램에 대한 초기 가정이나 가설을 만들어내는 것으로부터 이득을 얻을 것 같은 좀 더 열린 문제 사이를 어떻게 구별하는지를 보였다. 그 뒤에 증명하기가 플라톤식 배치의 사실적 성질들을 논리적으로 조직하는 방법이라는 추정에 그 차이를 두었다. 그것은 마치 다이어그램들의 사실적 성질들이 추상적인 대상의 성질들에 대한 불완전한 상인 것 같고, 마치 다이어그램과 학생들의 상호작용을 제한하는 것이 다이어그램을 종이 위의 표시로, 즉 논리적 추론을 할 수 있는 대상으로 바꾸는 효과를 가지는 것 같다. 하지만 van Hiele의 연구는 (Fuys, Geddes, & Tischler, 1988) 학생들이 고등학교 기하에 도달했을 때 추상적, 논리적 대상으로 기하 도형들을 전혀 개념화하지 않음을 말해준다. 그들 중 많은 (아마도 대부분) 학생들에게 다이어그램은 여전히 대상이고 다이어그램 위에서 행동하기, 구성하기, 측정하기는 그것들에 대한 이해의 매우 많은 부분을 차지한다.

기하 대상들의 성질들의 필수 결과에 대한 이론으로써 기하학적 진실에 관한 관점은 창의적인 수학 활동의 심장에 가까울 뿐 아니라, 그들이 알고 있는 기하 조작 수단을 활용하고 덧붙여 추상적인 기하 대상들에 관한 지식을 발달시키는 이런 수단들을 끌어들이는 교수법으로 더 쉽게 번역될 수 있다. 하지만 만약 추측하기와 증명하기가 알게 하는 도구의 역할을 한다면, 성공적으로 증명을 하게 하는 일은 학생들에게 훨씬 더 넓은 분업으로, 더 유연한 임시 구조로, 그리고 '증명하기' 상황에서 관찰된 것보다 훨씬 더 열린 교환 구조로 특성화되어야 할 것이다.

IV

대학에서의 증명 교수·학습

"수학의 본질은 증명에 있다"(Ross, 1998, p. 2)나 "증명은 수학과 분리된 어떤 것이 아니다... [그러나] 증명은 수학을 하고, 의사소통하고, 기록하는 중요한 요소이다"(Schoenfeld, 1994, p. 76)와 같은 논쟁은 수학적 사고에서 증명의 중심적인 역할을 강조한다. 사실 수학에서 증명의 주요 역할은 수학 내용의 수준과 학생들의 성숙도가 증명의 복잡한 형식을 소개할 수 있는 정도에 다다르는 대학 수준에서 좀 더 명확해진다. IV편을 구성하는 장의 내용은 '학년에 따른 증명 이야기'로부터 대학 수준에서의 증명 교수-학습에 초점을 맞춘 질문과 이슈로 관심을 옮겨 이전 장들에서 제기되었던 질문과 이슈들을 연결시킨다.

II편과 III편에서 저자들은 각각 초등 및 중학교 학생들과 고등학교 학생들을 위한 증명의 역할과 의미에 대한 개념화를 시도하였다. 저자들이 제기한 질문은 다음과 같다. 각각의 수준에서 받아들일 수 있는 논쟁은 어떤 것인가? 수학과 교육과정 전체에서 증명의 역할은 무엇인가?(II편과 Ⅲ편의 서론 참조) 저자들은 학생들의 증명에 대한 직관적 개념을 탐색하고 어떻게 학교 경험을 통해 수학적 논쟁을 논리적으로 정당한 논증으로 구성해나가는지 그리고 어려움은 무엇인지를 살펴보았다.

대학 수준에서의 증명이 무엇인지와 교육과정에서 증명의 역할이 무엇인지 같은 질문은 지엽적인 문제이다. 수학 학부 프로그램을 담당하는 위원회(MAA, 2000)는 증명이 대학 수준에서 수학 교수·학습의 중심이 되어야 한다고 주장한다. Harel & Sowder(16장)가 제안한 것처럼 대학생, 특히 수학 관련 분야를 전공으로 하는 학생들은 증명을 읽고 구성하는 데 어느 정도의 능력을 가지고 대학을 졸업했으리라 기대된다. 이 수준에서 증명 교수·학습에 대한 질문은 **전체** 수학과 교육과정의 중심인 증명에 기초가 되는 여러 가지 추론들을 어떻게 만드는가에 있다.

더군다나 낮은 수준에서는 주장의 진실여부를 커뮤니티에게 설득력 있게 논쟁하는 행위를 증명이라고 넓은 범위에서 정의하곤 한다(Balacheff, 1988). 대학 과정의 수준에서는 비형식적인 주장이나 설명으로는 충분하지 않게 된다(이 책의 Harel & Sowder, Weber & Alcock 참조). 수학 관련 전공을 하는 학생들은 다른 형식과 잘 정의된 관습대로의 **수학적 증명**을 구성할 수 있을 것으로 기대된다. Harel과 Sowder(2007)가 주장한 대로나 이 책에서 Weber와 Alcock가 19장에서 주장한 대로, 중등 이후 과정에서의 수학 교수(teaching)는 빠르게 변화되고 증명의 타당성 여부도 단순히 그 **내용**에서만이 아니라 **형식**에도 의거해 판단하게 된다. IV편의 내용은 이러한 변화를 이해하려는 시도들을 담고 있고 결국에는 대학 수업에서의 증명 교수-학습에 대한 시사점을 제안한다. 학년에 따른 증명 이야기를 완성하려는 IV편에서는 학년에 맞는 논리적으로 타당한 논증이 무엇인지 학생들에게 그 개념을 가르치려는 공통의 목적과 증명의 성질에서 특별한 차이점들을 강조한다.

대학생들의 증명에 대한 이해 발전

특히 대학 수준에서의 증명 학습에 관한 많은 연구들은 증명을 읽고 구성하는 데 있어서 학생들이 겪는 어려움들을 밝히는 데 초점을 두고 있다. 이런 작업은 증명 교수-학습에 관한 기초 연구의 중요한 출발점이 된다. 사실 학생들의 학습을 지원하는 방법에 대한 이해는 학생들의 어려움이 어디에 있는지 이해하는 것으로부터 시작한다. 이 책은 이런 연구들로부터 시작해서 학생들의 성장을 도울 수 있는 기초틀과 모델들로 옮겨가는 그런 관점들을 토대로 한다. IV편의 연구자들은 학생들의 학습 과정을 가르치는 데 있어서의 어떤 제한으로 보기보다는 기초 정보로 여기는 새로운 관점을 사용한다. 몇몇 장에서는 연구자들과 실천가들 사이의 대화를 열어나가는 식으로 다른 분야에서 사용되는 관점들과 수학교육에서 일반적으로 사용되는 관점들을 혼합하여 사용한다.

16장에서 Harel과 Sowder는 선행 연구에서 발전시킨 DNR틀을 사용하여 교수들이 학생들의 증명 학습 개발을 어떻게 돕는지와 어떻게 학생들이 증명을 배웠는지 아는가와 같은 중요한 이슈들을 탐색한다. 그들은 학생들의 '증명 스킴' 발전에 중심을 두고 있다. '증명 스킴'이란 사람들이 어떤 문제에 대해 다른 사람과 자기 자신을 확신시키는 데 사용할 수 있는 것을 의미한다. 이런 관점에서 각각의 학생은 증명을 이해하는 어떤 수준을 가지고 있다. 그래서 학생들의 증명 스킴을 관찰한다는 것은 "그 학생을 하나의 학습자로서 강조하는 것이다." 더군다나 이것은 다음의 두 가지 영역에서 가르치는 사람의 관심을 집중시킨다.

(1) 학생들의 최종 증명 결과물보다는 현재 학생의 이해와 단점들
(2) 학생들의 이해를 교수자가 원하는 연역 증명 스킴, 즉 동시대 수학자들이 하는 증명 스킴으로 점차적으로 만들어가는 것을 도울 수 있는 교수 행위

17장의 Blanton, Stylianou, & David와 18장의 Smith, Nichols, Yoo, & Oehler는 수학적 의미에 대한 사회적 합의가 일상적으로 일어나는(Cobb & Yackel, 1996) 교실에서의 수학 학습을 관찰했다. 대학 학부 수준에서는 이러한 교실 환경이 드물기는 하지만, 이 장들에서는 학생들의 증명 학습을 이해하기 위한 도구로 사용하는 관점은 혁신적이면서, 더 중요한 것은 증명 학습에 미치는 영향이 매우 크다는 것이다.

17장의 Blanton, Stylianou, & David는 학생들이 전체 수업 담화에 활발히 참여하면서 증명과 논쟁이라는 언어를 습득하기 시작하는 방법들을 살펴본다. 저자들은 한 명제를 증명하기 위한 책임을 교사로부터 학생으로 전달하는 것이 학생들의 증명 학습을 돕는다고 주장한다. 그런 다음 교사들이 명제와 주장의 중요한 부분을 찾고 증명이 되도록 학생들을 토론에 참여하게끔 유도하는 발언들이 학생들의 증명 구성에 있어 중요하다고 추측한다. 더 나아가 학생들은 수업에서 하는 공적인 논쟁을 개인적인 증명 구성을 돕는 방식으로 내면화한다고 생각한다.

Blanton et al.처럼 Smith, Nichols, Yoo, & Oehler도 증명하기가 참여하는 것으로 이해가 증진될 수 있고 학습 공동체 내에서 발전하는 활동이라고 보았다. 그들은 대학 강사가 수업에서 리더의 역할을 할지 포기할지 선택하는 방법이 학생들이 학습공동체에 참여하는 것과 그 과목에서 증명에 대한 수학적 논의에 참여하는 것을 돕는 데 영향을 미친다고 논했다.

19장에서 Weber & Alcock과 20장에서 Selden & Selden은 개별 학생의 증명 학습으로 초점을 두었다. 그들은 학생들의 증명 학습이 증명이 일어나는 수학적 내용과 분리될 수 없다는 관점을 바탕으로 한다. 이 두 장에서는 수학적 증명의 성질과 학생들의 증명 구성에 대한 시사점을 논의한다.

Weber & Alcock은 19장에서 대학 수업에서 증명하기를 공부하는 것은 새로운 **표상 체계**를 공부하는 것이라는 주장으로 논의의 틀을 잡았다. 이 과정은 강력하면서도 제한적일 수 있기 때문에 학생들이 수학적 증명의 (새로운) **표상** 체계 내에서 직면하게 될 장점과 단점을 모두 이해하는 것이 중요하다.

Weber & Alcock의 증명 구성을 구문론적 추론과 의미론적 추론에 대한 이전 연구에서의 주장들과 연결해 보자면 그들은 하나의 증명을 구문론적으로 구성하는 것은 학부 학생들이 그럴 수 없을 때에도 타당한 주장을 만들 수도 있다. 하지만 학생들이 구문론적인 증명을 만드는 데 제한이 있을 때는 증명 표상 체계와 수학적 아이디어의 다른 비형식적인 표상과의 연결을 사용할 수 없다. 그래서 증명이 확실하지도 않으며 설명이 논리적이지 않음을 알게 된다. 마찬가지로 학생들이 증명을 그들의 개념 이미지로 만들어진 형식 표상 체계와 연결하려고 할 때, 즉 의미론적 추론을 사용할 때, 사용하려는 추론을 선택할 수 있는 여지가 더 많아진다. 하지만 의미론적 추론에서 중요한 문제는, 개인이 한 명제가 왜 옳은지에 대해 수학적으로 올바른 이해를 발전시킬 수는 있다는 것이 아니라, 증명 표상 체계 내에서 그들의 논증을 구조화할 수 없을 것이라는 점이다.

Weber & Alcock과 비슷하게 Selden & Selden노 대학의 고능과정에서 학생들의 성장을 도울 수 있는 증명을 공부하기 위한 틀을 제안하면서 수학적 증명을 강조한다. 특히 그들은 증명 자체에 대한 개념을 소개하였는데, 여러 종류의 증명과 그 요소들을 구분하는 것은 증명을 만들기 위해 필요한 능력과 같은 것이다. 그들은 증명의 종류와 증명에 대한 여러 측면을 분석하는 것을 통해 학생들의 능력에 대한 이론들을 제공함으로써 가르치는 것을 도와야 한다고 주장한다.

증명하기를 지원하는 교수 활동

이 책의 대부분에서 증명의 교수와 학습은 자연스럽게 섞여 있다. III편에서처럼 IV편의 저자들도 학생들의 증명 학습에 관한 연구를 통해 교수 원리를 제안하거나 또는 학생들의 학습의 성장을 관찰하였다.

17장의 Blaton, Stylianou, & David는 수업의 사회적 활동에서 증명이 발전해나가는 것이 포함된 학부 수학수업에서의 교사 행위를 관찰했다. 이들은 특별히 교사와 학생 발언이 있는 증명을 하는 전체 수업 담화를 규정하기 위한 분석틀을 고안한 수업에서 수업 에피소드를 선택해 사용했다. 그리고 이런 발언들이 서로에게 어떻게 영향을 끼치는지와 어떻게 학생의 증명 학습을 만들어나가는지 등을 연구하기 위해 그 분석틀을 수업 담화를 분석하는 데 사용했다.

18장의 Smith, Nichols, Yoo, & Oehler도 교사 행위에 계속 강조점을 두었다. Blaton et al.이 선정된 교수 에피소드에서 교사 활동과 발언을 세밀하게 분석한 반면, Smith 외는 시간에 따른 교사 활동에 중심을 두었다. 특히 그들은 학생 활동에 대한 수업 토론을 언제 진행하고 언제 간섭할지에 대한 강사의 선택이 수업을 탐구 공동체로 발전시키는 데 어떻게 영향을 미치는지 그리고 학생들을 수학과 증명에 대한 담화에 끌어들임으로써 어떻게 수학에 대한 관점을 인간의 사회적 활동으로 촉진시키는지를 확인하였다.

이러한 연구들은 전체 수업에서 아이디어를 협의하고 집단적으로 증명을 발전시키는 것이 수업에서 사회수학적(sociomathematical) 규범의 일부가 된다는 점에서 대학 수준에서는 흔하지 않은 수업을 관찰하였다. 16장의 Harel & Sowder는 증명을 가르치는 교수 행위에 대하여 더 넓은 관점을 사용하고 다양한 관점으로 증명을 가르치는 대학 강사 그룹의 관점들을 채택함으로써 연구를 보완했다. 저자들은 높은 수준의 과정을 가르치는 대학 수학 교수들을 대상으로 일반적인 대학 수학 교육과정에서 학생들이 증명을 하는 데 있어서 잘 하는 것과 어려워하는 것 등에 대하여 인터뷰하였다. Harel & Sowder에 따르면 가장 중요한 문제는 "어떤 교수학적 개입이 학생들로 하여금 현재의 증명 스킴을 연역적 증명 스킴으로 바꾸는 것이 필요하다고 생각하도록 하는가?"(16장, 326쪽)이다.

증명에 대한 학습과 증명의 구조의 연결성에 대한 논의 후에 Selden & Selden은 이런 점들을 고려하여 증명을 가르치는 데 있어서 구체적인 제안을 했다. 그들은 가르치는 것과 학생들의 증명 구성을 통합하고 증명의 특징들이 정리들(theorems)이 포함한 주제보다 더 중요하게 다루어지는 교수 방식에 대하여 설명한다.

대학 수준에서 증명 교수 · 학습에 대한 이슈와 관점들

IV편에서는 증명 자체의 본질보다는 중등 수준 이후에 증명과 관련된 교수 행위와 학생들의 학습에 있어서의 이슈를 제일 중요하게 다룬다. IV편의 연구들은 증명하기가 교실의 사회수학적 규범의 일부가 되어야만 한다(Blanton et al., Smith et al.)는 개념에서부터 가르치는 사람이 증명의 개념을 이해하는 것에 기초하는 연구(Harel & Sowder), 증명 자체의 수학적 본질과 교수 학습에의 시사점에 기초하는 연구(Weber & Alcock, Selden & Selden)까지 서로 다른 연구 방법들에 기초하고 있다. 하지만 여러 상이점들에도 불구하고 학생들의 **수학적 증명**을 읽고 쓰는 것을 성장시키는 것을 도울 방법을 이해하려는 공동의 목표를 가진다.

따라서 IV편에서의 여러 장들은 초등과 중등학년에서 규준이 되어 온 논리적인 '논증'을 만드는 것에서부터 '동시대 수학자들이 동의하는 잘 정의된 관습을 따르는 논증'(Weber & Alcock, 19장, 382쪽)으로까지 학생들의 추론에 나타나는 변화를 관찰한다. 또한 이 내용들은 증명을 이해하는 데 있어서의 어려움들을 문서화하면서도, 가르치는 것이 학생들의 연역적인 추론 학습을 도울 수 있다는 증거를 제공한다. 예를 들어, Smith et al.은 "수학하기(doing mathematics)라는 중요한 활동으로써 대단히 성숙한 학생들의 수학적 증명 개념"(Smith et al., 18장, 381쪽)에 대해 논의했다. 또한 Selden & Selden은 다양한 유형의 증명이 가지는 특수한 측면을 경험하게 함으로써 증명을 가르치는 데 성공한 사례를 보고했다.

마지막으로 여러 장들은 수학교육과 다른 학문들 사이에 대화를 열고 대학 수준에서 대부분 경험하지 못한 증명 교수·학습을 위한 새로운 길을 모색하기 위한 질문들을 제기했다. 특히 16장에서 Harel & Sowder가 학생들의 연역 추론 학습과 성장에 관한 수학자들의 기대나 증명을 가르치는 것에 관한 개념과 관점에 대한 분석은 대학 강사와 중등 교사들 사이에 각각의 공동체의 관점과 개념에 대한 대화를 가능하게 하였다. 20장에서 Selden & Selden은 증명을 가르치는 것에 대한 전통적인 주제를 언급하며 대학 수준에서 현재의 활동들과 수학교육 연구에서 제안하는 학생들의 필요 사이의 괴리를 지적했다. 17장에서 Blanton et al.이 사용한 사회문화적 관점이나 18장의 Smith et al.은 최근에 대부분의 대학 수준에서 경험하지 못했던 새로운 방식을 통해 대학 공동체에서 이러한 새로운 교수학적 접근 방식 및 시사점을 고려할 것을 제안한다.

여러 장에서 다루는 공통적인 또 다른 주제는 대부분이 수학 관련 분야(예를 들어, 수학, 과학, 컴퓨터, 공학)를 전공하는 (종종 암시적인) 학생들에 대한 관심이다. IV편에 포함된 연구들은 강한 수학 배경을 가진 학생들을 대상으로 하는 수업에서 실행되었고 그 결과는 이러한 학생들의 성공과 성과물을 보여준다. **교육과정 가이드**(MAA, 2000)는 **모든** 과목은 **모**든 학생들이 논리적, 연역적 추론 능력을 기르도록 도와야 한다고 주장한다. 그렇지만 수학 관련 분야 밖에 있는 학생들을 위한 증명 교수·학습은 여전히 우리가 생각해 보아야 할 문제로 남아 있다. 특히 이런 학생들을 위한 증명 학습의 목표는 무엇이어야 하는가? 그리고 어떤 종류의 교수학적 활동이나 교육과정 자료들이 이런 목표를 성취하기에 적절할 것인가? 더 나아가 이런 학생들을 위한 과목들에서 증명이 가지는 의미는 무엇이고 이전 수준에서 증명을 가르치는 것과는 어떻게 연결되어야 하는가? 만약에 증명이 중등 이후 수학수업에서 주요한 목표가 되려면 우리는 증명을 모든 과목에 적절한 방법으로 통합시키는 방법을 생각해야 한다.

이 책은 학생들이 모든 교육 과정에서 증명을 하도록 발전시키는 방법에 대한 활발한 논의를 추구한다. I편에서 여러 장들을 개괄하면서 우리는 "만약에 아동들이 무엇이 논리적인 타당한 논증이고 어떻게 논증을 개발하는지 이해하면서 중등학년으로 올라가려면, 고등 수준에서 그들의 수학적 이해를 확장시키는 방법은 무엇일까?"라는 질문을 제기했다. 또한 "아동들이 수업에 이런 이해를 가지고 간다면 중등 학년과 그 이상 학년에서의 교육과정과 교수법에 주는 시사점은 무엇일까?"(p. 70). 이 책의 각 편에서는 증명 교수·학습에서 학생들의 발전에 대한 여러 중요한 시점을 제시하며 각 시점에서의 나이에 맞는 증명의 각기 다른 성질을 설명한다. 수학적 논증을 세우고 반성할 기회를 가지는 초등학생들이 몇 년 이내에 당장 대학에 가지는 않겠지만 그들이 대학에 가기 전에 대학 수학 공동체는 증명 개념을 학습하는 것을 도울 수 있는 수업 환경과 교육과정에 대하여 생각해 보아야 할 것이다.

16

증명과 관련한 학생들에 대한 대학 교수의 인식

Guershon Harel, Larry Sowder

최근 2, 3년 동안 학부 과정의 전공 학생들에게 수학을 가르친 대학 강사들은 자연스럽게 학생들의 **증명 스킴**(schemes) 상태에 대한 정보의 정보원이 될 수 있다. 학생들의 증명 스킴에 대한 관점과 학생들의 증명 스킴을 발달시키기 위한 그들 자신의 교육적(instructional) 노력에 대해 말하는 것은 강사들의 **지식 기반**의 중요한 부분이 된다. 그들의 관점은 바람직한 증명 스킴을 발달시키는 과정에서 학생들이 만나는 장애물을 이해하고 학생이 그런 스킴을 발달시키기 위해 필요한 교육과정과 교육적 노력을 이해하는 데 유용한 정보를 줄 수 있다. 특히 우리는 증명에 관한 교수(instruction)에서 개선할 수 있을 것 같은 영역을 확인하는 데 도움을 줄 일반적인 교수 분석틀(DNR)을 사용한다. 우리는 DNR 분석틀을 간단히 다루는 것에서 시작해서 나중에는 이 분석틀의 용어를 사용해서 대학 강사들과의 인터뷰에서의 몇몇 인용과 인상을 해석할 것이다.

DNR 분석틀의 기초[1]

DNR-기반의 교수, 또는 간단히 DNR은 **전제**, **개념**, **교수학적 원리**라는 세 개의 서로 관계있는 범주의 구인들(constructs)로 이루어진 이론적 체계로 생각할 수 있다. **쌍대**(duality) 원리, **필요** 원리, **반복 추론** 원리의 세 원리는 DNR-기반의 교수에서 기본이 된다. 몇몇 DNR 개념들은 이 장과 관련이 있다. **증명 스킴**과 **증명**의 개념은 **증명하기**라는 하나의 정신적 활동의 속성들이다. 우리는 이 두 개념들을 임의의 정신적 활동의 속성으로써 각각 **이해의 방식**과 **사고의 방식**의 구인들(attributes)로 일반화한다.

증명 대 증명 스킴

Harel과 Sowder(1998, 2007)에서 우리는 '증명하기'를 어떤 주장의 진리성에 대한 의심을 제거하거나 주입시키기 위해 사람(또는 공동체)에 의해 사용된 **정신적 활동**으로 정의하였다. 증명하기 활동은 **확인하기**(ascertaining)와 **설득하기**라는 두 행동의 결합에 의해 예시된다. '확인하기'는 개인이 주장의 (또는 그 주장의 부정) 진리성에 대한 그 자신의 의심을 제거하기 위해 사용하는 활동인 반면, '설득하기'는 한 개인이 주장의 (또는 그 주장의 부정) 진리성에 대한 다른 사람들의 의심을 제거하기 위해 사용하는 행동이다. 이 주관적인 관점에서 **증명**은 한 주장의 진리성에 대해 스스로 확신하거나 다른 사람들을 납득시키기 위해 만든 특정한 논증인 반면, **증명 스킴**은 증명하는 행위의 특징이다. 예를 들면, 왜 2가 수열 $\sqrt{2}$, $\sqrt{2+\sqrt{2}}$, $\sqrt{2+\sqrt{2+\sqrt{2}}}$ 의 상한(upper bound)인지 물었을 때, 몇몇 학부 학생들은 "$\sqrt{2}=1.41$, $\sqrt{2+\sqrt{2}}=1.84$, $\sqrt{2+\sqrt{2+\sqrt{2}}}=1.96$ [수열의 다섯 개의 항을 더 추정하였다] 우리는 [이 결과가] 항상 2보다 작음을 알 수 있다. ... 그러므로 이 수열의 모든 항들이 2보다 작다."라고 증명하였다. 다른 학생들은 "세 번째 항은 2보다 작은데 그 이유는 세 번째 항이 4보다 작은 수, 즉 2와 2보다 작은 수의 합의 제곱근이기 때문이다. 동일한 관계가 이 수열의 임의의 두 연속인 항들 사이에 존재한다."라고 증명하였다. 이 두 증명은 증명하기 행위를 수행해서 나온 결과물이다. 그것들은 증명하기에 대한 이 학생들의 정신적 행위의 끊임없이 반복되는 특징들을 보여준다. 예를 들면, 첫 번째 집단의 학생들이 만든 증명에 관한 많은 관찰을 근거로 학생들이 만

1 DNR에 관한 더 자세한 논의에 대해서는 Harel(1998, 2001, 2007)을 보라.

들어낸 증명이 여기에서 누군가 만들어낸 것과 사실상 유사하다면 우리는 경험적으로 그것의 증명하기 행위를 특징이라고 말할 것이다. 그러므로 '증명'은 증명하기 행위의 결과물인 반면, '증명 스킴'은 그 행위의 끊임없이 반복되는 인지적 특성이다.

두 개념을 일반화하기 전에 우리는 이런 주관성에도 불구하고 DNR에서 교수의 목표인 학생 중심의 정의가 모호하지 않음을, 즉 현재 학생들의 증명 스킴이 당대의 수학자들이 공유하고 연습한 증명 스킴을 향해 점차적으로 개선되고 있음을 강조한다. 이 주장은 그런 공유된 스킴이 존재하고 수학에서 과학적 발전을 위한 기초의 일부가 된다는 전제에 근거한다.

이해의 방식 대 사고의 방식

분명히 증명하기 행위 그 자체는 결코 '해석하기', '기호화하기', '연결하기' 등과 같은 다른 정신적 행동들과 별개로 수행될 수 없다. 증명하기 행위를 통해 우리는 그런 행동들의 결과와 특성에 대해 이야기 할 수 있다(우리는 종종 이야기해야만 한다). 정신적 행위의 산물을 **이해의 방식**이라 말하는 반면, 그런 행동이 끊임없이 반복되는 인지적 특성을 **사고의 방식**이라고 부른다(Harel, 1998, 2001, 2007).

설명을 위해 '해석하기'라는 정신적 활동을 생각해보자. 한 용어와 일련의 기호들에 주는 실제 해석은 이해의 방식이다. 왜냐하면 그것은 이해하기에 대한 행동의 특정한 인지적 산물이기 때문이다. 예를 들면, 일련의 기호들 $y=\sqrt{6x-5}$ 를 (변수 x와 y에 대한 조건인) 방정식으로, (각각의 수 x에 대하여 수 $\sqrt{6x-5}$ 에 대응하는) 숫자로 값이 매겨진 함수로, (각각의 순서쌍 (x, y)에 대하여 '참' 또는 '거짓' 값에 대응하는) 명제로 평가된 함수와 같이 다른 방법으로 해석할 것이다. 이런 이해의 방식들은 해석 행위의 어떤 특징을 보여준다. 예를 들면, "수학에서 기호는 양과 양적 관계를 표현한다." 게다가 이런 방식으로 이해하는 것보다 더 많이 이해하고 하고 있는 사람은 "수학적 기호가 다양하게 해석될 수 있다"는 사고의 방식을 가지고 있을 것 같다. 그리고 문제에 따라서 바로 기호의 해석을 달리할 수 있는 사람은 "문제 해결 과정에서 다른 해석들을 수학적 기호의 결과로 보는 것이 유리하다"는 사고의 방식을 가지고 있을 것 같다. 이것들은 이해의 방식과 사고의 방식의 성숙된 방식의 예들인데 많은 고등학교와 대학교 학생들에게 부족하다. 예를 들면, 미적분학 수업에서 $y=\sqrt{6x-5}$ 가 무엇을 의미하는지 학생들에게 묻는다면, 많은 학생들은 학급 친구 중 하나가 말한 "그것은 왼쪽에서 한 것을 오른쪽에서 하는 것이다"라는 대답 이상 말할 수 없을 것이다. 많은 학생들에게 대수적 기호의 해석 행위는 양적 의미로부터 자유로워지는 것이 특징이다.

여기에서 말한 '이해의 방식'과 '사고의 방식' 용어 사이의 기술적 차이에 익숙해지기는 쉽지 않을 것이다. 이는 부분적으로 두 용어들이 종종 교환해서 (그리고 정확한 정의 없이) 사용되기 때문이다. 또한 '~의 방식'이라는 구(句)는 일종의 과정처럼 보여서, 역동적인 이미지를 함축하는 것처럼 보이는 반면, 정신적 산물이라는 '이해의 방식'의 정의는 결과물, 즉 정적인 이미지를 함축하는 것 같다. 구(句) '~의 방식'을 사용하는 하나의 이유는 주관성을 강조하는 것인데, 이는 '증명'과 '증명 스킴'의 정의를 위해 의도한 것이다. '이해'라는 용어는 보통 질적 판단을 수반한다. 용어 '이해의 방식'은 중립성을 강조하고, 주관적 판단을 배제하며, 학생 중심 지향의 유지를 의도한다. 그러므로 DNR에서 '이해의 방식'과 '사고의 방식'은 사람의 이해의 방식과 사고의 방식이, 예를 들어 주어진 맥락에서 옳거나 그르게, 유용하거나 유용하지 않게 판단될 수 있다는 점에서 그것들의 가치와 구별될 것이다.

이해의 방식과 사고의 방식의 구인들(constructs)은 다른 이유들 때문에 DNR의 개념적 분석틀에서 가장 중요하다. 이 장과 관련된 한 이유는 이런 구인들이 이 분석틀에서 어떻게 **수학**이 정의되는지에 대한 기초를 제공한다는 점이다.

> 수학은 두 개의 부분집합으로 구성되는데, 이 두 부분집합은 서로 여집합 관계이다. 첫 번째 부분집합은 특정한 공리, 정의, 정리, 증명, 문제, 해답을 구성하는 구조의 모임 또는 구조들이다. 이 부분집합은 역사에 걸쳐 수학에서 제도화된 모든 이해 방식을 구성하는데, 수학계는 수학적 과학적 문제 해결에서 옳고 유용한 것으로 받아들인다. 두 번째 부분집합은 모든 사고의 방식을 구성하는데, 이는 그 산물이 첫 번째 집합을 구성하는 정신적 행위들의 특징이 된다(Harel, 출간 준비 중).

두 개의 비판적인 결과가 이 정의로부터 나온다. 첫 번째 결과는 교사가 그들의 수업을 위해 설정하는 교수 목적이 이해의 방식과 사고의 방식 모두와 부합해야 한다는 점이다. 현재 교수적 초점은 대체로 정신적 행위의 산물인 이해의 방식에 관한 교과 내용에 있는데, 이 교과 내용은 특정한 정의, 절차, 기술, 정리, 증명을 포함하고, 정신적 행위의 특징인 사고의 방식에는 거의 또는 전혀 주의를 기울이지 않으며, 이 정신적 활동의 특징은 학생들이 가지고 있는 것이고 특정 학습 내용을 배움으로써 발달되는 것이다. 그러므로 증명하기 행위에 관한 흥미로운 질문은 그들이 학생들에게 연역적 증명 스킴의 습득을 교수 목표로 설정해야 하는지 말아야 하는지와 이 목표를 달성하기 위해 그들이 사용하는 교수학적 개입이 무엇인가이다.

두 번째 비판적인 결과는 DNR의 **교사 지식 기반**(teacher's knowledge base) 개념과 관련이 있다. Shulman(1986, 1987)의 업적을 기반으로 하여, 그리고 다른 관점들과(Cohen & Ball, 1999, 2000) 일치하도록, Harel(1993)은 교사의 지식 기반을 정의하는 세 가지 중요한 요소들, 즉 **수학에 관한 지식**, **학생 인식론에 관한 지식**, **교수법에 관한 지식**을 제안하였다. 일반적으로 말해서, **수학에 관한 지식**은 교사가 가지고 있는 수학 지식의 폭, 더 중요하게 깊이를 의미한다. 먼저 제시된 수학의 정의를 감안하면 교사의 수학에 관한 지식은 그들의 이해의 방식과 사고의 방식을 이루고 있는데, 단지 전자가 흔히 생각되는 것 같지는 않다. **학생 인식론에 관한 지식**은 학생들이 어떻게 배우는지, 그리고 새로운 지식의 습득에서 이미 존재하는 이전의 지식의 영향은 무엇인지와 같은 기본적인 심리학의 학습 원리에 대한 교사의 이해를 의미한다. **교수법에 관한 지식**은 이런 원리에 따라 수학을 가르치는 방법에 관한 교사들의 이해를 의미한다. 이는 다른 것들 중에 학생들의 지식을 평가하는 방법, 학생들의 지적 호기심을 자극하는 문제를 제기하는 평가의 사용, 학생들이 가지고 있는 지식을 확고하게 하고 유지하게 하는 방법에 대한 이해를 포함한다.

수학 강사를 위한 바람직한 지식 기반

이 절에서 우리는 수학 강사를 위한 바람직한 지식 기반을 구성하는 어떤 요소들을 논의한다. 우리의 목표는 바람직하다고 여겨지는 것과 강사의 현재 지식기반처럼 보이는 것을 비교하고 대조하는 것이 아니다. 대신에 우리는 어떤 지식 기반 요소, 특히 증명 수업과 관련하여 수학 강사가 좀 더 효율적인 교사가 되도록 도울 수 있는 것을 지적한다.

수학에 관한 DNR 정의의 한 함의점은 교수(instruction)가 이해의 방식과 사고의 방식 둘 다에 초점을 맞추어야 한다는 것이다. 이 정의에 의하면 수학은 역사적인 이해의 방식과 사고의 방식을 포함한다. 그러므로 그것은 동시대 수학자들이 불완전하거나 잘못되었다고 판단한 것들도 포함해야만 한다. 사고의 방식으로써 '증명 스킴'의 개념은 이런 입장을 포착하도록 의도하였다. 한편 '증명'은 이해의 방식으로, 왜 특정 주장이 참인지(또는 거짓인지)를 이해하는 방식이다. 이 주관적인 입장은 학습자로서의 학생을 강조한다. 그리고 그 입장은 대학 교수진들이 학생들에게 확인과 설득을 구성하는 것이 무엇인지를 고려해야 하고, 그 다음에 학생들이 점차 그들의 증명 스킴을 바람직한 것들로 정제하고 수정하도록 도울 수 있는 교육 활동들을 제공해야 함을 시사한다.

다음과 같이 매우 중요한 질문이 있다. 어떤 교수적(instructional) 개입이 학생들의 현재 증명 스킴을 연역적 증명 스킴으로 정제하고 바꾸게 하는 지적 필요성을 느끼게 해주는가? 수학사에서 증명의 발달은 이 질문에 답하기 위한 중요한 자료가 된다. 예를 들면, 고대 그리스 수학자에서 현대 수학자로의 이행에 관한 연구와 르네상스 시기 수학의 발달에서 아리스토텔레스 식의 인과 관계의 역할에 관한 연구는 우리에게 학생들이 연역적 증명을 만났을 때 겪을 법한 인식론적 장애(Harel & Sowder, 2007 참조)뿐 아니라 그것들을 설명하는 가능한 교수적 개입과 같은 통찰을 제공한다.

이런 교수적 개입은 세 가지 기본적인 DNR의 교수 원리에 근거를 둔다. 쌍대 (D) 원리는 이해의 방식과 사고의 방식 사이의 발달상 상호의존에 관한 것이다. 학생들은 오직 이해의 방식을 구성함으로써 사고의 방식을 발달시키고, 그들이 구성한 이해의 방식은 그들이 가지고 있는 사고의 방식에 의해 결정된다. 필요 (N) 원리에 의하면, 문제 해결은 수학 학습을 위한 단순한 목표가 아니라 수단, 즉 유일한 수단이다. 학습은 오직 학생들에게 본질적인 문제, 학생들에게 지적 필요성을 제기하는 문제에서부터 발생한다. 반복 추론 (R) 원리는 그것의 목표가 학생들이 이 두 원리의 적용을 통해 배운 것을 내면하는 것이라는 점에서 쌍대 원리, 필요 원리와 상호보완적이다. 문제 해결에서 반복된 추론을 통한 이해의 방식과 사고의 방식의 적용은 자동적이고 자발적이다.

■ 필요 원리

필요 원리(DNR의 N)는 다음과 같다. 우리가 학생들에게 가르치기로 계획한 것을 배우기 위해 학생들이 그것을 배울 필요를 느껴야 하는데, 여기에서 '필요성'은 사회적이거나 경제적 필요성이 아닌 지적 필요성을 의미한다(Harel, 2007). 수학에서, 특히 증명과 신중한 정의에 대한 지적 필요성을 구성하는 경험은 무엇인가? 우리가 완전성과 유일성 모두를 주장하고 있지 않음에도 불구하고, 여기에 수학 연습에서 드러나는 지적 필요성의 본질을 잘 포착할 것 같은 경험에 대한 다섯 개의 범주, 즉 (1) 확실성에 대한 필요성, (2) 인과성에 대한 필요성, (3) 계산에 대한 필요성, (4) 의사소통에 대한 필요성, (5) 구조에 대한 필요성이 있다. 이 범주들은 정적인 구성성분이 아니라, 천년의 수학 연습을 통해 발달해왔고, 미래에도 계속해서 발달할 것 같다. 그것들은 불가분하게 연결되어 있어서 서로서로 따로 떼어서 논의하기 매우 어렵다. 다음에서 우리는 각각에 대해 간단히 설명할 것이다(더 폭넓은 논의는 Harel에서 진행중이다).

▸ 확실성에 대한 필요성

한 개인이 관찰을 할 때 그는 그것을 **추측**으로 또는 **사실**로 생각한다. 한 사람의 관찰은 그 진실성을 확신하게 한다. **확실성에 대한 필요성**은 추측을 사실로 만들고 싶어하는 개인의 욕망이다. 수학사에서 증명 스킴은 정적이지 않았지만 문명마다, 같은 문명 안에서 세대마다, 같은 세대 안에서 공동체마다 달랐다(Harel & Sowder, 1998; Kleiner, 1991). 예를 들면, 고대 바빌로니아 사람들은 특정한 문제에 대해 특정한 답만을 규정했고, 그래서 그들의 증명 스킴은 주로 경험적이다. 연역적 증명 스킴, 즉 받아들여진 원리들로부터 사실을 연역함으로써 확실성을 확립하는 접근 방식은 고대 그리스에서 가장 먼저 생각되었고 오늘날에도 수학 분야를 계속 지배하고 있다. 하지만 몇몇 역사학자들은(예, Kleiner, 1991) 16세기에서 18세기 동안 고대 그리스에서 확립된 엄밀성의 규준에 대한 관심이 감소했다고 설득력 있게 주장한다.

종종 강사는 "그래서 당신은 그것이 항상 참이라고 확신할 수 있다"를 연역적 증명에 대한 이유로 제시하지만, 책 또는 강사가 제시한 결과들은 당연히 거의 의심되지 않고, 그래서 확실성에 대한 필요를 느끼지 못하게 한다. 반대로 만약 강사가 학생이 만들어낸 추측이 자연스럽게 나오도록 수업을 계획한다면, 확실성에 대한 필요에 호소하기 쉽다.

▸ 인과성에 대한 필요성

확실성은 한 개인이 적절하다고 여기는 것이 무엇을 의미하는 관찰이 특성 체계에서 참임을 결정할 때 얻어진다. 하지만 진리성 하나만으로는 개인에게 있어서 목표가 되지 않는다. 개인은 **왜** 그 관찰이 참인지, 즉 그것을 참으로 만드는 **원인**을 알길 바랄 것이다. 개인은 관찰의 진리성을 확신할 것이고 여전히 의심으로부터 그를 자유롭게 하는 것을 이해하려고 분투할 것이다. "증명은 정말로 무엇인가가 참이라고 생각하는 것에 있지 않다. 증명은 당신이 왜 참인지를 보여주는 데 있다"라고 힐베르트의 다섯 번째 문제를 푼 Gleason이 말했다(Yandell, 2002, p. 150). 그보다 이천 년 전에 아리스토텔레스는 그의 분석학 이후에 "사물이 왜 그러한지 이해하는 일은 그것의 근원적인 원인을 파악하는 일이다"라고 주장하였다. 특정한 연역 체계에서 이전의 결과 또는 결과들이 나중의 결과를 이끈다고 밝히고 강조하는 것은 인과성의 측면이 될 수 있다.

▸ **계산에 대한 필요성**

일반적으로 인간은 대상들을 구성하거나, 그것들의 측도(measurements)와 성질들을 결정하거나, 원하는 형태로 그것들을 변형시키거나, 그것들 사이의 관계를 인식할 필요가 있다. 명백히 그런 필요성을 실행하는 수단의 본질은 특정한 환경에 의존하고 생각하고 있는 대상의 특성에 의존한다. 수학에서 그런 수단은 계산이다. **계산하기**는 "수학적 수단, 특히 수와 관련된 방법에 의해 결정하는 것이다(The American Heritage Dictionary)." 특히 수학에서 **계산에 대한 필요성**은 빠진 대상을 찾거나, 대상을 구성하거나, 대상의 가치나 특성을 결정하거나, 주어진 대상을 원하는 형태로 변형시키거나, 대상들 사이의 관계를 결정하려는 목적에 대한 기호적 변화 행위를 수행하려는 욕망을 의미한다. 특정한 벡터의 집합 하나를 다른 특정한 벡터 집합으로 변형시키는 행렬을 찾는 일이 한 예가 되는데, 이는 두 정수의 최대공약수를 두 정수의 선형결합으로 표현하기 위한 알고리즘과 같다. 게다가 계산에 대한 필요성은 계산을 최소화하거나 규칙화하려는 욕망을 포함한다.

▸ **의사소통에 대한 필요성**

학생들은 왜 $\lim_{n\to\infty}\frac{1}{n}=0$인지에 대한 직관적인 설명, 즉 "$n$이 점점 커질수록 $1/n$은 점점 0에 가까워지기 때문에"라는 설명에 만족할 것이다. 극한에 대한 입실론-N 정의를 학생들에게 준비시키는 교사는 이 설명을 듣고 칠판 위에 $f(n)=1/n$과 $g(n)=-1$의 그래프 옆에 그것을 쓰면서 계속 진행할 것이다. 그 다음에 교사는 학생들 자신의 정당화를 근거로 그들의 말로 "n이 점점 커짐에 따라 $1/n$이 -1에 점점 가까워지기" 때문에 $\lim_{n\to\infty}\frac{1}{n}=-1$이라고 주장할 수 있다고 지적할 것이다. 우리의 경험은 이 의견교환이 보통 학생들에게 일종의 갈등을 야기하고 극한에 대한 그들의 개념을 수정할 필요성을 느끼게 해준다고 제안한다. 이것은 의사소통, 그러므로 신중한 정의에 대한 필요성의 예이다. 의사소통에 대한 필요성은 그 자신의 생각을 드러내고 분명히 하는 것 이상이다. 그것은 이 예가 설명하는 것처럼 새로운 아이디어의 발달을 이끌 수 있다.

▸ 구조에 대한 필요성

유클리드의 기하학 체계는 이전의 결과에 각각 의존하는 일련의 정리와 증명들로 구성된 구조의 예이다. 사실상 평행 공준을 증명하려는 이천 년간의 시도는 그 구조를 완벽하게 하려는 것이었다. 예를 들면, 평행 공준을 사용하지 않고 삼각형의 임의의 외각이 인접하지 않은 내각 중 하나보다 크다는 사실은 그 공준의 중요성을 강조하면서 그 결과가 다른 모형이나 맥락에서도 유지됨을 암시한다. 평행 공준을 추가함으로써 삼각형에서 임의의 외각이 인접하지 않은 내각의 합과 같다는 주요 결과는 그 공준이 결과를 더 분명하게 (그리고 다른 중요한 방법으로) 하는 데 기여함을 보여준다. 구조에 대한 필요성이 언제 학생들에게 필요하게 되는가? 하는 중요한 물음이 제기된다. 증명 지향의 과정들은 종종 구조를 세우지만, 학생들은 어떤 점에서는 그런 구조의 본질에 대한 어떤 명확한 관심으로부터 이득을 얻을 것이다. 예를 들면, 학생들은 배웠던 것에 대한 구조를 확립할 책임을 그들에게 전가한다.

몇몇 수학 강사들의 현재 지식 기반

■ 인터뷰

우리가 대학 수학 교수진과의 인터뷰에서 얻은 관점은 증명하기 행위[2]에 존재하는 것으로 그들의 지식 기반의 어떤 측면을 설명한다. 우리는 첫 번째 요소인 수학적 지식에 관하여 수학 교수진으로서 인터뷰 대상자의 지식 기반이 이해의 방식과 사고의 방식 모두에 넓고 깊다고 당연시할 것이다. 그러므로 우리는 증명하기 행위에 관하여 그들의 지식 기반의 다른 두 요소, 즉 학생 인식론에 관한 지식과 교수법에 관한 지식에 초점을 맞춘다.

5개 대학 22명의 교수진이 인터뷰에 참여하였다. 모든 사람들은 대수학, 해석학, 정수론, 위상수학을 포함하는 연구 분야의 조교수 또는 정교수였다. 하나의 큰 공립 연구중심 대학교, 세 개의 큰 공립 다목적 대학교, 하나의 중간 규모의 사립대학교를 포함하여 대학들을 대표한다고 볼 수 있었다. 대학들에 연락을 하여 참여자들이 좀 더 반성적이고 이 지역에서 효율적인 교사로 알려진 교수진들임을 확인하였다.

2 우리가 주목한 것과 같은 의견들의 모임은 오직 암시적일 수 있다. 그것들은 당연히 이 인터뷰들에 제한되어 있고, 수학 교수들의 전체 집단으로 일반화할 수는 없다.

수학 교수진들을 개별적으로 질문하였다. 대부분의 경우에 인터뷰의 일반적인 질문을 하기 전에 일련의 도입질문을 교수진들에게 하였다. 인터뷰는 녹음되었고 주목할 만한 진술은 나중에 조직하기 위해 기록되었다. 여기에서 교수진의 지식 기반의 일부에 대한 설명처럼 보이는 것은 마음속에서 증명 스킴과 함께 많은 반응을 '붙인' 노력의 결과이다. 유사하지만(adjacent) 별개의(separate) 인용이 다른 교수진들로부터 나왔다.

■ 증명의 중요성[3]

우리는 모든 교수진들이 학생들의 증명 학습을 가치 있게 생각한다고 가정했다. 하지만 학부 학생들을 위한 증명의 중요성에 관한 교수진들의 관점은 달랐다. 한 입장은 몇몇 증명들이 '죄책감'으로 주어진다는 것이다. 즉, 우리는 학생들에게 '옳은 것을 해야' 하고, 적어도 그들에게 증명을 보여주거나, 그것이 특정 강좌에 대해서 중요한 목표가 아니라 하더라도 연역적 전개를 보여주어야 한다. 다른 입장은 증명 수업이 '도덕적 의무'라는 것이다. 증명이 주로 '한 한생을 위한' 것이라 하더라도, "[그 학생이] 증명의 달인이 반드시 되지 않고도 수학에서 (결국) 학사 학위를 얻을 수 있어야 한다."

그러므로 아마 놀랍게도 대학 교수진은 한결같이 연역적 증명 스킴을 모든 학생들을 위한 목표가 아니라 수학 교실에서 뛰어난 학생들을 위한 목표로 보는 것 같다. 즉, 분명히 몇몇 강사들은 학생들의 증명 스킴이 덜 발달했을 것이라는 가능성을 무시하고 연역적 증명 스킴을 넘어선 사고의 방식, 즉 그들의 증명 스킴에 더 많은 주의를 기울이지 않고 학생들의 이해의 방식, 즉 정리의 증명에 노출됨으로써 표현된 것으로에 초점을 맞추고 있다.

■ 증명이 장애가 되는가?

"증명이 학부 학생들에게 장애가 되는가?"라는 질문에 대한 전형적인 반응은 다음을 포함한다. "대다수의 학생들은 증명에 어려움을 겪고 있다", "그들의 눈이 머리에서 뒤집

3 '증명하기'는 위에서 정의한 것처럼 정신적 행위이다. '증명'이 증명하기 행위의 특정한 산물, 즉 이해의 방식인 반면, 증명 스킴은 이 행위의 특성, 즉 사고의 방식이다. 우리는 학생들 사이의 연역적 증명 스킴을 향상시키는 것을 목표로 하는 교수진들의 가르치는 행위를 포함한 학생들의 증명 스킴에 대한 교수진들의 관점에 관심이 있다. 그러므로 '연역적 증명 스킴의 중요성'이라는 구는 여기에서 사용된 '증명의 중요성'이라는 구보다 이 정의에 더 일치한다. 하지만 후자는 인터뷰 대상자들이 사용한 언어에 적합하다.

힌다(Their eyes roll back in their heads)", "그들이 '증명'이란 단어를 들었을 때, 그들의 예상은 그들을 압도한다", "학생들은 [그들의 수업에서] 증명을 예상하는데, 그것이 바로 그들을 겁먹게 한다", "많은 학생들은 증명을 할 수 없다고 믿는다." 몇몇 교수진들은 부정적인 의미 때문에 '증명'이란 단어를 피하고 대신 '설명하여라', '논의하여라', '납득시켜라'라는 말을 사용한다고 언급하였다.

강사의 관점에서 왜 증명이 장애물인가? '신비주의 조직에의 입회'라고 언급된 어떤 수학적 성숙에 대한 필요성 외에 다른 생각들이 있다. 그들의 학생에세 "증명은 중요하지 않다. 아마도 학생들은 증명이 추상적이라고 생각할 것이다. 계산은 학생들에게 중요한 것이다..." "비록 학생이 증명의 가치를 느낄 수 있다 하더라도 [학생들이] 증명을 해야 하는 이유는 분명하지 않다." 몇몇 강사들은 그들 자신이 학부 학생이었을 때 유사한 느낌을 가졌었다고 언급하였다. "나는 학부 학생으로서 증명을 해야 하는 이유를 이해했지만, 그것들의 중요성을 인정하지 않았다. 나는 문제를 **해결하길** 원했고, 나에게 증명이 문제 해결의 일부라는 것은 분명하지 않았다." 다른 강사는 미분 방정식에서 결과에 깊은 인상을 받았지만, 단지 증명을 받아들였다고 회상하였다. 그는 특정한 대학원 과정에 이르러서야 비로소 증명의 중요성을 이해했다고 언급하였다. 다른 강사는 "수학이 단지 예들을 따라하는 것이 아닌 논리와 추론과 같은 도구들의 집합을 사용하는 법을 배운게 한다는 사실을 학생들이 이해하지 못한다는 점에서, 나는 수학이 정말로 무엇인지 학생들이 이해하지 못한다고 믿게 되었다." 몇몇에 따르면 우리 교수진들은 공동으로 책임을 질 것이다. 대학 교수진은 학생들의 어려움을 인식하는 데 "너무 능숙하다." 또는 "불행히도 많은 교수진들이 학생들과 접촉하지 않는 경향이 있다. 교수진들은 [증명을] 학생들이 생각하는 것만큼 큰 장애로 보지 않는다. 학생들은 교수진이 하는 것을 성공적으로 따라할지 모르지만, 변변치 않은 생각이 계속되고, 종종 횡설수설 써 놓는다. 교수진들은 교실 공동체에서 하는 것에 많은 신념을 가지고 있다."

그러므로 교수진들과의 인터뷰에 의하면 증명은 많은 학생들에게 장애물인 것처럼 보인다. 대부분의 언급들은 (학생들이 증명에 대해 겪는 어려움인) 외적인 징후를 설명하고 (이런 어려움들이 학생들의 기대, 불안, 자신감과 관련이 있다는) 영향을 설명한다. 하지만 몇몇 강사들은 학생들의 증명에 대해 겪는 어려움, 즉 학생들이 증명의 필요성을 거의 알지 못하고, 지적 필요성도 알지 못하기 때문에 수학에서 증명의 가치를 감상하지 못한다는 인지적 원인에 주의를 기울였다. 필요 원리의 타당성에 주목하자. 강사들은 어떻게 학생들이 수학에서 증명에 대한 필요성을 알도록 도울 수 있는가?

학생들의 증명 배경에 대한 가정

강사들의 교수법에 대한 지식의 중요한 측면은 학생들이 어떤 지식과 기대를 가지고 있는지 의식한다는 점이다. 대부분의 교수들은 증명 지식과 능력에 대해 오직 온건한 가정만 한다. 교수진들은 낮은 수준의 선형대수 수업을 수강했던 학생들이 보통 간접 증명에 친숙하다고 가정했고, 이산수학을 수강했던 학생들은 간접 증명뿐 아니라 수학적 귀납법을 배웠다고 가정하였으며, 그 학생들이 실제로 증명 쓰기를 많이 하지 않았음을 깨달았다. "내가 학생들이 친숙하다고 가정할 때, 나는 그들이 그것을 이해했다고 말하는 것이 아니다. 그들은 그 용어를 들었고, 그 용어들이 하는 일을 보았다. 하지만 그들은 [증명]을 많이 한 것은 아니다." 상위 분과 이행 과정을 가르치는 한 교사는 "처음에 학생들은 '공리'나 '공준'에 대한 개념이 전혀 없었다. 수들은 물리적 대상이고 수에 관한 성질들은 **실험적** 성질들이다. 그들에게 증명은 거의 필수적이지 않았고, 그들은 어떤 것이 증명을 필요로 하는지 또는 하지 않는지를 구별할 수 없었다"고 생각했다. 한 기하 교사는 "[나는 한 때] 아마도 순진하게 학생들이 간접 증명을 이해했다고 가정했다. 나는 지금 그들이 아는 것에 대해 회의적이고, 이제는 학생들이 사무실을 방문했을 때 뿐 아니라 교실에서도 훨씬 더 잘 들으려고 노력한다."

그러므로 고등학교나 낮은 수준의 수학 수업에서 증명에 대한 어떤 아이디어가 진정한 연역적 증명 스킴의 부분으로 내면화되었다는 말은 의심스럽다. 가끔씩만 강사는 일부 학생들이 경험적 증명 스킴을 가지고 있다는 증거를 알게 되었다. 전반적으로 학생이 공리적 증명 스킴에 친숙하다고 기대하거나, 공리나 공준과 같은 용어의 중요성에 친숙한 학생을 기대한 강사는 거의 없었다. 다시 학생들의 그럴듯한 증명 스킴에 대한 인식과 학생들의 구조적 접근에 대한 준비 부족을 인식하는 일은 강사가 수업 준비를 하는데 보통 연역적 증명 스킴과 수업 주제에 대한 구조에 노력을 기울이는 데 도움이 될 것이다.

학생, 그리고 정의에 대해 그들이 겪는 어려움

아마도 인터뷰의 어떤 부분에서도 연역적 사고 방법에서 중요한 요소인 학생들이 정의에 대해 겪는 갈등에 대한 질문만큼 실망스러운 부분은 없다. "학생들은 정의를 배우지 않는다, 그들은 정의를 가치 있게 여기지 않는다, 그들은 정의의 중요성을 이해하지 못한다, 하느님 맙소사, 나는 [왜 학생들이 정의를 배우지 못하는지] 알고 싶다…"는 전형적인 교수진들의 반응이었다. 다른 사람이 시험에서 정의의 중요성을 묻는다 하더라도, 교실에서 "그것은 전혀 효과가 없다." "정의가 옳은지 그른지 확인하는 많은 연습 문제들이 있다 하더라도, 학생들은 여전히 정의를 혼동한다. 그들은 기계적으로 정의들을 외우고 두 정의를 혼동할 것이다." 한 교수진은 일 년 내내 선형대수를 가르치면서 여섯 번의 시험을 보고 각각 시험에서 일차독립의 정의를 묻는 질문을 했는데, 매번 몇몇 학생들은 정의를 쓰지 못했다!

학생들은 왜 정의를 배우지 않는가? "학생들은 증명의 기본적인 본질을 이해하지 못한다… 부분적으로 그것은 학생들이 정의를 **이해하지** 못하기 때문이다." 이 문제는 다음과 같은 방식으로 개괄된다. "수학 책에 되어 있는 것은 자연스럽지 않다. 나는 우리가 해야 하기 때문에 형식적인 정의를 한다고 생각한다. 실제로 내가 잘 아는 몇몇 수학자가 있다고 생각하지는 않지만, 대부분의 수학자는 그것을 하도록 강요받는 때를 제외하고 무엇인가에 대해 불분명하고 자세하며 긴 정의하는 것을 좋아하는 것 같지 않다. 만약 당신이 정말 무엇인가를 증명하려고 한다면 그 수준의 정확성이 필요할 것이다.

물론 교수진들은 정의가 연역적인 증명에서 가장 중요하지만 학생들이 그것들을 공감하는 것처럼 보이지 않는다고 인정한다. 몇몇 교수진은 이것이 학생들이 증명을 사용하고 기억하는 데 겪는 어려움의 주요 원인임을 인지한 것처럼 보인다. 증명에서처럼 학생들이 정의와 관련해 겪는 주된 어려움은 정의의 **필요성**에 대한 공감의 부족 때문일 것이다.

정의에 대해 더

의심할 여지없이 수학에서 정의의 역할은 중대하지만, 문제는 언제 어떤 방법으로 학생들이 정의의 필요성을 인식하도록 소개하느냐이다. 증명 스킴의 관점에서 정의를 충분히 평가하기 위해 우리는 고급 연역 증명 스킴, 즉 연역적 증명 스킴을 가질 필요가 있다. 이 말이 제안하는 것처럼 이 증명 스킴은 정의를 포함하는 공리 체계의 구성요소들의 역할을 의식하는 것을 포함한다. 정의에 주의를 기울이는 일은 수학적 내용을 이해하는 과정에서 개념을 해석하거나 수학적 주장을 정당화하는 사람들이 하는 행위의 특징이라는 점에서 사고의 방식으로 볼 수 있다. 우리가 인터뷰한 교수진들은 이런 사고의 방식이 정의를 사용하고 평가하는 인지적 선도자임을 알고 있는 것 같지 않았다. 정의에 대한 필요성은 제한된 사고의 방식을 가진 학생들을 위해서는 정의에 앞서야 한다.

정의와 이미지 사이의 차이는 아마도 많은 학생들의 정의에 대한 공감(의 부족)이 어디에 있는지 강사들의 이해를 분명하게 하는 데 도움이 될 것이다. 주어진 개념에 대해서 Vinner(1992)는 개념 정의(concept definition)와 개념 이미지(concept image)를 구분하였다.

> 개념 이미지는 우리 마음속에서 개념 이름과 관련된 비언어적인 실체이다. 그것은 개념이 시각적 표현을 갖는 경우에 개념의 시각적 표현이 될 수 있다. 그것은 인상과 경험의 모임이 될 수 있다. [종종 언어적인 형태로 번역될 수 있다.] 하지만 이 언어적인 형태들이 우리가 개념 이름을 듣고 볼 때 기억에서 환기되는 맨 처음의 것이 아님을 기억해야 한다 (1992, p. 197).

예를 들면, 학생들이 '함수'라는 단어를 볼 때 학생들의 마음에 떠오르는 모든 것은 그 학생의 개념 이미지, 즉 아마도 특정한 그래프, $y=f(x)$, $f(x)=$특정한 대수 또는 삼각함수 식, 일차 함수, 이차 함수, 수직선 테스트, 함숫값 표, 정의역과 공역과 같은 용어들을, 그리고 더 경험이 많은 학생들은 일대일 대응과 같은 용어, 한 영역에서 다른 영역으로 화살표, 합성, 연속과 미분가능과 같은 형용사 등을 떠올릴 것이다.

한 학생의 개념 이미지는 특유하다. 그것은 문맥에 따라 다를 수 있고, 결함이 있을 수 있으며, 학생 경험의 어떤 특성이 특정한 상황에서 그 학생의 개념 이미지에서 가장 우세한지에 의존할 것이다. Edwards와 Ward(2004)는 상급 학생들에게조차 개념 이미지가 강한 영향을 끼친다는 사실에 주목하였다. 특히 학생들의 개념 이미지가 그들이 하는 것에 대해 중요해 보일 때, 기초 수학에서의 많은 용어들(예를 들면, 각, 다각형, 카이트)뿐 아니라 '극한'과 같은 좀 더 고등 용어에 대해서 분명히 그런 학생들은 정의의 필요성을 느끼지 못한다.

개념 이미지의 우세와 비증명 상황에서 그것의 보급과 유용성은 연역적 증명이 다른 무엇보다 가장 중요한 관심사가 될 때, 즉 계산에서 추상적인 개념으로 '게임이 바뀌었을' 때, 학생들이 어려움을 겪는 한 이유가 된다. 한 교수진은 보통의 영역에서 일단 어떤 개념을 배우면 그 개념을 잊어버릴 수 있지만 수학에서 그것은 매우 다르다는 동료의 관점을 인용했다. 즉, 일상생활에서 개념 이미지는 잘 적용되지만, 증명에서 추론은 명확한 개념 정의를 필요로 한다.

그럼에도 불구하고 정의는 몇몇 교수진들과 그리고 아마 몇몇 학생들에게 개념을 이해하는 데 중요한 역할을 할 것이다. 한 교수진은 부분공간의 정의가 부분공간을 이해하는 데 '문을 열어주었고' 첫 단계로써 정의를 배우는 것은 그에게 합리적이었다. 대조적으로 다른 사람은 정의가 먼저 수학에서 발달의 과정을 반영하지 않는다고 생각했다. 고등학교에 그리고 대학교 과정에 '증명' 그 자체에 대한 신중한 정의가 없다는 사실은 그것이 수학에서 나타나는 것처럼 그리고 아마도 학생들이 상위 학습의 본체를 배운 후에조차 학생들이 증명 그 자체에 대한 개념 이미지에 의해서만 인도될 것임을 의미한다.

개념에 대한 심리학자들의 사고가 개념 정의/개념 이미지 구분과 유사한 방법으로 진화해왔다는 사실은 흥미롭다. 한때 무엇인가가 특정한 개념의 예인지 아닌지를 결정하는 일은 개념의 성질을 확인하는 것으로 보였다. 즉, 예를 확인하는 일은 개념 정의에 근거한다. 하지만 더 최근의 연구는(Medin, 1989) 그런 결정이 종종 원형(prototype)이나 알려진 예와 비교하는 것에 근거한다고 제안했다. 즉, 예를 확인하는 일은 개념 이미지에 근거한다. 그러므로 정의 기반의 학습은 자연스럽지 않고 그 자체가 어떤 학습을 필요로 한다. Halmos는 "정확한 정의를 우리의 직관적인 전개념(preconception)에 연결시키는 수학의 능숙하지 않은 무익함"이라고 언급하였고(1985, p. 63), 개념 이미지의 중요한 역할과 개념 정의를 만들어내는 어려움을 다시 제안하였다.

한 교수진은 학생들에게 '그들의 직관을 강화'시키기 위해 예들을 공부하라고 말한다고 언급하였다. 즉, Vinner의 용어로 그들의 개념 이미지를 윤색하는 것이다. 만약 예들의 중요성에 대한 이런 관점들이 모든 학생들에 대해 사실이라면, 우리는 한편으로는 개념을 이해하는 데 도움이 될 개념 이미지를 강화할 필요성과 다른 한편으로는 증명을 목적으로 개념 정의를 강조할 필요성 사이에서 딜레마에 빠질 것이다. 아마도 이 갈등을 다루는 일은 증명에 더 많은 시간을 할애하게 한다. 한 교수진은 "우리가 학생들에게 증명을 더 많이 하게 하고 싶은 것만큼 학생들은 정의를 중요하게 생각하지 않는다."라고 말했다. 또는 Sfard가 덧붙인 것처럼, 학생들은 "**느낌이나 통찰력에 의해 다르게 알려진 대상의 특정한 측면의 묘사**로써가 아니라, 논리적으로 묶는 것으로 수학에서 정의의 역할을 보기 위해 수학 문화에서 충분히 성숙해야" 한다(1992, p. 47, 개념 이미지의 관련성과 경험적 증명 스킴의 영향이 강조됨).

강사들은 무엇을 도와야 하는가?

"증명 만들기를 '가르치기' 위해 특별히 당신이 하는 일이 있는가? 증명 평가?"라는 질문에 대한 답은 우리가 언급한 DNR 분석틀만큼 원칙에 입각한 어떤 것도 기대하지 않았음에도 불구하고 기대했던 것보다는 덜 유익하다. 수학이 언어와 같다고 지적하고, 증명을 제시하기 전에 증명의 아이디어를 제시하며, 증명 전에 특정한 예를 다루고, 논리의 중요한 점을 검토하며, 다른 증명 형식들에 대한 포괄적인 본보기를 설명하고, 학생들이 발견한 증명에서 잘못된 단계를 포함하는 몇몇 아이디어들은 실제로 학생들을 도와줄 것이다. 정의에 대한 쪽지시험을 시행하거나 높은 점수를 받은 학생에게 기말 시험을 면제해주는 것 같은 다른 아이디어들은 이 장의 진정한 목적이 아니다. 전반적으로 강사는 이해의 방식보다 사고의 방식에 덜 관심을 가지는 것처럼 보인다. 우리는 일반적으로 교사들이 실제로 어떻게 가르치는지에 대한 직접적인 관찰 증거가 없음을 알아야 한다.

그것은 단지 경험의 문제인가?

모든 의견과 다른 증거는 증명이 상위 분과로 들어가는 많은 학생들에게 골칫거리임을 암시하고 있다. 그리고 강사들은 종종 그들의 교수법에 대해 분명하고 원칙에 입각한 안내 없이 수업을 진행한다. 증명을 점점 더 많이 경험한 학생들이 결국 수학에서 증명의 역할과 가치를 편하게 생각하게 되고 증명을 쓸 수 있게 될 것인지 궁금해하는 것은 당연하다. "수학적 성숙이라고 불리는 것이 정말로 있다", 또는 "연습은 학생들이 증명에 익숙해지게 하는 데 도움이 된다", 또는 "몇몇 학생들은 증명 쓰기의 돌파구에 다다른다." 결국 학위 과정의 끝에 가서야 학생들은 몇몇 상황에서 연역적 증명을 경험할 것이고, 반복된 경험을 통해 이득을 얻을 것이다.

몇몇 교수진들은 한 과정 안에서 차원적 비약(quantum jumps)에 관심을 기울였다. 그것은 "선형대수에서 명백한데 거기에서 몇몇 학생들은 한 번에 이해하고 다른 학생은 몇 주 후에 이해했다. 아마도 만약 두 주 더 있었다면 더 많은 학생이 이해하게 되었을 것이다." 한 교수진은 추상대수에서는 좋은 점수를 받았음에도 불구하고 기말 시험을 위해 공부할 때까지 그 내용을 정말로 이해하지 못했다고 언급하였다. "이 모든 종류의 것들은 [준동형, 동형 관계] 딱 맞아떨어진다. 그것은 나를 엄청난 힘으로 친 것 같았다. 그것은 내 눈에서 베일이 걷힌 것 같았다!" 한 대학의 기하학 강사는 그 수업의 마지막까지 증명에 대한 학생들의 능력에 상당히 만족해했지만, 그는 처음에 학생들이 시각적 이미지에 영향을 받았고 공리에 대한 것은 놓치는 경향이 있었음에 주목했다.

몇몇 교수진들은 수학 전공에서 학부 과정을 수료한 많은 학생들이 적어도 증명을 상당히 이해하고 있다는 의견을 제시하였다. "그것은 학생이 무엇인가에 얼마나 시간을 할애하느냐 하는 문제이다. 많은 사람들이 꽤 잘 이해할 것이다." "상당수가 증명을 다룰 수 있고, 특히 짧은 증명 또는 '트릭'과 관련되지 않은 증명은 다룰 수 있다." 하지만 이 후자의 교수진은 "'증명'이라는 단어에서 여전히 두려움을 느끼는 다수의 학생들이 있다"고 생각했다. 몇몇 교수진은 적어도 한 과정 안에서 학생들이 완전히 받아들이는 데 덜 확신했다. "어느 정도. 그것은 당신의 기대에 의존한다." 학기가 계속 됨에 따라 "학생들의 기본적인 아이디어는 향상되지만, 문제는 내용이 점점 더 어려워진다는 것이다." 다른 의견에서 몇몇 학생들은 "그것을 다룰 수 없다. 일단 당신이 수학 과정을 졸업하면, 그 아이는 장갑을 벗는다. 그 누구도 증명에 대해 알 필요가 없고 그 어떤 것에 대해서 그 누구도 놀리지 않는다." 여전히 다른 사람은 "아마도 학기 끝까지 좋지 않을 것이다. 그들은 계산에 관한 것만으로 충분하다고 넘어갈 수 있지만 나는 전공을 마치는 모든 학생들이 증명을 쓸 수 있는지 확신하지 못한다. 몇몇 학생들은 제대로 된 증명을 쓸 수 있을 것이다." 비록 몇몇 교수진이 증명 지향의 과정에 노출된 적이 있었던 학생들이 처음 그런 과정에 있는 학생들보다 더 잘한다고 느꼈더라도, 다른 사람들은 예를 들어 추상대수에서 증명이 적어도 증명 수행이 배경과 독립적일 것이라는 고등 미적분학에서의 증명과의 상당한 차이점을 느끼면서 덜 확신했다. "대수학자들은 해석학에서의 증명이 임시방편이라고 여기고 해석학자들은 대수학에서의 증명이 임시방편이라고 생각한다." 한 보고에서 사례 연구된 학생들은(Sowder & Harel, 2003) 시각적으로 그들의 증명 스킴에서 모든 지점, 즉 권위적인 것에서 경험적인 것으로 그리고, 연역적인 것으로 걸쳐 있었다.

전달자(messenger)를 비난하는 일은 이 장의 진정한 목적이 아니지만 학생의 능력과 동기의 문제가 발생하였다. 우리 대부분은 아마도 "[학생들에게] 증명을 가르치는 일이 음치에게 음악을 가르치는 것과 비슷한가"와 같은 교수진의 수사학적 질문에 조용히 "예!"라고 대답하게 만드는 학생들을 만난다. 또는 아마도 이것은 다음과 같이 볼 수 있다. "나는 양쪽 진영 모두에 있을 수 있는가 없는가. 충분한 시간이 주어진다면 내가 그것을 숙달할 수 있다고 믿거나, 두 일생이 주어졌다 하더라도 그것을 할 수 있을지 확신하지 못하는 사람들이 있다." 또는 "그것을 30 ~ 40% 정도 이해한다. 만약 내가 진정으로 [추상적인 주제를] 열심히 연구한다면, 그것은 아마도 42%가 될 것이다." 학생들의 동기가 적절한지 적절하지 않은지에 대한 문제가 논의되었다. “학생들이 지금 참여하고 학습의 목표는 사용하게 될 무엇인가로써 그것을 생각하는 것이 아닌 시험에 통과하는 것이다.” 장기간의 학습은 목표처럼 보이지 않는다. 한 교수진은 그 자신이 그에게 낮은 개인적 우선순위에 있는 수학의 영역에 대한 장기 기억에 문제가 있는 것 같다고 지적하였고, 그가 이 같은 무엇인가를 그의 몇몇 학생들이 가진 문제로 보았음에 주목하였다. 몇몇 학생들이 수학에 대해 답을 얻는 이미지를 가지고 들어오면서 이를 계속하는 것은 또한 증명에 중요성을 부여하는 일의 어려움을 설명할 것이다.

학생들을 탓하는 것은 여섯 명의 수학 개인지도 교사와의 반복된 인터뷰를 근거로 ‘교수학적 의식의 스펙트럼’의 네 수준 중 가장 낮은 수준에 있는데, 여기에서 ‘개인지도 교사(tutor)’는 유럽의 의미로 선택되었다(Nardi, Jaworski, & Hegedus, 2005). 그래서 그것은 고무적이고 다음과 같이 좀 더 낙관적인 관점을 가진 우리가 인터뷰한 교수진들의 표본의 질에 대해 말할 것이다. 이 관점은 “나는 단지 사람들을 포기하는 것을 싫어한다.”, “학생들은 실수를 하지만 그들의 실수 뒤에는 이유가 있다.”, “몇몇 사람들은 기대하는 바를 다른 사람들보다 훨씬 빨리 이해한다. 만약 더 많은 시간이 주어진다면 다른 사람들도 할 수 있다고 생각한다.”를 포함한다. 한 인터뷰 대상자는 교수진을 보고 다음과 같이 말했다. “[학생 능력의] 문제는 ‘그것을’ 학생이 가지고 있는지 없는지에 대한 문제보다 [강사의] 성격과 훨씬 관계가 있다. [강사에 대한] 종 모양의 곡선이 있지만, 아마도 수학에 대해 엘리트주의 관점을 갖는 상당히 큰 집단이 중간에 있다. 나는 모든 사람이 그렇다고 말하는 것이 아니라 오직 선택된 몇몇이 수학을 할 수 있다는 엘리트주의 관점이 있다고 말하는 것이다. 오직 잘하는 학생에게만 시간을 할애하고 싶은 유혹이 있다.”

그러므로 학부 전공을 마칠 때 증명 지식과 증명 스킬이 만족할 만한 수준에 도달하는지 아닌지에 대한 엇갈린 의견이 있다. 왜냐하면 아마도 ‘만족할 만한’이라는 단어는 다른 의미를 가질 수 있기 때문이다. 몇몇 학생들이 한 수업 안에서 상당히 향상한 것을 몇몇 교수진들이 알아차렸다 하더라도, 다른 교수진들은 전공을 마치기 위한 승인 도장을 거리낌 없이 주는 것에 대해 당연히 미심쩍어 할 것이다.

맺는 말

Pólya(1962)가 문제를 발견하는 문제와 증명하는 문제로 나눈 것을 가지고 증명, 즉 문제해결의 형식을 제시하는 일이 학부 수학 전공 학생, 그리고 수학 연구자들에게 어렵다는 사실은 놀랍지 않다. "그 문제는... 한 정리를 증명할 방법이 없다는 점이다. 만약 누군가가 총을 꺼내고 '이 정리를 증명해'라고 말한다면 당신은 죽을 것이다(Kolata에서 John Conway, 1993)." 하지만 한 수학 전공자가 "나는 증명을 제외한 수학을 좋아한다"라고 말할 때 그럼에도 불구하고 신경쓰이고 기가 죽게 될 것이다.

"훌륭한 학생은 수업에서 공백을 채울 수 있는 사람이다"라는 경구는 지나치게 단순화한 것이지만, 우리의 수업에서 그런 공백을 찾을 수 있다면 손실 없이 얻는 것이 있을 것이다. 우리는 증명 스킴에 의해 예시된 것으로써의 다양한 사고 방식에 대한 강사의 관심과 상급 분과 수학 과정에서 적절한 특징이 될 것 같지 않은 몇몇에 대한 강사의 관심, 일반적인 DNR 원리에 대한 강사의 관심이 어떤 교수학적 개입이 현재 증명 스킴을 연역적 증명 스킴으로 정제하고 바꾸게 할 지적 필요성을 학생들이 느끼게 할 수 있는가와 같은 핵심 질문에 답하도록 강사를 도울 것이다.

17

증명에 대한 수업 담화에서 교수학적 스캐폴딩의 이해[1]

Maria L. Blanton, Despina A. Stylianou, and M. Manuela David[2]

수학적 사고에 있어서 증명의 중요성이 널리 알려져 있는 데 비해, 많은 학생들이 증명을 이해하고 발전시켜나가는 걸 어려워한다. 증명 학습을 개별적, 인지적인 구성으로 본 많은 연구를 통해 우리는 학생들이 어떻게 증명을 해석하고 구조화해나가는 것을 학습하는지 좀 더 잘 이해할 수 있게 되었다(예, Harel & Sowder, 1998; Porteous, 1986; Senk, 1985). 하지만 증명의 교수 학습을 **사회적 과정**(social process)으로 이해하는 것도 필요하다. 사고의 분배(a distributed view of mind)를 교실 활동의 집단적 구체화(collective embodiment)로 볼 때, Herbst와 Balacheff(이 책 3장, 31쪽)는 "수학교실의

1 이 연구는 미국 국립 과학재단의 연구 REC-0337703의 일부지원을 받았다. 본 장에서 제시하는 모든 의견과 연구 결과 및 결론, 자료상에 표현된 권고사항은 저자에 의한 것이며 이것이 반드시 국립 과학재단의 의견을 반영하는 것은 아니다.

2 미국 메사추세츠 다트머스 대학의 David, M. M.의 안식 기간의 연구 프로그램 개발을 위해 Coordenação de Aperfeiçamento de Pessoal de Nível Superior (CAPES)의 지원을 받았다. 모든 의견은 저자의 것이며 CAPES의 정책이나 입장을 대변하는 것은 아니다.

공적인 활동이 인식론(epistemology)을 포함하며" 이런 인식론의 이해는 증명 학습을 강화할 수 있는 교수법을 어떻게 개발할지를 아는 데 매우 중요하다고 역설했다. 이 장에서는 교실 담화[3]에서의 교사와 학생들의 언어를 분석하고 어떻게 이러한 공적인 담화에서의 언어가 학생들의 증명 학습에 있어 스캐폴딩(scaffolding) 역할을 하는지를 분석하기 위한 분석틀을 제공함으로써 증명 교수 학습의 사회적 측면을 다룬다.

증명의 사회적 측면

증명은 커뮤니티에 의해 성립된 기준들을 바탕으로 그 커뮤니티에 진술의 타당성을 전달하는 것을 목적으로 사회적으로 구성된 것이다. 물론 논증(argument)도 그 커뮤니티에서 동의한 공식적인 법칙에 의거하지만, 심지어 수학 커뮤니티에서도 증명은 논증을 역동적으로 발전시키는 수학적 논의의 중심에 있어 왔다(Hanna, 1990; Lakatos, 1976). 더 나아가 인정됐던 증명이라도 후에 결점이 발견되기도 하고, 때로는 커뮤니티에서 사용되었던 기준과 약속이 변하면서 의심을 하기도 한다. 그렇기 때문에, 증명과 그 타당성을 판단하는 데 사용되는 기준들은 협상 가능한 대상으로 해석이 가능하다.

그럼에도 불구하고 증명을 가르치는 것이 그저 학생들에게 완벽한 증명을 보여주는 것에 그치는 경우가 많다. 이러한 보이기식 증명에는 수학자들이 증명할 때 자연스럽게 이루어지는 토론과 의사소통은 거의 반영되지 않는다. 따라서 소수의 학생들만 증명을 제대로 이해하며(예, Chazan, 1993; Senk, 1985) 수학적 형식에 따르는 증명을 가르치는 것이 효과적이지 않다는 것은(Schoenfeld, 1986) 어쩌면 그리 놀라운 일이 아니다. Davis(1985)는 완벽한 증명을 보여주는 것은 학생들로 하여금 증명을 만들어내는 데 있어서의 사회적 측면을 알지 못하게 하는 것이라고 주장했다. 그렇다면 학생들이 증명을 보이는 것이 아니라 구성해 나가는 수업의 사회적 활동에 있어 증명을 발전시켜 나가도록 하는 교수법의 효과는 무엇일까? 이 장에서 소개하는 연구는 이러한 교수법은 어떤 형태이며 이러한 상황에서의 학습을 어떻게 해석할 수 있는지 알아보는 첫 시도이기도 하다.

3 여기에서 담화란 구두로 발언하는 것을 의미한다.

사회문화적 관점에서의 증명을 위한 교수 학습 연구

증명의 교수 학습을 이해하기 위한 렌즈로써의 담화

우리의 연구는 학습이 제도적, 문화적, 역사적 경험의 구현이라는 관점에 입각하여 이루어졌기 때문에 학습이 일어나는 사회적 맥락과 유리되어 이해될 수 없다(Vygotsky, 1962/1934). 더 나아가 Vygotsky는 "매우 자발적인 인간 행동의 형태는 사회적 상호작용, 특히 **말하기**(speech)**에 의해 중재**되는 사회적 행동에의 개인 참여에 그 뿌리를 두고 있다"고 주장했다(Minick, 1996, p. 33, 강조 덧붙임). 발달에서의 말하기의 중요성에 대해, Halliday는 "인간 학습의 독특한 특징은 의미를 만들어내는 과정, 즉 기호론적인 과정이며 인간의 기호론의 원형의 형태는 언어"라고 설명했다(1993, p. 93). 이러한 사회적 관점과 발달에 있어서의 말하기의 중재 역할은 Bakhtin에 의해 확장되었다. 그는 "발언(utterance)은 하나하나 중립적이지 않고 그 자체로 충분하지도 않다. 발언 하나하나가 서로에게 영향을 주며 서로서로 인식된다. ... [그리고] 각각의 발언은 앞에 나온 발언에 대한 **응답**(a response)으로써 간주되어야 한다(1986, p. 91)."고 언급했다.

이 연구에서의 주된 법칙은 사회적으로 구성된 지식과 발달, 심리학적 도구로써의 말하기, 분석의 단위로써의 발언에 대한 개념들로 구성된다. 이는 증명을 이해하고 구성하는 능력은 학습이 일어나는 사회적 맥락에 의해 조성되는 것이며, 그러한 사회적 맥락에서 나온 말하기는 발언을 "말하기 의사소통의 **진정한 단위**"로 간주하는 담화분석을 통해 발달의 줄거리를 해체 분석하여 코드화해야 한다는 것을 보여준다(Bakhtin, 1986, p. 71).

교수학적 비계와 근접발달영역(ZPD)을 통한 교수 학습의 개념화

Vygotsky는 학습을 개념화하는 한 방법으로 **근접발달영역**(Zone of Proximal Development; ZPD)을 제안했다. 근접발달영역은 좀 더 학식이 있는 타인의 도움으로 발달 가능한 개인의 잠재력의 특성을 나타내는 공간으로 정의된다(Litowitz, 1993; Vygotsky, 1962/1934). 근접발달영역은 한 개인이 가지고 있는 인지적 기능뿐만 아니라 좀 더 학식 있는 다른 사람들, 문화적 도구 등과의 상호작용에 의한 발달 과정에서의 인지적 기능을 평가하고자 하는 것이다(Kozulin, 1998). 학습을 사회적 상호작용의 결과물로 볼 때, 근접발달영역 내에서의 개인의 발달은 지적 소양과 상호작용의 발달에의 적합성에 의해 영향을 받게 된다(Diaz, Neal, & Amaya-Williams, 1999). 즉, 근접발달영역 내에서의 개인의 발달은 어떻게 좀 더 학식 있는 타인이 과제를 조직하고 **스캐폴딩**을 제공하느냐에 따라 어느 정도 결정된다고 볼 수 있다. 따라서 근접발달영역 내의 발달을 이해하는 것은 결국 어떻게 학습을 위해 스캐폴딩 설정을 하여 가르치느냐를 이해하는 것으로 귀결된다.

교수학적 스캐폴딩은 학습자들이 자신들의 잠재적 학습을 불러내도록 도와주는 과정을 관찰하기 위한 메커니즘으로(Stone, 1993), 학습자의 능력 향상에 따라 지도와 지원을 늘리거나 없애는 것을 말하며(Mercer, 1995, p. 75) 단순히 교사와 학생 사이에 아이디어를 전달하는 것이 아니라 그 아이디어의 적절성에 바탕을 두는 것이다. 그러나 학습자의 목표가 활동 중에 드러나기 때문에 이러한 적절성이 나타날 때의 미묘함을 이해하는 것은 결국 학습자의 목표에 대한 민감성을 요구하는 복잡한 과정이다(Wells, 1999). 예를 들면, 학생들의 생각에 초점을 두고 이에 도전하는 과정에서 학생들에게 힌트를 주는 방법을 알기 위해서는 그 과제에 대한 학생들 개개인의 학습 능력에 대한 깊이 있는 지식을 가지고 있어야 한다. 이는 교사가 학생들의 근접발달영역에 도달하기 위해 학생들의 생각에 지속적으로 관심을 가지고 있어야 함을 전제로 한다. 결국 교사의 입장에서는 복잡성이 점점 증가하게 되는 것이다. 왜냐하면 힌트는 주로 대형 그룹(예로, 교실 전체 토론)일 때 주게 되므로, 학생 개개인의 차이가 드러나지 않고 학생들의 생각에 주의를 기울일 수 있는 교사의 능력이 감소되기 쉽기 때문이다.

우리의 이론적 분석틀로 볼 때, 교수학적 스캐폴딩은 학생들이 증명을 어떻게 학습하는지 이해하는 데 있어 중요한 부분이기 때문에 그 본질과 효과를 살펴보고자 한다. 따라서 증명 학습에 있어서 교실 담화에서의 교수학적 스캐폴딩을 면밀히 조사하는 데 필요한 분석틀을 개발하는 것을 목적으로 하였다. 이 분석틀을 이용하여 연구자들이 어떻게 교사들이 학생들의 생각에 스캐폴딩을 제공할 수 있는지 그 가능한 방법들과 근접발달영역 내에서의 발달의 증거를 포함한 교수학적 스캐폴딩의 형태들을 연구할 수 있어야 한다. 특히, 아래 연구 문제들을 살펴본다.

1. 수학적 증명의 발달에 있어 수업 담화에 나타나는 교수학적 스캐폴딩의 형태들은 무엇인가?
2. 어떻게 교사의 언어가 학생들의 사고에 스캐폴딩을 제공하고 무엇이 근접발달영역 내에서 학생들의 발달의 증거로써 간주될 수 있는가?

배경

■ 데이터

수학적 증명 학습을 주목적으로 하는 대학 이산수학 과목에서 1년 동안 실시된 교실 수업 실험으로부터 데이터를 수집했다. 이 수업은 약 40명의 수학과 컴퓨터 공학 전공인 학부생들이 수강했다. 수업은 모두 비디오로 촬영되었고 소집단 토론은 오디오로 녹음되었다. 학생들의 논증 발달을 확인하기 위해 실시된 사전, 사후평가를 통하여 자기 주도적 사고를 할 수 있는 능력에 변화가 있었는지의 증거를 찾아보았다(Blanton & Stylianou, 2002). 이 연구는 수업 전체 토론과 소집단 토론에서의 에피소드에서 채집된 구두 데이터에 초점을 두었다.

■ 교수학적 상황

이 수업의 교사는 이 장의 저자 중 한 명으로, 학생들이 자신의 생각을 설명하고 서로의 설명과 정당화를 이해하고 도전하도록 하였다. 전형적인 수업에서는 교사가 한 문제를 설명하고 나서 소집단별로 증명을 구성하는 것과 학생들의 생각을 교환하는 전체 토론을 뒤이어 진행하였다. 이 수업은 수업 내내 새로운 형태의 평가방식과 학생들의 생각을 문어와 구어로 표현하는 것에 고루 균형을 맞추어 진행되었다.

분석틀 개발을 위한 데이터 분석

증명 구성[4]의 초점에 따라 전체 토론과 소집단 토론의 녹취록을 선택하여 분석했다. 전체 토론에 있어서는 교사의 말 한마디 한마디를 개별적으로 코딩하여 각각의 교수학적 의도를 파악하여 궁극적으로 교수학적 의도의 특징적인 형태들로 코딩 기준표(coding scheme)를 제작했다. 전체 토론에서 교수학적 스캐폴딩의 본질을 설명할 수 있는 분석

4 일부 과정에서는 증명을 개발하는 것에 초점을 맞춘 것이 아니다. 해당 데이터는 분석하지 않았다.

틀을 개발하고 수정하기 위해 코드는 모두 공동으로 협의하여 결정하였다. 여기서는 분석틀을 설명하기 위해 2의 제곱근이 무리수임을 증명하는 한 수업의 에피소드 분석에 초점을 둔다. 이 90분간의 에피소드는 첫 학기의 네 번째 주에 두 차시에 걸쳐 실시되었던 수업이다. 이 에피소드를 선택한 이유는 이 학기에서 학생들이 처음 증명 테크닉의 기초를 발전시키기 시작했고 전체 토론의 중요한 한 형태로써 강조하고 싶었기 때문이다. 또한 이 에피소드는 우리의 분석틀을 설명하기 위해 선택되기도 했지만, 교사-학생 간의 상호작용이라는 측면에서도 이 수업 전체를 대표할 수 있다.

말하기 의사소통에 있어서 발언은 다른 발언과의 관계에서 이해되어야 한다는 Bakhtin의 주장을 참조하여(1986; Wertsch, 1999도 참조) 이미 코드화된 교사의 말과 관련하여 학생들의 말의 인지적 본질을 묘사하기 위해 코딩 기준표를 만들었다. 이 기준표는 근접발달영역 내의 학생들의 발달에 대한 증거를 찾기 위해 사용되었다. 그런 다음, 이 두 기준표에 의거하여 교사와 학생의 말이 서로에게 어떻게 상호작용하였는가를 조사함으로써 학생들의 발달과 교수학적 스캐폴딩 사이의 연결성을 찾아보았다.

마지막으로 학생들이 전체 토론에 적극적으로 참여할 때 증명의 언어와 논쟁(argumentation)을 내재화하기 시작한다는 이론적 관점에서, 이 장에서 두 번째 학기 말에 있었던 한 에피소드에서의 **소집단** 토론의 구조가 여기에서 분석한 **전체** 토론과 얼마나 많이 유사한지 조사하기 위해 학생들의 말을 분석한 코딩 기준표를 이용하였다.

분석틀에 대한 설명과 논의

■ 교수학적 스캐폴딩의 본질

우리가 사용한 담화 분석틀은 Kruger(1993)와 Goos, Galbraith, and Renshaw (2002)의 연구를 기반으로 하였다. 특히, Kruger(1993)의 **의사 교환적 추론**(transactive reasoning)을 적용하였는데, 이는 자기 자신의 혹은 타인의 사고를 명료화, 정교화, 정당화 그리고 비판하는 것을 의미하는 것으로 교실 전체 상호작용의 집단적인 구조에 개인이 어떻게 기여하는지 확인하는 데 도움이 된다. 그러나 교수학적 의도를 가진 좀 더 학식 있는 타인인 교사의 발언은 학생들의 발언과는 근본적으로 다르며, 전체 토론 분석에서는 화자가 가지는 다양한 목적에 따른 역동성에 주의를 기울여야만 한다. Kruger(1993), Goos et al.(2002)의 연구는 급우에 초점을 맞추었기 때문에, 우리는 이 연구를 좀 더 확장시켜서 교사들이 담화에 참여할 때 보이는 여러 가지 특징적인 방식들을 설명하고자 하였다. 또한, 교사와 학생 발언의 차이점에 주목하는 것은 교사의 발언을 해석하고 어떻게 (교사와 학생들의) 발언이 근접발달영역 내에서 학생들의 발달을 확장시키는지를 이해하는 데 있어서도 매우 중요하다.

우리의 데이터 분석을 통해 교사의 발언은 크게 아래 네 가지 중에 하나로 분류될 수 있음을 알 수 있었다.

- 의사 교환적 프롬프트(transactive prompts)
- 촉진적 발언(facilitative utterances)
- 교수적 발언(didactive utterances)
- 지시적 발언(directive utterances)

아래에서 이 네 가지 각각에 대하여 논의하고 어떻게 교수학적 스캐폴딩으로서 기능하게 되는지를 탐구한다.

▸ **의사 교환적 프롬프트**

우리는 **의사 교환적 프롬프트**(transactive prompts)를 교사가 학생들에게 의사 교환적 추론을 향상시키기 위해 사용하는 발언에서 나타나는 스캐폴딩의 형태로 정의한다. 즉, 교사에 의한 의사 교환적 프롬프트는 교사가 학생들의 의사 교환적 추론을 격려하고자 할 때 비평, 설명, 정당화, 명료화, 정교화, 전략 등을 **요구**하는 것으로 구성된다.

의사 교환적 프롬프트는 담화에 있어 매우 중요한 부분으로 증명의 발달에 필요한 논쟁 훈련에 요구되는 스캐폴딩의 도구로 작용한다. 우리는 논쟁을 처음에는 사람들 사이에서 사회적으로 발달되고 나중에는 개인의 말하기의 일부로 내재화되는 고도의 정신적 기능의 과정으로 보았다. 따라서 개인의 수학적 논쟁 능력을 신장시키는 것은 논쟁의 공적 발달의 기능으로 볼 수 있다. 결국, 수업에서 수동적이든 능동적이든 학생들이 어떻게 수학적 아이디어와 상호작용을 하는지가 그들의 (개인적인) 수학에 대한 생각을 구성하게 되는 것이다. 이 연구의 교사도 의사 교환적 프롬프트를 제공함으로써, 잠재적으로 학생들의 인지적 입장을 수동적인 것에서 적극적으로, 받아들이는 것에서 의문을 갖게 되는 것으로 바꾸었고, 이러한 의사 교환적 프롬프트는 논쟁 체계의 발달에 스캐폴딩을 제공하였다.

이 교사가 보인 의사 교환적 프롬프트의 또 하나의 중요한 특성은 학생들이 즉각적으로 반응해야 하는 질문의 형태로 프롬프트가 제시되고, 이러한 프롬프트가 교사의 총체적 목표인 학생들이 의사 교환적 추론 능력을 갖도록 지도하는 데 도움이 된다는 것이다. 다시 말해, 이 교사는 의사 교환적 프롬프트를 토론을 시작하거나 토론 중에 초점을 바꾸기 위해 사용했는데, 이는 이 교사의 주목적이 학생들이 증명을 읽거나 쓸 때 공적인 논쟁 혹은 그 후의 개인 논쟁 능력 개발을 돕는 것이었기 때문으로 이러한 의사 교환적 프롬프트는 이 목적에 도달하는 도구로 사용되었다.

다음 발췌문은 2의 제곱근이 무리수임을 증명하는 전체 토론의 녹취록 중의 일부분으로 이 형태의 교수학적 스캐폴딩을 묘사하고 있다. 여기서 학생들이 $2q^2 = p^2$이라는 명제를 탐구하고 있다.

4[5]	Darrell[6]	홀수에서는 성립하지 않아요.
5	교사	홀수에서는 성립하지 않아요.
6	교사	무슨 뜻이죠? [**의사 교환적 프롬프트-정교화 요구**]
7	Darrell	[...] 만약에 p가 홀수이면, p^2도 홀수가 되니까요.
8	교사	좋아요. 잠깐만요.
9	교사	[전체 학생에게] 동의하나요? [**의사 교환적 프롬프트-비평 요구**]
10	Adam	맞아요.
11	교사	왜 맞는다고 생각했나요? [**의사 교환적 프롬프트-정당화 요구**]

이 프로토콜에서, 교사는 학생들에게 직접적으로 세 가지 유형의 의사 교환적 추론을 하도록 요청했다. 구체적으로, (1) 아이디어와 제안을 정교화하고 좀 더 설명하며(6번째 줄); (2) 학생들 전체에게 발표된 아이디어나 전략을 비평하고(9번째 줄), (3) 그 주장을 정당화하도록(11번째 줄) 요구했다. 이러한 요구는 증명을 구성할 때 학생들이 논쟁의 습관을 기를 수 있도록 돕는 교사의 장기적 목표의 일부이다. 아래의 프로토콜에서는, 교사가 명료화를 위해 의사 교환적 프롬프트를 사용하고 있다(31번째 줄).

5 본문의 줄번호는 교실 프로토콜 원안의 줄번호이다. 기호[...]는 프로토콜 원안의 내용이 생략된 것을 의미한다.
6 모든 이름은 가명이다.

28	Degan	$2q^2$, 즉 스칼라인 2를 q^2과 곱한 것. 만약 우리가 잠시 2가 있다는 것을 잊으면. 임시로. 그럼 $q^2 = p^2$을 보게 되죠. 그럼, 어떻게 어떤 값을 제곱한 것과 같은 값을 제곱하여 스칼라와 곱한 것이 같아질 수 있나요?
[...]		
31	교사	그럼 이제 어떻게 될 거라고 생각하나요? 스칼라 곱하기 p^2 때문인지, 아니면 스칼라 곱하기 q^2 때문일까요? [**의사교환 프롬프트-명료화 요구**]

▸ **촉진적 발언**

이 발언은 교사가 학생들의 아이디어를 다시 언급하거나(re-voice) 확인할 때, 또는 전체 토론을 체계화할 경우에 사용된다. 이 교사는 학생들이 제안한 방식에 따라 학생들이 진행할 수 있도록 주도권을 주면서 학생들의 발언을 반복하거나 다시 표현하기도 한다. 체계화한다는 것은 학생들에게 초점을 맞추고 그들의 아이디어나 주장을 이끌어내기 위해 토론을 요약하거나, 대화의 속도를 조정하거나, 발언의 방향을 재조정하는 것을 수반한다.

촉진적 발언을 사용할 때는 암묵적인 승인을 통해 제안된 행동에 대한 주도권을 공유하는 반면, 의사 교환적 프롬프트를 통해서는 교사에서 학생으로 주도권이 이동된다. 이 두 가지 형태의 발언 사이의 두 번째 차이점은 대화에 즉각적인 영향을 주는가의 여부이다. 의사 교환적 프롬프트를 사용할 때는, 학생들이 자신들의 추론을 보완하거나 변경하도록 하여 수업 토론의 방향을 재조정했다. 그러나 아래 프로토콜에서 볼 수 있는 것처럼, 촉진적 발언을 통해 스캐폴딩을 설정하는 데 있어 교사가 주도하는 경향이 낮게 나타난다.

12	Anthony	홀수와 홀수의 곱이 홀수라는 걸 보일 수 있었어요.
13	교사	그렇죠. 그렇게 할 수 있었죠. [**촉진적-확인**]
[...]		
15	Degan	어떤 정수에 2를 곱하면 항상 짝수가 된다는 것도 알아요.
16	Jacob	그게 바로 내가 얘기하려고 했던 거예요. 좌변($2q^2$)은 항상 짝수예요.
17	교사	좋아요. 그럼 이제 항상 짝수인 수($2q^2$)이 있네요. 그리고 p가 홀수이면, p^2도 홀수가 된다는 거죠. [**촉진적-재언급**]

13번째와 17번째 줄에서의 이 교사의 발언은 추론의 첫 단계를 시작하는 학생들을 도와주기 위한 것이다. 8번째 줄에서는 교사가 "좋아요, 잠깐만요" 하면서 토론의 속도를 다소 늦추는 촉진적 체계화의 한 예를 보여준다. Rittenhouse(1998)는 마치 새로운 언어를 학습할 때처럼, 초보자는 '정상적인' 속도로 진행되는 수학적 담화에 참여하는 것을 어려워하지만 토론에서 했던 얘기를 다시 반복하거나 다시 표현함으로써 속도를 늦추면 초보자들이 토론을 이해할 수 있는 가능성은 높아진다고 했다. 17번째 줄에서 이 교사는 학생들의 대답을 요구하는 질문을 하는 것이 아니라 확정하는 진술로써 학생들의 발언을 다시 언급하고 있다.

▸ **교수적 발언**

교수적 발언을 (수학적) 지식의 본질에 대한 교사의 발언을 의미하는 것으로 정의하였다. 학생들은 대화에 활발하게 참여하지 않기도 하며 교사의 발언이 협상되어야 할 아이디어도 아니다. 즉, 교사는 학생들이 재발견하지 않아도 되는 수학의 본질, 공리와 원칙, 또는 역사적으로 이미 발전된 아이디어와 같은 중요한 아이디어들을 대화로 끌어온다. 아래 발췌된 내용은 이러한 형태의 발언이다.

33	교사	여러분의 직관으로는 아마 이런 일[28번째 줄에서의 주장]이 일어나지 않을 거라 했는데, 수학적으로는 왜 이것이 [참]이 아닌지 말해야 해요. [...] 그런데 이 시점에서 우리가 한 번도 얘기하지 않았던 것 중에 하나가 바로 언제 증명이 증명으로 인정되는가 하는 거예요. 어느 순간, 어떤 사람이 이런 종류의 논증도 괜찮다고 할 수도 있어요. 하지만 또 어떤 사람은 "좋아. 하지만 좀 더 생각해봤으면 좋겠어"라고 말할 수도 있어요. **[교수적]**

앞에서 언급한 다른 종류의 교사 발언들과는 달리, 이 교사는 학생들의 아이디어에 스캐폴딩을 제공하는 역할에서 "한 발 물러나"(Rittenhouse, 1998)[7] 좀 더 학식 있는 타인

7 여기에서 쓰인 "한 발 물러나(steps out)"는 Rittenhouse(1998)이 소개한 용어이다. 그러나 Lampert의 수업에서 이루어지는 교실 토론에서 "한 발 물러나" 있는 것은 담론의 규범을 논의하기 위한 것으로써 유의한 차이가 있음을 알아야 한다. 교사는 증명의 본질에 있어 논의점을 제공하기 위해 한 발 물러나 있다.

으로서의 역할을 분명하게 수행한다. 여기에는 제시하지 않은 녹취록의 일부에서, 이 교사는 수학적 증명의 본질에 대해, 특히 논리적 테크닉으로써 '모순에 의한 증명'에 대해 설명을 계속했다. 이 교사의 발언은 (암묵적으로) 토론이나 협상으로 이끌어 가지 않지만, 이 주제에 대해 좀 더 학식 있는 사람으로서, 교사는 증명에 대한 학문의 규칙을 명료하게 제시했다.

▸ **지시적 발언**

지시적 발언은 학생들에게 문제를 풀 수 있도록 즉각적인 올바른 피드백이나 정보를 제공해주는 발언을 뜻한다. 이 교사는 특정한 발견적 형태로 학생들이 풀어나가도록 하는 것보다 자신의 생각대로 이끌어 나갔다. 교수적 발언과는 달리, 지시적 발언과 함께 학생들은 의사 교환적 프롬프트를 통해 토론에서 특정 아이디어를 개발할 수 있었고 교사는 간접적으로 정보를 이끌어 내기보다 **직접적으로** 언급하게 된다. 교사가 부가적인 도움을 주면 학생들이 스스로 문제를 잘 풀 수 있거나, 좀 더 일반적으로는 지시적 발언이 "정보를 제공하는 사람으로서의 교사(teacher as teller)"라는 교수학적 패러다임을 반영한다고 할 때, 이러한 교사의 발언은 특정 문제를 해결하는 과정을 좀 더 가속화시키는 데 도움이 된다. 우리의 데이터에서 "우리가 모순에 의한 증명(a proof by contradiction)을 하기 때문에, 여기서 반드시 결점을 찾아내야 해요"라는 이 교사의 발언이 바로 지시적 발언에 해당한다. 학생들이 이미 '모순에 의한 증명'에 익숙하기 때문에 이 교사는 학생들에게 이 과정에서 다음 단계를 이끌어 내도록 질문을 할 수도 있었는데, 그렇게 하는 대신 직접적으로 정보를 제공했던 것이다.

교사 발언의 구조와 빈도

교사 발언 분석의 일부로, 이 에피소드에 나타난 각각 형태별 교사 발언의 빈도수를 조사하였다. 교사 발언의 전체 빈도수 중 각각의 형태별 발언의 빈도수를 구하여 백분율을 계산하였다. 표 17.1에서 알 수 있듯이, 교사 발언의 대부분이 촉진적(47%) 또는 의사 교환적(40%) 발언이었다. 나머지 13%만이 지시적 혹은 교수적 발언이었다. 이 교사는 전체 토론에서 주로 학생들이 수학적 증명에 대한 의사 교환적 추론을 유도했다는 것을

[표 17.1] 교수학적 스캐폴딩의 형태별 빈도수(교사)

교사 발언의 형태	빈도수	백분율
의사 교환적 프롬프트	37	40
촉진적 발언	43	47
지시적 발언	7	8
교수적 발언	5	5
합계	**92**	**100**

알 수 있다.

더 나아가 전체 코딩에 있어 그 구조를 살펴봄으로써 교사 발언을 분석하였다. 좀 더 자세히 조사한 결과, 교사 주도의 증명 수업에서 스캐폴딩 설정을 위한 네 가지 형태의 발언에 일반적인 순서가 있음을 발견했다. 처음에 문제 제기를 하고 나면, 교사는 학생들에게 토론을 하도록 하며 학생들의 발표에 대한 응답으로 주로 촉진적-의사 교환적 발언의 패턴으로 이어갔다. 특히, 이 교사는 수업 토론을 촉진적 발언과 그 후 의사 교환적 프롬프트 발언을 통해 수업 토론을 열었고 이 시점부터 학생들의 추론을 중심으로 토론을 진행하였다. 일단 한 학생이 제안을 하거나 자신의 생각을 전체 학생들에게 알리고 나면, 이 교사는 촉진적 대답을 하였고 (주로 대화를 이어가도록 돕기 위해) 이어 의사 교환적 프롬프트 발언을 하여 이 학생의 발언에 대한 후속 발언을 유도했다. 학생들이 응답을 할 때, 이 교사는 다시 촉진적-의사 교환적 발언을 하여 토론을 이끌어 나갔다. 학생의 코멘트 후에 교사의 촉진적 혹은 의사 교환적 발언이 따르는 이러한 패턴은 학생들이 점진적으로 점점 더 많이 코멘트 및 발표를 하게 한다. 이 수업 에피소드에서 발견된 구조는 Mehan(1979)에 의해 발견된 IRE 구조 같은 것과는 질적으로 다르며, 권위적인 담화에서 납득이 되는(internally persuasive) 담화로의 연속체를 나타내는 것이다(Bakhtin, 1981; Wertsch, 1991). 이러한 교사 발언의 위치는 권위적인 것과 납득되는 것의 사이, 즉 교사가 대화의 책임을 지고 있던 차원에서 (권위적) 학생들이 책임을 지고 있으면서 교사가 공유하는 (납득이 되는) 차원 사이의 연속체로서 수업 담화를 시각화할 수 있게 한다. 이 에피소드에는 납득되는 담화를 시작하거나 지속할 수 있도록 하는 무한한 잠재력을 가진 발언들이 많이 포함되어 있다(표 17.1 참조).

Wertsch(1991)는 "한 발언(voice)이 다른 발언과 만나게 되고 서로 움직이게 하는 정도에 따라" 이 두 형태의 담화를 구별한 Bakhtin의 연구에 대하여 설명했다(Wertsch,

1991, p. 78). Bakhtin에 따르면, "권위적인 말은 상하 위계에 있어 좀 더 높다고 느껴졌던 과거와 연결되어 거리를 두게 한다. 다시 말해, 아버지의 말이라고 하는 것이 내포하는 권위는 이미 과거에 인정되었던 것으로, 바로 과거의 담화이다(Bakhtin, 1981, p. 342)." 또한 그의 주장에 따르면, "납득이 되는 말도 반은 우리 것이고 반은 다른 사람의 것이다. 이러한 말은 새롭고 독자적인 말을 일깨우고 내부로부터 많은 말을 구성하게 하며 고립되고 고정된 상태로 남아 있지 않게 되기 때문에 이의 독창성과 생산성을 갖게 된다(Bakhtin, 1981, p. 345)."

이제 교사 발언 형태에 따른 다양한 빈도수와 구조가 학생들의 학습에 어떻게 영향을 미치게 되는 가라는 좀 더 큰 이슈를 생각하게 된다. 예를 들면, 교사가 주로 의사 교환적 프롬프트나 촉진적 발언을 (여기에서처럼) 몇 주, 몇 달, 아니 몇 년 동안 사용한다면 학생들은 증명을 어떻게 이해하게 될까? 교사가 주로 지시적 발언을 사용한다면, 이러한 논쟁의 스캐폴딩 구조가 학생들의 생각에 어떻게 영향을 줄 것인가? 이와 같이, 지금까지 다룬 교수학적 스캐폴딩 분석틀은 잠재적으로 어떤 특정 형태의 발언이 학생들의 증명 능력을 키워줄 수 있는지에 대해 생각할 수 있는 한 가지 방법을 제공한다.

근접발달영역 내의 학생 발달: 교사 발언에서의 '스캐폴딩' 설정

지금까지 증명에 대한 한 에피소드에서 발견된 네 가지 형태의 교수학적 스캐폴딩을 살펴보았다. 우리가 이러한 형태를 스캐폴딩으로 설명해 왔지만 사실 이러한 발언들이 어느 정도로, 어떤 방식으로 학생들의 사고에 스캐폴딩을 제공해 왔는지를 살펴볼 필요가 있다. 따라서 이제 학생들의 발언을 분석하고 이와 교사 발언 사이의 연관성을 봄으로써, 근접발달영역 내에서 학생들의 발달에 대한 증거를 찾아보는 데 주력하고자 한다.

학생 발언 분석의 출발점으로, Goos et al.(2002)이 제시한 학생 발언의 메타인지적이고 의사 교환적인 기능을 분석한다. 이들은 '새로운 아이디어'가 제시되었을 때 혹은 답에 대한 '평가'가 주어졌을 때[8] 메타인지적 행위가 발생하는 것을 확인했다. 이들의 의사 교환적 추론은 여기에서 정의한 용어와 일치한다.

우리의 분석과 Goos et al.(2002)의 연구 결과를 토대로, 다음과 같이 우리는 근접발

8 Goos et al.의 시도를 메타인지에 대한 새로운 아이디어의 제안으로 간주하지는 않는다.

달영역 내의 발달에 대한 증거로 학생 발언[9]의 다섯 가지 형태를 제시한다.

1. **새로운 아이디어의 제안**(Proposal of a new idea). 이는 토론에서 학생들이 새롭거나 유용 가능한 정보를 가져올 때 나타난다. 이는 학생들이 기존의 아이디어와의 연결성을 발견했거나, 기존의 정보, 아이디어의 확장, 혹은 더 나아가 새로운 방향으로 기존 아이디어를 정교화해 나갈 수 있는 다른 관점을 발견했을 때 새로운 개념 혹은 새로운 표현의 형태로 나타날 수 있다. 발전시키고 있는 증명에 적합한 새로운 아이디어들은 맞을 수도 틀릴 수도 있다.
2. **새로운 계획 혹은 전략의 제안**(Proposal of a new plan or strategy). 이는 학생이 증명을 혹은 증명의 어떤 측면을 발전시키기 위해 잠재적으로 유용한 전략이나 계획을 제안했을 때 해당된다. 본질적으로 이는 행동 방침을 의미하는 것으로, 새로운 아이디어는 계획이나 전략까지 수반하지 않을 수도 있기 때문에 '새로운 아이디어의 제안'과는 구별된다.
3. **아이디어의 발전 혹은 기존 아이디어에 도움 제공**(Contribution to or development of an idea). 이 형태의 발언은 기존 아이디어에 덧붙여, 처음 제안을 한 사람이 아닌 다른 학생들이 주로 사용하며 결국 제안된 아이디어는 교실에 있는 다른 학생들에 의해 받아들여진다.
4. **교환적 질문**(Transactive questions). 학생들이 동료 발언에 대하여 명료화, 정교화, 비평, 정당화, 또는 설명을 요구하는 질문이다.
5. **교환적 응답**(Transactive responses). 교환적 응답은 명확한 혹은 암시적인 교환적 질문에 대한 직접적 혹은 간접적인 응답을 말하며, 이는 생각을 명료화, 정교화, 비평, 정당화 혹은 설명을 하기 위해 사용된다. 어떤 아이디어나 전략의 잠재적 유용성이나 실행에 대한 평가를 제공하며 교환적 질문이나 의사 교환적 프롬프트에 대한 응답으로 나타난다.

교환적 응답은 새로운 아이디어나 전략을 제안하거나 새로운 아이디어를 발전시키는 것

9 참여하지 않는 것(침묵)이 누군가의 발전을 암시한다는 의미는 아니다. 자료의 다른 형태는 이것을 해명하는 반면, 교실 내 담화에서의 구두 발언을 통해 배움이 일어난 증거로 볼 수 있다.

과 반드시 구별되어야 할 필요는 없다. 아래 데이터에서 볼 수 있듯이, 예를 들어, 교환적 응답이 새로운 전략이나 아이디어의 제안 형태로 나타나는 경우가 있을 수 있다. 하지만 분석을 하는 데 있어서 이 발언들이 구체적으로 대화에 새로운 아이디어나 전략을 유도하는지 혹은 도움을 주는지를 밝히는 것에 도움이 되었다.

이런 형태들에 덧붙여, 동의(예, '네'('yeah'), '맞아요'('true'), '좋아요'('OK'))를 나타내는 학생 발언을 **일반적 확인**(general confirmation)이라는 6번째 코드로 정하였다. 그러나 우리는 이러한 발언들이 학생들의 근접발달영역에 도달했는지, 어떻게 도달했는지를 결정할 충분한 근거를 제시하지 못한다는 것을 발견했다. 결국, 과제와 직접적으로 연관되어 있지 않은 교사 발언 혹은 학생의 발언은 코딩하지 않았다(예, "계산기를 써도 될까요?").

이런 기준표에 근거하여 한 수업 전체에 나타난 학생 발언을 코딩하였다. 이 에피소드의 발췌문 일부를 통해 교사 발언과 학생 발언을 코딩하여 분석한 결과를 설명하고자 한다. 이 교사가 어떻게 학생들의 생각을 스캐폴딩 설정을 통하여 이끌 수 있는지를 이해하고, 그리고 무엇을 근접발달영역 내의 학생 발달의 근거로 볼 수 있는지를 알아내기 위해 전체 토론에서의 교사 발언을 중심으로 대화 구조의 특성을 파악하는 데 초점을 맞추었다.

11	교사	('$2q^2 = p^2$'이 홀수에서는 성립하지 않는다는 것)이 왜 옳다고 생각했어요? [**의사교환 프롬프트-정당화 요구**]
12	Anthony	홀수와 홀수의 곱이 홀수가 된다는 것을 증명할 수 있어요. [**교환적 응답-새로운 계획 제안**]
13	교사	네 가능하겠네요. 아마 맞을 거예요. [**촉진적-확인**]
14	교사	그런데 그런 특정 경우가 아니라 좀 더 일반적인 경우일 거예요. [**직접적**]
15	Degan	어떤 정수에 2를 곱하면 짝수가 된다는 걸 우린 이미 알고 있잖아요. [**제안된 계획에 추가하거나 그 계획을 발전시키기**]
16	Jarrod	그게 바로 제가 하려던 말이에요. 좌변[$2q^2$]은 항상 짝수잖아요. [**제안된 계획에 추가하거나 그 계획을 발전시키기**]
17	교사	좋아요. 그럼 항상 짝수가 되는 어떤 [$2q^2$]이 있는 거네요. [**촉진적-확인**]
18	교사	그러니까 p가 홀수면 p^2도 홀수라는 말이죠? 그럼 이제 홀수가 짝수와 같게 된 것이네요? [**의사교환 프롬프트-명료화**]
19	Jarod	네. [**일반적 확인**]

20 교사 맞아요. 만약 p가 홀수라면, 옳지 않게 되죠. [**촉진적-확인; 재언급**]

이 증명을 구성하도록 학생들에게 스캐폴딩을 제공하려는 의도로, 이 교사는 여기서 네 가지 형태의 발언을 사용하였다. 구체적으로, (a) 정당화 요구하기(requesting justification)-**의사 교환적 프롬프트**, (b) 학생 발언의 재언급과 확인하기(re-voicing and/or confirming a student utterance)-**촉진적 발언**, (c) 학생의 아이디어 명료화 요구하기(requesting clarification of a student's idea)-**의사 교환적 프롬프트**, (d) **지시적 발언**(directive utterance)이다. 이러한 발언들이 학생들의 사고에 스캐폴딩을 제공했는지, 그렇다면 어떻게 제공했는지를 알아보기 위해, 학생들의 발언을 좀 더 면밀히 살펴볼 필요가 있다. 위의 에피소드는 두 가지 형태의 학생 발언을 포함하고 있는데, **제시된 계획의 발전**(development of a suggested plan)과 **새로운 계획을 위한 제안**(proposal for a new plan)이다. 제시된 계획의 발전의 경우는 교사의 의사 교환적 프롬프트[10] 발언에 학생이 응답한 것으로 15번째와 16번째 줄에 나타나 있다(따라서 이 발언들은 교환적 응답으로 볼 수 있다). 각각의 경우, 학생들이 처음에 **다른** 학생들이 내놓았던 아이디어들을 정교화하는데, 예를 들면, Degan의 주장(15번째 줄)은 Anthony의 주장(12번째 줄)을 확장시킨 것이다. 우리는 이를 교사의 의사 교환적 프롬프트와 Anthony의 주장으로 인해 Degan의 생각이 발전되는 증거로 보았다. 더 나아가, Degan이 아직 증명을 발전시킬 만한 완벽한 계획을 가지고 있지는 않았지만, 기존의 상황($\sqrt{2}$가 무리수임을 증명해야 함)과 이미 가지고 있는 증명에 필요한 수학적 지식과 기능들을 연결하기 시작했다. 따라서 Degan의 발언은 (Jarrod의 발언도 마찬가지로) 이 교실에서의 수업 담화가 Degan 자신의 근접발달영역에 도달했다는 증거를 제공하는 것으로 볼 수 있다. 그러나 Jarrod의 **일반적인 확인**(19번째 줄)을 근접발달영역의 **진보**의 증거라기보다 오히려 이 학생의 인지적 상태를 보여주는 것이라 볼 수 있다.

새로운 아이디어를 가져온 (12번째 줄) Anthony의 경우는 다른 종류의 발언이라 할 수 있다. Anthony가 어디에서 착안하여 이 새로운 아이디어를 착안하게 됐는지 알 수는 없지만, 그의 발언을 통해 이 수업 담화가 Anthony의 근접발달영역에 접근했다는 것을

10 Deagans의 발언은 교사가 촉진적 발언과 지시적 발언을 하도록 했다(줄번호 13-14). 그러나 이전의 교환적 요청에 대한 응답일 수 있다(줄번호 11).

알 수 있다. Anthony는 수업의 대화에 참여했을 뿐 아니라 이 증명을 위해 새로운 아이디어를 제안함으로써 토론을 한층 더 발전시켰다.

학생들이 증명을 해나가는 과정에서 새로운 아이디어나 전략, 계획을 제시하고 이들을 좀 더 정교화하고 정당화하는 것이 바로 근접발달영역 내에서의 발달을 보여주는 것이라고 할 수 있다. 개별적으로 실시된 지필 사전, 사후검사 결과를 보면, 수업을 받기 전에는 학생들이 이 증명도, 그리고 짝수와 홀수의 합에 대한 일반화를 다루는 좀 더 기본적인 증명조차도 하지 못했다(Blanton & Stylianou, 2002). 그러나 교사의 의사 교환적 프롬프트와 촉진적 발언을 통해 증명의 주체가 교사에서 학생으로 변하고 학생들이 증명에 중요한 기여를 할 수 있게 되었다. 학생들이 생각해 낸 아이디어를 재언급하고 확인함으로써(13, 17, 20번째 줄), 교사는 암묵적으로 학생들과 제안된 행위에 대한 책임을 공유하고 좀 더 많이 아는 사람으로서 학생들이 자신의 생각을 발전시킬 수 있도록 좀 더 많은 권위와 자신감을 학생들에게 양도하였다. 학생들이 교환적 토론에 참여하도록 격려함으로써(11, 18번째 줄), 교사는 학생들이 주체로서 증명을 구성하도록 하였고 이로써 담화의 구조가 권위적인 것에서 납득되는 것으로 변화했다.

교사 발언과 마찬가지로, 한 수업 전체 에피소드와 관련하여 학생들의 발언 빈도수를 분석하는 것도 매우 유용하다. 표 17.2에서 보듯이, 학생 발언의 대부분은 기존의 아이디어를 정교화하는 것(40%)인 반면, 12%만이 새로운 아이디어와 계획을 제안하는 것이었고 전체의 5분의 1 정도가(18%) 비평과 질문들이었다. 요컨대, 학생 발언의 약 70%가 증명을 함께 구성하는 데에 적극적으로 관련되어 있음을 보여준다.

표 17.1과 17.2는 주로 새로운 아이디어나 전략은 학생들에게서 나오는 데 비해 교사의 역할은 (지시적인 발언을 사용할 때라 하더라도) 토론을 촉진하는 정도였음을 보여준다. 그럼 여기서 하나의 의문이 생기는데 과연 무엇이 학생들로 하여금 새로운 아이디어와 계획을 제안하도록 하는가라는 것이다. 새로운 아이디어가 교사나 다른 학생들의 특정 형태의 발언 때문에 나타나는 것인가? 이 질문에 대한 통찰을 얻기 위한 하나의 시도로, 우리는 녹취록에서 시간 순으로 나타나는 코드의 배열(교사와 학생 발언 모두를 포함)을 조사해보았으나 그 어떤 주목할 만한 패턴도 발견하지 못했다. 새로운 아이디어와 계획은 토론 중에 무작위로 나타났으며 그 앞에 어떤 특정 발언과 항상 연결되어 있지도 않았다. 이처럼 눈에 띄는 패턴이 없다는 것은 그리 놀랄 일은 아닌데 왜냐하면 수업 토론은 복잡한 사건들로 이루어져 연구자들이 이전 발언과 새로운 발언이 연결되어 있는지

[표 17.2] 교수학적 스캐폴딩의 형태별 빈도수(학생)

학생 발언의 형태	ZPD 접근 증거	빈도수	백분율
새로운 아이디어 제안	있음	3	4
새로운 계획 제안	있음	6	8
기존 아이디어에 도움 제공	있음	29	40
교환적 응답	있음	7	10
교환적 질문	있음	6	8
일반적인 확인	꼭 필요하지 않음	9	13
코드 해당 없음	없음	12	17
합계		72	100
ZPD 접근한 총 발언 수		51	70

파악하는 것이(불가능하지 않는다 하더라도) 어렵기 때문이다. 다시 말해, 학생들이 새로운 아이디어를 냈을 때, 이 발언이 바로 직전의 코멘트와, 아니면 이 에피소드에서 앞에 있었던 다른 코멘트와, 혹은 이전 수업에 있었던 토론과 연결될 수 있기 때문이다. 이런 의미에서, 전체 토론보다는 개인과 소집단 인터뷰에서 오히려 각각의 생각이 어디에서 왔는지 추적하고 증명이나 해답을 발전시키는 과정에서 어떤 패턴을 찾아낼 수 있을지도 모른다. 하지만 한편으로 이 상황에서는 수업의 교수학적 스캐폴딩과 어떻게 이것이 학생들의 증명 발달을 돕는지의 복잡성을 놓칠 수도 있다.

더 나아가, 앞에서 논의했듯이, Goos et al.(2002)은 협동적 문제해결 연구를 통해 성공적인 문제해결은 빈번한 의사 교환과 메타인지적인 행위라는 특성을 갖고 있다고 결론지었다. 증명은 세심하게 발전시킨 '새로운 아이디어'를 통해 구성되기 때문에, 우리는 협동적인 상황에서의 성공적인 증명 구성 역시 빈번한 의사 교환적 추론이라는 특성을 갖는다고 가정하였다. 그러나 우리가 관찰했던 이 교실 상황에서는 빈번한 의사 교환적 추론과 새로운 아이디어와 이에 대한 정교화는 토론 내내 밀접하게 서로 얽혀있었고 이 때문에 새로운 아이디어를 이끌었던 그 특정 발언을 분리해 내기는 어려웠다. 이 이슈에 대한 후속적 연구가 필요하다.

소집단 담화: 교사의 지도 그 이상으로 넘어서기

Stone(1993)은 스캐폴딩의 개념이 교사에게서 학생으로의 전이가 이루어지는 메커니즘에 주목하지 않았음을 지적했다. 이는 대학 수학 수업 상황에서의 교수학적 스캐폴딩에 대한 연구에서 특히 사실로 드러났다. 따라서 이 연구의 목적은 교수학적 스캐폴딩의 형태와 어떻게 이러한 스캐폴딩이 증명을 구성하는 학생들의 학습을 지지하는지를 이해하는 한 방법으로써 전체 토론과 소집단의 담화를 해석하기 위한 하나의 분석틀을 마련하는 것이었다. 우리는 의사 교환적 토론을 격려하고 학생들이 새로운 아이디어를 표현하며 명료화, 정당화, 정교화 등을 유도하는 이러한 시도들이 학생의 증명 구성에 가장 중요하다고 가정했다. 즉, 이러한 스캐폴딩의 형태들이 바로 학생들의 아이디어를 공적으로 확인하고 협의하게 하는 주요한 메커니즘인 듯했다. 나아가, 수학적 아이디어를 가정하고 협의하는 학생들의 능력은 지시적 혹은 교수적 발언과는 상반되는 교사의 의사 교환적 프롬프트와 촉진적 발언을 통해 스캐폴딩이 설정되어 발전하는 듯했다. 그렇기 때문에, 관찰한 교실에서 나타난 의사 교환적 프롬프트, 촉진적 발언, 지시적 발언, 교수적 발언 등의 교수학적 스캐폴딩의 형태는 어떻게 학생들의 사고를 확장시킬 수 있는가에 있어서 그 기능이 다른 것으로 볼 수 있다.

여기서 지시적 발언과 교수적 발언들은 본질적으로 학생들을 대화에 참여하도록 유도하지는 않음을 알 수 있다. 학생들이 개인적으로 가지고 있던 생각을 드러내 놓도록 하는 의사 교환적 프롬프트와는 달리, 지시적 발언과 교수적 발언들은 일어나고 있는 학습을 감출 수 있다. 이는 앞으로의 연구에서 다루어져야 하겠지만, 우리의 이론적 관점에서는 학생들이 개인적으로 가지고 있는 개념들이 공적인 대화에 참여하면서 중재되는 것으로 본다. 더불어, 스캐폴딩은 학습의 향상과 연관 지어 고려하여야 하기 때문에 이 연구의 한 부분으로 어떤 것이 수업 담화를 통해 학생들의 근접발달영역에 접근했는지에 대한 증거가 될 수 있는지를 생각했다. 학생들이 새로운 아이디어나 계획을 제안하고, 정교화, 명료화, 정당화를 통해 기존 아이디어를 발전시키며, 어떤 아이디어를 평가, 비평을 할 때, 이는 증명에 대한 학생들의 생각을 확장시키는 데 반영된다는 것을 알아내었다. 물론 시간이 지남에 따라 학생들의 아이디어도 점점 공고해져야 하지만, 위에서 분석했던 에피소드에 나타난 집단적 구성을 학생들의 학습의 증거로 보았다. 이는 상위 수학수업에서 나타나는 전체 토론 담화의 본질에 있어, 특히 개념적으로 수학적 증명을 다루는 수업 담화에 대한 중요한 시사점을 제시한다. 이는 학생들의 학습을 지지하도록 적절하게 교수학적 스캐폴딩이 설계될 수만 있다면, 학생들 개개인의 증명 구성을 촉진하는 방법으로 공적인 논쟁을 내재화시킬 수 있음을 보여준다.

이제 교실에서의 증거로써는 학생들이 개별[11] 토론에서도 전체 토론에서의 공적인 논쟁을 내재화하기 시작하였고 좀 더 논증을 정교화하는 데에 주력하기 시작했다는 것이다.

우리는 이 수업 실험의 두 번째 학기 말에 있었던, 학생들이 $H=\{a|ag=ga, \forall g\in G\}$일 때, 군 G의 **중심** H가 G의 부분군임을 보이는 장면의 에피소드를 분석했다. 학생들은 H의 의미가 무엇인지, 그리고 이러한 특정 형태의 집합에 대한 부분군의 정의를 어떻게 해석할 것인지에 대해 고심했다(이 수업은 대학교 2학년 수준의 수업이다). 발췌된 부분은 약 20분간의 토론 부분으로 학생들은 H에 대한 닫힌 성질을 성립시키려 노력하였다. 그러나 H의 정의는 이미 $a\in H$, $g\in G$라는 두 요소와 관련이 있기 때문에, 학생들은 세 번째 요소인 $b\in H$에 대한 필요성을 파악하는 데 어려움을 느끼는 듯했다.

Thom: "a∘g"[12]가 있고, "a∘g"와 "g∘a"가 같다면, "g∘a"도 있다. … [들리지 않음] [**아이디어의 발전 혹은 아이디어에 도움 제공**]

Atram: [들리지 않음] 만약 원래의 … 원래 연산이 여기 있을 것이다. [**교환적 응답**]

Muel: 좋아요. 그건 어떤 형태일까요? [**교환적 질문**]

Atram: [들리지 않음] 뭔가 얘기를 한 다음 그걸 다시 얘기해요. [종이 위에 쓰면서] "a∘g"는 "g∘a"라는 걸 알아요. 만약 그렇지 않다면, [a]는 H에 없을 거예요. [**교환적 응답**]

Muel: 맞아요. [**일반적인 확인**]

Thom: 그렇지만 "g∘a"가 H에 있는지 아직 모르잖아요. [**교환적 질문**]

Atram: 그렇죠 모르죠. 네 말이 맞아요. 아직 모르죠. [**교환적 응답**]

Atram: 그러니까 "a∘g"가 H 안에 있어야 하는 "g∘a"와 같다는 것을 알고 있죠. [들리지 않음] [**아이디어의 발전 혹은 아이디어에 도움 제공**]

Thom: a가 H에 있다는 것을 알고 있죠. 하지만 g가 H에 있는지는 모르죠. [**아이디어의 발전 혹은 아이디어에 도움 제공**]

Brot: 그러니까 이게 맞다면 g는 H에 있어야만 해요. [**교환적 응답**]

학생: 제가 읽은 바로는, g가 실제로 H에 존재한다고는 생각하지 않는데요. [들리지 않

11 여기서 개별이란 교사를 제외한 학생들 간의 대화이다. 개별의 분석 단계를 개인에 따라 다르게 볼 수도 있으나 이는 이 장을 넘어서는 논점이다.

12 기호 "∘"는 H와 G에 대한 연산이다.

음] **[교환적 응답]**

Muel: [책상 위에 무언가를 가리키며] 그렇죠. 우리는 둘 다 존재함을 보인 거예요. **[교환적 응답]**

Thom: H? **[교환적 질문]**

Muel: 네…. **[일반적인 확인]**

Mac: 글쎄요. 납득할 수 없어요. **[교환적 응답]**

Muel: … 우리는 H 안에 있는 것들은 g 안에 있는 모든 다른 것들과 교환적(commutative)이라고 말했기 때문이에요. **[교환적 응답]**

이 발췌된 부분은 학생들이 어떻게 공적인 논쟁을 내재화하기 시작하였는가를 해석하는 한 방법으로써 교환적 질문과 응답, 새로운 아이디어와 전략을 제안하거나 발전시키는 것을 위한 분석틀을 보여주고 있다. 여기서 중요한 것은 이 수업 이전에는 학생들이 '증명하기'를 예시를 통해 납득하는 귀납적 과정으로써 보았다는 것이다. 이 학생들은 수학적 증명의 기술들을 배우지 않았으며 추상적인 형태로 자신들의 수학적 아이디어들을 표현해보지 않았다. 그러나 마지막 에피소드에서 몇몇 학생들은 좀 더 추상적이고 상징적인 표상을 사용하여 좀 더 복잡한 수학적 아이디어를 학습했다.

우리는 좀 더 학식 있는 타인으로서의 교사가 이끄는 추론의 공적인 행위들이 학생들의 사적인 소집단 대화에 내재화되었다는 증거로써 이 에피소드에 나타난 의사 교환적 추론의 양과 새로운 아이디어의 유입을 들었다. 즉, 의사 교환적 추론과 새로운 아이디어를 제안하고 발전시키는 흐름으로 볼 때 그 대화의 **구조**가 수업 전체 대화의 구조를 반영하는 듯했다. 나아가, 학생들의 아이디어는 학생들이 의사 교환적 추론, 새로운 아이디어의 제안 등등을 하면서 (비록 마지막 결론에는 이르지 못했지만) 계속 조정, 협의되고 있었다. 따라서 담화의 이러한 활동을 통해 학생들의 근접발달영역에 접근한다고 볼 수 있다.

결론

이 연구는 대부분 두 개의 에피소드로부터 얻은 데이터에 바탕을 두고 있다. 이 담화가 그 해에 일어난 담화들의 대표성을 띠지만, 우리 연구에 있어 중요한 과정은 교사의 발언과 근접발달영역 안에서의 학생의 발달 사이의 연결을 자세하게 서술하는 장기적 분석이다. 나아가 공적인 대화에서 사적인 대화로의 문화적 적응의 스토리를 제대로 이해하기 위해서는, 교수학적 스캐폴딩의 본질, 소집단과 개별 증명 구성을 하는 학생의 능력에 미치는 장기적 영향, 그리고 특정 형태의 교수학적 스캐폴딩이 교실 전체 수업에서 각기 다른 능력을 가진 다양한 학습자들에게 어떤 영향을 미치는지에 대한 자세한 연구가 이루어져야 한다. 여기에서 다루었던 소집단 분석은 이러한 연구의 첫 출발점이라고 할 수 있다.

우리는 수업의 전체 담화에서 교사의 스캐폴딩 프롬프트가 증명에 대한 학생들의 생각을 촉진하는 사적, 내적 담화 구조의 발달을 지지한다는 증거로 학생들이 사용하는 의사교화적 발언이라고 전제하였다. 뿐만 아니라, 전체 수업과 소집단 토론 전에 이루어지는 학생들의 개별적 증명 구성에 있어서 의사 교환적 토론을 점점 더 많이 사용하게 한다는 분석은 교수학적 행위와 수학적 증명으로써의 전환 사이의 중요한 연결성을 보여준다.

이 연구는 교사의 모든 발언이 학생들이 어떻게 수학에 대해 생각하고 말하고 논하는지에 영향을 준다고 가정하였다. 어떤 발언도 중립적이지 않으며, 따라서 이는 대학 수학교육에 종사하는 우리들에게 우리의 언어가 학생들의 학습을 촉진하는지 아닌지, 어떻게 하는지를 좀 더 신중하게 연구해야 할 큰 책임이 있음을 보여준다.

18

문제기반 대학 정수론 수업에서의 집단탐구 형성

교수자의 역할

Jennifer Christian Smith, Stephanie Ryan Nichols, Sera Yoo, Kurt Oehler

대학교에서의 전형적인 '수학적 증명 입문' 교과목을 생각해보자. 교수자는 귀납법이나 모순법 등 다양한 증명 방법을 소개하고, 각 방법에 관련된 예시를 몇 개 보여준 뒤 학생들에게 증명을 완성하는 것을 과제로 준다. 대부분 수학 전공인 학생들은 열심히 필기를 하고, 때로는 강사에게 질문을 하고, 나중에는 강의시간에 간결하고 논리적으로 배웠던 증명 방법을 다시 해내려고 할 것이다. 이는 수학적 증명 입문 과목의 '전형적인' 모습이지만, 이러한 방법으로는 수학 전공 학생들이 학부 과정을 마친 후에도 견고한 수학적 증명 능력을 계발하지 못한다는 것을 점점 더 많은 연구에서 보여주고 있다(Harel & Sowder, 1998; Tall, 1992; Weber, 2002). 이 장에서 우리는 증명 학습과 관련하여, 전형적인 교습-학습 방법인 강의기반 수업의 대안에 주목하려 한다. 우리는 경험이 풍부한 교수자가 강의의 주도권을 학생에게 양도함으로써 학생들로 하여금 강의의 내용, 즉 형식적인 수학 증명에 더 적극적으로 참여하게 만들 수 있는 방법에 대해 논하려 한다.

여기에 소개된 결과는 대규모 주립대학에서 학부 고학년을 대상으로 실시한 정수론 수업의 녹화 비디오에 기반한다. 이 장[1]의 목적은 학기가 지나면서 실제 교수자가 강의의 주도권을 점차적으로 양도하는 과정에 대한 분석을 소개하는 데에 있으며, 특히나 그 과정에 있어서 강사가 학생들을 수학과 증명에 관한 토론에 참여시킴으로써 수학을 하나의 인간적이고 사회적인 행위로 생각하는 관점을 어떻게 심어주었는지를 분석하는 데에 있다.

관련 배경

갈수록 많은 연구들이 학생의 성공적인 수학 학습에 있어서 학생 스스로가 학습공동체에 참여하는 것의 중요성을 강조하고 있다. 사회문화적 관점에서 볼 때, 학습이란 공통적으로 계발되고 공유되는 강의실에서의 사회적 과정과 개인적으로 구성되는 인지적 과정의 반영적 관계의 산물(product of the reflexive relationship)이라고 생각할 수 있다(Cobb & Yakel, 1996). 최근의 연구는 수학적 의미에 대한 사회적 협상(토론)이 활발하게 일어나는 수업에서의 수학학습을 많이 다루고 있다. 예를 들어 인지 학습(cognitively guided instruction; CGI)이 초등학생들의 수학적 사고, 계산, 문제해결력을 돕는 데에 효과적이라는 연구 결과가 있다(Carpenter, Fennema, Franke, Levi, & Empson, 1999). CGI 학습의 중요한 특성은 교사의 직접적 지도 없이 학생들이 문제를 풀기 위한 전략을 스스로 세운다는 것이다. 학생들은 서로 문제를 풀기 위한 전략과 방법을 소통하고, 이때 교사의 역할은 학생들의 대화를 듣고 학생들의 사고과정을 이해하며 질문과 토론을 활용하여 학생들의 토론을 격려하는 것이다. 이때 수학문제들은 미리 정해진 교과과정에서 선택되는 것이 아니라, 학생들이 갖고 있는 사고 양식, 학생의 수학학습에 관련한 연구기반 지식, 그리고 초등수학 내의 해당 단원 지식 등을 고려하여 정해진다.

비슷하게, 중 · 고등학교와 대학교 강의실에서도 문제기반(problem-based) 수학수업은 학생들의 수학적 문제 해결 능력과 의사소통 능력을 개발하는 데에 효과적인 것으로

1 본 장의 목적은 해당 수업이 학생들의 증명 학습에 끼친 영향을 보고하려는 것은 아니나, 연구자들은 실시한 교수방법이 학생들로 하여금 수학 학습에서 핵심 과정으로써 증명에 대한 이해에 도달할 수 있었음을 확인할 수 있었다. 더 많은 정보는 Smith(2006)을 참조하도록 한다.

나타났다(Goos, 2004; Stephan and Rasmussen, 2002; Yackel, Rasmussen, & King, 2000 등). 이러한 수업에 대한 대부분의 연구에서는, 수업 전체를 학습공동체로 보고 교수자의 역할은 학생들의 이해도모를 위해 이 학습공동체를 안내하는 것으로 본다.[2] 예를 들어 Goos(2004)는 호주의 중등수업을 기반으로 연구를 하였고, 그 수업에서 교사는 수학적 사고를 모델링하고 학생들로 하여금 자신들의 답을 명백히 하고 정교화하는 방법을 격려하며 필요할 때까지 학생들에게 수학적 관습과 기호를 소개하는 것을 기다렸다. 이 수업에서 학생들은 흥미로운 문제를 접할 수 있었던 기회에 대해 좋게 평가하였으며 수학에 있어 설명(explanation)과 증명의 가치를 높게 평가하였다. 후속 연구에서 Yackel, Rasmussen과 King(2000)은 교수자가 학습자의 수업참여가 얼마나 중요한 것인지에 대한 인식을 갖고 사회적, 사회수학적 규범에 대해 영향을 주는 적극적이고도 의도적인 수업을 진행한 미국의 한 대학교 미분방정식 수업을 연구하였다. 그들은 교수자가 수업에서 학생들 간의 상호작용을 촉진하기 위해 활발하게 관여함으로써 학생들의 수학적 논리력이 높은 수준으로 발달하는 것을 밝혀냈다. 후속연구에서 Stephen과 Rasmussen (2002)은 특정 개념에 대해서 학생들이 협동적 이해(collective understanding)를 하는 것을 밝혔고, 수업에서 학생들의 참여 형태는 시간 및 수학적 구조의 관점에서 비순차적으로 발달한다고 하였다. 또한 다른 수업과 같이 본 수업에서 교수자는 학생들의 토론과 발표를 적극 지원하면서 학습자들의 수업 참여도를 높이는 데 중요한 역할을 한다.

Goos(2004)는 **수업에서의 집단탐구**(classroom community of inquiry)를 "학생들이 수학적 토론에 참여하고 새롭고 익숙하지 않은 문제들을 풀면서 수학적으로 말하고 행동하는 것을 배우는 것(p. 259)"이라고 정의한다. 여기 소개된 모든 강의에서 학생들은 수업에서의 집단탐구의 기회를 갖는다. 또한 여기 소개된 수업들은 우리가 '탐구기반학습(inquiry-based learning: IBL)'이라고 정의하는 개념의 예에 해당된다.

많은 수학교육 연구자(Wood, 1999), 과학교육 연구자(Newton, 1999)들은 수업에서 논의와 토론을 활성화하는 데 있어 강사의 역할이 중요함을 강조한다. McClain과 Cobb(2001)은 수학사회적 규범을 발달시키는 데에 있어서 초등학교 1학년 여교사의 역할을 연구하

2 이와 같은 탐구중심 수업의 효과에 대한 연구는 적은 편이며 특히 대학수업에서의 연구는 많지 않다. Kwon, Rasmussen과 Allen(2005) 연구는 대학교에서 탐구중심 미분방정식 수업이 진행된 학급의 학생들이 전통적인 수업 방식으로 진행된 학급 학생들보다 더 많은 절차적 지식을 습득하였고, 1년 뒤 개념적 지식의 보존에 있어서 더 효과가 있었음을 보여준 양적 연구 사례이다.

였는데, 수학사회적 개념이 나타나는 과정을 연구하기 위해, 특히 토론의 역할에 주목하였고 학생들의 사고과정을 교사가 어떻게 상징화하는지에 주목하였다. McClain과 Cobb은 교사의 적극적인 지도로 인해 학생들은 지적인 독립심과 더 강한 수리적 사고력을 개발할 수 있다는 점을 발견하였다. Wood(1999)는 초등학교 2학년 수업에서 교사 역할을 연구하였는데, 토론과 반론이 중요시되는 학습 분위기에서 집단탐구 발달에 교사가 어떤 역할을 할 수 있는지에 주목하였다. 이 연구에서 Wood는 토론, 참여, 듣기, 반론의 개념이 세워질 때까지는 교사가 매우 많은 노력을 하지만, 학생들이 학습공동체에서 자신들의 역할에 대해 자신감을 키우면서 교사의 역할은 감소한다는 점을 발견하였다. Martino와 Maher(1999) 연구에서는 교사가 적절한 질문을 하는 것도 중요하지만, 학생들이 혹은 학습자들 간에 자기주도적인 학습을 할 수 있도록 전략적으로 후퇴하는 법을 아는 것도 매우 중요하다고 강조하였다(p. 75).

‘개정된’ Moore 교수법과 탐구기반학습

지난 몇 년간 우리는 남부의 한 주립 대학에서 정수론 과목에서의 학생과 교수자의 경험을 연구하였다. 매 학기 여러 개의 정수론 강좌가 열리며, 적어도 두 강좌는 개정된 Moore 교수법(modified Moore method; MMM)을 사용하여 진행된다. MMM이란 학생들 간의 수학적 담론을 중요시하는 교수법으로써 앞에서 설명한 탐구기반학습과 비슷한 개념이다. (다른 강좌들은 전통적인 강의기반 수업이다.) R. L. Moore의 교수법과 유사하여 이러한 강좌는 MMM으로 불리는데, 이러한 강좌에서 만들어지는 집단규범(community norms)은 앞에서 설명한 IBL 수업의 것과 유사하므로, 우리는 이러한 강좌를 MMM이라고 부르기보다는 IBL로 통일하여 부를 것이다.

Smith(2006)는 이러한 교수법이 증명을 시도함에 있어서 학생들로 하여금 수학적 개념을 스스로 습득하도록 격려한다고 주장한다. 이 연구는 전통적인 강의중심 강좌와 IBL 교수법으로 진행된 정수론 강좌에 등록된 학생들이 수학적 증명에 접근하는 방법에 있어서 어떤 차이를 보이는지 살펴보았다. 가장 극명한 차이는 주어진 명제를 증명하는 방법의 선택과 다른 사람의 증명을 평가하는 데에서 드러났다. 일반적으로 IBL 강좌의 학생들은 수학적 아이디어를 이해하는 데에 중점을 두는 반면, 전통적 강의중심 강좌의 학생들은 주어진 과제를 마치기 위한 쉽고 빠른 방법을 찾는 데에 중점을 두었다. 이는 IBL 강좌 방법이 학생들에게 수학을 의미 있게 학습할 수 있는 기회를 제공하고 있음을 나타낸다.[3] 이 절의 후반부에서는 해당 IBL 강좌의 구조에 대한 배경에 대하여 설명한다.

우리가 연구한 IBL 강좌는 **문제중심** 접근방법(problem-based approach)을 쓴 수학 수업이다. 이 강좌에서 학생은 교수자의 도움이 전혀 없거나 아주 조금만 있는 상태에서 구성 기획이 잘된 문제 목록 혹은 증명할 정리의 목록을 받게 된다.[4] 그 다음으로 학생들은 수업에서 자신의 답을 발표하고 교수자는(혹은 발표 학생은) 답에 대한 전체 토론을 격려한다. 이와 같은 학생의 답안 발표와 이에 대한 학급 전체의 토론은 IBL 교수법의 매우 중요한 특징이다. 이때 교수자는 학생이 발표한 증명에 대해 맞고 틀리고를 말하는 결정권자가 아니라, 필요한 때에 학생들에게 안내 지도를 하는 수학 멘토로서의 역할을 수행하게 된다.

앞 장에서 소개된 수학 교수법과 이 장에서 소개되는 수학 교수법은 많은 점을 공유한다. 두 교수법은 모두 문제해결 능력과 단순 정보전달이 아닌 이해학습을 강조하며, 강의가 교수자 중심에서부터 학생 중심으로 변화되는 것을 강조하고 있다. 대부분의 경우 교수자는 학생들의 능력과 수학적 개념을 인지하여 강좌의 수준과 속도를 학생들에게 맞춰 조정한다(Carpenter, Fennema, Peterson, Chiang, & Franke, 1989; Mahavier, 1997; Mahavier, 1998; Parker, 1992). 위의 연구들은 모두 학생들이 이해하는 수학 영역에 대한 분석 및 학생들의 수학적 이해 발달에 대한 분석을 통해 정교하게 만들어진 문제들에 몰입할 때 학생들이 유의미한 수학학습을 하게 됨을 시사하고 있다. 학생들로 하여금 다양한 문제를 풀게 하고 답을 설명하게 함으로써 학생들의 수학적 이해력과 창의적 사고력 계발에 강의의 중점을 둔다(Carpenter, Fennema, & Franke, 1996; Mahavier, 1998). 학생과 교수자의 역할은 중요할 뿐만 아니라 상호의존적이다. 학생들은 적극적으로 학습 과정에 참여하고 자신의 학습을 책임질 수 있어야 한다. 교수자는

3 본 장에서 소개하는 교수법이 전통적인 강의중심 교수법에 비해 우수하다고 주장하지는 않지만, 선행연구, 진행 중인 많은 연구('수학 교수-학습의 특성에 대한 연구' 포함)들을 토대로 일반적으로 대학교 수학 수업에서 적극적인 학습 환경을 제공하는 강좌가 전통적인 강의기반 수업에 비해 학생들로 하여금 수학을 의미 있게 학습하게 한다는 것을 알 수 있다.

4 교수자에 따라 학생들에게 학습 자료로써 다른 교재나 학생들을 활용하게 할 수도 있고 그렇지 않을 수도 있다. Moore가 개발한 원래 교수법으로는, 모두 개별학습을 하며 수업 후 교실 밖에서의 논의는 허락되지 않았다. 이를 위해 Mahavier(1998), Renz(1999)를 참고한다.

협력자로서 학생들의 학습을 가이드하고, 적절한 질문을 하여 협동학습 및 학급 전체 토론을 촉진해야 한다(Clark, 2001; Knapp & Peterson, 1995; Mahavier, 1998).

교수자의 역할

수업공동체 생성에 있어서 교수자의 역할(role of the instructor)은 두 가지로 분류할 수 있는데, 강의의 수학적 활동을 보조하고 이끄는 역할과 학습공동체의 문화를 가이드 하는 역할이다(Hiebert et al., 1997). 이 절에서 우리는 IBL 교수자가 이 두 가지 역할을 모두 수행하는 사례를 소개한다. 특별히 교수자가 수업의 리더로서의 위치를 포기함으로써 학생들의 학습공동체 참여를 북돋우고, 학생들이 제시된 증명에 대한 합의를 찾아가도록 어떻게 돕는지를 알아본다.

여기서 소개될 IBL 수업의 교수자는 수학과 정교수인 '마크 교수'로 20년이 넘게 IBL 교수법으로 강의를 한 경험을 갖고 있으며, 대학교에서 인정하는 강의 우수 교수이다. 학생들과 동료들은 그를 학과에서 가장 강의 잘하는 교수로 손꼽는다. 하지만 그는 학생의 신분으로서 IBL 강의를 들은 것 말고는 별다른 교육학적 훈련을 받은 적이 없으며 특정한 학습이론을 지지하는 것은 아니지만, 자신의 교수법이 학생들로 하여금 독립적인 사고력을 갖게 한다고 믿는다. 마크 교수의 정수론 강의의 구조는 전 절에서 소개된 수업 구조와 비슷하다. 마크 교수는 몇 주에 한번, 학생들에게 '강의 노트(course notes)'를 제공한다. 강의 노트에는 증명해야 될 정리의 목록과 필요한 정의와 설명을 돕기 위한 문제들이 포함된다. 이 강의 노트는 마크 교수와 마크 교수의 동료 교수 한 명이 함께 몇 년에 걸쳐 개발한 것으로, 학생들을 돕기 위해 논리적인 단계를 거치는 수학적 개념과 정리들을 고안한 결과물이다. 학생들은 수업 시간 이외에도 노트에 포함된 정리에 대해 생각하고 공부하였으며 자신들의 증명을 강의 시간 중에 발표하였다. 수업 초반에 마크 교수는 강의 노트에 있는 처음 3~6개의 정리를 증명할 지원자를 찾았고, 이 지원자들은 수업 초반의 10분 동안 자신들의 증명을 칠판에 적은 후 한 명씩 증명을 설명하였다. 증명 발표가 끝난 다음에 마크 교수(혹은 발표 학생)는 전체 학생들에게 코멘트나 질문이 있는지 물음으로써 제안된 증명에 대한 토론을 활성화시켰다. 마크 교수는 자원자들의 증명이 맞았는지 틀렸는지에 대한 언급은 하지 않고 학생들이 제안한 증명에 대해 더

이상의 질문이나 지적이 없을 때까지 전체 토론을 진행하였다.[5]

강의 첫날부터 마크 교수는 전통적인 교사의 역할을 취하지 않았다. 물론 특정 경우에 마크 교수는 분명 학생들의 주목 상대였고 그 수업의 권위자였지만, 그 밖의 경우에 마크 교수는 뒤로 물러나 학생들로 하여금 토론을 주도하도록 하였다. 마크 교수는 수업 리더로서의 권위를 발표하는 학생 혹은 학급 전체에게 의도적으로 넘긴 것이다. 이러한 리더십 양도는 마크 교수의 강의실에서 서 있는 위치나 목소리(톤, 크기, 침묵), 그리고 몸짓으로 표시되었다. 한 학기 동안 우리는 마크 교수가 리더 역할을 양도하는 것을 여러 번 볼 수 있었다.

이 절에서 소개할 데이터는 한 학기 동안 진행한 연구를 위해 정수론 과목의 교수자와 학생들로부터 수집한 것이다. 이 강의에 22명의 학부생이 등록하였는데, 대부분이 수학 전공자였으며 소수의 컴퓨터 전공자가 있었고, 그 중 1/4 정도는 중등 예비교사들이었다. 정수론 강의는 대학에서 증명으로 들어가기 위한 전환기 과목 역할을 하며 수강한 학생들 모두에게 필수 과목이었다. 대부분의 학생들이 이 강의를 통해 대학에서 수학적 증명을 처음으로 경험하였다. 우리는 연구가 진행된 학기 내내 모든 강의를 비디오 녹화하였으며 녹화된 비디오들은 필요한 부분에 따라 30초에서 5분 정도의 비디오 클립으로 편집되었다. 또한, 이 비디오 내용을 연구팀이 개발한 분석틀에 의해 코드화하였다. 마크 교수의 리더십 패턴을 분석하기 위해 우리는 모든 비디오 클립을 분석하였고, 하나의 증명이 발표되는 시간 중 마크 교수가 전체 토론에서 리더 역할을 수행하는 경우가 몇 번이 되는지를 조사하였다. 이 조사를 통해 마크 교수가 토론에 참여하는 유형을 다음과 같이 분류할 수 있다.

- **참여 권장하기**: 발표된 증명을 정리하고 학생들의 이해를 돕기 위한 질문과 코멘트를 모델링함으로써 수업공동체 형성을 위한 참여 권장
- **전체 토론 활성화**: 학급 전체에게 발표된 증명에 대한 질문과 코멘트를 유도하고, 학생들로 하여금 질문과 코멘트를 정련하게 함으로써 전체 토론을 활성화

5 보통 학생들은 칠판에 적힌 증명에 눈에 띄는 오류가 있으면 알아내고 지적을 한다. 혹시 학생들이 증명에 오류가 있어도 찾지 못하는 경우 마크 교수는 여러 가지 전략으로 학생들이 증명을 정밀하게 분석하도록 한다. 예를 들어 마크 교수가 증명의 일정 부분을 이해하지 못한다고 말하고 학생들로 하여금 다시 설명해 보라고 하거나, 실수가 있는 부분에 대한 반례를 제시하기도 한다. 어떤 경우에도 마크 교수는 학생들이 틀린 부분을 찾아내기 전에 증명이 틀렸다고 말하고 새로운 증명을 제시하는 경우는 없었다.

- **학생들의 증명 전략에 대한 토론과 질문하기**: 예를 들어 마크 교수는 증명을 시작하는 단계에서 쓰인 초기 전략, 기호의 사용법, 선수 지식과 경험에 대해 자주 질문하였다. 마크 교수는 증명해야 할 수학적 명제에 대한 통찰을 얻기 위해 구체적인 예시가 매우 중요함을 강조하고, 때로는 증명을 하는 데에 필요한 일반적인 전략에 대해 조언을 제공하기도 하였다.

비록 이러한 분류는 우리가 자료를 분석하여 얻은 결과이지만, 이는 앞 절에서 우리가 소개한 아이디어와 일치한다. 특히, 마크 교수의 행동은 Goos(2004)와 Yackel, Rasmussenm, King(2000)의 연구에서 밝힌 교사의 행동과 매우 유사하다.

분석을 시작하기 전에 우리는 교수자가 학기 초반에 강의에서 리더십을 발휘할 것이며 학생들이 자신감을 얻고 자신들의 역할이 무엇인지를 알게 되면서는 그 리더십이 점차 감소할 것이라고 예상했다. 하지만 자료를 실제로 분석해본 결과, 그림 18.1에서 볼 수 있듯이 교수자는 학기 초반이나 후반보다는 학기 중반에 강의의 주도권을 잡는 경우가 더 빈번했다.

이러한 경향은 그림 18.1에서 볼 수 있듯이 마크 교수가 주도권을 잡은 전반적인 사례에서만 나타난 것이 아니라, 위에서처럼 마크 교수의 행동을 세 가지로 분류했을 때도 나타났다. 우리는 마크 교수가 학급 전체 토론의 주도권을 학생들에게 준 다음에 다시

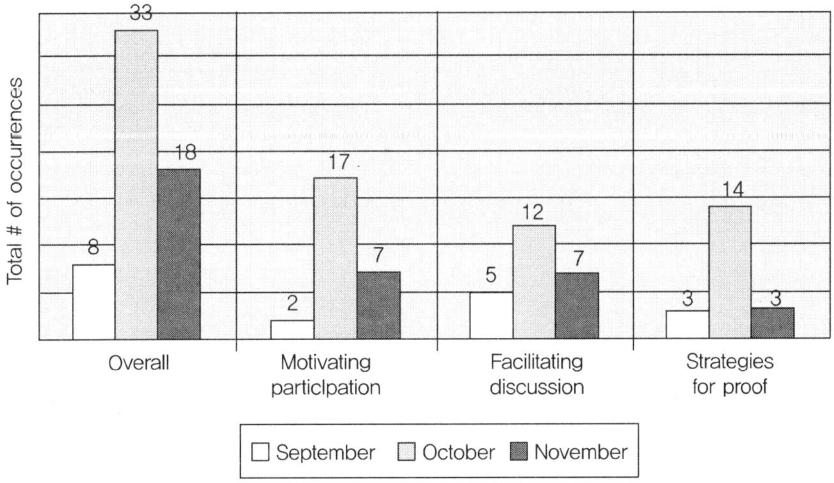

[그림 18.1] 책임자 역할 맡기

찾는 경우를 조사하였다. 그 결과 마크 교수가 주도권을 가진 경우의 횟수가 많다는 것은 그만큼 강의의 주도권 변화가 빈번하다는 것을 의미한다. 왜 이러한 경향이 나타났는지를 이해하기 위해 우리는 강의를 삼분기로 나누어(9월, 10월, 11월) 수업을 분석하였다.

9월: 마크 교수는 발표된 증명에 대해 학생들이 반응하도록 격려한다

학기 초반에 마크 교수가 강의의 주도권을 잡은 경우는 학급 전체 토론 때와 마크 교수가 학생의 발표를 정리할 때였다. 그 때까지 수업 내용은 대부분의 학생들에게 어렵지 않은 것이었다. 학기 초반의 수업목표는 학생들에게 비교적 간단한 증명을 경험하게 하는 것이었다. 많은 학생들이 엄밀한 수학적 증명을 해 본 경험이 없었기에 초반의 토론 내용은 제시된 증명이 주어진 정리에 대한 정당한 수학적 증명이냐 아니냐를 논하는 것이었다. 이때 마크 교수는 학생들의 질문에 답을 제시하거나 증명이 맞았는지 틀렸는지를 판단하는 수업의 권위자로서 행동하지 않았다. 마크 교수는 강의의 수학적 내용에 집중하기보다는 학생들에게 일반적인 질문을 하거나 제시된 증명에 대한 학급 전체 토론을 격려하는 데에 주력했다. 학기가 진행될수록, 마크 교수는 학급 전체 토론에서 조력자의 역할로부터 수업 내용에 대한 핵심적인 질문을 던짐으로써 학급 토론의 수학적 질을 높이고자 하는 의도로 그 역할을 변경하였다. 하지만 학기 초반에 마크 교수는 학생들이 서로에게 해야 하는 좋은 질문을 유형화하며 학급 토론에의 참여를 유도하는 데에 주력하였다. 학기 초반부에 마크 교수가 강의의 주도권을 가지려고 하는 경우는 많지 않았고 이는 우리의 직관을 벗어나는 것이다. 학생들이 수학적 증명에 대하여 토론하는 능력은 교과목의 구조의 영향을 받기 때문에 학생들이 토론에 활발하게 참여하도록 장려하는 것은 매우 중요한 것처럼 보인다. 하지만 마크 교수가 학급 토론을 이끄는 것을 꺼려함으로써 오히려 학생들의 토론 참여를 더 유도할 수 있었을지 모른다. 학기 초반에 이루어진 토론의 경우 마크 교수는 아예 말을 하지 않거나 토론의 주도권을 잡지 않았고 결국 학생들은 질문을 하거나 코멘트를 하면서 학급 토론을 이끌어 가게 되었다.

우리는 이 시점의 수업 공동체의 성격과 학기 후반의 수업 공동체의 성격을 비교하기 위해 교수자의 역할을 수학적 전문가 혹은 더 큰 수학 공동체의 대표자로 설정하였다. 학기 초반에 교수자는 자신을 정수론 강의의 수학적 권위자로 소개하지 않았다. 나아가 학생들 또한 교수자의 역할을 제대로 알지 못했고 수업 공동체에 소극적으로 참여하는 양상을 보였다. 학생들이 과거 수강했던 수학 교과목에 비해 사고 및 태도의 수준을 적

정리: m과 n은 자연수이다. 그렇다면 $m=nq+r$과 $0 \le r \le n-1$을 만족하는 정수 q와 r이 존재한다.

알렉스가 칠판에 적은 증명:
1.21: 나눗셈 알고리즘. $m=nq+r$
m과 n은 $m>n$을 만족하는 정수이다. 그러므로 q는 m/n의 정수 부분이고 r은 그 나머지일 것이다.
n은 제수이다.
예를 들어 $27=3*7+6$

[그림 18.2] 알렉스의 증명 전체와 정수 q의 존재를 말하는 명제

극적인 형태로 끌어 올리는 것을 '시작'하기는 했지만, 대부분의 학생들은 학기 초반 자신들의 역할과 교수자가 기대하는 참여 수준을 명확히 이해하지 못했다.

이러한 행동의 사례를 보이기 위해 우리는 학기 초반인 이 시점에 진행된 짧은 대화내용을 소개한다. 학생들은 알렉스가 두 개의 자연수를 나눌 때, 정수 q의 몫이 존재함을 증명하는 것을 관찰한 상태였다. 알렉스의 증명 전체와 정리는 그림 18.2에 제시되었다.

알렉스의 발표가 끝난 후 침묵이 계속되었고 학생들은 마크 교수가 증명에 대하여 어떻게 반응할지 기다렸다.

마크 교수: 자, 알렉스한테 질문 없나요?

[침묵]

케빈: n이 m보다 작아야 된다고 말하지 않은 것 같아요. 왜냐하면 여기에서는 [학생들이 푼 다른 문제를 가리키며] n은 45이고 m은 33이잖아요.

알렉스: 그게 맞아요. [자신의 증명의 이 부분을 고친다.]

[침묵]

마크 교수: 빅토리아?

빅토리아: 위 증명이 다른 숫자에 있어서도 적용된다는 것을 어떻게 알 수 있죠?

[침묵]

베리: 저는, 제 생각은 같은 의미인데··· 어떤 정수도··· 음··· 가장 작은 정수가 많을 수 없잖아요?

[침묵, 학생들이 손을 들기 시작한다.]

[이제까지 계속 강의실의 옆쪽이나 뒤편에 물러나 있던 마크 교수가 강의실의 앞쪽으로 나온다.]

마크 교수: 자 어떻게 생각하나요? 여러분 어떻게 이해했는지 알고 싶습니다. 알렉스의 증명이 맞는 것 같아요?

케빈: 제가 잘 이해할 수 없는 것은, 우리는 지금 나눗셈 알고리즘(division algorithm)을 증명하려 하는데, 알렉스는 증명에 m을 n으로 나누는 것을 사용했다는 거예요.

마크 교수: 그렇죠.

케빈: 알렉스는 증명 과정에서 나눗셈을 사용했어요. 이래도 되는지 잘 모르겠어요.

마크교수: 앤드러스는 어떻게 생각합니까?

앤드러스: 글쎄요. 전 사실 이해할 수 없어요.

마크 교수: 흠. 산드라는요?

산드라: m을 n으로 나눌 때 integer floor이라는 개념을 이해할 수 없어요.

[마크 교수가 강의실의 뒤편으로 이동한다.]

알렉스: 음. 컴퓨터 과학 같은 거예요. 정수를 정수로 나누어 예를 들어 94.6이 나왔다고 하면, 여기서 정수의 floor를 취하는 거죠.

알리: 가장 작은 정수요?

알렉스: 가장 큰 정수요.

산드라: 아, 알겠어요.

알렉스: 내 어휘력이 좀 이상했어요.

마크 교수: 패트릭?

패트릭: 음 저도 비슷한 걸 시도하려고 했어요. 저 또한 컴퓨터 과학적인 접근법을 사용했어요. 알렉스도 컴퓨터 과학 전공인 것 같아요.

알렉스: 네.

패트릭: 그렇군요. 두 개의 정수를 가지고 나눗셈을 하면 실수가 나올 것이고, 소수점 이하로 버린다면 정수가 되겠죠. 이게 제 생각이었는데 알렉스도 같은 생각을 한 것 같아요.

알렉스: 맞아요.

패트릭: 그리고 이렇게 새로 찾은 정수를 가지고 뺄셈을 사용하여 나머지를 구할 수 있어요.

알렉스: 그렇죠.

패트릭: [마크 교수를 돌아보며] 이렇게 할 수 있습니까? 이건 일종의 속임수 같은데….

마크 교수: 글쎄요. 나도 모르겠는데. 어떻게 생각합니까?

여기서 우리는 마크 교수가 수학적으로 중요한 발언은 별로 하지 않는다는 것을 확인할 수 있다. 마크 교수가 처음으로 입을 열었을 때, 그는 강의실의 앞쪽으로 이동하였고 학생들에게 발표된 증명에 대한 토론에 참여하도록 권장하였다. 마크 교수는 증명에 대한 자신의 태도를 드러내지 않고, 학생들에게 말하도록 권하였지만 학생들의 발언 내용에 대해서는 아무런 의견도 제시하지 않았다. 학생들은 무슨 말을 해야 할지 잘 모르는 듯, 자신의 역할에 대한 확신이 없어 발표하기를 주저하였다. 패트릭이 컴퓨터 과학에서 배운 자신에게 익숙한 방법을 써도 되는지를 마크 교수에게 직접 물었을 때, 마크 교수는 다시 학급 전체에게 그 질문을 하였다. 여기에서 마크 교수가 토론을 주도하지 않고 학생들의 참여를 유도하는 데에 주력하는 것을 알 수 있다. 학생들은 의견을 말하였지만 그 시점까지 학생들이 내놓은 의견은 그다지 중요한 것은 아니었다. 학생들은 마크 교수가 학생들이 제시한 증명이 맞는지 밝히고 토론의 방향을 제시할 것을 기대하였지만 마크 교수는 자신이 그 역할을 수행할 것인지에 대해서 명확히 밝히지 않았다.

10월: 마크 교수는 수학적 비평을 격려하고 이에 초점을 맞춘다

이 기간 동안에 마크 교수가 학기 초반이나 후반에 비해 강의의 주도권을 잡는 경우가 더 많았다. 나아가, 마크 교수가 주도권을 잡는 데 있어서 그 주도권의 형식이 다양하게 나타났다. 예를 들어, 마크 교수는 한 학생이 증명하는 것이 어려워 힘들어 할 때 이를 도와주기 위해서 또는 학급 전체와 함께 증명에서의 특정 포인트나 단계에 대하여 논하기 위해 (한 가지 증명 방법을 제시하기 위해), 그리고 학급 전체가 틀린 증명에서의 오류를 발견하는 것을 돕기 위해서 강의의 주도권을 잡았다. 학기 중반인 이 시점에서 학생들은 자신들의 의견을 말하고 다른 학생들의 증명을 비평하는 것에 좀 더 익숙하게 되었지만, 수학적 내용면에 있어서는 학기 초반보다 더 많이 어려워하고 있었다.

토론을 장려하기 위해 주도권을 잡을 때, 마크 교수는 학생들에게 발표된 증명에 대해 좀 더 비판적인 시각을 취할 것을 권장하였다. 때때로, 마크 교수는 학생들이 제안된 증명에 동의하지 않는 점이나 혹은 이해하지 못하는 부분을 언급할 때 그들의 의견을 다시 정확하게 설명하게 하여 좀 더 논리적인 비판을 하도록 장려하였다. 점점 어려운 정리들이 제시되고 그것들을 증명하기가 더 어려워지면서, 마크 교수는 발표된 증명에서 어렵다고 느끼는 단계에 대해 의문을 제기하고 비평할 것을 유도하였다. 예를 들어, 마크 교수는 학생들이 의문점을 다시 반복하거나 증명의 전 스텝을 상세하게 다시 설명하게 하였다. 나아가, 학급 전체가 증명을 시작하는 지점에서부터는 시작하지 못하고 어려워하는 경우도 발생했다. 이 경우에 마크 교수는 학생들이 주어진 정리를 더 잘 이해하도록 하는 도움 전략을 사용하였는데, 예를 들어, 주어진 정리를 표현을 바꾸어 다시 설명하기나 예시를 들기와 같은 전략, 그리고 증명 과정에 대한 일반적인 팁을 제공하였다.

학기의 중반부인 이 시점에 이 수업을 통해 학생들은 새로운 수학적 사고 양식을 경험하고 있었다. 아울러 수학 공동체에서의 활발한 토론을 위해, 토론에 참여하는 데 있어 필요한 개념과 규칙에 대한 지도가 필요했다. 마크 교수는 학생들에게 더 많은 코멘트를 제공하여 학생들의 사고 능력을 향상시켰는데, 이 시점에서 마크 교수는 학생들의 수학적 사고 능력 개발에 매우 중요한 기여를 하게 된다.

다음은 이 시기에 케빈이 오류를 포함하고 있는 증명을 발표한 다음에 이어진 토론 내용이다. 다른 학생들은 증명에 문제가 있는 것을 감지하지만 정확히 무엇인지 찾아내지 못하고 있을 때 마크 교수는 학생들이 자신의 의견들을 좀 더 분명하게 제시하도록 유도한다.

마크 교수: 여러분들이 제대로 따라오고 있는지 확인합시다. 제가 아무에게나 제대로 이해하고 있는지를 물어볼 것이고, 만약 제대로 이해하고 있다면 자신의 단어로 증명을 다시 설명하라고 할 것입니다. 누구에게 물어볼까요. [긴 침묵] 자, 마이클? 어떻습니까?

마이클: 네, 알겠습니다. 특정 집합에 작용하는 함수 f가 있고 이는 그 집합에 있는 모든 원소를 곱하고요, 함수 g가 또 있는데 g는 특정 숫자의 소인수들의 집합에 작용합니다.

마크 교수: 그러니까 … 제가 제대로 이해하고 있는지, 마이클이 제대로 이해하고 있는지 봅시다. 제대로 이해하고 있는 것인가요?

마이클: 네, 그런 것 같아요.

마크 교수: 이상한 점은 없습니까?

마이클: 조금 이상하게 보이기는 해요 … 하나의 집합에 함수가 작용한다는 것이요. 잘 모르겠어요. 이래도 괜찮은가요?

마크 교수: [어깨를 움츠리고 대답을 하지 않는다.]

[학생들은 웃는다.]

마이클: 괜찮은 것 같은데요?

마크 교수: 오케이, 그럼 질문 하나 합시다. 만약 집합 {2,2,3}이 있다면 어떻게 될까요?

케빈: 아, 거기에 제 논리의 문제가 있는 것 같아요. 전 서로 같은 소인수가 포함될 때 어떻게 표현하는지 모르겠어요.

마크 교수: 아하

케빈: 그게 제 논리의 첫 문제였어요. 전 그걸 어떻게 정의해야 되는지 모르겠어요. 만약 그것만 해결된다면 나머지는 쉬운 일인데 말이죠.

정리와 케빈의 증명은 그림 18.3에 소개되어 있다.

마크 교수가 케빈이 발표하는 동안에 발언을 한 것은 학생들이 증명에 대해 어떻게 생

정리: 두 정수 a와 b의 최대공약수를 d라 하자. 이때 $\gcd(\frac{a}{d}, \frac{b}{d})=1$, 즉 두 정수 $\frac{a}{d}$와 $\frac{b}{d}$의 최대공약수는 1이다.

케빈이 칠판에 적은 증명:
$f(X)$를 함수라 하자. $f(X)=X$ 안에 있는 모든 원소들의 곱.
$f(\varnothing)=1$.
N에 속하는 y에 대해, $g(y)$는 정수 y의 모든 소인수라 하자.
$A=g(a)$, $B=g(b)$, $D=g(d)$ 그리고 $g(1)=$공집합이라 하자.
$(a, b)=d$. 정리 2.14에 있는 gcd 정의에 의하면, $(a, b)=f(A\cap B)$이다.
집합들을 이용하고 나눗셈 정의에 의해, $\frac{a}{d}=(A-D)$, $\frac{b}{d}=(B-D)$이다.
따라서 (2.14)의 정의에 의하면, $(\frac{a}{d}, \frac{b}{d})=f((A-D)\cap(B-D))$이다.
집합의 차이 정의에 의해,
$(\frac{a}{d}, \frac{b}{d})=f((A\cap D')\cap(B\cap D'))$이다.
집합 교환에 의해,
$(\frac{a}{d}, \frac{b}{d})=f((A\cap B)\cap(D'\cap D'))$
$=f((A\cap B)\cap D')$. 그러나 $A\cap B=D$이므로, 따라서
$=f(D\cap D')=f(\varnothing)=1$
따라서
$(\frac{a}{d}, \frac{b}{d})=1$

[그림 18.3] 케빈의 증명과 함수 g에 대한 정리 명제

각하고 있는지를 확인하기 위해서였다. 이 시점에서 학생들은 언제, 어떻게 토론에 참여하면 되는지를 이해하게 되었으며, 마크 교수는 학생들이 즉시 코멘트를 하지 않을 경우에 증명의 특정 포인트에 학생들의 이목을 집중시키기 위해서 개입하였다. 다음의 발췌문에서 마크 교수는 한 학생에게 문제가 있는 부분에 대해 그의 주장을 다른 말로 표현해 보도록 한다. 그리고 마크 교수는 예시를 사용하여 좀 더 세부적인 질문을 해서 학생들 스스로 논지의 초점인 수학내용에 대해 생각해 보게 한다. 다음의 발췌문 이후, 학생들은 문제를 더 잘 이해할 수 있었고 발표자인 케빈에게 질문을 하기 시작했다.

테렌스: D의 여집합이 무엇이죠? 미안해요, 제가 집합론 수업을 듣지 않아서요.

[케빈은 여집합의 개념을 설명한다.]

테렌스: 알겠어요. 그럼 케빈이 여집합을 취하는 그 집합은 무엇인거죠?

케빈: 전 자연수를 말하고 있어요. 아, 그 부분을 명시하지 않았군요. 하지만 지금 소수를 논하고 있으니 자연수를 말하고 있는 것이죠.

빅토리아: 소수로 제한해야 하는 건가요 아니면 자연수로 제한해야 하는 건가요?

케빈: 자연수요.

빅토리아: 확실한가요?

케빈: 음, 왜냐하면 … 그러니깐 집합은 … 소수뿐만이 아니라 숫자의 집합이고 … 음 …

빅토리아: 저는 정말 단순히 이 논리가 자연수에 적용되는지를 알고 싶은 거예요.

[침묵]

케빈: 정의를 따르면 안 될 것 같아요, 왜냐하면 공집합을 1로 정의했고 … 1은 자연수이고 따라서 공집합과 연결될 수 없고 … 그래서 … 이제 이해할 수 있어요?

빅토리아: 흠 … 여집합을 논할 때는 말이죠 … [칠판에 적힌 증명의 특정 부분을 짚는다.] 이 부분에서 소수가 아닌 자연수라면 문제가 있을 것 같아요.

케빈: 하지만 … 숫자들은 다 소수예요. 소수로 제한했어요.

알리: 빅토리아가 말하고 있는 특정 부분에 문제가 있는 것 같아요. 거기서 여집합을 취할 때 모든 인수를 제외하게 되는 거죠. 그건 문제가 있는 것 같아요.

[알리는 케빈에게 여집합을 이용한 예시를 들고, 케빈은 자신의 증명에 나타난 문제점을 이해하게 된다.]

케빈: 아 무슨 말인지 이해했어요. 전 그게 제대로 된 증명이길 너무 바랐는데요!

[또 다른 학생이 제안을 한다.]

마크 교수: 음, 우선 이런 토론이 매우 만족스럽다는 것을 말해주고 싶어요. 빅토리아, 알리 그리고 여러분이 기본적 문제점을 지적하는 것이요. [그는 증명의 문제점을 요약, 정리한다.] 그러므로 여러분들이 이 점을 지적한 것이고 그건 아주 바람직한 일입니다.

마크 교수는 이 발췌문의 장면에서 몇 분간 아무 말도 하지 않았는데 말을 할 때는 질문을 학생들에게로 돌리는 것으로 회피하지는 않았다. 마크 교수는 학생들의 코멘트를 재정리하고 이해하기 쉽게 다시 설명하여 학생들의 참여를 유도했다. 칠판 앞에 서 있는 발표자는 손을 든 학생들의 질문을 받았고 학생들은 발표자에게 직접적으로 질문을 했다. 이는 학기 초 마크 교수를 통해 질문을 했던 모습과는 다른 양상이다. 토론은 발표자와 학생들 사이에서 직접적으로 일어났으며 마크 교수는 강의실의 뒤편에서 이를 듣기만 할 뿐 토론을 이끌지는 않았다. 위 발췌문에 나타난 대화가 이루어질 때 마크 교수는 즉시 칠판 앞으로 가서 증명의 문제점을 분명하고 직접적으로 지적하며 수정할 수 있는 방법을 제안했다. 여기에서 중요한 점은 학생들이 스스로 케빈의 증명의 문제점을 성공적으로 발견하고, 케빈이 이를 이해할 수 있게 되고, 증명을 수정하기 위한 구체적 방법이 필요할 때 마크 교수의 개입이 일어났다는 사실이다.

11월: 전문가 참여자로서의 마크 교수

학기 말에 이르러서는 마크 교수가 리더 역할을 수행하는 횟수는 감소하였다. 마크 교수가 리더 역할을 하는 경우는 어려운 증명을 다룰 때였으며, 주목할 점은 학생들이 다루는 증명의 난이도는 높아졌지만 마크 교수가 리더 역할을 할 필요성은 작아졌다는 점이다.

마크 교수가 증명 발표나 토론에 개입할 때는, 칠판에 적힌 증명을 좀 더 명시적이고 엄밀하게 만들기 위해서였다. 마크 교수는 수업 공동체의 한 사람의 동등한 참여자이면서 전문가로서 조언을 제공하였다. 마크 교수의 코멘트는 다른 학생들의 코멘트와 마찬가지로 발표된 증명을 더 엄밀하게 만들기 위한 것에 그 목적이 있다. 이 시점에서의 마크 교수의 역할은 학생들이 발표하기 위해 칠판에 기록한 증명을 개선하도록 돕고 동시에 적극적으로 참여하도록 유도하는 유형으로 설명할 수 있다. 학기 초반부나 중반부와는 다르게, 학기말 시점에서 마크 교수의 코멘트는 토론을 활성화하거나 학생들의 집중력을 높이기 위한 힘겨운 노력의 모습이 아닌 단순한 지적의 형태로 나타났다.

학기 말에 이르러 학생들은 10월의 수업과 비교했을 때, 수학적 공동체 규범에 대해 좀 더 잘 이해하였고 자신들의 참여와 수학적 사고에 대한 교수자의 기대 또한 잘 이해하고 있었다. 수학적 공동체의 대표자로서 교수자의 영향은 학기 중반부에 비해 비교적 줄었고 이는 학생들이 수학적 공동체와 수업 공동체를 하나의 통합된 개념으로 받아들였기 때문이다.

다음에서 예시하는 발췌문에서 맥스는 자신이 칠판에 쓴 증명을 읽는다. 맥스는 마크 교수나 다른 학생들이 질문하지 않음에도 증명의 중간 부분에서 멈추고 다른 학생들에게 지금까지 자신이 쓴 증명을 이해하는지 묻는다.

[맥스는 자신이 칠판에 쓴 증명을 읽는다. 맥스가 첫 세 줄을 읽고 난 다음.]

맥스: 이 부분을 이해할 수 있어요?

알리: x가 무한대로 갈 때의 극한이 아니어도 됩니까?

맥스: 하지만 이 숫자에 대해 우리는 모르니까요. 양수일 수 있고 음수일 수도 있어요.

케빈: 모두 0이 될 것이라는 사실을 안다는 것을 무시한다고 해도, 0이 될 수 있는 인수를 곱하면 됩니다. 그렇게 하는 것이 더 명료할 것 같아요. 그리고 그렇게 하는 것이 저 증명이 사실인 이유가 됩니다.

[맥스는 케빈에게 다시 설명할 것을 요청하고 케빈은 맥스에게 설명한다. 맥스는 케빈의 생각을 칠판에 적힌 자신의 증명에 반영한다.]

학생: 아니면 로피탈 정리를 n번 사용해도 되죠.

[웃음]

케빈: 그렇죠, 하지만 미적분은 이 증명에 의존해요. 이용해 보세요.

맥스: [고개를 끄덕이며] 이러면 명확한가요? 또 다른 질문 없어요? 패트릭?

패트릭: 극한을 사용하지 않고 증명할 수는 없어요? 전 그러려고 노력했어요. 맥스의 방법도 좋은 방법이지만 전 …

[침묵]

마크 교수: '극한을 이용하지 않고 할 수 있는가'는 좋은 질문입니다. 다른 말로 말하면, 극한은 어떻게 보면 무언가를 숨기고 있는 것입니다. 맥스의 목표는 x의 n제곱

이라는 분모가 다른 항들보다 크다는 것을 증명하는 것이고, 극한을 사용하면 그 것을 어느 정도는 보일 수 있지만 더 명시적으로 하는 게 중요합니다.

맥스: 알겠어요.

마크 교수: 그래요, 그렇게 할 수 있어요. 증명은 이미 여기 있으니, 이를 더 직접적인 표현으로 바꾸면 될 것입니다.

정리와 맥스의 증명은 그림 18.4에 소개되어 있다.

위에서 예시한 발췌문에서 칠판 앞의 맥스는 학생들이 자신의 증명을 이해할 것이라는 기대를 가지고 학생들과 소통하고 있다. 맥스는 자신의 증명이 명확한지 자신이 없을 때 증명을 멈추고 학생들에게 이를 이해하는지 질문하고 여러 학생들이 맥스의 증명을 향상시키기 위한 제안을 하였다. 이 시점에서 이러한 논의 형태는 일반적인 것으로 이 발췌문과 학기 초에 일어난 발췌문을 비교하면 그 차이점은 대단히 명확하게 드러난다. 마크 교수의 역할은 토론을 활성화하는 역할에서 필요한 경우에만 토론에 협조하기 위하여 조

정리: $f(x)=a_nx^n+a_{n-1}x^{n-1}+\Lambda+a_0$를 차수가 $n>0$이고, 최고차항 계수 $a_n>0$인 다항식이라 하자. 모든 $x>k$인 x에 대해 $f(x)>0$인 정수 k가 존재한다.

칠판에 적힌 맥스의 증명:
13) $f(x)=a_nx^n+a_{n-1}x^{n-1}+\Lambda+a_0$를 차수가 $n(n>0)$이고, 모든 a_i들은 Z에 속하고, $a_n>0$이라 가정하자. 그러면 모든 $x>k$에 대해 $f(x)>0$를 만족하는 정수 k가 존재한다.

증명: 다음을 가정하자. $f(x)=a_nx^n+a_{n-1}x^{n-1}+\Lambda+a_0$, $n>0$, $a_n>0$
모든 $x>k$에 대해 증명할 것이므로, x는 무한대로 갈 것으로 가정한다.
다음을 고려하자. $a_n>0$, $n>0$이므로

$$\lim_{x\to\infty}\frac{a_{n-1}x^{n-1}+\Lambda+a_0}{a_nx^n}=0$$

x가 무한대로 다가감에 따라, a_nx^n은 다음보다 커질 것이다.
$a_nx^n+a_{n-1}x^{n-1}+\Lambda+a_0$ (혹은 $a_nx^n>a_nx^n+a_{n-1}x^{n-1}+\Lambda+a_0$)
$a_n>0$, $n>0$이므로 a_0는 양수이다.
$f(x)=a_nx^n+a_{n-1}x^{n-1}+\Lambda+a_0$ & a_nx^n은 양수,
& $a_nx^n+a_{n-1}x^{n-1}+\Lambda+a_0$.
따라서 나는 x가 무한대로 가면, $f(x)$가 양수라고 결론 내린다.
따라서 모든 $x>k$에 대해 $f(x)>0$를 만족하는 하나의 정수 k가 존재한다.

[그림 18.4] 맥스의 증명과 $x\to\infty$에 대한 정리 명제

언을 제시하는 전문가 역할로 변했다. 위의 발췌문에서 볼 수 있듯이 마크 교수는 맥스가 다른 학생들의 제안을 어떻게 통합시켜야 하는지 어려워할 때 비로소 입을 열었으며, 전 절과 다르게 마크 교수의 개입은 거기서 멈추었다. 맥스는 자신의 증명을 어떻게 바꿀지에 대한 개요를 설명하고 이에 다른 학생들은 동의하고, 다음 증명 발표가 진행되었다.

결론

Yackel(2002)은 교수자가 학급 토론에서 침묵을 지켜야 한다는 것은 잘못된 생각이라고 주장한다. 오히려 적극적인 자기주도 학습을 하는 학습 공동체를 만들기 위해서는 언제 그리고 어떻게 교수자가 개입하는지가 매우 중요하다고 말한다. 우리는 이 장에서 학생들이 수업 공동체의 집단탐구학습에 참여하는 데에 좀 더 익숙해지면서 교수자의 역할이 어떻게 변화해 나가는지를 살펴보았다. 교수자가 언제 말하고 언제 침묵을 지키고 그리고 무엇을 말하는지는 학생들의 수업 참여 방법에 영향을 주었다. 학기 초, 마크 교수의 코멘트는 토론을 활성화시키는 데에 주목적이 있었다. 마크 교수는 발표되는 수학 자체에 대해서는 거의 언급하지 않았다. 학기가 진행되면서 학습내용은 점점 어려워졌으며 마크 교수가 토론에 개입하고 학급의 리더 역할을 맡는 횟수는 증가하였다. 이때 마크 교수의 코멘트는 대부분 수학적 내용에 대한 지적이었으며 증명 전략에 대해 더 깊이 사고하도록 학생들을 장려하였다. 학기 말이 되었을 때 학생들은 어려워진 수학과 토론에 참여하는 것에 익숙해하였고 교수자의 학급 토론 개입 횟수는 감소하였다. 이는 초등학교 1학년 탐구기반 수업에서 교수자의 개입이 학기가 진행될수록 감소하였다는 Wood (1999)의 연구 결과와 대조를 이룬다.

학기가 끝날 때쯤, 이 강의의 학생들은 자신들의 수학적 아이디어를 토론하고 발표하는 데에 익숙해져 있을 뿐만 아니라, 수학 수업에서 적극적인 참여, 개인적 노력과 사고, 동료와의 토론의 중요성을 인지하게 되었다. 우리는 이러한 수업의 구조와 마크 교수가 학급 리더로 개입하는 시기를 주의 깊게 선택한 것이 학생들로 하여금 수학을 하나의 인간적, 사회적 활동으로 인지하게 만드는 데에 일조했다고 생각한다. 대학 수업에서 아직은 이러한 강의 환경을 찾아보기는 힘들지만, 진행되고 있는 연구들을 통해 이러한 강의 환경이 학생들의 '수학적으로 성숙한(mathematically mature)' 사고 능력이나 수업 참여 능력을 개발하는 데에 효과적이라는 사실을 보여주기 시작하였다.

19

고급수학 수업에서의 증명

증명의 표현체계에서 의미론적 추론과 구문론적 추론

Keith Weber, Lara Alcock

증명은 수학에 있어서 가장 기본적인 것으로 학생들은 수학교육의 전 과정에 걸쳐 증명을 배워야 한다. 하지만 학생들이 대학에서 증명이 주가 되는 고급수학 교과목, 예를 들어 실해석학, 추상대수학의 강의를 듣기 시작하면서부터 증명의 성격이 변화한다. 대학 저학년에서 듣는 강의에서 종종 증명이란 어떤 명제가 사실이라는 것을 자신이 속한 공동체를 설득할 때 주장하는 방법으로 정의된다(예, Balacheff, 1987). 이러한 강의에서 학생들은 종종 말로 표현하며 증명을 한다(NCTM, 2000, p. 58 참고). 이러한 증명은 구체적 조작물이나 수학 개념의 비형식적 표현, 혹은 특정 사례를 통한 일반화 등과 같은 다양한 방법을 동원한다(예, Ball & Bass, 2000; Maher, 이 책의 제7장; Schifter, 이 책의 제4장).

고급수학 강의에서 학생들은 **수학적 증명**을 할 수 있어야 하거나 동시대 수학자들이 동의하는 잘 정립된 관습을 따르는 수학적 주장을 할 수 있어야 한다. Tall(1989)이 강조하듯이, 설득력 있는 주장이라고 해서 모두 위와 같은 수학적 증명을 의미하는 것은 아니다. 하나의 주장이 수학적 증명으로 인정받기 위해서는 정립된 공리와 정의에 기초해야 한다. 나아가, 증명은 명료성을 극대화하는 방식으로 기술되어야 하고 이는 적절한 곳에서 논리적인 표기법이 사용되어야 함을 의미하는 것이며 또한 전형적 용어를 사용하는 전형적 증명방법이 사용되어야 함을 의미한다. 추론은 연역적으로 진행되어야 하며, 도식적인 추론이나 포괄적인 예에 근거하여 일반화시키는 주장 등과 같이 이전에는 통상적으로 용인되었던 많은 방법들이 더 이상 용납되지 않을 수 있다. 아마도 증명의 성격에 있어서의 가장 큰 변화는, 이전 수준의 강의에서 용인되었던 증명의 유효함은 그 **내용**(content)에 있었던 것에 반해, 고급수학 강의에서는 증명의 유효함이 내용뿐만 아니라 그 **형식**(form)도 중요하게 다룬다는 사실이다(Harel & Sowder, 2007).

최근의 많은 수학교육 연구는 대학생들이 수학적 증명을 매우 난해한 것으로 받아들이며, 이러한 당황스러움이 학생들 스스로의 증명 능력의 개발을 방해한다는 사실을 밝히고 있다(예, Moore, 1999). 연구자들은 수학적 증명을 배우는 과정을 다른 언어를 배우는 과정에 비교하거나(Downs & Mamona-Downs, 2005), 담화 혹은 글쓰기의 새로운 장르를 배우는 과정에 비교한다(Nardi & Iannone, 2005; Selden & Selden, 2003). 이러한 비교와 관련하여, 우리는 증명 학습을 위해서 대학 강의실에서 학생들이 새로운 **표현체계**를 습득해야 함을 주장한다(여기서, 표현체계는 Goldin(1998)의 정의에 근거한다). 이 장에서 우리가 강조하는 바는 새로운 표현체계를 가지고 학습하는 것은 제한적인 동시에 큰 힘이 된다는 사실이다. 수학적 증명에 있어서 이전에는 일상적 언어나 조금 덜 엄밀한 방법으로 주장했을 내용도 이제는 모두 적절한 형식으로 표현하여야 하며, 이 때문에 학생들은 "이해는 할 수 있지만 증명은 할 수 없어요."라는 불평을 할지도 모른다. 이러한 예로 중간값 정리(Intermediate Value Theorem)를 들 수 있는데, 이 정리는 비형식적으로 그리고 시각적 표현으로 쉽게 설명될 수 있는 반면, 수학적 증명은 완전성 공리(completeness axiom)를 사용하는 등 비교적 정교한 방법을 필요로 한다. 반대로, 미적분을 배우는 학생에게는 비형식적으로 증명하기가 거의 불가능한 것이(예, 모든 양정수 n에 대해, $\sum_{i=1}^{n} i^3 = \left(\frac{n(n+1)}{2}\right)^2$ 이다.) 표준 증명 방법을 터득한 학생에게는 매우 쉬운 과제가 될 수 있다.

이 장의 목적은 학생들이 수학적 증명의 표현체계를 사용할 때에 겪는 어려운 점들이 무엇인지 그리고 표현체계가 제공하는 지원성(affordance)에 대하여 논의하는 것이다.

구체적으로, 첫째, Goldin(1998)이 기술한 표현체계의 정의와 표현체계에 있어 의미론적 추론 및 구문론적 추론이 무엇을 의미하는지 살펴본다. 둘째, 증명에서의 표현체계가 무엇을 의미하는지 정의하고 이 표현체계 안에서 의미론적 추론과 구문론적 추론에 대하여 논한다. 셋째, 의미론적 추론을 통해 대학생들의 수학적 이해도 및 증명 능력을 신장시킬 수 있는 방법을 소개하며 동시에 구문론적 추론으로 인해 대학생들이 겪을 수 있는 어려운 점을 소개한다. 이 절에서는 의미론적 추론과 관련된 논의를 위해 실증연구에 나타난 학생들의 증명 활동을 보여주는 발췌문을 사용하는데, 이 발췌문은 구문론적 추론에 관련된 관점을 설명하는 데 있어서도 사용된다. 넷째, 본 연구 결과가 주는 교수법적 시사점과 후속 연구에 대한 함의점을 논의한다.

증명의 표현체계

표현체계

Goldin(1998)의 이론에 의하면 표현체계(representation system)는 기본 부호(primitive characters), 배열(configurations), 구조(structures)로 구성된다. **부호**란 표현체계의 구성단위로써, 상호 독립적이며 아직은 특별한 의미나 해석이 부여되지 않은 개별적인 독립체이며 또한 명확하게 정의된 집합의 요소를 포함하거나(예를 들어, 알파벳, 영어단어, 숫자 등), 곡선이나 물체 등 조금은 명확치 않게 정의된 것을 포함하기도 한다. 표현체계는 부호들을 **허용된 배열**로 조합하는(가끔은 모호한) 규칙을 갖고 있다. 예로, 담화를 구성하고 있는 단어들이(기본 부호라 간주) 모여서 문장이(배열이라 간주) 될 수 있으며 또한 숫자, 변수, 연산 기호 등이 모여서 수학 방정식이 될 수 있다. 전형적인 표현체계는 이보다 많은 **구조**(structure)를 갖고 있다. 아마도 표현체계에서 가장 중요한 점은 종종 하나의 허용된 배열에서 다른 배열로 **옮겨가는**(많은 경우 모호한) 규칙을 갖고 있다는 점이다. 표현체계는 배열들 사이의 관계, 배열을 평가하는 규칙(예를 들어, 논리 명제의 참과 거짓 판단) 등의 다른 유형의 구조를 가질 수 있다.

쉽게 생각할 수 있는 표현체계의 예로는 명제계산(propositional calculus)을 들 수 있다. (잘못 해석하는 일을 방지하기 위해, 우리는 증명의 표현체계가 형식적인 논리체계로 변환될 수 있다고 주장하지는 않는다.) 명제계산은 영어 알파벳들, 논리적 기호(예,

≡ , →) 등의 부호 집합을 갖고 있으며, 이 부호들을 허용되는 배열로(예, 잘 구성된 공식) 조합하는 일련의 규칙을 가지고 있다. 또한 추론의 규칙을(예로, **긍정 논법**) 통해 하나의 잘 정립된 공식으로부터 다른 잘 정립된 공식으로 옮겨갈 수 있고 배열을 평가하는 방법 또한 존재한다(예, 논리적 명제의 참과 거짓 판단하기; 하나의 증명이, 즉 일련의 허용된 배열들의 조합이 유효한지 판단하기).

표현체계에서 의미론적 & 구문론적 이해와 추론

Goldin(1998)은 표현체계 안에서 부호와 배열에 의미를 부여하고 추론할 수 있는 두 가지 방법을 설명한다. 부호나 배열을 이해하는 하나의 방법은 그 표현체계의 구조 **안에서** 그 부호와 배열과 다른 배열과의 관계를 이해하는 것이다. 예를 들어, 명제계산에서, 반대 부호인 ¬는 이 체계와 관련해서 허용되는 배열을 가려내는 규칙과 관련하여 이해할 수 있을 것이다. 그러한 이해의 예로 "$\neg\neg P \equiv P$" 혹은 "$\neg(P \rightarrow Q) \equiv P \wedge \neg Q$."을 들 수 있다. 이러한 이해를 **구문론적 이해**(syntactic understanding)라고 한다. 또 다른 방법으로, 한 표현체계의 배열은 다른 표현체계의 배열로 이해될 수 있다. 예를 들어, 반대 부호 ¬는 영어라는 언어체계의 'not'으로 이해될 수 있다. "¬P"라는 표현은 "P가 거짓일 때만 사실인 표현"으로 이해될 수 있다. 이를 **의미론적 이해**(semantic understanding)라고 한다.

수학 문제를 다룰 때, 우리는 보통 특정한 표현체계 안에서 초기 배열로부터 문제에서 원하는 바람직한 배열로 옮겨가야 한다. 예를 들어, 대수 방정식을 풀 때, 학생은 $x = n$이라는 바람직한 배열을 얻기 위해 계속해서 대수 연산을 하여야 한다. 이때 n은 하나의 숫자이거나 여러 숫자의 집합이다. 학생은 그 체계 안에서의 규칙을 적용함으로써 이 문제를 풀 수 있다. 즉 다른 체계의 배열과 지금 풀고자 하는 배열을 연계하지 않고 그 체계의 규칙을 사용해서 말이다. 이를 **구문론적 추론**(syntactic reasoning)이라고 한다. 반대로, 학생은 관련된 배열의 의미론적 이해를 사용할 수 있다. 대수 방정식의 경우, 학생은 등식의 양변을 그래프로 그리고 교차점이 몇 개인지를 본 다음 원래 방정식의 해의 개수가 몇 개인지를 알 수 있다. 만약 그래프가 교차하지 않으면, 해가 존재하지 않음을 알 수 있다. 이를 **의미론적 추론**(semantic reasoning)이라고 한다.

수학적 증명의 표현체계

이 장에서 우리는 수학적 증명의 표현체계에 대한 포괄적인 설명은 하지 않으려 한다. 왜냐하면 그러한 설명을 시도하는 것은 수학적 증명에 대한 정의를 시도하는 것과 같은 일로 이는 거의 불가능하거니와 본 장의 범위를 넘어서는 일이기 때문이다. 대신에 우리는 수학적 증명의 표현체계의 명백한 성질을 논할 것이며, 이를 통해 수학적 증명의 표현체계의 문제성과 지원성이 무엇인지를 살펴볼 것이다. 수학적 증명의 표현체계의 성질은 다음과 같다.

- **부호**(characters): 표현체계의 부호는 수학 기호(symbols), 논리 기호, 영어의 (혹은 증명을 해야 하는 집단의 모국어의) 부분집합을 포함한다. 증명에서 쓰이는 모든 단어는, 특히 명사는, 분명하고 정확한 수학적 의미를 갖고 있다.
- **허용된 배열**(permissible configuration): 허용된 배열은 일차논리(first-order logic)에 의해 잘 정립된 공식, 문법적으로 올바른 영어 문장, 영어 단어와 논리 기호를 조합하는 문장 등을 포함한다. 예를 들어, 그래프, 구체물, 도표와 같이 문장이 아닌 배열은 허용되지 않는다.
- **타당한 증명**(valid proof): 타당한 증명을 위해서는 허용된 증명 프레임워크를 사용해야 한다(Selden & Selden, 1995). 증명 프레임워크는 처음에 주어진 명제가 무엇인지에 기초하여, 증명 시작부분에 무엇을 가정하며 증명 끝부분에서 결론이 되는 것은 무엇인지에 대하여 알려준다.
- **추론**(reasoning): 수학적 개념에 대한 추론은 그 개념의 정의 또는 그 정의로부터 도출되고 잘 정립된 정리에 기초하여야 한다. 해당 개념의 허용되지 않은 비형식적 표현에 의존하여 추론하면 안 된다.
- **주장**(assertion): 증명에서의 주장은 증명 프레임워크에서 허용된 가정이나 사회적으로 합의가 이루어진 잘 정립된 명제 혹은 이전 단계의 주장으로부터 추론된 것이어야 한다. 다시 말해 사회적으로 합의되고 잘 정립된 수학적 원칙들을 구체적으로 기술함으로써, 증명 과정에서 이전 주장들로부터 새로운 주장을 연역해 내는 데 사용할 수 있음을 의미한다(Weber & Alcock, 2005).

수학 커뮤니티는 이러한 표현체계 안에서 논의를 진행시키는 것이 증명의 신빙성을 높여

줄 뿐 아니라, 한번 증명된 명제가 계속해서 증명된 상태로 남아 있는 것을 가능하게 해준다고 주장한다(Jaffe & Quinn, 1993). 실제로 이러한 체계를 통해 증명에서 허점을 더 쉽게 찾을 수 있기 때문이다(Selden & Selden, 2003). 이와 같은 증명 표현체계의 장점을 인지하지만, 이 장에서 우리의 목적은 실제 수학자들이 이 표현체계만을 사용하거나 대학 강의실에서 이 표현체계를 유일하게 가르치고 있다는 것을 주장하려는 것이 아니다. 우리는 이 표현체계가 고급수학 강의실에서 사용되고 있다는 점을 받아들이고, 표현체계가 대학생들에게 주는 장단점을 살펴보고자 한다.

구문론적 증명과 의미론적 증명 구성

학생들은 질적으로 다른 두 가지 방법으로 증명 과제를 수행할 수 있다. 우선, 증명의 표현체계 안에서 증명을 구성하는 방법으로, 즉 학생은 증명 프레임워크를 선택하고, 가정을 쓰고, 잘 정립된 정리와 추론의 원칙을 사용하여 새로운 주장을 추론할 수 있고, 적절한 결론을 추론해 낼 때까지 이를 계속할 수 있다. 이 과정은 다른 표현체계의 배열, 예를 들어 그래프, 비형식적 설명, 해당 수학적 개념과 관련된 전형적인 예제 등에는 전혀 의존하지 않고 진행될 수 있다. 이러한 방식으로 증명을 하려는 방법을 **구문론적 추론**(syntactic reasoning)이라고 하며 이러한 방식으로 성공적으로 만들어진 증명을 **구문론적 증명 산출물**(syntactic proof production)이라 한다(Weber & Alcock, 2004; Alcock & Weber, in press).

다른 방법으로는 학생이 증명해야 할 명제를 다른 표현체계의 배열에 연계시켜 의미론적으로 이해함으로써 증명을 시도하는 것이다. 그런 다음 학생은 왜 명제가 다른 표현체계에서도 사실인지를 생각해 볼 수 있다. 예를 들어, 증가함수는 최대점을 갖지 않는다는 명제를 증명해야 할 때, 학생은 증가함수의 그래프와 최대점을 갖는 함수의 그래프를 생각해 본 후 왜 증가함수이며 최대점을 갖는 그래프가 존재하지 않는지에 대한 비형식적인 설명에 대해 생각해 본다. 비형식적 설명은 수학적 증명의 표현체계 안에서 공식적으로 다시 표현될 수 있으며 이러한 추론을 **참조적 추론** 혹은 **의미론적 추론**이라고 한다. 이러한 방법으로 만들어진 증명을 **의미론적 증명 산출물**(semantic proof production)이라 부른다(Weber & Alcock, 2004; Alcock & Weber, in press).

구문론적 추론 및 증명 구성

구문론적 추론이 주는 기회

학생들은 수학적 개념의 비형식적 표현을 전혀 사용하지 않고, 전적으로 구문론적인 방법으로 증명을 구성할 수 있다. 이를 묘사하기 위해, 증명으로의 전환(transition-to-proof) 강의를 수강하는 대학생이 우리가 수행한 실험연구에서 보여주었던 증명 과정을 발췌하여 인용한다. 이 연구에서 Carla에게 다음의 두 가지 정의를 제시하였다.

> 함수 $f:\mathrm{R}\to\mathrm{R}$ 가 **증가함수**라는 것은, 모든 $x, y\in\mathrm{R}$에 대해, $x>y$이면 $f(x)>f(y)$임을 의미한다.
> 함수 $f:\mathrm{R}\to\mathrm{R}$ 가 실수 c**에서 최댓값을 갖는다**는 것은, 모든 $x\in\mathrm{R}$, $x\neq c$에 대해 $f(x)<f(c)$임을 의미한다.

Carla에게 증가함수는 최대점을 갖지 않는다는 명제를 증명하는 동안 소리 내어 자신의 사고과정을 설명하도록 요청하였고, 이에 대한 Carla의 대답은 다음과 같다.

Carla: 그러니까 … 모순법을 사용해서 이를 증명하려고요. 우선은 … x와 c가 다를 때 … [쓰며] $f(x)$가 … $f(c)$보다 작은 … c가 존재한다는 것을 … 가정하면서 시작하려 해요. 자, [멈춤] 이제 저는 증가함수의 정의를 사용하여 이는 불가능하다는 것을 보이고 싶어요. 그러니까 … 모든 … x에 대하여 $f(x)$가 $f(c)$보다 작은 실수가 존재하고 … f는 R에 있는 모든 … x, y에 있어서 증가함수이고 … x가 y보다 크다면 $f(x)$가 $f(y)$보다 큰 것을 의미합니다. 음 … 제가 보이고 싶은 것은 x가 실수이고 실수는 무한하고 … 그러면 $f(x)$보다 큰 $f(c)$가 존재할 것이고 … [멈춤] 그러니까 … R에는 … c보다 큰 원소가 … 존재해요. 그러면 … f는 증가함수이기 때문에 … $f(x)$는 $f(c)$보다 클 것입니다. 음 … 그러면 모순이 … 그러니까 모든 x에 있어서 $f(c)$가 $f(x)$보다 큰 c는 존재하지 않습니다(출처: Alcock & Weber, in press).

위 발췌문에서 Carla는 최대점과 증가함수에 대한 비형식적 표현을 전혀 사용하지 않고 증명을 구성하며 왜 주어진 명제가 사실인지에 대하여 직관적으로 설명하지 않는다(추후 진행한 Carla와의 인터뷰 결과가 이와 같은 해석을 할 수 있었다). Carla는 아마도 증가함수와 최대점에 대한 아무런 사전 지식 없이도 위와 같은 증명을 구성할 수 있었던 것으로 보인다. 일부 수학교육학자는 Carla가 명제를 이해하지 못한 채 증명을 구성했다는 점을 문제 삼을지 모른다(다음 하위 절에서 그러한 문제 제기가 어느 정도 타당함을 알 수 있다). 하지만 어떤 경우에는 학생들이 이와 같은 방식으로 증명을 구성하는 것이 적절하고 바람직하다. 왜냐하면 첫째, 대학에서의 수학 강의에서는 직관적으로 이해하기가 매우 어려운 정리들이 있다(예를 들어, 삼각함수 법칙 혹은 '두 연속함수의 합은 연속이다'라는 명제 등). 다시 말해, 때로는 증명의 표현체계 안에서 증명을 하는 것이 비형식적 표현체계에서 증명하는 것보다 쉬울 때가 있다. 이런 경우, 구문론적 증명 산출이 학부생 차원에서 할 수 있는 유일한 증명 방법이 된다.

둘째, 대학생은 종종 고급수학 강의에서 배우는 개념에 대해 부정확한 직관적 이해를 하거나 개념에 대한 직관적 이해를 전혀 하지 못한다. 또한 학생들은 증명의 표현체계와 다른 표현체계를 연결하지 못한다. 이 경우에 구문론적 증명은 대학생이 타당한 증명을 구성하는 데 유일한 방법으로 활용된다.

셋째, 학생이 쓸 수 있는 증명 프레임워크의 범주가 상대적으로 적다는 것이 구문론적 추론의 장점이 된다. 하나의 증명 구조를 선택하면 증명의 첫 줄과 마지막 줄을 쓰는 것은 절차의 문제가 된다. 예를 들어, '만약… 그렇다면' 유형의 명제를 증명할 때, 첫 구문은 사실인 것으로 가정하고 나머지 구문을 도출하면 된다. 대학 수학 수준에서, 학생들이 적절한 증명 방법을 선택하고 정의를 사용하기만 하면 증명이 쉽게 풀리는 경우가 있다.

정리의 종류에 따라서는 '증명 템플릿'이라는 것이 존재하여 증명을 더 쉽게 할 수 있는데, 의사결정 과정이 생략된 채 대수나 단순한 계산 연습으로 전락되기도 한다. 이를 보여주기 위해서 우리는 실해석학을 다룬 실험연구의 발췌문을 인용한다. 발췌문의 Erica는 특정 수열은 특정 극한으로 수렴한다는 명제를 과제로 증명한 후 제1저자를(Weber) 만났다. 발췌문에서 우리는 Erica에게 수열 $\left(\frac{n-1}{n}\right)$이 1로 수렴한다는 것을 소리 내어 증명할 것을 요청했고 Erica는 자신의 강의노트를 참고하여 다음과 같이 설명한다.

Erica: "0보다 큰 ε을 가정하자. N은 다음과 같다."라고 쓰면서 시작해요. 우리 교수님은 이를 사용하여 N을 찾아요. 그러니까 교수님은 … 1로 수렴한다는 것을 보이기 위해 … 그래요 $\frac{(n-1)}{n}$ 빼기 1의 절댓값으로 시작해서, 이를 1 빼기 $\frac{1}{n}$ 빼기 1로 다시 쓰고 … 이는 $\frac{1}{n}$이 되고 … 교수님은 이것이 $\frac{1}{\mathrm{N}}$보다 작다고 놓고 이는 ε보다 작아요. 그러면 N은 1/ε보다 큰 값이 됩니다. 오케이, 그러므로 N을 1/ε로 놓으면 … 그러니까 만약 n항 a_n 빼기 1의 절댓값이 ε보다 작으면 … (출처: Weber, 2005.)

Erica는 위 발췌문에서 보여준 방식을 계속적으로 사용하여 증명을 구성하였다. Erica는 우선 강의노트를 보고 교수가 사용한 비슷한 증명 방법을 살펴본 후 비슷한 방법을 자신의 증명에 사용했다. Erica는 이런 방식을 계속 적용하여 타당한 증명을 만들어냈다.

어떤 경우에는, 특정한 증명 테크닉을 선택한 다음에는 증명을 **자동적**으로 구성할 수 있다. 일부 수학교육 연구자들은 의미를 부여할 수 없는 증명 방법을 학생들에게 가르치는 것이 과연 바람직한 것인가에 대하여 이의를 제기하지만, 이를 가르침으로써 다음 두 가지의 장점을 기대할 수 있다. 첫째, Sfard(2003)는 새로운 수학 아이디어를 배우는 것은 종종 자신의 수학적 행동을 고찰하는 것으로 구성된다고 말한다. 우리가 수행하는 수학적 과정을 고찰하기 위해서는, 그 수학적 과정을 자동화된 정도까지 숙달하는 것이 필요하다(Sfard, 2003, p. 365). Weber(2005)에 따르면, 일부 대학생들이 증명을 이해하는 방식은 우선 그들이 완전히 이해하지는 못하는 증명 절차를 배우고 나서 나중에 그 절차에 대해 고찰하는 방식이기 때문에 단순히 증명 절차를 가르치는 것이 수업의 목표는 아닐지라도, 이를 사용하여 학생들의 이해력을 높일 수는 있다. 증명 절차에 대한 학습이 가지는 또 하나의 장점은 난이도가 낮은 소정리들(lemmas)을 복잡한 증명에 적용함으로써 그다지 많지 않은 인지적 노력으로도 더 중요하고 복잡한 수학적 사고를 할 수 있는 기회를 제공한다는 점이다.

구문론적 추론을 하는 데 있어서의 어려움

증명의 중요한 목적 중 하나는 왜 명제가 사실인지를 직관적으로 이해하는 능력을 키우는 것으로(Hanna, 1990), 이러한 이해력을 계발하는 방법 중 하나는 학생이 만들어내는 증명과 관련된 수학적 개념에 대한 직관적 이해를 연결하는 것이다(Raman, 2003; Weber & Alcock, 2004). 구문론적 증명 구성에서 학생은 증명의 표현체계와 수학적 사고의 다른 비형식적 표현체계와의 연관성을 고려하지 않으며, 이는 학생이 자신의 증명에 대해 확신을 갖는 것을 방해할 수 있다(Fischbein, 1982; Raman, 2003; Weber & Alcock, 2004). 앞 절에서 우리는 Carla가 구문론적으로 증명을 구성해내는 과정을 살펴보았는데, Carla는 증명을 마치고 나서 자신이 명제를 완전히 이해하지 못하고 있는 것 같다고 면담자에게 말하였다. Carla는 "무슨 일이 일어나고 있는지 파악을 못한 채" 증명을 하고 있는 것 같아 불안하다고 말하였다.

Carla: 증명이 뭔가 이상한 것 같아요. 아직도 확신이 들지 않아요.
저자: 왜 이상한 것 같죠?
Carla: 잘 모르겠어요. 전 잘 이해할 수 없어요. 무슨 일이 일어나고 있는지 상상을 못한 채 기계적으로 한 것 같아요. 그래서 이상한 것 같아요. … 다시 한번 보면 안 될까요? [멈춤] 제가 증가함수라고 말하고 c보다 큰 원소가 R에 존재한다고 말한 이 전체 부분이 좀 이상해요 … 더 증명할 필요가 있는 것처럼 보이는데요? (Alcock & Weber, in press)

구문론적 추론의 또 다른 문제점은, 대학생들은 타당한 논리적 문장을 만드는 규칙과 논리적 주장으로부터 추론하는 능력을 숙달하는 데에 종종 어려움을 느낀다는 데에 있다. 이로 인해 대학생들이 만드는 증명은 오류를 많이 포함하고 있으며, 나아가 학생들이 증명의 표현체계의 규칙과 구조에 대해 충분한 이해를 하고 있다고 하더라도, 학생들은 다양한 범주의 새로운 정리들을 증명할 수 없게 된다. 정리를 증명할 때, 학생들은 많은 추론을 해낼 수 있지만, 그 중 오직 몇 가지의 추론만이 유용하다. 대학생이 증명을 할 수 없는 경우 이는 증명을 하기 위한 절차적, 논리적 지식이 부족해서 라기보다는 너무나도 많은 방법 중 무엇을 선택해야 하는지 결정할 수 없기 때문인 경우가 많다. 군론(group theory)에 대한 실험연구의 일부를 인용하여 이를 보이려고 한다. 이 연구에서 학생들은 군 준동형사상(group homomorphisms)에 대한 어려운 명제를 '소리 내어' 생각하면서 증명해야 한다. James에게 다음 명제를 증명하도록 요청하였다.

> G, H는 군(group)이며 f는 G로부터 H로의 전사 준동형사상(surjective homomorphism)이다. G는 위수가 pq인 군이며, 이때 p와 q는 소수이다. H가 아벨군이거나 또는 H와 G가 동형임을 보여라.

James의 대답은 다음과 같다.

James: 음… 무엇을 해야 하는지 모르겠어요. 음… 단사(injective) … 약 G와 H의 원소의 수가 같다면 그럼 끝난 거죠. 왜냐면 그 경우 f는 단사니까요. f는 전사이기도 하구요. G와 H는 동형이죠. f는 동형사상(isomorphism)이 되고요. 이제 위수(cardinality)가 다른 경우를 가정해 보려 해요. f가 단사가 아닌 경우를 가정해요. H가 아벨군임을 보여야 하니까… 좋아요, f가 단사가 아니므로 $f(x)$와 $f(y)$가 같은 서로 다른 x와 y를 찾을 수 있어요(Weber, 2001, p. 109).

James는 이런 방식으로 타당한 추론을 연속해서 끌어내며 군의 원소인 xy^{-1}가 f의 커널, 즉 $\ker(f)$에 속한다고 결론지었다. 그러다가 결국은 증명의 다음 단계를 찾지 못하고 시도한 증명 방법을 포기하였다. 이어진 지필검사에서 James는 위 명제를 증명하기 위해 필요한 사실들과 정리를 자신이 알고 있음을 보여주었으며, 특히 어떤 사실과 정리를 이용해야 하는지 알려주었을 때, James는 비로소 증명을 구성할 수 있었다. 위의 발췌문은 증명의 표현체계 안에서 구문론적으로 추론하는 데 있어서의 기본적인 어려움을 잘 보여준다. James가 사용한 방법이나 끌어낸 추론들은 증명의 표현체계 안에서는 모두 타당한 것이지만, James는 생산적인 접근법을 선택하지 못했으며 그가 알고 있는 많은 사실로부터 유용한 추론을 찾아내지 못했다. Weber(2001)는 많은 학생들이 James와 유사한 어려움을 겪으며, 이는 학생들이 종종 논리적 규칙과 필요한 정리들을 알고 있었지만, 어떤 규칙과 정리를 선택해야 하는지 몰라 증명하는 데에 실패하는 것을 보여주는 연구결과이다.

의미론적 추론

앞 절에서 우리는 증명의 표현체계 안에서 구문론적으로 추론하는 것의 이점에 대해 논하였다. 구문론적 추론의 가장 큰 이점으로 학생들의 수준에서 다른 방법으로는 증명이 불가능한 명제를 증명할 수 있게 해준다는 점을 들 수 있다. 이때 학생들이 증명하기 어려운 이유는 적절한 개념적 이해가 부족한 것이거나 혹은 명제 자체가 비형식적인 대체 표현체계 안에서 증명되기에는 대단히 어려운 것이기 때문이다. 우리는 또한 구문론적 추론의 문제점도 지적하였는데, 구문론적 추론의 문제점은 학생들이 증명의 표현체계와 다른 표현체계를 연결하지 않는 데서 비롯된다는 사실이다. 만약 그 체계에서 다루는 규칙이 지극히 임의적일 때 학생들은 그 규칙을 배우고 적합하게 적용하는 것을 어려워한다. 만약 학생들이 증명을 임의적인 관습을 따르는 단어와 기호의 연속으로만 생각한다면, 구성된 증명은 설득력이 없다. 만약 학생이 증명 과정을 원하는 '명제'를 얻기 위한 추론의 연속으로만 본다면, 증명은 눈을 감은 채 미로를 걷는 것과 같다. 학생들이 공부해야 하는 수학적 영역이 확대되면서 그 미로는 더불어 엄청나게 복잡해질 것이다. 이 절에서 우리는 의미론적 추론이 어떻게 이러한 문제점을 완화시킬 수 있는지 살펴보고 그리고 의미론적 추론이 가져오는 새로운 문제점도 함께 살펴본다.

의미론적 추론이 주는 기회

우리는 특정 수학 영역에서 수학적 능력이 뛰어난 학생들이 그 영역에서 구체적이거나 일반적인 여러 사례에 대해 다양한 비형식적 표현체계를 상상하는 것을 관찰한 바 있다(Weber & Alcock, 2004). 대학생과 수학자 모두 개념의 예시를 비형식적으로 표현할 수 있으며 그 표현을 사용하여 개념에 대한 빠르고 설득력 있는 추론을 할 수 있는데, 이 추론은 증명의 표현체계 내에서는 쉽게 얻어낼 수 있는 것은 아니다. 예로, Alcock과 Simpson(2004)은 실해석학 강의에서 대학생들의 극한에 대한 추론을 관찰하였다. 다음의 발췌문을 보면 Cary는 수렴하는 수열은 모두 유계인지를 증명하기 위해 수렴하는 수열의 전형적 모습을 그래프로 그려 설명하며 명제가 참이라고 대답했다.

Cary: 수렴하는 수열을 그렸어요… 극한에 다가가고 있지만 완전히 도달하는 것은 아니고… 아래위로 진동하고 있어요. [멈춤] 전 수렴은 하지만 위아래로 모두 유계이지 않은 수열은 없는지… 생각해봤어요. 하지만 그런 수열은 없는 것 같아요. 수열은 수렴하니까요. 그러므로 명제가 사실이라고 생각해요.

Cary는 그 다음 수렴하는 수열의 성질을 고려하였고 이를 증명에 사용할 수 있는지 생각하였다.

Cary: 만약 수렴한다면… 바로 유계라고 말할 수는 없어요. 단조일 필요는 없고요… 전 첫 번째 항이 상계나 하계가 될 수 있는지 생각해보고 있어요… 하지만 그건 아닌 것 같아요. 왜냐면 원과 같이 진행되는 수열이 있을 수도 있으니까요.

Cary는 위와 같은 비형식적 추론을 통해 수렴하는 수열은 유계라는 확신을 갖게 되었고, 이 같은 확신은 어려운 형식적 증명을 구성하지 않고서도 가능하였다. 이는 앞에서 설명한 Carla의 구문론적 증명 구성 과정과 명확하게 대조되는데, Fischbein(1982)의 말을 인용하면, Carla의 증명은 그녀 자신에게 **형식적 외부 확신**(formal extrinsic conviction)을 제공한다. 즉, Carla는 타당한 증명을 만들 수 있는 방법을 사용하였고 그 방법이 제대로 사용되었다는 점을 확신하였지만 **내부 통찰 확신**(internal intuitive conviction)을 가질 수는 없었다. 반면, Cary는 그에게 내부적으로 의미 있는 수열의 표현을 사용함으로써 내부 통찰 확신을 할 수 있었다. 많은 대학생들이 엄격한 수학적 추론보다 비형식적 추론을 통해 더 강한 심리적 확신을 가진다는 사실은 증명의 표현체계의 가치를 깨닫는 데에 잠재적 장애물로 작용할 수 있다.

의미론적 추론의 두 번째 장점으로는, 학생에게 어떤 방식으로 증명을 시작할지에 대한 가이드를 제공함으로써 형식적 증명을 구성하는 데 도움이 될 수 있다는 점이다. Raman(2003)에 따르면 수학적 개념의 비형식적 표현에 대한 고려는 형식적 증명을 구성하는 데에 '핵심 아이디어'를 제공한다. 우리는 이를 보이기 위해 전환기 교과목을 수강하던 Ellen의 사례를 소개한다. Ellen에게 그녀가 중간고사 답안으로 쓴 증명을 만든 과정을 설명하도록 요청하였다. Ellen의 교수와 동료 학생들에 의하면 Ellen은 성공적으로 증명을 해내었고, 대부분의 다른 학생들은 시작조차 하지 못했다고 한다. 이 문제에서는 R×R 집합에 하나의 관계(relation)가 다음과 같이 정의되었는데, 즉 만약 $a \le c$이고 $b \le d$이면 (a, b)는 (c, d)에 관계된다. Ellen에게 주어진 문제는 R×R의 두 원소를 갖는 임의의 부분집합은 이 관계에 있어서 상계를 갖는다는 것을 증명하기와 부분집합 {(−1, 2), (3, −4)}의 최소상계를 찾는 것이었다. Ellen은 자신의 사고 과정을 다음과 같이 설명한다.

Ellen: 두 번째 문제에 대하여… 저는 우선 구체적 숫자가 주어진 부분으로 먼저 넘어갔어요. 그리고 이를 그래프에 그렸어요. [그림 19.1은 Ellen의 그래프이다.] 이렇

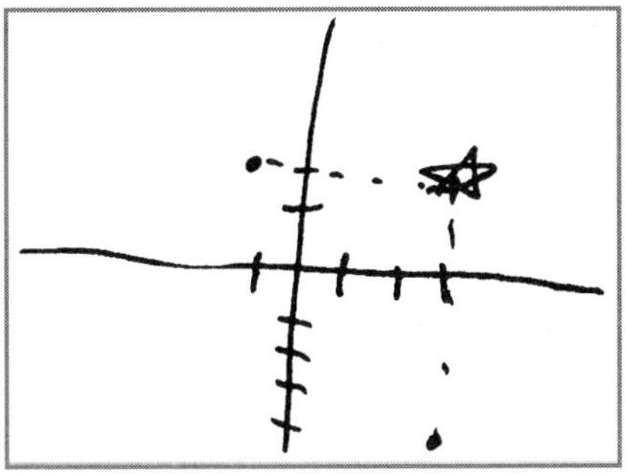

[그림 19.1] Ellen의 증명 과정

게 그림을 그렸고, 상계는 이 직사각형의 코너일 거라는 것을 알았어요… 이를 통해서 두 점의 오른쪽, 그리고 위에 상계가 있음을 알았어요. 그리고 이 경우에 있어서는 정사각형의 코너라는 걸 알았어요. 최소상계의 경우 선 위에 있을 것이고 … 우리는 실수를 말하고 있으니까 … 무한히 갈 수 있어요. 그러므로 어느 두 점을 선택해도, 더 … 큰 점을 택할 수 있고요. 그러므로 상계가 존재합니다(Weber, Alcock, & Radu, 2005).

Ellen에게 이 문제를 풀면서 어려운 점이 무엇이었냐고 물었을 때, 우리는 증명에 있어서 그래프 표현의 중요성을 더욱 더 실감할 수 있었다.

Ellen: 처음에 개념적으로 시각화하기가 어려웠어요. 구체적 숫자가 언급된 부분을 봤을 때야 비로소 무슨 의미인지를 알았어요. 왜냐면 제가 아는 것은 두 개의 순서쌍이 아니거든요. 마치 두 가지 별개의 물체 같아요. 마치 x와 y처럼요. 그래서 처음엔 교수님이 무엇을 의미하는지에 대한 파악이 어려웠던 것 같아요(출처: Weber, Alcock, & Radu, 2005).

이를 통해 우리는 의미론적 추론의 효과를 분명하게 알 수 있다. Ellen과 앞에서 언급된 연구에서 의미론적 추론을 사용하는 많은 다른 학생들에게 있어서 자신들이 증명하려는 명제의 의미를 제대로 파악하고 있다는 느낌은 매우 중요한 것으로 보인다(특히, Alcock & Weber, in press에 나타난 Brad의 경우를 참고). 의미론적 추론을 사용하는 학생과 수학자들에게 있어 이러한 느낌은 수학 활동의 필수적 부분이다. 다음의 예를 보면, 실해석학 수업을 수강 중인 Adam은, 수렴의 $\varepsilon-N$ 정의를 언급하면서 의미 파악의 중요성에 대해 말한다.

Adam: 무엇을 의미하는지 모르는 채로 우선은 정의를 받아 적어요. 그 후에 그것이 무엇을 의미하는지를 다시 잘 생각해봅니다.

의미론적 추론을 하는 데 있어서의 어려움

많은 연구자들은 하나의 사례나 그림은 보편적으로는 사실이 아닌 특성을 갖고 있을 수 있고 이 경우 학생들은 일반적으로 사실이 아닌 명제를 증명하려는 오류에 빠질 수 있으며 이는 의미론적 추론의 첫 번째 문제점라고 지적한다(예, Tall, 1995). 두 번째 문제점은 학생들이 하나의 명제가 왜 참인지에 대해 수학적으로 정확하게 이해하고 있지만 이를 증명의 표현체계의 틀로 옮기지 못할 수 있다. 예를 들어, 전환기 교과목을 수강하는 Hannah는 증가하는 실변수 함수는 최댓값을 가질 수 없음을 증명하여야 했는데 이는 Carla가 전 절에서 증명한 명제와 같다. 우리는 Hannah에게 단조증가함수와 c에서 최댓값을 갖는다는 것에 대한 정의가 적힌 종이를 나누어 주었고, Hannah는 다음과 같이 주장하였다.

Hannah: c가 존재한다는 것은⋯ 함수가 최댓값을 갖는다는 의미에서⋯ 유한하다는 것 같아요. 그리고 증가하니까⋯ x가 커질수록⋯ x, y 좌표 평면에서⋯ y가 커지는 거예요. 그러므로 최댓값은 없어요.

Hannah는 그녀의 주장을 뒷받침하기 위해 그림 19.2를 그렸다

Hannah는 위의 아이디어를 말로 다시 표현하고 더 정교하게 만들기 위해 노력한 후, 기호를 사용하여 증명을 시도하였다. 그러나 Hannah는 증명에 필요한 정의가 적힌 종이를 갖고 있었음에도 불구하고 형식적인 증명을 구성하지 못하였다(Alcock & Weber, in press에 나타난 Brad의 시도도 유사한 경우이다). Hannah의 시도에 대해 저자가 인터뷰하였고 다음과 같은 대화가 진행되었다.

저자: Hannah는 "직관적으로 보면⋯"이라고 말로 시작하고, 실제 증명하는 부분에서 멈

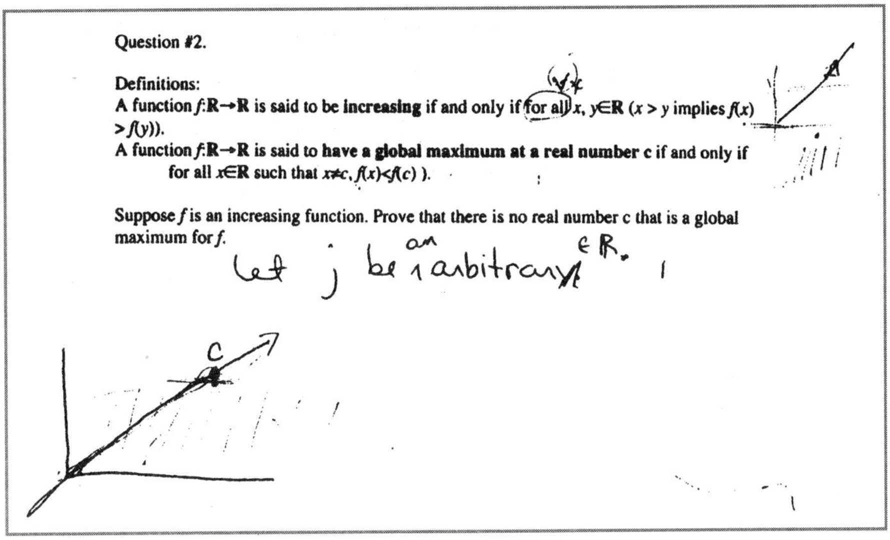

Question #2.

Definitions:

A function $f:\mathbf{R}\to\mathbf{R}$ is said to be **increasing** if and only if for all $x, y\in\mathbf{R}$ ($x > y$ implies $f(x) > f(y)$).

A function $f:\mathbf{R}\to\mathbf{R}$ is said to **have a global maximum at a real number c** if and only if for all $x\in\mathbf{R}$ such that $x\neq c$, $f(x)<f(c)$).

Suppose f is an increasing function. Prove that there is no real number c that is a global maximum for f.

[그림 19.2] 자신의 주장을 뒷받침하는 Hannah

추었어요. 왜 그랬는지 말해줄래요?

Hannah: 음 그러니까… 왜냐면… 이건 너무…

저자: 하고 싶은 말이 있으면 하세요.

Hannah: 너무 당연해서 그래요. 이건 초등학교 2학년도 답할 수 있을 문제 같아요. 아니 6학년은 돼야 하나? 모르겠어요. […] 그래도 그게 중요한 게 아니라, 실제 증명을 해야 하는데…

위의 발췌문에서 Hannah는 자조적 좌절감을 표현하였고, 이는 개념을 이해하고는 있지만 형식적인 방법으로 표현하는 데에 어려움을 겪는 학생들에게서 자주 발견되는 현상이다. 결과적으로 이러한 학생들은 강의시간에 배우는 형식적 증명이 자신들이 이해한 바와는 사뭇 다르다는 것을 느끼게 된다.

논의

앞의 논의를 통해 대학 수준 고급수학 강의의 두 가지 목표가 무엇인지를 알 수 있다.

첫째, 대학생들은 비형식적 추론과 증명의 표현체계 간의 연결성을 분명히 이해해야 한다. 이러한 연결을 통해 학생들은 복잡한 정리를 증명할 수 있는 능력을 키울 수 있으며, 그들이 접하거나 구성하는 증명의 의미를 파악할 수 있게 된다. 둘째, 직관적으로 이해하기 어렵거나 아직 친숙하지 않은 개념에 대한 정리를 증명하기 위해, 학생들은 증명의 표현체계 안에서 구문론적으로 증명하는 능력을 키워야 한다. 그렇다면 어떻게 이 두 가지 목표를 달성할 수 있는가에 관하여 질문할 수 있는데, 이는 교수학적으로 매우 중요한 질문이다.

Goldin(1998)이 제안한 표현 이론이 함의하는 중요한 점은 표현체계 간의 연결은 방향성을 가지고 있지 않다는 점이다. Goldin의 이론에 따르면, 서로 다른 표현체계의 배열(configurations)은 동시적으로 기표이면서 기의이다. 이는 대학생들이 증명의 표현체계를 이해하는 데 있어서 이론적으로 다른 두 가지 궤도를 선택할 수 있음을 의미하는 것으로, 학생들은 우선 형식적 증명의 의미를 파악하기 위해 자신이 이해하고 있는 비형식적 표현을 사용한다. 그 다음 학생들은 자신만의 비형식적 이해를 바탕으로 구문론적으로 증명하는 법을 터득하게 된다. 또 다른 방법으로, 학생들은 우선 자신의 이해와는 별개로 구문론적으로 증명하는 방법을 배운 후, 증명의 규칙과 구조에 익숙해진 다음, 더 구체적인 사례 등을 생각함으로써 좀 더 직관적으로 추론하는 능력을 키울 수도 있다.

처음에 우리는 많은 수학교육학자들과 마찬가지로, 초기에 전자의 궤도, 즉 자신만의 비형식적 방법으로 우선 이해하고 그 다음 형식적인 증명을 구성하는 방식이 더 성공적인 방법이라고 생각했다. 우리 또한 이러한 방식으로 증명을 하는 학생이 구문론적으로 증명을 하는 학생보다 더 성공적이라고 주장했다(Weber & Alcock, 2004). 하지만 최근의 많은 연구들은 우리의 이러한 초기 가정이 너무 단순했다는 것을 보여주고 있으며 증명의 표현체계를 배우는 최선의 방법은 **개별 학생**에게 달렸다는 점을 시사하고 있다. 예를 들어, Pinto와 Tall(1999)은 영국 대학에서 실해석학 과목을 수강하는 대학생들의 학습 행동과 전략을 연구했다. 이 과목을 수강하는 대부분의 학생들은 과거에 증명의 표현체계를 배운 적이 없었다. 일부 학생들은 표현체계 안에서 기호에 **의미를 부여**함으로써 이해하려고 노력했다. 그들은 주어진 정의를 통해 그래프, 원형적 예제, 비형식적 추론 등을 사용하여 정의에 대해 기억해내기나 의미 알기, 추론을 하였다. 또 다른 일부 학생들은 주어진 정의로부터 **의미를 추출**하려고 했는데, 우선 정의를 외우고, 논리적 추론을 한 다음에야 다른 표현체계와 연계하려 했다. 이 연구를 통해 두 가지 중요한 점을 알 수 있다. 첫째, 개별 학생들은 논리 전략을 선택하는 데 있어서 일관성을 보였고, 이는 학생들이 질적으로 다른 **논리력**을 가지고 있음을 시사한다. 둘째, 두 개의 논리 전략 중 더 우월한 전략을 판단할 수는 없었다. 우리 저자들이 실행한 실증적인 연구들(Alcock & Simpson, 2004, 2005; Alcock & Weber, in press; Weber, Alcock, & Radu, 2005) 또한 이와 비슷한 점을 시사한다. 고급수학 강의를 수강하는 대학생들은 저마다 다른 논리 전략을 선택하였고 논리 전략과 성취 사이에의 상관성은 찾을 수 없었다.

많은 수학자들 또한 논리 전략 선택에 있어서 한쪽으로 치우쳐 선호하는 경향성이 뚜렷하게 나타난다. 이는 저명한 수학자들에 대한 연구(Pinto & Tall, 1999) 결과나, 현장의 수학자들에 대한 체계적인 인터뷰를 통한 연구(Burton, 2004) 결과와도 일치한다. 나아가 일부 수학자들은 자신들이 사용하는 전략 외에도 성공적인 전략이 있다는 것을 알지 못하는 것으로 보인다(Burton 2004). 이는 선호도가 높을수록 자신과 다른 논리 전략에 배타적일 수 있음을 보여주는 매우 중요한 결과이다. 예를 들어, 일부 수학 교수들은 학생들이 복잡한 수학 개념을 접하기 전에 우선 단단한 구문론적 논리력을 지녀야 한다고 주장한다(Marty, 1986; Weber, 2004). 이러한 교수들은 학생들이 비형식적인 방법으로 논리를 전개할 경우에 이를 저평가할 것이고 구문론적 추론을 권유한다(증명 프레임워크, 정의 분해하기 등). 뿐만 아니라, 이러한 선호를 추구하는 교수는 개념적 이해 부족으로 인한 증명의 오류를 수정함에 있어서 오류가 있는 증명 '규칙'에만 주목하게 된다.

의미론적 추론을 선호하는 학생일수록, 위에서 기술한 유형에 해당하는 교수의 조언을 쉽게 받아들이지 못하며 교수가 자신의 수학적 사고를 가치 있게 보지 않는 것에 위축된다. 이러한 유형의 학생들에게는, 그들의 비형식적 개념 이해를 더 정교하게 만들 수 있는 조언이나 개념과 증명체계의 표현 간의 연결성을 보여줄 수 있는 조언이 더 효과적이다. 반대로, 구문론적으로 증명하는 학생이 오류를 범했을 때, 교수는 특정 반례를 제시함으로써 오류가 있음을 알려줄 수 있다. 하지만 학생이 기호적 정의와 다른 비형식적 표현체계와의 연결성을 아직 적당한 수준으로 발달시키지 못한 상태라면, 이러한 교수의 조언은 별로 효과적이지 않다. 이 경우에는 학생에게 명시적으로 구문론적 오류를 알려주는 것이 더 생산적이다. 교수의 입장에서 볼 때 난해한 점은, 논리의 오류가 구문론적 추론에서 기인한 것이지, 아니면 의미론적 추론에서 기인한 것인지를 알기가 어렵다는 것이다(Alcock & Weber, in press). 이는 가능한 한 개별 학생에게 주의를 기울일 것을 시사한다. 이상적으로는, 교수는 학생이 어떠한 추론 전략을 선호하는지를 파악하고, 논리의 오류가 구문론적 추론 또는 의미론적 추론에 기인하는지를 파악한 다음에 학생에게 맞는 조언을 제시해야 한다.

우리는 수학적 증명의 본질에 대한 논의에 있어서 주요한 쟁점을 언급하고 그 문제가 대학 수준의 수학교육에 관하여 탐구하는 연구자들에게 주는 함의점을 제공함으로써 이 장을 마치려 한다. 수학적 증명은 동시대 수학자의 규칙과 관습을 따르는 기호의 일렬인가 아니면 자신과 자신이 속한 사회에게 특정 주장이 사실이라고 설득하는 논법인가? 대부분의 수학자는 전자를 선호하는 반면(Griffiths, 2000) 수학교육자는 후자의 관점을 선호한다(Balacheff, 1987). 우리는 두 관점 모두 옳다고 생각하는데, 두 관점은 반대되는 것이 아니라 동전의 양면처럼 상호 보완적이기 때문이다.

수학교육 공동체는 구문론적 추론을 통한 증명 구성을 과소평가하는 경향이 있다. 예를 들어, Harel(2001)은 "기호만을 가지고 증명을 하는 학생들을 기능적 또는 계량적 의미 없이 인생을 사는 학생"이라고 언급한 적이 있다(p. 193). 학생들은 연역적 증명 스킴을 위해 이러한 외적인 증명 스킴은 버려야 한다는 것이다. 우리는 Harel의 메시지를 (비록 Harel과 상의한 바는 없지만) 구문론적 추론이 수학 수업에서 필요치 않다고 주장하는 것으로 해석한다. 하지만 동시에 Andre Weyl과 같은 수학자의 다음과 같은 주장도 고려해야 한다.

> 수학자들은 기호의 의미를 생각하지 않아도 된다. 수학자는 책이 무엇에 관한 내용인지를 전혀 모른 채 도서목록만을 봐도 되는 것이다. 수학자는 기호의 의미가 무엇인지 전혀 몰라도 그 기호들을 가지고 많은 연산을 할 수 있다(Weyl, 1940).

만약 학생이 증명에 대해 오로지 구문론적 이해만을 갖고 고급수학 과목을 수강한다면 이는 분명 문제이며 그들의 수학교육이 실패할 수도 있음을 의미한다. 우리가 강조하고 싶은 것은 구문론적 추론은 분명 타당한 추론 방법이며 의미론적 이해를 도와줄 수도 있다는 것이다. 고급수학 강의에서 구문론적 추론과 의미론적 추론의 균형을 유지하는 것은 교수자들에게 매우 중요한 도전이며 수학교육 연구자들에게는 중요한 연구 주제이다.

20

증명의 성질과 학생 능력의 조화를 통한 증명 수업

John Selden, Annie Selden

이 장에서 우리는 증명을 분석하기 위한 개념 그리고 대학생과 대학원생의 증명 능력을 분석하기 위한 개념을 소개한다. 이 두 가지 분석 방법의 조화를 통해 어떻게 학생의 증명 능력을 향상시킬 수 있는지에 대하여 논의한다.

증명능력을 분석하기 위해서는 학생의 성과를 기록하여야 하는데, 이를 성공적으로 해내려면 수학자들이 일상 사용하는 프레임워크보다 깊이 있는 프레임워크가 필요하다. 학생들이 정리를 증명할 때 연역법 혹은 모순을 통해 증명할 수 있는지의 여부나 집합론 강의 혹은 해석학에서 처음으로 증명을 배우는지 여부 등과 같은 것 이상의 더 많은 정보를 필요로 한다. 우리는 이를 위해서 학생의 소소한 능력까지도 설명할 수 있는 프레임워크를 사용하여 학생의 성과를 더 자세하게 연구한다.

학생의 능력을 연구하기 위해 좀 더 정교한 프레임워크를 개발하고자 하는 의도는 새로운 것은 아니다. Gutiérrez와 Jaime(1998)은 초등학교 고학년 학생들과 중등학생들의 van Hiele 수준을 더 정확하고 용이하게 평가하기 위한 프레임워크를 개발하였다.

학생들이 증명을 구성하는 과정을 기록하는 데 적합한 사고 능력에 대한 연구는 많이 수행되었다. 예를 들어, 추상 대수학 과목 수강을 마친 대학생과 추상 대수학 수업을 이수하는 박사과정 학생을 비교 연구한 Weber(2001)에 따르면, 박사과정 학생들이 더 전략적으로 지식을 사용한다고 한다. 예를 들어, Q와 Z가 isomorphic한 군(group)인지 물었을 때, 대학생들은 두 그룹이 같은 기수(cardinality)를 갖는지 확인하였고, 그 다음으로 두 그룹 간에 동형사상(isomorphism)을 만들려고 시도하였으나 실패하였다. 반면 박사과정 학생들은 동형사상에 의해 보존되는 군의 성질들을 확인하기 시작하였는데, 이는 좀 더 전략적인 문제 접근 방법이다(Weber & Alcock, 2004).

정보를 전략적으로 사용할 줄 아는 능력은 학생의 증명 과정에 관한 것이지만, 이러한 과정의 결과물, 즉 증명 자체 또한 눈여겨 봐야 한다. 왜냐하면 증명의 다양한 측면으로 인해, 증명을 구성하기 위해서는 다양한 능력이 요구되기 때문이다. 그러므로 증명의 종류와 성질에 대한 연구는 증명되어야 할 정리와 학생의 증명 능력을 조화시킴으로써 더 효과적인 증명 교육을 하는 데에 도움을 주며 학생의 능력 평가 또한 더욱 용이해질 것이다.

우리는 우선 **구조**(structure)라 불리는 증명의 세 가지 성질을 소개하고 대학 고학년 학생들과 혹은 대학원 신입생들이 만든 실해석학 증명을 예시로 든다. 다음 절에서 우리는 증명의 성질 그리고 학생들과의 조화를 논의한다. 그 다음 우리는 세 가지 비형식적-함의를 소개하며, 마지막으로 우리의 주요한 관점을 정리함으로써 이 장을 마무리한다.

증명의 세 가지 구조

수학교육은 학생의 학습과 활동에 주목하는 반면, 우리가 여기서 구조라고 부르는 증명의 성질과 같은 학습할 대상에 대해서는 큰 주목을 하지 않는 경향을 보인다. 증명의 구조에 대해서 비슷한 논의를 한 두 연구가 있는데, 먼저, Leron(1983)은 (예로, 수업에서) 증명을 소개할 때 '상하(top down)' 방식으로 할 것을 제안했는데, 이는 주요한 아이디어를 우선 소개하고 그 다음 세부사항을 더하는 방식이다. 이는 우리가 증명의 계층적 구조(hierarchical structure of a proof)라고 부르는 것과 비슷한 방식이다. Leron은 증명 자체보다는 높은 수준의 증명 제시 방법을 제안했다는 점이 다른 연구와의 차이점이다.

Konior(1993) 또한 증명의 계층적 구조에 대해 논했는데, 그는 증명의 분할(segmentation), 즉 "증명을 몇 개의 [수학적] 부분으로 나누어 증명의 논리적 구조를 더 쉽게 파악하고 증명 전체의 재구성을 용이하게 하기 위한" 분류에 관심을 두었다. 또한 Konior는 증명을 분할할 수 있는 경계기호(delimiter), 단어 혹은 하위증명(subproofs)이 시작하거나 끝나는 문단의 전환 등에 대해 언급했다. 하지만 이 장에서는 경계기호에 대한 것은 논하지 않는다.

우리는 증명의 세 가지 구조, 일반적인 증명의 성질, 증명이 어떻게 조직되는지, 그리고 어떻게 기술될지에 대하여 논의한다. 이러한 증명의 구조에 대한 탐구는 학생들이 증명을 하면서 겪는 어려움을 파악하고 학생들의 증명 쓰기 유형을 알아보고자 하는 시도로부터 시작하였다. 예를 들어, 학생들은 하위증명을 먼저 시도하지 않고 일반적인 증명을 처음부터 구성하려고 하는 경우 어려움을 느낄 수 있으며, 또는 지나치게 증명의 전체 구성에만 집중하고 세부 내용을 간과하는 경우 증명에 실패할 수 있다. 증명의 구조를 파악함으로써 교사는 학생이 겪는 이 같은 어려움을 완화하는 데 일조할 수 있다.

우리는 (1) 하위증명 혹은 부분구성을 설명하는 **계층구조**(hierarchical structure)에 대하여 살펴보고(예로 $\epsilon-\delta$ 증명에서 δ 찾기), (2) 증명대가((idealized prover), 즉 절대로 실패하지 않고 완벽한 증명을 할 수 있는 사람에 의해 구성될 수 있는 선형적 증명의 **구성경로**[1](construction path)에 대해 논하고, (3) 증명을 두 부분, **형식적-수사학적** 부분(formal-rhetorical part)과 **문제핵심** 부분(problem-centered part)으로 나누는 것에 대해 논의한다. 위의 세 구조는 증명의 복잡성(complexity)을 이해하는 데 도움을 준다. 증명의 복잡성을 이해하면 증명의 어려움을 파악할 수 있고 이는 증명 교수법에 도움이 될 것이다.

물론 특정 정리를 증명하는 데에는 다양한 방법이 있을 수 있으나, 대학 고학년생과 대학원생이 다루는 정리 문제의 경우 증명 방법이 매우 다양한 경우는 거의 없다.

증명의 계층과 가능한 구성경로

우리는 다음에 제시한 정리의 증명을 분석한다. 구체적으로, 함수 f와 g가 특정 값에

1 여기서 단계라 함은 명제가 아닌 문장을 의미한다. 증명에는 참도 거짓도 아닌 문장이 포함되어 단순히 독자에게 지시하는 역할만을 하는데, 예를 들어 "x를 숫자라 하자." 등과 같은 문장이다.

서 연속이면, $f+g$도 그 값에서 연속이다. 우리는 하위증명을 구성하면서 증명을 계층적으로 만들고 동시에 증명대가가 사용할만한 구성경로를 소개한다. 분석의 편의를 위해 증명에 나타나는 순서대로 각 문장에 숫자를 매겼다(예, [1], [2]). 예를 들어 [12, 13, 14, 15]라고 이름 붙여진 문장은 등식, 부등식에 관련한 네 개의 하위문장으로 구성된다.

■ **증명**

[1] a는 수이고 f, g는 a에서 연속인 함수라 하자. [2] ϵ은 0보다 큰 숫자라 하자. [3] $\epsilon/2>0$임을 알 수 있다. [4] f는 a에서 연속이므로, 주어진 x_1에 대해서 다음을 만족하는 $\delta_1>0$이 존재하므로 $|x_1-a|<\delta_1$이면, $|f(x_1)-f(a)|<\epsilon/2$이다. [5] 마찬가지로, g는 a에서 연속이므로, 주어진 x_2에 대해서 다음을 만족하는 $\delta_2>0$가 존재하므로, $|x_2-a|<\delta_2$이면, $|g(x_2)-g(a)|<\epsilon/2$이다. [6] $\delta=\min(\delta_1, \delta_2)$라 놓자. [7] $\delta<0$임을 안다.

[8] x는 실수이다. [9] $|x-a|<\delta$라 하자. [10] $|x-a|<\delta_1$이므로, $|f(x)-f(a)|<\epsilon/2$이다. [11] 또한, $|x-a|<\delta_2$이므로, $|g(x)-g(a)|<\epsilon/2$이다. [12, 13, 14, 15] $|f(x)+g(x)-(f(a)+g(a))|=|(f(x)-f(a))+(g(x)-g(a))|\leq|(f(x)-f(a))|+|(g(x)-g(a))|<\epsilon/2+\epsilon/2=\epsilon$이다. [16] 따라서 $|f(x)+g(x)-(f(a)+g(a))|<\epsilon$이다. [17] $f+g$는 a에서 연속함수이다. QED.

구성 경로의 첫 번째 단계는 [H1]으로 표시될 수 있고 여기서 H는 "숨은(hidden)"을 뜻한다. [H1]은 증명을 구성하기 위해서는 필요한 정보이지만 증명에 실제로 나타나지는 않는다. 이는 정리의 가정을 모든 변수나 숫자들로 구체적으로 명시하면서 수학적으로 엄밀하게 다시 표현하여 정리의 명료성을 더해가는 단계로 이 단계를 거쳐서 정리는 다음과 같이 재서술된다. [H1]: f와 g를 실수값 함수라 하고 a는 실수라 하자. 만약 f, g가 a에서 연속이면, $f+g$도 a에서 연속인 실수값 함수이다.

정리를 위에서 제시한 것처럼 다시 표현하면 정리의 논리적 구조를 더 잘 이해할 수 있다. 정리의 논리적 구조를 제대로 이해해야만 구성하고자 하는 증명이 이 특정 정리를 과연 증명하는지를 검토할 수 있다. 정리의 논리적 구조를 이해함으로써, '함수', '+', '연속'의 의미와는 독립적으로 증명의 첫 번째 문장과 마지막 문장을 먼저 알 수 있으며 이로 인해 우리는 **증명 프레임워크**[2]를 얻게 된다(Selden & Seledn, 1995). 그러므로 증명

증명: [1] a를 실수, f, g를 a에서 연속인 함수라 하자.

…

[17] 따라서 $f+g$는 a에서 연속 함수이다. QED.

[그림 20.1] 계층구조의 제1수준

증명: [1] a를 실수, f, g를 a에서 연속인 함수라 하자.

[2] $\epsilon>0$인 수라 하고 $\delta=\cdots$

[7] $\delta>0$임을 안다. [8] x를 실수라 하자. [9] $|x-a|<\delta$일 때,

…

[16] 따라서 $|f(x)+g(x)-(f(a)+g(a))|<\epsilon$이다.

[17] 따라서 $f+g$는 a에서 연속 함수이다. QED.

[그림 20.2] 제1수준 계층구조에 제2수준 추가하기

대가의 구성경로는 이제 [H1], [1], [17], … 이 되며 그림 20.1과 같이 나타낸다.

그 다음 우리는 a에서 $f+g$가 연속임의 정의를 사용함으로써 [17]을 더 명백히 하며 이를 통해 증명에 직접적으로 쓰이지는 않지만 필요한 정보인 [H2]를 얻는다. [H2]: 임의의 $\epsilon>0$에 대해, $\delta>0$가 존재하여, $|x-a|<\delta$인 모든 x에 대해서 $|f(x)+g(x)-(f(a)+g(a))|<\epsilon$을 만족한다. 이 명제를 위해선 하위증명을 만들어야 하며, 하위증명을 위한 프레임워크를 쓰면 그림 20.2와 같이 [H1], [1], [17], [H2], [2], [7], [8], [9], [16], … 의 구성경로가 된다.

그 다음 우리는 δ를 찾는 과정을 증명에 더하고 이로써 완전한 증명을 구성할 수 있다(그림 20.3 참조).

그림 20.3을 보면, 우리는 라인 [3]-[6]을 더했고 그 다음 [10]-[15]를 더했다. [3]-[6]의 첨가는 계층적 구조에 새로운 단계를 더한 것으로 생각할 수 있는 반면 [10]-[15]의 추가는 그렇지 않다. 왜냐하면 [3]-[6]의 경우 δ를 찾는 하나의 독립적인 하위증명으로 다룰 수 있는 반면, [10]-[15]는 그렇지 않기 때문이다. [10]-[15]의 경우

2 증명 프레임워크는 내용 용어의 의미와 독립적인 것이다. Selden & Selden(1995, p. 130)은 이를 반군에 관한 정리를 증명하기 위한 하나의 증명 프레임워크가 실수값 구간에 관한 정리를 증명하는 데 쓰이는 증명 프레임워크로도 활용될 수 있음을 보여주었다. 그들은 증명 내용의 용어 '반군'을 '수집합'으로, '군'을 '구간'으로, '부분군'을 '부분구간'으로 대체하고 다른 일상 용어들은 그대로 사용하였다.

증명: [1] a를 실수, f, g를 a에서 연속인 함수라 하자.

[2] $\epsilon > 0$인 수라 하고 $\delta = \cdots$

[3] $\epsilon/2 > 0$이다. [4] f가 a에서 연속이므로, $\delta_1 > 0$이 존재하여 모든 x_1에 대하여 $|x_1 - a| < \delta_1$이면, $|f(x_1) - f(a)| < \epsilon/2$을 만족한다. [5] 또한 [4] g가 a에서 연속이므로, $\delta_2 > 0$가 존재하여 모든 x_2에 대하여 $|x_2 - a| < \delta_2$이면, $|g(x_2) - g(a)| < \epsilon/2$을 만족한다. [6] $\delta = \min(\delta_1, \delta_2)$로 놓자.

[7] $\delta > 0$임을 안다. [8] x를 실수라 하자. [9] $|x - a| < \delta$이라 가정하자.
[10] $|x - a| < \delta_1$이므로, $|f(x) - f(a)| < \epsilon/2$이다. [11] $|x - a| < \delta_2$이므로, $|g(x) - g(a)| < \epsilon/2$이다.
[12, 13, 14, 15] $|f(x) + g(x) - (f(a) + g(a))| = |(f(x) - f(a)) + (g(x) - g(a))|$
$\leq |(f(x) - f(a))| + |(g(x) - g(a))| \leq \epsilon/2 + \epsilon/2 = \epsilon$이다.
[16] 따라서 $|f(x) + g(x) - (f(a) + g(a))| < \epsilon$이다.

[17] 따라서 $f + g$는 a에서 연속 함수이다. QED.

[그림 20.3] 계층구조의 제3수준 추가하고 증명 끝내기

[H2]의 증명인 [2]-[16]의 한 부분이다.

이로써 증명대가의 최종적인 구성경로는 [H1], [1], [17], [H2], [2], [7], [8], [9], [16], [3], [4], [5], [6], [10], [11], [12], [13], [14], [15]이다.

구성경로와 계층적 구조가 학생의 능력을 관찰하는 데에 도움이 된다는 것은 사실이지만, 다음과 같은 의문이 생긴다. 즉, 증명을 이제 막 배우기 시작한 대학생 혹은 대학원생들이 암묵적이라도 이러한 구조를 이해할 수 있는가? 구조에 대한 이해가 중요한가? 이에 대한 답을 위한 힌트는 다음의 일화에서 찾을 수 있다.

이 정리에 대하여 수학교육학을 전공하는 대학원생과 얘기를 나눌 기회가 있었는데, 그녀는 증명 구성에 있어서 선형적으로 증명의 처음부터 끝까지 써 내려가는 방법을 사용하지 않고 위와 같은 구조를 사용할 수 있다는 사실을 놀랍게 생각하였다. 그 학생은 고급수학 과목을 수강하기 시작한 상태로, 그 학생에게 친숙한 증명들은 대부분 정의-정리-증명의 '상하top-down' 방식을 따른다.

위의 사례가 보여주는 것은 증명 구조에 대한 적어도 암묵적인 이해는 중요하며 고급수학에 입문하는 일부 학생들의 경우 이에 대한 이해도가 낮다는 것이다. 이러한 학생의 경우 어려움을 많이 겪게 된다.

증명의 형식적-수사학적 부분과 문제핵심 부분

그림 20.2에 나타난 증명대가의 구성 경로 [H1], [1], [17], [H2], [2], [7], [8], [9], [16] 단계에 나타난 정리의 논리적 구조와 연속의 정의에 대한 이해가 필요하다. 이는 [H1]과 [H2]에서 명백하게 나타나는데, 정리의 특정 부분이 어떻게 증명의 특정 부분과 연결되는지를 이해해야 한다. 우리는 이러한 지식을 **행동적 지식**[3](behavioral knowledge)이라고 정의하는데 왜냐하면 이러한 지식은 행동 성향을 포함하기 때문이다. 이 지식은 "knowing-to-act in the moment"(Mason & Spence, 1999)와 "concepts-in-action", 그리고 "theorems-in-action"(Vergnaud, 1982)의 아이디어와 깊게 연관된다. 예를 들어, 만약 어떤 정리가 "모든 실수 x에 있어서"라고 시작한다면, 증명의 경우 "임의의 실수 x에 대해"로 시작하면서 x를 '도입'한다. x가 정리에 등장하는 경우, 일부 증명가는 이 같은 명제를 명시적으로 적지 않을 수 있다. 여기서 x는 "임의적이지만 고정(arbitrary but fixed)"되어 있으며 '변화(vary)'하지 않는다.

증명을 구성하는 데 있어 상당한 행동적 지식이 필요하다. 학생이 행동적 지식을 명시적으로 말할 수 있는 능력까지 소유할 필요는 없지만, 이를 실행할 수는 있어야 한다. 행동적 지식이 절차적 지식(knowing how)이나 개념적 지식(knowing why)을 끌어내거나 그들로부터 유도되는 것은 아니지만, 이 모든 지식이 증명에 유용하게 쓰일 수 있다.

증명과 관련된 행동적 지식에 익숙한 학생에게는 그림 20.2에 나타난 증명 단계를 구성하는 것은 간단한 과제이다. 이러한 과정은 스키마(schema)를 필요로 하는 것으로 생각될 수 있는데, 이는 관련된 개념에 대한 깊은 이해나 직관을 요구하지 않으며 Schoenfeld(1985, p. 74)가 말하는 진정한 문제해결 능력을 요구하지 않는다. 우리는 이를 증명의 **형식적-수사학적** 부분이라고 명명하며, 구성경로의 나머지 부분인 **문제핵심** 부분으로 명명되는 [3], [4], [5], [6]과 [10], [11], [12], [13], [14], [15]와는 대조된다(그림 20.3). 문제핵심 부분의 경우 문제해결을 요구하며 개념적 지식, 수학적 직관, '적합한' 지식을 '적절한 시기'에 사용할 줄 아는 능력을 필요로 한다.

형식적-수사학적 부분에 필요한 지식은 문제핵심 부분에 필요한 지식과는 다르다. 이

3 행동적 지식은 행동주의와는 다르게 취급해야 한다. 행동주의자들은 객관적으로 관찰이 가능하고, 가끔은 측정도 가능한 행동(behavior)만이 심리학적 처치의 유일한 근거라는 관점을 취한다. 따라서 모든 인간의 마음(mind)을 연구하는 모든 분야에 대한 부정적인 입장을 취하며 특히 현재의 수학교육학 분야 연구가 한 예이다.

처럼 다른 종류의 지식을 전략적으로 가르치기 위해선 아마도 다른 교수-학습 방법이 필요하지만, 이는 한 강의의 교수자가 가르치는 과정에서 혼합되어 활용된다. 이 같은 교수과정의 혼합은 두 부분이 상호작용한다는 점에 있어서 적절한 것이라 할 수 있다. 일부 정리의 경우, 증명의 형식적-수사학적 부분을 구성함으로써 증명의 "진짜 문제 real problem"가 드러나는 경우가 있는데 위에서 살펴본 정리가 바로 그 예이다. 그 정리가 연속함수에 관한 것으로, 학생은 함수에 대한 시각적-공간적 직관이 증명에 도움이 될 수 있지 않을까라는 생각을 가질 수 있다. 하지만 형식적-수사학적 부분(그림 20.2)을 통해 증명단계 [16]에서 보듯이 진짜 문제는 $|f(x)+g(x)-(f(a)+g(a))|<\epsilon$의 부등식을 만족하는 δ를 찾는 것임을 알 수 있다. 증명을 하는 데 있어서 직관이 실질적인 역할을 하지 못한다. 실제로 증명은 f와 g의 연속성에 있어서 $\epsilon/2$을 사용하고, 이로 인해 나오는 두 개의 δ들 중 더 작은 δ를 선택하여 삼각부등식을 적용하고 대수적 조작을 하는 것으로 완성된다.

더 간단한 다른 많은 증명들과 마찬가지로, 위의 증명의 경우 모든 형식적-수사학적 부분은 증명의 처음 단계에 등장하고 문제핵심 부분이 그 다음에 나온다. 하지만 다수의 하위증명이 필요한 더 복잡한 증명의 경우, 각각의 하위증명이 형식적-수사학적 부분으로 시작하여 문제핵심 부분으로 이어지며 하위증명의 순서는 정리에 따라 다를 수 있다.

증명의 성질과 학생 능력의 조화

이제 우리는 학생이 습득할 수 있는 증명 능력과 특정 증명을 하기 위해 학생들에게 필요한 능력에 대해 논하려 한다. 학생이 할 수 있는 것과 증명이 요구하는 것을 잘 조화하는 것은 효과적인 증명교육에 도움이 된다.

증명의 유형

전형적인 증명입문(transition-to-proof) 과목을 위한 교재에서는 증명을 직접 증명, 모순에 의한 증명, 수학적 귀납법에 의한 증명, 사례에 의한 증명, 존재와 유일성 증명으로 나눈다. 하지만 학생을 지도하기 위해서는 이와 같이 증명을 구분하는 것은 정교하지 않은 것으로 예를 들어, 학생들이 직접 증명은 잘하는 반면, 그 외의 유형으로는 증명을 할 수 없는 경우로, 이는 구조의 복잡성 때문일 수도 있고, 학생이 필요한 능력을 갖고 있지 못해서일 수도 있다. 교사는 이러한 점을 파악함으로써 학생을 더 효과적으로 지도

할 수 있고 비슷한 수준의 복잡성을 내포하고 있는 정리를 과제로 제시할 수 있다.

형식적-수사학적 추론 vs. 문제핵심 추론

앞에서 우리는 증명을 형식적-수사학적 부분과 문제핵심 부분으로 구분하였고, 이 두 부분은 서로 다른 지식을 요구하고 따라서 서로 다른 교수법이 필요함을 주장했다. 우리는 이 두 부분을 활용할 수 있는 능력을 **형식적-수사학적** 추론(formal-rhetorical reasoning)과 **문제핵심** 추론(problem-centered reasoning)으로 구분한다.

증명에 선행할 수 있는 문제핵심 추론의 사례를 소개한다. 고급수학에 대하여 탄탄한 지식과 배경을 가진 두 명의 대학생이 공동으로 다음 정리를 증명하려고 한다. **어떤 집합의 원소의 개수가 n일 때, 부분집합의 수는 2^n 이다.** 학생들에게 다음의 힌트를 제공했는데, "**공집합 $\varnothing$ 과 전체 집합 또한 부분집합이다. 예를 들어, $\{a, b\}$의 부분집합은 $\varnothing$ 공집합, $\{a\}, \{b\}, \{a, b\}$ 이다.**" 그들은 우선 $\{a, b, c\}$를 생각했고 $\{c\}, \{a, c\}, \{b, c\}$, 그리고 $\{a, b, c\}$ 라고 적었다. 이에 대해 묻자, 그들은 **$\{a, b\}$의 각 부분집합에 c를 '더하여' $\{a, b, c\}$의 4개의 추가적인 부분집합을 얻었다**고 설명했다. 또한 학생들은 $\{a, b, c, d\}$를 생각하고는 당황한 모습을 보였다. 교사는 "2로부터 3을 얻을 수 있고, 3으로부터 4를 얻을 수 있네요. 이를 통해 무엇을 생각할 수 있는지요?"라고 물었다. 학생들은 '귀납법(induction)'이라고 답했고 이는 학생들 스스로는 생각하지 못한 것이었다. 이 학생들은 그 다음 정리의 증명에 있어서 독립적으로 귀납법을 생각해 낼 수 있었다.

증명의 난이도 비교하기

학생들 개개인이 느끼는 증명의 난이도는 학생의 기초지식(knowledge base)과 사고방식(habits of mind)에 의존한다. 이는 뒤에서 문제핵심 추론과 관련하여 논의할 예정이다. 강의의 맥락에서 볼 때, 증명의 난이도는 이를 성공적으로 해내는 학생의 수를 통해 알 수 있는데, 이는 증명이 가지는 내재적인 성질로 인해 특정 증명이 여타 증명보다 어려울 수 있음을 의미한다. 증명의 난이도를 판별하는 능력은 특히나 Moore 교수법으로 강의를 진행하는 데에 중요하다.[4] 왜냐하면 학생의 흥미를 자아낼 수 있을 만큼은 어

4 그러한 강의에서 학생들에게는 정의, 정리, 예측을 담은 노트가 주어진다. 그 다음에 학생들은 증명을 하거나 반례를 들 것이 요구된다. 교사는 노트를 만들고 학생들이 제시한 답에 피드백을 제공한다. 추가 관련 정보는 Jones(1977)과 Mahavier(1999)를 참고한다.

1. 증명: [1] f, g를 A에서 A로 보내는 함수라 하자. [2] 이때 $f \circ g$를 단사 함수라 한다.
2. [3] $x \in A$, $y \in A$라 하자. [4] $g(x) = g(y)$라 하자. 3. [5] 그러면 $f(g(x)) = f(g(y))$이고, [6] 즉, $(f \circ g)(x) = (f \circ g)(y)$이다. 4. [7] 그러나 $f \circ g$는 단사이므로, [8] $x = y$이다.
5. [9] 그러므로 g는 단사 함수이다. QED.

[그림 20.4] 두 번째 증명 사례의 위계적 구조

려운 수준이면서 동시에 학생이 실패할 정도로 어렵지 않은 문제를 제시하는 것이 중요하기 때문이다.

학생들과는 별개로 증명의 상대적 난이도에 대한 대략적 판단을 어떻게 할 수 있는지를 보이기 위해, 우리는 앞에서 소개한 샘플 증명(그림 20.3)과 다음 정리의 증명(그림 20.4)을 비교한다. **f와 g가 A로부터 A로의 함수일 때, $f \circ g$가 단사 함수이면, g도 단사 함수이다.**

위의 증명이 더 길고 수식이 많을뿐더러, 두 번째 증명의 계층구조는 두 수준(그림 20.4)만을 포함하고 있는 반면에, 첫 번째 증명은 세 수준으로 구성된다(그림 20.3). 또한, 두 번째 증명의 문제핵심 부분은 연속적인 세 가지 단계인 [5], [6], [7]로 구성되는 반면, 첫 번째 증명의 문제핵심 부분은 [3], [4], [5], [6]과 [10], [11], [12], [13], [14], [15]의 두 부분으로 구성된다. 마지막으로, 첫 번째 증명의 경우 연속 함수에 대한 시각적-공간적 직관이 거의 아무런 역할을 하지 못하며, 따라서 형식적-수사학적 부분이 증명에 있어서 매우 중요한 역할을 한다.

집합과 함수

집합과 함수의 언어는 증명에 폭넓게 사용되며 대학생들은 추상적인 방법을 통해 이를 경험한다. 집합과 함수의 추상적 정의를 암기하는 것이 중요한 것이 아니라 학생들이 이를 자유자재로 증명에 활용하고 다룰 줄 아는 능력이 중요하다. 왜냐하면 이런 부분에서 시간과 노력을 낭비하지 않아야 증명의 문제핵심 부분에 최대한 집중할 수 있기 때문이다. 이를 위해선 행동적 지식이 필요하고, 이는 추상적 정의를 재생산하는 것보다 실제 증명구성에서 더 효과적으로 습득된다.

예를 들어, 집합 대등(set equality)의 정의는 “$A = B$의 필요충분조건은 $A \subseteq B$이고

$B \subseteq A$ 이다"라고 주어지고 학생들은 이 경우 A와 B는 같은 원소를 포함하고 있다고 배운다. 하지만 두 집합이 같음을 보이는 증명을 구성하기 위해서, 학생들은 한 집합의 임의의 원소가 다른 집합의 원소임을 보여야 하는 것을 쉽게 직감할 수 있어야 한다. 이는 보통 두 개의 하위증명이 필요함을 뜻하는데, "$x \in A$ 라 하자"로 시작하여 "그러므로 $x \in B$이다"로 끝나는 하위증명과, "$x \in B$라 하자"로 시작하여 "그러므로 $x \in A$ 이다"로 끝나는 하위증명이 필요하다는 의미이다. 논리적으로 볼 때, 두 개의 포함관계를 사용하는 집합 대등의 정의와 위에서 설명한 '원소 찾기(element-chasing)' 방식은 동일하다. 하지만 심리적으로 볼 때 두 가지 방법은 매우 다른 것처럼 보인다. 우리의 경험에 비추어 볼 때, 일부 학생들은 원소를 고려하지 않고, 순진하게 $A = B$를 직접적으로 도출하려 한다.

학생은 단사함수의 의미를 직관적으로 잘 이해하고 있어도 특정 함수 f가 단사 (1-1)임을 증명하는 법을 모를 수 있다. 학생은 "$f(a) = f(b)$"는 정의역의 모든 a, b에 있어서 $a = b$ 임을 뜻한다 라는 정의의 함축적 의미 또한 파악할 수 있다. 하지만 그렇다고 하여 학생이 어디서부터 어떻게 증명을 시작해야 하는지를 안다고 할 수는 없다(Moore, 1994). 학생들은 "$f(a) = f(b)$라 가정하자"로 증명을 시작해야 함을 모를 수 있다.

논리

증명에서 논리는 우리의 예상과 다르게 자주 등장하지는 않는다. 나아가 증명에서 쓰이는 논리의 경우에는 명제의 연산이 대부분이며, 증명의 경우 수식을 될 수 있는 한 피하려는 경향이 존재한다. 다시 말하면, 증명은 보통 모든 원소 x를 다루는 것이 아니라, 임의적이지만 고정된 원소 x를 다룬다. 이와 같은 사실은 항상 성립하는 것은 아니며, 두 연속함수의 합인 함수에 대해 우리는 일반적인 원소 x_1과 x_2를 다루는 것을 예외로 할 수 있다.

논리가 증명에 등장하는 경우에 논리는 중요한 역할을 한다. 예를 들어, 학생은 다음의 변환을 자유자재로 할 수 있어야 한다. "p**와** q**가 아니다**"를 "p**가 아니거나** q**가 아니다**"로 변환하거나 "p **이면** q**이다**"를 "q**가 아니면** p**가 아니다**"로 변환 등이 그 예가 된다. 우리는 학생들의 능력과 증명에서의 논리 사용을 조화시키는 것이 효과적인 교수-학습 방법이라고 생각한다.

논리나 논리와 비슷한 활동을 통해 증명 내에서 일어나는 일을 외부적 맥락에 놓을 수도 있는데, 예를 들어, 정리의 증명을 시작할 때, 학생은 우선적으로 정리의 논리적 구조를 파악하고, 이를 통해 정리에 포함된 수식을 좀 더 명시적으로 적고 "if-then" 구절로 정리를 다시 쓸 수 있다. 이는 많은 학생들에게 쉬운 일이 아니다(Selden & Selden, 1995). 이러한 절차가 끝난 다음에 학생은 적절한 증명 프레임워크를 선택하여 증명을 시작한다. 직접 증명의 경우 이미 설명한(그림 20.3, 그림 20.4) 것이 그 예가 된다. 모순에 의한 증명을 하기 위해서는 학생은 양적으로 표기된 명제에 부정(negation)문을 잘 만들 수 있어야 하는데 즉, 학생들은 "모든 x에 대해, $P(x)$이다"의 부정문 "$P(x)$가 아닌, 어떤 x가 존재한다"로 변경하는 일을 거의 자동적으로 할 수 있어야 한다.

마지막으로, 학생은 과거에 배운 정리나 정의를 현재 수행하는 증명에 적절하게 사용할 수 있는 능력을 소유해야 한다. 이는 앞서 배운 정리나 정의의 논리적 구조를 제대로 파악하고, 필요에 맞게 기호 등을 조절하고, 현재 증명하는 명제의 전제 조건이 만족되는지 확인하고 현재 명제의 결론을 끌어내는 절차 등을 포함한다.

문제핵심 추론

문제핵심 추론에 필요한 능력은 위에서 논의한 형식적-수사학적 추리를 하는 데 필요한 능력보다 찾아내고 관찰하기가 더 어렵다. 하지만 증명 구성에 있어서 문제핵심 추리는 증명에 있어서 매우 중요하고 지배적인 역할을 하므로 이에 대한 논의는 중요하다. 이에 대한 유용한 배경 이론으로 Schoenfeld(1985)의 문제해결에 대한 분석을 들 수 있는데, 연구에서 주어진 문제를 푸는 데 제공된 시간은 증명을 구성하기 위해 필요한 시간보다 짧았다는 점에 유의해야 한다. 이는 매우 중요한 지적 사항이기도 하다. Schoenfeld는 그의 연구에서 학생들은 종종 잘못된 방법에 너무 많은 시간을 소비하고 자신의 나아갈 방향에서 어긋나간다고 지적한다. 이러한 문제점은 증명 구성에서 흔히 볼 수 있다. 하지만 우리의 경험에 비추어 볼 때, 증명 구성에서 집요함(persistence)은 매우 긍정적인 역할을 하며 전략적 지식 또한 매우 유용하다(Weber, 2001; Weber & Alcock, 2004).

증명 구성의 주요한 요소는 학생이 알고 있는 수학 내용의 정도이며, Schoenfeld (1985)는 이를 **자원**(resources)이라고 명명한다. 하지만 이러한 자원을 생각해내는 것 또한 하나의 능력인데 이러한 능력을 가지고 있는 학생들은 많지 않다(Selden, Selden, Hauk, & Mason, 2000). 예를 들어, 앞에서 언급한 두 학생의 경우 귀납법이 무엇인지를 알고 있었지만 그들 스스로 이를 생각해내지는 못했다. 적절한 지식을 생각해내는 능력은 학생들이 처한 상황, 다른 사람의 조언(도움을 줄 수 있는 교사의 존재 여부)과 필요한 지식이 얼마나 체계적으로 학생들의 머리에 자리 잡았는지에 달려있다.

마지막으로, 문제핵심 추론에 있어서 직관은 중요한 역할을 하는데, 이와 관련하여 **시각적-공간적**(visual-spatial) 직관과 **기계적-대수적**(technical-algebraic) 직관을 생각해 볼 수 있다. **시각적-공간적** 직관은 그림이나 도표 등 그리거나 시각화할 수 있는 것에 기초한 직관을 말한다. 이는 매우 실제적인 그래프나 비유적인 것으로 나타나는데 열린 구간의 끝 부분에 있는 서클 그림 등이 그 예이다. 한편 그림 20.5는 비록 좌표 평면 위가 아니지만 함수의 합성에 대한 실제적 그림이며 또한 더 높은 차원의 비슷한 상황에 대한 비유적 그림으로 작용할 수 있다. 반면에, **기계적-대수적** 직관은 정의와 정리의 상호관계에 대한 학생의 친숙도에 의존하는 직관이다. 앞에서 살펴 본 두 연속 함수의 합이 연속임을 보이는 증명에서는, 시각적-공간적 직관이 유용할 수 있다는 통상의 기대와는 달리 부등식 조작에 대한 기계적-대수적 직관이 중요한 역할을 하였고 바로 이것이 증명의 난이도를 높이는 요소였다.

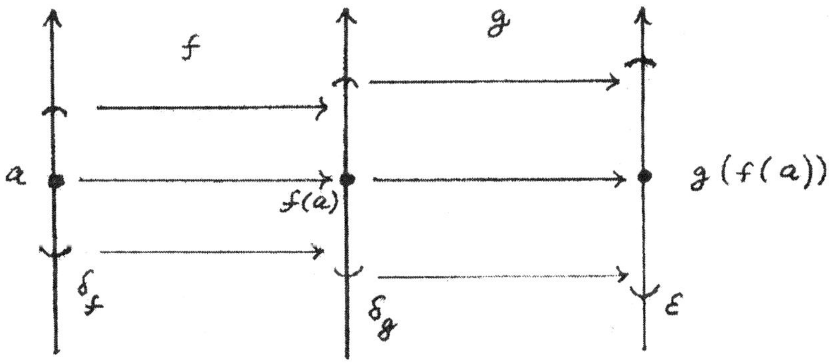

[그림 20.5] 합성함수 $g \circ f$의 시각적 표현

비형식적 관찰

증명의 장르

학생이 처음으로 증명을 구성할 때, 다음과 같이 의문을 가질 수 있다. "증명이란 무엇인가?" 학생들은 보통 설득력 있는 논의를 구성하라는 지시를 받는다. 하지만 증명은 단순히 설득력 있는 연역적 논의가 아니며, 특정한 장르에 맞추어 작성하는 글이다[5]. 학생이 만약 이러한 사실을 모른다면 증명 구성하는 데 있어서 상당히 어려워한다.

예를 들어, Moore(1994, pp. 258~259)의 연구에서 한 학생은 시험에서 다음의 명제를 증명하여야 했다. **만약 두 집합 A, B가 $A \cap B = A$를 만족하는 경우, $A \cup B = B$이다.** 학생은 B라고 표시한 큰 원 안에 좀 더 작은 원을 그리고 이를 A라고 표시하였다. 그 다음 학생은 "집합 대등, 부분집합, 교집합, 합집합"에 대한 자신의 지식을 바탕으로 비형식적 언어를 통한 논의를 적었다. 그녀는 "정의, 공리, 이미 증명된 정리, 추론 규칙들을 사용한 증명"을 하지 않은 것이다. 그녀를 가르친 교사에 따르면, 학생은 "아직 증명에 쓰이는 언어와 증명을 쓰는 방법"에 대해 배운 적이 없었다. 학생에게 그녀의 증명에 있어서 문제점이 무엇인지를 묻자, 학생은 "제가 충분히 잘 설명하지 못한 것 같아요"라고 대답했다. 증명의 장르가 존재한다는 사실을 모른다면, 이처럼 쉬운 정리의 증명조차 어렵게 느낄 수 있다.

다른 한편, 학생이 증명이란 새로운 특정 장르에 맞추어 작성하는 것이란 사실을 인지할 때, 학생은 더 성공적으로 증명 구성을 배울 확률이 높아진다. 이는 증명의 장르에 대한 자세한 설명이 없이 학생이 경험을 통해 깨달아야 하는 경우에도 적용된다.

스스로를 설득하라

정리를 증명하는 데 있어 학생은 우선적으로 자기 스스로를 직관적으로 설득해야 하고, 그 다음 논의를 더 정확하게 구체화하면서 증명을 구성해야 한다. 스스로를 설득하라고 하면, 대부분의 학생들은 정리에 대한 공간적 또는 시각적 직관을 사용하는 것을

5 이는 단순히 일부 학생들이 증명을 바라보는 시각을 의미하는 것이 아닌, 실증적 사실이다. 대부분의 학생들이 구성한 증명에는 다른 연역적 논증에서는 찾아보기 어려운 공통적인 증명 스타일이 있다. 예를 들어 증명과 직접 관련이 없는 정의는 증명 과정에서 반복하지 않는 것이다.

먼저 떠올린다. 이는 물론 도움이 되는 방법이지만 일부 정리에 있어서는 공간적, 시각적 직관을 사용하는 것이 거의 불가능하거나 별 도움이 되지 않는다. 앞에서 살펴본 함수의 합이 연속임을 보이는 정리가 그러하다. 이와는 반대로, 이제 우리는 시각적-공간적 직관의 정교화를 통해 증명을 구성할 수 있는 정리를 살펴보려 한다.

정리는 다음과 같다. 모든 실수값 함수에 있어서, f가 a에서 연속이고 g가 $f(a)$에서 연속이면, $g \circ f$는 a에서 연속이다. 언뜻 보면 이 정리는 앞에서 살핀 두 연속 함수의 합에 대한 정리와 비슷해 보인다. 하지만 학생들은 이 정리에 대한 스케치 표현으로 시각적-공간적 직관을 개발할 수 있다(그림 20.5 참고).

그림 20.5는 a에서의 연속이라 함은, "a에 가까운 점들은 $f(a)$에 가까운 값으로 모아진다."라는 직관을 가진 대학생이라면 쉽게 생각해낼 수 있는 그림이다. 이 그림을 통해 주어진 정리가 사실이라는 것을 알 수 있을 뿐더러, '가깝다'를 $\epsilon-\delta$ 논의로 확장하면 실제 증명을 구성할 수 있다.

논리

증명 구성에 대한 교육을 받는 대부분의 미국 대학생의 경우, 중급 정도의 증명입문(transition-to-proof) 교과목 강의를 통해 이를 경험하게 된다. 이러한 강의는 전형적으로 논리와 집합, 동치관계, 함수, 증명할 명제와 관련한 수학 내용들을 포함한다. 논리는 명제계산과 술어계산, 진리표, 명제의 진위 등을 추상적 혹은 기호적, 비맥락적으로 다루는 일이다. 논리는 대부분 강의의 초반에 다루어지는데, 이는 논리를 증명학습의 전제조건으로 생각하기 때문이다.

명제의 부정문을 작성하는 법 등과 같은 논리의 일부분은 어떤 증명에서는 중요한 역할을 하지만, 이제 막 증명을 배우는 학생이 접하는 증명에서 논리는 그리 중요한 역할을 하지는 않는다. 이는 남서부에 위치한 큰 규모의 대학에서 증명입문 교과목 강의를 통해 확인할 수 있는데, 이 강의를 수강하는 62명의 학생들이 작성하여 제출한 증명을 분석하여 석사학위 논문 작성을 위한 자료로 활용하였다(Baker, 2001). 학생들이 작성한 증명은 총 926줄로 쓰였으며, 분석을 통해 강의노트나 교과서에 나타난 논리를 쓰는지의 여부를 검토했다(Velleman, 1994). 그와 같은 경우, 즉 논리가 나타난 경우는 전체 증명 중 29줄 밖에 되지 않았으며 나머지는 고급 수준의 내용 조직, 가정이나 결론 서술, 증명 방법(직접 증명, 모순법 증명, 혹은 사례로 증명) 제시, 정의 적용, 혹은 수학 내용

지식의 활용 등이었다.

우리는 첫 절에서 살펴본 사례를 분석하여 증명입문 과목에서 학생들이 어떤 종류의 논리를 어느 정도 사용하는지를 알아보았다. 우리는 이 증명을 하는 데 그다지 형식적인 논리가 필요할 것이라고 생각하지 않았다. 우리는 세 군데에서 증명 외의 정보들을 이용해 유효한 논리적 규명이 이루어지는 것을 발견했다. [2]에서 [3]을, [4], [5], [6]의 일부분에서 [7], 그리고 [9]에서 [10]의 전제를(유사하게 [9]로부터 [11]의 전제를) 추론해내는 데서 사용되었다.

[4], [5], [6]의 일부분이 다음의 유효하고 논리적인 주장으로 [7]을 추론하는 과정이 어떻게 쓰였는지를 분석하였다. $(P\wedge Q)\rightarrow R, P, Q, \therefore R$ 일단 $(P\wedge Q)\rightarrow R$은 "실수 a, b에 있어서 $a>0$이고 $b>0$이면, $\min(a, b)>0$이다"를 의미하는 증명에서 외적 명제의 사용 사례로 생각할 수 있다. 그리고 [4]에서 P를 $\delta_1>0$으로, [5]에서 $\delta_2>0$으로 해석하면, 위 문장은 다음과 같이 "만약 $\delta_1>0$이고 $\delta_2>0$이면, $\min(\delta_1, \delta_2)>0$이다"가 되며, 여기서 R은 $\min(\delta_1, \delta_2)>0$이 된다. 그 다음에는 $(P\wedge Q)\rightarrow R, P, Q,$ $\therefore R$이라는 타당한 논리적 주장을 적용하고, [6]과 같이 δ를 $\min(\delta_1, \delta_2)$로 놓으면, $\delta>0$을 얻게 되는데 이는 곧 [7]이다.

이러한 논리를 의식적으로 지각하고 사용하는 학생은 거의 없을 것이며, 앞서 살펴본 증명 사례가 형식적 논리를 사용한다고 볼 수는 없다. 또한 많은 직접증명의 경우 논리를 거의 사용하지 않기 때문에 증명을 이해하는 데 있어서 논리를 전제 조건이라고 보기는 어렵다. 그러므로 증명의 교수-학습에 앞서 논리를 독립적으로 가르칠 것이 아니라, 증명을 가르치는 과정에서 논리가 중요한 역할을 하는 경우에 맞추어 좀 더 실용적인 논리를 가르치는 것이 바람직하다.[6]

교수법

실변수함수론이나 복소함수론 등 고급수학 과목이나 대학원 수학 과목을 가르치는 교수자의 경우, 증명을 중요한 평가의 요소로 사용하는데 이는 잘 기술된 증명은 학생이 강의의 내용을 잘 소화하고 있음을 보여주기 때문이다. 그러므로 증명 능력이 부족한 학

6 여기서 경험과 경험에 대한 반성으로 구성된 지식은 구성주의자들이 보는 관점과 같은 것이다.

생의 경우 자신의 이해도를 나타내 보이는 데에 있어 많은 어려움을 겪는다.

그렇다면 대학생은 어떻게 증명하는 방법을 배우는가? 대부분의 과목에서 증명은 비명시적으로 등장한다. 미국 대학에서 명시적으로 증명하는 법을 가르치는 강의는 중급 수준의 증명입문 과목이다(Velleman, 1994). 위의 논의에 비추어 볼 때, 논리, 집합, 함수에 대해 사전에 독립적으로 가르치지 않고도, 증명을 가르치는 과정에서 필요 시 병행하는 것이 바람직하다고 생각한다.

학생은 또한 실해석학 또는 추상대수 등의 과목에서도 증명 구성에 대해 배울 수 있다. 하지만 증명 구성 교수법에 있어서는 아무리 좋은 강의도 비효과적일 수 있는데, 왜냐하면 교수자는 학생이 증명의 어느 부분에 초점을 두고 있는지 모르며 학생의 사전 증명 경험에 대해 알지 못하기 때문이다. Weber(2004)의 연구에 나타난 T박사의 실해석학 강의에서 활용된 교수방법을 예로 살펴보자. 강의를 잘하기로 소문난 T박사는 집합, 함수에 대한 정리를 소개함에 있어서 우선 증명의 형식적-수사학적 측면을 설명했다[7]. 시간이 흐르고 수열 극한에 대해 가르칠 때, T박사는 학생들이 증명의 형식적-수사학적 측면에 대한 교육을 받았을 것이라고 가정하고 (N 값을 찾기 위해) 절댓값 수식을 조작하고 변환하는 부분에 집중했는데, 사실은 학생들이 실제로 형식적-수사학적 교육을 받은 적이 없었다.

과제와 시험을 통해서도 학생들은 증명 구성에 대해 배울 수 있다. 하지만 이 또한 비효과적일 가능성이 높은데 왜냐하면 과제와 시험의 목적이 학생에게 증명을 가르치는 데에 있지 않고 교사의 지도가 이루어지지 않기 때문이다. 종합해 보면, 현재 진행되고 있는 증명 교육법(증명입문 과목, 일반 수학 과목의 숙제나 시험 등)은 증명 구성 교육에 적절하지 않은 것으로 판단된다. 우리의 경험에 비추어 볼 때, 대부분 미국 대학교의 대학원에 이제 막 진입한 학생의 경우 충분한 증명 능력을 보유하지 못한 경우가 많기 때문에 이러한 특별한 증명 교육 과목을 수강하는 것이 필요하다고 본다.

그렇다면 어떠한 강의가 효과적으로 학생의 증명 능력을 향상시킬 수 있을까? 우리는 정의와 증명해야 할 정리만 있고 다른 부가적인 정보가 거의 없는 강의 노트로 진행되는 강의를 추천한다. 증명이나 정의의 예와 반례 등은 모두 학생들이 스스로 만드는 것이다. 학생의 증명 구성 능력은 이러한 강의에서 가장 효과적으로 향상될 수 있으며 교사는 이

7 Weber(2004)는 본 수업에서의 T박사의 교수법을 논리-구조적 유형으로 구분하였다.

를 위한 적절한 지도를 제공하면 된다. 교사가 힌트를 너무 많이 제공하지 않으며 학생이 충분한 노력을 보이고 있고 성공적인 증명을 위해서 지도가 꼭 필요한 상황에만 개입하는 것이 바람직하다. 교사의 개입은 학생 스스로 성공할 수 있는 기회를 빼앗는 것으로 볼 수 있으므로 학생이 정리를 증명하는 동안에는 교사의 개입이 거의 일어나지 않는 것이 최선이라고 할 수 있다.

증명을 하기 위해선 어느 정도의 일반적인 선수 지식이 필요하다. 예를 들어 수량에 대한 명제의 부정문을 만든다거나 어떤 함수가 단사함수임을 증명하는 능력 등이다. 이 경우 교사는 부가적인 강의 자료를 적은 노트를 만들어 학생들에게 사전 지식을 제공할 수 있다. 이때 교사는 행동적 지식의 형태로 정보를 제공해야 하며, 학생은 증명을 하는 과정에서 이를 이해하고 개념적 지식으로 스스로 발달시켜야 한다.

이런 수업에서 학생들의 성과는 소규모 그룹으로 공부할 때 더 좋은데, 소규모 그룹으로 공부하는 초기 부분에 덜 익숙한 문제핵심 상황에 대한 부담이 완화될 수 있고 자신의 논리를 동료에게 설득시키는 과정에서 증명 능력이 향상 될 수 있다. 사전 수학 지식이 필요하거나, 특정 지식을(예, 균등연속(uniformly continuous) 함수의 정의) 생각해 내는 능력이 필요한 경우, 학생들 사이에 개인차가 존재한다. 이는 소규모 그룹 학습이 성공적인 증명에 도움이 될 수 있음을 시사한다.

학생들의 성공적으로 증명을 구성할 확률을 높일 수 있는 또 다른 방법으로 우리는 장기목표를 위한 '초석 쌓기(long-range priming)'를 제안한다. 앞서 살펴본 두 연속함수의 합이 연속임을 보이는 증명을 통해 이를 설명하자면, 이 증명은 어려운 증명으로 증명의 문제핵심 부분을 해결하기 위해 학생들은 δ를 찾기 위한 최솟값과 삼각부등식(triangle inequality)을 적용해야 한다. 증명은 앞서 배운 최솟값과 삼각부등식에 대한 정리를 사용하여 증명된 두 개의 정리를 삽입함으로써 더 수월하게 구성된다.

강의 노트는 강의 진행에 맞추어 업데이트되어야 하며, 이를 통해 교사는 학생이 증명의 어떤 측면에 익숙하며 어떤 종류의 증명을 학생이 성공적으로 해냈는지를 알 수 있어야 한다. 이를 통해 강의 노트는 '적기 및 적시'에 내용을 학생에게 제공할 수 있다.

주의할 점이 있다면 강의 노트의 내용이 너무 협소하면 안 된다는 것이다. 강의 노트를 만들기 전에, 교사는 어떤 증명 능력을 우선시 할지를 결정해야 하며 또한 부가적 노트를 통해 증명입문 과목에서 배웠음직한 학생들에게 필요한 사전 지식을 포함해야 한다. 이는 강의 노트를 만들기 위해서는 적지 않은 시간 투자가 이루어져야 함을 시사하며, 많은 교사들은 이러한 강의 노트의 실용성에 의문을 제기할 수 있다.

그렇다면 이러한 강의는 실용적인가? 강의 노트는 얼마만큼의 시간투자로 만들 수 있는가? 강의에서 얼마만큼의 학생들이 적절한 지도를 받을 수 있는가? 우리의 증명입문 과목에 대한 경험에 비추어 볼 때, 한 강좌에 학생 수가 36에 가까우면, 4인1조의 그룹으로 학생들을 분할하여도 지도가 어려울 것이다. 하지만 자격을 갖춘 수업 조교가 있다면 상당히 도움이 된다. 고급수학 과목이나 대학원 수학 과목의 경우 규모가 매우 작은 경우에는 2인1조인 3개의 그룹이나, 3~4명이 1조를 이루는 3개의 그룹 수업에서 효과적으로 강의 노트를 작성할 수 있다.

물론 더 큰 규모의 강의를 위해서 효과적으로 강의 노트를 작성할 수 있는 방법도 개발할 수 있다. 어떤 특정한 증명 능력을 필요로 하는 정리를 만드는 일은 현장에서 학생들이 요구할 때 정리를 제시하는 것보다는 쉬운 일이다. 즉 교사는 자신만의 데이터베이스가 되는 책자를 만들어 정의, 정리, 증명의 상호 연관성을 정리해 놓고, 어떤 선수 정의, 정리, 증명이 각 증명에서 사용되는지를 체크해 놓아야 한다. 이 책을 통해 교사는 특정 증명 능력을 향상시킬 수 있는 정리를 선택하여 강의 노트에 포함하여 이를 위해 필요한 정의나 다른 정리를 제공할 수 있다.

마지막으로, 지금 우리가 설명한 강의를 따로 개설하는 것보다 더 좋은 방법은 대학생들을 위한 전 교과과정에 걸쳐 증명 교육을 통합하여 가르치는 것이다(NCTM, 2000). 이를 위해선 시간을 할애하는 것뿐만 아니라 학교 현장의 교사들에게도 이를 위한 적절한 도움을 제공해야 한다.

결론

이 장을 통해 우리는 증명의 성질과 학생의 능력을 어떻게 조화시켜 효과적인 증명교육을 할 수 있는지에 대해 알아보았다. 먼저 우리는 증명의 세 가지 구조를 제시하였는데, 하위증명의 **계층적** 구조, 증명대가가 사용할만한 선형적인 **증명 구성 경로**, 그리고 **형식적-수사학적** 부분과 **문제핵심** 부분으로의 증명 분할이 그것이다.

그 다음 우리는 증명의 특정 성질이 학생의 어떤 능력을 요구하는지를 살펴보았다. 예를 들어 귀납법에 의한 증명은 학생의 귀납법에 대한 지식뿐만 아니라, 이를 생각해내는 능력 또한 필요로 했다. 우리가 제시한 증명의 세 가지 구조를 염두에 두면, 증명의 복잡성에 대해서도 어느 정도 파악할 수 있다. 또한 집합과 함수의 언어를 사용할 줄 아는 능력은 형식적 정의만을 암기하는 능력과는 사뭇 다르다.

또한 우리는 다음의 세 가지 비형식적인 관점에 대해 논의하였다.

1. 특정 장르로 작성된 논의만이 증명으로 허용된다. 이를 이해하지 못하는 학생의 경우, 자신들이 당연하다고 생각하는 명제의 경우, 증명을 구성하는 데에 어려움을 겪는다.
2. 일부 정리의 경우 시각적-공간적 직관에 기초한 논의의 발전을 통해 증명을 하는 것이 불가능하다. 시각적-공간적 직관에 많이 의존하는 학생일수록 이러한 정리의 증명을 어렵게 생각한다.
3. 논리는 학생의 증명에 자주 등장하지는 않으므로 논리를 증명학습 전에 독립적으로 먼저 가르칠 필요는 없고 증명학습 과정에서 가르치면 된다. 나아가 학생들이 사용하는 논리는 형식 논리의 엄격한 적용보다는 실용적이고 직관적인 관점에서 사용되는 논리이다.

마지막으로 우리는 멘토링과 조별학습을 통한 교수-학습에 대해 소개했는데, 이때 학생들의 증명 구성에 교수자의 그런 교수법이 통합되어 녹아들어간다. 이러한 교수법에서는, 증명에서 다루는 수학내용보다는 증명의 성질과 종류가 더 중요한 역할을 한다. 학생이 특정 증명 능력에 있어서 지도를 필요로 할 때, 교수자는 그 특정 증명 능력을 필요로 하는 정리를 다음 과제로 내주어야 한다. 우리는 이러한 교수법의 실용성을 강조하면서 본 장을 마무리한다.

21

증명 교수·학습에 대한 포괄적 관점의 공헌

Guershon Harel and Evan Fuller

비슷한 제목의 논문에서 Harel과 Sowder(2007)는 증명 교수–학습의 포괄적 관점의 중요성을 주장했다. 그들은 포괄적 관점을 수학적, 역사적–인식론적, 인지적, 사회논리적, 그리고 교수학적 요소를 통합하는 것으로 정의했다. 그들은 이러한 다양한 요소와 관련하여 다음의 13가지 질문을 제시하였다.

- **수학석, 역사적–인식론적 요소**
  1. 증명이란 무엇이며 증명의 기능은 무엇인가?
  2. 수학 공동체에서 증명은 어떻게 구성되고 검정되며 채택되는가?
  3. 수학 역사에서 증명 발달의 중요한 단계는 무엇인가?
- **인지적 요소**
  4. 증명에 대한 학생의 현재 인식은 무엇인가?
  5. 증명에 있어 학생이 갖는 어려움은 무엇인가?
  6. 어려움을 갖는다면 왜 그러한가?

• **교수학적-사회문화적 요소**

7. 증명을 왜 가르치는가?
8. 증명을 어떻게 가르쳐야 하는가?
9. 교실에서 증명은 어떻게 구성되고 검정되며 채택되는가?
10. 개별 학생으로서, 그리고 학습공동체로서의 강의실에서 증명 발달의 중요한 단계는 무엇인가?
11. 학생들의 증명에 대한 개념 발달에 도움이 되는 강의 환경은 무엇인가?
12. 학생들의 증명에 대한 개념 발달에 도움이 되는 학생들 간의 상호작용은 무엇이며 학생-선생님 간의 상호작용은 무엇인가?
13. 학생들의 증명에 대한 개념 발달에 도움이 되는 수학적 활동은 무엇인가?

우리는 본 책에 담길 최근 연구들의 기여를 보면서 다음의 세 가지 주요한 질문을 추가하게 되었다. 즉, (14) 학생들의 증명에 대한 개념을 연구하고 향상시키기 위해 적합한 이론적 수단은 무엇인가? (15) 현재 현장에서는 증명을 어떻게 가르치는가? (16) 증명을 효과적으로 가르치기 위해 교사들은 무엇을 알아야 하는가?

우리는 이 문제들에 중점을 둘 것이며 각 장의 서두에는 주요 질문을 강조하여 나타내고 각 장의 요점을 요약하는 표를 첨가한다. 우리의 논의의 목적은 증명 교수-학습의 포괄적 관점에 대한 최근 연구들이 어떻게 기여하는지 밝히는 것이다.

증명에 있어서 역사적으로 중·고등학생과 대학생들의 좋지 않은 성과는 여러 요인들에 기인한다. 문제의 원인이 교육과정에 있든, 교과서에 있든, 교육에 있든, 교사의 배경 혹은 학생에게 있든, 개선이 이루어져함은 명백한 사실이다. 발전을 가로막는 장애물로는 증명의 한 측면만 강조하고 다른 측면은 무시하는 교육과정 개혁의 목소리를 들 수 있다. 어떤 하나의 요인만으로는 학생의 증명학습에 대한 성과를 설명할 수 없으며, 학생이 증명을 하면서 겪는 어려움을 이해하며 어려움의 원인을 찾아내고, 이를 도와주기 위한 교수법을 연구하기 위해선 증명에 대한 포괄적인 관점이 필요하다. 증명을 하면서 학생들이 겪는 어려움의 본질은 학생들이 저학년부터 증명을 하는 기회를 접해야 하고 교육과정 전체에 걸쳐 증명을 하는 기회가 많아질수록 변화할 수 있다는 사실 또한 명심해야 한다(이는 본 책의 여러 장에서 주장되는 바이기도 하다).

앞서 우리가 제기한 질문들은 이러한 증명에 대해 포괄적인 관점에서 나온 것이다. 이

장

질문	1	2	3	4	5	6	7	8	9	10	11	12	13	14	15	16	17	18	19
Q1			●			●		●			●	●		●	●		●		
Q2																			●
Q3																			
Q4				●					●	●		●							
Q5		●				●			●	●		●				●			●
Q6		●								●	●	●				●			●
Q7															●				●
Q8			●	●	●	●	●	●	●						●		●	●	●
Q9							●		●						●				
Q10				●	●	●				●				●					
Q11		●		●		●	●	●			●						●	●	
Q12							●										●	●	
Q13		●				●							●						
Q14		●	●						●				●	●		●	●		●
Q15		●									●	●			●				
Q16														●		●		●	

[그림 21.1] 각 장의 연구 질문들

책의 총 19개의 장에서 16개의 질문 중 어떤 질문을 다루었는지 또한 어떤 질문들이 추가로 제시되었는지를 그림 21.1에 나타내었다. Harel과 Sowder(2007)는 앞에서 제시한 질문의 목록이 완전한 것이 아님을 지적하였다. 증명의 교수-학습에 대한 연구가 진행, 발전되면서 (14)~(16)의 질문과 같은 본질적 질문이 등장하게 된다. 질문 목록의 다음 두 가지 특성은 매우 중요하다, 첫째, 목록에 있는 질문들은 밀접하게 상호 연관되어 있기 때문에 각각을 별개의 질문으로 보아서는 안 된다. 둘째, **주관성**(subjectivity)과 관련된 것으로 '증명'이란 단어는 수학자들이 생산해내는 비교적 정확한 논쟁을 뜻하는 경우가 많지만, 여기서의 '증명'은 주관적으로 해석되는 것을 의미한다. 다시 말해, 증명이란 자신이 주장하는 바가 사실인을 자신과 다른 사람에게 설득하기 위해 구싱하는 득성한 논증이다.

우리의 목적은 이 책이 포괄적 관점에 관한 여러 질문에 어떠한 답을 제공하고 있는지를 분석하고 향후 연구 방향을 제시하는 데에 있다.

제I부: 증명 교수-학습에 관한 이론적 고찰

학생들이 증명에 대해 이미 알고 있으면 하는 것

Hersh는 증명의 교수-학습과 관련하여 "고등학교, 혹은 그 이전의 학교 교육현장에서 우리가 보고 싶은 것은 무엇인가?"라는 질문을 제기한다. Hersh는 실증적 자료를 통해 이 질문에 답하기보다는 대학교수로서의 본인 경험에 기초한 일화를 예로 들어 위의 질문에 대해 자신의 견해를 밝히는데, 그의 생각은 이 장에서의 연구결과와 이전 연구의 결과와도 상당이 유사하다.

학문적 지식과 학교 수학의 관계에 대한 연구: 학교 수학에서 추론과 증명의 위치 이해에 대한 함의

Chazan과 Lueke는 여러 연구를 통해 학생과 교사의 증명에 대한 관점이 제도적 아이디어와 대립되고 있음을 보여준다. 또한 학생들은 다른 프레임을 가지고 있으며 항상 과제에 적합한 프레임을 선택하지는 않는다는 것을 밝혀냈다. Chazan과 Lueke는 이러한 학생들에 관한 문제점들을 해결하기 위해서는 교사가 특정한 상황에 맞게 올바른 증명 방법(desired frame)을 선택할 수 있는 교실환경을 조성해야 한다고 제안한다. 이는 여러 가지 이유로 매우 중요한 제안이다. 첫째, 학생에게 올바른 증명 방법을 선택하도록 직접적으로 가르치는 것은 효과적이지 않은데, 이는 Davis(1984)가 프레임에 관한 연구에서 주장하는 바와 일치한다. 학생에게 직접적으로 추론하는 방법을 가르치는 것은 수학적 내용이 아니라 학생의 행동에 초점을 맞추는 문제를 발생시키는 메타인지적 전이를 일으킬 수 있다(Brousseau, 1997). 이에 대한 대안으로 올바른 증명 방법을 찾아야 할 필요성을 학생들로 하여금 느끼게 하는 교수-학습법을 들 수 있다(Harel, 2007; Harel & Sowder, 2007). 올바른 증명 방법을 위한 수업환경은 증명 능력 개발에 큰 도움이 된다. 나아가, '방법(methods)'에 치우친 현재의 대수 교육의 성질은 일부 학생이 증명을 하면서 겪는 어려움의 원인이 된다. 왜냐하면 학생은 답안이 옳음을 설명하는 데에만 익숙하고 답안의 정확성을 설명하는 데에는 미숙하기 때문이다.

수업에서 증명하기와 이해하기(knowing): 수업에서의 증명의 본질

Herbst과 Balacheff는 증명을 표상하는 여러 유형은 무엇이며 관찰자가 이러한 여러 가지 증명의 표상을 어떻게 설명할 수 있는지에 대하여 조사하였다. 이들은 증명에 대한 학생들의 이해도를 분석할 수 있는 이론적 도구에 초점을 두고, 기호적 형식주의가 아닌 다른 유형의 정당화를 구분할 수 있는 방법을 제안한다. 어떤 증명이 이러한 관점에 근거를 둔 것인지 설명하면서 시간격(timescale)이 다른 세 가지 유형의 증명을 제안한다. Herbst와 Balacheff는 교사를 포함한 관찰자들은 강의실에 이 세 가지 종류의 증명을 분석해야 한다고 주장한다. 이러한 방법을 통해 하나의 형식적 척도를 사용하지 않고서도 교사가 증명을 위해 할애한 정도를 설명할 수 있다. 교실에서의 여러 제약과 증명의 여러 유형을 이론적 도구로써 활용한다면 수학교육자들은 학생들이 증명을 어떻게 배우며 증명을 어떻게 가르칠 것인지에 대한 주제들을 다루는 데 큰 도움이 될 것이다.

제II부: 초등과정에서 증명에 관한 교수-학습

초등과정에서의 표상기반 증명

Schifter는 학생이 수 체계의 규칙성을 발견하고 그 규칙성이 항상 성립하는지를 탐구하는 과정에서 일반화와 정당화가 매우 자연스럽게 나타난다고 말한다. 그러므로 초등학교에서의 수 체계에 대한 경험은 증명 능력 발달에서 중요한 단계이다. 일부 초등학생들은 그림을 통해 자신들의 주장을 뒷받침하는데, 이는 저자에 따르면 초등학생들에게 매우 적절한 증명 형태이다. 계산에 대한 추론을 통해 학생들이 수에 대해 좀 더 발달된 개념을 가질 수 있고 연산을 더 수월하게 할 수 있으며, 이는 학생의 이해라는 단기적 목표 달성에 도움이 될 뿐만 아니라, 후에 배울 증명의 개념 발달에도 큰 도움이 된다. 더 낮은 학년에서부터 수 체계의 규칙성에 대하여 토론하는 것은 학생들의 증명의 개념을 발달시키는 데에 도움이 된다.

아동의 연역적 논증에 도움이 되는 표상

Morris는 학생들의 증명에 대한 개념과 관련된 문제점을 규명하였는데, 많은 학생들이 고학년이 되어서도 증명에서 일반적 관계를 사용할 수 있다는 사실을 이해하지 못한다는 점이다. 이는 Vinner(1983)의 연구에서도 발견되었는데, 학생들은 앞서 증명한 정리의 특정 사례를 증명하는 데 있어서 정리의 일반적 결과를 사용하기보다 연역적 명제를 특별한 예로 활용하는 것을 선호하는 것으로 나타났다. 즉 학생들은 일반적 증명을 특정 사례를 점검하기 위한 도구로 생각했고 언제나 사실인 것으로 증명된 일반적 관계로 생각하지 않았다. 증명 능력 개발을 위해 학생들의 사고를 스케폴딩하는 방법으로써의 '스키마'로, 이는 학생들은 보통 구체적인 사실로부터 시작하여 하나의 고정된 표상을 갖게 되고 이를 통해 좀 더 일반적으로 생각하는 과정을 거친다는 점이다. Morris는 초등학생들도 연역적 추론을 할 수 있을 뿐만 아니라 수업에서 각 수준에 맞는 적절한 지원을 통해 추후에 발생할 수 있는, 고학년이나 성인에게서 볼 수 있는 귀납적 추론의 패턴에서 나타나는 증명에 대한 오개념을 방지할 수 있다고 주장한다. 결국 초등학교에서의 경험이 학생들의 증명 관련 개념 형성에 매우 중요하다고 할 수 있다.

수학 문제를 푸는 어린 수학자: 증명에 있어서 맥락과 모델의 역할

Fosnot과 Jacob은 "증명이란 허용된 추론의 법칙을 통해 이전의 명제 혹은 가정으로부터 추론(inference)하여 특정 순서로 제시한 수학적 명제들의 타당성을 검증하는 것"이라고 제안한다(6장, 106쪽). 그들의 연구로부터 학생이 연역적 규칙을 발달시키는 데에 도움이 되는 교실 환경의 특성을 알 수 있는데, 구체적으로 동치(equivalence)에 대해 구체적인 맥락에서 학생들이 논증을 하도록 하는 것이다. 하나 혹은 여러 개의 변수에 대한 정보가 주어지지 않은 추상적 상황에 대해 일반적 논증을 만드는 수학적 활동은 학생의 증명에 대한 개념 형성에 도움이 된다. 또한 증명에 사용되는 표상은 올바른(desired) 추론에 도움이 되는 것이어야 하며 학생이 증명 과정을 이해하는 데에 도움이 되어야 한다. Fosnot과 Jacob은 증명 능력 발달에 있어서의 중요한 단계를 다음과 같이 구분한다. 즉, 학생이 자신의 추론을 재점검하고, 표상을 통해 재구성하며, 결과를 단순화시켜 간결한 논증으로 정리하는 과정이다.

아동의 추론: 수학적 증명의 아이디어 발견

Maher는 학생들이 문제를 푸는 과정에서 자연스럽게 증명을 구성할 수 있으며 이렇게 구성된 증명은 탐색과 토론을 통해 검증되고 채택(accepted)될 수 있다고 주장한다. Maher는 교사가 정당화를 학습 목표로 설정하지 않은 경우에도, 문제 상황에 대한 자세하고 완전한 분석을 통해 정당화를 할 수 있다는 것을 보여준다. 이는 학생들이 부담을 느끼지 않고 자유롭게 탐구하여 주어진 과제를 수행할 있는 학습 환경을 조성하는 것이

'자연스러운' 증명 개념의 발달에 도움이 된다는 것을 의미한다. 나아가, 학생에게 구체적이고 추상적인 성격을 모두 갖는 문제를 제시하여 이에 대한 다양한 표상을 통해 구성하여 급우들과 공유하며, 자신의 주장을 정당화할 수 있는 기회를 제공함으로써 증명 개념 발달에 도움이 되는 교실 환경을 만들 수 있다. 이 장에서 구체적 조작물을 사용하는 문제가 소개되었는데 이는 다음과 같은 의문을 제기한다. "주어진 문제를 풀기 위해 아동들이 구체적 조작물을 사용하는 것과 관련된 증명에 대한 인지적 이슈는 무엇인가?" 예를 들어, 구체적 조작물을 사용함으로써 학생들은 실증적 추론을 발달시킬 수 있으며 혹은 구체적 조작물 활용은 추상화를 촉진하는 구체적 기반이 될 수 있다.

초등학교 고학년에서 증명 수업의 양상

Reid과 Zack은 두 교수 실험(teaching experiment)을 바탕으로 증명 교수의 중요한 성격을 논의한다. 첫째, 문제의 난이도는 너무 쉽지도, 너무 어렵지도 않아야 하며, 한 문제를 풀기 위해 활용한 지식이 다른 문제를 푸는 데 필요한 추론에 도움이 되어야 하는데, 이는 연역적 증명의 기초가 된다. 수학에서 증명은 본질적으로 소통의 수단이라는 점을 고려할 때, 증명 교수-학습에 있어서 다양한 상황에서의 의사소통은 중요한 역할을 한다. 증명하기에 있어 공동체의 규범을 만드는 것도 중요하며, 이를 통해 학생들은 어떻게 논증이 실제로 정리를 증명하고 있는지를 이해해야 한다. 또한 문제 해결로 시작하여 예측(conjecturing)을 거쳐 증명하기를 경험하는 것이 바람직하다. 다른 연구(Usiskin, 1980)를 보면, 학생들은 많은 경우 자신들이 증명해야 하는 정리가 왜 중요한지 모르며 증명의 필요성을 느끼지 않는다. Reid와 Zack은 학생들이 스스로 추측(conjectures)을 만들 때 좀 더 적극적인 모습으로 증명하기에 임하며 교사가 없을 때도 증명을 하려는 열의를 보일 수도 있다고 주장한다.

제III부: 중 · 고등학교에서 증명의 교수-학습

중학생들의 수학적 정당화 구성

9장의 저자들 Knuth, Choppin과 Bieda는 Waring(2000)의 증명 수준 분석틀을 바탕으로 학생들의 증명에 대한 개념의 발달 과정을 연구하는 데 필요한 증명 구성 수준을 개발하였다. 학생들이 일반성을 이해하는 것은 증명 개념을 이해하는 데에 있어 중요한 것으로 보인다. 이 연구의 결과는 학생들이 증명의 일반성을 제대로 이해하지 못한다는 이전의 연구 결과와 (그리고 본 책의 Morris의 주장과) 일치한다. Knuth, Choppin과 Bieda는 다음의 질문을 제기한다.

1. 학생들은 증명이 일반적 상황을 다룬다는 것에 대하여 어느 정도 파악하고 있는가?
2. 학생들은 어느 정도로 예의 제시가 증명이 된다고 생각하는가?
3. 학생들이 증명을 이해하는 데에 있어 예는 어떤 역할을 하는가?
4. 학생들의 증명 구성 역량과 증명 이해 능력 사이에는 어떤 연관성이 있는가?

저자들은 이에 대한 답을 제시하지는 않지만, 수학교육을 하는 과정에서 교사들의 증명에 대한 개념과 인식도 개선되어야 하며 "교과서 및 교사용 지도서와 같은 교육과정 도서는 학생에게 증명하기 활동을 경험할 수 있는 기회를 제공해야 할 뿐만 아니라하며, 이러한 학생들의 경험을 장려할 수 있도록 교사가 무엇을 어떻게 할 수 있는지에 대한 정보도 제공해야 한다고 주장한다(9장, 191쪽)".

수학의 경험적 추론에서 구조적 추론으로의 변화: 시간 변화에 따른 추적

Küchemann과 Hoyles는 영국의 고등학생들이 '구조적 추론'을 거의 사용하지 않는 이유에 대해 "수 패턴을 사용한 응답의 간결성(simplicity)이 구조적 접근 사용 시 얻을 수 있는 직관보다 더 매력적이기 때문"(10장, 207쪽)이라고 주장한다. 일부 학생은 '가분성의 원리(divisibility principle)'(즉 어떤 수를 곱한 값은 다시 그 수로 나누어진다는 것으로, 해를 찾는 데 있어 중요한 원리)의 성질과 유용성을 이해하고 있음에도 불구하고, 다른 특정 상황에서는 이 원칙이 성립하지 않을 수 있다는 생각에 이 원리를 적용하는 것에 확신하지 못했다. 이는 다음과 같이 여러 연구 결과들과 관련된 이슈이다. Healy와 Hoyles(2000)는 대부분의 고등학생들이 한 번 증명된 정리는 그 정리를 적용할 수 있는 모든 경우에 있어 사실인 것을 이해하고 있다고 주장한 반면, Fischbein과 Kedem(1982)은 학생들이 이미 증명한 정리라도 수치에 대한 점검은 증명에 대한 학생들의 자신감을 높이는 역할을 한다는 것을 밝혀냈다. Küchemann과 Hoyles의 연구 결과는 이러한 상이한 연구 결과에 대한 유력한 해석을 제시한다. 즉, 학생들은 이론적으로는 증명이 모

든 경우에 성립함을 알고 있지만, 특정 경우에 있어서는 성립하지 않을 거라고 혹은 찾아내지 못한 실수에 대해 걱정하며 이러한 경우 실제 특정한 경우에 대한 계산을 통해 증명이 사실임을 확인하려 한다는 것이다.

3년의 연구기간 동안에 학생들이 구조적 추론을 활용하는 데 있어서 성과를 보이긴 하였지만, 이 성과는 선형적이지 않았으며 지속적이지 않은 경우도 있었다. 그러므로 Küchemann과 Hoyles는 학생의 이해도 측정에 있어서 특정 시기의 단편적인 모습에만 집중하는 것은 옳지 않다고 말한다. 이러한 이유로 표준화된 시험이나 연구 방법론에서 단일 항목에 지나친 비중을 두어서는 안 된다. 학생들이 다른 가능한 전략들을 알고 이 전략들을 비교할 수 있는 능력을 키우는 것은 학생들의 증명에 대한 개념 발달에 있어 중요한 단계이다. 이를 돕기 위해서 교사는 학생들이 수학적 아이디어를 다양하게 표현하며 이러한 다양한 표현들 간의 연관성을 파악하고 추론을 정당화하도록 장려해야 한다.

수학 수업에서 논쟁 및 증명 역량 계발

Heinze와 Reiss는 학생들이 사고 양식으로써의 수학적 추론을 배우고 증명의 중요성을 이해하는 것이 통상적인 중·고등학교에서 수학 교육의 목표임에도 불구하고, 학생들의 '선수 지식'(예를 들어, 발견술, 컨트롤 전략, 증명의 본질에 관한 지식)의 부족으로 인해 이는 달성하기 어려운 목표가 되고 있다고 말한다. 독일과 미국에서의 구체적으로 지도하는 전형적인 교수법에 따르면(Mullis 외, 2000), 교사는 학생의 수학적 추론 능력 발달에 있어 최소한의 도움만을 제공한다. 이는 정서적 요인과 인지적 요인을 모두 포함하는 '수업 분위기(classroom climate)'는 수업의 방식에 따라 달라진다는 것을 의미한다. 저자는 동기와 흥미가 학습에 어떤 영향을 주며 이를 어떻게 효과적으로 유도할 수 있는지에 대한 연구가 필요하다고 주장한다. 다른 대안적 수업환경 또한 증명 교수에 어느 정도 긍정적인 영향을 주었는데, 예를 들어 메타인지 활동에 중점을 둔 수업(Mevarech & Kramarski, 1997)과 발견적 학습에 중점을 두는 것(Reiss & Renkl, 2002)은 학생의 문제 해결 역량 발달에 도움이 된다는 것이다. Heinze와 Reiss는 또한 긍정적인 감정이 학습에 도움이 되며, 수학 수업의 특정 부분과 관련된 정서적 요인의 영향에 대해선 많은 연구가 필요하다고 말한다.

고등학교 기하에서의 형식적 증명: 구조, 타당성, 목적에 대한 학생의 인식

McCroner과 Matrin은 대부분의 교사는 증명의 가치를 이해하고 학생에게 이를 잘 가르치기 위해 열심히 노력한다고 가정한다. 이 연구자들은 '그렇다면 왜 오직 소수의 고등학생만이 증명에 대하여 제대로 이해하는지'에 대하여 의문을 제기한다. McCrone과 Matrin에 따르면, 학생들은 증명을 이해하기 위해 교실에서의 '산만한(meta-discursive)' 규칙을 따르려고 노력하지만 자신들의 직관적 이해와 기하 수업에서 다루는 증명의 형식적 규칙들 사이의 괴리를 인지한다는 것이다. 저자들은 왜 학생의 직관적 이해가 증명 학습에 방해가 될 수 있는지를 설명하는데, 이는 일부 학생들이 겪는 어려움을 파악하고 해결하는 단서가 될 수 있다. 교사가 논리적 순서를 따르지 않는 논증에 부분점수를 주는 경우, 학생은 이러한 논증이 증명으로 인정되는 것으로 잘못 이해할 수 있다. 또한 기하학 수업의 경우 교사가 특정 패턴이나 모델을 들어 개념을 설명하는 경우가 많은데, 학생은 이러한 경험에 기초하여 수학적 정당화의 필요성에 대한 생각 없이 단순히 증명을 작성하는 방법만을 배우게 된다.

논증은 언제 논증이 되는가? 수학적 논쟁의 정교화

McClain은 사회적, 사회수학적 규범(norm)의 변화에 대하여 특히, '수학적 논증으로 인정할 수 있는 논증이란 무엇이며 이러한 논증에 사용될 수 있는 정당화 기준은 무엇인가'에 대해 살펴보았다(13장, 256쪽). 이러한 규범을 정립하는 데 있어 교사의 역할이 중요하기 때문에, McClain은 교사가 특정 내용 및 수학적 논쟁의 규범을 위한 자신의 아젠다를 유지하는 동시에 수업에서 이루어지는 담화에서 교사가 학생들의 아이디어를 이해하고 평가하는 동안 겪는 어려움의 성질에 초점을 둔다. 의사소통을 촉진하는 교사의 역할은 수학적 토론을 활발하게 만드는 데 핵심적인 요소이다. 하지만 어느 정도의 교사 개입이 적절한지는 매우 복잡한 문제이다. 학생들에게 자신이 선택한 표상 방법을 서로 비교하게 함으로써 학생들은 결과보다 논증 자체에 더 집중하는 성과를 보였다. 학생들이 이미 분석한 구체적 상황에 대한 다양한 표현 방법을 비교하는 것은 증명에 대한 학생의 개념에 대한 이해도를 향상시키는 데에 도움이 된다.

학교 수학에서 추론 및 증명하기: 패턴 찾기

Stylianides와 Silver는 '추론 및 증명하기 활동의 핵심적 요소'인 패턴 찾기와 관련된 교수학적 이슈에 대해 연구하였다. 저자는 다양한 활동을 추론 및 증명하기로 보고, 증명을 수학적 활동의 유일한 최종 목표로 보는 관점을 지양한다. 저자는 확정적 패턴과 가능한 패턴을 구분한다. 확정적 패턴의 경우 특정 패턴 선택에 대한 결정적인 증거를 제시할 수 있다(14장, 276쪽). 패턴이 확정적 패턴인지 혹은 가능한 패턴인지를 구분할 수 있는 경우, 그 패턴은 **분명한**(transparent) 패턴으로, 그렇지 않을 경우는 **분명하지 않은**(non-transparent) 패턴으로 정의한다. 패턴에 대하여 제대로 가르치기 위해서 교사는 패턴이 다른 방법으로 만들어질 수 있는지 혹은 왜 한 가지 패턴으로만 되는지를 이해해야 한다. 수학교육에서 패턴이 자주 사용된다는 사실은, 증명에 대한 학생의 개념 발달에 있어 패턴이 중요한 역할을 할 수 있음을 뜻한다. Stylianides와 Silver는 전문성 신장을 프로그램을 통하여 교사에게 패턴의 다양한 종류에 대해 구체적으로 배울 기회를 제공해야 한다고 제안한다. 또한 이 분야의 일반적 프레임워크와 분석 도구의 부족이 미미한 성과의 원인이라고 말한다.

기하 수업에서 '증명하기(doing proofs)'

이 장의 저자들은 고등학교 기하에서 증명의 역할에 초점을 맞춘다. 이 연구에서 교사들을 인터뷰하였고 인터뷰에서 교사들은 모두 논리적 사고를 가르칠 기회를 제공한다는 점에서 기하에서의 증명의 중요성을 강조했는데, 기하의 내용 자체나 답을 찾기 위한 도구로써 증명을 중요시하는 것은 아니었다. 저자들은 증명 교수의 더 중요한 이유로 증명은 수학의 중심에 있다는 점을 든다. 저자들이 발견한 규범에 따르면, 증명은 교사가 문제를 제시하면 학생들이 아이디어 및 근거를 이단 형식 증명의 형태로 제시하고 이 논증이 적절한지 교사가 검증하는 단계를 거친다. 이는 증명의 핵심 역할이 논리적 사고 증진이라고 생각하는 교사들의 의견과 일치한다. 기하를 좀 더 효과적으로 가르치기 위해선 이러한 규범들이 변해야 하는데, 이 변화의 내용은 학생들 간의 협력 학습, 유연한 시간 활용, 그리고 학생들 사이의 활발한 의견 공유이다.

제IV부: 대학교육에서 증명의 교수-학습

증명과 관련한 학생에 대한 대학 교수의 인식

Harel과 Sowder는 수학 교수-학습의 이론적 분석틀인 DNR 기반 교수방법(Harel, 2007)이 증명에 대한 학생의 이해도를 파악하고 변화시키는 데 사용될 수 있다고 주장한다. 저자의 연구에 따르면, 대학 교수들은 연역적 증명 방법은 오직 실력 있는 학생에게만 적합한 학습 목표라고 생각하고, 많은 경우 증명보다는 구체적 사례를 언급하는 데에 치우친다. 학생들은 보통 증명의 가치를 제대로 알지 못하며, 대학 교수들은 학생에게 있어 증명의 이해가 커다란 장애물이라고 인식하는데, 그 이유는 학생들이 증명의 중요성을 인식하지 못해서라고 생각한다. 특히 학생은 정의를 이해하고 사용하는 데에 많은 어려움을 느낀다. 대학 교수들은 이에 대한 이유로 (저자들이 해석한 바에 의하면) 학생이 개념 정의보다는 개념 이미지에 익숙하여 형식적인 정의의 필요성을 느끼지 못할 수 있다(Vinner, 1992). 대학 교수들의 수학에 대한 이해도는 높지만, 교수법에 있어서는 도움이 필요할 수 있다. 저자는 DNR 원리에 대한 이해와 학생이 쓸 수 있는 다양한 증명 방법에 대한 이해가 대학 교수가 학생들의 부족한 측면을 찾아내는 데 도움이 될 수 있다고 제안한다.

증명에 대한 수업 담화에서 교수학적 스캐폴딩의 이해

저자는 사회적 관점에서 증명이 무엇인지를 다룬다. “증명이란 공동체가 정립한 규범에 기초하여 명제의 타당성에 대해 그 공동체와 소통하는 것으로써 사회적으로 구성된 것이다(17장, 340쪽).” 저자는 완성된 증명을 보여주는 전통적 수업방법을 비판하고, 증명은 수업의 사회적인 면에서 학생들에 의해 구성되어야 한다고 주장한다. 교사와 학생의 발언들을 관찰하기 위해 저자가 만든 코딩 스킴은 증명의 사회적 상호작용을 연구하는 데에 중요할 수 있고, 나아가 증명에 대한 학생의 개념 발달을 탐구하는 데 이론적 도구를 제공할 수 있다. 연구 대상이 된 강의실에서 교사는, 보통 수업처럼 직접적으로 학생들에게 정보를 제공하지 않고, 학생의 아이디어에 초점을 맞추어 학생들 스스로 증명을 구성하도록 하였다. 이것은 수업 담화를 ‘권위적인’ 것에서 좀 더 ‘설득하는’ 방향으로 변화시켰다. 저자는 더 나은 증명 개념은 학생들이 책임지고 증명을 구성하는 수업환경과 교사가 학생들과 주로 ‘교류하는 순간’에 ‘발언들’을 통해서 상호 교류하는 분위기에서 개발될 수 있다고 말한다. 저자들은 본인들의 연구결과를 확장하여 학생들의 증명학습에의 입문과 교사의 행동과의 더욱 더 강한 연관성을 찾기 위한 후속연구를 제안한다.

문제 기반 대학 정수론 수업에서의 집단탐구 형성: 교수자의 역할

선행 연구를 바탕으로, 저자는 "학생들이 수학적 토론에 참여하고 새롭고 익숙하지 않은 문제들을 풀면서 수학적으로 말하고 행동하는 것을 배우는 것(Goos, 2004)"으로 정의되는 수업의 집난탐구에 활발히 참여하는 것이 증명 학습에 도움이 된다고 제안한다. 선행 연구에 따르면, 개혁된 수업에서 교사는 규범이 정립되는 시기에는 중요한 역할을 하고 그 이후에는 '물러났다'. 저자들은 이 연구에서 강의자는 강의의 중반부에는 주도적인 역할을 하였고 강의의 전반부와 후반부에는 덜 주도적인 역할을 하였다고 했다. 이는 어린 학생과 대학생을 지도하는 데 있어 '이상적인' 수업 분위기에 차이점이 존재할 수 있음을 시사한다. 교사 개입의 정도와 성격은 학생들의 증명 학습에 중요한 역할을 하였다. 교사는 내용과 설명, 어느 정도의 방향성은 제공해야 하지만, 동시에 학생들이 책임지고 증명을 만들고 평가할 수 있도록 도와야 한다. 이는 단순히 올바른 증명 내용을 논리적 순서에 따라 보여주는 것보다 학생들의 이해와 사고에 맞추어 지도를 하는 것이 중요함을 시사한다.

고급수학 수업에서의 증명: 증명의 표현체계에서 의미론적 추론과 구문론적 추론

Weber와 Alcock는 학생이 증명에서 겪는 어려움의 한 가지 주요한 이유가 증명을 다루는 특별한 형식이라고 했는데, 이것은 새로운 표현체계는 몇몇 증명을 더 쉽게도 어렵게도 하는데(Goldin의 의미에서, 1998) 이것을 반드시 배워야 하기 때문이다. 그들은 직관과 표현체계의 연관성을 정립시키고 구문론적 기술을 만들기 위해서는 고급수학에서 증명과 관련하여 두 가지 목표가 있어야만 한다고 하였다. 저자들은 어떤 학생들은 먼저 규칙을 적용하는 것을 배우고 나서 이후에 규칙으로부터 의미를 찾아내도록 하는 것이 더 잘 되는 반면 어떤 학생들은 증명과 관련해서 의미론적인 기술을 정립시킨 후에 구문론적인 기술을 만드는 것이 도움이 될 수도 있다는 것을 보여주는 자료를 제시한다. 저자들은 이 연구들로부터 각각의 특정한 학생들은 선호하는 추론 방법으로 질문에 답하거나 또는 그 선호하는 방법으로 다르게 문제를 풀도록 해야 한다고 결론 내린다. 다른 선행 연구들에 기초하여 저자들은 수학자와 교육학자들에게는 구문론적 추론과 의미론적 추론을 동시에 강조하는 좀 더 균형 잡힌 관점이 필요하다고 말한다. 특히 교사는 두 가지 종류의 추론을 인지하고 학생들의 증명에 대한 어려움을 관찰하는 이론적 도구로 그들을 사용해야만 한다.

증명의 성질과 학생 능력의 조화를 통한 증명 수업

Selden과 Selden은 증명학습에서 학생들이 겪는 어려움을 파악하기 위해서는 정교화된 분석틀을 갖고 증명을 분석하는 일이 필요하다고 주장한다. 저자들은 그러한 분석틀의 부분이 될 수 있는 증명의 세 가지 면을 고려하였다. 세 가지 측면은 증명에 필요한 수준에 따라 주어진 증명의 본질적인 어려움을 파악하고, 각각에 관련된 학생들의 능력 수준에 따라 학생의 증명 이해를 분석한다. 따라서 저자들은 대학 학부교수들이 학생들의 증명 이해에 대한 어려움을 판단함과 동시에 그 어려움을 극복하도록 도울 수 있는 증명을 선택하기 위한 분석틀을 제공할 수 있다. 저자들은 그 분석틀을 통해 학생들이 강의를 듣기만 하기보다는 스스로 구성해 가면서 증명을 학습해야만 한다고 주장한다. 또한 학생들이 추상적인 정의를 이해하는 것보다는 실제 증명에서 집합과 함수의 언어를 사용할 줄 아는 것이 도움이 된다는 것을 강조한다. 그래서 교사들은 단순히 추상적인 정의 이해만으로 충분하다고 가정하면 안 되는 것이다. 마지막으로 저자들은 때로는 형식 논리도 중요하지만, 증명에 거의 쓰이지 않으며 학생들은 별도의 수업에서 논리를 배우기보다는 논리가 나타날 때 자연스레 학습하는 것이 더 효과적이라고 주장한다.

결론

다음의 목록은 우리가 앞서 살펴본 질문에 있어 이 책의 공헌을 종합한 것이다. 비록 질문들 사이에 겹치는 부분이 많고 공헌의 개수가 이 책의 성과를 제대로 반영하지는 못하지만, 다음의 목록을 통해 이 책의 공헌과 성과에 대해 어느 정도 가늠할 수 있을 것이라 기대한다.

1. 증명이란 무엇이며 증명의 기능은 무엇인가?
   • 증명이란 허용된 추론의 규칙을 사용하여 수학적 명제의 타당성을 입증하는 것이다.

- 증명이란 수학적 명제를 정당화하도록 돕는 개념과 실제 논증으로 이루어진다.
- 증명은 관계를 찾고, 추측을 하고, 연역적 논증을 만들고, 그 외 다른 단서를 제공하는 행위를 포함한다.
- 수업에서의 증명은 수학자들에 의한 증명과는 다를 수 있다.
- 증명은 사회적으로 구성되고 결정된다.
- 증명의 의미는 학생의 나이에 따라 다를 수 있다.
- 학생들에게 증명이란 허용되는 형태의 답이다.
- 증명은 수학적 추론을 사고 양식으로 갖는다.
- 증명은 공통 기준에 따라 타당성을 소통한다.
- 증명은 중요 아이디어를 간결한 형태로 압축시킨다.
- 증명은 명제를 정당화하고, 새로운 관계를 발견하고, 설명하는 데에 사용될 수 있다.
- 증명은 수학의 중심이다.

2. 수학 공동체에서 증명은 어떻게 구성되고 검증되며 채택되는가?
   - 수학자들은 목표와 하위목표를 세우고, 개념적 지식과 직관을 사용하여 목표를 달성하고, 이를 선형적으로 배열하면서 증명을 구성한다.
   - 증명은 검증을 용이하게 만드는 특정 표현체계를 사용하여 구성된다.

3. 증명에 대한 학생의 인식은 무엇인가?
   - 일부 초등학교 교사는 특정 명제를 모든 (자연)수에 대하여 증명하는 것은 모든 자연수에 대하여 검증을 해야 하므로 불가능하다고 생각하지만, 또 다른 일부 교사들은 추상적 표현과 수치적 표현을 사용하여 연역적 추론을 통해 일반적 논증을 진행하는 것이 가능하다고 말한다.
   - 학생이 명제가 사실인 것을 알아도, 명제의 증명은 중요하다.
   - 나이에 알맞은 표현 방법이 존재하면 어린 학생들도 논리적이고 연역적인 논증을 구성할 수 있다.
   - 많은 학생은 실증적 증거 혹은 권위에 의존하려 한다.
   - 많은 학생은 정당화를 위해 수치적 계산을 선호한다.
   - 학생은 증명의 일부 기본 원칙은 이해하지만, (연역적이지 않은) 논증 또한 증명으로 생각한다.

- 학생은 증명의 국소적 목표만 인식하고 지식의 구조에서의 위치는 인식하지 못하는 경향이 있다.

4. 증명에 있어 학생이 갖는 어려움은 무엇인가?
   - 학생은 연역적 규칙을 사용하여 대수방정식을 푸는 데에 어려움을 느낀다.
   - 학생은 자신들이 당연하다고 생각하거나 사실이라고 생각하는 명제를 증명하는 데에 어려움을 느낀다.
   - 학생은 수 패턴 사용을 선호하며 구조적 추론를 사용하는 데에 어려움을 느낀다.
   - 학생은 기하학 증명은 오직 특정 그림에만 적용되는 것으로 생각한다.
   - 학생은 연역법보다는 일상의 아이디어에 의존한다.
   - 학생은 수학적 증명의 특별한 형태를 어렵게 생각한다.
   - 학생은 증명 단계를 조정하는 데에 어려움을 느낀다.
   - 학생은 절절한 하위목표를 설정하는 데에 어려움을 느낀다.
   - 학생은 정의를 이해하고 사용하는 데에 어려움을 느낀다.

5. 왜 어려움을 느끼는가?
   - 교육과정의 구조적 추론에 대한 강조 부족
   - 학생은 정리가 적용이 되지 않거나 오류가 있다고 생각한다.
   - 명시적 지도를 제공하는 교수양식
   - 실패에 대한 두려움 등의 부정적 감정
   - 학생이 다르거나 혹은 부적절한 증명 방법을 사용한다.
   - 교육과정의 지나친 '방법' 중심 성향
   - 학생은 자신의 생각과 증명의 원칙 사이에 모순이 있다고 느낀다.
   - 새로운 표현체계 학습의 필요성
   - 학생은 명제를 이미 사실로 받아들이고 있으므로 이를 증명할 필요성을 느끼지 않는다.

6. 증명을 왜 가르치는가?
   - 논리적 사고력을 발달시키기 위해.
   - 추론와 증명은 수학의 중심이기 때문에.
   - 왜 수학적 주장이 사실인지를 이해하기 위해.

7. 증명을 어떻게 가르쳐야 하는가?

- 학생이 스스로 추측을 하고 설득력 있는 논증을 진행할 수 있도록 간접적인 방법으로 증명을 가르쳐야 한다.
- 원하는 추론를 보조할 수 있는 표현을 사용해야 한다.
- 증명이 명시적 학습목표여야 한다.
- 대수적 추론을 사용하여 가르쳐야 한다.
- 학생에게 계산과정에서 나타나는 사실을 증명하게 해야 한다.
- 증명교육에는 풍부한 수학적 구조를 갖는 비슷한 문제의 고려와 학생들 스스로 소통의 규범을 세우도록 하는 것이 포함된다.
- 학생의 증명 활동 참여를 도와줄 수 있는 교육 내용을 사용하여 증명을 가르쳐야 한다.
- 명제가 사실일 것이라는 기대를 정립하고 이를 특정 사례에 적용할 수 있는 방법을 고려해야 한다.
- 교사뿐 아니라 학생 또한 언제 증명하는 것이 적절하며 무엇을 증명할지에 관여해야 한다.
- 학생이 책임지고 증명을 구성하게 만들어야 한다.
- 교사는 학생이 증명과 논증의 언어를 구체화하고 스스로 자신의 논리와 증명 과정을 점검할 수 있는 능력을 계발하는 데에 보조적 역할을 해야 한다.
- 교사는 특정한 경우에만 신중하게 주도적 역할을 맡아야 한다.
- 교사는 증명의 의미론적 측면과 구문론적 측면 모두에 관심을 가져야 한다.
- 학생은 실제 증명을 구성하는 과정에서 필요한 논리와 집합 이론에 대해 배워야 한다.

8. 수업에서 증명은 어떻게 구성되고 검증되며 채택되는가?

- 학생이 문제를 풀면서 증명은 자연스럽게 구성될 수 있다.
- 증명은 학급 토론을 통해 검증되고 채택될 수 있다.
- 일반적으로, 교사가 증명을 위한 기초 정보를 제공하고, 학생이 증명을 위한 아이디어와 추론을 제공하고, 교사는 논증이 타당한지를 검증한다.

9. 개별 학생과 학습자 공동체로서의 수업에서 증명 발달의 중요한 단계는 무엇인가?

- 논증의 재점검, 재표현, 단순화
- 일반화와 관련된 초등교육 경험

• 무한한 사례에 대한 명제를 풀 수 있는 방법 깨닫기
• 패턴 학습
• 가능한 전략을 깨닫고 이를 비교하기

10. 학생들의 증명에 대한 개념 발달에 도움이 되는 수업환경은 무엇인가?
• 과제를 끝내야 된다는 부담 없이 문제를 자유롭게 생각할 수 있는 환경
• 추상적 성질과 구체적 성질을 모두 갖고 있는 문제를 다룰 수 있는 환경
• 구체적 맥락에서 등식에 대한 논증 진행
• 수 체계의 규칙성에 대해 학생들이 토론을 진행하는 환경
• 문제해결, 추측, 증명으로 이어지는 학습 성과
• 긍정적 감정이 지배적인 환경
• 우리가 긍정적이라고 생각하는 환경이 잘 마련된 강의실

11. 학생들의 증명에 대한 개념 발달에 도움이 되는 학생들 간의 상호작용은 무엇이며 학생-교사 간의 상호작용은 무엇인가?
• 표현 방법과 아이디어를 공유하기
• 학생의 참여와 토론을 격려하는 교사의 개입 방식
• 학생은 서로의 아이디어를 질문하고 발달시킨다.
• 교사는 책임을 학생에게 넘긴다.
• 교사는 수학적 공동체의 대리인으로 행동하지만 강의 공동체에서는 동등한 참여자로 행동한다.

12. 학생들의 증명에 대한 개념 발달에 도움이 되는 수학적 활동은 무엇인가?
• 추상적 상황에 대해 일반적 논증 만들기
• 통계적 자료에 대한 표현을 비교하고 추론하기
• 그래프로 추론하기, 추측하기, 수학적 방법 계발하기

13. 학생들의 증명에 대한 개념을 연구하고 향상시키기 위해 적합한 이론적 수단은 무엇인가?
• 증명 생산 단계의 분류
• 절대성과 투명성에 기초하여 패턴 구분

- 강의실에서의 증명 종류 구분: 일반적 관습, 규칙적 구조, 개념 관계
- 증명 학습의 ZPD에서 발전을 위한 지도 제공
- 교사와 학생의 상호작용을 연구하기 위한 코딩 수단
- 증명의 의미론적 측면과 구문론적 측면 구분
- 계층적 구조, 순서 배열, 정의와 직관의 의존도에 따라 증명의 난이도 분석
- DNR 기반 교수법
- Toulmin의 논증 도구
- 기호적 교환의 측면에서 강의실 상호작용 분석

14. 현재 증명을 어떻게 가르치고 있나?
- 명시적 지도와 설명에 의해
- 정당화가 전혀 없는 방법을 통해 문제를 해결하라고 지시
- 대부분 고등학교 기하학 강의를 통해
- 논리적 사고의 한 활동으로
- 학생은 정당화의 필요성을 못 느낌

15. 증명을 효과적으로 가르치기 위해 교사들은 무엇을 알아야 하는가?
- 특정 패턴이 어떻게 나타나는지: 과제의 특정 구조에 의해 나타나는가?
- 강의의 진행 정도에 따라 학생들이 얼마만큼의 도움과 어떤 종류의 도움이 필요한지
- DNR 원리와 증명 분석틀 등 교수법적 지식

이 목록을 통해 몇 가지 시사점을 도출할 수 있다. 증명과 관련한 학생의 어려움에 대한 역사적 증거에도 불구하고, 이 책은 적절한 수업환경에서 (심지어 초등학년에서도) 연역적 논증을 발달시킬 수 있는 학생의 능력을 강조한다. 이 책은 또한 이를 달성하기 위해서 증명을 어떻게 가르쳐야 하는지를 다룬다. 하지만 증명을 가르치는 목표가 무엇인지, (수학자들이 구성하는 방법과 비교해서) 수업에서 증명이 어떻게 구성되고 검증되는지, 올바른 증명 개념 발달에 도움이 되는 활동과 상호교류는 무엇인지에 대해서는 더 많은 연구가 필요한 것으로 판단된다.

다수의 저자는 학생의 증명에 대한 이해를 연구하고 바꿀 수 있는 이론적 도구를 개발했으며, 이들은 이런 도구들을 더욱 발전시켜야 한다고 말한다. 특히 우리는 다음의 질

문을 답하기 위한 추가 연구가 필요하다고 생각한다.

1. 특정 수준의 학생의 추론을 발달시킬 수 있는 표현 방법은 무엇인가?
2. 어린 학생에게 증명 활동에 참여할 수 있는 기회를 제공하는 동시에 이러한 활동을 활성화하려는 교사의 노력에 도움이 되는 교육과정 내용은 무엇인가?
3. 증명 개념 발달에 가장 도움이 되는 영역은 무엇인가?
4. 증명과 관련한 특정 수학적 아이디어 학습에 있어 감정은 어떠한 역할을 하는가?
5. 어떻게 강의실이 전략적 추론뿐만 아니라 연역적 추론까지 유도할 수 있을까?
6. 교수행동과 수학적 증명입문으로의 학생의 전환 사이에는 정확히 어떤 관계가 존재하는가?

많은 면에서 증명의 교수-학습에 대한 연구가 발전하고 있지만, K-16의 '증명 이야기'를 완성하려면 아직 갈 길이 멀다고 할 수 있다. 많은 저자가 언급하듯, 연구 노력에 있어서 더욱 더 강한 협력이 증명 교수 분야를 발전시킬 것이다. 나아가 현재 데이터를 검증하고 확장시킬 수 있는 연구와 여러 학년에 걸쳐 학생의 학습 성과를 평가할 수 있는 종단적 연구들이 이 분야의 발전에 공헌할 것이다.

참고문헌

Alcock, L., & Simpson, A. (2004). Convergence of sequences and series: Interactions between visual reasoning and the learner's beliefs about their own role. *Educational Studies in Mathematics, 57,* 1–32.

Alcock, L., & Simpson, A. (2005). Convergence of sequences and series 2: Interactions between non-visual reasoning and the learner's beliefs about their own role. *Educational Studies in Mathematics, 58,* 77–110.

Alcock, L., & Weber, K. (in press). Referential and syntactic approaches to proving: Case studies from a transition-to-proof course. *Research in Collegiate Mathematics Education.*

Alibert, D. (1988). Towards new customs in the classroom. *For the Learning of Mathematics, 8,* 31–35.

Alibert, D., & Thomas, M. (1991). Research on mathematical proof. In D. Tall (Ed.), *Advanced mathematical thinking.* Dordrecht, The Netherlands: Kluwer.

Anderson, R. C., Chinn, C., Chang, J., Waggoner, M., & Yi, H. (1997). On the logical integrity of children's arguments. *Cognition and Instruction, 15,* 135–167.

Arsac, G. (2007). Origin of mathematical proof: History and epistemology. In P. Boero (Ed.), *Theorems in schools: From history, epistemology and cognition to classroom practice.* Rotterdam: Sense Publishers.

Atiyah, M. F. (1984/1986). Mathematics and the computer revolution. In A. G. Howson & J. P. Kahane (Eds.), *The influence of computers and informatics on mathematics and its teaching.* Cambridge: Cambridge University Press.

Baker, S. W. (2001). *Proofs and logic: An examination of mathematics bridge course proofs.* Unpublished master's thesis, Tennessee Technological University, Cookeville, TN.

Bakhtin, M. M. (1981). *The dialogic imagination* (M. Holquist, Ed.; C. Emerson and M. Holquist, Trans.). Austin, TX: University of Texas Press.

Bakhtin, M. M. (1986). *Speech genres and other late essays* (C. Emerson & M. Holquist, Eds.; V. W. McGee, Trans.). Austin, TX: University of Texas Press.

Balacheff, N. (1987). Processus de prevue et situations de validation [Processes of proof and situations of validation]. *Educational Studies in Mathematics, 18,* 147–176.

Balacheff, N. (1988). Aspects of proof in pupils' practice of school mathematics. In D. Pimm (Ed.), *Mathematics, teachers and children.* London: Hodder & Stoughton.

Balacheff, N. (1991). The benefits and limits of social interaction: The case of mathematical proof. In A. Bishop, S. Mellin-Olsen, & J. van Dormolen (Eds.), *Mathematical knowledge: Its growth through teaching.* Dordrecht, The Netherlands: Kluwer Academic.

Balacheff, N. (1995). Conception, connaissance et concept. In D. Grenier (Ed.), *Séminaire didactique et technologies cognitives en mathématiques.* Grenoble: Université Joseph Fourier.

Balacheff, N. (1999). Contract and custom: Two registers of didactical interactions. The *Mathematics Educator, 9,* 23–29.

Balacheff, N. (2002). The researcher epistemology: A deadlock from educational research on proof. In Fou-Lai Lin (Ed.), *International conference on mathematics: Understanding proving and proving to understand.* Taipei: NSC and NTNU.

Balacheff, N., & Gaudin, N. (in press). Modeling students' conceptions: The case of function. *Research in Collegiate Mathematics Education.*

Ball, D. L. (1993). With an eye on the mathematical horizon: Dilemmas of teaching elementary school mathematics. *Elementary School Journal, 93,* 373–397.

Ball, D. L., & Bass, H. (2000). Making believe: The collective construction of public mathematical knowledge in the elementary classroom. In D. C. Phillips (Ed.), *Constructivism in education:*

Opinions and second opinions on controversial issues, Ninety-ninth Yearbook of the National Society for the Study of Education. Chicago, IL: University of Chicago Press.

Ball, D. L., & Bass, H. (2003). Making mathematics reasonable in school. In J. Kilpatrick, W. G. Martin, & D. Schifter (Eds.), *A research companion to principles and standards for school mathematics.* Reston, VA: NCTM.

Ball, D. L., Hoyles, C., Jahnke, H. N., & Movshovitz-Hadar, N. (2002). The teaching of proof. In L. I. Tatsien (Ed.), *Proceedings of the International Congress of Mathematicians,* III. Beijing: Higher Education Press.

Bastable, V., & Schifter, D. (2007). Classroom stories: Examples of elementary students engaged in early algebra. In J. Kaput, M. Blanton, & D. Carraher (Eds.), *Algebra in the early grades.* Mahwah, NJ: Lawrence Erlbaum Associates, Inc.

Bauersfeld, H. (1994). Theoretical perspectives on interaction in the mathematics classroom. In R. Biehler, R. W. Scholz, R. Strasser, & Winkelmann (Eds.), *The didactics of mathematics as a scientific discipline.* Dordrecht, The Netherlands: Kluwer Academic.

Baumert, J., & Lehmann, R. (Eds.) (1997). *TIMSS: Mathematisch Naturwissenschaftlicher Unterricht im internationalen Vergleich. Deskriptive Befunde.* Opladen: Leske + Budrich.

Bell, A. W. (1976). A study of pupils' proof-explanations in mathematical situations. *Educational Studies in Mathematics, 7,* 23–40.

Bills, L., & Rowland, T. (1999). Examples, generalisation and proof. In L. Brown (Ed.), *Making meanings in mathematics: Refereed Proceedings of the British Society for Research into Learning Mathematics.* York: QED Publications.

Bittinger, M. (1969). *The effect of a unit mathematical proof on the performance of college mathematics majors in future mathematics courses.* Dissertation Abstracts, 29, 3906A.

Black, M. (1962). *Models and metaphors: Studies in language and philosophy.* New York: Cornell University Press.

Blanton, M. L., & Stylianou, D. A. (2002). Exploring sociocultural aspects of undergraduate students' transition to mathematical proof. In D. Mewborn, P. Sztajn, D. Y. White, H. G. Weigel, R. L. Bryant, & K. Nooney (Eds.), *Proceedings of the 24th Annual Meeting for Psychology of Mathematics Education-North American Chapter,* Vol. 4. Athens, GA.

Boero, P. (1999). Argumentation and mathematical proof: A complex, productive, unavoidable relationship in mathematics and mathematics education. *International Newsletter on the Teaching and Learning of Mathematical Proof,* 7/8.

Boero P., Garuti R., Lemut E., & Mariotti, M. A. (1996). Challenging the traditional school approach to theorems: a hypothesis about the cognitive unity of theorems. In L. Puig & A. Gutiérrez (Eds.), *Proceedings of the 20th Annual Conference of the International Group for the Psychology of Mathematics Education,* Vol. 2. Valencia, Spain: Program Committee.

Boero P., Garuti R., & Mariotti M A. (1996). Some dynamic mental processes underlying producing and proving conjectures. In L. Puig & A. Gutiérrez (Eds.), *Proceedings of the 20th Annual Conference of the International Group for the Psychology of Mathematics Education,* Vol. 2. Valencia, Spain: Program Committee.

Borko, H., & Putnam, R. (1996). Learning to teach. In R. Calfee & D. Berliner (Eds.), *Handbook of educational psychology.* New York: Macmillan.

Bourdieu, P. (1990). *The logic of practice.* Stanford, CA: Stanford University Press.

Boyd, C., Burrill, G., Cummins, J., Kanold, T., & Malloy, C. (1998). *Geometry: Integration, applications, connections.* New York: Glencoe-McGraw Hill.

Braine, M. D. S., & Rumain, B. (1983). Logical reasoning. In J. H. Flavell & E. M. Markman (Eds.), *Handbook of child psychology: Vol. 3, Cognitive development.* New York: Wiley.

Brousseau, G. (1997). *Theory of didactical situations in mathematics.* Boston: Kluwer Academic.

Brown, A., Thomas, K., & Tolias, G. (2002). Conceptions of divisibility: Success and understanding. In S. R. Campbell & R. Zazkis (Eds.), *Learning and teaching number theory.* Stamford, CT: Ablex.

Brown, L., Reid, D. A., & Zack, V. (1998). On doing the "same problem." *Mathematics Teaching, 163,* 50–55.

Brown, V. (1996). Third graders explore multiplication. In D. Schifter (Ed.), *What's happening in math class? Vol. 1, Envisioning new practices through teacher narratives.* New York: Teachers College Press.

Bruner, J. (1960). *The process of education.* Cambridge, MA: Harvard University Press.

Bruner, J. S., Oliver, R. R., & Greenfield, P. M. (1966). *Studies in cognitive growth.* New York: Wiley.

Burton, L. (2004). *Mathematicians as enquirers: Learning about learning mathematics.* Dordrecht, The Netherlands: Kluwer Academic.

Carpenter, T., Fennema, E., & Franke, M. (1996). Cognitively guided instruction: A knowledge base for reform in primary mathematics instruction. *Elementary School Journal, 97*, 3–20.
Carpenter, T., Fennema, E., Franke, M. L., Levi, L., & Empson, S. (1999). *Children's mathematics: Cognitively guided instruction.* Portsmouth, NH: Heinemann.
Carpenter, T., Fennema, E., Peterson, P. L., Chiang, C., & Franke, M. (1989). Using knowledge of children's mathematics thinking in classroom teaching: An experimental study. *American Educational Research Journal, 26*, 499–531.
Carpenter, T. P., Franke, M. L., & Levi, L. (2003). *Thinking mathematically: Integrating arithmetic and algebra in the elementary school.* Portsmouth, NH: Heinemann.
Charles, R., & Lester, F. (1982). *Teaching problem solving: What, why and how.* Palo Alto, CA: Dale Seymour.
Charles, R., Lester, F., & O'Daffer, P. (1987). *How to evaluate progress in problem solving.* Reston, VA: National Council of Teachers of Mathematics.
Chazan, D. (1990). Quasi-empirical views of mathematics and mathematics teaching. *Interchange, 21*, 14–23.
Chazan, D. (1993). High school geometry students' justification for their views of empirical evidence and mathematical proof. *Educational Studies in Mathematics, 24*, 359–387.
Chazan, D., & Yerushalmy, M. (2003). On appreciating the cognitive complexity of school algebra: Research on algebra learning and directions of curricular change. In J. Kilpatrick, D. Schifter, & G. Martin (Eds.), A *research companion to the principles and standards for school mathematics.* Reston, VA: NCTM.
Chen, C., & Herbst, P. (2005). *The descriptive mode of interaction with diagrams in proving triangles congruent.* Paper presented at the Third East Asia Regional Conference on Mathematics Education. Shanghai, China.
Clark, D. M. (2001). *R. L. Moore and the learning curve.* Unpublished manuscript.
Cobb, P., & Bauersfeld, H. (1995). *The emergence of mathematical meaning.* Hillsdale, NJ: Lawrence Erlbaum Associates, Inc.
Cobb, P., Boufi, A., McClain, K., & Whitenack, J. (1997). Reflective discourse and collective reflection. *Journal for Research in Mathematics Education, 28*, 258–277.
Cobb, P., Wood, T., & Yackel, E. (1993). Discourse, mathematical thinking, and classroom practice. In N. Minick, E. Forman, & A. Stone (Eds.), *Education and mind: Institutional, social, and developmental processes.* New York: Oxford University Press.
Cobb, P., Wood, T., Yackel, E., & McNeal, B. (1992). Characteristics of classroom mathematics traditions: An interactional analysis. *American Educational Research Journal, 29*, 573–604.
Cobb, P., & Yackel, E. (1996). Constructivist, emergent, and sociocultural perspectives in the context of developmental research. *Educational Psychologist, 31*, 175–190.
Coe, R., & Ruthven, K. (1994). Proof practices and constructs of advanced mathematics students. *British Educational Research Journal, 20*, 41–53.
Cohen, D. K., & Ball, D. L. (1999). *Instruction, capacity, and improvement* (CPRE Research Report No. RR-043). Philadelphia, PA: University of Pennsylvania, Consortium for Policy Research in Education.
Cohen, D. K., & Ball, D. L. (2000). *Instructional innovation: Reconsidering the story.* Paper presented at the Annual Meeting of the American Educational Research Association, New Orleans.
Committee on the Undergraduate Program in Mathematics. (2004). *Undergraduate Programs and Courses in the Mathematical Sciences: CUPM Curriculum Guide.* Washington, DC: Mathematical Association of America.
Courant, R., & Robbins, H. (1996). *What is mathematics?* New York: Oxford University Press.
Cuban, L. (1993). *How teachers taught: Constancy and change in American classrooms, 1890–1990.* New York: Teachers College Press.
Cuoco, A., Goldenberg, E. P., & Mark, J. (1996). Habits of mind: An organizing principle for mathematics curricula. *Journal of Mathematical Behavior, 15*, 375–402.
Davis, P. J. (1972). Fidelity in mathematical discourse: Is one and one really two? *American Mathematical Monthly, 79*, 252–263.
Davis, P. J., & Hersh, R. (1981). *The mathematical experience.* Boston, MA: Houghton-Mifflin.
Davis, R. B. (1985). A study of the process of making proofs. *Journal of Mathematical Behavior, 4*, 37–43.
Davis, R. B. (1984). *Learning mathematics: A cognitive science approach.* Norwood, MA: Ablex.
Davis, R. B., & Maher, C. A. (1997). How students think: The role of representations. In L. English (Ed.), *Mathematical reasoning: Analogies, metaphors, and images.* Hillsdale, NJ: Lawrence Erlbaum Associates, Inc.

Davis, R. B., Maher, C. A., & Martino. A. M. (1992). Using videotapes to study the construction of mathematical knowledge of individual children working in groups. *Journal of Science, Education, and Technology, 1*, 177–189.
Davydov, V. V. (1975). The psychological characteristics of the "prenumerical" period of mathematics instruction. *Soviet Studies in the Psychology of Learning and Teaching Mathematics, VII*, 109–206.
Davydov, V. V., Gorbov, S. F., Mikulina, G. G., & Savel'eva, O. V. (1994). *Mathematics: Textbook for first grade.* Moscow: MIROS.
de Villiers, M. (1990). The role and function of proof in mathematics. *Pythagoras, 24*, 17–24.
de Villiers, M. (1999). *Rethinking proof with the geometer's sketchpad.* Emeryville, CA: Key Curriculum Press.
DfEE (Department for Education and Employment). (2001). *Key stage 3 national strategy: Framework for teaching mathematics: Years 7, 8 and 9.* London: DfEE.
Diaz, R. M., Neal, C. J., & Amaya-Williams, M. (1999). The social origins of self-regulation. In L. Moll (Ed.), *Vygotsky and education: Instructional implications and applications of sociohistorical psychology.* Cambridge: Cambridge University Press.
Dolk, M., & Fosnot, C. T. (2004). *Working with the number line: Mathematical models.* [CDROM]. Portsmouth, NH: Heinemann.
Dougherty, B. J., & Slovin, H. (2004). Generalized diagrams as a tool for young children's problem solving. *Proceedings of the 28th Conference of the International Group for the Psychology of Mathematics Education.* Bergen, Norway.
Downs, M. L. N., & Mamona-Downs, J. (2005). The proof language as a regulator of rigor in proof, and its effect on student behavior. In *Proceedings of the Fourth Conference on European Research in Mathematics Education.* Sant Feliu de Guixols, Spain.
Dreyfus, T. (1999). Why Johnny can't prove. *Educational Studies in Mathematics, 38*, 85–109.
Dreyfus, T., & Hadas, N. (1987). Euclid may stay—and even be taught. In M. M. Lindquist & A. P. Shulte (Eds.), *Learning and teaching geometry, K–12.* Reston, VA: National Council of Teachers of Mathematics.
Dubinsky, E., & Tall, D. (1991). Advanced mathematical thinking and the computer. In D. Tall (Ed.), *Advanced mathematical thinking.* Dordrecht, The Netherlands: Kluwer Academic.
Duval, R. (1991). Structure du raisonnement déductif et apprentissage de la démonstration. *Educational Studies in Mathematics, 22*, 233–261.
Edwards, B. S., & Ward, M. B. (2004). Surprises from mathematics research: Student (mis)use of mathematical definitions. *American Mathematical Monthly, 111*, 411–424.
Eliot, C., Harris, W. T., Angell, J. B., Tetlow, J., Taylor, J. M., Robinson O. D., et al. (1969). Report of the Committee of Ten to the National Education Association. In National Education Association (Ed.), *Report of the Committee on secondary school studies* (pp. 3–5). New York: Arno Press (Original work published in 1893).
Erickson, F. (2004). *Talk and social theory: Ecologies of speaking and listening in everyday life.* Cambridge: Polity Press.
Fischbein, E. (1982). Intuition and proof. *For the Learning of Mathematics, 3*, 9–18, 24.
Fischbein, E., & Kedem, I. (1982). Proof and certitude in the development of mathematical thinking. In A. Vermandel (Ed.), *Proceedings of the 6th International Conference for the Psychology of Mathematical Education.* Antwerp, Belgium.
Fosnot, C. T. (2007). *Measuring for the art show: Contexts for learning mathematics.* Portsmouth, NH: Heinemann.
Fosnot, C. T., & Dolk, M. (2001a). *Young mathematicians at work: Constructing number sense, addition and subtraction.* Portsmouth, NH: Heinemann.
Fosnot, C. T., & Dolk, M. (2001b). *Young mathematicians at work: Constructing multiplication and division.* Portsmouth, NH: Heinemann.
Fosnot, C. T., & Dolk, M. (2002). *Young mathematicians at work: Constructing fractions and decimals.* Portsmouth, NH: Heinemann.
Fowler, D. (1999). *The mathematics of Plato's academy.* New York: Oxford University Press.
Freudenthal H. (1983). *Didactical phenomenology of mathematical structures.* Dordrecht, The Netherlands: D. Reidel.
Fuys, D., Geddes, D., & Tischler, R. (1988). The van Hiele model of thinking in geometry among adolescents. *Journal for Research in Mathematics Education. Monograph 3.* Reston, VA: National Council of Teachers of Mathematics.
Galbraith, P.L. (1981). Aspects of proving: A clinical investigation of process. *Educational Studies in Mathematics, 12*, 1–28.

Galotti, K. M., Komatsu, L. K., & Voelz, S. (1997). Children's differential performance on deductive and inductive syllogisms. *Developmental Psychology, 33,* 70–78.
Gindikin, S. (1988). *Tales of physicists and mathematicians.* Boston, MA: Birkhauser.
Goetting, M. (1995). *The college students' understanding of mathematical proof.* Unpublished doctoral dissertation, University of Maryland, College Park.
Goldin, G. A. (1998). Representational systems, learning, and problem solving in mathematics. *Journal of Mathematical Behavior, 17,* 137–165.
Goffman E. (1974). *Frame analysis: An essay on the organization of experience.* Boston, MA: Northeastern University Press.
Goos, M. (2004). Learning mathematics in a classroom community of inquiry. *Journal for Research in Mathematics Education, 35,* 258–291.
Goos M., Galbraith, P., & Renshaw, P. (2002). Socially mediated metacognition: Creating collaborative zones of proximal development in small group problem solving. *Educational Studies in Mathematics, 49,* 193–223.
Götz, T., Pekrun, R., Perry, R. P., & Hladkyi, S. (2001). *Academic emotions questionnaire: Codebook for English-language scale versions* (Technical report). University of Munich: Department of Psychology.
Gravemeijer, K. P. E. (1994). *Developing realistic mathematics education.* Utrecht, The Netherlands: Freudenthal Instituut.
Gravemeijer, K. P. E. (1999). How emergent models may foster the constitution of formal mathematics. *Mathematical Thinking and Learning, 1,* 155–177.
Greeno, J. (1994). Comments on Susanna Epp's chapter. In A. Schoenfeld (Ed.), *Mathematical thinking and problem solving.* Hillsdale, NJ: Lawrence Erlbaum Associates Associates, Inc.
Gregg, J. (1995). The tensions and contradictions of the school mathematics tradition. *Journal for Research in Mathematics Education, 26,* 442–466.
Griffiths, P. A. (2000). Mathematics at the turn of the millennium. *American Mathematical Monthly, 107,* 1–14.
Gutiérrez, A., & Jaime, A. (1998). On the assessment of the van Hiele levels of reasoning. *Focus on Learning Problems in Mathematics, 20,* 2/3, 27–46.
Haimo, D. T. (1995). Experimentation and conjecture are not enough. *American Mathematical Monthly, 102,* 102–112.
Halliday, M. A. K. (1993). Towards a language-based theory of learning. *Linguistics and Education, 5,* 93–116.
Halmos, P. (1980). The heart of mathematics. *American Mathematical Monthly, 87,* 519–524.
Halmos, P. (1985). *I want to be a mathematician.* New York: Springer-Verlag.
Hamlin, M. (2006). *Lessons in educational equity: Opportunities for learning in an informal geometry class.* Unpublished doctoral dissertation. University of Michigan, Ann Arbor.
Hanna, G. (1983). *Rigorous proof in mathematics education.* Toronto: Ontario Institute for Studies in Education.
Hanna, G. (1990). Some pedagogical aspects of proof. *Interchange, 21,* 6–13.
Hanna, G. (1995). Challenges to the importance of proof. *For the Learning of Mathematics, 15,* 42–49.
Hanna, G. (2000). Proof, explanation and exploration: An overview. *Educational Studies in Mathematics, 44,* 5–23.
Hanna, G., & Barbeau, E. (2008). Proofs as bearers of mathematical knowledge. *Zentralblatt für Didaktik der Mathematik, 40*(30), 345–353.
Harel, G. (1993). On teacher education programs in mathematics. *International Journal for Mathematics Education in Science and Technology, 25,* 113–119.
Harel, G. (1998). Two dual assertions: The first on learning and the second on teaching (or vice versa). *American Mathematical Monthly, 105,* 497–507.
Harel, G. (2001). The development of mathematical induction as a proof scheme: A model for DNR-based instruction. In S. Campbell & R. Zazkis (Eds.), *Learning and teaching number theory.* Dordrecht, The Netherlands: Kluwer.
Harel, G. (2007). The DNR system as a conceptual framework for curriculum development and instruction. In R. Lesh, E. Hamilton, & J. Kaput (Eds.), *Foundations for the future in mathematics education.* Mahwah, NJ: Lawrence Erlbaum Associates, Inc.
Harel, G. (in press). What is mathematics? A pedagogical answer to a philosophical question. In R. B. Gold & R. Simons (Eds.), *Current issues in the philosophy of mathematics from the perspective of mathematicians.* Washington, DC: Mathematical Association of America.
Harel, G. (in preparation). *DNR-Based Instruction in Mathematics.*
Harel, G., & Sowder, L. (1998). Students' proof schemes: Results from exploratory studies. In

A. H. Schoenfeld, J. Kaput, & E. Dubinsky (Eds.), *Research in collegiate mathematics education III*. Providence, RI: American Mathematical Society.

Harel, G., & Sowder, L. (2007). Toward a comprehensive perspective on proof. In F. Lester (Ed.), *Second handbook of research on mathematics teaching and learning*. Greenwich, CT: Information Age Publishing.

Hart, E. W. (1994). A conceptual analysis of the proof-writing performance of expert and novice students in elementary group theory. In J. J. Kaput & E. Dubinsky (Eds.), *Research issues in undergraduate mathematics learning: Preliminary analyses and results (MAA notes 33)*. Washington, DC: Mathematical Association of America.

Hawkins, J., Pea, R. D., Glick, J., & Scribner, S. (1984). "Merds that laugh don't like mushrooms": Evidence for deductive reasoning by preschoolers. *Developmental Psychology, 20*, 584–594.

Healy, L., & Hoyles, C. (2000). A study of proof conceptions in algebra. *Journal for Research in Mathematics Education, 31*, 396–428.

Heaton, R. (1992). Who is minding the mathematics content? A case study of a fifth-grade teacher. *Elementary School Journal, 93*, 153–162.

Heinze, A., Cheng, Y. H., & Yang, K. L. (2004). Students' performance in reasoning and proof in Taiwan and Germany: Results, paradoxes, and open questions. *Zentralblatt für Didaktik der Mathematik, 36*(5), 162–171.

Heinze, A., & Reiss, K. (2007). Reasoning and proof in the mathematics classroom. *Analysis, 27*, 333–357.

Heinze, A., Reiss, K., & Groß, C. (2006). Learning to prove with heuristic worked-out examples. In J. Novotna, H. Moraova, M. Kratka, & N. Stehlikova (Eds.), *Proceedings of the 30th Conference of the International Group for the Psychology of Mathematics Education*, Vol. 3. Prague: Program Committee.

Heinze, A., Reiss, K., & Rudolph, F. (2005). Mathematics achievement and interest in mathematics from a differential perspective. *Zentralblatt für Didaktik der Mathematik, 37*, 212–220.

Herbst, P. (1998). *What works as proof in the mathematics class*. Unpublished doctoral dissertation, University of Georgia, Athens.

Herbst, P. (2002a). Engaging students in proving: A double bind on the teacher. *Journal for Research in Mathematics Education, 33*, 176–203.

Herbst, P. (2002b). Establishing a custom of proving in American school geometry: Evolution of the two-column proof in the early twentieth century. *Educational Studies in Mathematics, 49*, 283–312.

Herbst, P. (2003). Using novel tasks in teaching mathematics: Three tensions affecting the work of the teacher. *American Educational Research Journal, 40*, 197–238.

Herbst, P. (2004). Interaction with diagrams and the making of reasoned conjectures in geometry. *Zentralblatt für Didaktik der Mathematik, 36*, 129–139.

Herbst, P. (2005). Knowing "equal area" while proving a claim about equal areas. *Recherches en Didactique des Mathématiques, 25*, 11–56.

Herbst, P. (2006). Teaching geometry with problems: Negotiating instructional situations and mathematical tasks. *Journal for Research in Mathematics Education, 37*, 313–347.

Herbst, P., & Brach, C. (2006). Proving and "doing proofs" in high school geometry classes: What is "it" that is going on for students and how do they make sense of it? *Cognition and Instruction, 24*, 73–122.

Hersh, R. (1993). Proving is convincing and explaining. *Educational Studies in Mathematics, 24*, 389–399.

Hiebert, J., Carpenter, T., Fennema, E., Fuson, K., Wearne, D., Murray, H., et al. (1997). *Making sense: Teaching and learning mathematics with understanding*, Portsmouth, NH: Heinemann.

Hill, F. (1895). The educational value of mathematics. *Educational Review, 9*, 349–358.

Hoffer, A., Koss, R., Beckmann, J., Duren, P., Hernandez, J., Schlesinger, B., et al. (1998). *Focus on geometry: An integrated approach*. Menlo Park, CA: Addison-Wesley.

Hoyles, C. (1997). The curricular shaping of students' approaches to proof. *For the Learning of Mathematics, 17*, 7–15.

Hoyles, C., Küchemann, D., Healy, L., & Yang, M. (2005). Students' developing knowledge in a subject discipline: Insights from combining quantitative and qualitative methods. *International Journal of Social Research Methodology, 8*, 225–238.

Jaffe, A., & Quinn, F. (1993). "Theoretical mathematics:" Towards a cultural synthesis of mathematics and theoretical physics. *Bulletin of the American Mathematical Society, 29*, 1–13.

Jahnke, H. N. (2005). *A genetic approach to proof*. Paper presented at the Fourth Congress of the European Society for Research in Mathematics Education. Sant Feliu de Guixols, Spain.

Jones, F. B. (1977). The Moore Method. *American Mathematical Monthly, 84,* 273–278.
Jones, K. (1997). Student-teachers' conceptions of mathematical proof. *Mathematics Education Review, 9,* 21–32.
Kaput, J. (2008). What is algebra? What is algebraic reasoning? In J. J. Kaput, D. W. Carraher, & M. L. Blanton (Eds.), *Algebra in the early grades.* Mahwah, NJ: Lawrence Erlbaum Associates, Inc.
Kaput, J., Carraher, D., & Blanton, M. (Eds.) (2008). *Algebra in the early grades.* Mahwah, NJ: Lawrence Erlbaum Associates, Inc.
Kieran, C. (1992). The learning and teaching of school algebra. In D. Grouws (Ed.), *Handbook of research on mathematics teaching and learning.* Reston, VA: National Council of Teachers of Mathematics.
Kilpatrick, J., Swafford, J., & Findell, B. (Eds.) (2001). *Adding it up: Helping children learn mathematics.* Washington, DC: National Academy Press.
King, I. L. (1973). A formative development of an elementary school unit on proof. *Journal for Research in Mathematics Education, 4,* 57–63.
Kleiner, I. (1991). Rigor and proof in mathematics: A historical perspective. *Mathematics Magazine, 64,* 291–314.
Klieme, E., Reiss, K., & Heinze, A. (2003). Geometrical competence and understanding of proof. A study based on TIMSS items. In F. L. Lin & J. Guo (Eds.), *Proceedings of the International Conference on Science and Mathematics Learning 2003.* Taipei, Taiwan: National Taiwan Normal University.
Knapp, N., & Peterson, P. (1995). Teachers' interpretations of "CGI" after four years: Meanings and practices. *Journal for Research in Mathematics Education, 26,* 40–65.
Knuth, E. (2002a). Secondary school mathematics teachers' conceptions of proof. *Journal for Research in Mathematics Education, 33,* 379–405.
Knuth, E. (2002b). Teachers' conceptions of proof in the context of secondary school mathematics. *Journal of Mathematics Teacher Education, 5,* 61–88.
Knuth, E. J., Choppin, J., Slaughter, M., & Sutherland, J. (2002). Mapping the conceptual terrain of middle school students' competencies in justifying and proving. In D. S. Mewborn, P. Sztajn, D. Y. White, H. G. Weigel, R. L. Bryant, & K. Nooney (Eds.), *Proceedings of the 24th Annual Meeting of the North American Chapter of the International Group for the Psychology of Mathematics Education,* Vol. 4. Athens, GA: Clearinghouse for Science, Mathematics, and Environmental Education.
Knuth, E., & Sutherland, J. (2004). Student understanding of generality. In D. McDougall (Ed.), *Proceedings of the 26th Annual Meeting of the North American Chapter of the International Group for the Psychology of Mathematics Education.* Toronto: University of Toronto/OISE.
Koedinger, K. R., & Anderson, J. R. (1990). Abstract planning and perceptual chunks: Elements of expertise in geometry. *Cognitive Science, 14,* 511–550.
Kolata, G. (1993). At home with the elusive world of mathematics. In *Themes of the Times* issue on mathematics. *New York Times,* October 12, pp. 1, 3.
Konior, J. (1993). Research into the construction of mathematical texts. *Educational Studies in Mathematics, 24,* 251–256.
Kozulin, A. (1998). *Psychological tools: A sociocultural approach to education.* Cambridge, MA: Harvard University Press.
Kruger, A. C. (1993). Peer collaboration: Conflict, cooperation or both? *Social Development, 2,* 165–182.
Küchemann, D. (2008). *Looking for structure: A report of the Proof Materials Project.* London: Dexter Graphics. (Available at http://www.ioe.ac.uk/proof/PMPintro.html.)
Küchemann, D., & Hoyles, C. (2003). *Technical report for Longitudinal Proof Project: Year 10 survey 2002,* Vol. 1. London: Institute of Education.
Kwon, O. N., Rasmussen, C., & Allen, K. (2005). Students' retention of mathematical knowledge and skills in differential equations. *School Science and Mathematics, 105,* 227–239.
Laborde, C. (1990). Language and mathematics. In P. Nesher & J. Kilpatrick (Eds.), *Mathematics and cognition: A research synthesis by the International Group for the Psychology of Mathematics Education.* Cambridge: MA: Cambridge University Press.
Lakatos, I. (1976). *Proof and refutations: The logic of mathematical discovery.* Cambridge, UK: Cambridge University Press.
Lakatos, I. (1978). What does a mathematical proof prove? In J. Worrall & G. Currie (Eds.), *Mathematics, science, and epistemology.* Cambridge: Cambridge University Press.
Lampert, M. (1990). When the problem is not the question and the solution is not the answer: Mathematical knowing and teaching. *American Educational Research Journal, 27,* 29–63.
Lampert, M. (1991). Connecting mathematical teaching and learning. In E. Fennema, T. P. Carpenter,

& S. J. Lamon (Eds.), *Integrating research on teaching and learning mathematics.* Albany, NY: SUNY Press.

Lampert, M. (1992). Practices and problems in teaching authentic mathematics in school. In F. Oser, A. Dick, & J.-L. Patry (Eds.), *Effective and responsible teaching: The new synthesis.* New York: Jossey-Bass.

Lampert, M. (1993). When the problem is not the question and solution is not the answer: Mathematical knowing and teaching. *American Educational Research Journal, 27*(1), 29–63.

Lampert, M. (1998a). Studying teaching as a thinking practice. In J. Greeno & S. Goldman (Eds.), *Thinking practices.* Mahwah, NJ: Lawrence Erlbaum Associates, Inc.

Lampert, M. (1998b). Where did these ideas come from? Lampert's story. In M. Lampert & D. Ball (Eds.), *Teaching, multimedia and mathematics: Investigations of real practice.* New York: Springer-Verlag.

Lappan, G., Fey, J. T., Fitzgerald, W. M., Friel, S. N., & Philips, E. D. (1998/2004). *Connected Mathematics Project.* Menlo Park, CA: Dale Seymour.

Lappan, G., Fey, J., Fitzgerald, W., Friel, S., & Phillips, E. (2002). *Getting to know Connected Mathematics: An implementation guide.* Glenview, IL: Prentice-Hall.

Laudien, R. C. (1998). *Mathematical reasoning in middle school curriculum materials.* Unpublished doctoral dissertation. University of Delaware.

Lawson, M. J., & Chinnapan, M. (2000). Knowledge connectedness in geometry problem solving. *Journal for Research in Mathematics Education, 31,* 26–43.

Lee, J. (2002). *An analysis of difficulties encountered in teaching Davydov's mathematics curriculum to students in a U.S. setting and measures found to be effective in addressing them.* Unpublished doctoral dissertation, Binghamton University, State University of New York.

Lee, L., & Wheeler, D. (1987). *Algebraic thinking in high school students: Their conceptions of generalization and justification.* Research Report. Montreal: Concordia University.

Lemke, J. (1990). *Talking science: Language, learning, and values.* Norwood, NJ: Ablex.

Lemke, J. (2000). Across the scales of time: Artifacts, activities, and meanings in ecosocial systems. *Mind, Culture, and Activity, 7,* 273–290.

Leron, U. (1983). Structuring mathematical proofs. *American Mathematical Monthly, 90,* 174–184.

Lewalter, D., Krapp, A., Schreyer, I., & Wild, K.-P. (1998). Die Bedeutsamkeit des Erlebens von Kompetenz, Autonomie und sozialer Eingebundenheit für die Entwicklung berufs-spezifischer Interessen. *Zeitschrift für Berufs und Wirtschaftspädagogik, 14,* 143–168.

Lin, F. L. (2000). An approach for developing well-tested, validated research of mathematics learning and teaching. In T. Nakahara & M. Koyama (Eds.), *Proceedings of the 24th Conference of the International Group for the Psychology of Mathematics Education,* Vol. 1. Hiroshima: Program Committee.

Litowitz, B. (1993). Deconstruction in the zone of proximal development. In E. Forman, N. Minick, & C. Stone (Eds.), *Contexts for learning: Sociocultural dynamics in children's development.* New York: Oxford University Press.

Livingston, E. (1999). Cultures of proving. *Social Studies of Science, 29,* 867–888.

Lyons, M., & Lyons, R. (1991). *Défi mathématique.* Montreal: Mondia éditeurs.

Lyons, M., & Lyons, R. (1996). *Challenging mathematics (Grade 1–6): Teaching and activity guide* (V. Tétrault., Trans.) Montreal: Mondia éditeurs.

Mahavier, W. S. (1998). What is the Moore Method? *PRIMUS, 9,* 339–354.

Mahavier, W. T. (1997). A gentle discovery method. *College Teaching, 45,* 132–135.

Maher, C. A. (2005). How students structure their investigations and learn mathematics: Insights from a long-term study. *Journal of Mathematical Behavior, 24,* 1–14.

Maher, C. A., & Davis, R. B. (1990). Building representations of children's meanings. In R. B. Davis, C. A. Maher, & N. Noddings (Eds.), *Constructivist views on the teaching and learning of mathematics: Journal for Research in Mathematics Education Monograph No. 4.* Reston, VA: National Council of Teachers of Mathematics.

Maher, C. A., & Martino, A. M. (1996a). The development of the idea of mathematical proof: A 5-year case study. *Journal for Research in Mathematics Education, 27,* 194–214.

Maher, C. A., & Martino, A. M. (1996b). Young children invent methods of proof: The gang of four. In P. Nesher, L. P. Steffe, P. Cobb, B. Greer, & G. Goldin (Eds.), *Theories of mathematical learning.* Mahwah, NJ: Lawrence Erlbaum Associates, Inc.

Maher, C. A., & Speiser, R. (1997). How far can you go with block towers? Stephanie's intellectual development. *Journal of Mathematical Behavior, 16,* 125–132.

Manaster, A. (1998). Some characteristics of eighth grade mathematics classes in the TIMSS videotape study. *American Mathematical Monthly, 105,* 793–805.

Martin, G., & Harel, G. (1989). Proof frames of preservice elementary teachers. *Journal for Research in Mathematics Education, 12*, 41–51.

Martin, T. S., & McCrone, S. S. (2003). Classroom factors related to geometric proof construction ability. *The Mathematics Educator, 7*, 18–31.

Martin, T. S., McCrone, S. M. S., Bower, M. L., & Dindyal, J. (2005). The interplay of teacher and student actions in the teaching and learning of geometric proof. *Educational Studies in Mathematics, 60*, 95–124.

Martin, W. G., & Harel, G. (1989). Proof frames of preservice elementary teachers. *Journal for Research in Mathematics Education, 20*, 41–51.

Martino, A. M., & Maher, C. A. (1999). Teacher questioning to promote justification and generalization in mathematics: What research practice has taught us. *Journal of Mathematical Behavior, 18*, 53–78.

Marty, R. H. (1986). *Teaching proof techniques. Mathematics in College*. City University of New York (Spring–Summer), 46–53.

Mason, J. (2008). Making use of children's powers to produce algebraic thinking. In J. Kaput, D. Carraher, & M. Blanton (Eds.), *Algebra in the early grades*. Mahwah, NJ: Lawrence Erlbaum, Inc./Taylor & Francis Group.

Mason, J., Burton, L., & Stacey, K. (1982). *Thinking mathematically*. New York: Addison-Wesley.

Mason, J., & Spence, M. (1999). Beyond mere knowledge of mathematics: The importance of knowing-to-act in the moment. *Educational Studies in Mathematics, 28*, 135–161.

Maykut, P., & Morehouse, R. (1994). *Beginning qualitative research*. Philadelphia, PA: Falmer Press.

McClain, K. (2002). Teacher's and students' understanding: The role of tools and inscriptions in supporting effective communication. *Journal for the Learning Sciences, 11*, 217–249.

McClain, K. (2004). *Form versus function: An articulated framework for action for teacher development*. Paper presented at the annual meeting of the American Education Research Association, San Diego, CA.

McClain, K., & Cobb, P. (2001). An analysis of development of sociomathematical norms in one first-grade classroom. *Journal for Research in Mathematics Education, 32*, 236–266.

McCrone, S. S., & Martin, T. S. (2004). Assessing high school students' understanding of geometric proof. *Canadian Journal of Science, Mathematics, and Technology Education, 4*, 223–242.

Medin, D. (1989). Concepts and conceptual structure. *American Psychologist, 44*, 1469–1481.

Mehan, H. (1979). *Learning lessons*. Cambridge, MA: Harvard University Press.

Mehan, H., and Wood, H. (1975). *The reality of ethnomethodology*. Malabar, FL: Krieger.

Mercer, N. (1995). *The guided construction of knowledge*. Clevedon: Multilingual Matters.

Mevarech, Z. R., & Kramarski, B. (1997). IMPROVE: A multidimensional method for teaching mathematics in heterogeneous classrooms. *American Educational Research Journal, 34*, 365–394.

Meyer, C., & Sallee, T. (1983). *Make it simpler*. Menlo Park, CA: Addison-Wesley.

Mikulina, G. G. (1991). The psychological features of solving problems with letter data. In L. Steffe (Ed.), *Soviet studies in mathematics education, Vol. 6, Psychological abilities of primary schoolchildren in learning mathematics*. Reston, VA: National Council of Teachers of Mathematics.

Miles, M. B., & Huberman, A. M. (1994). *Qualitative data analysis*. Thousand Oaks, CA: Sage.

Minick, N. (1996). The development of Vygotsky's thought. In H. Daniels, (Ed.), *An introduction to Vygotsky*. London: Routledge.

Miyakawa, T. (2002). Relation between proof and conception: The case of proof for the sum of two even numbers. In A. Cockburn & E. Nardi (Eds.), *Proceedings of the 26th Annual Conference of the International Group for the Psychology of Mathematics Education*. Vol. 3. Norwich: University of East Anglia.

Monk, S. (2008). The world of arithmetic from different points of view. In D. Schifter, V. Bastable & S.J. Russell (Eds.), *Developing mathematics ideas casebook for reasoning algebraically about operations*. Parsippany, NJ: Pearson Learning Group.

Moore, R. C. (1994). Making the transition to formal proof. *Educational Studies in Mathematics, 27*, 249–266.

Moreno-Armella, L. (2007). *A perspective on proof and situated proof*. Invited plenary address at the International Conference for Research Paradigms on the Teaching and Learning of Proof, Providence, RI.

Moretti, G., Stephens, M., Goodnow, J., & Hoogeboom, S. (1987). *The problem solver 5*. Sunnydale, CA: Creative publications.

Morgan, C. (1997). The institutionalization of open-ended investigation: Some lessons from the UK experience. In E. Pehkonen (Ed.), *Use of open-ended problems in mathematics classroom*, Vol. 176. Helsinki: Department of Teacher Education.

Morris, A. K. (1999). Developing concepts of mathematical structure: Pre-arithmetic reasoning versus extended arithmetic reasoning. *Focus on Learning Problems in Mathematics, 21*, 44–72.
Morris, A. K. (2000a). Development of logical reasoning: Children's ability to verbally explain the nature of the distinction between logical and nonlogical forms of argument. *Developmental Psychology, 36*, 741–758.
Morris, A. K. (2000b). A teaching experiment: Introducing fourth graders to fractions from the viewpoint of measuring quantities using Davydov's mathematics curriculum. *Focus on Learning Problems in Mathematics, 22*, 33–84.
Morris, A. K. (2002). Mathematical reasoning: Adults' ability to make the inductive-deductive distinction. *Cognition and Instruction, 20*, 79–118.
Morris, A. K. (2007). Factors affecting pre-service teachers' evaluations of the validity of students' mathematical arguments in classroom contexts. *Cognition and Instruction, 25*, 479–522.
Morris, A. K., & Sloutsky, V. (1998). Understanding of logical necessity: Developmental antecedents and cognitive consequences. *Child Development, 69*, 721–741.
Moshman, D. (2005). *Adolescent psychological development: Rationality, morality, and identity.* Mahwah, NJ: Lawrence Erlbaum Associates, Inc.
Moshman, D., & Franks, B. A. (1986). Development of the concept of inferential validity. *Child Development, 57*, 153–165.
Mullis, I. V. S., Martin, M. O., Gonzalez, E. J., Gregory, K. D., Garden, R. A., O'Connor, K. M., et al. (2000). *TIMSS 1999 international mathematics report. Findings from IEA's Report of the Third International Mathematics and Science Study at the Eighth Grade.* Chestnut Hill, MA: International Study Centre, Lynch School of Education, Boston College.
Nardi, E., & Iannone, P. (2005). To appear and to be: Acquiring the "genre speech" of university mathematics. In *Proceedings of the 4th Conference on European Research in Mathematics Education.* Sant Feliu de Guixols, Spain.
Nardi, E., Jaworski, B., & Hegedus, S. (2005). A spectrum of pedagogical awareness for undergraduate mathematics: From "tricks" to "techniques." *Journal for Research in Mathematics Education, 36*, 284–316.
National Council of Teachers of Mathematics [NCTM]. (1989). *Curriculum and evaluation standards for school mathematics.* Reston, VA: National Council of Teachers of Mathematics.
National Council of Teachers of Mathematics. (2000). *Principles and standards for school mathematics.* Reston, VA: NCTM.
Newton, P. (1999). The place of argumentation in the pedagogy of school science. *International Journal of Science Education, 21*, 553–576.
Parker, G. E. (1992). Getting more from Moore. *PRIMUS, 2*, 235–246.
Pekrun, R. (1992). The impact of emotions on learning and achievement: Towards a theory of cognitive/motivational mediators. *Applied Psychology: An International Review, 41*, 359–376.
Peterson, S. (1955). Benjamin Peirce: Mathematician and philosopher. *Journal of the History of Ideas, 16*, 89–112.
Pillow, B. H. (1999). Children's understanding of inferential knowledge. *Journal of Genetic Psychology, 160*, 419–428.
Pinto, M., & Tall, D. (1999). Student constructions of formal theories: Giving and extracting meaning. In O. Zaslavsky (Ed.), *Proceedings of the 23rd Conference of the International Group for the Psychology of Mathematics Education*, Vol. 1. Haifa, Israel: Israel Institute of Technology.
Pirie, S., & Kieren, T. (1994). Growth in mathematical understanding: How can we characterize it and how can we represent it? *Educational Studies in Mathematics, 26*, 165–190.
Pólya, G. (1954a). *Induction and analogy in mathematics.* Princeton, NJ: Princeton University Press.
Pólya, G. (1954b). *Mathematics and plausible reasoning* (2 vols). Princeton, NJ: Princeton University Press.
Pólya, G. (1962, 1965/1981). *Mathematical discovery* (Volume 1, 1962; Volume 2, 1965). Princeton: Princeton University Press. (Combined paperback edition, 1981. New York: Wiley.)
Pólya, G. (1965). *Let us teach guessing.* Washington, DC: Mathematical Association of America.
Porteous, K. (1986). Children's appreciation of the significance of proof. *Proceedings of the 10th Conference of the International Group for the Psychology of Mathematics Education*, Vol. 1. London: University of London, Institute of Education.
Porteous, K. (1990). What do children really believe? *Educational Studies in Mathematics, 21*, 589–598.
Raman, M. (2003). Key ideas: What are they and how can they help us understand how people view proof? *Educational Studies in Mathematics, 52*, 319–325.
RAND Mathematics Study Panel. (2002). *Mathematical proficiency for all students: Toward a strategic research and development program in mathematics education.* Santa Monica, CA: RAND.

Reid, D. A. (2001). Proof, proofs, proving and probing: Research related to proof. Short Oral presentation. In M. van den Heuvel-Panhuizen (Ed.), *Proceedings of the 25th Annual Conference of the International Group for the Psychology of Mathematics Education*, Vol. I. Utrecht, The Netherlands: Program Committee.

Reid, D. A. (2002a). Elements in accepting an explanation. *Journal of Mathematical Behavior, 20*, 527–547.

Reid, D. A. (2002b). Conjectures and refutations in grade 5 mathematics. *Journal for Research in Mathematics Education, 33*, 5–29.

Reid, D. (2005). *The meaning of proof in mathematics education.* Paper presented at the Fourth Congress of the European Society for Research in Mathematics Education. Sant Feliu de Guixols, Spain.

Reiss, K., Hellmich, F., & Reiss, M. (2002). Reasoning and proof in geometry: Prerequisites of knowledge acquisition in secondary school students. In A. D. Cockburn & E. Nardi (Eds.), *Proceedings of the 26th Conference of the International Group for the Psychology of Mathematics Education*, Vol. 4. Norwich: Program Committee.

Reiss, K., & Renkl, A. (2002). Learning to prove: The idea of heuristic examples. *Zentralblatt für Didaktik der Mathematik, 34*, 29–35.

Renz, P. (1999). The Moore Method: What discovery learning is and how it works. *Newsletter of the Mathematical Association of America, 8/9*, 1–2.

Rin, H. (1983). Linguistic barriers to students' understanding of definitions. In R. Hershkowitz (Ed.), *Proceedings of the 7th International Conference for the Psychology of Mathematics Education.* Rehovot, Israel: Weizmann Institute of Science.

Rittenhouse, P. S. (1998). The teacher's role in mathematical conversation: Stepping in and stepping out. In M. Lampert & M. Blunk (Eds.), *Talking mathematics in school.* Cambridge: Cambridge University Press.

Ross, K. (1998). Doing and proving: The place of algorithms and proof in school mathematics. *American Mathematical Monthly, 3*, 252–255.

Ruthven, K. (1995). The unbearable mightness of being. In L. Healy (Ed.), *Justifying and proving in mathematics: Draft activities.* Unpublished manuscript, London: Institute of Education.

Schiefele, U., Krapp, A., & Schreyer, I. (1993). Metaanalyse des Zusammenhangs von Interesse und schulischer Leistung. *Zeitschrift für Entwicklungspsychologie und Pädagogische Psychologie, 25*, 120–148.

Schifter, D. (1999). Reasoning about operations: Early algebraic thinking, grades K through 6. In L. Stiff and F. Curio, (Eds.), *Mathematical reasoning, K–12: 1999 NCTM Yearbook.* Reston, VA: National Council of Teachers of Mathematics.

Schifter, D., Bastable, V., & Russell, S. J. (2008a). *Developing mathematics ideas casebook, facilitator's guide, and videotape for reasoning algebraically about operations.* Parsippany, NJ: Pearson Learning Group.

Schifter, D., Bastable, V., & Russell, S. J. (2008b). *Reasoning algebraically about operations: Casebook.* Parsippany, NJ: Pearson Learning Group.

Schifter, D., & Fosnot, C. T. (1993). *Reconstructing mathematics education: Stories of teachers meeting the challenge of reform.* Portsmouth, NH: Heinemann.

Schifter, D., Monk, G. S., Russell, S. J., & Bastable, V. (2007). Early algebra: What does understanding the laws of arithmetic mean in the elementary grades? In J. Kaput, M. Blanton, & D. Carraher (Eds.), *Algebra in the early grades.* Mahwah, NJ: Lawrence Erlbaum Associates, Inc.

Schifter, D., Russell, S. J., & Bastable, V. (1999). Teaching to the big ideas. In M. Z. Solomon (Ed.), *The diagnostic teacher: Constructing new approaches to professional development.* New York: Teachers College Press.

Schmittau, J., & Morris, A. (2004). The development of algebra in the elementary mathematics curriculum of V. V. Davydov. *The Mathematics Educator, 8*, 60–87.

Schoenfeld, A. H. (Ed.) (1983). *Problem solving in the mathematics curriculum: A report, recommendations, and an annotated bibliography.* Washington, DC: Mathematical Association of America.

Schoenfeld, A. H. (1985). *Mathematical problem solving.* New York: Academic Press.

Schoenfeld, A. H. (1986). On having and using geometric knowledge. In J. Hiebert (Ed.), *Conceptual and procedural knowledge: The case of mathematics.* Hillsdale, NJ: Lawrence Erlbaum Associates, Inc.

Schoenfeld, A. H. (1988). When good teaching leads to bad results: The disasters of "well-taught" mathematics courses. *Educational Psychologist, 23*, 145–166.

Schoenfeld, A. H. (1989). Explorations of students' mathematical beliefs and behavior. *Journal for Research in Mathematics Education, 20*, 338–355.

Schoenfeld, A. H. (1991). On mathematics as sense-making: An informal attack on the unfortunate divorce of formal and informal mathematics. In J. Voss, D. Perkins & J. Segal (Ed.), *Informal reasoning and education.* Hillsdale, NJ: Lawrence Erlbaum Associates, Inc.

Schoenfeld, A. H. (1992). Learning to think mathematically, problem solving, metacognition, and sense making in mathematics. In D. Grouws (Ed.), *Handbook of research on mathematics teaching and learning.* Reston, VA: National Council of Teachers of Mathematics.

Schoenfeld, A. H. (1994). What do we know about mathematics curricula? *Journal of Mathematical Behavior, 13,* 55–80.

Schoenfeld, A. H. (1999). Looking toward the 21st century: Challenges of educational theory and practice. *Educational Researcher, 28,* 4–14.

Schwab, J. J. (1978). Education and the structure of the disciplines. In J. Westbury & N. J. Wilkof (Eds.), *Science, curriculum, and liberal education: Selected essays.* Chicago, IL, and London: University of Chicago Press.

Schweitzer, K. (2006). "Teacher as researcher: Research as a partnership." In S. Z. Smith, M. Smith, & D. S. Mewborn (Eds.), *Teachers engaged in research preK-2.* Reston, VA: National Council of Teachers of Mathematics.

Sekiguchi, H. (1991). *An investigation on proofs and refutations in the mathematics classroom.* Unpublished doctoral dissertation, University of Georgia, Athens.

Selden A., & Selden J. (2003) Validations of proofs considered as texts: Can undergraduates tell whether an argument proves a theorem? *Journal for Research in Mathematics Education, 34,* 4–36.

Selden, A., Selden, J., Hauk, S., & Mason, A. (2000). Why can't calculus students access their knowledge to solve non-routine problems? In A. H. Schoenfeld, J. Kaput, & E. Dubinsky, (Eds.), *Research in collegiate mathematics education IV.* Providence, RI: American Mathematical Society.

Selden, J., & Selden, A. (1995). Unpacking the logic of mathematical statements. *Educational Studies in Mathematics, 29,* 123–151.

Senk, S. L. (1985). How well do students write geometry proofs? *Mathematics Teacher, 78,* 448–456.

Senk, S. L. (1989). Van Hiele levels and achievement in writing geometry proofs. *Journal for Research in Mathematics Education, 20,* 309–321.

Sfard, A. (1991). On the dual nature of mathematical conceptions: Reflections on processes and objects as different sides of the same coin. *Educational Studies in Mathematics, 22,* 1–36.

Sfard, A. (1992). Operational origins of mathematical objects and the quandary of reification—the case of function. In G. Harel & E. Dubinsky (Eds.), *The concept of function: Aspects of epistemology and pedagogy.* Washington, DC: Mathematical Association of America.

Sfard, A. (2000). On reform movement and the limits of mathematical discourse. *Mathematical Thinking and Learning, 2,* 157–189.

Sfard, A. (2001). There is more to discourse than meets the ears: Looking at thinking as communicating to learn more about mathematical learning. *Educational Studies in Mathematics, 46,* 13–57.

Sfard, A. (2003). Balancing the unbalancable: The NCTM standards in light of theories of learning mathematics. In J. Kilpatrick, G.W. Martin, & D. Schifter (Eds.), *A research companion to principles and standards for school mathematics.* Reston, VA: NCTM.

Shulman, S. (1986). Those who understand: Knowledge growth in teaching. *Educational Researcher, 15,* 4–14.

Shulman, S. (1987). Knowledge and teaching: Foundations of the new reform. *Harvard Educational Review, 57,* 1–22.

Silver, E., & Carpenter, T. (1989). Mathematical methods. In M. Lindquist (Ed.), *Results from the fourth mathematics assessment of the National Assessment of Educational Progress.* Reston, VA: NCTM.

Silver, E. A., Mills, V., Castro, A., & Ghousseini, H. (2006). Blending elements of lesson study with case analysis and discussion: A promising professional development synergy. In K. Lynch-Davis & R. L. Ryder (Eds.), *The work of mathematics teacher educators: Continuing the conversation.* San Diego, CA: Association of Mathematics Teacher Educators.

Silver, E. A., & Stein, M. K. (1996). The QUASAR project: The "revolution of the possible" in mathematics instructional reform in urban middle schools. *Urban Education, 30,* 476–521.

Simon, M. A. (1997). Developing new models of mathematics teaching: An imperative for research on mathematics teacher development. In E. Fennema & B. Nelson. (Eds.), *Mathematics teachers in transition.* Hillsdale, NJ: Lawrence Erlbaum Associates, Inc.

Simon, M., & Blume, G. (1996). Justification in the mathematics classroom: A study of prospective elementary teachers. *Journal of Mathematical Behavior, 15,* 3–31.

Smith, J. (2006). A sense-making approach to proof: Strategies of students in traditional and problem-based number theory courses. *Journal of Mathematical Behavior, 25,* 73–90.

Smith, M. S., & Silver, E. A. (2000). Research-based cases for mathematics teacher education: The COMET project. In M. L. Fernandez (Ed.), *Proceedings of the 22nd Annual Meeting of the North American Chapter of the International Group for the Psychology of Mathematics Education.* Columbus, OH: ERIC Clearinghouse for Science, Mathematics, and Environmental Education.

Smith, M. S., Silver, E. A., & Stein, M. K. (2005a). *Improving instruction in algebra: Using cases to transform mathematics teaching and learning,* Volume 2. New York: Teachers College Press.

Smith, M. S., Silver, E. A., & Stein, M. K. (2005b). *Improving instruction in rational numbers and proportionality: Using cases to transform mathematics teaching and learning,* Volume 1. New York: Teachers College Press.

Sodian, B., & Wimmer, H. (1987). Children's understanding of inference as a source of knowledge. *Child Development, 58,* 424–433.

Sowder, L., & Harel, G. (2003). Case studies of mathematics majors' proof understanding, production, and appreciation. *Canadian Journal of Science, Mathematics and Technology Education, 3,* 251–267.

Stacey, K. (1989). Finding and using patterns in linear generalizing problems. *Educational Studies in Mathematics, 20,* 147–164.

Steen, L. (1988). The science of patterns. *Science, 240,* 611–616.

Steffe, L. & Kieren, T. (1994). Radical constructivism and mathematics education. *Journal for Research in Mathematics Education, 25,* 711–733.

Stein, M. K., Grover, B., & Henningsen, M. (1996). Building student capacity for mathematical thinking and reasoning: An analysis of mathematical tasks used in reform classrooms. *American Educational Research Journal, 33,* 455–488.

Stein, M. K., Smith, M. S., Henningsen, M. A., & Silver, E. A. (2000). *Implementing standards-based mathematics instruction: A casebook for professional development.* New York: Teachers College Press.

Stephan, M., & Rasmussen, C. (2002). Classroom mathematical practices in differential equations. *Journal of Mathematical Behavior, 21,* 459–490.

Stone, C. A. (1993). What is missing in the metaphor of scaffolding? In E. Forman, N. Minick, & C. A. Stone (Eds.), *Contexts for learning: Sociocultural dynamics in children's learning.* Oxford: Oxford University Press.

Stylianides, A. J. (2007). The notion of proof in the context of elementary school mathematics. *Educational Studies in Mathematics, 65,* 1–20.

Stylianides, A. J., Stylianides, G. J., & Philippou, G. N. (2004). Undergraduate students' understanding of the contraposition equivalence rule in symbolic and verbal contexts. *Educational Studies in Mathematics, 55,* 133–162.

Stylianides, G. J. (2005). *Investigating students' opportunities to develop proficiency in reasoning and proving: A curricular perspective.* Unpublished doctoral dissertation, University of Michigan, Ann Arbor.

Stylianides, G. J. (2008). An analytic framework of reasoning-and-proving. *For the Learning of Mathematics, 28,* 9–16.

Stylianides, G., & Stylianides, A. (2008). Proof in school mathematics: Insights from psychological research into students' ability for deductive reasoning. *Mathematics Thinking and Learning, 10,* 103–133.

Stylianides, G. J., Stylianides, A. J., & Philippou, G. N. (2007). Preservice teachers' knowledge of proof by mathematical induction. *Journal of Mathematics Teacher Education, 10,* 145–166.

Stylianou, D., & Blanton, M. (2006). *Undergraduate students' conceptions of proof.* Poster presentation at the AERA conference. San Francisco, CA.

Tall, D. (1989) The nature of mathematical proof. *Mathematics Thinking, 127,* 28–32.

Tall, D. (1991). The psychology of advanced mathematical thinking. In D. Tall (Ed.), *Advanced mathematical thinking.* Dordrecht, The Netherlands: Kluwer Academic.

Tall, D. (1995). Cognitive development, representations and proof. In *Proceedings of Justifying and Proving in School Mathematics.* London: Institute of Education.

Tall, D., & Vinner, S. (1981). Concept image and concept definition in mathematics with ref. to limits. *Educational Studies in Mathematics, 12,* 151–169.

Thurston, W. (1994). On proof and progress in mathematics. *Bulletin of the American Mathematical Society, 30,* 161–177.

Toulmin, S. (1958). *The uses of argument.* Cambridge University Press

Uptegrove, E. B., & Maher, C. A. (2004) Students building isomorphisms. In M. J. Hoines & A. B. Fuglestad (Eds.), *Proceedings of the 28th Conference of the International Group for the Psychology of Mathematics Education,* Vol. 4. Bergen: Bergen University College.

Usiskin, Z. (1980). What should not be in the algebra and geometry curricula of average college-bound students. *Mathematics Teacher, 73*, 413–424.
Usiskin, Z. (1987). Resolving the continuing dilemmas in school geometry. In M. M. Lindquist & A.P. Shulte (Eds.), *Learning and teaching geometry, K–12, 1987 yearbook.* Reston, VA: National Council of Teachers of Mathematics.
van Dormolen, J. (1977). Learning to understand what giving a proof really means. *Educational Studies in Mathematics, 8*, 27–34.
Velleman, D. J. (1994). *How to prove it: A structured approach.* Cambridge: Cambridge University Press.
Vergnaud, G. (1982). A classification of cognitive tasks and operations of thought involved in addition and subtraction problems. In T. P. Carpenter, J. M. Moser, & T. A. Romberg (Eds.), *Addition and subtraction: A cognitive perspective.* Hillsdale, NJ: Lawrence Erlbaum Associates, Inc.
Vergnaud, G. (1983). Multiplicative structures. In R. Lesh & M. Landau (Eds.), *Acquisition of mathematics concepts and processes.* London: Academic Press.
Vinner, S. (1983). The notion of proof—some aspects of students' views at the senior high level. *Proceedings of the 7th International Conference for the Psychology of Mathematics Education.* Rehovot, Israel: Weizmann Institute of Science.
Vinner, S. (1992). The function concept as a prototype for problems in mathematics learning. In G. Harel & E. Dubinsky (Eds.), *The concept of function: Aspects of epistemology and pedagogy.* Washington, DC: Mathematical Association of America.
Vinner, S., & Dreyfus, T. (1989). Images and definitions for the concept of function. *Journal for Research in Mathematics Education, 20*, 356–366.
Voigt, J. (1995). Thematic patterns of interaction and sociomathematical norms. In P. Cobb & H. Bauersfeld (Eds.), *The emergence of mathematical meaning: Interaction in classroom cultures.* Hillsdale, NJ: Lawrence Erlbaum Associates, Inc.
Vygotsky, L. (1962). *Thought and language* (E. Hanfmann & G. Vakar, Trans.). Cambridge, MA: Massachusetts Institute of Technology. (Original work published in 1934.)
Waring, S. (2000). *Can you prove it? Developing concepts of proof in primary and secondary schools.* Leicester: Mathematical Association.
Weber, K. (2001). Student difficulty in constructing proofs: The need for strategic knowledge. *Educational Studies in Mathematics, 48*, 101–119.
Weber, K. (2004). Traditional instruction in advanced mathematics classrooms: A case study of one professor's lectures and proofs in an introductory real analysis course. *Journal of Mathematical Behavior, 23*, 115–133.
Weber, K. (2005). A procedural route toward understanding aspects of proof: Case studies from real analysis. *Canadian Journal of Science, Mathematics, and Technology Education, 5*, 469–483.
Weber, K., & Alcock, L. (2004) Semantic and syntactic proof productions. *Educational Studies in Mathematics, 56*, 209–234.
Weber, K., & Alcock, L. (2005). Using warranted implications to understand and validate proofs. *For the Learning of Mathematics, 25*, 34–38.
Weber, K., Alcock, L., & Radu, I. (2005). Undergraduates' use of examples in a transition-to-proof course. In S. Wilson (Ed.), *Proceedings of the 26th Conference for the North American Chapter of the Psychology of Mathematics Education.* Roanoke, VA.
Weinert, F. E. (2001). Vergleichende Leistungsmessung in Schulen: Eine umstrittene Selbstverständlichkeit. In F. E. Weinert (Ed.), *Leistungsmessungen in Schulen.* Weinheim: Beltz.
Weiss, M., and Herbst, P. (2007, April). *"Every single little proof they do, you could call it a theorem": Translation between abstract concepts and concrete objects in the geometry classroom.* Paper presented at AERA. Chicago, IL.
Wells, G. (1999). *Dialogic inquiry: Toward a sociocultural practice and theory of education.* Cambridge: Cambridge University Press.
Wertsch, J. V. (1991). *Voices of the mind: A sociocultural approach to mediated action.* Cambridge, MA: Harvard University Press.
Werstch, J. V. (1999). The voice of rationality in a sociocultural approach to mind. In L. C. Moll (Ed.), *Vygotsky and education: Instructional implications and applications of sociohistorical psychology.* New York: Cambridge University Press.
Wertsch, J., & Toma, C. (1995). Discourse and learning in the classroom: A sociocultural approach. In L. Steffe & J. Gale (Eds.), *Constructivism in education.* Hillsdale, NJ: Lawrence Erlbaum Associates, Inc.
Weyl, A. (1940). The mathematical way of thinking. *Science, 92*, 437–446.
Wheeler, D. (1990). Aspects of mathematical proof. *Interchange, 21*, 1–5.

Williams, E. (1980). An investigation of senior high school students' understanding of the nature of mathematical proof. *Journal for Research in Mathematics Education, 11*, 165–166.

Wood, T. (1999). Creating a context for argument in mathematics class. *Journal for Research in Mathematics Education, 30*, 171–191.

Wu, H. (1996). The role of Euclidean geometry in high school. *Journal of Mathematical Behavior, 15*, 221–237.

Yackel, E. (2002). What we can learn from analyzing the teacher's role in collective argumentation. *Journal of Mathematical Behavior, 21*, 423–440.

Yackel, E., & Cobb, P. (1996). Sociomathematical norms, argumentations and autonomy in mathematics. *Journal for Research in Mathematics Education, 27*, 458–477.

Yackel, E., & Hanna, G. (2003). Reasoning and proof. In J. Kilpatrick, W.G. Martin, & D. Schifter (Eds.), *A research companion to the principles and standards for school mathematics*. Reston, VA: National Council of Teachers of Mathematics.

Yackel, E., Rasmussen, C., & King, K. (2000). Social and sociomathematical norms in an advanced undergraduate course. *Journal of Mathematical Behavior, 19*, 275–287.

Yandell, B. (2002). *The honors class: Hilbert's problems and their solvers*. Natick, MA: A. K. Peters.

Zack, V. (1991). It was the worst of times: Learning about the Holocaust through literature. *Language Arts, 68*, 42–48.

Zack, V. (1995). Algebraic thinking in the upper elementary school: The role of collaboration in making meaning of "generalization". In L. Meira & D. Carraher (Eds.), *Proceedings of the 19th Annual Conference of the International Group for the Psychology of Mathematics Education*, Vol. 2. Recife, Brazil: Program Committee.

Zack, V. (1999a). Everyday and mathematical language in children's argumentation about proof. In L. Burton (Ed.), The culture of the mathematics classroom. Special Issue, *Educational Review, 51*, 129–146.

Zack, V. (1999b). Nightmare issues: Children's responses to racism and genocide in literature. In J. P. Robertson (Ed.), *Teaching for a tolerant world*. Urbana, IL: National Council of Teachers of English.

Zack, V. (2002). Learning from learners: Robust counterarguments in fifth graders' talk about reasoning and proving. In A. D. Cockburn & E. Nardi (Eds.), *Proceedings of the 26th International Conference for the Psychology of Mathematics Education*, Vol. 4. Norwich: Program Committee.

Zack, V., & Graves, B. (2001). Making mathematical meaning through dialogue: "Once you think of it, the z minus three seems pretty weird." In C. Kieran, E. Forman, & A. Sfard (Eds.), Bridging the individual and the social: Discursive approaches to research in mathematics education. Special Issue, *Educational Studies in Mathematics, 46*, 229–271.

Zack, V., & Reid, D. A. (2003). Good-enough understanding: Theorizing about the learning of complex ideas (Part 1). *For the Learning of Mathematics, 23*, 43–50.

Zack, V., & Reid, D. A. (2004). Good-enough understanding: Theorizing about the learning of complex ideas (Part 2). *For the Learning of Mathematics, 24*, 25–28.

찾아보기

(ㅇ)

(ㅈ)

(ㅊ)

(ㅌ)

Teaching and Learning Proof Across the Grades: A K-16 Perspective
Edited by Despina A. Stylianou, Maria L. Blanton, and Eric J. Knuth

대한수학 교육학회 번역총서 007

수학교육에서 증명 교수·학습의 이론과 실제

엮은이 스틸리아누·블랜튼·크누스
옮긴이 김구연·권나영·김래영·김민경·김지선·노선숙·신재홍·이수진
펴낸이 조경희
펴낸곳 경문사
펴낸날 2015년 3월 5일 1판 1쇄
등 록 1979년 11월 9일 제313-1979-23호
주 소 121-818, 서울특별시 마포구 와우산로 174
전 화 (02)332-2004 팩스 (02)336-5193
이메일 kyungmoon@kyungmoon.com

값 27,000원

ISBN 978-89-6105-776-9